2,50

Edith Zundel, Bernd Fittkau (Hrsg.)
Spirituelle Wege und
Transpersonale Psychotherapie

Reihe
Innovative Psychotherapie und Humanwissenschaften
Band 47
Herausgegeben von
Hilarion Petzold

Edith Zundel, Bernd Fittkau (Hrsg.)

Spirituelle Wege und Transpersonale Psychotherapie

Junfermann-Verlag · Paderborn
1989

Lektorat: Christoph Schmidt
Einband-Gestaltung: Christof Gassner

Satz: adrupa
Druck: PDC – Paderborner Druck Centrum

CIP-Titelaufnahme der Deutschen Bibliothek:
Spirituelle Wege und Transpersonale Psychotherapie /
Edith Zundel; Bernd Fittkau (Hrsg.). – Paderborn:
Junfermann, 1989.
(Reihe Innovative Psychotherapie und Humanwissenschaften; Bd. 47)
ISBN 3-87387-008-8
NE: Zundel, Edith [Hrsg.]; GT

ISBN 3-87387-008-8

Inhalt

Für Rolf Zundel

Vorwort

Dieses Buch ist in zwei Schritten entstanden. Bernd Fittkau bat mich vor einem längeren Sonderurlaub, das bis dahin vorliegende Bündel von Manuskripten abschließend zu bearbeiten. Damals dachte auch ich, daß dies mit einem kurzen Engagement getan wäre. Bei näherer Beschäftigung mit den Manuskripten trat jedoch bald zutage, wie leichtsinnig die rasche Zusage war, dies zu übernehmen. Etwas New-Age-müde und entsprechend kritisch vermißte ich mehr und mehr Grundlagen und Zusammenhang.

Der Umschwung kam mit dem Bemühen darum. Das Kapitel über spirituelle Traditionen entstand völlig neu, anderes wurde erheblich verändert und ergänzt. Und es war eine Freude zu erleben, wie viele gute Autoren der Bitte entsprachen, etwas Fundiertes und zugleich für Nichtfachleute Lesbares über ihr Gebiet zu schreiben. Sie wären nicht zu finden gewesen ohne Beratung und Hinweise von vielen Seiten, von Michael von Brück, von Dieter Schmidt vom Freiburger Forum und ganz besonders von Britta Dahlberg vom Frankfurter Ring. Gerd Crombach half großzügig mit schwer erreichbarer Literatur. Und schließlich erwiesen sich die Lektoren des Verlags, Christoph Schmidt und Gottfried Probst als sehr anregend und geduldig mit einer Herausgeberin, die hauptberuflich etwas anderes macht und nur spärliche Freizeit auf das Projekt verwenden konnte.

Ganz herzlichen Dank an alle und besonders an Bernd Fittkau; es hat noch zwei Jahre gedauert, aber ohne ihn wäre dieses Buch nicht entstanden.

Bonn, im Juli 1989 *Edith Zundel*

Ich bin sehr froh, daß mich damals mein Gefühl nicht getrogen hat, gerade Edith Zundel zu fragen, ob sie sich um „mein unfertiges Kind" kümmern könnte, damit es die Aufmerksamkeit und Korrektur erhalte, die für seine erfolgversprechende Zukunft notwendig waren. So sehr mich gelegentlich Unsicherheit und ein schlechtes Gewissen beschlichen haben, so erfreut bin ich heute, wenn ich sehe, wie gut sich „mein Kind“ unter Ediths Obhut entwickelt hat. Vielleicht bin ich nicht ganz zu Unrecht stolz auf diesen geglückten Versuch einer „transpersonalen Adoption“.

Hamburg, im Juli 1989 *Bernd Fittkau*

Einleitung

Edith Zundel

Die Suche nach Orientierung, nach Sinn und Geborgenheit hat in der Postmoderne zu einem neuen Interesse an Religiösem geführt, das sich undogmatisch äußert und auf persönliche Erfahrung konzentriert, das kulturelle und institutionelle Schranken überspringt und die Ratio relativiert. Diese neue Spiritualität wirft viele Fragen auf: Fallen wir damit hinter die Errungenschaften der Aufklärung zurück und retirieren in finsteres Mittelalter? In welchem Verhältnis steht die neue Spiritualität zum Christentum, zur Kirche? Macht die Vielfalt der Wahlmöglichkeiten Religion unverbindlich, beliebig, oberflächlich? Gefährden die exotischen Religionsformen unsere abendländische Identität? Machen sie uns untüchtig für das Leben „hier und jetzt", unfähig zu lieben und zu arbeiten, sich sozial und politisch zu engagieren?

Der vorliegende Band beschäftigt sich vor allem mit dem Verhältnis zwischen der neuen Spiritualität und der „säkularen Seelsorge", der Psychotherapie. Beides sind Wege ins Innere der Seele, Wege jedoch, auf denen man sehr Verschiedenes findet. Die Frage nach den Bereichen, in die man dabei gelangt und wie man damit umgeht, berührt viele der oben angeführten Probleme und nicht zuletzt auch die Frage nach dem Verhältnis des naturwissenschaftlichen Welt- und Menschenbildes zu dem der neuen Spiritualität.

Als *Sigmund Freud* Anfang unseres Jahrhunderts die Psychoanalyse entwickelte, begründete er den neuen, naturwissenschaftlichen Umgang mit der Seele, der bis heute unseren konventionellen westlichen Therapiemodellen zugrunde liegt. Er befreite damit psychische Störungen vom Makel des Sünd- und Schuldhaften und lehrte, die persönlichen Lern- und Leidensgeschichten des einzelnen und die daraus entstehende Psychodynamik zu beobachten, zu verstehen und damit auch zu behandeln – ein ganz entscheidender Fortschritt.

Für die Kirche wurde er zum Zerstörer und Auflöser von Moral und Glauben, zum Erzfeind. Die Fixierung auf die Triebe, speziell auf die Sexualität, als Grundausstattung des Menschen paßte ihr so wenig ins Konzept wie die Tatsache, daß aus Schuld nun Schuldgefühl wurde und dieses auch noch wegtherapiert werden konnte, daß es eine transzendente Instanz, auf die sich Schuld beziehen konnte, eigentlich nicht mehr gab: Gott war totgesagt.

Der bunten New-Age-Szene unserer Tage hätte *Freud* vermutlich nichts Positives abgewinnen können. Er hat sich immer bemüht, Dämme gegen „die Schlammflut des Okkulten" aufzurichten. Religiöses mochte er „in keiner Form und Verdünnung". Es schrumpfte für ihn auf Zwang, Schuldgefühl und Illusion zusammen: Die „universelle Zwangsneurose* Religion" basiert für ihn auf Schuldgefühlen einem Urvater gegenüber, gegen den sich seine Söhne erhoben hatten. Als Sühne für diesen (historisch nicht nachweisbaren) „Vatermord" unterwarfen sie sich einem religiösen Vatergesetz, und der Vater wurde in den Himmel projiziert.** Die Vorstellung, daß dieser Gott-Vater nicht nur Unterdrückung, sondern auch Schutz und Geborgenheit bieten könnte, hielt *Freud* für wunscherfüllende Illusion, eine kindliche Form, mit den Realitäten des Daseins, mit Bedrohungen und Ängsten umzugehen. Er hoffte auf vernunftgeleitete Menschen und eine vernunftgeleitete Gesellschaft, wo dergleichen Abhängigkeiten nicht mehr nötig sind.*** Gefühle von Ewigkeit, von Unbegrenztem und Schrankenlosem oder gar das Bewußtsein, „aus dieser Welt können wir nicht fallen", interpretierte er als Reste eines Gefühls aus der frühesten Kindheit, wo das kleine Wesen noch nicht zwischen sich und der Umwelt unterscheiden kann****

Mit all dem war *Freud* ein treuer Sohn der Aufklärung mit ihrem Glauben an Vernunft, Wissenschaft und persönliche Autonomie. Die Welt der Aufklärung ist von berechenbaren Gesetzmäßigkeiten geordnet und in Gang gehalten, die unabhängig von Metaphysischem formuliert werden können. Auch Mensch und Gesellschaft werden zu „Systemen", die solchen rationalen Gesetzmäßigkeiten folgen. Kennt man diese Gesetze und die Wege, sie zu beeinflussen, wird sehr vieles „machbar". Auf der Basis der Vernunft werden dann auch

---

* *Sigmund Freud:* Zwangshandlungen und Religionsübungen, GW VII, S. 129 ff.
** ders.: Totem und Tabu, GW IX.
*** ders.: Die Zukunft einer Illusion, GW XIV, S. 325 ff.
**** ders.: Das Unbehagen an der Kultur, GW IX, S. 421 ff.

Tradition und Religion hinterfragt, werden Institutionen und Autoritätspersonen kritisiert. Vernunft ermöglicht Reformen im Diesseits. Man braucht nicht auf ein Jenseits zu hoffen, Religion wird zum „Opium des Volkes".

In diese Welt paßt nahtlos *Freuds* Vorstellung vom eigenständigen Individuum, für das persönliches Glück und „wohlverstandenes Selbstinteresse" höchste Werte sind, das sich aber auch die Naturseite seines Wesens, seine Triebe und Verdrängungen, bewußt und damit beherrschbar macht: „Wo Es war, soll Ich werden". Ein gesunder Mensch kann „lieben und arbeiten" und sich der Realität dieser Welt stellen, ohne in Träume von einem Jenseits ausweichen zu müssen. Die Frage nach dem Sinn stellt *Freud* nicht: „Es gab nie eine befriedigende Antwort."*

Seit *Freuds* Zeiten hat sich vieles verändert. Die Freudianer sind bei weitem nicht mehr die einzigen auf dem Therapiemarkt. Sie haben eine fast unüberschaubar große Zahl von – durchaus nicht immer geliebten – Verwandten bekommen. Ganz grob kann man diese Verwandtschaft in drei Gruppen unterteilen.

Etwa gleichzeitig mit *Freuds* Psychoanalyse entwickelte sich der Behaviorismus und in seinem Gefolge die Verhaltenstherapie. Die wissenschaftliche Genauigkeit und Überprüfbarkeit hat dieser Richtung die Universitäten vor allem in Amerika erobert. Ihr Credo: Die menschliche Psyche kann nicht direkt, sondern nur über Verhalten beobachtet werden. Menschliches Verhalten aber ist nach klar definierbaren Gesetzen erlernt. Wir sind sozial determiniert, Produkte unserer Umgebung, weit mehr, als uns bewußt ist. *Skinners* Klassiker des Behaviorismus heißt: „Jenseits von Freiheit und Würde".**

Freiheit, Würde und die Entfaltung menschlicher Möglichkeiten stehen im Zentrum der humanistischen Psychologie, die sich um die Mitte unseres Jahrhunderts entwickelte. Für *Rogers, Perls, Maslow* und andere stehen Symptome nicht im Zentrum der Aufmerksamkeit; sie verlieren sich quasi von selbst, wenn das Individuum angemessene Wachstumsbedingungen erhält. Die Humanisten entdeckten auch den Körper wieder und die Kunst, zwei neue Felder mit vielfältigen therapeutischen Möglichkeiten.

---

* *Sigmund Freud:* Das Unbehagen an der Kultur, GW XIV, S. 433.
** *B. F. Skinner*: Beyond Freedom and Dignity, 1971, Bantam, N.Y. 1972.

Und schließlich gibt es die Systemiker, viele von ihnen aus dem Braintrust um *Gregory Bateson*, oder mit ihm verbunden. *Haley, Watzlawick, Satir, Selvini Palazzoli*. Ähnlich wie die Behavioristen sehen sie die Seele als „black box", deren Inhalt schwer zu erfassen ist. Dort konzentrierte man sich auf das Verhalten, hier auf die Kommunikation, den „input" und „output". Die Kommunikationsregeln in einem System, speziell der Familie, beeinflussen die physische und psychische Gesundheit der Familienmitglieder entscheidend.

Nicht nur die Therapieformen haben sich verändert, sondern auch das, was therapiert wird. Waren es bei Freud noch Neurosen, Hysterie und Zwanghaftigkeit, geht es heute mehr um Partnerschafts- und Beziehungsschwierigkeiten, um Abhängigkeit und Sucht, um Entfremdung und Isolierung, um Gefühle der Leere und Sinnlosigkeit, kurzum das, was die neofreudianische Ichentwicklungstheorie Strukturpathologien nennt. Es sind Störungsformen, bei denen sich Ich, Identität und Eigenständigkeit nicht angemessen entwickeln konnten. Wer selbst nicht ganz zur Person geworden ist, fühlt sich innerlich leer und ständig in Versuchung, diese Leere mit irgend etwas zu füllen; entsprechend problematisch werden auch die persönlichen Beziehungen.

Entfremdung, Isolierung, Sinnfragen sind Probleme, die auch die religiöse Dimension berühren. Auch hier, im Bereich der Kirchen, sieht es heute anders aus als zu Beginn des Jahrhunderts. Für viele ist die formale Kirchenzugehörigkeit nicht mehr so wichtig, ist Religiöses relativ unabhängig von Institutionen geworden. Aber immer mehr Menschen suchen nach Orientierung, nach Halt und Geborgenheit – auch im kirchlichen Bereich, falls dies mit persönlicher Beziehung verbunden ist. Die Beziehung zwischen Kirche und Psychotherapie hat sich ziemlich entspannt, solange es nicht um das Sakrament der Ehe oder um Abtreibung geht. Kirchliche Beratungsstellen sind mit Psychotherapeuten besetzt. Der Eindruck entsteht, daß die modernen Kirchen die horizontale Dimension, die Beziehung zum „Nächsten", eher mehr pflegen als die vertikale zu Gott.

Aufregender als die Psychotherapeuten sind die neuen „Verwandten", die auch der Kirche nicht erspart blieben. Mit der Woge des New Age rollte breites Interesse an religiösen Traditionen aus aller Welt über den Atlantik. In Amerika entstand die New-Age-Bewegung etwa gleichzeitig mit der Studentenbewegung Ende der sechziger Jahre, und beide durchdrangen sich. Fast eine ganze Generation betrachtete damals kritisch die Werte und Normen des sozialen Systems, in das sie hineinwachsen sollte. Viele stiegen aus und suchten anderes Denken, anderes Erleben. *Daisetz Suzuki, Shunryu Suzuki, Krishnamurti* und viele andere hatten ostasiatische Religiosität bekannt gemacht; nicht wenige fanden hier eine Alternative.

Zunächst brachte das New Age einen großen Produktivitätsschub: *Capra* zeigte im „Tao der Physik" Parallelen zwischen dem Weltbild der modernen Physik und dem der Mystiker auf, seine „Wendezeit" faßte wie *Fergusons* „Die geheime Verschwörung" den Kontext des neuen Denkens und Lebens zusammen. *Sheldrake, Ram Dass, Metzner, Tart, Walsh, Vaughan,* die großen alten Herren *Gregory Bateson* und der Mythenforscher *Joseph Campbell* fanden begeisterte Leser. Die humanistischen Psychologen *Sutich* und *Maslow* hoben zusammen mit dem Mediziner und LSD-Forscher *Grof* die „transpersonale Psychologie" aus der Taufe, eine Psychologie, die, so *Grof,* „die spirituelle Dimension der Psyche fördert, ohne sich auf eine bestimmte religiöse Richtung festzulegen". *Maslow* nannte sie die „vierte Kraft" neben Psychoanalyse, Behaviorismus und humanistischer Psychologie. *Ken Wilber* brachte Übersicht und Integration.

In Europa traf die neue Spiritualität keineswegs auf „transpersonales Niemandsland", auch nicht, was die Verbindung mit Psychotherapie betraf. *C. G. Jung* hatte schon Anfang des Jahrhunderts die Analytische Psychologie entwickelt, *Rudolf Steiner* die Anthroposophie. Später kam die Initiatische Therapie von *Graf* und *Gräfin Dürckheim* dazu, *Assagiolis* Psychosynthese, die Daseinsanalyse von *Boss* und *Binswanger* und andere. Aber die etablierten europäischen Schulen hielten und halten sich eher in kritischer Distanz zur New-Age-Szene. Beide haben jedoch eines gemeinsam: die enge Beziehung zu Spirituellem, zum Welt- und Menschenbild der Mystik. Dieses Welt- und Menschenbild ist uralt und wird keineswegs nur aus exotischen Quellen gespeist.

„Es gibt Momente im Leben, wo eine bestürzende und doch wunderbare Erfahrung wie aus einer anderen Welt über uns kommt, so als ob jemand versehentlich das ‚Sesam öffne dich' geflüstert hätte, das den Stein von einem verborgenen Schatz wegrollt ... eine jubelnde Lerche, das Plätschern einer Welle oder Flötenspiel im Mondlicht ... ein

Sturm in den Bergen ... ein Lächeln oder etwas ganz Bekanntes in ungewöhnlicher Beleuchtung. Einen zeitlosen Augenblick lang enthüllt sich da etwas von einem Geheimnis".*

Dieses Geheimnis – es taucht oft gerade in den schwersten Momenten des Lebens auf – verehrte man im alten Ägypten und Griechenland, wahrscheinlich auch bei den Kelten, in Mysterienkulten. Für Hindus ist es Brahman, für Taoisten Tao. Christen nennen es Gott.

Das mystische Erleben des Numinosen gilt als die Quelle aller Religion. Es wird aber auch – und manche Autoren bezeichnen nur dies als Mystik – als Überwindung der „unüberbrückbaren" Distanz zwischen Gott und Mensch begriffen, die sich in den Hochkulturen auftut, in einer Phase, in der die Natur nicht mehr von Nymphen, Satyrn oder anderen Geistern „beseelt" ist, in der die Götter verstummt sind.**

Mystische Strömungen gibt es in allen Hochreligionen, allerdings mit erheblichen kulturellen Unterschieden. Die Traditionen selbst sind auch keineswegs einheitlich. Allein in Japan bestehen fünf verschiedene Richtungen des Buddhismus (Zen ist eine davon), in Tibet vier, und von diesen unterscheidet sich wiederum der Theravada-Buddhismus Süd- und Südostasiens erheblich. „Hinduismus" ist ein Sammelbegriff für Religion und Kultur der Völker jenseits des Indus, und die könnte kaum vielgestaltiger sein. Was in diesem Band als Hinduismus beschrieben wird, ist die aus Veden und Upanishaden hergeleitete Hochreligion. Manche mystische, esoterische Richtungen sind deutlich von den exoterischen der betreffenden Kultur zu unterscheiden, wie Sufismus vom orthodoxen Islam. Bei anderen, wie zum Beispiel im Buddhismus, ist das schwieriger.

Trotz aller Unterschiede – ein gemeinsamer Strom speist alle mystischen Traditionen der Welt. Dieses Gemeinsame läßt sich auch bei der Lektüre der ersten beiden Teile unseres Buches entdecken. „Philosophia perennis" nannte es *Leibniz* und nach ihm *A. Huxley*; bei *Schiller* heißt es „die Religion hinter den Religionen".

---

* *John Blofeld*: The Tantric Mysticism of Tibet, Shambhala, Boston 1987, S. 23.

** Mystisches kann auch neue Impulse geben, wo die formende Kraft einer Religion zum Dogma erstarrte, vorausgesetzt, es wird nicht als Häresie verdammt.

Die Grundpositionen dieser Philosophia perennis: Das Numinose ist persönlich erfahrbar; „cognitio dei experimentalis" nannte es *Thomas von Aquin*. Diese Erfahrung gipfelt in der „unio mystica", in der erlebten Vereinigung mit Gott in der jüdisch-christlichen und der islamischen Tradition* oder im Einswerden mit dem Urgrund des Seins, mit der Leere, der alle Form entspringt, dem nicht mehr Benennbaren in den nontheistischen Glaubenssystemen. Man kann auch umgekehrt entdecken, daß das eigene innerste Wesen numinos ist – *Meister Eckarts* „Funken Gottes", der Atman der Hindus, der wesensgleich ist mit Brahman, dem absoluten, unsterblichen Bewußtsein.

Diese Erfahrung ist überwältigend, eine Erfahrung jenseits dessen, was Worte ausdrücken können. Sie hebt die Isolierung und Entfremdung der menschlichen Existenz auf. Mystiker reden in Metaphern davon** („als ob man plötzlich aus einem dumpfen, schweren Traum aufwacht", „als ob ein dunkler Raum hell erleuchtet würde") oder in Verneinungen (das Numinose ist nicht im Raum und nicht in der Zeit, es ist nicht eines und nicht vieles, man kann es nicht definieren) oder in Paradoxa wie diesem von *Sri Ramana Maharshi*, einem der bedeutendsten Hindus unseres Jahrhunderts: „Die Welt ist eine Illusion, Brahman allein ist wirklich. Braham ist die Welt."

In fast allen Traditionen findet sich eine Entwicklungslinie, der Weg des Menschen „vom Tier zu den Göttern", die „Große Kette des Seins". Der persische Dichter und Mystiker *Rumi* beschreibt sie so: „Ursprünglich warst du Ton. Vom Mineral hast du dich zum Pflanzlichen hin entwickelt. Vom Pflanzlichen zum Tierischen, zum Menschen. Während dieser ganzen Entwicklung hat der Mensch nicht gewußt, wohin er ging. Aber er war auf diese Reise geschickt worden. Und wir werden noch durch hunderte unterschiedlicher Welten weitergehen müssen."*** Vielleicht, so wird dieser Evolutionsgedanke manchmal weitergeführt, hat diese Reise auch für das

---

* Neben den theistischen finden sich allerdings auch in diesen Traditionen nondualistische Sichtweisen.

** *R. Metzner* beschreibt solche Metaphern in diesem Buch.

*** *Dschelaleddin Rumi*, zitiert nach *R. Ornstein*: Multimind, Junfermann, Paderborn 1989.

Universum Bedeutung, vielleicht wird es sich auf diesem Wege seiner selbst bewußt.

Numinoses kann nur erfahren, wer offen ist dafür und leer von persönlichen Wünschen, Ängsten und dem Gefühl der eigenen Wichtigkeit, wer sein „Ego loslassen" kann. „Bevor ein Mensch Gott finden kann, müssen sich all seine Verlangen ändern. Alle Dinge müssen so bitter scheinen, wie die Freude an ihnen einst süß erschien", sagt der Christ *Johannes Tauler*, und der Tibeter *Chogyam Trungpa*: „Das Erlangen der Erleuchtung ist, vom Blickwinkel des Ego aus gesehen, der absolute Tod, der Tod des Selbstes, der Tod von ‚Ich' und ‚Mein', der Tod des Beobachters. Es ist die äußerste und endgültigste Form der Enttäuschung."*

Ent-Täuschung – das heißt auch, die Welt so zu sehen, wie sie ist: ein ewiger Fluß des Werdens und Vergehens, ein ständiger Wandel von Erscheinungen, von dem die eigene Person nicht ausgenommen ist. „Daß alles sich ändert, ist die Grundwahrheit jeder Existenz", sagt *Shunryu Suzuki* in seinem wunderschönen kleinen Buch „Zen-Geist Anfänger-Geist".** Wichtig ist, mit diesem Fluß (Taoisten nennen ihn Tao) zu gehen, nicht „anzuhaften".

Erfahrungen des Geheimnisvoll-Anrührenden in Natur, Kunst, oder in einer Begegnung (*Dürckheim* nennt sie „Seinsfühlungen") sind wohl nicht selten. Das Erleben der Einheit – *Dürckheims* „Seinserfahrung" – gibt es gewiß nicht oft. Ständigen oder ständig wiederaufnehmbaren Kontakt mit dem Numinosen, wie ihn *Theresa von Avila* als „immerwährendes Herzensgebet"*** beschreibt, haben und hatten wohl immer nur wenige.

Die Frage, wie man dem Numinosen nahekommt, beschäftigt die Menschheit seit Jahrtausenden. Sie hat bei der Suche nach einer Antwort mehr spirituelle Erkenntniswege entwickelt, als es moderne Psychotherapiesysteme gibt: Wege der Stille und der Ekstase, Methoden, die mit der Wahrnehmung des Körpers, der Emotionen und der Gedanken arbeiten, Wege, die weit weg oder auch zurück in den

---

* *Johannes Tauler* und *Chogyam Trungpa*, beide zitiert nach *Ram Dass:* Reise des Erwachens, engl. 1978, dtsch. 1985, Knaur TB 4147, S. 207.

** *Shunryu Suzuki:* Zen-Geist Anfänger-Geist, engl. 1970, deutsch 4. Aufl. 1988, Theseusverlag, Zürich.

*** *Theresa von Avila:* „Ich bin ein Weib und obendrein kein gutes", Auswahl, Übersetzung u. Einleitung der Texte von Erika Lorenz, Herder TB 920, 1982.

Alltag führen können. Zu den bekanntesten im Westen gehört das Tai Chi Chuan des Taoismus, die buddhistische Zenmeditation, die viele für den direktesten, aber auch steilsten Weg zur Erleuchtung halten, daneben die Einsichtsmeditation der Theravadabuddhisten und tibetische Praktiken. Besonders vielgestaltig sind die Formen des hinduistischen Yoga; da gibt es Wege über die Atemkontrolle und über die Arbeit mit feinstofflicher Energie (Kundalini), Wege des Wissens und des praktischen Handelns und vor allem auch den Weg über die liebende Hingabe. Sufis kennen außerdem noch Derwischtänze, Schamanen Wege über Schmerz und Todesnähe. Und nicht zuletzt (fast ein wenig in Vergessenheit geraten angesichts des oft spektakulären Neuen) gibt es den Weg über christliche Kontemplation und Gebet. Das zweite Kapitel unseres Buches bringt einige Beispiele dafür, wie solche Wege heute praktiziert werden.

Die Verbindung des Erlebten mit dem Alltag ist nicht immer leicht. Folgt man den zehn Ochsenbildern, mit denen im Zen gern der Weg zur Erleuchtung dargestellt wird, so nimmt der Vielerfahrene auf der letzten Stufe sein ganz normales Leben wieder auf, ganz ohne den „ugly smell of holiness", frei vom „Gestank der Heiligkeit", aber doch anders als vordem:

> „Mit bloßer Brust und barfuß kommt er zum Marktplatz. Schmutzig und staubbedeckt grinst er übers ganze Gesicht! Ohne mystische Kräfte bringt er verdorrte Bäume zum Blühen."*

Über das Verhältnis des Weltbilds der Mystik, der Philosophia perennis, zu dem der modernen Naturwissenschaft haben die Amerikaner in den letzten Jahrzehnten viel nachgedacht. *Capras* „Tao der Physik" ist wohl der bekannteste Versuch, Parallelen zwischen Mystischem und Quantenphysik aufzuzeigen. Für viele wurde es zu einer Art Beweis der Philosophia perennis durch die „härteste aller Naturwissenschaften". Ähnliche Wirkungen hatten die Arbeiten *Pribrams* und *Bohms* zum holographischen Weltbild. *Pribram*, Neurologe an der Stanford Universität, kam beim Studium des Gedächtnisses zu dem Schluß: das Gehirn funktioniert wie ein Hologramm, eine besondere Art von optischem Speichersystem. Nimmt man zum Bei-

---

* *Ph. Kapleau:* The Three Pillars of Zen, S. 322, 323, Anchor books, Garden City NY 1980 (eig. Übers.).

spiel aus der holographischen Photographie eines Menschen einen Teil heraus und vergrößert ihn, sieht man wieder, etwas verschwommener, den ganzen Menschen. Der Teil ist nicht abgetrennt, sondern hat Zugang zum Ganzen. Umgekehrt findet der englische Physiker *Bohm*: das Universum ist selbst ein gigantisches Hologramm. Es liegt verführerisch nahe, hierin die Wesensgleichheit von Atman und Brahman, von Selbst und Universum bestätigt zu finden.

Solche Bestätigungen sind jedoch umstritten. Die Einwände kommen nicht nur von Naturwissenschaftlern (die bescheinigen *Capra* immerhin die seltene Fähigkeit, schwierige physikalische Zusammenhänge verständlich darzustellen), sondern auch von Mystikern. Für *Wilber* zum Beispiel ist es unmöglich, höhere Ebenen des Seins aus niedrigeren zu erklären, den Bereich des Lebendigen etwa allein aus dem der toten Materie. Und das gilt gewiß auch für den höchsten Bereich des Geistigen, Tao oder Brahman. Er entzieht sich ohnehin per Definition jeder Definition, kann also auch schlecht mit irgend etwas analog gesetzt werden. Im übrigen möchte *Wilber* die Philosophia perennis auch nicht vom ständigen Wechsel naturwissenschaftlicher Weltbilder abhängig wissen.*

Aufklärung und Philosophia perennis, Psychotherapie und spiritueller Erkenntnisweg – zwei sehr verschiedene Bezugssysteme, sehr verschiedene Welten. Natürlich betrachten sich ihre Vertreter gegenseitig nicht ohne Bedenken und Vorurteile. Die Psychotherapeuten befürchten, daß mit der Konzentration auf das Jenseitige der Realitätsbezug im Diesseits verlorengeht, daß „Lieben und Arbeiten", soziales und politisches Engagement nicht mehr möglich ist oder zumindest leidet. Das Ich loszulassen bedeutet für Psychotherapeuten die Aufgabe von Selbstverantwortlichkeit, Eigenständigkeit, vernunftgemäßem Handeln, es ist eine Aufgabe der Steuerungsfähigkeit, die Chaotischem und Psychotischem Tür und Tor öffnet. Es verführt auch dazu, irgendwelchen Gurus anzuhängen oder von Guru zu Guru zu wandern, um dort Strohfeuer der Begeisterung anzuzünden und weiterzuziehen, wenn sie abgebrannt sind.

---

* *K. Wilber* (Hrsg.): Das holographische Weltbild, engl. 1982, deutsch Scherz 1986. ders.: Quantum Questions. Mystical Writings of the world's great physicists, Shambhala New Science Library, 1984.

Vertreter der Philosophia perennis finden in der Psychotherapie das eigentlich Wesentliche nicht berücksichtigt: das Streben nach Einswerden mit dem Numinosen, nach Religion. Bringen Klienten solches Bestreben und ihre Probleme damit in die Therapie, besteht die Gefahr, daß dies nicht erkannt und anerkannt, sondern auf irgendein „Nichts als" der persönlichen Psychodynamik reduziert wird. Das schneidet eine Entwicklung ab, oft mit fatalen Folgen. Andererseits unterliegen im Transpersonalen Bereich nicht wenige der modernen Pseudogurus der Illusion, daß mit „der" Erleuchtung auch alle anderen Probleme verschwinden.

Es gibt jedoch nicht nur Diskrepanzen, sondern auch Annäherungen zwischen den beiden Welten. Auf allen spirituellen Erkenntniswegen begegnet man immer wieder sich selbst, nicht selten wird sogar klargemacht, daß Götter und Dämonen Projektionen unserer inneren Verfassung sind. Es gibt nicht nur eine Philosophia, sondern auch eine Psychologia perennis; am deutlichsten wird sie im buddhistischen Abhidhamma artikuliert. Ihr Grundprinzip ist die Dynamik zwischen psychischen und mentalen Zuständen auf der einen und Wahrnehmung und Denken auf der anderen Seite.*

Umgekehrt gibt es auch bei konventionellen Therapiesystemen Bezüge zur Philosophia perennis. „Soziale Konditionierung" findet sich bei Behavioristen wie bei Buddhisten; *Perls'* Gestalttherapie weist einige Parallelen zum Buddhismus auf; *Carl Rogers'* nondirektiver Ansatz hat viel Verwandtes im Taoismus; die modernen Kunst- und Körpertherapien bieten ziemlich direkte Wege zur spirituellen Dimension der Psyche. Und die paradoxen Interventionen, mit denen systemische Familientherapeuten eingeschliffene problematische Denk- und Verhaltensweisen aus den Angeln heben, um für Neues Platz zu machen, würden jedem Zen-Roshi zur Ehre gereichen.

„Was hätte Freud zu einer Religion gesagt, in der es keinen Gott und keinerlei irrationale Autorität gibt und deren Hauptziel genau darin besteht, den Menschen von jeglicher Abhängigkeit zu befreien", jubelte *Erich Fromm* nach seiner Begegnung mit Zen in einem Seminar mit *Daisetz Suzuki*. Er entdeckte viele Parallelen zwischen

* *D. Goleman:* Meditation und Bewußtsein, in: Transpersonale Psychotherapie, engl. 1980, dtsch. Scherz 1988, S. 205 ff.

Zen und der Psychoanalyse. Die Befreiung von Verdrängungen, Zwängen, Projektionen streben beide an. Das Ziel war für ihn beim Zen dasselbe wie bei der Psychotherapie: unmittelbares Erfassen der Wirklichkeit, „Überwindung der Entfremdung und der Gespaltenheit in Subjekt und Objekt bei der Wahrnehmung der Welt", die Fähigkeit, nicht zu „haben", sondern zu „sein".*

Die eigentliche Integration von Psychotherapie und spirituellem Erkenntnisweg ist jedoch die Domäne der transpersonalen Therapiesysteme. Sie werden im dritten und vierten Teil unseres Buches vorgestellt. Die beiden ersten Modelle dafür in Europa, *Rudolf Steiners* Anthroposophie und *Carl Gustav Jung*s Analytische Psychologie waren gleich zwei ganz große Würfe und entsprechend umstritten.

Die Anthroposophie wurde von vornherein als Verbindung von westlicher Wissenschaftlichkeit mit Spirituellem entwickelt. Ihr Ziel: das Geistige im Menschen mit dem Geistigen im Weltall zu verbinden. Ihre Praxis ist wahrscheinlich die umfassendste, die es im transpersonalen Bereich bis heute gibt. *Steiner* befaßte sich mit Philosophie und Landwirtschaft, mit Politik und Kunst, mit Pädagogik, Medizin und Sozialtherapie. Mit Ausnahme der Politik arbeiten Anthroposophen heute auf allen diesen Gebieten.

Über den spirituellen Erkenntnisweg hat *Steiner* ausführlich geschrieben, über Psychotherapeutisches wenig. Die anthroposophische Pädagogik, Medizin und Sozialtherapie ist jedoch konsequent ganzheitlich konzipiert und spricht gleichermaßen Körper, Seele und Geist an. Und die Anthroposophen haben einen erheblichen Erfahrungsvorsprung mit verschiedenen Formen der Kunsttherapie und der „anthroposophischsten" aller Künste, der Bewegungs-„Meditation" Eurythmie. Das Anwendungsspektrum der Heileurythmie reicht vom „Zurechtrücken" der Augenstellung bei schielenden Kindern bis zur Arbeit mit Altersdepressionen.

Die klassische transpersonale Psychotherapie entwickelte *Jung* ebenfalls am Anfang unseres Jahrhunderts. Sein „Individuationsweg" führt, anders als bei *Freud*, nicht nur in das persönliche Unbewußte, sondern tiefer noch in das Kollektive, das die Menschheit gemeinsam hat, in die Welt der Archetypen. Der zentrale Archetyp ist

---

* *E. Fromm*: Psychoanalyse und Zen-Buddhismus (1960), Gesamtausgabe Bd. 6, Deutsche Verlagsanstalt 1980.

das Selbst, das, wie der Atman der Hindus, innerster Kern der Person ist und zugleich den ganzen Kosmos umfaßt. Im Gegensatz zu anderen transpersonalen Systemen haben Jungianer auch die dunkle Seite des Numinosen und das Böse im Menschen im Blick. *Jung* hatte stets naturwissenschaftliche und geistige Interessen. Der Mensch ist für ihn Bürger zweier Welten, der biologisch-animalischen, die er mit dem Tier gemeinsam hat, und der geistig-spirituellen, der Welt der Philosophie und Religion, die spezifisch menschlich ist.

Später entstand *Assagiolis* Psychosynthese, die Daseinsanalyse von *Boss* und *Binswanger* und andere transpersonale Therapieansätze. Nach dem zweiten Weltkrieg entwickelten in Rütte *Graf Dürckheim* und *Maria Hippius-Gräfin Dürckheim* aus einer – nicht immer einfachen – Verbindung von Zen und Jungianischem die Initiatische Therapie.

Untereinander durchaus verschieden, verbindet diese älteren europäischen Ansätze manches, wenn man sie mit den modernen amerikanischen vergleicht. Ihre Praxis steht dem konventionellen Arrangement näher: Therapie erstreckt sich über einen längeren Zeitraum, Einzeltherapie oder die Arbeit in kleinen Gruppen ist die Regel. Sowohl im personalen wie im transpersonalen Bereich benutzen die älteren Europäer dieselben Methoden, Gespräche, Kunsttherapie, Traumarbeit. Meist gehen sie recht vorsichtig mit Transpersonalem um, das sich in Träumen oder in der künstlerischen Gestaltung zeigt. In den Bereich jenseits aller Bilder geraten sie kaum; ihre Ziele sind überhaupt etwas bescheidener. Die östlichen Weisheitslehren werden bewußt adaptiert, das heißt, in einer Form rezipiert und weitergegeben, die die europäische Mentalität und Kultur berücksichtigt. Die Beschäftigung mit Spirituellem gilt vielfach als eine Angelegenheit der zweiten Lebenshälfte, einer Phase, in der sich der Mensch beruflich und familiär eingeordnet hat, in der er in seiner Alltagswelt zurechtkommt. Die Zäsur bildet, was wir heute Midlife Crisis nennen würden. Fast alle diese Systeme sind stark auf die Person des Gründers bezogen – *Steiner, Jung, Dürckheim/Hippius*. Die Nachfolger sind in deren Lehre gründlich ausgebildet, sie ist für ihr Denken und therapeutisches Handeln verbindlich; halten sie sich nicht daran, droht der mehr oder weniger deutliche Ausschluß aus der Gruppe. Die europäischen Transpersonalen zogen zunächst weniger die große Masse an als vielmehr Suchende und Kenner.

Das ist in der amerikanischen New-Age-Bewegung anders. Sie schrieb von Anfang an die Bewußtseins- und damit die Gesellschaftsveränderung auf ihre Fahnen. Ihre Workshop- und Kongreßkultur erwies sich als angemessenes Instrument für eine weltweite Verbreitung. Die Freiheit, sich eigene Wege zu suchen und auch solche zu verbreiten, ist erheblich höher als bei den älteren europäischen Systemen, das erweitert Möglichkeiten und Risiken, fördert auch fröhlichen Wildwuchs. Der Insider *Grof* sagt über das New Age: „Das ist ein dicker Sack voll unterschiedlicher Glaubensrichtungen und Methoden, einige vernünftig, einige verrückt". Es ist nicht immer leicht, das Sinnvolle vom Unsinnigen zu unterscheiden. *Ram Dass*, als *Richard Alpert* einst Harvardprofessor und eine der wichtigsten Leitfiguren der Amerikaner, schildert in diesem Band offen und persönlich die Höhen und Tiefen des transpersonalen Weges in Amerika mit jenem Humor, der nur ahnen läßt, wieviel Schweres dabei auch zu bewältigen war.

Die amerikanische transpersonale Psychologie ist Bewußtseinspsychologie. Das ist relativ neu in Amerika, die Behavioristen hatten sich kaum mit dem Bewußtsein beschäftigt, und auch die Psychotherapeuten hatten sich mit *Freud*s oder *Jung*s Unbewußtem immer etwas schwer getan. Nun besann man sich auf den amerikanischen Philosophen und Psychologen *William James*, der schon Anfang des Jahrhunderts geschrieben hatte:

> „Unser normales Wachbewußtsein ... ist nur eine besondere Form von Bewußtsein, während rundum, nur durch dünnste Schleier getrennt, völlig andere Formen von Bewußtsein liegen".*

In den sechziger Jahren untersuchte der humanistische Psychologe *Abraham Maslow* besonders reife und psychisch gesunde Erwachsene und fand, daß viele von ihnen spontane „Gipfelerlebnisse" hatten, Erfahrungen eines anderen Bewußtseins, einer anderen Wirklichkeit.**

Um dieselbe Zeit brachte *Stanislav Grof* seine an europäischen Universitätsinstituten begonnene LSD-Forschung in die Vereinigten

---

* *William James:* The Varieties of Religious Experience (1902), New American Library, N.Y. 1958, S. 298 (Übers.d.Verf.).

** *A. Maslow*: Psychologie des Seins, engl. 1968, dtsch. Kindler TB 2195, 1973.

Staaten. Er hat später rund um den Erdball vielen zum Erleben veränderter Bewußtseinszustände verholfen, nicht mehr mit Drogen; seine Frau und er benutzen heute „breathing", eine Atemtechnik mit Musik. Diese Erlebnisse umfassen für *Grof* vier Bereiche: den ästhetischen, den biographischen (seine Befunde dort entsprechen im wesentlichen denen von *Freud*), den perinatalen (Erlebnisse um den Geburtsvorgang; auf diesen Bereich konzentriert sich *Grof* vor allem) und den transpersonalen. Dort findet sich vieles, was der Philosophia perennis entspricht. Therapie bedeutet für *Grof* Wiederdurchleben der eigenen Schwierigkeiten auf möglichst tiefgehenden Ebenen, Überwindung der eigenen Widerstände und Blockaden und Katharsis.*

Die Konventionen des Alltagsbewußtseins zu transzendieren, andere, höhere Bewußtseinsformen zu erleben, oft mittels Drogen, hat junge Amerikaner – und nicht nur sie – in den sechziger und siebziger Jahren fasziniert. Die Er- und Verarbeitung dieser Erlebnisse kam dabei oft recht kurz – nicht immer zum Wohle der Betroffenen.

Inzwischen erforschen die Amerikaner recht differenziert veränderte Bewußtseinszustände, speziell auch in der Meditation, und vergleichen sie mit hinduistischen, buddhistischen und anderen Erfahrungen**. Auch die konventionelle Forschung hat entdeckt, daß unser normales Wachbewußtsein nicht gar so wach und sehr von Konventionen beeinflußt ist – „Consensus trance" nennt das *Tart**** – und daß in der Folge menschliches Verhalten weitgehend automatisch abläuft. Um aus diesem „suboptimalen" Zustand herauszukommen, heißt die Devise jetzt für viele: Aufmerksamkeitstraining, Meditation.

Die Entwicklung des Bewußtseins hat *Ken Wilber* in einem sehr klaren Modell dargestellt; es entspricht der „großen Kette des Seins" der Philosophia perennis: In der Materie, im Körper und im Emotio-

---

* *St. Grof:* Topographie des Unbewußten, engl. 1975, deutsch Klett/Cotta, 2. Aufl. 1983.

** *R. Walsh:* Two Asian Pschologies and their Implications for Western Psychotherapists, in *American Journal of Psychotherapy*, Vol. XLII, No 4, Oct. 88, S. 543 ff. – *M. A. West* (ed.): The Psychology of Meditation, Oxford Science Publication 1987, Oxford, New York, Toronto.

*** *Charles Tart:* Hellwach und bewußt leben, Scherz 1988.

nalen ist das Bewußtsein noch eingefaltet, dies ist der Bereich des Prärationalen, Präpersonalen. Dann, im rationalen, personalen Bereich, entfaltet sich das Bewußtsein und differenziert sich. Von dort aus kann es sich weiterentwickeln zum überbewußten, transpersonalen Bereich. Jeder neue Entwicklungsschritt übersteigt das Vorhergehende, fügt dem Vorhandenen etwas Neues, Übergreifendes hinzu. *Wilbers* Darstellung dieser Phasen in der Individualentwicklung findet sich in diesem Band.

Dieses Erklärungsmodell ermöglicht Antworten auf eine Reihe von Fragen. Die Frage nach der Natur des Einheitsbewußtseins der Mystiker zum Beispiel, von dem Psychoanalytiker annehmen, daß es „nichts als" Regression in die sehr frühe Kindheit sei, in der das Neugeborene ohne Unterscheidung zwischen innerer Erfahrung und äußerer Natur lebt. Einheitsgefühle, findet *Wilber,* hat sowohl der Mystiker als auch das Neugeborene, beim Kind sind sie jedoch völlig unbewußt, beim Mystiker die Höchstform des Bewußtseins, die alle anderen umfaßt.

Zentraler noch ist die Frage nach dem Ich, von dessen Entwicklung und ihren Störungen in den östlichen Weisheitslehren so wenig die Rede ist wie in den westlichen Therapiesystemen von Transzendentem. In der Wilberschen Reihe wird das Problem zu einem Prozeß: Man muß zunächst ein gesundes Ich entwickeln, bevor man es „loslassen" kann. Der „Bypass" vom Prä- zum Transpersonalen oder die Verwechslung der beiden Ebenen bringt die Gefahr, zum „transpersonalen Süchtigen" zu werden. Das Ich zu transzendieren heißt für *Wilber* keinesfalls, Ratio und Steuerungsfähigkeit zu verlieren. Sie bleiben wesentlicher Bestandteil des Bewußtseins, auf den bei Bedarf immer wieder zurückgegriffen werden kann.

Vom Bezugssystem der modernen Analytiker aus argumentiert *Epstein*: „Ego wird verschiedentlich gleichgesetzt mit dem rationalen Geist, mit dem Selbst, der Erfahrung der Individualität, und ist informell zu all dem geworden, was man in der Meditation loslassen soll." Genauer betrachtet muß man jedoch differenzieren zwischen dem Instanzenich *Freuds* und der Selbstrepräsentanz der Neofreudianer. Wenn *Edith Jacobsen* letztere definiert als „ständig wechselnde Reihe von Selbstbildern", so entspricht das ziemlich genau dem „Anatman", dem Nichtselbst im Buddhismus. Dort gibt es ein Selbst im Sinne einer unvergänglichen, einheitlichen und unabhängigen

Substanz nicht, nur unsere Vorstellungen davon. Läßt man diese Vorstellungen von Beständigkeit und Bedeutung der eigenen Person los, befreit man sich damit auch von dem Leid, das durch die Überidentifikation mit unseren Bedürfnissen und Schwierigkeiten entsteht, von unseren Süchten nach Besitz und Macht, nach Sex und Drogen. Auf jeden Fall erhalten bleiben sollte aber das klassische Ego *Freuds*, das Ego, das Spannungen bewältigt, Triebe reguliert, zwischen Es und Überich und Person und Umwelt vermittelt. Dieses funktionale, steuernde Ich ist nicht nur im Alltag, sondern auch im Meditationsprozeß sehr nötig.*

In der Psychotherapie werden üblicherweise die Störungen gesehen und behandelt, die aus der präpersonalen Phase stammen, aus der Zeit bis etwa zum sechsten Lebensjahr. *Wilber* übernimmt hier die neofreudianische Psychopathologie: Autismus/Psychose – Borderline/Narzißmus – Neurose. Er hält sie für die genaueste und durchdachteste, aber sie endet zu früh. Entwicklung und damit mögliche Störungen gibt es für *Wilber* auch in den folgenden Phasen, der personalen und der transpersonalen. Bei der Diagnose und der Therapie kommt es darauf an, die richtige Ebene anzusprechen. Aber das ist nicht einfach. Konventionell Geschulte sehen in Störungen auf der personalen oder der transpersonalen Ebene oft nur Neurosen oder Psychosen, mißdeuten sie also als Konflikte, die der präpersonalen Ebene entstammen. Umgekehrt sehen und behandeln transpersonal Orientierte oft nicht die Basisstörung auf der präpersonalen Ebene, mit ebenso fatalen Ergebnissen. Das ist besonders deshalb problematisch, weil offenbar gerade Menschen mit Störungen in der frühen Ichentwicklung sich zu meditativen Techniken hingezogen fühlen. Sie wollen ein „Ich" aufgeben lernen, das sie noch gar nicht entwickelt haben.

Unter den zahlreichen Störungen auf der transpersonalen Ebene treten die spektakulärsten auf dem Weg der Yogis auf, wenn spirituell-psychische Energien (Kundalini) unerwartet aufbrechen und die Struktur des Selbst erschüttern. Konventionelle Psychiater begreifen das meist als psychotischen Zusammenbruch und behandeln mit Medikamenten. Das kann den Prozeß einfrieren und eine spätere

---

* *M. Epstein:* The Deconstruction of the Self: Ego and ‚Egolessness' in Buddhist Insight Meditation, in *Journ. of Transp. Psychol.* 1988, Vol. 20, 1.

Heilung erschweren. „Psychische Inflation", ein anderes Problem, entsteht, wenn mystische Erlebnisse sich mit narzißtischen Allmachtsgefühlen verbinden oder wenn einer nach solchen Erlebnissen „Haben" und „Sein" verwechselt. Es gibt hier nicht wenige Gefahren des Ehrgeizes, der Selbstglorifizierung, des Konsums.

Für *Wilber* gibt es zwar eine transpersonale Psychologie, als deren führender Vertreter er gilt, aber, streng genommen, eigentlich keine transpersonale Psychotherapie. Er wünscht sich Therapeuten und Meditationslehrer, die auf ihrer jeweiligen Ebene gut arbeiten und von der anderen Seite so viel verstehen, daß sie ihre eigenen Grenzen und Möglichkeiten realistisch einschätzen. Ähnlich sehen das *Petzold*,* *Boss*** und andere. Psychotherapie schafft, wo sie fehlen, die Grundlagen für den weiteren Weg in spirituelle Bereiche. Sie kann auch gleichzeitig oder im Wechsel mit spirituellen Erkenntniswegen angewandt werden.

Viele Praktiker sehen das etwas anders. Sie wollen die menschliche Psyche nicht „kompartmentalisieren". Ihrer Erfahrung nach kommen Klienten auch mit psychologischen Methoden, besonders mit nondirektiven, an Transpersonales heran. Wichtig ist für sie der „Kontext", das heißt, Voraussetzung für solche Erlebnisse ist eine Umgebung, in der der Klient sich damit verstanden und akzeptiert fühlen kann. In einer solchen Situation können personale und transpersonale Probleme gleichermaßen und auch gleichzeitig auftauchen, wenn sie „reif" sind. Ob und wie dies gelingt, hängt von der Erfahrung und Offenheit des Therapeuten in beiden Bereichen ab. Interessante Ansätze dieser integrativen Form bieten die Kunst- und Körpertherapien, wie sie auch in unserem Buch geschildert werden, speziell auch die konsequent nondirektive Variante *Mindells*.

Die Autoren unseres Buches sind sich weitgehend einig darüber, daß spirituelle Wege keine leichten Wege sind; das gilt auch für die Übertragung in den Alltag. Bei diesen Wegen geht es nicht um die Übernahme fremder Religionsformen um dieser Formen willen, auch nicht um die Entwicklung einer synthetischen Religion, die ver-

---

* *H. Petzold* (Hrsg.): Psychotherapie, Meditation, Gestalt, Junfermann, Paderborn 1984.

** *M. Boss*: Der Einfluß der Daseinsanalyse auf die Religiosität der Analysanden, in: Psychologie des 20. Jahrhunderts, Bd. IXX, Kindler, München.

mutlich so wenig lebensfähig wäre wie die synthetische Sprache Esperanto. Die Notwendigkeit, sich auf einen gewählten Weg ganz einzulassen, verbietet auch beliebigen Wechsel. Und schließlich verliert den Kontakt zum Numinosen, wer sich mit diesem „Besitz" brüstet und die tägliche Übung vernachlässigt. Es geht um lebendiges Erleben von Religion, von Weisheit, Liebe, Sinn und damit um die Möglichkeit, etwas davon im Alltag leben zu können, hier wirklich Mensch zu werden.

Für viele ist das Bemühen um Spirituelles gleichbedeutend mit Weltflucht und Aussteigertum. Es verlangt zumindest zeitweiligen Rückzug vom Alltag, das ist richtig. Aber gewiß macht es nicht grundsätzlich lebensuntüchtig und unfähig, sozial und politisch zu handeln. Das Erleben der Einheit bewirkt Mitgefühl. Und *Gandhi*s gewaltlose Befreiung Indiens von der Kolonialregierung ist ein eindrucksvolles Beispiel dafür, wie ein Hindu Politik machen kann. *Gandhi*s Erkenntnis lautet:

„Gott verlangt nichts Geringeres als totale Selbstaufgabe als Preis für die einzige Freiheit, die es wirklich zu erlangen lohnt. Wer sein Ego verliert, der findet sich unversehens im Dienst an allem, was da lebt, und es wird ihm eine Freude und ein Entzücken sein. Er wird zu einem neuen Menschen und wird nie müde werden, sein Leben in den Dienst an Gottes Schöpfung zu stellen."*

* *Mahatma Gandhi*, zitiert nach dem Artikel von *Ram Dass* in diesem Buch.

Teil I

Spirituelle Traditionen

Schamanentum

Holger Kalweit

Die eigentliche Erforschung des Schamanentums begann vor kaum 20 Jahren. Bis dahin stellten die Aufsätze und Bücher zu diesem Thema krude Beschreibungen, äußerliche Beobachtung gemischt mit eurozentrischen Phantasien dar. Waren sie von christlichen Gedankengängen geprägt, behandelten sie den Schamanen als einen vom Teufel Verführten, der gnadenlos verfolgt werden mußte. Die älteren Wissenschaftler klassifizieren ihn als kulturell anerkannten Psychotiker und hielten Kulturen, in denen eine solche Anerkennung möglich war, für „organisierte Schizophrenie".

Um 1970 beginnt die nicht-eurozentrische Betrachtungsweise. Zum ersten Mal wird über Schamanen das gesagt, was diese über sich selbst sagen. Es besteht keine erkenntnistheoretische Kluft mehr zwischen Schamanen und Forschern. Wer etwas über Schamanentum erfahren und aussagen will, versucht selbst, schamanische Erfahrungen zu machen.

Die geistige Grundstimmung des Schamanen

Die schamanische Existenz ist von einem eigentümlichen Erlebnis des Daseins durchdrungen, das sich durch eine bestimmte Entwicklungslinie auszeichnet, die wir hier kurz aufführen wollen. Versuchen wir, uns einmal ansatzweise in diesen geistigen Prozeß hineinzuleben. – Womit läßt sich das menschliche Leben am ehesten charakterisieren? Es ist die Trennung von Welt und Ich. Ich bin hier, da draußen steht die Welt. Das ist vielleicht das grundlegendste geistige Erlebnis außer der Tatsache, überhaupt zu existieren. Vergegenwärtigen wir uns diese Erfahrung, dann überkommt uns eine *Scheu* vor den anderen Formen. Diese spontane Scheu entspringt dem Nichtwissen über das Woher und Wohin der vielen Erscheinungen. Unsere Scheu entspringt der *Furcht* vor der Gewaltigkeit des Geheimnisses Welt. Das Gefühl der Kleinheit und Unbedeutsamkeit des menschlichen Lebens überkommt uns. Die Scheu steigert sich zur Ehre – *Ehrfurcht* entsteht, *heilige Scheu!*

Je größer die Ehrfurcht wird, desto näher rückt man jenem paradoxen Umkippen in die *heilige Sehnsucht* – wir wollen dann *ganz, heil, heilig* werden. Verbindung zwischen mir und den tausend Gesichtern der Welt wird gewünscht. Das „Adam-Erlebnis": ich bin ein Einzelner, schlägt um in ein „Adam kadmon-Erlebnis": ich bin der kosmische Mensch.

Aus dieser Gefühlswelt entsteht die schamanische Psychologie. Dieses Erleben geht einher mit angeborenen Körperreaktionen, die nun hervorbrechen. Solche „angeborenen auslösenden Mechanismen", wie sie der Verhaltensforscher *Konrad Lorenz* nannte, sind zum Beispiel: Niederknien im Angesicht des Großen und Heiligen, Händefalten als spontaner Ausdruck der persönlichen Vereinigung vor der universellen Verbundenheit der Dinge. Alle Rituale bzw. Gruppenpsychotherapien sind *Verbindungsrituale:* Verbindung wird gesucht zum Nachbarn, zur Umgebung, zu allen Fakten des Lebens. Verbindung heilt, glaubt man; Trennung schadet. Neben den Verbindungsritualen bestehen die *Reinigungsrituale,* sie entstehen aus dem Drang, sich vor Berührung mit der großen Reinheit selbst reinigen zu müssen. Dann gibt es die *Beruhigungstechniken,* sie werden aus dem spontanen Gefühl heraus geboren, der großen Ruhe nicht als nervöser menschlicher Erdklumpen gegenübertreten zu können. Alle menschlichen psychologischen Ritualhandlungen entspringen diesem Bedürfnis, die „wahre Welt", wie sie Platon nennt, zu wiederholen, *nachzuahmen im menschlichen Kleinformat*. Der Schamane in seinem ganzen Wesen verkörpert letztendlich die Naturgesetze im kleinen. Schamanentum ist Naturabbildung.

Aus dem bisher Dargestellten entwickelt sich ein weiteres Grunderlebnis: instinktives *Vertrauen* in die Welt. Die vielen Ereignisse und Dinge hängen auf eine unerklärliche Weise miteinander zusammen, und man selbst fühlt sich verbunden mit allen Teilen der Welt. Das ist die Erfahrung des Guten. Obwohl es Schlechtes und Schmerzliches gibt, ist die Welt aufgrund ihrer universellen Verbundenheit doch gut. Das schamanische *Erlebnis der großen Verbundenheit* und Güte endet hier jedoch noch nicht. Wird dieses Erleben weiter gesteigert, kommt es zur Erfahrung der *großen Liebe* für das Leben in all seinen Aspekten. Es gibt nichts mehr, was nicht wunderbar sein könnte. Im weiteren Verlauf entsteht daraus ein Gefühl des *Friedens*. Aus dem Mangel an Gegensätzen im Vereinigungserlebnis entsteht eine Affektlosigkeit, ein Zurückhalten der Begierde; nun paßt alles harmonisch zusammen, wie widersprüchlich es für das normale Auge auch sein mag. Aus dem Gefühl des Friedens wird ein Gefühl der *Freude* geboren. Schlichte Freude darüber dazusein. Freude über *das, was ist*. Man möchte diese Freude nicht für sich allein behalten, sondern sie mit anderen teilen. So kommt es zur sozialen Hilfe. Der Schamane setzt sich als Heiler für seine *Gemeinschaft* ein. Der Schamane betritt die Bühne des Lebens: Urpsychologie beginnt.

Das schamanische Weltmodell

Es gibt mindestens fünf Daseinsebenen, aus denen sich der Mensch nach schamanischer Weltsicht zusammensetzt:

(1) der Name (Kultur, Soziales),
(2) die Psyche (Verhalten, Individuation, Persönlichkeit usw.),
(3) der Körper,
(4) Bioplasmaleib (Energiematrix, die den Körper erhält und aufbaut; auch Atem, Schatten, Hauch genannt),
(5) Bewußtseinskörper (unser Bewußtsein, ganz befreit von allen vorhergehenden Prinzipien, überlebt als einziges und kann wiedergeboren oder in einem anderen Lebenszirkel weiterexistieren).

Für Name, Psyche und Körper gibt es, um sie aufzubauen und zu erhalten, eine Unzahl von Methoden; wir sind damit fast den ganzen Tag über beschäftigt. Ebenso bedarf der Bioplasmaleib oder der Energiekörper der Pflege: Er muß gereinigt werden durch Meditation, durch Fasten, durch Schweigen, durch Einsamkeit und innere geistige Entleerung, durch Wasser, Feuer, Luft; sein Ungleichgewicht, d.h. seine positive und negative Energie muß ausbalanciert werden. Dadurch kommt es zur Heilung, diese findet nämlich vor allem in der Energiematrix statt. Der Energieleib durchwebt den physischen Leib und überschreitet ihn um wenige Zentimeter. In diesem Energieleib halten sich auch alle Gedanken auf, die wir jemals gedacht haben; daher ist es wichtig, die Gedanken rein zu halten, damit man sich nicht selbst verunreinigt. Dieser feinstoffliche Leib soll sich einige Tage nach dem Tod mit all seinem Inhalt auflösen.

Nach dem Tode existiert der Mensch weiter als Bewußtseinsentität, befreit von Namen, Psyche, Körper und Energieleib. Einige Schamanen haben die Fähigkeit entwickelt, aus jenen sogenannten „Körpern" herauszuschlüpfen und als reines Bewußtsein zu existieren, andere die Fähigkeit, als Heiler am Energieleib Operationen durchzuführen, wieder andere durch Trance, die nichts anderes ist als Wahrnehmungserhöhung, die Umwelt schärfer und wirklichkeitsnaher zu sehen. Noch andere führen psychotherapeutische Rituale durch und sorgen so für das soziale und psychische Gemeinwohl oder sind als Weisheitslehrer und Legendenerzähler oder Priester tätig. Jeder Schamane beherrscht nur einige oder eine dieser Fähigkeiten, jeder spezialisiert sich entsprechend seiner Begabung. Zudem sind die Erfahrungen, die jeder macht, individuell verschieden, da jeder nur einen Ausschnitt an Wirklichkeit erfährt. Von *dem* Schamanen zu reden, ist daher eine grobe Vereinfachung, ähnlich als wollten wir bloß von Ärzten sprechen und nicht unterscheiden zwischen Internisten, Neurologen und Chirurgen.

Trotz der verschiedenen Kulturen besteht zwischen Schamanen eine keineswegs überraschende Ähnlichkeit, weil die Prinzipien des Geistes, der Psyche und des Bewußtseins bei allen Menschen gleich sind. Die Reisen in den reinen Bewußtseinszustand sind identisch, lediglich die Worte, die Symbole, mit denen diese umschrieben werden, unterscheiden sich durch die kulturelle Einbettung der Individuen. Ob man nun vom Schatten oder Atem hinsichtlich des Energieleibes spricht, macht keinen Unterschied.

„Wie ist es zu der schamanischen Vorstellungswelt gekommen?", wird oft gefragt. Die schamanischen Vorstellungen werden sicherlich zu einem Teil in Familie und Kultur weitergegeben, nicht jedoch jene Kenntnisse, die auf Selbsterfahrung beruhen; bestenfalls werden die Techniken, die dazu führen, überliefert. Die Erfahrung selbst muß jeder einzelne allein machen. Die Erfahrungen stimmen zwar im Prinzip überein, nicht jedoch im Detail, was vergleichbar ist mit zwei Personen, die eine gleiche Landschaft beschreiben, denn jedem fällt dabei etwas anderes auf, jeder ist für etwas anderes empfänglich. Daher die Unterschiede, die viele Forscher so irritiert haben. Keine zwei Reisen in die Bewußtseinsdimension ähneln sich, nur die großen Stationen bleiben gleich.

Bei allen schamanischen Erlebnissen lassen sich die angewandten Methoden in zwei Arten unterscheiden. Es können alle Trancen, Visionen, außerkörperlichen Erfahrungen durch Erhöhung des Erregungspegels oder durch Verringerung, durch Beruhigung desselben erreicht werden. Es spielt keine Rolle, ob ich jemanden durch Schrecken, Schock, Schläge, Schmerzen oder eben durch Kontemplation, Meditation, Einsamkeit, Ruhe, Gebet usw. zu einer Vision führe. Das Ergebnis bleibt sich gleich. Diese Doppelmöglichkeit beruht auf der Dualität unseres Nervensystems, das sich in trophotropes und sympathisches unterteilt, also durch Ruhe und Erregung lernt und das Leben meistert. Die häufig gehegte Meinung, nur durch Ruhe ließe sich ein veränderter Bewußtseinszustand erreichen, ist ein weit verbreiteter Trugschluß.

Die meisten Meditationsformen benutzen eine extreme Steigerung der Erregung, was dem Menschen offenbar mehr liegt und schneller zum Ergebnis führt. Wohl drei Viertel aller Techniken zur Veränderung des Bewußtseinszustandes verschreiben sich dem gesteigerten Erregungszustand. Im Westen hat sich der Irrtum verbreitet, daß die Erfahrung anderer Daseinsschichten *nur* erreichbar sei durch eine Abwendung von der Erregung und der Reizüberflutung des Alltags. Man meint, das trophotrope System sei die Rettung; Ruhe, Kontemplation seien höher einzuschätzen als etwa durch Rhythmus erzeugte Trance und Ekstase. Daher ordneten wir den schamanischen Komplex, der uns durch die einseitige Aufbereitung nur als ein ekstatischer vermittelt wurde, in die Rubrik „primitiv" ein. Dazu ist folgendes zu sagen:

(1) Sämtliche Stammeskulturen und Schamanen verwenden ihre eigenen Meditationsformen, die zu den gleichen Ergebnissen wie die von asiatischen Yogis führen.

(2) Stammeskulturen verwenden Zustände wie Streß, Angst, Schmerz, Rhythmus, Tanz, negative psychische Zustände (Neurosen, Psychosen, Epilepsie), die bereits eine Dekonditionierung vom Normalverhalten zeigen, und führen diese hin zu Trance und Ich-Tod.

Die Kosmologie der Schamanen auf der ganzen Welt, ob in Japan, Sibirien, Lappland, Grönland, Amerika, Afrika oder im Pazifik, geht von der Existenz vieler physischer und nicht-physischer Welten aus.

Die irdische materielle, kausale Existenz ist nur *eine* Möglichkeit. Nach dem Tod wird eine Existenz in anderen Daseinssystemen gelebt, mit anderen Koordinaten als Raum, Zeit, Materie, Kausalität. Aufgabe vieler Schamanen ist es, gewissermaßen Kontakt zu diesen anderen Sphären zu halten. Diese Sphären befinden sich räumlich nicht außerhalb unserer physischen Existenz, sie durchweben sie, sind also bei einer Bewußtseinsmodulation unmittelbar greifbar. Im allgemeinen erfolgt die Abspaltung des reinen Bewußtseins von Körper und Energieleib durch extreme Reizüberflutung, wodurch es zur Ohnmacht, zum Zusammenbruch der Koppelung Körper-Geist kommt. Alle Nah-Todestechniken versuchen, die Lebensfunktionen wie Herzkreislaufsystem, Atmung, Bioelektrizität, Bioplasma (und letzteres metaphorisch gesprochen durch plötzliche Umpolung oder Neutralisierung) zu blockieren; in diesem Augenblick wird das reine Bewußtsein frei, löst sich ab und befindet sich augenblicklich in einer der transmateriellen Welten. Hier beginnt recht eigentlich erst die Fähigkeit des Schamanen. Es kommt nun darauf an, wie gut er sich in anderen Dimensionen auskennt. Dazu sind Übung und Erfahrung notwendig sowie ein gereinigtes Bewußtsein, das ohne menschliche Attribute ist. Damit können wir die Essenz des Schamanentums bestimmen: Um in anderen Welten zu existieren, benötigt es ein von menschlichen Gedanken, Gefühlen, Verhaltensweisen gesäubertes Bewußtsein.

Alle anderen, weniger komplexen veränderten Bewußtseinszustände wie der Tod des Namens, der Psyche müssen die Todesschranke nicht überwinden. Sie bleiben im Vorfeld des Todes stehen, im *Ich-Tod*. Das heißt, es erfolgt kein wirklicher Tod, sondern lediglich ein Ablegen des Namens, der sozialen Wertmaßstäbe, Hoffnungen, Meinungen usw.; wir sprechen hier von *Krisis*, und das ist auch der Kern aller Psychotherapie.

Durch körperliche und psychische Krise stürzt der gesamte Ichaufbau zusammen: nichts bleibt übrig, nur Leere, Stille; das kann, wie gesagt, zum echten Nah-Todeserlebnis führen, wenn die Krise stark genug ist. Im allgemeinen baut sich aber nach Sekunden, Minuten, spätestens Stunden ein leicht modifiziertes, von den Unreinheiten und falschen Anschauungen befreites Ich wieder auf. Der Mensch vermag nicht lange in der Ichlosigkeit zu verharren, da er noch an Körper und Energieleib gebunden ist, die ihn mit Reizen, Informationen, Erinnerungen usw. füttern. Erst wenn diese beiden abgeworfen sind, besteht erstmals wirkliche geistige Freiheit.

Trancezustände sind ebenfalls in die Kategorie „Ich-Tod" einzureihen; sie entstehen durch Aufmerksamkeitsverschiebung. Wenn ich z.B. nur auf den rechten Arm konzentriert bin, werde ich im linken keinen Schmerz spüren; konzentriere ich mich auf meinen Arm und suggeriere ihm Schmerz, dann werde ich in ihm auch Schmerz spüren. Trance engt die Wahrnehmung auf einen Punkt ein, der beliebig verschiebbar ist; dadurch, daß die gesamte Wahrnehmungskapazität nunmehr auf einen kleinen Sektor zusammengefaßt ist, entsteht ein *Lupeneffekt*, ein Detail wird vergrößert zuungunsten des Umfeldes, welches gar nicht mehr wahrgenommen wird. Richte ich meine Aufmerksamkeit auf *einen* Menschen und blende die Umgebung ganz aus, setze also gewissermaßen Scheuklappen auf, dann werde ich diese Person lebendiger, schärfer und detaillierter wahrnehmen und ihre Probleme, ihr Sein auf einen Schlag erkennen. Das wird dann in der schamanischen Diagnostik als eine Art „Röntgenblick" ausgenutzt. Der Trancekomplex enthält viele interessante Facetten, wurde aber von Wissenschaftlern leider kaum verstanden. Ich habe in „Heilung des Wissens" (1987) einige bisher unentdeckte Phänomene und Strukturen der Trance aufgezeigt.

Erwähnt sei nun noch kurz die subjektive *Zeitverlangsamung*. Die Zusammenfassung der Wahrnehmung auf einen Punkt führt zur subjektiven Verlangsamung der Zeit. Man hat im Trancezustand, also in einer Minute sozusagen 10 Minuten zur Verfügung. Es ist klar, daß eine zehnminütige Betrachtung objektiver und vielgestaltiger ist als eine einminütige. Daher kommt das schnelle Denken und Einschätzen, das rasche Handeln und die extreme Wachheit in der Trance.

Ein letzter zu erwähnender Effekt ist ein ästhetischer. – *Lupen- und Zeitlupeneffekt* bewirken, daß wir die Dinge sehen, wie sie wirklich sind. Ein Baum z.B. wird jetzt gesehen frei von menschlichen Deutungsmustern und Gewohnheiten, dadurch wirkt er überirdisch schön. Die Schönheit aller Dinge, vorher begraben unter unseren Gewohnheitsmustern, tritt jetzt klar hervor. Leben als Wunder! Von hier aus kommt man zu einer gänzlich neuen Forschung, der *Tranceästhetik*. Daß eine Verringerung des Ich mitspielt, d.h. eine Verringerung an Wissen und Gedächtnis, ist eine typische Trancewirkung, eine Form des Ich-Todes. Trance verstehe ich als „kleinen Tod"; so beschreiben sie auch viele Völker.

Eine zeitlose Psychologie

Unser westliches Lebensbild ist geschichtsgebunden. Zumindest ist es das seit dem Aufklärungszeitalter zunehmend geworden. Wir haben das heute als Selbstverständlichkeit so verinnerlicht, daß wir uns ein anderes Lebensmodell kaum mehr vorstellen können. Dennoch hat es immer wieder bedeutende Philosophen gegeben, die das Dasein nicht als eine kausale Abfolge von Ursachen und Wirkungen sehen wollten. *Schopenhauer* und *Nietzsche* waren sicherlich die Prototypen der Verweigerung gegenüber der Geschichte. *Nietzsche* sprach von der ewigen Wiederkehr der Dinge und lehnte die Evolution ab. *Schopenhauer* erkannte Zeit, Raum und Kausalität als Trugschluß; Geschichte, Entwicklung, Evolution galten ihm als Verblendung eines in der Kausalität verstrickten Geistes.

Der Schamane nun versucht durch Trance und Vision und Todesreise in die zeitlose Dimension einzudringen, zumindest sich ihr zu nähern. Das ist sein Mittelpunkt, von hier aus nur ist seine Psychologie verständlich. Wir dürfen daher von einer *Psychologie des Zeitlosen* sprechen. Von der Zeitlosigkeit aus bestimmt der Schamane das menschliche Drama, und dorthin will er das menschliche Drama überführen.

Literatur

(Angegeben werden nur jene Quellen, in denen Forscher versucht haben, durch Selbsterfahrung das schamanische Weltbild zu verstehen.)

Amiotte, A.: „Eagles fly over", *Parabola*, 1, No. 3 (1976).
Boshier, Adrian K.: „African Apprenticeship", *Parapsychology Review*, No. 4, (1974).
Brown, Vinson: Voices of Earth and Sky, Happy Camp, Calif., 1974.
–: „Ein Regenbogen im Morgengrauen", in: *Schenk/Kalweit* 1987.
Deren, Maya: The Voodoo Gods, St. Albans 1975.
Derlon, Pierre: Unter Hexern und Zauberern. Die geheimen Traditionen der Zigeuner, Basel 1976.
Devereux, George: Angst und Methode in den Verhaltenswissenschaften, München 1986.
Harner, Michael J.: The Way of the Shaman, San Francisco 1980.
Jones, David: Sanapia: Comanche Medicine Woman, New York 1972.

Kalweit, Holger: Traumzeit und innerer Raum: Die Welt der Schamanen, München 1984.
–: Urheiler, Medizinleute und Schamanen. Lehren aus der archaischen Lebenstherapie, München 1987.
Katz, Richard: Boiling Energy, Cambridge, Mass., 1982.
–: „Heiler sprechen", in: *Schenk/Kalweit* 1987.
Krippner, Stanley, Villoldo, Alberto: The Realms of Healing. Millbrae, Calif., 1976.
Kunze, Gerhard: „Die kleine Geisterfrau", in: *Schenk/Kalweit* 1987.
Lamp, Bruce F.: Der weiße Indio vom Amazonas, München 1982.
Larsen, Stephen: The Shamans Doorway, New York 1976.
Neal, James H.: Ju-Ju in my Life, London 1966.
Peters, Larry: „An Experimental Study of Nepalese Shamanism", *The Journal of Transpersonal Psychology*, 13, N. 1 (1981).
Prem Das: „Die singende Erde", in: *Schenk/Kalweit* 1987.
Schenk, Anelie: „Ein Medizinmann erzählt", im: *Schenk/Kalweit* 1987.
–: „Das Tranceverhalten der Orakelheiler Ladakhs", in: *Neumann, Peter, Meier, Gudrun*: Wissenschaftsgeschichte und gegenwärtige Forschungen in Nordwest-Indien, Bautzen 1989.
–, *Kalweit, Holger*: Heilung des Wissens. Forscher erzählen von ihrer Begegnung mit dem Schamanen, München 1987.
Sharon, Douglas: „Der gescheiterte Schamanenschüler", in: *Schenk/Kalweit* 1987.
Waters, Frank: Pumpkin Seed Point, Chicago 1969.

Taoismus bei Laotse und Dschuangse[1]

Theodor Scheufele

TAO und die Sprache

Manchmal werde ich gefragt, ob ich ein „Taoist“ sei. Ich verneine das eher. Auch spreche ich ungern von „Taoismus“. Warum? Weil das, was damit gemeint ist und was der sogenannte Taoist in seinem Leben realisieren (wahrnehmen ebenso wie verwirklichen) möchte, jenseits von „Ismen“weist. Es ist in keiner philosophischen Theorie festzumachen und nicht als Religion zu bekennen; ebensowenig kann es als wissenschaftliche Methode benützt werden oder kann man in seinem Zeichen eine politische Organisation gründen. Zwar hat es mit Philosophie, Religion, Wissenschaft und Politik zu tun, indem es diese neu zu motivieren vermag. Doch geschieht die Realisierung des TAO immer von individuell einmaliger Erfahrungsbasis her. Dabei wird das Überpersönlich-Gemeinsame aller Existenz, auf welches individuelle Erfahrung gerichtet ist, konkret erlebt. Als solch je neu stattfindendes Erlebnis kann das Gemeinsame nie als etwas Festes erfahren werden. Deshalb ist es auch nicht ein für allemal zu erfassen oder zu beschreiben. Einheit der Existenz erschließt sich nur der Erkenntnis, daß allem gemeinsam der Wandel ist, der Fluß, TAO, die bewegte Einheit, läßt immer neue Gegenwart ereignen. Das Immer und Überall der Ewigkeit: jetzt, hier, ich...

Man merkt bereits, daß, wer über Taoismus reden will, bald an den Rand des Schweigens gelangt, auf mystisches Gebiet. Dort kann das wesentliche Was, um das es geht, das TAO, erst evident werden. Die Einheit widerstrebt der Sprache. Sprache ist nur durch Zerlegung der einheitlich bewegten Welt in verschiedene starre Begriffe möglich; durch Abgrenzung des Unbegrenzt-Grenzenlosen. Darüber heißt es im TAO-KE-KING des Laotse:

> Am Beginn von Himmel und Erde gab es keine Wörter.
> Erst als die Dinge sich lösten vom gemeinsamen Wurzelgrund,
> bedurfte es der Wörter zur Unterscheidung. (*Laotse*, 10)

Beschreiben kann man das Mannigfaltige, Verschiedene, Abgetrennte. Namen für die Ursprungs-Einheit bleiben Namen, die von der Wirklichkeit des Einheitserlebnisses nichts vermitteln können: „Suche aber nichts Besonderes herauszuheben: da ist kein Ding, das sich versagte. Solcher Art ist das vollkommene TAO. Und solcher Art ist auch das urbildliche Wort. Ganzheit, Vollständigkeit, Allheit, das sind die Namen, die verschieden klingen und doch das gleiche meinen. Ihr Sinn ist das Eine..." (*Dschuangdse,* B 72).

Wo bei Laotse oder Dschuangdse, den „Vätern des Taoismus", das TAO umschrieben wird, geschieht es wie bei allen mystischen Sagen in den Formen der Negation und des Paradoxen. TAO ist raumlos, tonlos, unsichtbar, ungreifbar, unvorstellbar, unerforschlich, unendlich – und ist doch die allernächste Wirklichkeit; es ist zugleich hell und dunkel, voll und leer, tot und lebendig, gegenwärtig und ewig; es ist „gestaltlose Form, zeichenloses Bild" (*Laotse, 3).* „Versuche mit mir das Schloß Nirgendwo zu erreichen, und da inmitten der Einheit der Dinge, führe dein Gespräch ins Unendliche. Versuche mit mir Nichttun zu üben... Da wird mein Geist abgelöst. Er wandert nicht, und ist doch des Ruhens unbewußt. Er kommt und geht, und ist doch des Einhalts unbewußt. Rückwärts, vorwärts, alles Zieles unbewußt, auf und nieder im Schrankenlosen..." *(Dschuangdse,* B 72).

Laotse und Dschuangdse sprechen nicht aus dem vergeblichen Bemühen heraus, durch Sprache unmittelbar etwas vom Wesen ihres Erlebens wiedergeben zu können. Vielmehr wollen Sie innerhalb des Bereichs der Sprache, den sie als einen Bereich menschlicher Verständigung anerkennen, bis zu den Grenzen der Sprache führen. Von dort aus kann das Bewußtsein des Hörers oder Lesers dann sich in vorsprachlicher, übersprachlicher Weise zur gemeinten Erlebnismitte hin entfalten. Und auch wieder zurück wollen sie führen, von den Grenzen des sprachlos-zeitlosen Zustandes unmittelbarer, überpersönlicher Gegenwart in die auf Sprache gegründete, geschichtlich-gesellschaftlich vermittelte Wirklichkeit des Einzelmenschen hinein.

„Hinüberzugehen und wiederzukehren" (*Hölderlin*) – in solch doppelter Richtung, von der Alltagswirklichkeit zur Mitte mystischen Erlebens und wieder zurück zur neu erfahrenen Alltagswirklichkeit – weisen die Aussagen von *Laotse* und *Dschuangdse.* Die esoterische Strecke des Weges findet dabei ebenso Beachtung wie die Beziehung des TAO zum Leben eines jeden Menschen und zum Zusammenleben aller Menschen. Diese drei Punkte werde ich dann im Zusammenhang mit einigen taoistischen Grundbegriffen und Zentralthemen der Werke Laotses und Dschuangdses genauer behandeln. Zuvor soll einiges über Laotse und Dschuangdse selbst gesagt werden sowie über den geschichtlichen und philosophischen Hintergrund, vor dem sie zu sehen sind. Bei allem Gesagten bleibt der Vorbehalt, daß über Taoismus zu sprechen nur paradox möglich ist: Etwas sprachlich nicht Auszudrückendes wird Thema sprachlicher Darlegung. Bei Dschuangdse finden sich die Sätze: „Was die Worte wertvoll macht, sind die Gedanken. Es gibt etwas, wonach die Gedanken sich richten; das aber, wonach die Gedanken sich richten, läßt sich nicht durch Worte überliefern" (*Dschuangdse*, W 151).

Laotse und Dschuangdse

Kaum weisen die Schriften von Laotse und Dschuangdse auf ihre Verfasser. Das zwanzigste Kapitel des TAO-KE-KING, worin am ehesten ein lyrisches Ich sich ausspricht, vermittelt von *Laotse* das Bild eines etwas schwermütigen Einzelgängers, der am Treiben der meisten seiner Zeitgenossen wenig Gefallen findet. Ihre Lebensziele bedeuten ihm nichts; ihr Streben ist ihm fremd. In Treue zu seinem Ursprung hat er sich als ewiges Kind dem Strom kosmischen Geschehens hingebungsvoll anvertraut und preist die „nährende Mutter" Natur. Im übrigen Text tritt der Verfasser ganz zurück hinter das, was er weisend sagt. Gerade deshalb ist er als „Meister" in allem so gegenwärtig. Ein Zeichen taoistischer Meisterschaft ist nämlich Bescheidenheit der Person, Zurücktreten des Wirkenden hinter das Werk, Durchsichtigwerden der zeitlichen Ich-Hülle für das darin verborgene wesentliche Selbst. Vom rechten Meister heißt es bei Laotse:

> Zeigt sich nicht, man sieht ihn;
> erklärt sich nicht, man versteht ihn. (*Laotse*, 23)

Das paßt gut zu dem legendären Laotse, wörtlich: dem „alten Meister", der um 500 v. Chr. im südlichen China gelebt haben soll. Ich meine, er mag als Urheber des TAO-TE-KING (Buch von TAO und vom TE) gelten, auch wenn erwiesen ist, daß der uns bekannte Text erst 300 v. Chr. zum ersten Mal niedergeschrieben wurde und daß sich darin vieles aus der chinesischen Weisheitstradition vor Laotse und manche Ergänzungen aus späterer Zeit niedergeschlagen haben. Das individuelle Realisieren des TAO, die Wahrnehmung des wesentlichen Selbst, öffnet den Zugang zur überindividuellen Identität des „alten Meisters". Wie das TAO ist er in seiner archetypischen Substanz an jedem Ort, zu jeder Zeit derselbe.

Der Überlieferung nach war Laotse ein Archivar am Hof der Dschou-Könige. Bei beginnendem Alter soll er der städtischen Zivilisation und dem Buchwissen den Rücken zugekehrt haben, um in den Bergen jenseits der Grenze ein einfaches, naturverbundenes Leben zu führen. In der „Legende von der Entstehung des Buches TAO-TE-KING" hat *Bertolt Brecht* liebevoll die chinesische Überlieferung nacherzählt. Beim Verlassen des Landes sei Laotse vom Grenzwächter aufgefordert worden, seine Weisheit niederzuschreiben; in sieben Tagen sei so das TAO-TE-KING entstanden. Schlicht, wie uns die Person des Laotse in der Überlieferung entgegentritt, ist sein Werk.

Die einundachtzig Kapitel des TAO-TE-KING umfassen im Chinesischen nicht mehr als 520 Wörter; der Wortschatz beschränkt sich auf 800 verschiedene Begriffe.[2] In umgekehrtem Verhältnis zu Kürze und Einfachheit der Form stehen Tiefe des Gehalts und Stärke der Wirkung. Auch darin hält sich Laotse an seinen Grundsatz:

> Weise reden nicht viel;
> Redende wissen nicht viel.
> Wahre Worte klingen nicht hochtrabend;
> hochtrabende Worte sind nicht wahr. (*Laotse*, 26)

Von *Dschuangdse*s Leben (365-290 v. Chr.) wissen wir ebenfalls wenig; auch er tritt als Person hinter der wesentlichen Erfahrung, die sein Werk umschreibt, zurück. Eine Quelle bezeichnet ihn als kleinen Beamten; wahrscheinlich war er Aufseher eines Gartens. Auch ist überliefert, daß er umfassend gebildet war und doch Zeit seines Lebens am Rande der Armut existierte: Er lehnte nämlich alle Angebote für ein höheres Amt ab, um frei seiner inneren Bestimmung, der Bahn des TAO, zu folgen. Dies ist ihm wohl gelungen, wie ein Bericht über sein Sterben vermuten läßt. Er verbot Trauerfeierlichkeiten nach seinem Tod mit den Worten: „Himmel und Erde sind mein Sarg, Sonne und Mond leuchten mir als Totenlampen, die Sterne sind meine Perlen und Edelsteine, und die ganze Schöpfung gibt mir das

Trauergeleite. So habe ich doch ein prächtiges Begräbnis. Was wollt ihr da noch hinzufügen?" (*Dschuangdse*, W 294).

Als Lehrer ist Dschuangdse einer von den vielen taoistischen Meistern, deren Lehre auf dem Wert Laotses beruht. In den ihm zugeschriebenen Schriften, gesammelt unter dem auf seinen Heimatort sich beziehenden Titel NAN-HUA-CHEN-CHING (Das wahre Buch vom südlichen Blütenland), tritt Laotse als beispielhafter Meister immer wieder auf. Ausführlich wird auch aus dem TAO-TE-KING zitiert. Im Unterschied zum lyrischen Ernst der schlichten Spruchdichtung Laotses herrscht bei Dschuangdse die polemische Rede, der dialektische Dialog und das überraschende Gleichnis vor. Gründlich setzt er sich mit den anderen philosophischen Lehrmeinungen seiner Zeit auseinander und grenzt seinen Taoismus davon ab. Vieles, was sich dann später aus der Begegnung von Taoismus und Buddhismus als chinesischer Zen entwickelt hat – wie ihn etwa das BI-YÄN-LU (Niederschrift von der smaragdenen Felswand) überliefert – ist bei Dschuangdse schon zu spüren. So ist er weit mehr als bloß ein Schüler und Popularisierer Laotses. Er bereicherte und ergänzte die Lehre vom TAO temperamentmäßig um den Pol des Witzigen, Bunten, Lebensvollen. Ernst-ruhig der eine, heiter-bewegt der andere: so kann man in Laotse und Dschuangdse zwei Seiten des archetypischen „alten Meisters" sehen. Beide umschreiben in ihrem Werk dasselbe unbeschreibbare TAO. Von dort stammt die Hilfe, die sie gegen Wirrnis und Not ihrer Zeit aufbieten.

Geschichtlicher und philosophischer Hintergrund des Taoismus

Seit dem Ende des sechsten vorchristlichen Jahrhunderts hatten sich in China tiefgreifende Wandlungen auf allen Lebensgebieten vollzogen. Die Feudalherrschaft der Dschou-Könige verfügte über keine ordnende Kraft mehr. Verschiedene Fürstentümer kämpften in erbitterten Kriegen, die der Bevölkerung unablässige Not schufen, um die Hegemonie im Reich. Schließlich bahnte sich unter der Führung des Staates Chin um 200 v. Chr. die Entwicklung zum absoluten Kaiserstaat an, mit bürokratischer Beamtenverwaltung und totaler Bewaffnung. Auf wirtschaftlichem Gebiet begann in jener Übergangszeit, als Laotse und Dschuangdse lebten, die Auswertung von Bodenschätzen wie Eisen und Salz. Manufakturen entstanden, die Landwirtschaft erweiterte sich durch Bewässerungsanlagen; ausgedehnter Handels- und Geldverkehr verdrängte die naturalwirtschaftlichen Verhältnisse früherer Zeiten. Es bildeten sich neue soziale Schichten heraus; auf jahrhundertealter Gewohnheit beruhende Stammes- und Familienbeziehungen wurden brüchig.

Im Bewußtseinsbereich zeigte sich die Zeitwende am Fragwürdigwerden des magisch-mythischen Weltbildes, das bis dahin in China bestimmend gewesen war. Geistige Richtungslosigkeit und moralischer Wertzerfall waren die Folge. Daraus ist zu verstehen, daß überall im Lande philosophische Gruppen laut wurden, um Antwort auf die Fragen der Zeit zu geben. Man spricht von den „hundert Schulen", die damals den Weg zum rechten Leben für den Einzelnen und die Gesellschaft weisen wollten. Die Spannweite der Lösungsversuche reichte von der sich auf Gewalt und strenge Gesetzgebung verlassenden Staatslehre der „Legalisten" bis zur Verherrlichung bedingungsloser Passivität bei den „Quietisten". Am wichtigsten für die weitere Entwicklung Chinas und auch für uns heute wurde neben der taoistischen Schule die Schule des Kungfutse.

Kungfutse gilt als Gegenspieler Laotses. Seine große Bedeutung bestand darin, daß er – das magisch-mythische Weltbild erweiternd – Vernunft und Sittlichkeit als richtungsgebende Kräfte für privates und öffentliches Leben erkannt hat. Er schuf ein System genau festgelegter Pflichten für moralisches Zusammenleben, das später zur offiziellen Staatsideologie und, was im alten China ja untrennbar davon war, zur Staatsreligion der meisten Kaiserdynastien wurde. „Konfuzius gibt das Maß, das leicht zu halten ist, Laotse das Einfache, das am schwersten getan wird" – so umreißt *Ernst Bloch*[3] knapp den Unterschied zwischen den beiden Meistern. Der Gegensatz, in dem sie zueinander stehen, wird freilich oft übermäßig betont. Sie gehen zwar von verschiedenen Wirklichkeitsebenen aus – Laotse vom Bereich des natürlich Gewachsenen, der mütterlichen Geborgenheit, Kungfutse vom Bereich des gesellschaftlich Hervorgebrachten, der patriarchalischen Ordnung. Aber deshalb stehen ihre Bestrebungen auch in einem Ergänzungsverhältnis. Dschuangdse, der sich vielfach mit den Schülern des Kungfutse und ihrer zur Doktorin gewordenen Lehre auseinandersetzt, zeigt Kungfutse in fiktiven Begegnungen mit Laotse und anderen taoistischen Meistern diesen zwar an Weisheit nicht gewachsen; er zeigt ihn aber doch von der taoistischen Lehre beeinflußt. Nicht selten vertritt Kungfutse bei Dschuangdse taoistische Anschauungen im Gespräch mit seinen Schülern. Manchmal scheint es, als könnten in der lebendigen Realisierung des TAO Laotse und Kungfutse sich treffen: wenn intuitives und methodisches Wissen im spontanen Vollzug zu einer Naivität höherer Art geworden ist.

TAO und TE

Wie für die Taoisten ist für die Konfuzianer TAO ein Grundbegriff. Eine der wörtlichen Bedeutungen von TAO (chinesisch gesprochen „Dau“) ist als Substantiv: Pfad, Weg, Straße, Bahn; als Verb: einen Weg entlanggehen, aber auch: einen Weg bahnen, be-wegen, führen, leiten, den Weg weisen. In magischen Zeiten mag TAO der Name des Gottes der Wege gewesen sein. Dem späteren rationalen Bewußtsein bedeutete TAO schließlich: Prinzip, Methode. Für Kungfutse ist TAO der Weg der guten alten Könige, jener mythischen Vorfahren, die regiert haben sollen, als die Welt noch in Ordnung war. TAO ist ihm das Prinzip der Sittlichkeit, die Methode des rechten Verhaltens, in Riten und Bräuchen überliefert, in kanonischen Büchern festgehalten. Methodisch kann seiner Ansicht nach das rechte Verhalten gelernt werden und durch Erziehung in alle staatlichen und familiären Beziehungen hineinwirken.

Viel umfassender ist die Bedeutung des TAO bei Laotse. Sie reicht weit über die Wirklichkeit des Menschen hinaus: TAO ist für ihn der Weg des Universums schlechthin, die kosmische Bahn des Weltgeschehens, der Urgrund alles Seienden, das wesentliche Sein – TAO ist ihm, wie ich einleitend schon angedeutet habe, eine Bezeichnung für die als Mitte des mystischen Erlebens sich offenbarende namenlose Einheit, für den Ursprung, der immer zugleich Gegenwart ist. Das TAO kann man nach Laotse nicht durch Bücher, nicht durch äußeres Lernen oder Nachahmen erfahren, sondern man kann nur durch innere Einfühlung an ihm teilhaben. Obwohl selbst umfassend gebildet, wenden Laotse und Dschuangdse sich gegen die äußerliche Gelehrsamkeit des Bücherwissens. Dieses gilt es zu einem unmittelbaren Wissen hin zu überschreiten. Dieses unmittelbare Wissen freilich, ein Verlernen von Gelerntem, eine wissende Unwissenheit, steht in dialektischem Bezug zum überlieferten Wissen, das es in sich aufhebt. Die Taoisten verherrlichen nicht die Dummheit der Bildungsfeindlichkeit. Doch sind sie sich klar darüber, daß der bewußten Erkenntnis des Menschen Grenzen gesetzt sind, jenseits derer ein wesentlicheres Wissen beginnt. Deshalb kann menschliche Erkenntnis als höchste Aufgabe nur leisten, die Grenzen der Erkenntnis zu erkennen: „Wer mit seinem Erkennen haltmacht vor dem, was man nicht erkennen kann, der hat's erreicht" (*Dschuangdse*, W 245). Deshalb eben kann das Wesen des TAO nie mit Worten beschrieben, sondern immer nur neu umschrieben werden. Darin besteht die Aufgabe einer taoistischen Literatur.

In den Versuchen, das Wesen des TAO zu umschreiben, ebenso wie in den Hinweisen darauf, wie das TAO erlebt werden kann, scheint bei Laotse und Dschuangdse zunächst vieles aus älterer magisch-mythischer Überlieferung durch. So findet sich die Bedeutung von TAO als Ursprung in Form einer mythischen Kosmogonie:

Vor Himmel und Erde:
raumlos,
gestaltlos,
unwandelbar,
alles durchdringend,
sich selbst nur enthaltend,
um sich selbst nur kreisend... (*Laotse*, 2)

TAO bringt Himmel und Erde hervor und durch beide hindurch zeugend-gebärend die gesamte Wirklichkeit. Die Kraft, durch welche TAO in dieser Weise wirkt, wird mit dem zweiten Hauptbegriff des TAO-TE-KING genannt: sie heißt TE.

Auch dieser Begriff umfaßt viele Bedeutungen. Er meint sowohl die wirkende Kraft des TAO, als auch dessen verwirklichten Zustand. Bezogen auf den Menschen bedeutet TE eine besondere Macht, eine durch Teilhabe ihres Trägers wirkende *Mana*-Kraft. Körperlich lokalisiert wird die Kraft als CHI erfahren, jene mit dem Atem sich erneuernde Lebensenergie, die dem indischen *Prana* wie dem christlichen *Pneuma* verwandt ist. Auf der moralisch-mentalen Ebene bedeutet TE: Tugend, richtiges Verhalten. Man hat das lateinische *„virtus"* oder das althochdeutsche *„tucht"* zum Vergleich herangezogen, beide besitzen ebenfalls die Doppelbedeutung von Kraft und Tugend. *Arthur Waley* sieht sogar eine Ähnlichkeit mit dem Karma-Begriff: In dem TE eines einzelnen Menschen verwirklicht sich sein persönliches TAO als Schicksal.[4] Bei Laotse und Dschuangdse, glaube ich, trifft die Bedeutung des TE als allesdurchdringende, wachsenlassende Wirkkraft den gemeinten Sinn am nächsten, zumal das Schriftzeichen ursprünglich dem Pflanzenbereich zugeordnet gewesen ist.

Der Mensch, der TAO in sich wirken läßt, hat somit teil am TE, ist unmittelbar vom kosmischen Werdensstrom durchpulst. Je mehr er sich dem überpersönlichen Bereich öffnen kann, desto stärker wirkt die universelle Kraft durch ihn hindurch. Seine Macht besteht darin, daß er allem natürlich sich Entwickelnden um sich herum zum Wirklichwerden verhilft. Er ist der Weise, dessen Macht eine helfend-schützende ist, ohne Anstrengung und Absicht, im Unterschied zur anderen Macht, die auf Gewalt und List gründet. Man könnte deshalb die Bedeutung von TE vielleicht auch mit „Liebe" umschreiben, sofern man sich darunter etwas ebenso Materielles wie *Wilhelm Reichs* Orgon und zugleich ebenso Spirituelles wie den platonischen Eros vorzustellen vermag.

YIN / YANG

TAO ist die Einheit. Die erste Zweiheit, in die TAO sich durch sein TE wirkend ausbreitet, besteht aus Himmel und Erde. Als die zwei allgemeinsten Urkräfte der Wirklichkeit gefaßt, heißen Himmel und Erde YANG und YIN. Diese sind nicht, wie wir aus der dualistischen Denkgewohnheit des Westens leicht annehmen könnten, einander ausschließende und bekämpfende Gegensätze. Beide Kräfte stammen aus dem TAO, und einander ergänzend, in ständig wandelnder Vermischung geht aus ihrem Zusammenwirken die Vielfalt des Seienden hervor. Man kann die Beziehung von YIN und YANG in ihrer Polarität und zugleich ursprünglichen Verbundenheit im TAO mit wissenschaftlichen Feldtheorien unserer Zeit, besonders denen der modernen Physik vergleichen; oder man kann wie die Tiefenpsychologie das polare Sowohl-als-auch als seelische Wirklichkeit entdecken. In beiden Fällen wird die Entweder-oder-Logik der traditionellen westlichen Wissenschaft erweitert. Hierin liegt ein Grund dafür, weshalb der Taoismus für ein zukünftiges, mehrdimensionales Weltbild richtungweisend werden kann. *Jean Gebser* sagte über Laotse, daß er „noch, aber bereits mit wachem Bewußtsein, die Gültigkeit der Polarität aus der ihn selbst bestimmenden psychisch-mythischen Bewußtseinsstruktur heraus zu formulieren vermochte".[5] Das heißt: im Taoismus wurde die bis dahin unbewußt wirkende Polarität zu einem bewußten Faktor der menschlichen Existenz, ohne ihr Geheimnis zu verlieren. Darin erkannten viele westliche Menschen unseres Jahrhunderts etwas Eigenes, ein überzeitlich wirkendes Wahres. So wurden seit den zwanziger Jahren für den Westen die taoistischen Schriften fast so bedeutungsvoll wie die antiken Schriften für die Renaissance.

Eine der heute wieder besonders intensiv studierten chinesischen Schriften ist das älteste Weisheitsbuch Chinas, das tief in die magische Zeit zurückreichende I-GING (Buch der Wandlungen), in das später dann sowohl konfuzianische wie auch taoistische Erfahrungen eingeflossen sind. Im I-GING wird durch folgerichtige Kombination der zwei Urkräfte YIN und YANG innerhalb von sechs verschiedenen Beziehungsverhältnissen wie in einem Computer die Entfaltung des TAO über die Zweiheit bis zu 64 genau erfaßten existentiellen Grundsituationen durchgeführt. Anders als ein Computer ist das I-GING jedoch über die mathematisch-rationale Struktur hinaus von den Kräften der Phantasie durchorganisiert. Es ist geprägt von einer unserer wissenschaftlichen Haltung fremden Verbindung rationaler und intuitiver Vernunft. Auch die Pole Ratio und Intuition können also als Spielarten des YING-YANG-Verhältnisses in ihre Bezogenheit auf das TAO begriffen und als lebendiges Denken realisiert werden. Wissenschaft und Meditation sind für Taoisten keine Widersprüche.

Erde und Himmel, Frau und Mann, Dunkel und Hell, Intuition und Ratio, Ausatmen und Einatmen, Tod und Leben – sie alle sind TAO. Die schon erwähnte mystische Paradoxie zeigt sich in der Polarität von YIN und YANG von anderem Blickwinkel aus. Um die Grundvoraussetzungen der taoistischen Lebenslehre zu verstehen, muß man diese Polarität vor Augen haben.[6] Die Taoisten fordern nämlich, damit man im Einklang mit TAO zu leben vermag, die Vermeidung extremer Einseitigkeit. Jeder Pol braucht den anderen zur

Bestreitung der Ganzheit; deshalb darf keiner sich verabsolutieren. Das Dunkle soll man genauso in sich sehen wie das Helle, die Frau so gut in sich erkennen wie den Mann, fordert Laotse. Er weist damit auf die Wahrnehmung von Schatten und Anima, die *C.G. Jung* als Individuationsprozeß beschrieben hat. Das TAO entspricht in diesem Zusammenhang dem Selbst bei Jung.

Wo eine einseitige Entwicklung bereits stattgefunden hat, also eine Entwicklung, die nicht im Einklang mit TAO steht, da muß die Einheit und Ganzheit des TAO durch Ausgleich wiederhergestellt werden. Weil nun ähnlich wie in unserer Zeit im alten China die YANG-Kräfte der gewaltsamen Stärke, des geschäftigen Planens und verändernden Eingreifens ins natürlich Gewordene eine gefährliche Übermacht zeigten, deshalb heben Laotse und Dschuangdse die ausgleichenden Gegenkräfte des YIN besonders hervor: Nachgeben, Weichsein, Wachsenlassen. Pflanze und Kind sind Beispiele des gewaltlosen Geschehenlassens – und immer wieder das Wasser, das, „von allen Dingen das Nachgiebigste, das Härteste aller Dinge, Stein" besiegt (Laotse, 8). Die Betonung des YIN-Kräfte heißt jedoch nicht, daß TAO mit YIN gleichzuzsetzen sei. Es geht immer um die ausgleichende Wirkung des YIN als Vorbedingung für die Wahrnehmung der Ganzheit.

WU-WEI, Ewigkeit, Medidation

TAO enthält alles, was irgend möglich ist. Was es je aus sich zu immer neu verwandelter Wirklichkeit entfaltet, kann deshalb nie das ganze TAO sein. Die gewordene Wirklichkeit eines bestimmten Augenblicks ist nur eine der unzähligen Möglichkeiten des TAO. TAO ist auch das, was nicht ist. Dieser Gedanke gewinnt weitreichende praktische Bedeutung für die Taoisten. Neben dem Seienden schließen sie auch das Nichtseiende, neben dem Aktiven auch das Passive in ihr Bewußtsein mit ein:

> Geknetet und gedreht,
> formt Ton den Krug.
> Wo er nicht ist,
> ist der Krug brauchbar. (*Laotse*, 8)

Die Bezogenheit von Seiendem und Nichtseiendem aufeinander ist der Grund, warum von den Taoisten die Zustände des Nicht-Tuns, des WU-WEI, gepriesen werden: Nicht-Geschäftigsein, Nicht-Planen, Nicht-Angreifen, Nicht-Reden, Nicht-Herrschen, Nicht-Besitzen. Wieder darf dies keinesfalls einseitig verstanden werden. TAO ist das Ganze, sowohl Tun wie Nicht-Tun. Beide sind Zustände des TAO.

Aber in Zeiten, da menschlicher Eigenwille dem natürlichen Welt-Verlauf gegenüber ein Übergewicht gewinnt und damit die Realisierung des kosmischen TAO gefährdet, ist Nicht-Tun die Pflicht des für die Welt mitverantwortlichen Menschen. So wird bei Dschuangdse von einem taoistischen Meister berichtet, der durch reines Nicht-Tun die Wirkkraft des TAO durch sich fließen lasse und so der Natur zum Gedeihen verhelfe: „Dieses Wesen sei vollkommen untätig. Dennoch halte es die Fäulnis von allen Dingen ab und mache die Saaten gedeihen" (*Dschuangdse,* B 9). Dem modernen Ohr klingt das sagenhaft; und doch – auch wir kennen Untersuchungen, die nachgewiesen haben, wie die seelische Einstellung der Menschen das Wachstum von Pflanzen beeinflußt!

Das Nicht, welches im WU-WEI gemeint ist, bedeutet also kein verneinendes Nichts. Es ist statisch gesehen die andere, notwendig ihm zugehörige Seite des Seienden, dynamisch gesehen aber dessen Nicht-Mehr und Noch-Nicht. In diese Zusammenhänge weiß sich das taoistische Tun des Nicht-Tuns verwoben. Die Ruhe und Stille, die nötig sind, damit das, was von sich aus werden will, wachsen kann, bringt der Taoist durch sein Verhalten den Menschen und anderen belebten wie unbelebten Wesen entgegen. Darin begreift er den „Nutzen seiner Nutzlosigkeit" (*Dschuangdse,* B 24). Die dem TAO entsprechende Bewegungsart verwirklicht sich für den Taoisten in der Sanftheit wachsender Pflanzen, in der Beständigkeit des dahinfließenden Wassers, in der Folgerichtigkeit, mit der beim Gehen ein Fuß vor den anderen gesetzt wird, in der Bedachtsamkeit sinnvoller menschlicher Kulturtätigkeit.

> Alles Große in der Welt
> ist aus Kleinem entstanden,
> alles Schwierige in der Welt
> war einmal leicht...
> Der gewaltigste Baum war ein Keim,
> der höchste Turm ein Häufchen Lehm.
> Hier unter deinem Fuß
> beginnen alle Meilen deiner Reise. (*Laotse,* 12)

Auch der Ursprungsvorgang, durch den Himmel und Erde und alle Dinge entstanden sind, ist kein einmaliger, gewaltsamer Vorgang, sondern geschieht, weil TAO jenseits der Zeit ist – als ewiges Wachsen immer neu:

> Der Mensch wurzelt in der Erde,
> die Erde im Himmel,
> der Himmel in TAO,
> TAO nur in sich selbst. (*Laotse*, 2)

Und eben deshalb ist TAO nicht nur der ewig gegenwärtige Ursprung alles Seienden, es ist zugleich dessen ewig gegenwärtiges Ziel. Laotse nennt TAO:

> groß,
> denn alles entstand aus ihm;
> fern,
> denn alles kehrt zu ihm zurück. (*Laotse*, 2)

Diesem Kreislauf, in dem alles Seiende unablässig von TAO weg und wieder zu TAO hin bewegt wird, sich ganz zu überlassen, ihn immer neu nachzuvollziehen, darin sieht der Taoist seine Aufgabe als Mensch. Dadurch kann er sich in bezug zur Einheit des allumfassenden Seins setzen:

> Nur wer den Ursprung erfährt,
> kann ganz im Augenblick sein;
> ewig durchfließt ihn
> der Lebensstrom. (*Laotse*, 3)

Hier nun wird eine andere Bedeutung des TAO, die noch dem frühen Taoismus zugehört, deutlich. Dem magischen Weltbild nämlich galt TAO vor allem als Weg zum ewigen Leben. Durch Ausgleich der Gegensätze, Vermeidung aller unnötigen Anstrengung, Ausweichen vor möglichen Gefahren glaubte man zur Unsterblichkeit zu gelangen. Aus dieser magischen Schicht des Taoismus stammen viele der Praktiken und Methoden, die zu der – im Sinne *Jean Gebsers* „defizienten" – Magie des späteren volkstümlichen Taoismus in China führten. Durch äußere Zaubertechniken wurden da Wirkungen erzielt, die äußerlich bleiben mußten, weil der seelische Bezug zum TAO, der den Nährboden dieser Techniken gebildet hatte, verloren gegangen war. Manches davon, wie Akupunktur, Atemtechnik, Kräuterheilkunde, am YING-YANG-Verhältnis ausgerichtete Ernährungssysteme, heilgymnastische Übungen wie TAI-

CHI, Kampftechniken wie KUNG-FU, taoistische Praktiken der Sexualität und anderes mehr ist in letzter Zeit auch bei uns populär geworden. Sicher üben diese Techniken sogar dann noch wohltätige Wirkungen aus, wenn ihr tieferer Sinn, das In-Einklang-Gelangen mit dem TAO bei der bloß äußeren Anwendung verloren geht. Doch bleiben die Wirkungen auf Teilbereiche beschränkt. Der unbegrenzte Glauben des magischen Bewußtseins an äußere „Machbarkeit" ist dem echten Taoismus fremd.

Zwar finden sich auch bei Laotse und Dschuangdse Anleitungen auf den genannten Gebieten. Aber der Bereich des Körperlichen, dem das defizient magische Bewußtsein so gebannt verhaftet ist, wird immer nur als Teilbereich der umfassenden Wirklichkeit des TAO gesehen. Dabei gilt freilich wieder: die Bereiche Körper und Geist stehen nicht in dualistischem Gegensatz zueinander. Durch Verlegung des Bewußtseinsmittelpunktes in die Seele wird vielmehr die Verbindung von Körper und Geist hergestellt. Die Eingestimmtheit ins TAO gewährt die Eingestimmtheit in die äußere wie die innere Welt. Das „ewige Leben", das durch die magischen, nur körperlich bezogenen Praktiken höchstens als langes Leben verwirklicht werden kann, wird in der bewußten Teilhabe des sterblichen Einzelmenschen am ewigen Kreislauf des Kosmos zu einer seelischen Realität.

Wenn wir bei Dschuangdse lesen, daß die taoistischen Weisen tief atmen – „denn reiner Menschen Atem kommt aus den innersten Tiefen" (*Dschuangdse,* B 31) –, so geht es dabei nicht um eine bloße Gesundheitsübung. Es handelt sich um einen der zahlreichen Hinweise zur „Speicherung der Wirkkraft des TAO" (*Laotse,* 5), die durchaus als Anleitungen zur taoistischen Meditation verstanden werden können. In der Meditation als dem eigentlichen Tun des Nicht-Tuns gelangt das Individuum dahin, die Grenzen seines Ich zu überwinden und der Teilhabe an der Einheit gewahr zu werden:

Die bewegte Seele stillhalten,
    eines nur umfassen;
den Atem strömen lassen,
    weich wie ein Kind;
den Blick läutern
    bis zur Ungetrübtheit.

Überlaß dich der Leere und Stille;
sei eins mit allen Wesen... (*Laotse,* 6)

SCHONG-JEN: Der Weise

Mystisches Erleben findet im Taoismus – das mag deutlich geworden sein – seine Mitte in der Wahrnehmung des TAO als unbeschreibbar gegenwärtigem Sein, als Ursprung und Ziel alles Seienden. Vom Kreislauf des Werdens und Vergehens fühlt sich der Meditierende unmittelbar mitbewegt und begreift sich so als Teil der dynamischen Einheit, die alle Verschiedenheit umfaßt. Er wird fähig, die Kraft der kosmischen Bewegung, das TE, in sich selbst zu spüren und von sich ausstrahlen zu lassen, um dadurch im Sinne des TAO zu wirken. Vor allem durch sein intuitives Ausgleichen der Grundkräfte YIN und YANG, deren verschiedene Zusammensetzung er in jeglicher Situation erlebt, wird sein bloßes Dasein für seine Umgebung maßgebend. Ein solcher Mensch, der TAO ungehindert durch sich hindurch wirken läßt, heißt SCHONG-JEN. Das deutsche Wort „der Weise" faßt sicher nur einen Teil der chinesischen Bedeutung. Andere Übersetzungen sind: der Meister, der Berufene, der Vollkommene, der Erwachte, der Erleuchtete, der Heilige.

Unbedingt muß auch die Abstammung des SCHONG-JEN vom magischen Schamanen gesehen werden. Wie dieser lebt er in innigem Zusammenhang mit der Natur, kann sich einfühlen in Pflanzen und Tiere. Er hat den Tod ins Leben mit einbezogen; Leben und Tod sind ihm Phasen des ewigen Wandels der Einheit. Im berühmten „Schmetterlingstraum" veranschaulicht Dschuangdse witzig dieses Bewußtsein innerer Verbundenheit aller Wesen im ewigen Kreislauf des TAO. Er träumt, er sei ein Schmetterling; nach dem Erwachen weiß er nicht, „war ich da ein Mensch, der träumt, er sei ein Schmetterling, oder bin ich jetzt ein Schmetterling, der träumt, er sei ein Mensch? Zwischen Mensch und Schmetterling ist eine Schranke. Sie überschreiten ist Wandlung genannt" (*Dschuangdse,* B 16). Die Macht des Weisen, sein TE, beruht auf solcher Einsicht, daß alle Wandlungsformen Erscheinungen des einen TAO sind. Deshalb ist – wie ich schon angedeutet habe – seine Macht keine des Beherrschens, sondern stammt aus seelischer Einfühlungskraft. Sie ist gewaltlose Macht.

Die wichtigsten Merkmale des Weisen sind seine Bescheidenheit, Selbstlosigkeit und Besitzlosigkeit. Außer TAO besitzt er nichts –

weder materielle Reichtümer, noch überflüssiges Wissen. Sein unbelastetes und klares Bewußtsein befähigt ihn zu einer neuen Kindlichkeit und läßt ihn den Weg zum Ursprung weisen: „Ich sage dir, kannst du sein wie ein Kind? Ein Kind bewegt sich und weiß nicht, was es tut, es geht und weiß nicht wohin... Wenn man also ist, so naht uns weder Leid noch Glück. Wenn man frei ist von Leid und Glück, ist man dem Menschenelend entnommen" *(Dschuangdse,* W 244).

Das Wirken des Weisen, durch das er helfend das Schicksal der Menschen seiner Umgebung beeinflußt, hat folglich überhaupt nichts mit planender Geschäftigkeit zu tun. Es geschieht absichtslos. Nur durch Absichtslosigkeit kann man nach einem Gleichnis Dschuangdses die Perle des TAO finden. Oft ahnen die Menschen vom helfenden Wirken des Weisen gar nichts; so bescheiden und unscheinbar lebt er unter ihnen:

> Er redet wenig,
> tut sein Werk,
> erreicht sein Ziel.
> Alle meinen dann:
> „Wir taten es selbst!"
> ...
> Durch reine Stille gibt er
> der Welt das Maß. *(Laotse,* 25)

Sein Wirken des Nicht-Tuns, des Nicht-Eingreifens wird besonders deutlich bei seiner Tätigkeit als Lehrer. In der Unterweisung Jüngerer sieht er ja eine seiner wesentlichen Aufgaben. Sein Unterricht geschieht weitgehend ohne Worte; beispielhaftes Verhalten ist sowohl Inhalt wie Form der Unterweisung. Von einem taoistischen Meister erzählt Dschuangdse: „Er predigt nie und erörtert nie; dennoch gehen, die leer zu ihm kamen, erfüllt von dannen. Er lehrt offenbar die Kunde, die keinen Ausdruck in Worten findet" *(Dschuangdse,* B 26).

Deshalb wird kein Lehrinhalt vom taoistischen Weisen, sondern sein Verhalten überliefert. Nach Laotse verhält er sich bedächtig, vorsichtig, aufmerksam, nachgiebig, spontan – auch wenn dies manchmal einen chaotischen Eindruck machen mag; immer ist er offen für das Geschehen des TAO, es im Kleinsten, Unscheinbarsten erkennend. Nie greift er in die natürliche Entwicklung seines Schülers gewaltsam ein. Dadurch gleicht sein Wirken dem Wirken des TAO:

Wachsen lassen,
    nicht besitzen;
beschützen,
    nicht beherrschen;
führen,
    nicht ausnützen. (*Laotse*, 4)

Schlechte Lehrer sind es, meint Laotse, die Gehorsam oder gar Furcht zur Grundlage ihrer Unterweisung machen. Das wesentliche Geheimnis der wirkenden Macht des taoistischen Meisters besteht darin, daß er seinen Schüler liebt. Denn nur dadurch kann er die Gegenliebe des Schülers, die Achtung, hervorrufen. Beide, Lehrer und Schüler, einander ergänzend, einander brauchend, vertrauen sich dem Kraftstrom des TAO an. Da TAO nicht geteilt, also auch nicht mitgeteilt werden kann, ist es nur dieser gemeinsame Bezug zur Einheit, der wirkliche Hilfe – auch in der Beziehung Arzt-Patient – verspricht: „Vor der Tür eines Arztes sind viele Kranke... Doch das TAO darf nicht ausgeteilt werden. Wird es ausgeteilt, verliert es seine Einheit... Übe Einheit... wie sollte da ein Mensch dir sich versagen. Dies ist der Weg, die Schöpfung zu erneuern" (*Dschuangdse*, B 23f.).

TAO im alltäglichen Leben

Der Weise wirkt beschützend und pflegend in alle Gebiete des menschlichen Lebens hinein. Als Meditierender hat er die Einheit der Lebensvielfalt im TAO erlebt und weiß, daß die strenge Trennung der verschiedenen Lebensbereiche voneinander nicht der tieferen Wirklichkeit entspricht. Nur wenige Menschen aber erreichen diesen Grad des bewußten Einklangs mit dem TAO. Dschuangdse charakterisiert einzelne Stufen auf dem Weg zur Einheit: „Nach drei Tagen hatte die Scheidung der Dinge für ihn aufgehört zu sein... Nach sieben weiteren Tagen hatte das Außen für ihn aufgehört zu sein. Und wieder nach neun Tagen schritt er aus dem eigenen Sein hinaus. Danach wurde sein Gesicht strahlend wie der Morgen, und er schaute das Wesen, sein Selbst, von Angesicht zu Angesicht. Als er geschaut hatte, wurde er ohne Vergangenheit und Gegenwart. Endlich betrat er das Reich, wo Tod und Leben nicht mehr sind..." (*Dschuangdse*, B 33).

Die symbolischen Tage sind lange Strecken der Übung, die das Wesen des TAO immer deutlicher erlebbar machen. Doch zu Beginn habe ich schon gesagt, die Bedeutung taoistischer Meister besteht gerade auch darin, daß sie den Zugang zum TAO jenseits der esoterischen Wegstrecken, die der Weise zurücklegt, gleichermaßen veranschaulichen. Auf jeder menschlichen Entwicklungsstufe kann die Einheit in eigener Weise erlebt werden – etwa in der Natur. *Robert Musil*, nachhaltig vom Taoismus beeindruckt, notiert zum Stichwort „Mystik" einmal: „Man kann nur jedem Leser raten: leg dich an einem schönen oder auch an einem windigen Tag in den Wald, dann weißt du alles selbst."[7]

PU, wörtlich: Holz im Naturzustand, ist der taoistische Begriff für Natur, an der jeder Mensch mit klarem Sinn sich orientieren kann. Es werden also keine moralischen Gesetze aufgestellt, schon gar keine, die Aufopferung oder Entbehrung verlangen. Das offensichtliche Wirken des TAO in der Natur wahrnehmen und sein Verhalten danach richten: gerade weil es so einfach sei, werde es so wenig getan, meint Laotse. Mit der Deutlichkeit und Nützlichkeit von Sprichwörtern, die von einer Generation zur nächsten überliefert werden, beschreiben Laotse und Dschuangdse taoistische Verhaltensweisen, die dem natürlichen Zustand des Lebens entsprechen und die für alle Menschen gelten können. Mäßigkeit, Bescheidenheit, Mitgefühl heißen die wichtigsten. Laotse nennt sie seine drei Schätze, die er denen, die auf ihn hören, als Geschenk anbietet. Alle drei Begriffe zielen auf ein ausgeglichenes menschliches Verhalten, das Einseitigkeit, Übertreibung, Überfeinerung vermeidet.

Wieder wenden sich die Ratschläge gegen die Maßlosigkeit der YANG-Tendenzen der damaligen Zeit. Die Dämpfung von blinder Geschäftigkeit, zügelloser Macht- und Besitzgier, verwirrender Überflutung mit optischen, akustischen, kulinarischen, motorischen und ornamentalen Reizen wird empfohlen, denn:

> Viele Farben blenden das Auge,
> viele Töne betäuben das Ohr,
> viele Geschmäcker stumpfen den Gaumen ab,
> schnelle Wagen verwirren das Hirn,
> üppige Kleider hemmen die Bewegung. (*Laotse*, 11)

Einseitige Kühnheit und Kraftanstrengung führen, so wird erklärt, zum Gegenteil, zu Angst und Verfall, da schließlich immer ein Ausgleich zustande kommen muß. Davor ist gefeit, wer Übertreibungen meidet, wer Kleines erkennt und Leichtes tut; dazu muß man fähig sein, „Mildes zu schmecken, Blankes zu sehen, Schlichtes zu fassen" (*Laotse*, 11).

Eine große Gefahr ist für den Taoisten die Überbewertung der eigenen Person, das prahlende Sich-selbst-Anpreisen der Unbescheidenheit:

> Wer auf Zehen steht,
> steht nicht fest.
> Wer die größten Schritte macht,
> geht nicht am längsten.
> Wer nur sich selbst sieht,
> sieht sonst nichts. (*Laotse*, 13)

Die Sucht nach Ruhm und Reichtum, eine andere Weise, die eigene Person übermäßig aufzublähen, meistens gepaart mit Unzufriedenheit oder Neid, führt nach Laotses Ansicht sicher ins Unglück; zumal man bei der Erlangung von Ruhm, Reichtum und Macht von der ständigen Angst vor deren Verlust geplagt wird. Wer dagegen zufrieden sein kann mit dem, was die Gegenwart ihm bietet, wer die Bedeutung des eigenen Ich nicht überbewertet, sondern sich als Teil der ganzen Menschheit sieht, der ist frei von solchem Leid. Bescheidenheit im taoistischen Sinn heißt somit nicht Verleugnung der eigenen Person, Bescheidenheit meint nichts anderes als die natürliche Wahrnehmung des tieferen Selbst, durch welches der Einzelne in seiner Einmaligkeit teilhat am gemeinsamen TAO.

Der Begriff Mitgefühl umschreibt von einem anderen Blickpunkt aus etwas ähnliches. In der Kriegersprache bedeutet Mitgefühl ursprünglich kämpfendes Verhalten ohne Haß, welches alle Reaktionen des Gegners miterlebend vorwegnimmt. Taoistisch ist damit jene Geduld und Offenheit für den anderen bezeichnet, die es einem Ich erlaubt, sich im Du wiederzuerkennen. Die Eigenschaften des Nachgiebigen und Fließenden, die so oft dem Wirken des TAO zugeordnet werden, sind auch für das Mitgefühl bestimmend. Anstatt einen starren Charakterpanzer um das eigene Selbst zu legen, ist es möglich – ohne Verlust der eigenen Sicherheit –, die Ich-Grenzen fließend zu gestalten. Dies wäre einem Zustand angemessen, in dem alle Menschen, ausgerichtet auf ihren Ursprung, auf TAO, von seiner Wirkkraft gleichermaßen durchströmt, vereint sind. Dann kann echtes Verstehen von Menschen aus dem Wesenskern heraus geschehen. Solches Verstehen braucht keine Wörter mehr: „Als Kungfutse mit dem Weisen Wen-Po Hsüe-Tse zusammenkam, sprach er kein Wort. Hernach fragte ihn Tse-Lu: ‚Meister, du hast lange gewünscht, Wen-Po Hsüe-Tse zu sehen. Wie ist dies, daß du, nun du ihn sahst, kein Wort zu ihm gesprochen hast?'" Kungfutse antwortete: ‚Mit Menschen, wie diesem, bedarf es bloß des Schauens, und TAO erscheint. Da ist kein Raum für Rede.'" (*Dschuangdse*, B 68).

TAO in Staat und Gesellschaft

In einem solchen Zustand des Einklangs wäre das Zusammenleben der Menschen ein friedliches und gerechtes. Man müßte nicht erst durch Gesetze, Verhaltensregeln, Schulen, Ämter und Heere Gerechtigkeit, Anstand und Frieden herstellen. „Die beste Ordnung stellt sich von selber her" (*Laotse*, 17) – so lautet der wichtigste Grundsatz der sich am Begriff des PU orientierenden taoistischen Staats- und Gesellschaftslehre.

Ein Land sollte so regiert werden,
wie man kleine Fische brät:
je weniger, desto besser. (*Laotse*, 18)

Im Naturzustand des PU ist alles in Ordnung. „Ich weiß davon, daß man die Welt leben und gewähren lassen soll. Ich weiß nichts davon, daß man die Welt ordnen soll. Sie leben lassen, das heißt, besorgt sein, daß die Welt nicht ihre Natur verdreht..." (*Dschuangdse*, W 116).

Weil der urgesellschaftliche Zustand, als TAO ungehindert das Zusammenleben der Menschen ordnen konnte, getrübt ist, weil Machtverhältnisse, Entfremdung, Klassenunterschiede entstanden sind, deshalb können die vorhandenen Verhältnisse auch für die Taoisten nicht völlig sich selbst überlassen werden. Die Ausgleichswirkung des TAO soll vielmehr, wie im Leben des Einzelnen, auch im gesellschaftlichen Zusammenleben heilsam genützt werden, um eine dem Urzustand entsprechende gesellschaftliche Situation auf anderer Ebene zu schaffen:

Das Wirken des TAO
gleicht dem Spannen eines Bogens:
die entgegengesetzten Enden

kommen einander näher;
die Höhe verringert sich,
die Breite vergrößert sich

Vermindern, was zuviel,
vermehren, was zuwenig... (*Laotse, 17)*

Das soziale Anliegen der taoistischen Staats- und Gesellschaftslehre ist deutlich. Den Widerspruch zwischen den „dürftigen Hütten" auf der einen Seite und den „prächtigen Palästen" auf der anderen sieht Laotse nicht nur als eine Ungerechtigkeit – er nennt die Reichen, die im Überfluß fast ersticken, während die Armen hungern, schlichtweg die „schlimmsten Räuber"; der Widerspruch muß seiner Meinung nach auch unausweichlich zu einer gewaltsamen Auseinandersetzung führen:

Menschen, deren Lebensumstände
so grausam sind wie die der Hungernden,
sind ohne Todesfurcht.
Sie nehmen den Kampf leicht auf
gegen die Herrschenden,
die zu fett sind,
um den Tod nicht zu fürchten. (*Laotse*, 18)

Damit hat Laotse bis zu den revolutionären Kämpfen im China dieses Jahrhunderts recht behalten. Ein so unvoreingenommener Beobachter wie *Edgar Snow* etwa berichtet, daß für die meisten Bauern, die sich Maotse-Tungs legendärem „langem Marsch" anschlossen, der Kampf tatsächlich die einzige Alternative zu Hunger und Tod war.[8] Auch andere asiatische Befreiungskämpfe gegen rüstungstechnisch weit überlegene Gegner können in ihrem Erfolg aus der taoistischen Maxime von der Kraft der Schwachen verstanden werden: Wasser ist stärker als Stein, das Weiche wird schließlich das Harte besiegen. Freilich ist selbst ein solch „gerechter Sieg" für den Taoisten Anlaß zur Trauer:

Wenn viele getötet wurden, trauert man...
Disteln und Dornen wachsen auf dem Boden,
über den Armeen gezogen sind.
Einem Krieg folgen Jahre der Not. (*Laotse, 20)*

Deshalb wenden sich die „anarchischen" Auffassungen der Taoisten ebenso wie gegen die konfuzianische Staatslehre der Ordnung durch Gesetz und Sitte gegen die Theorien gewaltorientierter Politik. Situationen, in denen Gewalt unausweichlich wird, sollen am besten gar nicht erst entstehen. Waffen sind für Laotse „Werkzeuge des unvollkommenen Menschen". Je vollkommener, desto vernichtender schlagen sie auf den zurück, der sie gebraucht. Durch die Ausgleichswirkung des TAO soll ihr Gebrauch überflüssig werden.

Wahre Sieger gewinnen ohne Schlacht...
Geh lieber hundert Schritte zurück,
als einen Schritt zu weit vor. (*Laotse*, 16)

Manchmal beschwören Laotse und Dschuangdse Vor-Bilder des friedlichen und gerechten menschlichen Zusammenlebens. Kleine, eher ländliche Gemeinschaften, die sich von unnützem Waren- und Wissensballast befreit haben, leben ohne Neid und Aggression nebeneinander:

Die einfachsten Zeichen genügen zur Verständigung,
bekömmlich und schmackhaft ist das Essen,
schlicht und gefällig die Kleidung,
behaglich und dauerhaft das Wohnen,
nützlich und fröhlich die Arbeit... (*Laotse*, 21)

Auffallend bei der taoistischen Utopie ist die ablehnende Haltung allen komplizierten Maschinen, Verkehrsmitteln und Waffen gegenüber. *Arthur Waley* hat darauf hingewiesen, daß diese Ablehnung der Technik nicht in erster Linie aus pragmatischen Gründen (etwa im Hinblick auf damit verbundene Arbeitslosigkeit) geschieht, sondern ähnlich wie bei *Gandhi* mit dem Hinweis auf die das Wesen des Menschen entwürdigende Funktion einer überhandnehmenden Technik.[9] Die Geschichte vom Ziehbrunnen bei Dschuangdse macht dies deutlich. Ein Schüler des Kungfutse gibt einem Gärtner, der das Wasser mühsam mit dem Eimer aus dem Brunnen schöpft, den Rat, einen Ziehbrunnen zu errichten, und erklärt ihm dessen Mechanik. Der Gärtner, ein taoistischer Weiser, lehnt die „Verbesserung" ab: „...die listige Hilfsgeräte haben, sind listig in ihren Geschäften, und die listig in ihren Geschäften sind, haben List in ihrem Herzen, und die List in ihrem Herzen haben, können nicht rein und unverderbt bleiben, sind ruhelos im Geiste, und die ruhelos im Geiste sind, in denen kann TAO nicht wohnen. Nicht daß ich diese Dinge nicht kennte, aber ich würde mich schämen, sie zu benützen" (*Dschuangdse*, B 49). *Wilhelm* übersetzt „listig" mit „maschinenmäßig", wodurch der Abschnitt zur negativen Utopie des Menschen mit „Maschinenherz" wird. Dieser Aspekt der Technik als Gegenmöglichkeit einer Existenz im Einklang mit TAO spannt den Bogen in unsere Gegenwart hinein. Taoistische Utopie und Gegenutopie sind Möglichkeiten unseres Menschseins.

Gegenwärtige Wirklichkeit des TAO

Die taoistischen Gedanken aus der frühen Zeit des fernen China wollen unmittelbar zu uns in eine hochindustrialisierte Gesellschaft des zwanzigsten Jahrhunderts treffen. Denn das, auf was sie sich richten, das TAO, ist eine überzeitliche, überräumliche, überindividuelle Erfahrung. In dieser Erfahrung liegt noch genauso wie zur Zeit Laotses und Dschuangdses die Quelle jener Kraft, die ein menschliches Leben sinnvoll motiviert. Viele Menschen scheinen dies heute zu begreifen. Es werden immer mehr, die durch meditative Übungen den Zugang zum Sinnerlebnis, zur gegenwärtig erfahrenen Einheit mystischer Mitte, von wo aus ihr Leben neu bestimmt wird, suchen. Die Methoden, die ihnen dabei helfen, die Benennungen, die sie für die Mitte finden, sind verschieden. Doch Methode und Benennung stellen nicht das Wesentliche des Erlebens dar. Ein gültiger Weg, eine mögliche Benennung – vielleicht kann sie schon weltweit verstanden werden – ist TAO. In der Wirklichkeit des TAO ist die Gegenwart vieler heutiger Menschen gegründet.

Je weniger dies als „Chinoiserie" geschieht, um so besser. Die bei aller Liebenswürdigkeit doch als beschränkt entlarvte Idylle des taoistischen Einsiedlers in *Hesse*s „Glasperlenspiel" mag da als Warnung dienen. Nicht Bambuswäldchen, Reisschale, Tee und schön gepinseltes Gedicht verweisen auf die lebendige Kraft des Taoismus, der als ein plakativer „Ismus" – wie schon eingangs gesagt – gar nicht zu fassen ist. Die Wirkkraft des TAO zeigt sich (darauf hat Dschuangdse nachdrücklich hingewiesen) nicht in der Weltabgewandtheit, sondern dort, wo Menschen in dieser Welt sich bewußt dem Werdens- und Sterbenskreislauf des Natürlichen einordnen. Solche Menschen, denen Natur etwas anderes ist als ein Anlaß zu gewaltsamer Ausbeutung, gibt es gerade in unserer Zivilisation genug. Und es gibt tausende, die bescheiden, ohne Aufblähung des eigenen Ich, in selbstverständlichem Mitgefühl am Schicksal der Menschen um sie herum teilnehmen; es gibt tausende, die sich einem sinnlosen Kaufzwang und der Übersättigung mit Luxusgütern versagt haben. Ebenso gibt es Lehrer, für die Unterweisung nicht Überforderung ihrer Schüler, sondern deren Sich-Entwickelnlassen bedeutet; Ärzte, für die Gesundheit nicht gleichbedeutend mit reibungslosem Funktionieren ist, sondern die den körperlich-seelischen Einklang mit den überpersönlichen Kräften des Kosmos suchen. In allen Bereichen des öffentlichen Lebens finden sich immer auch Menschen, die ihren Einfluß gegen Gewalt, gegen Zerstörung, gegen Überhandnehmen unmenschlicher Bürokratien und Apparate, für die Erhaltung natürlicher Lebensgrundlagen geltend machen. Und es gibt genug Menschen, denen Liebe nicht Besitzenwollen ist; Schönheit nicht gleichbedeutend mit dem Kostbaren, sondern dem Schlichten ist. All diese Menschen, ob sie es wissen oder nicht, nähern sich der Verwirklichung jenes Zustandes, den Laotse und Dschuangdse als im Einklang mit TAO bezeichnen. Soll man sie Taoisten nennen?

Bereits 1925 beschrieb *Richard Wilhelm*, bedeutender Übersetzer chinesischer Texte ins Deutsche, das für alle Zeiten gültige taoistische Grundanliegen so: „Das entscheidende ist immer, daß die Menschen... nicht um des Lebens willen die Quellen des Lebens verschütten!"[10] Gerade weil in unserer Zeit die Quellen des Lebens – im seelischen Innenraum wie im stofflichen Außenraum – immer unverantwortlicher verschüttet werden, hat die Gemeinschaft aller im Bezug zum namenlosen Ursprung des TAO lebenden Menschen so große Bedeutung. Diese Gemeinschaft findet auf einer anderen Wirklichkeitsebene statt als auf der von Korporationen, Organisationen, Parteien, Nationen; auch mag ihre zahlenmäßige Stärke gering erscheinen im Vergleich mit den übrigen Menschenmassen. Ihrer ausgleichenden Wirkung im großen Kräftespiel von YIN und YANG kommt jedoch mehr und mehr die Entscheidung darüber zu, ob menschenwürdiges Leben, ob Leben überhaupt auf dieser Erde weiterbestehen kann.

Der Ursprung ist namenlos. Das TAO, das genannt werden kann, ist nicht TAO. Die Mitte des mystischen Erlebens wird nie von Sprache erfaßt werden. Von dort aber erfüllt Sprache sich mit Geist, sättigen sich Gesten mit Lebenskraft, beseelen sich Blicke und dringen als Liebesenergie zu Mitmensch und Umwelt. Von der Sprachlosigkeit des Vertrauens auf die mystische Mitte, vom schweigenden Wissen um die Einheit alles vielfältig sich Wandelnden, geht die notwendige Gegenwirkung aus zur anderen Sprachlosigkeit: der von Entfremdung, Einsamkeit und Angst.

Anmerkungen

1) In diesem Aufsatz habe ich teilweise meinen Vortrag „Laotse als Meister des Lebens" mitverarbeitet. Abgedruckt in: *Willi Massa* (Hrsg.): Der Ruf nach dem Meister. Große Gestalten der Mystik. Meditationszentrum Exercitium Humanum, Tholey 1979.
   Laotse zitiere ich nach meiner Fassung des TAO-TE-KING: TAO – Umschreibungen des Wegs nach Laotse, Reutlingen 1978. Diese Fassung ist entstanden aus der meditativen Auseinandersetzung mit zahlreichen deutschen und englischen Übersetzungen Laotses. Zum Vergleich sind insbesondere die wörtlichen Übersetzungen und Wortkommentare folgender Ausgaben zu empfehlen:
   Ernst Schwarz: Laudse – Daudesching. Leipzig 1973.
   Jan Ulenbrook: Das Buch vom rechten Weg und von der rechten Gesinnung. Frankfurt 1980.
   Arthur Waley: The Way and its Power. A Study of the TAO-TE-KING and its Place in Chinese Thought. New York 1958.
   Richard Wilhelm: TAO-TE-KING. Das Buch vom Sinn und Leben. Köln 1978.
   Dschuangdse zitiere ich nach dem Auswahlband von *Buber:* Reden und Gleichnisse des Tschuang-Tse. Ausgewählt und mit einem Nachwort von Martin Buber. Insel Taschenbuch 205, 1979. (Abgekürzt B) Stücke, die nicht bei Buber enthalten sind, werden nach *Richard Wilhelms* Ausgabe zitiert: Dschuang Dsi: Das wahre Buch vom südlichen Blütenland. Aus dem Chinesischen übertragen und erläutert von *Richard Wilhelm*. Köln 1986.
2) Vergl. die Einleitung von *Günther Debon* zu seiner Ausgabe des TAO-TE-KING. Das heilige Buch vom Weg und von der Tugend. Stuttgart 1961, S. 21.
3) *Ernst Bloch:* Das Prinzip Hoffnung, Frankfurt 1970, Bd. 3, S. 1446.
4) Vergl. *Waley:* The Way and its Power, S. 31.
5) *Jean Gebser:* Über die Polarität. In: Verfall und Teilhabe, Salzburg 1974, S. 36.
6) Wie weit die YIN-YANG-Konzeption in alle Bereiche der chinesischen Kultur hineinreicht, kann ersehen werden aus der reich illustrierten Arbeit von *Philip Rawson* und *Laszlo Legeza*: TAO. The Chinese Philosophy of Time and Change, London 1973.
7) *Robert Musil*: Der Mann ohne Eigenschaften, Hamburg 1952, S. 1645.
8) Vgl. *Edgar Snow:* Red Star over China, New York 1968, S. 214ff.
9) Vgl. *Arthur Waley:* Lebensweisheit im alten China, Suhrkamp Taschenbuch 217, 1979, S. 80.
10) *Richard Wilhelm*: TAO-TE-KING, S. 166.

Hinduismus

Die Suche nach dem Selbst – Meditation im Yoga-Vedanta

Kurt Friedrichs

Eine alte indische Geschichte berichtet von einem König, dessen Sohn unter einer ganz schlechten Konstellation der Gestirne geboren wurde und deshalb zu einem primitiven Bergstamm gebracht wurde, um dort aufzuwachsen. Jahre vergingen, und der Knabe wuchs heran in dem Glauben, ein primitiver Kastenloser zu sein. Als der König starb, war kein Nachfolger vorhanden, aber ein Minister erinnerte sich an den ausgesetzten Sohn, begab sich in die Wildnis und fand nach langem Suchen den Jüngling. Er sagte ihm, wer er in Wirklichkeit sei, und als der Sohn sagte: „Ich bin der König", waren alle anderen Vorstellungen in ihm ausgelöscht.

Welche Verkleidung das egogebundene Denken dem körperidentifizierten Menschen *(Jiva)* auch anlegt – wenn er spirituell erwacht, ist er nichts anderes als das wirkliche Selbst *(Atman)*, absolutes, unzerstörbares Bewußtsein. Eine Höhle mag tausend Jahre lang in Finsternis liegen; bringt man aber Licht hinein, wird sie *sofort* hell, und genauso ist es mit der Erleuchtung.

Wir werden auf Erleuchtung und die Mittel zu ihrer Erlangung noch zurückkommen. Vorweg sei gesagt, daß Erleuchtung im Vedanta einen Zustand bedeutet, in dem man den Alptraum, Körper und Denken zu sein, krank werden und sterben zu müssen, aufgegeben hat in der klarbewußten Erfahrung, unsterbliches, absolutes Bewußtsein (Atman) zu sein, das identisch ist mit Gott *(Brahman)*.

Die Suche nach dem Selbst *(Atman)* ist ein Anliegen der Religion und nicht der Psychologie, denn sie zielt auf Gott und reine Transzendenz, während Psychologie sich mit den Verhaltensweisen des *Jiva*, also noch Erkenntnislosen, befaßt. Religion ist aber ohne Psychologie nicht praktizierbar. Besteht sie nur aus Theologie, ist sie für den Menschen nutzlos, denn sie muß verwirklicht werden, und der

Verwirklichungsprozeß (Sadhana) ist ohne *allerfeinste* Psychologie nicht möglich. Die vormoderne Psychologie des Hinduismus, angefangen bei *Patanjali*, über *Skankaracharya* bis hin zu *Ramana Maharshi* in unseren Tagen, ist ein gewaltiges, komplexes Gebiet mit rein spiritueller Zielrichtung, und deshalb ist im Hinduismus die Psychologie von der Religion nie getrennt worden.

Beginnt ein Mensch mit der Suche nach dem Selbst, was ja kein alltägliches Unterfangen ist, dann benutzt er zuerst sein Denken. Mit dem Verstand versucht er zu ergründen, was gut und böse, vergänglich und dauernd, wahr und unwahr ist. Ist er hartnäckig, so will er herausfinden, ob auch noch etwas hinter den Gegensatzpaaren existiert, etwas, das Veränderungen und Wandlungen nicht unterworfen ist. Wenn der Suchende so weit gelangt ist, merkt er, sofern er aufrichtig ist, keine Luftschlösser baut oder okkulten Träumen verfällt, daß er an die Grenzen des Denkens gelangt ist. *Aurobindo* hat treffend gesagt: „Das Denken ist das Mittel, und das Denken ist die Schranke." Das Denken des heutigen Menschen ist vielfältig und kompliziert, er hat es so stark ausgebaut, daß er es nicht mehr abstellen kann. Der Durchschnittsmensch beherrscht nicht mehr sein Denken, sondern wird von ihm beherrscht. Denkbeherrschung ist deshalb eine der wichtigsten Übungen des *Hindu Sadhana,* weil ohne sie Konzentration nicht möglich ist.

Jeder Mensch besitzt Denkfähigkeit. Sie ist eine Funktion seines Inneren Organs (*Antahkarana),* auf das ich noch zurückkommen werde. Der Vedanta hat festgestellt, und jeder von uns macht die Erfahrung, daß normales Denken nicht weit führt, es reicht für den Alltagsbedarf. Warum macht aber das Denken in einigen Menschen, wie Künstlern und Wissenschaftlern, plötzlich Sprünge, die logisch und verstandesmäßig nicht zu begreifen sind? Wie kam *Einstein* auf seine spezielle Relativitätstheorie, wegen der er zunächst ausgelacht wurde? Vedanta nennt es die intellektuelle Intuition, wobei Intuition als eine Stufe über dem Denken betrachtet wird. Die intellektuelle Intuition bleibt aber im Bereich der Erscheinungswelt *(Maya).* Wenn wir über sie hinausgelangen wollen, bedarf es einer weiteren Fähigkeit, die der Vedanta als metaphysische Intuition bezeichnet. Jeder von uns besitzt sie, denn jeder von uns ist ja Atman, absolutes Bewußtsein, nur aus Nichterkenntnis (Avidya) zugedeckt mit den Denkprojektionen einer Ichhaftigkeit. Da es unser Geburtsrecht ist, glücklich und frei zu sein, Denken aber diesen Zustand verhindert, müssen wir die in uns verborgen liegende metaphysische Intuition wecken. Wie geschieht das? Denken vermag es nicht, da es egogebunden und selbst ein Produkt dieser Maya ist. Es gibt nur ein einziges Mittel – die Meditation.

Ein wichtiges Problem der Hindu-Philosophie ist Erkenntnis *(Jnana)*. Es gibt unendlich viele Erkenntnismöglichkeiten; der Hindu unterteilt sie in Erkenntnis der äußeren Welt, die er Wissenschaft nennt, und Erkenntnis der inneren Welt, die er Religion nennt. Beide haben *einen* Ursprung, nur verschiedene Namen. Wie kann es da für ihn Widersprüche oder Konflikte geben? Der Vedanta, als Schlußbetrachtung der vedischen Offenbarungen, hat Erkenntnis unabhängig von den zu behandelnden Objekten in drei Stufen eingeteilt: (1) *Shravana:* Hier gilt es, die heiligen Schriften zu studieren, von einem geeigneten Lehrer über spirituelle Erkenntnisse und Wahrheiten zu hören, also alles zusammenzutragen, was mit Religion und dem Suchen nach Gott zusammenhängt – kurz gesagt, den Computer gründlich zu füttern. (2) *Manana:* Jetzt beginnt die Verarbeitung, für die wir im Westen unser Denken so intensiv entwickelt haben. Jetzt müssen wir prüfen, analysieren, abwägen, zurückweisen oder annehmen. Widersprechen die gehörten oder gelesenen Dinge der Vernunft? Sind Sie logisch und dem Verstand zugängig? Stimmen sie mit meinen Erfahrungen überein? Sind es Hirngespinste oder leere Versprechungen? Will irgendein Ego mich zu seinen Ansichten bekehren? Ist es Wunschdenken oder Flucht vor der Realität des Alltags? Viele Kriterien sind notwendig, und Vivekananda hat immer wieder davor gewarnt, etwas zu glauben, weil unsere Vorväter es geglaubt haben. Wir müssen es selbst herausfinden. Haben wir diese mühselige Arbeit geschafft, dann beginnt die wirkliche spirituelle Arbeit. (3) *Nididhyasana:* Jetzt gilt es, über das verstandesmäßige Begreifen einer Wahrheit hinaus ihre letzte Bedeutung meditativ zu erfassen. Wir alle wissen, wie sehr uns der Verstand manchmal narrt und in die Irre führt. Wir müssen ihn überwinden. Meditation werden wir noch besonders behandeln. Hier kann nur festgestellt werden, daß beim Meditieren gewaltige, intuitive Kräfte unseres wahren Selbst mobilisiert werden, die uns eins werden lassen mit dem Bewußtsein der Aussagen eines Heiligen, Erleuchteten oder einer göttlichen Inkarnation *(Avatar)*. Nehmen wir ein konkretes Beispiel. Wir meditieren über Jesu Aussage: „Ich und mein Vater sind eins." Bei echter, tiefer Meditation verschmilzt dann unser individuelles Bewußtsein mit dem Bewußtseinszustand, in dem Jesus sich befand, als er diese Aussage machte. Ungeheure Perspektiven tun sich auf, aber sie sind egofrei und können nicht für okkulte Dinge mißbraucht werden.

Bleiben wir bei der Meditation. Der Begriff ist eine Prägung neuerer Zeit und zu einer gängigen Münze geworden. Man meditiert, um gesund zu werden, besser denken zu können, ruhig und überlegen zu sein, Frieden zu finden. Pseudo-Gurus benutzen sie, um mit ihr einen spirituellen Faschismus zu schaffen, und andere machen daraus eine einfache Tagesübung nach dem bekannten Motto: Sobald das Geld im Kasten klingt, die Seele in Samadhi springt.

Die christlichen Mystiker haben sich viel mit Meditation beschäftigt. Sie nannten es aber Kontemplation oder Versenkung. Versenkung in was? In das in ihnen Befindliche. Ob sie das nun als Selbst oder Gott bezeichneten, ist unwichtig; jedenfalls war es nicht außerhalb von ihnen. Das Brahman des Vedanta ist bei Meister Eckehart die „Istheit", und wenn die Mystiker beider Geschlechter von der „Visio Dei" sprachen, aus der dann die „Unio Mystica" wurde, dann spricht der Hindu vom *Savikalpa Samadhi,* dem Samadhi Gott *gegenüber,* und dem *Nirvikalpa Samadhi* als der Einswerdung mit dem Absoluten. Die Hindus haben zwei Sanskrit-Bezeichnungen für Meditation: Dhyana ist die Meditation über das Abstrakte *(Atman* und *Brahman),* und *Upasana* ist die anbetende Meditation, die sich auf das erwählte Ideal *(ishta-Devata)* richtet.

Eine immer wieder auftauchende Frage ist: „Wie ist Meditation entstanden, und welche Notwendigkeit bestand dafür?" Der Mensch ist von Natur aus neugierig, und auch die spirituellen Seher *(Rishis)* der frühen vedischen Zeit wollten ihre Neugier befriedigen. Sie gingen dabei wissenschaftlich vor. Die Begrenzung des Körpers war offensichtlich, die Begrenzung des Denkens fanden sie schnell heraus. Sie sahen die unüberwindlichen Himalayas im Norden, die endlosen Weiten des Ozeans im Süden und über sich die Unermeßlichkeit des klaren indischen Sternenhimmels. Ihnen wurde schnell bewußt, daß diese Vielfalt des Universums, die sich im Makro- und Mikrokosmos offenbart, nicht erkannt werden kann, was die Wissenschaft heute noch nicht einsehen will. Sie fragten sich, ob nicht etwas erkannt werden kann, wodurch alles erkannt wird. Sie wunderten sich, daß sie zwar mit dem Körper an einen Ort gebunden waren, aber sich bewußtseinsmäßig auf dem Mond, dem Berg Kailash oder sonstwo im Universum befinden konnten. Was war das für eine Fähigkeit? Sie haben darüber meditiert, sich dadurch von der Begrenzung durch Sinne und Nervensystem freigemacht und fanden dabei eine „drahtlose" Kraft, die sie *Chit* (Bewußtsein) nannten. Da sie vom Denken verschieden war, mußte sie dem Denken überlegen sein, denn sie hatten herausgefunden, daß Denken nur eine Funktion des Inneren Organs *(Antahkarana)* ist, das mit der geliehenen Intelligenz des absoluten Bewußtseins operiert. Dieses Bewußtsein in Form von Denkprojektionen *(Vrittis)* nannten sie *Chitta.*

Hier sind einige Erklärungen notwendig. Der Westen hat es sich lange Zeit sehr leicht gemacht, als er nur zwischen Materie und Geist, beziehungsweise Körper und Geist unterschied. Seit *Descartes* glaubte man, daß Denken und Bewußtsein identisch seien. Die Engländer haben den Begriff „mind", der auf alles paßt, aber ins Deutsche als „Geist" übersetzt uns völlig im unklaren läßt, was wirklich gemeint ist. Das Sanskrit-Wort ist *„Antahkarana"*, und da es in den europäischen Sprachen kein Äquivalent dafür gibt, hat man sich auf „Inneres Organ" geeinigt. Antahkarana setzt sich zusammen aus *Manas* (der Denkfähigkeit), *Chitta* (der Denkprojektion der Wahrnehmung), *Buddhi* (der Intelligenz mit dem Unterscheidungsvermögen) und *Ahamkara* (der Ichhaftigkeit, dem Ego). Durch die Struktur dieses Inneren Organs ist jede Tätigkeit des *Jiva,* ob geistiger oder körperlicher Art, ichgebunden und ein Vorgang in der Kausalität.

Wenn unser wirkliches Selbst *(Atman)* absolutes Bewußtsein ist, wie der Vedanta sagt, warum erfahren wir es nicht unentwegt und leben danach? Weil es überdeckt, verhüllt ist *(Avarana).* Wovon wird es verhüllt? Die Rishis sind dieser Frage nachgegangen und haben in ihrer Versenkung folgendes entdeckt: Wenn absolutes Bewußtsein – aus Gründen, die wir nicht kennen – ein Instrument schafft, um Erfahrungen sammeln und Wünsche erfüllen zu können, muß es drei Kleider oder Hüllen anlegen, um tätig werden zu können: Das Selbst *(Atman)* steckt dann im *Sthula Sharira,* der Hülle des grobstofflichen Körpers, einem Produkt der fünf Elemente, dem Schoß einer Mutter entsprungen, wachsend, wieder verfallend, um schließlich zu sterben. Es ist das Instrument der Erfahrungen. Dann ist da *Sukshma Sharira,* die feinstoffliche Hülle, ein Instrument der Freude und des Leids, versehen mit den fünf Sinnen der Wahrnehmung, den fünf Organen des Handelns, den fünf Lebensenergien und dem Inneren Organ *(Antahkarana).* Schließlich (als feinste Überdeckung) *Karana Sharira,* die Ursachehülle. Sie kann weder wirklich noch unwirklich genannt werden. Nennt man sie unwirklich, dann könnte aus ihr nicht die Projektion der *Maya* entstehen. Nennt man sie wirklich, dann könnte Erkenntnis der Wahrheit *(Jnana)* sie nicht auflösen. Deshalb ist sie unbeschreiblich. Das Selbst in diesen drei Hüllen wird zum *Jiva,* einem Wesen, das sich mit Körper, Sinnen und Denken identifiziert hat.

Spätere philosophische Schulen haben zum besseren Verständnis ihrer Schüler eine weitere Unterteilung der Hüllen (Koshas) vorgenommen. Sie unterteilten *Sthula Sharira* in *Annamaya Kosha* (Nahrungshülle) und *Pranamaya Kosha* (Lebenskraft- oder Vitalhülle). *Sukshma Sharira* wurde unterteilt in *Manomaya Kosha* (Denkhülle) und *Vijnanamaya Kosa* (Intelligenzhülle). Aus *Karana Sharira,* das nicht aufteilbar war, wurde *Anandamaya Kosha* (Seligkeitshülle), weil man in ihm der Seligkeit (Ananda) des Absoluten am nächsten ist.

Begegnen wir unseren Mitmenschen, dann sehen wir ja nicht den Atman in ihnen, sondern ihre drei Hüllen, die mit einer unendlichen Vielfalt ausgestattet sind. Das Großartigste und Wunderbare am Menschen ist, daß er sich danach sehnt, frei und glücklich zu sein, und jeden Tag an diesem Enthüllungsprozeß, der dafür notwendig ist, bewußt oder unbewußt teilnimmt. Das ist keine abstrakte Spekulation, sondern die Erfahrung eines jeden von uns.

Im Wachzustand sind wir Träger der drei Hüllen. Die Identifizierung mit ihnen entstand aus der Denkgewohnheit vieler Geburten. Diese Denkrille ist so tief eingegraben, daß wir ohne besondere Übungen aus ihr nicht herauskommen. Nach des Tages Mühsal legen wir uns schlafen und beginnen zu träumen. Die grobstoffliche Hülle legen wir dabei ab, sie bleibt im warmen Bett liegen, wir aber ziehen im Traum mit Schlittenhunden durch Grönland, liegen unter Palmen auf Hawai oder trecken in den Himalayas. *Sthula Sharira* belästigt uns dabei nicht. Fallen wir dann in Tiefschlaf, fällt auch die zweite Hülle, die feinstoffliche, ab, und da mit ihr auch das Denken aufhört, gibt es kein Universum mehr, und wir wissen nicht, daß wir

Hüllen besitzen. Wir ruhen im absoluten Bewußtsein, haben aber weder Nutzen davon noch Seligkeit daran, weil wir dafür Körpermittel benötigen, die wir aber im Tiefschlaf entlassen haben. Da wir jeden Tag, wenn auch unbewußt, zwei Hüllen ablegen, hängt die Erkenntnis unseres wirklichen Selbst (Atman) doch nur von der Auflösung der Ursachehülle ab. Aber wie werden wir sie los?

Die Rishis haben das untersucht und sind zu folgendem Ergebnis gekommen: Im Tiefschlaf sind wir in jeder Beziehung mittellos. Im Traumschlaf haben wir keinen Einfluß auf die Träume und erfahren sie in einem willenlosen Zustand. Es bleibt also nur das Wachbewußtsein als Operationsfeld übrig. Diese klare Aussage rief aber die klugen Logiker herbei, die es für Schwachsinn hielten, wenn man sagt, daß man mit Denken das Denken überwinden kann, oder behauptet, mit Maya-Mitteln über Maya hinausgelangen zu können. Der Vedanta sagt: Warum nicht? Wäre es nicht möglich, hätte es nie Erleuchtete gegeben. Maya kann sehr wohl den Knoten der Maya zerschlagen. Um die Behauptung zu untermauern, gebraucht man ein Beispiel, wohl wissend, daß solche Beispiele den Verstand nicht immer befriedigen; aber sie können die Intuition wecken: Ein Mensch träumt, daß er auf dem Weg zum Dorf von einem Tiger angefallen wird. Da Träume während des Träumens so wirklich sind wie Wachbewußtsein, überfällt ihn wahnsinnige Angst, sein Herz schlägt wie wild, und er ist in Schweiß gebadet. Plötzlich erinnert er sich an seinen Revolver und schießt auf den Tiger, der tot zu Boden fällt. Was ist geschehen? Ein Traumrevolver hat einen Traumtiger getötet, aber die körperlichen Reaktionen des Träumenden wie Angst usw. sind aufgehoben. Was ist nun dieser Traumrevolver, der den Traumtiger der denkprojizierten Erscheinungswelt *(Maya)* zur Strecke bringt? Meditation!

Es führt zu weit, wenn man Meditationspraktiken des Ostens (des Hinduismus, Buddhismus, Zen und Taoismus) beschreiben wollte. Darüber gibt es eine umfangreiche Literatur, aber der Urvater der religiösen Psychologie, *Patanjali,* hat in den Yoga-Aphorismen einen achtfachen Stufenweg aufgezeichnet, der später von *Swami Vivekananda* in seinem „*Raja Yoga*" verarbeitet wurde. *Patanjali* warnt vor Meditationsübungen ohne geeigneten Lehrer, ohne Nervensystem, Denken und Gemütsbewegungen durch genügende Vorbereitung darauf einzustellen. Ein gewaltiger Vorrat im Unterbewußtsein gelagerter früherer Eindrücke *(Samskaras)* wartet darauf, wieder an die Oberfläche zu kommen, und diese Eindrücke sind nicht immer angenehm und positiv. Die Wirkung der Erleuchtung *(Samadhi)* ist gewaltig. Die Upanischaden sprechen von einem Licht, heller als tausend Sonnen.

Patanjalis Yoga, eines der sechs philosophischen Systeme (Darshanas) des Hinduismus, besteht aus acht Stufen:

1. *Yama*, Selbstbeherrschung, besteht aus Nicht-Verletzen, Wahrhaftigkeit, Nicht-Stehlen, Keuschheit und Begierdelosigkeit. Sie müssen in Wort und Tat geübt werden.
2. *Niyama* besteht aus äußerer und innerer Reinheit, Zufriedenheit, Strenge gegen sich selbst, Studium der heiligen Schriften und Hingabe an Gott.
3. *Asana*, Körperhaltung. Es geht darum, den Körper in eine Position zu bringen, in der er die Konzentration nicht stört.
4. *Pranayama*, Beherrschung des Atems, da dieser einen großen Einfluß auf Denken und Gemütsverfassung ausübt.
5. *Pratyahara*, das Abziehen der Sinne von den Sinnesobjekten, damit das Denken nicht mehr abgelenkt wird.
6. *Dharana*, Konzentration, das Denken bei einem Objekt verweilen zu lassen, ohne daß es wieder abschweift.
7. *Dhyana*, Meditation. Auf dieser Stufe soll das Denken mit dem Objekt der Meditation eins werden.
8. *Samadhi*, Erleuchtung, der überbewußte Zustand, in dem Dualität und Erscheinungswelt nicht mehr existieren. Psychologisch wird er auch *Turiya* genannt, „das Vierte", der über die drei bekannten (Wachen, Träumen und Tiefschlaf) hinausgeht und sie ermöglicht, da er das absolute Bewußtsein ist.

Samadhi kann nicht beschrieben werden, da er ein transzendenter Zustand ist; man kann nur sagen, daß es in ihm Abstufungen gibt bis hin zum *Nirvikalpa Samadhi*, der Auflösung im Absoluten. Die Tradition sagt, daß man in diesem Zustand den Körper nicht länger als 21 Tage erhalten kann. Eine Ausnahme bilden die Erleuchteten, die eine karmische Mission für die Belehrung der Menschheit haben, wie zum Beispiel die göttlichen Inkarnationen *(Avataras)*, zu denen der Hinduismus auch Jesus zählt. Da Sprache eine Manifestation des Denkens ist, bleibt ihre Möglichkeit, *Samadhi* zu erklären, begrenzt. Ein Sadhu wurde von seinem Schüler gefragt, was Samadhi sei. Er antwortete: „Ich weiß es, aber wenn du mich fragst, weiß ich es nicht." Ein Swami wurde nach der Erleuchtung gefragt. Er sagte: „Es ist die Erfahrung, nicht Körper, Sinne und Denken zu sein, sondern absolutes Bewußtsein (Atman)."

Im Vedanta hat Meditation nur ein Ziel: Erleuchtung. Da diese identisch ist mit Atman, Gott oder Brahman, gibt es dialektische Probleme. Unser Verstand möchte für alles klare, logische Erklärungen, und er gerät in Verwirrung, wenn er feststellen muß, daß in der Transzendenz vieles unlogisch und widersprüchlich ist, da er seine menschlichen Maßstäbe anlegt, die alle fiktiv sind. Könnte man Gott oder Brahman gedanklich erfassen und beschreiben, dann wäre er ein Objekt, also ein Bestandteil der Maya. Schon *Lao-Tse* hat gesagt: „Wenn man vom Tao spricht, ist es nicht das Tao", und *Ramakrishna* sagte: „Noch nie hat eine menschliche Zunge Brahman befleckt." Trotzdem hat der Vedanta, zum Wohle der spirituell Strebenden, immer wieder versucht, eine gedankliche Annäherung zu schaffen, die dann von der metaphysischen Intuition abgelöst werden muß. Er nennt Brahman „das Eine ohne ein Zweites", also jenseits jeder Dualität. Oder er nennt es *Sat-Chit-Ananda,* absolutes Sein, absolutes Bewußtsein und absolute Seligkeit. Vedanta geht davon aus, daß Gott oder Brahman absolute Seligkeit sein muß, denn wo es keine Dualität, keine Gegensatzpaare oder Störungen mehr gibt, kann Bewußtsein nur Seligkeit sein; das vermag selbst der Verstand einzusehen.

Vedanta glaubt nicht an Gott oder Brahman außen, irgendwo im Universum. Er muß in uns sein, sonst wäre er nicht zu finden. Der persönliche Gott in unserer Vorstellung, gleich, wohin wir ihn plazieren, ist nur ein Hilfsmittel für seine Verwirklichung. Wie wirklich aber ist Gott, der sich in unserem unerforschten Inneren befinden soll? Vedanta hat sich mit dieser Frage befaßt und sich mit Ungläubigen und Atheisten beschäftigt. Der Ungläubige ist kein Problem, denn er kann jederzeit durch Erkenntnis zu einem Gläubigen werden. Der Atheist leidet unter Selbsthypnose, er redet sich ein, Gott leugnen zu können; da er aber nicht leugnen kann, daß er leugnet, benötigt er dafür Bewußtsein, das mit Gott identisch ist, und das ist ja, was er leugnen möchte. Er ist also kein Gottesleugner, sondern nur ein Erkenntnisloser.

In Vedanta-Kreisen kursiert eine nette Geschichte: Als der russische Astronaut Gagarin aus dem Weltall zurückgekommen war, wurde ihm zu Ehren ein Bankett gegeben. In vorgerückter Stunde rutschte Chruschtschow an ihn heran und flüsterte: „Genosse, als du da oben so weit von der Erde entfernt warst, hat du da Gott gesehen?" Gagarin sah ihn ernst an und sagte: „Ja." Da murmelte der Atheist seufzend: „Das habe ich mir beinahe gedacht." Auf einem späteren Bankett rückte ein Vertreter der griechisch-orthodoxen Kirche an ihn heran und sagte: „Na, Genosse Gagarin, als du da oben so dicht am Himmel warst, hast du da etwa Gott gesehen?" Gagarin knurrte ärgerlich: „Njet." Da sagte der Priester: „Das habe ich mir beinahe gedacht."

So widersinnig es auch klingen mag, aber es gibt eine Psychologie des Samadhi. Wir hätten gerne, daß der erreichte Samadhi-Zustand für immer währte und durch nichts vertrieben werden könnte. Leider ist das nicht so. Warum hat wohl Jesus lange Zeit in der Wüste bei den Essenern gelebt? Warum mußte Ramakrishna unter verschiedenen Gurus zwölf Jahre lang Sadhana üben, und warum hat Ramana Maharshi nach seiner Erleuchtung noch viele Jahre im Tempel von Tiruvannamalai und in den Höhlen des Arunachala Meditation geübt? Befriedigend ist die Frage nur zu beantworten, wenn wir uns an Dingen orientieren, die jeder erlebt. Wir alle erleben Wachen, Träumen und Tiefschlaf. Beim Wachen und Träumen funktioniert das Denken, im Tiefschlaf nicht. Ohne Denken können wir über den Tiefschlaf nichts aussagen. Tun wir es dennoch, sprechen wir über einen Zustand, in dem wir uns nicht mehr befinden. Genau dasselbe trifft auf Erleuchtung *(Samadhi)* zu. In ihr gibt es keine Aussagemittel; stellen sie sich wieder ein, dann sind es Denkprojektionen und nicht mehr Samadhi. Die Großen wußten, daß eine Aussage über Erleuchtung nur eine Denkprojektion ist, die jederzeit von einem anderen, stärkeren Gedanken vertrieben werden kann. Darum ihre jahrelangen Übungen, um fest in Samadhi gegründet zu sein, das heißt, eine Vereinigung mit dem Absoluten in allen drei Bewußtseinszuständen, die durch nichts mehr vertrieben werden kann. Der Maharshi hat diesen Zustand *„Sahaja Samadhi"* genannt, seinen natürlichen Zustand, denn alles Denken ist egobedingte Konstruktion. Nur Meditation kann uns zu diesem natürlichen Zustand bringen, und in ihm verschieben sich die Perspektiven unserer Weltbetrachtung völlig.

Die Welt, wie wir sie mit Körpermitteln sehen, ist die grobmaterielle Natur *(Prakriti)*. Vedanta nennt sie auch *Maya* (Schein) und sagt, daß sie durch die Kraft *(Shakti)* Bramans entsteht und ohne Brahman nicht existieren kann. Westliche Interpreten haben sie als Täuschung, Illusion bezeichnet und werden damit der Sache nicht gerecht. Die ewige Streitfrage, ob Maya wirklich oder unwirklich ist, kann nicht eindeutig beantwortet werden, denn sie ist beides zugleich, und ohne ihre Hilfe ist Brahman nicht zu verwirklichen. Meditation ist schließlich auch nur eine Technik innerhalb der Maya, wenn auch ihr Ziel außerhalb derselben liegt.

Ramakrishna hat von der unergründlichen Maya gesprochen, von der großen Zauberin. Maya ist wirklich im Zustand des Wachens und Träumens und bleibt wirklich, solange wir uns mit Körper und Denken identifizieren. Im Wachzustand wird niemand leugnen, daß er selbst vorhanden ist und die Erscheinungswelt auch. Auf dieser Ebene ist Maya wirklich und auch die einzige Wirklichkeit. Vedanta zieht diese Wirklichkeit aber in Zweifel, wenn er feststellt, daß der Mensch vier Bewußtseinszustände erleben kann: Wachen, Träumen, Tiefschlaf und Samadhi. Was Wahrheit und Wirklichkeit ist – beide sind im Vedanta identisch –, muß in allen vier Bewußtseinszuständen vorhanden sein. Maya existiert aber nur im Wachen und Träumen, da sie eine Denkprojektion ist, und kann deshalb im letzten Sinne nicht wirklich sein. Was in allen vier Bewußtseinszuständen vorhanden ist, ist absolutes Bewußtsein *(Chit)*, das auch ohne Maya und ihre Denkprojektionen existiert.

Shankara versucht, uns in der verzwickten Situation zu Hilfe zu kommen mit seinem Beispiel von Schlange und Seil. In der Dunkelheit liegt vor mir eine Schlange. Schrecken packt mich, mein Inneres Organ *(Antahkarana)* stellt blitzschnell fest, daß es eine Kobra ist, deren Gift tödlich wirkt. Todesangst würgt mich, und mir bricht der Schweiß aus. Mein Herz schlägt wie wild, und ein Angstschrei dringt aus meiner Kehle. Jemand eilt mit einer Lampe herbei, und ich erkenne statt einer Schlange ein Seil. Jetzt kann das Seil nicht wieder zur Schlange werden, denn diese Schlange war nie aus einem Ei hervorgekrochen, hatte sich nie gehäutet und konnte weder beißen noch sterben, denn sie war nur eine Denkprojektion. Dieser Vorgang der Täuschung hat zwei Aspekte: zum einen Verhüllung *(Avarana)* und zum anderen Überdeckung *(Vikshepa)*. Es blieb mir verhüllt, daß es ein Seil war, und ich überdeckte das Vorhandene mit einer Vorstellung, die mit dem Objekt überhaupt nichts gemein hatte.

Shankara bittet uns, das auf unsere Alltagserfahrungen zu übertragen: Wir sehen mit unzulänglichen Sinnen und mit Hilfe eines unzuverlässigen Denkens eine ständig sich verändernde Erscheinungswelt; es bleibt uns verhüllt, daß alles nur *Brahman* (absolutes Bewußtsein) ist, und mit von Brahman geliehener Intelligenz überdecken wir dann Brahman mit der Vorstellung eines Universums, das wir auch noch in Makro- und Mikrokosmos mit all seinen Vielheiten unterteilen. Wer wundert sich da noch über die Unruhe und Verwirrung beim Versuch, darin Gott zu finden! *Shankara* hat dazu einen Sanskrit-Vers geschrieben, in dem er sagt:

> In einem Satz sei es verkündet,
> was man in tausend Büchern findet.
> Nur Brahman ist wirklich, die Welt ist Schein,
> das Selbst ist nichts als Brahman allein.

Da das Universum, wie *Vasishtha* es seinem Schüler *Rama* klarmachte, nur eine Denkprojektion ist, endet alles bei der Frage, die der *Maharshi* immer wieder gestellt hat: „Wer bin ich?" Wohin führt diese Selbstergründung *(Vichara)*? Sie beginnt mit einem Denkprozeß, der uns zuerst negativ erscheinen muß, denn es ist die Feststellung, was nicht das Selbst ist *(Neti, Neti)*. Sind die Überdeckungen weggeräumt, wird auch das Denken entlassen, und in der Meditation *(Dhyana)* entfaltet sich in uns ein Licht, heller als tausend Sonnen. Im Einssein mit dem absoluten Bewußtsein erfahren wir, daß unser Selbst *(Atman)* identisch ist mit *Brahman* und wir nicht sterbliche Wesen sind, sondern Kinder der Unsterblichkeit.

Einführung in den Buddhismus

Karl-Heinz Gottmann

Das 6. vorchristliche Jahrhundert war eine Zeit schöpferischen Umbruchs. In allen Kulturkreisen der damals bekannten Welt lösten sich die Eliten vom magisch-mythischen Denken. Man suchte nach Ursachen und Wirkungen, nach kausalen Zusammenhängen, und zwar mittels Analyse und Deduktion. Auch hinterfragte man die Gültigkeit traditioneller Werte und Annahmen. Es war die Zeit der großen Naturphilosophen Griechenlands, der Propheten Israels, die nun – nach Berührung mit persischer Religiosität – den alten Henotheismus verließen und einen Monotheismus verkündeten. Es war jene Periode menschlicher Geistesgeschichte, wo in China ein *Lao Tse* auftrat und in Indien *Atreya* das erste wissenschaftlich anmutende System der Medizin in einem vierfachen Überlegungsansatz begründete: „Das ist das Leiden" (Diagnose), „das ist die Ursache des Leidens" (causa), „das ist die Aufhebung des Leidens" (Schlußfolgerung), „das ist der therapeutisch einzuschlagende Weg" (Therapieplan). Dieses neue kausale und konditionale Denken bestimmte aber nicht nur medizinisches Forschen, sondern bald auch religiöses und philosophisches Betrachten. Unter seinem Einfluß griffen die von vorarischen religiösen Vorstellungen ausgehenden Wanderasketen (*śramanas*) von unterschiedlichsten Positionen ausgehend den im Opferkult erstarrten Brahmanismus an. Neben *Mahāvira*, dem Verkünder des Jainismus, ragt aus der Masse der zeitgenössischen Denker, Mystiker, Yogins und Religiösen die große Persönlichkeit des Buddha *Sākyamuni* heraus, dem Initiator und Inspirator der ersten Weltreligion in der menschlichen Geschichte.

Siddhārtha Gautama (so sein weltlicher Name) wurde im Grenzgebiet des heutigen Nepal und Indien geboren. Sein Vater war der Raja einer kleinen Adelsrepublik, die der *Sākya*, und als ältester Sohn war er zur Nachfolge bestimmt. Er wuchs im Luxus der Reichen seiner Zeit auf, war verheiratet und hatte – für einen *Ārya* Indiens das höchste Glück – einen Sohn, als er im Alter von 29 Jahren gegen den Wunsch seines Vaters alles aufgab, um Wanderasket zu werden. Der

Mythos berichtet, daß er, von dem alles Leid ferngehalten wurde, zuvor bei vier aufeinanderfolgenden Ausfahrten einen am Stock gehenden Alten, einen dahinsiechenden Kranken, einen Toten und einen von Glück strahlenden Wandermönch getroffen habe. Die ihn aus diesen Begegnungen betroffen machende Erkenntnis von der Nicht-Dauer all dessen, was ihm wert erschien, wurde für ihn der Anlaß, sich von allem zu lösen, um Befreiung von dem zu suchen, was er als hemmend, einengend, bedrückend und deshalb als leidvoll empfand. Sieben Jahre unterzog er sich allen Disziplinen asketischer Zucht: konzentrativen und meditativen Übungen, Selbstkasteiung, Sitzen in Dornen, Überwindung von Ekelgefühlen und schließlich ein Fasten bis an den Rand totaler Erschöpfung. Am Ende der sieben Jahre mußte er sich eingestehen, daß er noch genauso weit von seinem Ziel entfernt war wie zu Anfang. Er erkannte, daß extreme Askese ebensowenig zum Ziel führt wie ein ausschweifendes Leben: Der gesuchte Weg mußte in der Mitte liegen. Als er wieder zu essen beginnt, verlassen ihn seine Schüler und Bewunderer: Sie sind der Meinung, er habe den wahren Weg verlassen. Auf sich selbst gestellt und verzweifelt über den totalen Mißerfolg einer harten siebenjährigen Bemühung beschließt er, noch einen letzten Versuch zu machen. Sollte dieser ohne Erfolg bleiben, so wollte er sterben. Unter einem Baum im heutigen Bodhgaya macht er sich einen Sitz zurecht. Und während er mit seiner Meditation beginnt, kommt in ihm die Erinnerung an ein spontanes Meditationserlebnis auf, das er als Jüngling erfahren hatte. „Erinnern" (skt.: *smrti*, p.: *sati*) aber bedeutet, einmal Erfahrenes, Gehörtes, Gesehenes, Gefühltes usw. erneut so zu erleben, als sei es eben jenes erste Mal. So ist „erinnern" gleichzusetzen mit einem vollkommenen „Vergegenwärtigen". Und ausgehend von dieser Vergegenwärtigung eines lange zurückliegenden Erlebens, so berichtet er, setzte nun ein Prozeß ein, der ihn in einer Nacht zu dem machte, was ihm nun sein ganzes bis dahin gelebtes Leben wie einen von Träumen erfüllten Schlaf erscheinen ließ, aus dem er jetzt erwacht war.

Worin bestand nun dieses alle bisherige Erfahrung transzendierende Erleuchtungserlebnis? Als Ausgangspunkt bezeichnet er einen Versenkungszustand, charakterisiert durch Denken und Erwägen, inspirierende Begeisterung, Glücksgefühl und einer von jeder Begrenzung und Einengung freien Geistesruhe, die zugleich

Gleichmut allem gegenüber ist, was einen selbst betrifft. Er schildert dann, wie er auf jeder der nachfolgenden Versenkungsstufen etwas hinter sich läßt: So fallen zunächst Denken und Erwägen weg, dann die Begeisterung und schließlich auch noch das Haften an der Freude. In einer von aller Begrenzung freien Abgeschiedenheit richtet er nun seinen Geist auf die erlösende Erkenntnis. So erkennt er in der ersten Nachtwache die Bedingtheit des Entstehens und Vergehens, wie beispielsweise die des Geborenwerdens und Dahinschwindens aufgrund des Wirkens jener Gesetzmäßigkeit, die mit dem Begriff *karma* umrissen wird. *Karma* (wörtl.: Tun, Handeln), das durch seine Folgen charakter- und damit „schicksal"-gestaltend wirkt, ist aber, so erkennt er, allein ein von Absicht getragenes Wirken. Ein ungewolltes, unabsichtliches Tun hat keine nachwirkende oder formende Kraft. In der zweiten Nachtwache erschaut er den eigenen Werdensstrom, wie er durch unzählige Geburten und Tode nun seine Befreiung im Erleuchtungserlebnis findet. In der dritten Nachtwache schließlich offenbart sich ihm das, was zum Kernstück seiner Heilslehre werden sollte: die vier edlen Wahrheiten.

Erfüllt von einem unendlichen Glücksgefühl, das ihn aber nicht bindet, verweilt er zunächst noch Wochen in der gleichen Gegend. Er will andere an seinem Glück teilhaben lassen, aber es kommen ihm Zweifel, ob andere Menschen je einen Zugang zu dem finden können, was ihm widerfuhr: „Versteher der Lehre wird es wenige geben", denn die alles tragende Wahrheit und Wirklichkeit (*dharma*) ist „tief, nur den Weisen einsichtig". Dann aber entschließt er sich doch, „aus Mitleid mit der Welt", um jener wenigen willen, „deren Augen mit wenig Staub bedeckt sind und die die Lehre wohl verstehen werden", seinen Weg als ein Lehrer der im Nichtwissen befangenen Wesen zu gehen, und zwar als einer, „der nichts in der geschlossenen Faust zurückhält". Zu Fuß wandert er lehrend mehr als vierzig Jahre durch das nordöstliche Indien, stiftet Frieden zwischen rivalisierenden Königsstaaten und hilft Menschen aller Schichten, den ihnen eigenen Weg zu finden. Achtzigjährig stirbt er auf einer Wanderung mit der Mahnung an seine Jünger: „Seid euch selber Zuflucht, eine andere Zuflucht gibt es nicht! Strebet ohne Unterlaß!"

Wie er selbst, so brachten auch seine Mönche als Missionare die Botschaft ihres Lehrers in das kleinste Dorf: die Lehre darlegend, Fragen erklärend, niemals aufdringlich, immer friedlich und ohne

Streit. Wer die Lehre annahm, war willkommen, wer sie nicht annahm, ging gesegnet seines Weges.

Es war unter Kaiser *Aśoka* im 3. vorchristlichen Jahrhundert, daß buddhistische Mönche als Gesandte des Kaisers die Lehre des Buddha nach Ceylon, Vorderasien, Ägypten, ja, bis an den Hof nach Makedonien brachten und Klöster im gesamten vorderasiatischen Raum gründeten. Kaufleute machten den Buddhismus längs der Seidenstraße bekannt und brachten die Botschaft des Buddha nach Hinterindien, Zentralasien, China und dem heutigen Indonesien. Über Korea kam der Buddhismus nach Japan: Immer friedlich und tolerant gegenüber den Stammesreligionen verkündete man die Lehre jenes Menschen, der in den Bereich des Nicht-Bedingten, den Bereich des Todlosen durchgebrochen war, „wo weder Kommen noch Gehen, weder Entstehen noch Vergehen ist". Noch weit in die Zeit des im Vorderen Orient aufblühenden Christentums ist der Name des Buddha bekannt. *Clemens von Alexandria* schreibt über ihn: „Unter den Indern gibt es auch Anhänger der Gebote des Buddha, welchen sie um seiner übermäßigen Heiligkeit willen der Ehre eines Gottes gewürdigt haben" (*Clemens Alex*. Strom. I c 15 § 71, 3-5).

Was macht nun die Heilslehre dieser herausragenden Persönlichkeit indischer Religionsgeschichte aus? Liest man die Reden des Buddha zum ersten Mal, so macht seine Lehre den Eindruck äußerster Nüchternheit und wissenschaftlich anmutender Strenge, die besonders deutlich wird in der von jeder Spekulation freien psychologischen Grundhaltung. Diese erkennt dem Menschen als Individuum – unabhängig von seiner Rassen-, Klassen- und Geschlechtszugehörigkeit – einen zentralen Stellenwert zu, der ihn jedoch in die Gesamtheit aller Entfaltungsformen des Lebens eingliedert. Anders als andere Religionen, die die Entstehung von Welt und Mensch als Schöpfungsakt eines Gottes zentral stellen, erklärte der Buddha, daß ein Anfang der im Kreislauf des Daseins befindlichen Wesen ebensowenig zu erkennen sei wie ein Anfang des Kosmos mit seinen zahllosen Welten. Auch seien solche Erwägungen und Theorien völlig ohne Belang: Es gehe darum, die Wirklichkeit so zu sehen, wie sie ist, und andererseits zu erkennen, wie wir diese als Menschen subjektiv erleben. Nur aus einem derart klarbewußten und unvoreingenommenen Sehen und Erkennen könne man jenen Weg deutlich sichtbar machen, dessen Ziel Heilwerdung und Befreiung von dem sei, was wir ständig in der Hemmung unserer freien Entfaltung als leidvoll erfahren. Alle Lehrdarlegung dürfe daher allein als Wegweiser verstanden werden, als ein Finger, der in jene Richtung zeigt, in die gegangen werden muß. Die Lehre, so heilig sie auch sein mag, ist daher kein Wert an sich, sondern hat einzig und allein instrumentalen Charakter.

Als Ausgangspunkt seiner Wegweisung wählte der Buddha den Tatbestand, daß alle fühlenden Wesen – den Menschen eingeschlossen – Glück, Freude, Wohlsein und freie Entfaltung der Kräfte begehren, Schmerz, Leid, Gram und Hemmung aber zu meiden versuchen. Jeder erfährt jedoch auf seiner Suche nach Glück sehr bald, daß das Begehrte ebensowenig von Dauer ist wie das Nichterwünschte: Wandel, ständiger Wechsel, Nichtdauer, Vergänglichkeit ist das Charakteristikum alles Gestalteten, ist Bestandteil jener Gesetzmäßigkeit, der alles Gewordene unterliegt. Dieser im Grunde neutrale Charakter ständigen Wandels bekommt durch unser Begehren und Zurückweisen einen positiven und negativen Charakter, was wir als lustvoll oder leidvoll erfahren. Aber während wir das lustvoll Freudige als etwas Selbstverständliches akzeptieren (wie beispielsweise Gesundheit), so wird das uns Unerwünschte, Widerwärtige ebenso wie das fehlende Begehrte als leidhaft empfunden, und das im gleichen Maße wie das Dahinschwinden freudvoller und glückhaft erlebter Situationen.

Der Buddha – ausgehend von dieser unreflektierten menschlichen Wirklichkeitserfahrung und -bewertung – konstatiert als Tatsache, daß alle unerwünschten Erfahrungen von fühlenden Wesen als leidvoll „existierend" empfunden werden. Doch bleibt er nicht bei der immer erneut gemachten Leiderfahrung stehen. Er analysiert, was Menschen immer wieder als „Leid" empfinden, um dann – ausgehend von der Empirie – festzustellen, daß sich die Leiderfahrung auf Alter, Krankheit, Tod, Zusammensein mit Unliebem, Getrenntsein von Liebem und Nichterlangen von dem, was man sich wünscht, beschränkt. Und von diesem Komplex sagt er, einem Arzt vergleichbar, der seine Diagnose gestellt hat: „Das ist das Leiden." Und er fügt noch hinzu, daß auch „Geburt" Leiden sei. Hat der Buddhismus also doch einen pessimistischen Zug, wenngleich aus dem Vorgesagten ersichtlich ist, daß die im Westen so häufig gehörte These, der Buddha habe behauptet: „Alles ist Leiden", offensichtlich falsch ist?

Die Einbeziehung der „Geburt" in die Faktoren der Leidauslöser hat immer wieder buddhistische Interpreten herausgefordert, zumal ja, besonders im *Mahāyāna*, mit Nachdruck auf die große Chance der menschlichen Geburt hingewiesen wurde, die es auf dem Wege zur Erleuchtung und Befreiung zu nutzen gelte. Kein anderer Daseinsbereich der Wesen, glaubt der Buddhist – gleich ob es sich um den der Götter, Titanen, Tiere, der begehrenden Geister oder der Bewohner höllischer Bereiche handele –, hat die gleiche günstige Ausgangslage, Buddhaschaft zu erlangen, wie der des Menschen. Und doch: Sollte auch für ihn Geburt „Leidauslöser" sein?

Einige frühe abendländische Vertreter des Buddhismus meinten, Geburt müsse deshalb als leidvoll betrachtet werden, weil die Mutter unter der Geburt Schmerzen erleide ebenso wie das Kind beim Passieren des engen Geburtskanals, wobei es infolge der noch nicht zusammengewachsenen und deshalb überscherenden Schädelknochen zu einer Kompression des Gehirns komme (das „Trauma der Geburt"), was Schmerz und Angst auslöse. Darüber hinaus würden aber auch die anderen sechs Arten des Leidens mit der Geburt beginnen, so daß Geburt der Beginn der Leidenserfahrung in dieser Welt der Sinnenhaftigkeit (*kāmaloka*) ist. Diese Interpretation ist zwar logisch, aber oberflächlich. Denn Geburt (*jāti*) ist für den Buddhisten ebensowenig jener einmalige Augenblick des „Geborenwerdens" in der Welt (*sañjāti*), wie Sterben (*maranam*) für ihn der Augenblick am Ende des Lebens ist, wo der lebendige Körper zum Leichnam wird und zerfällt. Denn für den Buddhisten ist Geburt und Tod ein Vorgang, der innerhalb des Individuums in jeder Sekunde tausendfach stattfindet: Durch unser Begehren ergreifen wir ständig das, was den Assimilationsfunktionen unserer Persönlichkeit (*skandhas*) „Nahrung" bietet. Assimilierbare Nahrung aber sind nach der Lehre des Buddha nicht nur jene Stoffe, die wir zum Aufbau und zur Erhaltung unseres Körpers immer erneut uns zuführen müssen, sondern auch alle Eindrücke, die wir durch Sinneskontakte aufnehmen, ferner die von Absicht getragenen Geistestätigkeiten (die je nach ihrer Art heilsame oder unheilsame Früchte tragen und so unser *karma* ausmachen) und schließlich Bewußtsein, was uns von einem zum anderen Augenblick „wiedergeboren" sein läßt.

Das Ergreifen der „Nahrung" aber erfolgt nach buddhistischer Psychologie über fünf „Erfahrungskomplexe" oder „Daseinsaggregate" oder „Greifehaufen" oder „Assimilationsfunktionen", wie man den Sanskritbegriff *skandha* (p.: *khandha*) übersetzt: den *skandha* der körperlichen Form, den der Empfindung bzw. des Gefühls, den der unterscheidenden Wahrnehmung und gedanklichen Verarbeitung, den der von Absicht getragenen wollenden Gestaltungskräfte und den des koordinierenden Bewußtseins. In einem Prozeß immer erneuten, anhaltenden Begehrens bauen wir mittels „Nahrung" über die *skandhas* unsere Persönlichkeit von Augenblick zu Augenblick um und auf, binden uns an das Ergriffene und isolieren uns von der Ganzheit des Daseinsstromes. So erfahren wir durch Selbstbegrenzung Einengung und Unfreiheit, erliegen wir immer erneut der Versuchung, das Unmögliche zu tun: den Lebensstrom aufzuhalten, und „leiden" daran, daß die dem Wandel unterworfenen Dinge uns zwangsläufig entgleiten.

Diese Erwägungen aber lassen uns schon bald erahnen, daß wir durch unser Verhaftetsein, durch unser Begehren und Zurückweisen, kurz: durch unsere eigene innere Haltung uns unser „Leiden" selbst erschaffen. Es gibt kein „Leiden an sich", wenn man von körperlichen Schmerzen absieht. Denn wenn wir es recht erwägen: Kann Altern unter Umständen nicht von einem Menschen als die glückliche Zeit des Reifwerdens empfunden werden? Kann Krankheit nicht zur ersehnten Zeit innerer Klärung und Losgelöstheit werden? Kann Tod nicht als ersehnte Erlösung begrüßt werden und kann Ungeliebtes nicht zu Geliebtem werden, Geliebtes zu Unliebem, ja Gehaßtem und Begehrtes zu nicht mehr Begehrtem? In solchen Momenten erfahren wir Leid und Freude als deutlich erkennbare subjektive Zustände unseres Bewußtseins, abhängig von unserem jeweiligen Entwicklungsstand. Leiderfahrung, so erkennen wir dann, ist kein von Gott oder Göttern uns auferlegtes und zu erduldendes Schicksal, sondern eine subjektiv gewertete Daseinserfahrung, die sich in der Bildhaftigkeit jenes Wortes ausdrückt, das der Buddha in der Sprache seiner Zeit gebrauchte und das wir (in Ermangelung eines Besseren) mit „Leiden" übersetzen: das Sanskritwort *duhkha* (p.: *dukkha*). Dieser Ausdruck war zur Zeit des Buddha noch eine relative Neubildung, die vermutlich in den Kreisen der ayurvedischen Mediziner um *Atreya* entstand. Ausgehend von dem Wort *sukha*, das in den mittel- und neuindischen Sprachen für „Freude", „Glückseligkeit" steht, im Vedischen aber nur für das „freie, ungehemmte leichte Laufen" der Räder eines Kampfwagens gebraucht wird und das sich aus den zwei Silben *su* (günstig, gut) und *kha* (Nabenloch) zusammensetzt. Erst in der nachvedischen Periode wird aus dem freien, ungehemmten Spiel des Rades um seine Achse infolge eines guten Nabenloches „Freude, Glück, lustvoll" (vielleicht in Übertragung des Gefühls, das der Krieger empfand, wenn sein Wagen ungehemmt dahinraste). Gegen diese Verflachung des Begriffes wendet sich die etwa um die Zeit des Buddha entstandene *Chāndogya-Upanisad*, wo es heißt: „In der uneingeschränkten Fülle (*bhūman*) ist *sukha*. Im Kleinen, Begrenzten (*alpa*) ist kein *sukha*" und wo im folgenden *bhūman* gleichgesetzt wird mit dem Todlosen, der Weite des Raumes und des Bewußtseins (*Chānd. Up.* V., 22-25). *Duhkha (duh, dus, dus* = schlecht) ist das Gegenteil von *sukha*, also das nicht freie Spiel der Kräfte, die gehemmte Entfaltung, das Eingeengtsein, die Unfreiheit. Und in eben diesem Sinne ist der buddhistische Leidbegriff zu verstehen: Er fordert förmlich zum Sprengen der Enge und zum Heraustreten in die Weite heraus.

So ergibt sich wie von selbst die Frage wodurch diese leidvoll erfahrene Einengung und Hemmung unseres Daseinsstromes immer erneut verursacht wird. Der Buddha zeigte in seiner zweiten „edlen Wahrheit" oder „Wirklichkeitsdarstellung" (skt.: *ārya satya*, p.: *ariya sacca*) zunächst die vordergründige Ursache auf: unseren unstillbaren „Durst" (skt.: *trsnā*, p.: *tanhā*), d.h. unser leidenschaftliches Begehren (*rāga*) bzw. unsere Gier (*lobha*), Objekte zu ergreifen, sei es im Bereich der Sinnenhaftigkeit, das diskursive Denken eingeschlossen (*kāmāloka*), oder in den Bereichen des Idealen, Feinstofflichen (*rūpaloka*) bzw. der Nichtformhaftigkeit (*arūpaloka*). Und er zeigte auch, daß Begierde und Gier, wenn sie auf Widerstand stoßen, leicht umschlagen in ein negatives Begehren: in Widerwillen (*patigha*), der sich bis zum Haß (*dosa*), dem alles zerstörenden Prinzip, steigern kann.

Aber was ist das Subjekt, welches da dürstet, begehrt, giert, aber auch zurückweist und haßt? Was gerät da immer wieder in Konflikt mit den Gesetzen des Daseins? Was veranlaßt uns, Wirklichkeit stets in einer verzerrten Form zu sehen? Diese Frage führt uns an das Kernstück der buddhistischen Lehre von der Erleuchtung und Befreiung: an die Lehre vom Nichtwissen (skt.: *avidyā*, p.: *avijjā*) und vom Nicht-Ich (skt.: *anātman*, p.: *anatta*). Das Wort „Nichtwissen" wird im Buddhismus auf unterschiedlichen Ebenen der Betrachtung benutzt. Zunächst bedeutet es die Nichtkenntnis der Lehre des Buddha, dann aber unsere Torheit, das Vergängliche für unvergänglich zu halten, ferner das Nichterkennen jener „Verunreinigungen", durch die wir uns immer wieder binden, statt uns frei zu machen. Und schließlich ist es das Synonym für „Ich-Wahn" (*moha*), der Wurzelursache aller Verblendung und allen Leidens. Was aber ist dieser Ich-Wahn? Wie entsteht er? – Der Buddha war nicht nur ein großer Mystiker und Denker, er war auch zugleich ein bedeutender psychologisch-analytisch vorgehender Forscher, der sich von keinen Vorurteilen und Meinungen seiner Zeit beeinflussen ließ, sondern auch das hinterfragte, was anderen als sakrosankt und unantastbar galt.

So hatte die vorbuddhistische *Sāṁkhya*-Philosophie des Konzept einer Pluralität von individuellen, ewigen Geistseelen (*purusa*) entwickelt, die sich mit der Weltenenergie (*prakriti*) in deren unterschiedlichsten Dichtegraden zur Selbsterkenntnis verbinden, um sich dann individuell wieder aus den Banden der „Materie" in die Erlöstheit (*kaivalya*) zu erheben. In den Jahrhunderten vor Buddha war darüber hinaus in der Kriegerkaste die Vorstellung vom *atman* entstanden, ein Ausdruck, der zunächst auf den „Atem" wies bzw. auf einen Hauch, der – als ein für einen Augenblick individualisierter Hauch (*jīvātman*) – immer mit dem universellen Atem (*parātman*) verbunden blieb, um am Ende wieder ganz in ihm aufzugehen. Doch diese dynamische Konzeption verfestigte sich in der brahmanischen Spekulation sehr bald zu einem ewigen Selbst bzw. einer unvergänglichen Seele, die sich immer gleichblieb, von Körper zu Körper wechselte und ein ewiger „Zuschauer" war. Daneben gab es zur Zeit des Buddha auch noch andere Auffassungen vom Ich und Selbst.

Der Buddha setzte sich mit allen diesen „Seelentheorien" auseinander und verwarf sie durchweg. Ausgehend von der Körperlichkeit stellte er deren gesetzmäßiges Werden und Vergehen dar, analysierte den ständigen Werdeprozeß der menschlichen Persönlichkeit als ein Produkt der Aktivität der sogenannten fünf *skandhas* und wies nach, daß in keinem der „Greifehaufen" und auch nicht im Insgesamt der Geist-Körperlichkeit (*nāmarūpa*) so etwas wie ein „ewiges" Ich oder Selbst oder eine Seele nachzuweisen sei. Was wir feststellen können, so demonstrierte er, sind lediglich ständig ablaufende Werde- und Vergehensprozesse, die eine Kontinuität (*santāna*) aufweisen, welche ihrerseits den Eindruck einer sich gleichbleibenden

Persönlichkeit aufkommen läßt. Spätere buddhistische Schriften versuchten dies deutlicher herauszuarbeiten, indem sie sich die Frage stellten: Sind wir wirklich derselbe in diesem Augenblick, der wir als Kind, als junger Mensch, als Erwachsener waren und der wir im Augenblick unseres Todes sein werden? Die buddhistische Antwort war: der gleiche und doch ein anderer, so wie die Flamme in einer Lampe, die von Öl gespeist wird, die gleiche und doch jeden Augenblick eine andere ist und wie auch die Flamme, die von einer Lampe auf eine andere übertragen wurde, die gleiche und doch eine andere ist. So stellte Buddha fest, daß weder den Wesen noch den Dingen ein ewiges, unveränderliches Eigensein (*svabhāva*) zukommt. Zu erkennen ist nur ein Strom der Kontinuität, der sich im ständigen Wandel und Wechsel befindet, regelmäßig aber dabei seine Richtung hält und dennoch sich selbst in allen seinen Teilen nicht einen einzigen Augenblick gleich ist. Seine Kontinuität aber empfindet er deshalb als sein individuelles Dasein, weil dieser in seiner Gerichtetheit von Tatabsichten bestimmt wird, die weitgehend seinen Gewohnheiten entsprechen und daher einen durchgehenden Charakter erkennen lassen. Ausgehend von dem konventionellen Sprachgebrauch konzipieren einige Schulen des Buddhismus – gewissermaßen als Hilfskonstruktion – die Existenz eines ständig neu sich bildenden und dem Wandel unterworfenen *principium individuationis* bzw. eines rein funktionellen Integrationsprinzips, das *ahamkāra* (Ich-macher) genannt wird. Dieses funktionelle „Ich" ist als ein ständig in der Umwandlung, Umgestaltung und Neueinstellung befindlicher Fokus unseres Bewußtseins zu verstehen, der als temporäres kurzfristiges Bezugszentrum für die Assimilation von Elementen der Um- und Inwelt wirkt und zugleich das zurückweist und ausscheidet, was im Augenblick für das harmonische Gleichgewicht der geist-körperlichen Ganzheit (*nāmarūpa*) unzuträglich ist.

Dieser verschiebbare Brennpunkt unseres Bewußtseins, den wir auf die Objekte unseres Begehrens und Zurückweisens richten, läßt nun – in Verbindung mit dem Erleben der Kontinuität unserer im Grunde ständig im Wandel befindlichen Geist-Körperlichkeit – die illusionäre Vorstellung von einem immer sich gleichbleibenden Ich oder Selbst bzw. von einer „ewigen" Seele aufkommen, die die „Dinge" (und das ist alles, was nicht „Ich" ist!) in Besitz nehmen und sich zu eigen machen könnte. Die von uns täglich gemachte Erfahrung zeigt uns jedoch, daß wir nichts vor Verfall und Dahinschwinden bewahren können: weder unsere eigene Körperlichkeit noch unsere Gefühle, Vorstellungen, Gedanken, Absichten, ja, nicht einmal unser Bewußtsein. Diese Erkenntnis aber irritiert unseren Glauben an die „Macht der Seele" und läßt leicht Depressionen, Verzweiflung und Leidempfindung in uns aufkommen.

Das Nichtwissen als Ich-Wahn wird im Buddhismus als Wurzel einer Kettenreaktion betrachtet, die uns immer mehr und immer erneut in den endlosen Daseinskreislauf (*saṁsāra*) einbindet. Doch wird Nichtwissen hier weder als *prima causa* der Weltentstehung noch als transzendente Daseinsursache angesehen. Ja, es gilt nicht einmal als ein kosmogonisches Prinzip, sondern schlicht als eine Bedingung, unter der sich Daseins- und Bewußtseinszustände entwickeln.

Diese Abhängigkeitsverhältnisse bzw. -bedingungen wurden durch den Buddha schon früh in einer Kettenformel dargestellt, zunächst mit acht, dann mit zehn und schließlich mit zwölf Gliedern, die man *pratītyasamutpāda* (p.: *paticcasamuppāda*), das „Entstehen in (bedingter) Abhängigkeit" nannte. Betrachtet man die Aufeinanderfolge der Glieder dieser Kette, so erscheint diese als eine logische Aufeinanderfolge von Aktionen und Reaktionen, die einer kausalen Gesetzmäßigkeit im Sinne von Ursache und Wirkung folgen. Dieser vordergründige Eindruck soll den ständigen Begleiter Buddhas, seinen Vetter *Ānanda*, veranlaßt haben, ganz entzückt auszurufen, daß dieser *pratītyasamutpāda* leicht und jedem Verständigen einsichtig sei, worauf ihn der Buddha zurechtwies, daß solche Meinung falsch sei: Das abhängige, bedingte Entstehen erschließe sich nur dem Weisen. Und warum? Weil es sich hier nicht um eine erklärende, logisch kausale Theorie handelt, sondern um das Aufzeigen des Bedingtseins sowie des abhängigen Entstehens von Daseinszuständen aus einer oder mehreren Komponenten des *pratītyasamutpāda,* wobei jedes Resultat allein oder in Verbindung mit anderen Kettengliedern wiederum Anlaß zu weiteren Entwicklungen werden kann.

Welche Einsicht vermittelt uns nun der *pratītyasamutpāda,* der mit der *anātman*-Lehre eine zentrale Stelle in allen buddhistischen Schulen einnimmt? Er will uns die Augen öffnen, damit wir sehen lernen, daß unser Nichtwissen um das Wesen des Ichs (nämlich daß es eine bloße Funktion ist, bar jeder Eigennatur) uns zur Illusion einer

Selbstheit führt. Diese wiederum weckt und produziert in uns ständig neue von Wollen getragene Tatabsichten und Tendenzen (*saṁskāra*), die unser Bewußtsein (*vijñāna*) in eine spezifische Richtung lenken und damit auch unsere Aufmerksamkeit entsprechend selektiv beeinflussen. So beginnen wir, unter dem Einfluß unserer Tatabsichten über das Bewußtsein in unserer Geist-Körperlichkeit (*nāmarūpa*) Funktionen zu entwickeln und zu trainieren, die unter Umständen eine Veränderung unserer psycho-physischen Gesamtpersönlichkeit bewirken. Im weiteren Verlauf kann es dann durch Akzentuierung bestimmter Sinnestätigkeiten und Vernachlässigung anderer zu einer „neuen" spezifischen Funktion der Sinne kommen: Die trainierten Funktionen werden hypertrophiert, die anderen verkümmern. Ein so spezifiziertes Sinnessystem wird, verstärkt durch *saṁskāra* und *vijñāna*, selektiv wertend Kontakte (*sparśa*) zu Objekten pflegen, durch die die resultierenden Empfindungen (*vedanā*), die wiederum überlagert sind von Projektionen, Vorurteilen, Meinungen, Erwartungen, entsprechend gerichtetem Bewußtsein und Tatabsichten, spezifisch gefärbt werden und entsprechend mit Begehren (*tanhā*) oder Zurückweisung reagieren. Begehren aber führt regelmäßig zum Sichverhaften (*upādanā*) an den Gegenstand des Verlangens. Verhaftetsein aber entläßt uns nicht in Freiheit: Wieder und immer wieder steigen wir in den gleichen Werdeprozeß (*bhāva*), der uns erneut in „Geburt" und „Wiedergeburt" (*jāti*) führt, womit der Zyklus des Werdens und Wiederwerdens ununterbrochen fortläuft.

Die ganze Gruppe der Glieder bedingter Abhängigkeit muß nun als ein im Kreis angeordnetes Funktionsprinzip betrachtet werden, wo jedes Glied mit jedem anderen kombiniert werden kann und wo auch die Reihenfolge der Glieder untereinander nicht unbedingt feststeht, so daß Akzente verschoben werden können, ohne daß das Faktum des „Bedingt-Abhängigen" dadurch aufgehoben wäre. So können beispielsweise Tatabsichten in Abhängigkeit von einem bestimmten Bewußtsein und Bewußtsein in Abhängigkeit von bestimmten Tatabsichten bedingt entstehen, wie auch aus Tatabsichten Begehren und aus Begehren Tatabsichten sich entwickeln bzw. sich verstärken können. Daraus wird ersichtlich, daß es sich hier nicht um ein zeitlich kausales Geschehen handelt, sondern um eine lebendige Bezogenheit von funktionellen Gliedern eines Ganzen, deren jedes einzelne alle anderen potentiell mitbeinhaltet.

Aber viel wichtiger ist, daß diese Darstellung des abhängigen, bedingten Entstehens uns die große Chance der Befreiung aufzeigt, daß nämlich in jedem Augenblick und an jeder Stelle die Kette der Bedingtheit durchbrochen werden kann, daß sie überall aufhebbar ist und daß man nicht warten muß, bis sich die aus der Unendlichkeit der Zeit kommenden Ursachen in einer fernen Zukunft erschöpfen: Hier und jetzt besteht die Chance der Erleuchtung und Befreiung. Was wir zu tun haben, ist lediglich, daß wir die selbstgeschaffenen Fesseln ablegen, daß wir die Mauern, die uns umschließen und die wir selbst errichteten, niederreißen. Und wenn wir uns bisher durch unser Begehren, Hassen, Verhaften, durch unser krampfhaftes Festhalten an einem illusionären, ewigen Ich, durch das wir uns von allem anderen Leben isoliert denken, „auszeichnen", dann kann es nur einen Weg zur Freiheit geben: den des Loslassens, des Sich-Nichtverhaftens.

Und eben dies ist die Aussage der dritten edlen Wahrheit: „Das ist die Aufhebung des *duhkha.*" Wo aber *duhkha,* die Gehemmtheit und Einengung aufgehoben ist, da ist *sukha*: die große Freiheit der Weite, Fülle, das Glück des Nicht-mehr-Eingeschränktseins und des Heraustretens aus dem Bereich der Bedingtheit.

So wird diese dritte edle Wahrheit von der Leidensaufhebung zur Wahrheit von der uns als Geburtsrecht zustehenden Glückseligkeit, wird zur frohen Botschaft von der Freiheit und der geistigen Gesundung. Hier ist das zu Tuende vollbracht: Die drei Wurzeln von Gier, Haß und Ich-Wahn sind abgeschnitten. Das Erlöschen aber von Gier, Haß und Wahn ist *nirvāna,* von dem es im *Dhammapāda* heißt: *„Nibbanaṁ paramaṁ sukhaṁ"* – *Nirvāna* ist das höchste Glück (V. 203). Es ist ein Glück erfüllt von verklärter, heiterer Ruhe, das den Geist nicht durch Festhaltenwollen an das Glücksgefühl fesselt, sondern ihn rein und frei hält, so daß er , ohne Grenzen zu errichten zwischen Ich und Du, hellwach und voll bewußt das Glück der Freiheit erlebt.

Hier wird deutlich, daß *sukha* Kennzeichen der Befreiung ist. Andererseits aber ist Freude bereits auf dem Wege zur Befreiung ein wesentliches Moment: Sie spornt uns an, unbeirrt weiterzugehen. Und mit jedem Schritt, den wir machen, werfen wir Ballast ab, entlasten wir uns, wodurch wir unbehinderter ausschreiten können. Freude, die uns wachsend begleitet, wird jetzt für uns zum Kriterium des Fortschritts auf unserem Wege. Und in dem Maße, in dem sie zunimmt, verfeinert und verinnerlicht sie sich, um schließlich zu jener Heiterkeit zu werden, die, wie Lama Govinda es einmal ausdrückte, „über alles Welttreiben erhaben, allgütig, allverstehend, allverzeihend, allumfassend aus dem Antlitz des Erhabenen leuchtet."

Befreiung ist also möglich. Und sie ist in jedem Augenblick möglich, wenn es uns gelingt, die „große Wende im Sitz unseres Bewußtseins" (*āśraya parāvrtti*) zu vollziehen. Schmerzlich empfinden wir hier die große Diskrepanz zwischen intellektueller wie intuitiver Einsicht auf der einen Seite und unserer Unfähigkeit andererseits, uns von unseren illusionären Vorstellungen zu lösen: Das „Nichtwissen" wirkt über seine „Fesseln", „Hemmungen" und „Befleckungen", und wir haben es noch nicht gelernt, unsere Kräfte in der rechten Weise einzusetzen, um den von Träumen durchsetzten Schlaf zu beenden. Es geht uns wie jenem armen Mann in seiner elenden Hütte, der weiß, daß darunter ein gewaltiger Schatz vergraben liegt: Solange er den Schatz nicht gehoben hat, ist er für ihn Nicht-Wirklichkeit, und er bleibt der arme Mann.

So gilt es, einen Weg in das Wegelose zu bauen, um das Bewußtsein von allen Projektionen, Vorurteilen, Meinungen und einseitig verzerrten Ansichten freizumachen. Und eben mit dieser Forderung an uns beginnt der edle achtfache Pfad des Buddha, den er als vierte Erkenntnis aus der Nacht seines Erwachens mitbrachte. Nicht eine Morallehre steht am Anfang des Weges, sondern *samyag drsti* (p.: *sammā ditthi*): die vollkommene Anschauung, das vollkommene Sehen. Aber was ist das? Es ist das unvoreingenommene Sehen der Wirklichkeit, das Betrachten des Gegenstandes von allen Seiten, wobei wir zugleich sein Eingebundensein in größere, umfassendere, universelle Zusammenhänge wahrnehmen. Für den Buddhisten ist nun der *dharma* (die „Lehre") des Buddha eine solche Schau der Wirklichkeit: ein Mittel, um uns Stück für Stück die Schleier (*āvarana*) von den Augen zu reißen, die unsere Sicht behindern, um die Kräfte (*bala*) zu entwickeln, die uns befähigen, alle Hemmungen (*nīvarana*) zu überwinden und alle Fesseln (*saṁyojana*) zu zerreißen.

Was aber sind die „Schleier", die unsere Sicht behindern? Es sind einmal die *kleśas*, jene „Verunreinigungen", „Befleckungen" oder „Trübungen" unseres Bewußtseins durch Haß, Gier, Ich-Wahn, Egozentrik, zweifelnde Unentschlossenheit, irrige Ansichten und Meinungen, geistige Starrheit, innere Unruhe, Schamlosigkeit und Gewissenlosigkeit. Zum anderen aber sind es jene Verzerrungen und Verfälschungen der Wirklichkeit, die wir selbst aufgrund von Gewohnheiten, Vorurteilen und Meinungen als verfälschende Projektionen (*jñeyāvaranas*) über die Dinge stülpen. Sie alle müssen wir Schritt für Schritt durchschauen und abtun. So reift aus der immer vollkommener werdenden Einsicht in die Wirklichkeit nun jener, unser ganzes Menschsein erfassende Entschluß (*samyak saṁkalpa*), alle Kräfte in uns zu mobilisieren, um den Weg zur Befreiung zu gehen. Dabei gilt es als erstes, Vertrauen zu entwickeln: Vertrauen, daß – da einmal ein Mensch den Durchbruch zur Befreiung erlangt hat – dies auch allen Menschen möglich sein muß, daß in jedem von uns potentiell die Kräfte dafür angelegt sind, die es nun durch Übung zu fördern und einzusetzen gilt. So ist als nächstes Willenskraft (*virya*) zu entwickeln, darüber hinaus aber vor allem wache Gegenwärtigkeit (skt.: *smrti*, p.: *sati*), ohne die ein selbstverantwortliches ethisches Denken, Reden und Handeln (den nächsten Schritten auf dem achtfachen Pfade) nicht möglich ist.

Ethisches Handeln ist für den Buddhisten nicht „göttliches Gebot", sondern ein Handeln, dessen Grundlage allein Einsicht ist: Einsicht in das eigene Wesen und in die universellen Zusammenhänge, in die er wie alles Lebendige gestellt ist. Eine solche Ethik aber kann keine starre „Gesetzbuchmoral" sein, sondern basiert auf dem Wissen um die „Relativität" sittlichen Handelns, d.h. auf dem Erkennen der abhängigen Bedingtheit unseres Tuns und Lassens von unserer jeweiligen Entwicklungsstufe und dem entsprechenden Reifen unserer mitmenschlichen Zuwendung.

Da nach buddhistischer Anschauung alles bewußte Tun und Lassen vom Geist ausgeht, von diesem geleitet und geformt wird, und weil aus eben diesen von Absicht bestimmten Tendenzen unsere weitere Entwicklung uns als „Frucht" zureift, sind wir – als Gestalter unseres „Schicksals" – aufgerufen, einen Maßstab an unser Tun im Denken, Reden und Handeln zu legen, den uns der Buddha vorgab: „zum eigenen Heil, zu anderer Heil, zu beider Heil – zum eigenen Schaden, zu anderer Schaden, zu beider Schaden". Von dieser Grundlage ausgehend sind nicht nur die *śīlas* (die Sittenregeln, die ein Buddhist als Übung auf sich nimmt) zu verstehen, sondern auch das Üben der Verweilungen im Göttlichen (*brahmavihāra*) und das der „Vollkommenheiten" (*pāramitās*).

Da der erste und subtilste Ausdruck unseres Geistes die Sprache ist, gab der Buddha dem „vollkommenen sprachlichen Ausdruck" (*samyag vāk*) einen bevorzugten Stellenwert auf seinem achtfachen Pfad zur Befreiung: Er stellte die vollkommene Rede vor das vollkommene Handeln (*samyak karmānta*). Was ist aber vollkommene Rede? Sie ist nicht nur ein Abstehen vom Lügen (das vierte *śīla*), sondern zugleich und vor allem ein Bemühen um Wahrhaftigkeit, Zuverlässigkeit und Vertrauenswürdigkeit. Sie ist das Vermeiden von übler Nachrede, Zwischenträgerei, verletzender Sprechweise, eitlem Geschwätz und hat zum Ziel, Frieden zu schaffen, Eintracht unter Zerstrittenen herzustellen, mitmenschliches Zusammenleben zu fördern und aufklärend zu wirken.

Das sich anschließende „vollkommene Handeln" beinhaltet die anderen vier *śīlas*: das Nichttöten von lebendigen Wesen, das Nichtnehmen von Nichtgegebenem, das Abstehen von jeglicher Ausnutzung einer Abhängigkeitssituation zur eigenen geschlechtlichen Befriedigung (*kāmesu micchācāra*) sowie vom Trüben des Bewußtseins durch Rauschmittel. Darüber hinaus aber beinhaltet vollkommenes Handeln auch die Entwicklung von Mitgefühl und die Förderung des Wohls aller Wesen. Damit wird aber deutlich, daß die *śīlas* trotz ihrer negativen Formulierung keine „negative" Moral darstellen, sondern eine aus der Einsicht erwachsende Handlungsweise fördern, die fließende Übergänge zu den sogenannten positiven ethischen „Entfaltungen" (*bhāvana*) erkennen läßt: dem Entwickeln uneingeschränkter Liebe, uneingeschränkten Mitleidens, uneingeschränkter Mitfreude und einer von allen Begrenzungen freien Zuwendung zu allen Wesen, die alles persönlich Erfahrene mit Gleichmut ertragen läßt.

Doch alle Ethik, alles heilsame Tun, so wichtig es für die Harmonisierung mit sich selbst und mit der Umwelt auch ist, führt nicht zur Befreiung: Es fördert unsere Meditation und Einsicht, läßt uns in einer „besseren Welt" leben und glücklicher sein. Dem hohen Ziel aber kommen wir so nicht näher. Erst dann, wenn sittliches Verhalten nicht mehr von Absicht getragen ist, sondern aus der Vollkommenheit der Weisheit (*prajñāpāramitā*) absichtslos geschieht, wie beispielsweise in der Vollkommenheit des Gebens, wo weder an Geben noch an Gabe noch an Empfänger gedacht wird, wo Geduld zum natürlichen Ausdruck unseres Menschseins wird, wo wir alle unsere geballte Kraft einsetzen und gar nicht an Krafteinsatz denken, wo unser ganzes Leben zu einem ununterbrochenen Prozeß des Offenstehens und der Schauung (*dhyāna*) wird, dann kann es sein, daß sich die „Wende im Sitz des Bewußtseins" vollzieht. Doch solange eine solche Wandlung nicht eingetreten ist, müssen wir uns auf dem Pfade weiter bemühen durch Vervollkommnung unserer Lebensweise (*samyag ājīva*), der fünften Stufe des edlen achtfachen Pfades. Aus Einsicht vermeiden wir Berufe, die anderen Schaden zufügen, wie Handeln mit Waffen, Lebewesen, Fleisch, berauschenden Getränken und Giften. Auch wird man keinen Beruf ausüben, der Leben vernichtet oder Menschen durch Wahrsagerei oder Wucher ausbeutet. Vielmehr sollte man sein Leben in den Dienst anderer Wesen stellen und ihnen in Gerechtigkeit und Reinheit von Nutzen sein.

Durch eine solche Lebensführung werden wir wie von selbst reif für die sechste Stufe des Pfades: der vollkommenen Bemühung (*samyag vyāyāma*), wo wir lernen, das Unheilsame, das in unserem Geist entsteht, aufzulösen oder gar nicht erst entstehen zu lassen und das Heilsame zu erzeugen und zu fördern, indem wir jene Faktoren entwickeln, die uns eine Annäherung an die Erleuchtung ermöglichen. Das „Nichtheilsame" (*akuśala*) auflösen heißt aber, sich daran zu machen, die Trübungen des Geistes wie Haß, Gier und Wahn durch Nichthaß, Nichtbegehren und durch das Durchschauen der Ichfunktion zu beseitigen, um sich dann zunehmend von den ersten drei der zehn Fesseln (*saṁyoyana*), die uns an den Daseinskreislauf binden, zu befreien, nämlich von dem Glauben an ein ewiges, unveränderliches Selbst, von der zweifelnden Unentschlossenheit und vom Sichverhaften an Sittenregeln und Riten, indem man glaubt, durch deren Befolgung ein besserer Mensch zu sein oder durch Rituale Erleuchtung und Befreiung „erkaufen" zu können, statt sie bestenfalls als Hilfsmittel zur Bewußtmachung und Stimulation innerer Prozesse zu benutzen. Die Erzeugung und Förderung des Heilsamen aber besteht in der Kultivierung der sieben Glieder der Erleuchtung (*bodhyanga*): der wachen Gegenwärtigkeit, der Wahrheitserforschung, dem bedingungslosen Energieeinsatz, der inspirierenden Begeisterung, der heiteren, abgeklärten Ruhe, der in der Versenkung gewonnenen Integration und dem durch Aufhebung von Begrenzungen und Unterscheidungen erwachsenden Gleichmut. Auf diesem Wege reifen wir zu vollkommenen Bewußtheit und

Gegenwärtigkeit (*samyak smrti*), in der sich alles Begehren und Haften durch die vierfache Vergegenwärtigung des Körpers, der Empfindungen, des Bewußtseins und der Bewußtseinsobjekte löst und wir uns der achten und „letzten" Stufe des Pfades annähern: der vollkommenen Versenkung und Integration in einem nichtzweiheitlichen Bewußtseinszustand (*samyak samādhi*), der dann eintreten kann, wenn es uns zumindest zeitweise gelingt, die den klaren Blick trübenden und den Geist hemmenden Eigenschaften (*nīvarana*) auszuschalten: das Begehren, das Übelwollen, die Starrheit und Schlaffheit, die Erregung und Gewissensunruhe sowie die zweifelnde Unschlüssigkeit. Würde es uns dann gelingen, im *samādhi* Haß, Gier und Ichwahn aufzulösen, so wäre *nirvāna* im Hier und Jetzt verwirklicht.

Aber da das große „Loslassen" nur selten gelingt, weil wir aus Angst, uns zu verlieren, die Konfrontation mit dem Unbekannten nicht wagen, müssen wir übend wieder und wieder die „Stufen" des Weges durchlaufen. Auf diese Weise weitet und vervollkommnet sich unsere Erfahrung, und im spiraligen Fortschreiten lösen wir Teil um Teil des uns Hemmenden, Einengenden, Begrenzenden, bis vielleicht eines Tages die große Glückseligkeit des Freiseins in uns durchbricht, die sich jeder Aussage entzieht:

„Es ist, das, ihr Mönche, trifft es nicht.
Es ist nicht, das, ihr Mönche, trifft es nicht.
Es ist und ist doch nicht, auch das, ihr Mönche, trifft es nicht.
Es ist nicht und doch ist es, auch das, ihr Mönche, trifft es nicht:
Wo aufhören die Pfade des Denkens,
da hören auch auf die Pfade der Rede – schweigt!"

Sufismus

Annemarie Schimmel

Der Sufismus ist die innere Dimension des Islam und nicht, wie manche Orientalisten im vorigen Jahrhundert behauptet haben, eine „fremde Blume im sandigen Boden dieser Religion". Gewiß, im Laufe der Jahrhunderte hat der Sufismus mancherlei fremde Einflüsse aufgenommen, vor allem aus dem Neuplatonismus, aber seine Wurzeln sind echt islamisch, sind aus der tiefen Meditation des im Koran geoffenbarten göttlichen Wortes zu erklären. Was den Sufismus besonders interessant macht, ist seine überaus verfeinerte Psychologie, die in verschiedenen Bildern, aber immer mit der gleichen Absicht, die Entwicklung der menschlichen Seele zu erkunden sucht.

Muhammads Berufung zum Propheten in der Höhle von Hira bei Mekka um das Jahr 610 leitete eine neue Epoche in der Geschichte ein, und obgleich er nie behauptet hat, Wunder vollbracht zu haben – sein einziges Beglaubigungswunder war der Koran, in dem „Gott Buch geworden" war (so wie er nach christlicher Lehre in Jesus „Mensch geworden" war) –, obgleich er allen Wunderkult ablehnte, umgaben seine Anhänger und noch mehr spätere Generationen ihn mit zahlreichen Wundern, die zum Teil aus koranischen Andeutungen erschlossen wurden. Das für die mystischen Strömungen wichtigste Ereignis in seinem Leben war seine nächtliche Himmelsreise (s. Sura 17,1), die ihn unter Leitung Gabriels durch Hölle und Paradies führte. Dieses Motiv sollte später, durch weitverbreitete Volksbücher, gewisse Einflüsse auf Dantes *Göttliche Komödie* ausüben. Doch während der Engel der Inspiration der Legende nach bei dieser Himmelsreise am „Lotosbaum der äußersten Grenze" zurückbleiben mußte und, wie der Dichter es formuliert, ausrief:

> Wenn ich um Haaresbreite näher ginge,
> der Gottesglanz versengte meine Schwinge...

gelangte der Prophet in die unmittelbare Nähe Gottes. Die Tatsache, daß Muhammad in der göttlichen Gegenwart „nicht wankte und nicht seinen Blick abwandte" (Sura 53, 9-13), sichert ihm einen höheren Rang zu als dem Moses, der schon beim Vernehmen der göttlichen Stimme und der Manifestation des Herrn im brennenden Dornbusch ohnmächtig niedersank (Sura 7, 139).

Diese Himmelsreise des Propheten, die nach orthodoxem Glauben im Leibe stattfand, hat vielen Mystikern als Modell ihrer eigenen seelischen Reise gedient, und sie betont auch gleichzeitig die Rolle des Menschen, der höher als die Engel ist, da er die Wahl zwischen Vergeistigung und Vertierung hat, denn Gott „hat die Kinder Adams geehrt" (Sura 17,72), hat Adam von Seinem Odem eingehaucht (Sura 38, 72 u.a.) und ihn zum Stellvertreter eingesetzt, obgleich Er wußte, daß er tyrannisch und unwissend ist (Sura 2, 28 ff.). Es ist dieser göttliche Odem im Menschen, der ihn befähigt, Gott zu suchen; aber die meisten Menschen denken nicht daran, daß in ihrer Körperlichkeit dieses kostbare Geschenk verborgen ist, so wie Josephs Becher in Benjamins Kornsack verborgen war (Sura 12, 70); sie sind „wie das Vieh, nein noch irrender" (Sura 7, 179) und vergessen ihre hohe Natur.

Weniger als ein Jahrhundert nach dem Tode Muhammads (gest. 632) begannen asketische Bewegungen im Islam, die der wachsenden Weltlichkeit in dem sich ständig ausdehnenden islamischen Imperium entgegenzuwirken suchten. Härteste Askese wurde von Frommen im Irak, in Iran und an der Ostgrenze des Reiches, dem heutigen Afghanistan, geübt; Begegnungen mit christlichen Mönchen und buddhistischen Asketen dürften diese Neigungen gefördert haben (das Wort „Sufismus" ist abzuleiten von *ṣūf*, „Wolle", nach dem wollenen Asketengewand). Was den Asketismus zur echten Mystik machte, die reine, fraglose Gottesliebe, wurde durch eine Frau, *Rābi'a von Basra* (gest. 801), eingeführt; sie lehrte, Gott nicht aus Furcht vor der Hölle oder aus Hoffnung aufs Paradies anzubeten, sondern aus reiner Liebe, um Seiner urewigen Schönheit willen. Diese Gedanken haben die Sufis der folgenden Jahrhunderte tief beeinflußt. Man begann in der Folgezeit, das mystische Leben zu regulieren, die flüchtigen Erfahrungsblitze und die länger dauernden Standorte auf dem Pfade zu klassifizieren. Am Beginn steht die Reue, und Liebe und/oder Erkenntnis sind das Ende. Doch wurde eine verbindliche Ordnung nie erreicht, da die Sufis wußten, daß der Fortschritt auf dem Pfade weitgehend von göttlicher Gnade abhängt, die den Wanderer anziehen und erheben kann, wenn Er es will.

Wichtig ist die Entwicklung der Sufi-Psychologie im 9. Jahrhundert, in dem ein höchst verfeinertes System der Seelenführung entwickelt wurde. Der Koran erwähnt – ohne mystischen Anklang – drei Formen der Seele, *nafs*, beginnend mit der *nafs ammāra*, der zum Bösen anstachelnden Seele, der Triebseele oder dem niederen Ich (Sura 12, 53); er spricht von der *nafs lawwāma* (Sura 75,2), der „tadelnden Seele", die etwa unserem Gewissen entspricht, und verkündet, daß die *nafs muṭma'inna*, die „Seele in Frieden", „befriedigt und befriedigend" zu ihrem Herrn zurückkehren werde (Sura 89, 27-28). Diese Dreigliederung gab den Sufis das Programm für ihren Weg, der damit beginnt, gegen die *nafs ammāra* zu kämpfen, gegen sie, wie es in einem auf Muhammad zurückgeführten Wort heißt, den „größeren Heiligen Krieg" zu führen. Diese *nafs* wird in mannigfachen Bildern dargestellt, als Schlange oder als störrisches Pferd, als schwarzer Hund oder als ungehorsame Frau; und es ist die Weisheit des Seelenführers, der dem Jünger helfen kann, die Schlange zu blenden, das Pferd zu zügeln. Denn das Ziel ist nicht, diese *nafs* ganz abzutöten; sie soll vielmehr im Laufe des Weges umgeformt werden, so daß sie zu einem Instrument für den Fortschritt wird. Ja, je stärker die *nafs* war, desto nützlicher wird sie in ihrem transformierten Zustand sein, so wie ein anfangs ungebärdiges Reittier endlich, nach langem Training, dem Reiter gehorchen und ihn rasch zum Ziele bringen wird. Die Sufis liebten einen Ausspruch des Propheten, der nach dem Zustand seines niederen Ichs, seines „Satans" gefragt, antwortete: „*aslama schaiṭānī* – Mein ‚Satan' ist Muslim geworden" (oder ‚hat sich mir ganz ergeben') und tut nur noch, was ich ihm befehle." Jahrhunderte später hat der größte aller persisch schreibenden mystischen Dichter, Dschelāladdīn Rūmī (gest. 1273) in seinem Prosawerk die gleiche Idee ausgedrückt:

> „Alles, was ein solcher Mensch in der Verderbnis seiner Gedanken erreicht hat, das wird jetzt zur Kraft beim Verbessern der Gedanken... so wie wenn ein gerissener Dieb bereut und Polizist wird. Alle Tricks der Diebeskunst, die er praktiziert hatte, sind dann eine Kraft für Gerechtigkeit und Wohltun, und er ist allen anderen Polizisten überlegen, die vorher nicht Diebe waren, denn der Polizist, der Diebstähle begangen hat, kennt die Art und Weise der Diebe..."

Die Triebseele muß in einem ständigen Prozeß der Erziehung durch Fasten und Meditation gebändigt werden. Dabei sind die liturgischen Pflichten am wichtigsten. Das Fasten im Monat Ramadan wurde von vielen Sufis in ein fast permanentes Fasten oder zu einer erstaunlichen Nahrungseinschränkung verändert, und neben dem fünfmal täglich zu verrichtenden Ritualgebet wurde die vielleicht wichtigste Pflicht der Sufis eingeführt, das ist der *dhikr*, das Gottgedenken. Der Koran hatte verkündet: „Wahrlich durch das Gedenken an Gott werden die Herzen stille" (Sura 13, 72), und dieses Gedenken konnte und sollte überall und jederzeit ausgeführt werden. Bald entwickelte sich der *dhikr* jedoch zu einer höchst verfeinerten Technik, in der den Anweisungen des Meisters größte Wichtigkeit zukommt. So kann man täglich tausende von Malen den Namen Gottes, *Allāh*, mit jedem Atemzug wiederholen, bis der ganze Körper davon durchdrungen ist, so daß, wie die Legende berichtet, selbst die Blutstropfen des Meditierenden das Wort *Allāh* auf den Boden schrieben. Man konnte je nach seinem geistigen Standort die Worte des Glaubensbekenntnisses, *la ilāha illā'Llāh* – „Es gibt keine Gottheit außer Gott" wiederholen – eine Form, die später vor allem auch im gemeinsamen *dhikr* der Sufi-Bruderschaften geübt wurde, und immer stärker wird, bis bei zunehmendem Tempo schließlich nur noch der letzte Buchstabe, das *h von Allāh,* wie ein Seufzer zu vernehmen ist. Man konnte auch eine Formel wie „Ich bitte Gott um Vergebung" oder „Lob sei Gott" tausende von Malen wiederholen, wobei man sich etwa vom 9. Jahrhundert an des aus Indien stammenden Rosenkranzes bediente, an dessen meist 33 Perlen man die Anzahl der Formeln abzählte. Besonders wichtig aber wurde es, vor allem in späterer Zeit, einen der 99 Schönsten Namen Gottes im *dhikr* zu benutzen. Dieser mußte dem Zustand des Suchers angemessen sein – die „Namen der Schönheit", wie *wadūd*, „liebevoll", *salām*, „friedeschenkend" oder *raḥīm*, „barmherzig" werden verständlicherweise häufiger verwendet als die „Namen der Macht", wie etwa *qahhār*, „überwältigend". Die Weisheit des geistigen Führers zeigt sich in der Auswahl des rechten Gottes-Namens für seinen Schüler, denn die vieltausendfache Wiederholung eines machtgeladenen Namens hat nicht nur seelische, sondern auch körperliche Wirkungen, so daß ein falscher *dhikr* lebensgefährlich werden kann.

Der *dhikr* gilt als das beste Mittel, das Herz und die Seele zu verfeinern und zu polieren. Der Sindhi-Dichter Schah *Abdul Laṭīf* (gest. 1752) hat in seinen Dichtungen das Motiv des Spinnens für den *dhikr* verwendet: So wie durch ununterbrochenes Spinnen die Baumwolle immer feiner wird, so wird das Herz durch ständigen *dhikr* (dessen leises Murmeln dem Summen des Spinnrades ähnelt) immer feiner, so daß Gott es am Ende der Zeiten zu einem hohen Preis, nämlich das Paradies, kaufen wird; die träge Jungfrau aber wird, ohne für ihre Aussteuer gesorgt zu haben, d.h. ohne den *dhikr* geübt zu haben, am Jüngsten Tage nackt und beschämt dastehen... Häufiger freilich ist das Bild des *dhikr* als Poliermittel für den Spiegel des Herzens, durch den das Herz so rein wird, daß der göttliche Geliebte sich in ihm spiegeln und an Seiner eigenen Schönheit erfreuen kann. Ein solcher Spiegel reflektiert aber auch die Mitmenschen: „Der Gläubige ist der Spiegel des Gläubigen", sagt ein Überlieferungsspruch, und die Phänomene der Hellsichtigkeit, des Gedankenlesens usw. werden aus dieser Spiegelqualität des geläuterten Menschen erklärt. Denn die Finsternisse der niederen Seele sind nun verschwunden.

Im Spiegel ist eine Einheit zwischen Liebendem und Geliebtem erreicht, und das Einswerden ist das eigentliche Ziel des Sufis wie jedes Mystikers. Das islamische Glaubensbekenntnis stellt fest: „Es gibt keine Gottheit außer Gott", und bereits im 9. Jahrhundert dachten manche Sufis darüber nach, ob der Mensch denn überhaupt das Einheitsbekenntnis legitim aussprechen könne, da diese Bezeugung doch eine Zweiheit von sprechendem Subjekt und einem Objekt voraussetzt. Sie stellten fest, daß „nur Gott das Recht hat, ‚Ich' zu sagen", und es wurde ihr immer klarer ausgedrücktes Ziel, das *tauḥīd,* die Anerkenntnis, daß Gott einer ist, nicht nur durch Worte zu bezeugen, die ja Schleier sind, sondern mit ihrem gesamten Wesen, d.h. sich „mit den Qualitäten Gottes zu qualifizieren", jede überwundene menschliche Eigenschaft durch eine göttliche zu ersetzen und endlich in Gott zu entwerden, „so zu werden, wie man war, als man nicht war". Das heißt, die großen Mystiker wollten zurückgehen auf die Zeit vor dem Urvertrag, da Gott zu den noch nicht geschaffenen Menschen sprach: „Bin Ich nicht euer Herr? Und sie antworteten: Ja, wir bezeugen es" (Sura 7,171). Dieser Urvertrag zwischen Gott und Mensch wird zu einem Zentrum menschlicher Seelengeschichte, da er die Trennung von Subjekt und Objekt einführt. Und doch ahnten die Sufis, daß diese Trennung nur scheinbar ist, denn „Gott *war*, und nichts war neben Ihm, und Er ist noch jetzt so, wie Er war". Diese wesenhafte Einheit wiederzufinden war das Ziel der Sucher, und sie haben es, vor allem in der persischen und türkischen Welt, mit immer neuen Bildern ausgedrückt, unter denen das des Falters, der sich in die Kerzenflamme stürzt, und das, erstmals von dem Märtyrermystiker *Ḥallādsch* (hingerichtet 922) verwendet, uns durch Goethes „Selige Sehnsucht" vertraut ist. Ist doch „Stirb und werde" die zentrale Erfahrung der Sufis, die das Wort „Sterbt, bevor ihr sterbt" zu befolgen und sich in ständig erneuertem Selbstopfer auf immer höhere seelische und geistige Ebenen zu erheben suchten.

Die frühe islamische Mystik, etwa bis ins 10. Jahrhundert, ist eine voluntaristische Mystik, die zur Willenseinigung mit Gott führen soll. Doch zahlreiche gnostische und neuplatonische Einflüsse wurden ebenfalls in die mystischen Theorien eingeführt, und in der Folge bildeten sich große theosophische Systeme aus, in denen die letzte Stufe der Einheit nicht mehr durch vollkommene liebende Hingabe erreicht wird, sondern durch ein stufenweises Aufheben der „Schleier der Unwissenheit", durch eine zunehmende Erkenntnis des göttlichen Wesens und seiner Manifestationen auf den verschiedenen Seinsebenen. Man sah, daß Er alleine wahre Existenz hatte, während alles Geschaffene nur kontingente Existenz besaß, gleich Glasstückchen, die nur dann sichtbar werden, wenn ein Lichtstrahl auf sie fällt. In dem großen System des aus Spanien gebürtigen *IbnʿArabī* (gest. 1240) wird ein raffiniertes System der göttlichen Namen entwickelt, die sich in der Ur-Einsamkeit des *deus absconditus* einsam fühlten, so daß Gott ausrief: „Ich war ein verborgener Schatz und wollte erkannt werden; darum schuf Ich die Welt." Dieses außerkoranische Gotteswort stand schon vor IbnʿArabī im Mittelpunkt zahlreicher Sufimeditationen, denn es weist darauf hin, daß die Welt ein Spiegel ist, in dem sich die mannigfachen göttlichen Namen und Formen widerspiegeln, so daß der *deus absconditus*, zum *deus revelatus* werdend, sich in ihnen betrachten kann. Der vollkommene Spiegel Seiner Eigenschaften aber ist der Prophet Muhammad oder vielmehr dessen archetypische Form, die *ḥaqiqa muḥammadiyya*, die Nahtstelle zwischen Göttlichem und Kreatürlichem. Das System IbnʿArabīs und seiner Kommentatoren ist oft als reiner Pantheismus kritisiert worden, sowohl von orthodoxen Muslimen, ja sogar Sufis, als auch von europäischen Forschern; doch bleibt auch bei IbnʿArabī der wahre Gott, das unerreichbare Wesen, immer transzendent und manifestiert sich nur in der Spiegelung Seiner Namen, die auf das Geschaffene wirken.

Etwa zur gleichen Zeit entwickelten persische Sufis höchst interessante Lehren vom Aufstieg der Seele. Der 1191 jung hingerichtete *Suhrawardī*, der Meister der Illumination, hatte eine Lichtmetaphysik entwickelt, in der das Sein mit dem Licht gleichgesetzt wird, einem Licht, das „weder von Osten noch von Westen" ist (Sura 24, 35) und das vom Himmelspol durch senkrechte und waagerechte Ordnungen von Engeln schließlich zum Menschen gelangt, dessen Aufgabe es ist, aus seinem finsteren „westlichen Exil" wieder zum Morgenland des reinen Lichtes zurückzukehren – Gedanken, die wohl Ideen der Rosenkreuzer beeinflußt haben. Das Lichterlebnis wurde auch von dem zentral-asiatischen Visionär *Nadschmaddīn Kubrā* (gest. 1220) aufgegriffen, der den Aufstieg der Seele aus der Finsternis des Brunnens der Triebseele und des Körperlichen und das Wachstum des Geistmenschen beschreibt, das von farbigen Lichterscheinungen begleitet ist, die er interpretiert, bis schließlich das „schwarze Licht", die „überhelle Nacht" erreicht ist. Seine Nachfolger gingen noch weiter und postulieren bei dem siebenstufigen Aufstieg sieben Feinkörper im Menschen, die den sieben großen Propheten entsprechen, wobei dem sechsten, Jesus, das „schwarze Licht" zukommt, in dem sich der Sufi im Zustande völliger Verwirrung und „geistiger Armut" leicht verirrt, es sei denn, er erfahre die Vision des Smaragdberges, der mit dem auf Muhammad bezüglichen siebenten subtilen Körperpunkt zusammenhängt: nach der völligen Auslöschung, dem Entwerden, kommt die Bestätigung, das „Bleiben in Gott", jene „zweite Nüchternheit", die von den großen Sufis aller Zeiten als das eigentliche Ideal des verwandelten Menschen angesehen worden ist.

Solche hochfliegenden und nicht immer leicht zu verstehenden theoretischen Ausführungen wurden von den Dichtern des Orients in ihren Liedern besungen, wurden in den Sufi-Bruderschaften, die sich vom 12. Jahrhundert an bildeten und bald die gesamte islamische Welt mit einem Netz geistiger Zentren überzogen, weitergeführt, aber oft auch verflacht. Denn die Menge konnte nur Andeutungen verstehen und durfte das tiefste Geheimnis der Verinnerlichung, der Seelenreise, der Absoluten Einheit nicht kennenlernen. So sahen die Uneingeweihten nur den äußeren Sinn der farbigen und reichen Symbole. Das war besonders der Fall, wenn vom mystischen Wein gesprochen wird, gilt aber auch für die Symbolik der Liebe;

denn bei einer Gruppe vor allem persischer Sufis hatte sich die Neigung entwickelt, die menschliche Schönheit als Reflektion oder als Aufglanzort göttlicher Schönheit zu sehen, und die irdische (genannt „metaphorische") Liebe, die jedoch immer keusch zu bleiben hatte, als Brücke zur echten Gottesliebe zu bezeichnen; denn, wie es heißt, „die Metapher ist die Brücke zur Wahrheit". Der Ausdruck solcher mystisch vertieften Liebe zu dem *schāhid*, dem „Zeugen" göttlicher Schönheit, wie sie in ungezählten Gedichten vor allem der persisch-türkischen Welt ihren Ausdruck gefunden hat, zusammen mit der Begeisterung vieler Sufis für Musik und wirbelnden Tanz, zog verständlicherweise die Aversion der orthodoxen Kreise (und das Mißverständnis durch viele westliche Leser) auf sich, hat aber in der Dichtkunst ihre schönsten Blüten hervorgebracht.

Durch falsche Interpretationen ist der Sufismus oft nicht in seiner ganzen Tiefe und Vielseitigkeit verstanden worden; seine Erscheinungsformen sind fast unübersehbar und reichen von trockenen theosophischen Traktaten zu gottestrunkener Lyrik, von einsamem Asketentum zu brüderlicher Liebe zu Mensch und Tier. Sufis begegnen uns in allen Teilen und Schichten der islamischen Welt, Könige und Bettler, Glaubenskrieger und Liebesmystiker, Theologen und weise Frauen – jeder von ihnen hat ein wenig zu der Komplexität des Sufismus beigetragen, und da die Literatur des Sufismus nicht nur in den klassischen Sprachen des islamischen Orients (Arabisch, Persisch und Türkisch) geschrieben ist, sondern einige ihrer schönsten Blüten in den indischen Regionalsprachen, in Sindhi und Pandschabi, Paschto und Kaschmiri, vor allem aber in Urdu, getrieben hat (nicht zu erwähnen die sufischen Werke oder mystisch angehauchten Gedichte der indonesisch-malayischen und der afrikanischen Muslime), ist das Feld fast unübersehbar. Doch das allen Gemeinsame ist ein langer und schwieriger Reifeprozeß des Menschen, in dem eine immer tiefere Erkenntnis der verschiedenen Tiefenschichten des Korans mit einem ständigen Wachstum des geistig-seelischen Prinzips im Menschen zusammengeht; es ist spirituelle Alchemie; es ist mühsame Wanderung, die nur unter der Leitung eines weisen Meisters geschehen kann, dessen Initiation in ununterbrochener Kette bis zum Propheten Muhammad zurückgeht. Aber mehr denn dies alles ist es der Weg, der zur Transformierung von Liebendem und Geliebtem in dem übergreifenden Prinzip der Liebe führt.

Literatur

Annemarie Schimmel, Mystische Dimensionen des Islam, Diederichs, Köln 1986.
–, Rumi: Ich bin Wind und du bist Feuer, Diederichs, Köln 1978.
–, Halladsch: O Leute, rettet mich vor Gott, Herder, Freiburg 1985.
–, Ibn Aṭa'Allah, Bedrängnisse sind Teppiche voller Gnaden, Herder, Freiburg 1987.
–, Gärten der Erkenntnis, Diederichs, Köln 1982.
–, Rumi: Von allem und vom Einen, Diederichs, München 1988.
–, (Ü): *Henry Corbin,* Die Smaragdene Vision (L'Homme de lumière dans le Soufisme iranien), Diederichs, München 1989.
Die beste Einführung in die Gedankenwelt Nadschmaddīn Kubrās ist Fritz Meier, *Die fawātih al-ǧamāl wa fawā'iḥ alā-ǧalāl des Naǧm ad-dīn al -Kubrā,* Wiesbaden 1965. Alle Werke Fritz Meiers über Themen des Sufismus, beginnend mit der kleinen Schrift *Vom Wesen der islamischen Mystik,* Basel 1943, sind wärmstens zu empfehlen.

Christliche Mystik

Joseph Zapf

1. Die Situation

Das letzte Jahrzehnt weckte in den christlichen Kirchen neues Interesse für die eigene mystische Tradition. Seit sich im 17. Jahrhundert Theologie und Mystik trennten, sind beide verarmt: Theologie verflachte in Rationalismus. Es fehlte ihr zunehmend die Tiefendimension der spirituellen Erfahrung. Mystik verengte sich zum Gefühlserlebnis. Es fehlte ihr die „heilige Nüchternheit". Erste und zweite Aufklärung, der Prozeß der Säkularisierung, die weltweiten Krisen der Postmoderne, das Mißverhältnis zwischen Technokratie und ethischer Verantwortung: all das bringt die bedrohliche Einseitigkeit des „Homo faber", des Menschen als Macher, zum Bewußtsein. Er verliert in seiner Überaktivität die eigene Seele. Östliche Weisheitslehren des Hinduismus und Buddhismus bieten sich an als spirituelle Alternativen. Diese asiatische Herausforderung vertieft die Besinnung auf die christliche Mystik.

2. Der Begriff

Mystik ist ein Urphänomen des universalen Einswerdens. Mystik kann sich mit jeder menschlichen Existenzweise verbinden, indem sie den Weg zur Seinstiefe eröffnet. Im Gewande der Religion zeigt sie ihre schönste Gestalt, als Vereinigung mit dem Göttlichen, in personaler und apersonaler Form. Christliche Mystik als erfahrungsmäßiges Gotterkennen erlebt göttliches Einssein aus der Mitte des christlichen Heilsgeheimnisses. Seine Fülle leuchtet auf in der Gestalt Jesu Christi. Christlichem Glauben zeigt sich Jesus als Abglanz des Vaters, als Urwort des Logos, als Gottmensch. Er ist für die Menschen zum Richtmaß geworden: als Weg, Wahrheit und Leben. Seine sichtbare Gestalt als Erlöser der Welt enthüllt das Liebesgeheimnis

Gottes, der das Heil aller Menschen will. Den unerschöpflichen Reichtum dieses Heilsplanes erfaßt die christliche Theologie auf menschliche Weise. Christliche Mystik versteht sich als existentielle Erfahrung dessen, worauf die theologische Lehre in Worten hinweist. Diese Erfahrung ist im letzten unaussprechlich. Als erlebnismäßige Teilnahme am gottmenschlichen Geheimnis Christi ringt christliche Mystik um die Verwandlung der eigenen Existenzweise in die Seinsweise Jesu Christi. Die Initiationssakramente (Taufe, Firmung und Eucharistie) eröffnen und nähren dieses Christusleben im Gläubigen. Seine volle Ausreife ist zugleich leidvoll-liebendes eigenes Ringen des Christen, unterstützt von der Kraft des Hl. Geistes. Gottes Geist wohnt durch die Liebe im Herzen des Gläubigen. Dort offenbaren sich auch der Vater und der Sohn im inneren lebendigen Zeugnis (vgl. Joh. 14,21).

Mystische Umwandlung durchläuft verschiedene Entwicklungsstufen. Um diese zu kennzeichnen, bedient sich die christliche Tradition verschiedener Bilder. Sie spricht von Anfängern, Fortgeschrittenen und Vollkommenen. Manche Mystiker unterscheiden im Prozeß der Verwandlung einen äußeren, inneren und innersten Menschen. Dem entsprechen die Stadien der Reinigung, Erleuchtung und Einigung. Klassisch ist ferner die Unterteilung von Askese und Mystik. Die Askese lehrt den Kampf gegen Fehler und Sünden. Sie unterweist in der Übung der Tugenden. Mystik weiß um die Erfahrung der Vereinigung des Menschen mit dem Göttlichen. Diese Einigungserfahrung trägt in der christlichen Mystik spezifische christliche Züge.

3. Erfahrungsweisen christlicher Mystik

3.1. Grunderfahrungen im Neuen Testament

Die Transparenz Jesu im Lichte des göttlichen Geheimnisses leuchtet an drei Stellen in exemplarischer Weise auf: bei seiner Taufe im Jordan, während seiner Verklärung auf Tabor und in der Begegnung der Jünger mit dem Auferstandenen. Paulus und Johannes sind in ihrer Schau wohl am tiefsten in dieses Christusgeheimnis eingedrungen. Beide Apostel prägen daher die christliche Grunderfahrung entscheidend. Unüberholbar tief und einfach formuliert es das paulinische Existenzbekenntnis:: „Nicht mehr ich lebe, sondern Christus lebt in mir" (Gal 2,20). Weil Christus sein Leben geworden ist, darum sieht Paulus in der Christusgemeinde den Leib Christi (vgl. 1 Kor 12,12 ff.; Kol 1,18). Dessen Aufbau macht den Sinn seines Apostolates aus. Paulus bittet darum, daß „Christus durch den Glauben im Herzen wohne" (Eph 4,17), damit durch die Erkenntnis der unermeßlichen Liebe Christi, die Christen in sich „die ganze Gottesfülle mit ihrem Reichtum erfahren" (Eph 4,19). Es bedarf keiner anderen Glücksquelle, da in Christus „alle Schätze der Weisheit und der Erkenntnis verborgen sind" (Kol 2,3). Überwältigend ist es für diese paulinische Schau, daß die Christen „von Anbeginn der Welt" (Eph 1,4) in Christus zur Gotteskindschaft erwählt sind. In Christus soll alles, im Himmel und auf Erden neu zusammengefaßt werden (Eph 1,10). Diesen Reichtum dürfen Christen mit ihm als Erben teilen, zum Lobpreis seiner Herrlichkeit (Eph 1,12). Darum setzen Christen „von vorneherein" ihre „Hoffnung auf Christus" (Eph 1,12). Sie besitzen „den Sinn Christi" (1 Kor 2,16).

Johannes bezeugt schon im Prolog seines Evangeliums Jesus als gottgleiches Urwort, als „Licht, das jeden Menschen erleuchtet, der in diese Welt kommt" (Joh 1,9). Da Gott im unzugänglichen Lichte wohnt, hat nie jemand Gott gesehen (Joh 1,17). Aber „der Einzige, göttliche Sohn, der am Herzen des Vaters ruht, er hat Kunde gebracht" (Joh 1,18).

Fast wortgleich lautet die Erfahrung der Erleuchtung bei Johannes und Paulus. Johannes bekennt: „Wir sahen seinen Glanz, wie ihn der einz'ge Sohn von seinem Vater hat, voll Gnad' und Wahrheit" (Joh 1,14). Paulus bestätigt: „Gott ist in unseren Herzen aufgeleuchtet, damit wir erleuchtet werden zur Erkenntnis des göttlichen Glanzes, auf dem Antlitz Christi" (2 Kor 4,6). „Das Licht bringt lauter Güte, Gerechtigkeit und Wahrheit hervor" (Eph 5,9). Darin erkennen wir das Wirken des Hl. Geistes, der durch die Liebe ausgegossen ist in unserem Herzen (Röm 5,5).

Das Neue Testament bezeugt also Gott als Liebe (1 Joh 4,8) und Gott als Licht (1 Joh 1,5). Es verweist auch auf die existentielle Bedeutung der Wechselwirkung beider Grunderfahrungen: „Wenn wir aber im Lichte leben, wie er im Lichte ist, haben wir Gemeinschaft miteinander" (1 Joh 1,7). „Wer sagt, er sei im Licht, aber seinen Bruder haßt, ist noch in der Finsternis" (1 Joh 2,9). „Wer seinen Bruder liebt, bleibt im Licht" (1 Joh 2,10).

Für unser Verstehen der christlichen Mystik sind diese drei Grunderfahrungen des Neuen Testamentes richtungsweisend: Gott ist Liebe. Gott ist Licht. Gottvereinigung bewährt sich in der Bruderliebe. Liebe und Licht sind darum die Schlüsselworte auch für unsere Analyse christlicher Mystik.

3.2. Erfahrungen der Liebe in der christlich-mystischen Tradition

Die Liebe zu Gott und dem Menschen ist schon im Alten Testament von grundlegender Bedeutung. Jesus verpflichtet darüber hinaus zu einer Liebe, die liebt, wie er geliebt hat (Joh 14,12). Christlich-mystische Liebeserfahrung umspannt folglich: Gottesliebe, Christusliebe, Liebe zur Kirche als den mystischen Leib Christi, Bruderliebe und Feindesliebe. Diese Kreise durchdringen sich gegenseitig. Ihre Analyse kann also nur Nuancen, Perspektiven und Schwerpunkte herausheben.

3.2.1. Erfahrungen des Geheimnisses Christi

Sie bilden den Kern christlicher Mystik. Liebe behält bei aller Strukturgleichheit als individuelle Begegnung etwas Einmaliges. Beide Wesensseiten müssen folglich im Blick behalten werden, wenn wir an einzelnen geschichtlichen Gestalten das Geheimnis christlicher Mystik zu erspüren suchen. Dabei beschränken wir uns auf das Charakteristische der christlichen Mystik und auf das Bedeutsame für die Situation heute.

Gregor von Nyssa (333 – 394)

Er gilt als Vater der christlichen Mystik. Nach Gregor hat der Mensch eine zentrale Stellung in der Schöpfung. Geschaffen ist er als Abbild Gottes, ihm ähnlich in Wesen und Eigenschaften. Im Spiegel dieses Abbild-Seins soll er Gott erkennen. Sinn des menschlichen Lebens ist die Nachahmung der göttlichen Natur. Sie vollzieht sich als Aufstieg vom menschlichen Nichts zur göttlichen Fülle. Spiegelungen dafür finden sich in der Stufenleiter des Seins, in den acht Seligpreisungen, im Aufstieg des Mose zum Berg Sinai, auf dem Mose Gott schaut. Der Mensch, als Klammer für die materielle und geistige Welt, soll Herr werden über sich selbst, um Herr sein zu können über die Welt. Durch seine Teilhabe an Gott und dessen Eigenschaften soll der Mensch den Kosmos zu seinem Schöpfer zurückführen. Vorbild dafür ist Jesus Christus, durch seine Menschwerdung und seine Erlösertat. Indem der Mensch Christus nachfolgt, überschreitet er die Grenzen seiner menschlichen Natur. Als Abbild Gottes ist der Mensch schon auf Erden sich selber ein bleibendes Geheimnis. Der menschlichen Vergöttlichung durch Teilhabe am Leben Christi sind wachstumsmäßig keine Grenzen gesetzt, auch nicht in der Ewigkeit. Eine innere Dynamik, aus der Sehnsucht nach dem Göttlichen gespeist, treibt den Menschen unaufhaltsam tiefer in das göttliche Geheimnis. Dadurch erfährt er seine tiefste Freiheit und Seligkeit. Die Fülle ist erreicht, wenn die gesamte Menschheit das Bild Gottes verwirklicht hat. So stehen jeder einzelne und die Menschheit als solche in der Entscheidung und Wahl zwischen der Erfahrung des Bösen und der Erfahrung des Göttlichen.

Menschliche Sünde und Schuld müssen geläutert werden. Selbst die Hölle dient dieser Reinigungsfunktion. In Gregors Sicht ist die Hölle keine ewige Verdammnis. Der Glaubende aber findet durch den Glauben den, den er liebt. Geistlich-mystisches Leben bedeutet eine Geburt Christi in uns. Christi Verhältnis zu uns gleicht dem Verhältnis von Braut und Bräutigam, wie das Hohelied Salomons es bereits schildert.

Augustinus (354 – 430)

Sein Suchen kreist um zwei Brennpunkte: Gott und die Seele. Dieses Sehnen läßt sein Herz ruhelos, bis es ruht in Gott. Er will glauben, um zu erkennen, in welche Erfahrungstiefen die Offenbarungen Gottes führen. Das heiße Blut seiner leidenschaftlichen Natur und das Rätsel des Bösen in der Welt verdunkeln lange Jahre Augustins Ringen um die befreiende Liebe. Ambrosius und Plotin sind ihm Wegweiser. Durch Paulus findet Augustinus Christus als Weg. Im Gespräch mit seiner Mutter berühren Augustinus und Monika, im Aufflug ihrer Sehnsucht, die ewige Weisheit „leise in einem vollen Schlag des Herzens“[1]. Diese Berührung nährt das Verlangen, in Ruhe

Gott ähnlich zu werden. Treibende Kraft dazu wird ihm geschenkt in der Freude. Sie motiviert den Willen von innen. Gottes Wirken vermag diese Freude zur Lust am Guten zu steigern. Die Erfahrung der Liebe trägt so zwiefältige Frucht: Sie wird zur Schwerkraft seines Lebens und Denkens, indem sie nach oben zu Gott hin entflammt. Sie bildet das Richtmaß fürs praktische Handeln: Wer liebt, der handelt aus der Inspiration der Liebe richtig.

Die mystische Liebeserfahrung Augustins strebt nach einer Synthese des Affektiven und Intellektuellen. Der unbegreifliche, aber berührbare Gott wird im Schnittpunkt von Glauben und Erfahren gesucht. Dabei entdeckt Augustinus eine eigenartige Paradoxie: Gott könnte nicht gesucht werden, wäre er nicht schon gefunden. Dieses Finden enthüllt sich jedoch ebenso als Nichtfinden, wie sich das Erkennen Gottes als Nichterkennen offenbart. Der mystische Weg, der im Glauben beginnt, öffnet sich vom Wissen zum Schauen und mündet ins vielsagende Schweigen.

Bernhard von Clairvaux (1090 – 1153)

Das theologische Ringen um die Erkenntnis der Göttlichkeit Jesu bestimmt die ersten christlichen Jahrhunderte. Jesu Gottheit prägt auch die liturgische Frömmigkeit. Bernhard von Clairvaux schärft den Blick für das Leben und Leiden des Menschen Jesus. Der arme, demütige, erniedrigte, gehorsame Gottmensch rückt ins Zentrum der mystischen Liebeserfahrung Bernhards. Das Wissen um die existentielle Zerrissenheit und Ruhelosigkeit des menschlichen Herzens enthüllt für Bernhard das Wesen der Sünde. Sie ist ihm Verdunkelung des göttlichen Abbildes in der eigenen Seele, Erblinden für die Schau des Göttlichen. Die Beschwernisse, Konflikte und Leiden menschlichen Daseins werden für Bernhard zum Verstehensschlüssel für Jesu Leben und Erleben. Die Heilige Schrift durchlichtet und vertieft diese existentielle Erhellung. Bernhards Mystik ist durchdrungen vom Geist der Bibel. Das Hohelied Salomons inspiriert Bernhards Brautmystik. Das Leiden Jesu durchformt seine Passionsmystik.

Paulus, Johannes, Origenes und Augustinus sind Bernhards Lehrmeister im Umgang mit der Heiligen Schrift. Bernhard selber wird später zum klassischen Vorbild für die Mystik der Franziskanerschule und für die Brautmystik im 13. und 14. Jahrhundert. Das Leben

Jesu bildet ferner die Herz-Mitte der „Devotio moderna" im 14. Jahrhundert. Diese neue Frömmigkeit schenkt dann mit dem Büchlein der „Nachfolge Christi" allen folgenden Jahrhunderten bis heute die Meisterschule mystischer Christusliebe.

Bernhards Persönlichkeit vermag größte Spannungen durch die leidenschaftliche Liebe zu Jesus Christus in sich zu versöhnen: tiefste Kontemplation und reformerische Aktion; Mönchsein und Politik; Einsamkeit und Gemeinsamkeit; Demut und Wüde. Selber genial veranlagt, gilt ihm Glühen aus Liebe höher als Leuchten durch Wissenschaft. Sich selber empfindet Bernhard als „Chimäre des Jahrhunderts". Die Großen seiner Zeit sehen in ihm den „ungekrönten König".

Zwei Seiten der Bernhardschen Mystik, seine Betonung des Willens als Fundament der Liebe und seine vollkommene Hingabe an den göttlichen Willen aus Gehorsamsbereitschaft, vertiefen sich in der Mystik des großen Reformers und Ordensgründers Ignatius.

Ignatius von Loyola (1491 – 1556)

Sein wesentlicher Beitrag für die christliche Mystik ist wohl das überzeitlich-gültige Exerzitienbüchlein. Die eigene Lebenserfahrung und eine geniale psychologische Begabung befähigen Ignatius, das spirituelle Eindringen in die Geheimnisse des Lebens und Leidens Jesu, die Schau seiner Auferstehung und Himmelfahrt dem einzelnen Exerzitanten so nahezubringen, daß eine entschlossene Umkehr angebahnt werden kann. Ziel des mystischen Weges ist die Gleichförmigkeit mit Gottes Willen, der Gehorsam aus Liebe. So wird es dem Menschen möglich, Gott in allen Dingen zu finden. Eine wesentliche Hilfe für das spirituelle Ringen bietet Ignatius dem einzelnen Gottsucher mit seiner Lehre von der Unterscheidung der Geister. Guter und böser Einfluß läßt sich an der Wirkung auf den Menschen klären und erkennen. Ignatius ist ein Mystiker der Tat. Seine Liebe ist geprägt vom Willen und vom Gehorsam. Seine Aktivität entspringt der Kontemplation. Die Gelassenheit einer heiligen Indifferenz befähigt ihn, das innere Gleichgewicht zu wahren. Als Ordensgründer stellt er sich und seine Gesellschaft Jesu bewußt in den Dienst der Kirche. Die größere Ehre Gottes bleibt die Richtschnur für die ignatianische Geisteshaltung.

Terese von Avila (1515 – 1582)
Auch Terese ist Reformerin. Sie erneuert das kontemplative Leben des Karmelordens. Das Symbol eines vom Pfeil des Seraphs durchbohrten Herzens verweist auf die Glut ihrer Christusliebe. In aller Wandlung auf dem mystischen Weg bleibt ihr Christus die verbindliche Orientierung. Tereses mystisches Hauptwerk, „Die innere Burg"[2], beschreibt ihre mystische Erfahrung des Gebetslebens im Bild von sieben Wohnungen als Entwicklungsphasen. Das mündliche und betrachtende Gebet reift aus in einer Einfachheit, die weniger Worte bedarf, um im Gebet zu verweilen. Diese ersten drei Stufen liegen im Wirkbereich menschlicher Aktivität. Askese und Reinigung der Seele intensivieren die Gebetsverbindung mit Gott. In der vierten Wohnung der inneren Burg erfährt die Seele etwas Neues und ganz Anderes: Eine bisher unbekannte Gegenwart des Göttlichen erfaßt sie im Innersten und entflammt den menschlichen Willen mit leidenschaftlicher Sehnsucht. Die Seele weiß unmittelbar um diese göttliche Gegenwart in ihr, ohne das Wesen des Erfahrenen als solches erfassen zu können. Dieses Ergriffensein des Willens von innen her durchdringt in der fünften Wohnung auch das Erkennen. So bindet Gott Willen und Verstand des Menschen an sich. Gott integriert beide in einer einfachen Vereinigung mit sich selbst. Oft endet hier der Weg des Mystikers. Soll sich die mystische Vereinigung voll entfalten, so bedarf der Mensch einer Reinigung des Geistes. In schmerzlicher Läuterung befreit Gott den Menschen von allen Wurzeln der Egozentrik und Selbstsucht. Ein spirituelles Sterben vollzieht sich. Diesem mystischen Tod folgt in der siebten Wohnung die Teilhabe am dreifaltigen Leben, soweit irdische Pilgerschaft dies zuläßt. Tereses Wahlspruch, „Lieben oder leiden, nein: leiden", bezeugt die Spannweite ihrer Liebeserfahrung. Deren Erfüllung bleibt zeitlebens die Gleichförmigkeit mit Christus.

3.2.2. Erfahrungen der Gottesgeburt
Die liebende Versenkung in das Geheimnis der Menschwerdung Christi und in das Wunder seiner Geburt führt schon bei den Vätern der ersten christlichen Jahrhunderte zu einer Verinnerlichung dieses geschichtlich einmaligen Geheimnisses Jesu. In der Seele des Liebenden vollzieht sich erneut dieses historische Geschehen auf spirituell-

mystische Weise. Mit jedem guten Gedanken, jedem guten Werk wird Christus in der Seele des Christen „geboren". Durch die heiligen Sakramente vor allem wird das göttliche Leben grundgelegt, genährt und entfaltet.

Origenes (185 – 253/54) dringt tief ein in das Urwort der Heiligen Schrift. Sein Blick richtet sich auf den Logos und dessen Zeugung aus dem lebensspendenden Urquell des Vaters. Diese ewige Geburt in Gott und die zeitliche Geburt aus Maria verbinden sich in der Liebeserfahrung christlicher Mystik, besonders in der „Deutschen Mystik" des Mittelalters, zum zentralen Erlebnis. Wir können hier nur die Grundstruktur dieser Erfahrung nachzeichnen.

Meister Eckhart (1260 – 1328)

Eckhart ist Philosoph, Theologe und Mystiker. Als Dominikanermönch lebt er das Ordensideal des Gründers Dominikus (1170 – 1221): Verkündigung dessen, was die eigene Kontemplation geschaut hat. Als Professor der Theologie ist Eckhart der Lehre seines Ordensbruders Thomas von Aquin (1225 – 1274) verpflichtet. Eckharts eigenes Denken ist zutiefst geprägt von Plotin, Origenes und Augustin. Ihr Denkmodell wird die Prägeform seiner mystischen Erfahrung. Eckhart durchdringt diese Erfahrung spekulativ und predigt sie in paradoxer Sprache. Als „Göttlicher Meister" verehrt, der weit über die deutschen Grenzen hinaus wirkt, muß er sich am Ende seines Lebens gegen den Verdacht der Häresie verteidigen. Trotz Eckharts Rechtfertigungsschrift werden 28 Sätze seiner Lehre 1329 verurteilt. In seinen Schülern und in den Klöstern, die er seelsorgerlich betreut hatte, wirkt Eckhart weiter. Heute gewinnt Eckhart im Dialog mit der mystischen Erfahrung des Hinduismus und Buddhismus eine größere aktuelle Bedeutung. Der mystische Weg durchläuft nach Eckhart[3] sechs Stufen: Schulung am Vorbild heiliger Leute; Inspiration aus der Weisheit der Heiligen Schrift; Gottverbundenheit durch eifrige Liebe; hochherzige Leidensbereitschaft; friedvolles Ruhen im Überfluß göttlicher Weisheit; Verwandlung in das göttliche Bild (142 f.). Der dreiförmigen Gestalt des äußeren, inneren und innersten Menschen (272) entspricht ein dreifacher Weg: „mit brennender Liebe *in allen Kreaturen* Gott" suchen; der „weglose Weg" einer willen- und bildlosen Entrückung (284);

das „Zuhause-Sein" der unmittelbaren Schau Gottes (285). Die Mitte des mystischen Erlebens ist die Gottesgeburt. Wie der Vater in der Ewigkeit seinen Sohn gebiert, so muß er es in der gleichen Weise tun in der Seele. „Er gebiert mich als seinen Sohn und als denselben Sohn ... mich als sich und sich als mich und mich als sein Sein und als seine Natur ... da ist *ein* Leben und *ein* Sein und *ein* Werk", „ohne jeden Unterschied" (185).

Diese zunächst schockierenden Gleichsetzungen von Mensch und Gott werden einsichtiger, wenn man Eckharts neuplatonischen Ideenrealismus bedenkt. Ihm zufolge ist alles Geschaffene als Idee in Gott auch mit Gott identisch. Diesem göttlichen Ideesein des Menschen kommt aber eine größere Seinsqualität zu als der irdischen Wirklichkeit. Da Eckhart auch das neuplatonische Emanationsschema mit der christlichen Schöpfungslehre verbindet, entsteht ein Kreislauf von Sein – Werden und Vergehen, von Ausfluß des Geschaffenen aus Gott und Rückfluß alles Gewordenen zu Gott als der Urquelle und dem Urziel allen Seins. Dieses Denkmuster wird zur Sprachform der mystischen Erfahrung Eckharts. Die Paradoxien des Ausdrucks ermöglichen ihm das Übersteigen der einzelnen Erfahrungsebenen. Sie geben der Dynamik der mystischen Sehnsucht Eckharts Raum, die sich im Teilhaben an der Gottesgeburt in der Seele nicht beruhigt. Sie strebt vielmehr darüber hinaus, durchbricht den innergöttlichen dreifaltigen Liebeskreis und kommt erst im Abgrund der Gottheit zur Ruhe. Ziel ist jenes einige Ein, in dem alle Unterschiede aufgehoben sind (316; 345).

Dieser göttliche Abgrund ist Ruhe und Bewegung. Aus ihm blüht in einem ewigen Jetzt das dreifaltige Leben auf. Aus ihm strömt die Schöpfung hervor. In ihr vollzieht sich Erlösung und Heiligung.

Dieses göttliche Werk von Zeugung und Schöpfung vollzieht sich aber im Seelengrund des Liebenden, der an diesem Werk voll teilhat. In immer neuen Bildern beschreibt Eckhart diesen Seelengrund als: Vernunft, Licht, Wipfel, Gipfel, Burg und Kraft. Fünf Eigenschaften erfährt Eckhart an dieser Kraft: Sie löst ab vom „Hier und Jetzt", von Raum und Zeit. Nichts gleicht ihr. Sie ist „lauter und unvermengt". Sie sucht und wirkt in sich selber. Sie ist Gottes Bild (345). Von dieser Kraft bewegt, strebt der suchende Mensch nach einem freien Gemüt. Er löst sich von aller Ichbindung, erfährt Gott in sich und allen Dingen (60), bis er, von Gott durchformt, wesentlich geworden ist

(61). Daß die Gottesgeburt sich in ihm vollzogen hat, erkennt der Mensch an folgenden Kriterien (386): Er tut alles aus Liebe. Seine innere Freiheit bewährt sich durch Gleichmut in allen Prüfungen. Der Vatergott bedeutet der Seele, als Sohn, alles. Sein Leben wird zeitfrei, weil es bereits auf Erden teilhat am Ewigen.

Tauler (1300 – 1361)
Dominikaner wie Eckhart, wirkt Tauler aus Eckhartschem Geiste vor allem als Seelsorger und Prediger in Straßburg und Basel. Der Höhenflug Eckharts färbt sich bei Tauler mit dem konkreten Ringen im Alltag. Überspitzte theologische Fragestellungen, ob beispielsweise dieser Seelenfunke geschaffen oder ungeschaffen sei, treten zurück, um der mystischen Praxis das Schwergewicht einzuräumen. Tauler spürt im mystischen Erleben sehr sensibel dem Wirken des Heiligen Geistes nach. Die Entfaltung der Gaben des Heiligen Geistes im Menschen wird ihm zum Verstehensschlüssel der mystischen Erfahrung. In großer Bescheidenheit verweist Tauler darauf, daß es genüge, sich mit ganzer Kraft nach dieser mystischen Erfahrung zu sehnen, auch wenn man sie noch nicht teile.

Eckharts spekulative Genialität und Taulers Willenskraft werden ergänzt von der Gemütsinnigkeit des Dominikaners *Seuse*[4] (1295/1300–1366). Als Eckhartschüler verteidigt er den Meister nach dessen Verurteilung im „Büchlein der Wahrheit". Seuses „Büchlein der Weisheit" enthüllt eine Wesensseite seiner Mystik. Franziskus (1181 – 1226) erwählt sich die Armut als Herrin. Seuse dient der Weisheit. Sie befähigt ihn zur mystischen Dichtung. Sie öffnet ihm auch den Blick für die Passionserfahrung.

Wie Tauler und Seuse ist auch *Ruusbroec* (1293 – 1381) geprägt von der Erfahrung der Gottesgeburt in Eckharts Lehre. Doch knüpft Ruusbroec stärker an Bernhards Brautmystik an. Sein Hauptwerk, „Zierde der geistlichen Hochzeit"[5] versteht Ruusbroec als Schule und Bereitung der Seele zur Braut Christi.

Im Umkreis der Liebeserfahrung christlicher Mystik findet sich also gewiß Vielfalt, aufgrund der Einmaligkeit echter personaler Begegnung. Die Vielfalt lebt aber aus der prägenden Mitte christozentrischer und trinitarischer Lebensfülle. Diese verschwindet nicht im zweiten christlichen Erfahrungsfeld, in der Lichtmystik. Sie erhält dort aber einen anderen Stellenwert. Hier soll jedoch nur das Spezifische der Lichterfahrung zur Sprache kommen.

3.3. Erfahrungen des Lichtes

Das Verhältnis Gottes zur Welt und zu uns Menschen ist einerseits personale Liebesbegegnung, deren mystische Erfahrung im Grunde der Seele die Immanenz Gottes betont. Die mystische Lichterfahrung akzentuiert Gottes Transzendenz.

Dionysius Areopagita (6. Jahrhundert)
Hinter diesem Namen verbirgt sich sehr wahrscheinlich ein syrischer Mönch. Aufgrund seiner Schriften und infolge der falschen Annahme, Dionysius sei Mitglied des athenischen Areopags, Schüler des Apostel Paulus und erster Bischof der Christengemeinde Athens gewesen, hat Dionysius quasi eine kanonische Wertschätzung in der Theologie bis zum Ende des Mittelalters erfahren. Neben Augustinus prägt er wie kein anderer die Entwicklung der Theologie und Mystik. Die kleine Schrift „Mystische Theologie"[6], soll uns den Kern seiner Lichterfahrung vermitteln.

Dionysius rät dem mystischen Sucher, alles zurückzulassen: die Klugheit der Sinne, die Künste des Verstandes, theologische Hypothesen, Unterschiede von heilig und profan, die „höchsten Gipfel der Heiligkeit" (51), selbst „göttliche Klarheit und zeugendes Wort", „Grenzen und Gründe des Himmels" (51). Nur so gelangt die Sehnsucht des Menschen nach Vereinigung an das lichte Dunkel des Ungeschaffenen, an die „Schwelle des Verschmelzens mit Dem, der über jedem Wesen und über jedes Wissen ist" (50). Leer geworden von allem Nichtgöttlichen, darf sich die Ichfreiheit des Menschen erheben „in reinster Ekstase bis zu jenem dunkelsten Strahl ..., der aus der Urgottheit" kam (50). Erkannt wird nur das „mystische Dunkel des höchsten unerkennbaren Lichtes" (52), nicht das Licht selber. Das letzte Wort ist Schweigen. Das letzte Erkennen bleibt Nichterkennen. Die mystische Erfahrung redet zwar in positiv-bejahender Sprache beim Abstieg von diesem Geheimnis und in negativverneinender Sprache beim Aufstieg zu diesem Geheimnis. Alles Sprechen stammelt indessen nur in Symbolen und Gleichnissen. Sie können nur ins lichte Dunkel verweisen, es aber nicht erhellen.

Die Wolke des Nichtwissens (14. Jahrhundert)

Auch der Verfasser der „Wolke des Nichtwissens"[7] ist ein anonymer Mönch. Er lebt als Seelenführer im 14. Jahrhundert in England. Seine mystische Erfahrung ähnelt sehr dem „wissenden Nichtwissen" des Dionysius Areopagita. Der Engländer setzt diese Erfahrung jedoch um in konkrete spirituell-mystische Weisung. Die Vorbereitung für den mystischen Weg besteht in: Reue, Buße, Beichte; im intensiven Meditieren des Gotteswortes und im Gebet. Wille und Liebe richten sich einzig und allein auf Gottes nacktes Sein. Alles Nichtgöttliche wird hinabgedrückt in eine „Wolke des Vergessens". Um die Konzentrationskraft von Geist und Herz zu stählen, empfiehlt der Autor ein kurzes Wort, wie z.B. „Gott" oder „Liebe" als Stütze. Dieses bleibt ausgerichtet aufs Eindringen ins lichte Dunkel göttlichen Seins, dem sich der Mensch im Schweigen nur nähern kann. Ob er Gottes Sein berührt, steht nicht in seiner Macht. Nur das Licht selber kann sich dem Menschen offenbaren, aus barmherziger Liebe. Das göttliche Licht erwartet jedoch vom Liebenden die ungeteilte Hingabe an dieses „innere Werk".

Die Lichterfahrung ostkirchlicher Mystik

Dionysius Areopagita beeinflußt auch die ostkirchliche Mystik. Wir können seine Auswirkungen auf *Maximus Confessor* (580-662), *Symeon, den Neuen Theologen* (949-1022) und *Gregor Palamas* (1296-1359) nicht entfalten. Symeon zielt im Anschluß an *Gregor von Nyssa* und *Evagrius Ponticus* (345-399) auf die Schau der Dreifaltigkeit in ihrem Lichtkleid, im diesseitigen Leben. Der Glanz dieses Lichtes erfüllt die Seele des Liebenden. Diese Erfahrung weckt das Verlangen, diese Lichteinstrahlung als Dauerzustand zu erhalten. Daraus entwickelt sich methodisch das sogenannte Jesusgebet (Hesychasmus). Es wird, mit dem körperlichen Atem verbunden, zum Gebetsatem der Seele.

Diese mystische Tradition lebt bis heute in den Klöstern auf dem heiligen Berge Athos. Die Mönche ringen um die „Erfahrung des Taborlichtes" im eigenen Herzen. Sie leben auf ihre Weise die Devise des Bernhard von Clairvaux: Glühen aus Liebe ist besser als theologisches Wissen. Der Akzent der Lichterfahrung liegt hier wiederum in der Immanenz des Göttlichen im Herzen des Beters.

Hildegard von Bingen (1098-1179)

In der Vorrede zu ihrem Visionsbuch „Scivias", „Wisse die Wege"[8], bezeugt Hildegard, daß sie seit ihrem fünften Lebensjahr die Kraft zur visionären Schau in ihrem Inneren erfahre, und zwar bei vollem Bewußtsein und auf geistige Weise. In einem Brief an den Mönch Wibert von Gembloux enthüllt Hildegard als Siebzigjährige ihr Schaugeheimnis noch tiefer: „Das Licht, das ich schaue, ist nicht an den Raum gebunden. Es ist viel, viel lichter als eine Wolke, die die Sonne in sich trägt ... Es wird mir als ‚Schatten des lebendigen Lichtes' bezeichnet. Und wie Sonne, Mond und Sterne in Wassern sich spiegeln, so leuchten mir Schriften, Reden, Kräfte und gewisse Werke der Menschen in ihm auf ... Ich sehe, höre und weiß gleichzeitig, und wie in einem Augenblick erlerne ich das, was ich weiß ... In diesem Lichte sehe ich zuweilen, aber nicht oft, ein anderes Licht, das mir das ‚Lebendige Licht' genannt wird. Wann und wie ich es schaue, kann ich nicht sagen. Aber solange ich es schaue, wird alle Traurigkeit und alle Angst von mir genommen, so daß ich mich wie ein einfaches junges Mädchen fühle und nicht wie eine alte Frau"[9].

Johannes vom Kreuz (1542-1591)

Unter seinen Werken[10] („Aufstieg zum Berge Karmel", „Geistlicher Gesang", „Lebendige Liebesflamme"), deren klassisch-dichterische Sprache eigene Erfahrung als Mittel zur Seelenführung einsetzt, interessiert in unserer Blickrichtung vor allem seine Schrift, „Die dunkle Nacht". In den Leiden seiner Gefangenschaft (1577/78) in Toledo macht Johannes Grenzerfahrungen, in körperlicher, seelischer, menschlicher und spiritueller Hinsicht. Diese vielfältige Prüfung bringt sein mystisches Erleben voll zum Durchbruch. Wie kaum ein Mystiker weiß Johannes aus eigener Erfahrung um das göttliche Licht als Reinigung der Sinne und des Geistes. Dieses Läuterungsfeuer göttlicher Liebe im Menschen vergleicht er mit Recht mit den Leiden des Fegfeuers und der Hölle. Wo immer noch Reste von Ichverhaftung, sinnenhafter oder seelisch-geistiger Art, im Bewußten oder Unbewußten des Menschen, die volle Liebesvereinigung hindern, werden diese Blockaden im Reinigungsleiden aufgelöst. Im göttlichen Liebeslicht verbrennen alle egozentrischen Fehlhaltungen. Ein mystischer Tod wird zur Geburt einer neuen Seinsweise. In ihr ist der verwandelte Mensch mehr Gott als Mensch, Licht in Gottes Licht. Dieses Gotteslicht bleibt geprägt vom Geheimnis der dreifaltig-göttlichen Liebe. Darin verschmelzen Liebeserfahrung und Lichterfahrung zu der einmalig christlichen Form. Diese Verschmelzung bringt beide mystischen Erfahrungsweisen zur Einheit. Demnach läßt sich das Charakteristisch-Spezifische christlicher Mystik in folgende vier Kernbegriffe zusammenfassen: Sie ist christologisch, trinitarisch, ekklesiologisch und universal-kosmisch.

Bedenken wir nun noch einige kritische Fragen zur sprachlichen Vermittlung, theologischen Unterscheidung und Bewertung der christlichen Mystik.

4. Kritische Fragen

4.1. Sprachliche Vermittlung christlicher Mystik

Mystische Erfahrung berührt die Seinsweise des Absoluten. Christliche Mystik berührt das Geheimnis des Dreifaltigen. Beide göttlichen Seinsweisen verwandeln den Mystiker ins Göttliche. Im Göttlichen selber sind Absolutes und Dreifaltigkeit identisch. Ihre Offenbarung vermittelt sich in Sprache, Kultur und Geschichte verschieden. Sprache selber trägt in ihrer Struktur die Entfaltung der magischen, mythischen und rationalen Bewußtseinsstruktur. Selbst die wissenschaftliche, philosophische und theologische Aussageweise bleibt dreidimensional. Mystische Erfahrung aber überschreitet das Dreidimensionale ins Überdimensionale. Die Reflexion über das mystisch Erfahrene spricht daher notwendig paradox, um die sprachlich gesetzte Grenze sprengen zu können. Typische Formulierungen dafür sind etwa: Die menschliche Annäherung ans Göttliche erfährt dessen wachsende Ferne. Göttliche Offenbarung ist enthüllte Verhüllung. Je ähnlicher eine menschliche Wortfassung diese Offenbarung beschreibt, um so unähnlicher sind die Sprachbilder der bezeichneten Wirklichkeit. Je immanenter das Göttliche sich mystischem Erleben mitteilt, um so transzendenter wirkt sich seine Seinsdynamik aus. Diese leere Fülle des Göttlichen erspürt nur eine wissende Unwissenheit, deren Verstehen sich im Nichtverstehen vollzieht.

Auch das christliche Geheimnis der Menschwerdung Gottes in Jesus Christus erweist sich als Paradox: Das Ewige wird zeitlich; das Unendliche wird endlich. Die adäquate mystische Aussageform ist darum das Schweigen. Schon im 6. Jahrhundert vor Christus weiß Laotse im Taoteking zu sagen: „Der Wissende redet nicht. Der Redende weiß nicht"[11].

4.2. Theologische Unterscheidungen und Wertungen

Die Theologie der Mystik beschäftigt sich zu Beginn unseres Jahrhunderts unter anderem mit folgenden Problemen: Ist die mystische Erfahrung von der religiös-christlichen Erfahrung qualitativ (*Poulain, Richstätter*) oder nur quantitativ (*Saudreau*) verschieden? Ist die außerchristliche Mystik nur natürliche Mystik, im Unterschied zur übernatürlich-christlichen Mystik?

Im interreligiösen Dialog heute wird christliche Mystik als personale Begegnung (*Urs v. Balthasar, Josef Sudbrack*) von der außerchristlichen Verschmelzungsmystik abgegrenzt. Andererseits mehren sich die existentiellen Versuche um eine Synthese von christlicher und hinduistischer Mystik (*Dom Le Saux, Bed Griffith*), oder von christlicher und zenbuddhistischer Mystik (*Lassalle, Johnston*). Die Bewertung von christlicher und nichtchristlicher Mystik ist schwierig. *Urs von Balthasar* hat in dem Sammelband „Grundfragen der Mystik"[12] wesentliche Argumente dargelegt. Er entscheidet sich für eine Analogie zwischen christlicher und außerchristlicher Mystik. Das bedeutet Gemeinsamkeiten zwischen beiden und unverwechselbare Eigenarten, die an christlichen Kriterien zu messen wären. Als Gemeinsamkeiten können gelten (51-57): das Zeugnis der Erfahrenen; der spirituelle Weg in der Nachfolge eines Meisters; die mystische Erfahrung von passiver Aktivität, durch das Leerwerden vom Eigenen; eine kontemplativ-schauende Haltung; das Überwinden der Subjekt-Objekt-Grenze durch Einigung; die Spannung von „Erfahrung und Sprache"; das Bild der „heiligen Hochzeit".

Dieser „Quasi-Univozität" gegenüber kehrt das biblisch-christliche Erfahrungsmodell das Aufstiegsschema radikal um, durch die geschichtliche Tatsache der Menschwerdung Gottes (57). Die Eigenart christlicher Mystik wird so bestimmt (57-66): Gott ergreift die Initiative in der Suche nach dem Menschen. Die Aktivität des Menschen ist Hören auf Gottes „Tatwort“. Entscheidend zählt die Bereitschaft des Menschen zum Gehorchen. Sie bestimmt den Charakter der Loslösung. Maßstab menschlicher Vollkommenheit ist nicht die Erfahrung einer mystischen Einigung, sondern der Gehorsam. Wie Christus am Kreuz zeigt, vermag Gehorsam selbst in der Gottverlassenheit mit Gott verbunden zu bleiben. Das verändert „den Stellenwert von Mystik“ und relativiert sie als außergewöhnliche Erfahrung Gottes (61). Die charismatischen Gaben des Hl. Geistes sind nach dem Hl. Thomas (S.Th.II/II 171-181) kein Beweis für die Vollkommenheit des Trägers. Sie setzen nicht einmal den „Stand der Gnade“ voraus (63).

Als christliche Kriterien (66-71) sind ferner zu werten: Das Maß der Vollendung bestimmen Gottes- und Nächstenliebe; Charismen haben nach Paulus der Gemeinde zu dienen; Maßstab der Nachfolge Christi ist nicht der Intensitätsgrad einer Erfahrung, sondern die Gesinnungsreinheit des Menschen. Die Unsagbarkeit des Göttlichen wird in Jesus Christus konkretes Wort aus Fleisch und Blut. Schon *Plotin* erkennt: Das Viele stammt aus der Einheit und muß zu ihr zurückkehren. Der christliche Gott aber ist Einheit in Dreifaltigkeit. Durch die Weltimmanenz des Sohnes Gottes und des Geistes Gottes sind Mensch und Natur in das dreifaltig-göttliche Geheimnis eingeborgen. Christliche Mystik anerkennt also den „Primat des Mysteriums, angesichts dessen die volle Bereitschaft des Glaubens – ob erlebend oder nicht – die erwartete Antwort ist“ (70).

Diese Argumente *Urs von Balthasars* sind gewichtig und hilfreich. Sie akzentuieren scharf um der Klarheit willen. Die Akzente selbst sind aber keine Gegensätze, sondern Ergänzungen. Die Bereitschaft im Gehorsam und die gesinnungsreine Gottes- und Nächstenliebe können nach dem Zeugnis vieler Mystiker gerade durch die mystische Erfahrung in ihrer Intensität und Durchschlagskraft gesteigert und vollendet werden. Mystische Erfahrung und Gehorsamsbereitschaft schließen einander ein. Die biblische mystische Erfahrung eines Paulus und Johannes wurde einst von den Kirchenvätern in die Denk- und Sprechweise des Hellenismus übertragen. Heute stehen wir vor der Notwendigkeit, die mystischen Erfahrungen im Christlichen wie Außerchristlichen als gegenseitigen Verweis auf das universale Wirken des Geistes und auf den universalen Heilswillen

Gottes neu zu erfassen. Unter diesem Aspekt gewinnt die Einsicht *Urs von Balthasars* eine neue und andere Perspektive: „Wir werden deshalb sagen müssen, daß eine vollkommene *Entflechtung* von gottsuchender nichtchristlicher und von gottgeschenkter christlicher Mystik *nicht gelingt* noch gelingen kann" (66). Es wird in Zukunft wohl nicht die „Entflechtung", sondern die „Durchdringung" zu leben sein. Diese allerdings aus dem Geist eines universalen Christusbewußtseins heraus, dem die Vollendung der neuen Schöpfung durch den Heiligen Geist als Erbe verheißen ist.

Anmerkungen

1 Augustinus, Confessiones, herausgegeben von Josef Bernhart, München[3] 1966; 9, 10.
2 Herausgegeben von *Fritz Vogelsang*, Zürich 1979.
3 Ich zitiere nach: *Josef Quint* (Hrsg.), Meister Eckehart. Deutsche Predigten und Traktate, München 1955.
4 *Georg Hofmann* (Hrsg.), Heinrich Seuse. Deutsche mystische Schriften, Düsseldorf 1966.
5 Neu übersetzt von *Marijke Schaad-Visser*, Einsiedeln 1987.
6 Herausgegeben von *W. Tritsch*, in: „Christliche Geisteswelt". Die Welt der Mystik, Baden-Baden 1957, S. 49-57. (Vgl. Migne P.G. 3, 997 A – 1048 B).
7 Herausgegeben von *W. Riehl*, Einsiedeln 1980.
8 Herausgegeben von *Maura Böckeler*, Salzburg [7]1980.
9 *Hildegard von Bingen*, Briefwechsel, übersetzt und erläutert von *Adelgundis Führkötter*, Salzburg 1965, S. 226 f.
10 Herausgegeben von *P. Aloisius* ab *Immaculata Conceptione*, 5 Bde, München 1924 – 29.
11 Herausgegeben von *R. Wilhelm*, Köln 1984, S. 99.
12 Einsiedeln 1974, S. 39–71 (Zur Ortsbestimmung christlicher Mystik).

Vertiefung in östliche Glaubenssysteme als Weg der Vertiefung des eigenen Glaubens

Michael von Brück

I.

Das Thema dieses Beitrags enthält drei vage Begriffe, die in ihrer Unwägbarkeit genau der Situation entsprechen, die sich in der europäischen Geistesgeschichte spätestens mit dem Zusammenbruch des bürgerlichen Fortschrittsoptimismus im Inferno des Ersten Weltkrieges angekündigt hat. Nach dem Zweiten Weltkrieg hat sich daraus ein neuer Zeitgeist entwickelt, von dem einige sagen, daß er nicht Geist, sondern Ungeist sei, weil wesentliche kulturelle Werte, die das Abendland bisher geprägt hatten, im pluralistischen Allerlei unterzugehen drohten. Andere hingegen sehen in diesem Bewußtseinswandel die Voraussetzung für das Überleben der Menschheit. Der „Osten" ist uns nähergerückt, und die Frage, ob dies komplementäre Ergänzung oder geistige Überfremdung bedeutet, läßt sich vermutlich nicht unabhängig von der je konkreten Situation beantworten.

Selbstverständlich stimme ich der im Thema dieses Beitrags angesprochenen Erweiterung unseres Horizontes zu, nicht nur aus kulturkritischen Erwägungen, sondern weil ich diesen Weg selbst zu gehen versuche. Was aber bedeutet das? Was wird hier – wie und von wem – vertieft? Wissen wir eigentlich, wer wir sind, wenn wir doch meinen, von „eigener" und „fremder" Tradition sprechen zu können? Einige grundsätzliche Fragen müssen gestellt werden.

Was heißt „Osten"? Seit dem Ende des vorigen Jahrhunderts und nach den sogenannten Boxeraufständen gegen die europäische Kolonialherrschaft im Jahr 1900 in China nahm man Ostasien als die „Gelbe Gefahr" wahr und projizierte damit abendländische Identitätsängste auf einen geographischen Raum, der kulturell-religiös alles andere als homogen ist. Heute spricht man von der Faszination „asiatischer Spiritualität" und setzt damit unzulässigerweise die

Verallgemeinerung, nur mit umgekehrten Vorzeichen, fort. Die geradezu atemberaubende Vielschichtigkeit innerhalb der asiatischen Kulturen, von denen es mindestens vier grundlegend verschiedene Paradigmen gibt, nämlich Indien, Tibet, China und Japan, wird weniger deutlich wahrgenommen. Allerdings haben vor allem Indien und Tibet auf der einen, China und Japan auf der anderen Seite einander kulturell durchdrungen und befruchtet. In einem kreativen Spiel der Kräfte hat diese Bewegung in einer langen Geschichte immer neue Blüten und Früchte hervorgebracht. Diese Kreativität prägt auch heute das Geschehen in Indien und Japan, wohl auch in China. Das beunruhigt den Abendländer. Er hält sich die Beunruhigung vom Halse, indem er – abwertend – vom „Neo"-Hinduismus, „Neo"-Buddhismus usw. spricht. Die Bezeichnung spiegelt vor, als sei Einordnung und damit Bewältigung des Unverstandenen gelungen und man könne zur Tagesordnung übergehen. Nein, diese Ignoranz verstellt eher den Blick dafür, daß die Geschichte der „Buddhismen" und „Hinduismen" eine fortwährende Entfaltung neuer Gestaltungen ist, die man in Asien nicht einzuordnen braucht, weil sie als Spiel der Kräfte des Schöpferischen gelassen betrachtet werden können. Pluralität ist kein auszumerzender Wildwuchs, sondern – indisch gesprochen – die līlā des Gottes, der sich an diesem seinem eigenen Spiel erfreut und in der Lust des Spielens vielleicht – aber auch nur vielleicht – eine Erziehung des Menschengeschlechts anstrebt.

Vielleicht spricht sich hier schon die erste Einsicht aus, die in unserem heutigen Kontext unverzichtbar ist: Denn „*die* Gelbe Gefahr" oder „*die* asiatische Spiritualität" sind zu Begriffen geronnene Wahrnehmungsweisen, die in ihrer Vereinfachung eigene Erwartungen oder Ängste projizieren. Beide hängen mit einer bestimmten Form von Identitätssuche zusammen, die bei den Griechen im Begriff des „Barbarischen" Ausdruck fand, weil sie sich außerhalb ihres Kulturraumes nur die Unkultur von Ungebildeten vorstellen konnten und somit einen eigenen *horror vacui* durch Schein-Homogenisierung des eigenen Lebensmusters, das dann als einzig kultiviertes erschien, verdrängten. Aus der gleichen psychologischen Grundhaltung mußte das frühe Christentum die Häresie erfinden, die „Abspaltung" von dem (nicht nur im Dogma) erstarrten Spiel der Kräfte, die wiederum zur Identitätsgewinnung notwendig wurde.

Kurz: Der „Absolutheitsanspruch des Christentums" hat viel tiefere Wurzeln als gemeinhin angenommen, er blüht keineswegs nur auf dem Boden einer bestimmten Form der Christologie.

Der zweite frag-würdige Begriff in unserem Thema ist „Vertiefung". Er setzt voraus, daß Seichtes wahrgenommen wird. Die Oberfläche eines Gewässers schaut gleich aus, unabhängig von der Tiefe des Flusses oder Sees. Auslotbar ist Tiefe nur, wenn man das Wasser durchquert oder entlangfährt. Der Gegensatz zur Tiefe ist also das Seichte, und es ist a priori nicht auszumachen, wo Tiefen und Untiefen liegen. Allein der begangene oder befahrene Weg wühlt das Flußbett des Lebensstromes auf, das in der Trägheit und Gewohnheit des Selbstverständlichen immer wieder zu versanden droht. Hier gibt es keine geographischen Unterschiede – westliche wie östliche Flüsse sind von der Versandung bedroht und verlegen naturgemäß ihr Delta.

Der dritte Begriff ist der schwierigste. Was sind Glaubenssysteme? Im Neuen Testament ist es der Begriff *pistis*, den die Vulgata mit *fides* übersetzt hat und den wir mit „Glaube" wiedergeben. Die Grundbedeutung ist: Vertrauen, und zwar Vertrauen in Gott, in die Güte der Schöpfung, in seine unbedingte Liebe und Zuwendung zum Menschen (gerade indem sich der Mensch als nicht vertrauens-würdig erfährt).

Dies trifft sich mit dem Sanskrit-Begriff, der für Glaube steht, *śraddhā*. Hier geht es um das Vertrauen in die Wahrhaftigkeit des spirituellen Meisters. Nur aufgrund eines Vertrauensvorschusses wird man sich nach seinen Anweisungen auf den Übungsweg begeben, um selbst zur Erfahrung kommen zu können. Während nun aber Vertrauen in die Wahrhaftigkeit und Liebe Gottes im Christentum als letztgültige und unbedingte Haltung verstanden wurde, ist das Vertrauen in den Meditationsmeister vorläufig und bedingt: vorläufig, bis der Übende selbst zur Erfahrung gelangt ist; bedingt, insofern der Übende den Meister auswählt nach Kriterien, die allerdings kulturell vorgeprägt sind. Letzteres ist eine Einsicht, die bei der Übertragung buddhistischer und hinduistischer Übungswege nach Europa von Bedeutung ist.

Oft wird dem „christlichen Glauben" die „östliche Weisheit" gegenübergestellt, wobei der Eindruck vermittelt werden soll, daß die jeweiligen Begriffe paradigmatisch für die entsprechende Kultur stehen sollen. Dies ist irreführend. Der Glaube ist Voraussetzung für die zu erlangende Weisheit, und die Weisheit kann als Frucht oder Inbegriff des Glaubens in beiden Kulturbereichen gelten. Selbst wenn man – christlich – den Glauben mehr als Gehorsamsakt beschreiben und im Bereich des Willens beheimaten will und – hinduistisch/buddhistisch – die Weisheit als transformative Erkenntnis bezeichnet werden kann, so sind Wollen und Erkennen im jeweiligen Vollzug der Praxis so eng ineinander verschränkt, daß die abstrahierende Suche nach dem Primat des einen oder anderen künstlich wird. Dies im einzelnen nachzuweisen ist hier nicht der Ort.

Glaube ist primär jedenfalls alles andere als ein System. Es dürfte kein Zufall sein, daß sowohl im Griechischen (*pistis*) als auch im Sanskrit (*prajñā*, Weisheit) die jeweiligen Worte weiblich sind. Weisheit wird empfangen, der Glaube ist ein geduldiges Sich-Öffnen, kein heroischer Willensakt. Ein System ist hingegen der Versuch, kognitiv die Welt so vorzustellen, daß sie be-greifbar wird. Dieses Begreifen ist der Gegensatz zum Empfangen. Aber auch hier wäre es falsch, „den Westen" mit jener, „den Osten" mit dieser Haltung zu identifizieren. Wenn wir das tun, projizieren wir nur das Unbehagen an unserer einseitig entwickelten Lebensweise spiegelverkehrt auf die andere Kultur, entdecken vielleicht im Spiegel das Bild des in uns selbst Verdrängten, nehmen aber den anderen nicht wahr.

Begreifen und empfangen erscheinen jedenfalls im Meditationsprozeß (und gewiß auch beim Vorgang des Denkens) als zwei Pole einer Oszillationskurve, die nur so lange stabil bleibt, als beide Pole ihre Potenzen entfalten können. Wer meditiert, weiß das, und es ist an dieser Stelle vermutlich kein großer Unterschied, ob nach der Methode des Zen, des Herzensgebets oder einer indischen *japa*-Übung gearbeitet wird.

Die Vertiefung in ein Glaubens*system*, also das formulierte Gehäuse unserer Wahrnehmungsraster, ist notwendig, wenn Tiefen und Untiefen erkannt werden sollen, so daß der Weg begehbar wird. Das Gehen des Weges aber ist die Praxis, und das System dient der Geh- oder Fahrkunst (wie man im Buddhismus sagt), nicht umgekehrt. Ein östliches System ist nicht weniger steril als ein westliches, wenn es nicht durch die Übungspraxis ständig neu erprobt, aufgesprengt, neu formuliert und letztlich wohl auch zurückgelassen wird – denn die Landkarte ist nicht die Landschaft.

Wenn ich also im folgenden keine Begriffsvergleiche anstelle, dann nicht, weil ich das begriffliche Denken für überflüssig hielte (es muß seine begrenzte Aufgabe erfüllen, und zwar so genau und umfassend wie möglich), sondern weil einige *Beobachtungen* aus der Praxis zunächst die Erscheinungen bewußtmachen müssen, die es dann zu be-denken gilt. Dieses Denken wird nur dann sachgemäß sein, wenn es die Instrumente der abendländischen wie der hinduistisch-buddhistisch-taoistischen (und gewiß auch der konfuzianischen) Begrifflichkeit anwendet, weil die Erscheinungen bereits Niederschlag interkultureller Begegnung sind. Dies trifft aber, es sei wiederholt, bereits für den in sich nicht homogenen asiatischen Raum und für den in sich immer weniger homogenen europäischen Raum zu. Die Methoden zum Vollzug dieses Denkens zu finden ist ein anderes Thema.

II.

1. Die Begegnung mit den Religionen Asiens hat in der christlichen Theologie das Interesse an der eigenen mystischen Tradition geweckt. Dies ist zu begrüßen, weil – vor allem im Zuge des Rationalismus auch in der Theologie – die christliche Tradition sehr einseitig rezipiert worden war. Ein gewisser Gegenschlag gegen die historisch-kritische Forschung muß ja keineswegs die Bedeutung dieses Forschungszweiges vermindern, sondern kann aufzeigen, daß es mehrere Zugänge zur Welt des Geistes gibt. Historisch-kritische Forschung muß kritisch bleiben, auch gegenüber der Mystik, sonst wird Religion reaktionär. Die Mystik erweist sich aber selbst als kritisches Potential, das jeder Verdinglichung von Glaubenserfahrungen – die ideologisch mißbraucht werden können – entgegenwirkt. In diesem kritischen Sinn werden nun gerade auch die Mystiker während der letzten Jahre von kritischen Protestanten und Katholiken gelesen. Besonders das feminine Element in der Geschichte christlicher Spiritualität tritt auf diese Weise deutlicher zutage.

Dennoch sei in diesem Zusammenhang ein Problem angesprochen, das sich in der gängigen Meinung ausdrückt, daß praktische Integration östlicher Übungswege überflüssig sei, weil man ja das

Gleiche in der eigenen Geschichte auch habe, es sei nur verschüttet. Statt Zen also Exerzitien, oder – noch fragwürdiger – „christliches Zen" und „christlicher Yoga".

Um die Legitimation vor wachsamen Institutionen zu erhalten, mögen derartige Versuche pragmatisch sinnvoll sein, mehr aber nicht. Denn christliche Mystik ist selbstverständlich anders als buddhistische. Die geistige Haltung eines Menschen im 2. Jahrhundert ist anders als die eines Zeitgenossen der Reformation oder der Aufklärung. Diese diachronische Differenz trifft natürlich Asien genauso wie Europa. Abstrahierend kann man Ähnlichkeiten feststellen. Spirituelle Übungswege sind aber konkret, und überspitzt läßt sich sagen, daß es so viele Wege wie Übende gibt. Maßstäbe und Übungsanweisungen freilich sind nicht beliebig, aber sie unterliegen dem geschichtlichen Wandel und der situationsbedingten Aktualisierung.

Es kommt hinzu, daß uns die christlichen Meister (meist) in Büchern, die asiatischen Übungswege hingegen (hoffentlich) in authentischen lebenden Lehrern begegnen. Die mündliche Überlieferung ist gegenüber der schriftlichen primär, und zwar zu allen Zeiten und in allen Religionen. Genau diese Erkenntnis wird uns zuteil, wenn das gewiß Wertvolle – aber nur schriftlich Überlieferte – nicht mit dem mündlich Vermittelten in Konkurrenz zu treten vermag. Die „östlichen Glaubenssysteme" treten also, wo sie transformativ wirken und nicht nur intellektuelle Neugier befriedigen, in Gestalt von Personen auf. Verschriftlichte Anweisungen hingegen helfen wenig in der Übungspraxis. Daß Gott „in allem erfahrbar" ist, künden Menschen aus beiden Traditionen. Aber das wußten zumindest die Kenner der Geschichte christlicher Spiritualität schon immer. Daß diese Erfahrung *als Erfahrung* und nicht nur als gedachtes Konzept gegenwärtig wird, setzt aber normalerweise einen angeleiteten Übungsweg voraus.

Das will nicht heißen, daß es keine kompetenten christlichen Lehrer gebe, die nicht nur in Meditations-, sondern in Lebensübung einführen könnten. Sie werden aber als solche kaum wahrgenommen, und die Aggressionen gegen das eigene „Glaubenssystem", die oft aus Kindheitstraumata (Heuchelei im Elternhaus, in der Kirche usw.) stammen, sind so gravierend, daß der notwendige Vertrauensvorschuß oft nicht erbracht werden *kann*. Der Weg über das Fremde, das unzureichend bekannt ist und selektiv wahrgenommen wird, hat in diesem Sinne kathartische Funktion.

Das Argument, man habe Ähnliches in der eigenen Tradition und bedürfe daher der Öffnung für das Fremde nicht, widerspiegelt also nur das Dilemma, aus dem derjenige auszubrechen trachtet, der asiatischen Lehrern folgt: das Dilemma der kognitiven Verengung der Spiritualität.

2. Die östlichen Meditationswege werden in Europa vorwiegend als *integrale* Übungswege aufgenommen. Das sind sie in ihren Heimatländern keineswegs immer und überall gewesen. Unter *integral* verstehe ich eine Übung, die das leib-seelisch-geistige Kontinuum im Blick hat und nicht die asketische Abspaltung des einen vom anderen anstrebt. Die Leibfeindlichkeit frühbuddhistischer Meditationspraktiken sind unübersehbar (Meditation der Unreinheit des Körpers, um Begierden abzutöten). Hinduistische Askeserituale stellen selbst mittelalterlich-christliche Bußpraktiken in den Schatten.

Sowohl Yoga als auch Sufi-Übungen und Zen erscheinen also in Europa als Methoden, die psychosomatische Zusammenhänge erkennen lassen und bestätigen. Ernährungsphysiologische Erwägungen (Vegetarismus) erhalten ein Gewicht, das in Asien zumindest anderen Begründungsmustern folgt. Wenn man dann beispielsweise die Ernährung in einem Zen-Kloster kennengelernt hat, wird man darauf drängen, diese aus ganz anderen historischen Zusammenhängen resultierende Praxis nicht zu übernehmen, was auf Widerstand der „Orthodoxen" auf allen Seiten stößt.

Ich habe dieses Beispiel gewählt, weil an ihm deutlich wird, daß das hier zu beschreibende Phänomen nicht einfach die Begegnung zweier festgelegter Größen (Ost und West) ist. Man kann vielmehr formulieren: Wenn der abendländische Mensch einem östlichen Übungsweg folgt, begegnet er sich selbst, aber dieses „Selbst" ist nicht kulturell abgeschlossen. In der Übung begegnet er *auch* dem asiatischen Partner, aber wiederum in einer nicht aus der Tradition allein definierten Gestalt, sondern in der (neuen) interkulturellen Übungssituation. Sie verwandelt beide. Das ist wesentlich und darum bewußtzumachen, mithin zu begrüßen.

3. Es kommt darauf an, Einseitigkeiten zu überwinden. Vor allem ist es die Einseitigkeit des Rationalismus, die den westlichen Menschen

aus der lebensnotwendigen Geborgenheit vertrieben hat. Diese Überwindung kann nicht bedeuten, die Funktion des mental-kritischen Verstandes aufzugeben und etwa hinter die Aufklärung zurückzufallen. Feindschaft gegenüber dem Denken kann sich weder auf christliche mystische Tradition und noch viel weniger auf buddhistische Meister berufen. In der Sprache des Zen ausgedrückt: Nicht nur das Denken ist zu überwinden, sondern auch das Gegenteil von Denken, das Nicht-Denken. Der Gegensatz als solcher löst sich in der Zen-Übung auf. Das Resultat ist ein befreites Leben, das projektions- und vorurteilfreies Denken einschließt. Zen ist radikalkritisch, nicht vorkritisch.

Dies trifft nicht auf alle östlichen Übungswege in gleicher Weise zu. Gerade der hier vorgetragene Gesichtspunkt könnte es erlauben, Spreu vom Weizen zu trennen. Denn selbstverständlich hat es auch innerhalb des Hinduismus und Buddhismus eine Geschichte der Substantialisierung des Denkens gegeben, eine Verknöcherung in die rationalistische Form des Begriffs, die als sekundär abgetan werden könnte, wenn mit ihrer Hilfe nicht repressive Strukturen legitimiert würden! An dieser Stelle könnte der Religionsdialog für alle Seiten besonders fruchtbar werden, und er würde diesbezüglich vermutlich intensiver geführt, wenn man nicht ahnte, daß er für *alle* Partner schmerzlich ist.

4. Nicht erst seit *Erich Fromm* wissen wir, daß es zwei Grundhaltungen gibt, die alle Lebensbezüge durchdringen: die Haltung des Seins und die des Habens. Auch und gerade in der Spiritualität ist dies ein Problem, das im Buddhismus unter dem Stichwort des Nicht-Anhaftens, im Christentum vor allem im Zusammenhang mit der Gnade erörtert wird. Es geht in beiden Fällen nicht einfach um theoretische Einsichten, sondern um praktikable Verhaltensweisen bzw. um Ideale, die auf Praxis hinweisen.

Die spirituelle Erfahrung – was auch immer ihr Inhalt sein mag – kann zum Besitz werden, den das Ich für sich reklamiert. Um hier einen Riegel vorzuschieben, spricht der Buddhismus von Nicht-Ich und das Christentum von Gnade. Natürlich sind beide Begriffe metaphysisch oder theologisch in einem völlig verschiedenen Beziehungsfeld entstanden. Ihre psychologische Bedeutung für die Übungspraxis ist aber durchaus in dem hier angedeuteten Sinn vergleichbar. Das Christentum ist besonders aus diesem Grunde vorsichtig gewesen, mystischen Erfahrungen allzu große Bedeutung beizumessen; sie können das Ich inflationär aufblähen und damit gerade den Prozeß verhindern, den solche Erfahrungen ankündigen: die spirituelle Transformation des Ich in eine universale Geist-Wirklichkeit hinein, die sich dem Begriff und damit der egozentrischen Berechenbarkeit entzieht.

Auf diesem Hintergrund ist es wenig sinnvoll, die östlichen Wege als Erfahrungswege zu beschreiben, die in einem Sich-lassen gipfeln, während die abrahamitischen Religionen an den Willen appellierten, der im Gehorsam gegenüber Gott sein Ziel fände. Man muß hier viel genauer fragen, *was* gelassen wird und *inwiefern* Gehorsam möglich ist. Was wäre das Subjekt des Gehorsams, auch des Glaubens? Auch die christliche Mystik findet hier zu einer zweifelsfrei nicht-dualistischen Sprache. Der spirituelle Weg formt alle psychischen Kräfte, in unterschiedlichem Maße und mit nicht gleichbleibender Gewichtung, gewiß. Aber diesbezüglich den westlichen vom östlichen Weg abgrenzen zu wollen, ist schwerlich möglich. Die Anspannung und das Loslassen, die Aktivität und die Passivität, das Streben und das Geschehenlassen sind Kräfte, die in Harmonie gebracht werden müssen, damit die echte Lösung gelingt. Das weiß der Zen-Übende genauso wie der erfahrene Beter in christlicher Tradition. Gerade an dieser Stelle wird in der Diskussion zwischen christlichen Theologen und Anhängern östlicher Spiritualität zu viel theoretisiert, ohne daß man die tatsächliche Praxis hinreichend kennen würde. Vertiefung kann jeder in jeder Situation erfahren, der – aus sich selbst oder angestoßen durch einen Lehrer aus welcher Tradition auch immer – diese Harmonie herzustellen vermag. Sie ist nicht nur für den einzelnen lebenswichtig, sondern in unserer historischen Situation auch von absehbarer gesellschaftlicher Bedeutung.

5. Schließlich sei als letztes Problemfeld das Verhältnis von Erfahrung und ihrer Deutung angesprochen. Es gibt die Meinung, man könne eine absolute und religionsübergreifende Erfahrung von ihren relativen religionsbezogenen Deutungen trennen, die Zen-Erfahrung als Christ also durchaus vollziehen, ohne sich ihrer buddhistischen Deutung aussetzen zu müssen. Das ist problematisch. Es gibt keine ungedeutete Erfahrung. Das Argument sei hier nur ganz

knapp umrissen: Die Bewußtwerdung von Erfahrung setzt die Einordnung in geistige Strukturen voraus. Eine nicht-bewußte spirituelle Erfahrung aber ist ein Unding. Also ist Erfahrung – nicht erst, wenn sie mitgeteilt wird – voller Be-deutung, d.h. gedeutet.

Im Verlaufe der Diskussion der letzten Jahrzehnte hat man immer wieder versucht, eine absolute mystische Erfahrung jenseits von Deutungen zu konstruieren. Dies hat sich als naiv erwiesen. Merkwürdigerweise ist jede mystische Erfahrung verschieden, und unter diesen Begriff möchte ich jetzt auch Zen-Erfahrungen usw. fassen, obwohl es berechtigt ist zu fragen, ob diese automatisch mystisch genannt werden können. Treten derartige Erfahrungen bei ein und demselben Individuum auf, sind sie ebenfalls verschieden. Sonst gäbe es keine fortwährende Reifung in der Schau der Wahrheit, und das wird von keiner Religion behauptet.

Dennoch gibt es Grundmerkmale oder Strukturen, die entsprechende Erfahrungen charakterisieren und überall vorkommen. Die Religionspsychologie hat dies zu beschreiben versucht, und unter dem Begriff der Einheit, Ganzheit, Verschmelzung usw. sind solche Strukturen mehr oder weniger adäquat beschrieben worden. Eine echte spirituelle Erfahrung ist aber zum Beispiel nie ein bloß rauschhaftes ozeanisches Gefühl, bei dem die einmalige Differenziertheit der Situation, in der die Erfahrung gemacht wird, vernichtet würde, sondern sie ist die Erfahrung des geeinten Bewußtseins in *dieser* je konkreten Situation. Nur so kann vermieden werden, daß die Welt wieder in ein Überwundenes und ein zu Erstrebendes zerfällt. Die sakrale Totalität oder Totalität des Sakralen verlangt danach, leer von Bestimmungen zu sein, wie man im Buddhismus sagt. Wenn diese Leere aber als Gegensatz zu Bestimmungen (und Deutungen) auftritt, ist sie nicht leer. Es handelt sich um eine Leere, die den Gegensatz transzendiert. Das klingt vage und unscharf, liegt aber in der Natur der Sache: Jede echte Erfahrung (eines Geschmacks, eines Klanges usw.) ist nicht beschreibbar, es sei denn in Abstraktionen. Deutungen sind also das Kolorit von Erfahrungen.

Zieht man aus diesen Erwägungen Konsequenzen, so liegt der Schluß nahe, daß es nicht die *eine* spirituelle Kultur geben kann. Religionen werden auch in Zukunft unterschieden bleiben, so wie die Sprachen der Menschheit nicht miteinander kompatibel sind. Jede Sprache erzeugt ihr eigenes Spektrum der Wahrnehmung. Das trifft auch auf die Religionen zu. Sie sind Wahrnehmungsweisen von Wirklichkeit. Synthesen können neue, vertiefte, andere Wahrnehmungsweisen ergeben, aber sie reproduzieren nicht einfach den Modus der Vergangenheit.

Schon in der Vergangenheit haben Kulturen, Sprachen, Religionen, Methoden einander durchdrungen und neue schöpferische Synthesen erzeugt. So ist es auch heute. Erfahrungen können einander spiegeln oder gegenseitig einen Resonanzraum eröffnen, in dem ganz neue und noch nie gehörte Obertöne hörbar werden. Das ist ein schöpferischer Akt, eine Erfahrung von Vertiefung. Vertiefung bedeutet, in der Ver-Tiefung das immer wieder Festgehaltene – die Position des Habens – loszulassen und in die Bewegung des Gehens zu kommen. Denn das Sein ist im Gehen. Dies ist ein Weg des unbedingten Vertrauens, der kein Ende hat.

Wer sich beispielsweise auf Zen einläßt, macht oft die Erfahrung, daß sein Christentum neu zu leben beginnt. Der Ton liegt auf *neu*. Es ist nicht die Wiederbelebung einer verschütteten Kindheit, sondern kreative Weitergestaltung abendländischer Spiritualität. Die Identifikation mit dem Christus etwa, die in diesem Zusammenhang erfahrbar werden kann, ist etwas anderes als die traditionelle Frömmigkeit. Mir scheint, daß hier nichts verschleiert werden sollte: Das Weizenkorn muß sterben, damit es Frucht bringt, und dieser Satz gilt in diesem Zusammenhang allemal. Christlich gesprochen: Im wirklichen Durchbruch zu spiritueller Erfahrung vollzieht sich das Niederreißen des Tempels und der Neuaufbau einer immer tieferen Wirklichkeit jeweils neu. Die Wiederentdeckung der Wurzel des Christlichen ist gleichzeitig eine *neue* Gestaltung aus der Kraft des Impulses, der mit Christus in die Welt kam. Das Christentum hat dies die Wirkung des Heiligen Geistes genannt, und jede konkrete Erfahrung des Christus kann nur auf dem Grund der Einheit der Schöpfung und in der Kreativität des Geistes authentisch sein. Das ist die ganzheitlich-trinitarische Struktur, die jede christliche Erfahrung auszeichnet. Sie hat, wie mir scheint, ihre Entsprechungen auch im Hinduismus und Buddhismus. Denn daß der wirkliche spirituelle Durchbruch ein Sterben und Auferstehen ist, wird etwa im Zen nur allzu deutlich. Gefahr droht dort, wo eine gewonnene Tiefe als *die* Tiefe verdinglicht (früher sagte man: vergötzt) wird, weil damit der Freiheit des Geistes ein Ende gesetzt würde, das Sein also wieder zum Haben des Ich verkehrt wäre, was man christlich Sünde, „östlich“ Verblendung *(avidyā) genannt hat.*

Aus allen fünf Gesichtspunkten wird ersichtlich, daß es nicht darum geht, Glaubens*systeme* um ihrer selbst willen zu beleben, zu bewahren oder zu überwinden. Es geht um den Weg des Menschen. Er besteht in der Menschwerdung, die zum Ziel kommt, wenn sich das Ich in Gott losläßt oder im Unsagbaren seine Identität gewinnt. Wem das zu nüchtern oder zuwenig ist, der sei an eine alte christliche Anekdote erinnert. Ein Schüler fragt den Meister, was Vertiefung in echte Spiritualität sei. Der Meister antwortet: Mache es wie Gott – werde Mensch.

Subjekt dieses neuen Menschseins ist aber nicht das kleine Ich, sondern der inkarnierte Gott, also das, was Christen in der Liebe Christi erfahren, die demzufolge Ursprung, Grund und Wurzel jeder Erfahrung ist. Ein Buddhist wird dies anders formulieren. Entscheidend aber ist in jedem Falle: Meditationserfahrung weist über sich selbst hinaus.

III.

Abschließend möchte ich auf einige Gesichtspunkte hinweisen, die bei der Inkulturation östlicher Übungswege in die geistig-kulturelle Welt des Westens bedenkenswert sind, wobei gerade hier im einzelnen genauer zu prüfen wäre, ob nicht die sozialen, psychologischen und konfessionell geprägten Religionsverhältnisse in den verschiedenen europäischen Regionen durchaus unterschiedlich sind, so daß die folgenden Aussagen allgemein bleiben müssen, im Detail aber differenziert zu behandeln wären.

1. Es kann nicht nachdrücklich genug hervorgehoben werden, daß spirituelle Wege *Wege* sind. Sie sind keine Methoden, die in zeitlich meßbaren Abständen zu einem bestimmten Resultat führen, das dann als *erreicht* gelten kann. Spirituelle Wege sind nicht abgeschlossen, d.h. sie sind in die Zukunft hin offen. Die Übung hört nicht auf, sonst ist der geistige Tod vorgezeichnet, der sich dann meist in Ich-Inflation ausdrückt. Es besteht eine Gefahr, daß dies nicht hinrei-

chend beachtet wird. Meditationsübungen erscheinen dann entweder als zweckgebundene Therapieform oder als Variante olympischer Selbstglorifizierung: Statt „schneller, weiter, höher" heißt es dann nur „vollkommener, erfahrener, tiefer", und der Ehrgeiz, den anderen übertrumpfen zu wollen, macht sich in spirituellem Konsum Luft. Daß Übungswege Lust und Leid, Höhen und Tiefen, Lichtvolles und Dunkles durchschreiten, wird dann nicht zugelassen oder verdrängt. Einen Weg zu gehen – althochdeutsch *līdan*, von dem unsere Worte *leiden* wie *leiten* abgeleitet sind – ist eine langwierige, nicht endende Aufgabe. Manche Klassifikationen des Stufenwegs der Meditation, wie sie uns etwa im *Mahāyāna* Buddhismus begegnen, haben im Westen falsche Vorstellungen erzeugt, als könne man allmählich die spirituelle Stufenleiter emporklimmen, irgendwo ankommen und dann die Größe des vergöttlichten Ego genießen!

2. Buddhistische und hinduistische Spiritualität strebt nach Erfahrung des letztgültigen Grundes. Dabei darf nicht vergessen werden, daß es viele vor-letztgültige Ebenen der psychischen und partnerschaftlich-sozialen Beziehungen gibt, die ebenfalls der Läuterung bedürfen. Probleme des Herzens, emotionale Verspannungen, menschliches Leid können und dürfen nicht einfach ausgeatmet werden. Auch im Zen gibt es subtile Übungsformen, mit diesen Bereichen etwa im Klosteralltag, in der Arbeit, im künstlerischen Ausdruck usw. umzugehen. Was aber in Europa an Übungspraxis vermittelt wird, ist oft von diesem psycho-sozialen Hintergrund abgelöst, und nur die Übung des Sitzens und Atmens findet Beachtung. Das Resultat können leblose Persönlichkeiten sein, die das Spontane der Herz-Ebene unterdrückt haben. Dies ist nicht dem Zen als solchem anzulasten, sondern einer Übungsform, die in eine andere Umwelt verkürzt übertragen ist. Hier gilt es, wachsam zu sein. Wir müssen entsprechende Äquivalente für die Übung der psycho-sozialen und emotionalen Bereiche aus und in unserem Alltag finden.

3. Die Rolle, die der Guru in Asien spielt, ist abhängig von dortigen Zuordnungen des Individuums zur Gruppe oder zum Kollektiv. Daß sich die Beziehung von Individuum und Kollektiv in Europa anders darstellt als in asiatischen Kulturen – und hier liegen die Dinge in Ostasien wiederum sehr anders als in Indien, wobei aber

auch Korea und Japan etwa ganz verschieden sind –, bedarf keiner langen Erörterung. Was das tatsächlich bedeutet, wird heute sowohl in der Sozialpsychologie als auch von Meditationsgruppen, die diesem Problem unmittelbar ausgesetzt sind, noch unzureichend verstanden. Um aber weitgehend projektionsfreie und heilsame Beziehungen von Meditationslehrer und -schüler im europäischen Kontext des 20. Jahrhunderts zu gestalten, ist Klarheit in dieser Frage ein ganz dringendes Anliegen. Vermutlich kann und sollte die *Gruppe* viele Aufgaben des Guru gegenüber dem einzelnen wahrnehmen, was um so eher möglich ist, wenn der Lehrer tatsächlich kompetent ist und die Führungsposition nicht zur Stabilisierung seines Ego mißbraucht. Theoretisch ist zwar auch der östliche Guru aufgefordert, den Schüler zu sich selbst zu bringen, d.h. unabhängig zu machen. Daß oft das Gegenteil der Fall ist, hängt aber nicht nur an menschlicher Schwachheit, sondern an den ganz anderen psychosozialen Mustern, auf die asiatische Meditationslehrer in Europa treffen. Sie vermögen darauf nicht angemessen zu reagieren. Um so mehr bedarf diese Frage einer zuverlässigen Antwort, die sich wiederum nur aus unserer eigenen reflektierten Praxis ergeben kann.

4. Aufgrund des geschichtlichen Hintergrundes wird der Europäer, der hinduistische oder buddhistische Meditationswege geht, die Früchte der Meditation in abendländischen geschichtlich-sozialen Zusammenhängen ausdrücken müssen. Mit anderen Worten: Das Bodhisattva-Ideal der heilenden Hinwendung zu allen Wesen bedarf der politischen Konkretion. Aufgrund der prophetischen Tradition des jüdisch-christlichen Glaubens ist es angemessen, diese Konkretion im Sinne *kosmischer Solidarität* zu vollziehen. Was das je konkret heißt, erweist sich im Alltag. Meditation macht verwundbarer, sensibler für das konkrete Leid der Welt. Wer Ungerechtigkeit und Umweltkatastrophen wegmeditieren will, ohne zur konkreten politischen Tat veranlaßt zu werden, übt nicht ganzheitlich oder – wie schon angedeutet – integral. Daß hier die Akzente anders liegen können, als sie in den gegenwärtigen asiatischen Traditionen erscheinen, fordert zu gegenseitigen Neuinterpretationen von Ost und West heraus.

Neuinterpretationen sind aber im Zusammenhang spiritueller Wege keine Begriffsübungen, sondern neue Selbstdeutungen der Lebenspraxis, die sich konkret auswirken. Wenn Christen östliche Übungswege gehen, werden sie in ihrem Menschsein, das durch ihre Verwurzelung in der Liebe Christi bestimmt ist, vertieft. Ich habe auch viele Buddhisten getroffen, die, vom Christentum beeindruckt, ihren buddhistischen Weg in einer Vertiefung des Menschlichen neu buchstabieren lernten. Darum geht es.

Teil II

Beispiele für die moderne Praxis der alten Traditionen

Schamanische Psychotherapie

Holger Kalweit

In diesem Aufsatz werde ich einige Prinzipien der Schamanischen Psychotherapie (SPT) behandeln. Es soll um die Möglichkeit der Anwendung von SPT in der modernen Zivilisation gehen. Dabei kommen allerdings die meisten Bewußtseinstechniken und Heilmethoden der Stammeskulturen nicht in Frage, da sie in unserer Umwelt und für uns nicht zu praktizieren sind. Ich möchte hier versuchen, eine erste Skizze dessen vorzulegen, was an schamanischen Elementen von einer neuzeitlichen Therapie übernommen werden kann, vorausgesetzt man ändert sie für unsere Verhältnisse ab bzw. paßt sie unseren Kulturbedingungen an.

Psychische Selbstheilungskräfte

Schamanische Psychotherapie ist Therapie durch die Natur. Der erste Mensch war Naturmensch, ganz den Gewalten ausgesetzt. Die erste Heilung war eine *natürliche* Heilung. Die Mittel der ersten Heilung waren etwas, das uns die eigene Natur allzeit zur Verfügung stellt: Selbstheilungskräfte! SPT ist daher ein Erwachen für das, was wir an Heilkräften in uns tragen.

Abendländische Therapie ist weitgehend menschengemacht, schamanische Therapie dagegen ist natürlich. Zwar liegt schamanischer Therapie keine Wissenschaftlichkeit im herkömmlichen Sinne zugrunde, aber eine Gesetzmäßigkeit der Natur – unserer inneren Natur. Wenn wir uns mit SPT beschäftigen, dann stoßen wir auf ein festgelegtes Muster psychischer Erscheinungsformen: rohe, archaische Gesetze menschlicher Psychosomatik – das Knochengerüst der Psyche.

Schamanentum entfaltet sich naturwüchsig, ähnlich wie der asiatische Yoga und die Meditationsübungen; das sind keine erfundenen oder konstruierten Techniken. Im Hatha-Yoga etwa sind Körperhaltungen wie Gähnen, Sich-Rekeln und Strecken spontane, instinktive rhythmische Gymnastiken des Körpers, zu denen er sich gezwungen fühlt, wenn ein Ungleichgewicht in ihm herrscht. So haben die Yogis weder durch rationale Überlegungen noch durch göttliche Offenbarung diese Bewegungen entdeckt, vielmehr hat ihnen der Körper seine Selbstheilungsbewegungen aufgedrängt. Mit der Zeit sind diese Instinktbewegungen systematisiert und bewußt als Lehre vom Menschen angewendet worden.

In gleicher Weise, wie wir sehen werden, entstand die SPT von selbst: Entsprechend seinen Bedürfnissen schuf sich der Körper eine Heilweise, die aus psychischer Entschlackung, Entleerung und Reizreduzierung besteht. Wir können sogar soweit gehen und sagen: SPT und Yoga geben dem Menschen die Möglichkeit an die Hand, sein gesamtes System psychophysischer Reaktionen selbst zu entdecken. Würden wir hier den Werdegang eines Schamanen genauer betrachten, so könnten wir erkennen, wie er von Körper und Geist gezwungen wird, bestimmte geistige und körperliche Übungen auszuführen, um seine instinktiven Selbstheilungskräfte zu entfalten. Das ist der Grund, weshalb Schamanen nicht durch Ausbildung, sondern durch *Berufung* zum Schamanentum hingeleitet werden. So wie Krankheiten können auch Selbstheilungskräfte Zwang ausüben. Deshalb kann nicht jeder ein Schamane oder Heiler werden, das entscheidet der Körper selbst. Wohl aber kann sich jeder einer SPT unterziehen; sie ist gewissermaßen der schamanische Berufungsweg im Kleinformat.

Kulturelle Selbstheilungskräfte

Viele Kulturen werden regelmäßig und wellenförmig von Bewegungen zur Wiederverlebendigung der Kultur erfaßt. Teile der Bevölkerung unterwerfen sich dann einem charismatischen Führer, der das Heil kennt, oder die Menschen geraten ins Fahrwasser von Cargokulten, die das Auftreten fremder Mächte oder einen unverhofften Glückssegen in absehbarer Zeit verheißen. Unsere zeitgenössische „Zurück-zur-Natur-Bewegung" steht in dieser Tradition. Diese Heilsbewegungen haben einen ebenso überspitzten und überschäumenden Charakter wie die individuelle Heilkrise, die Schamanenkrankheit oder die Erstverschlimmerungsreaktion. Der Mensch lehnt sie ab wie das Fieber, das er zu unterdrücken versucht. Tatsächlich aber verweist es auf einen Heilvorgang, der die körpereigene Abwehrreaktion steigert. Heilung zeitigt häufig sehr starke Schmerzen und Leiden; sie tritt oft in Form der Krankheit auf. Bedenken wir, die Heilbewegung oder Heilkrise ist um so übermäßiger, je stärker die Unterdrückung der Heiltendenzen ist. Der Grad der Krise entspricht dem Grad der inneren Verdrängung. Die Krise soll reinigen, und SPT will nichts anderes, als die Kanäle reinigen, die uns mit unseren Selbstheilungskräften verbinden.

Die Polarität des Menschen

Aus dem Weltbild der Naturvölker läßt sich folgender Grundsatz ableiten: Der Mensch ist eine *Einheit.* Auf Heilung und Krankheit bezogen heißt das: Der Körper ist ein sich selbst regulierender Mechanismus; zu allen Krankheiten, die er hervorbringen kann, besitzt er – spiegelbildlich – auch alle Heilkräfte. Wir sind eine Einheit von Körper und Psyche, von Krankheit und Gesundheit.

Der Heilsuchende zeichnet sich zunächst durch so viel Offenheit für seine innere Polarität (Heilung – Krankheit) aus, daß er überwältigt wird von den in ihm schlummernden negativen Kräften. Es stellen sich ein: Krankheit, Leiden, Schmerzen, Geistesverwirrung. Wir bezeichnen das als *krisis* (griech. Entscheidung), auch als Erstreaktion, Erstverschlimmerung. Wir kennen diesen Effekt aus der Homöopathie. Bevor ein Medikament zu wirken beginnt, verschlimmert es den Zustand der Krankheit.

Die Polarität Heilkraft – Krankheit stellt sich nur für uns als Dualität dar. Naturgemäß handelt es sich um *eine* Kraft, die wir nur zerteilen und aufsplittern, weil wir positiv und negativ werten; doch letzten Endes gibt nur die *eine* Kraft, entsprechend dem schamanischen Weltbild. Wer aber – und darin liegt das Wesentliche der schamanischen Vorstellung – das dualistische Denken in sich überwinden kann, mag die *eine* Kraft gleichermaßen für heilsame wie für krankmachende Zwecke benutzen. Die gesamte SPT läßt sich als Versuch verstehen, im Menschen Möglichkeiten freizusetzen, die Welt als eine Einheit zu erfahren. So kann vorhandene krankmachende Energie durch die Erfahrung ihrer Einheit mit der heilmachenden Energie zu einer Heilung – also Ganzheit führen.

Hieraus können wir erste schamanische Prinzipien ableiten:

(1) Die Dualität ist im Menschen begründet. Sie entsteht, wenn die *eine* Welt (die ganze Welt), herangetragen an unseren Organismus, sogleich zur Zweiheit wird und an uns zerschellt.

(2) Unser Wesen und Bewußtsein erschaffen also eine dyadische Welt. Heilung aber entsteht nur jenseits des Gegensatzpaares Heilung – Krankheit.

(3) Heilung entsteht durch Bewußtseinsöffnung, dann, wenn wir unser Bewußtsein erweitern, vorgefaßte Konzepte, Wissen, Verstand fallenlassen. Es kommt dann zuerst zu einer Überreaktion – Krankheit entsteht; das ist die Erstreaktion.

(4) Der Geist eines in der Natur aufgewachsenen Menschen hat gelernt, die Dinge so zu akzeptieren, wie sie sind. Die Natur ist größer als er. Also bleibt ihm nichts anderes übrig, als sich hinzugeben und anzupassen an die Naturbedingungen. Das ist eine Flucht nach vorn, und sie wird zum Überlebensmechanismus. Darin müssen wir die Ursache sehen für die schamanische Hingabe an das Sein „wie es ist". Daher rühren Bescheidenheit, Demut und Natureinbettung der Naturvölker. Der Mensch kann es nicht besser machen.

„Macht euch die Erde untertan!" findet kein Echo bei diesen Menschen. Wer mit den Naturgesetzen und -rhythmen lebt, lebt am besten. – In unserer Psychotherapie dagegen will jeder gesund werden, und der Therapeut will gesund machen. Krankheit darf nicht sein. Ein Gesundheitsmythos beherrscht das Abendland: Der Jungbrunnen ist unser legendärstes Ziel. In der Konfrontation mit der Leere, mit „ich bin leer" entsteht eine klare Sicht der Dinge. Der Mensch will jetzt weniger bewußt und zweckorientiert die Dinge verändern. Er erkennt, er verändert, indem er den Dingen ihren natürlichen Lauf läßt.

Reinigung

Als vorbereitende Übungen für das Erzeugen von veränderten Bewußtseinszuständen (VBZ) wollen wir zwei bekannte und in unserer Kultur leicht anwendbare Methoden nennen: die indianische Schwitzhütte und den Feuerlauf; beide bereits in gewissem Ausmaß bei uns in Gebrauch.

Die *Schwitzhütte*, eine kleine Hütte aus Stangen und Decken, wird durch aufgeheizte Steine in eine Art Sauna verwandelt. Es geht dabei nicht ausschließlich ums Schwitzen, sondern vorrangig um eine geistig-körperliche Reinigung. Die extrem ansteigende Temperatur läßt nur eines zu: Konzentration auf das Gebet, einen Gesang, um die sengende Hitze zu vergessen. Mit dem Anwachsen der Hitze werden auch die Gebete intensiver, die in manchen Fällen wie Verzweiflungsrufe ausgestoßen werden. Wenn wir ganz eingeschworen sind auf Gebet und Gesang, keine Lücke mehr für die Hitze lassen, wodurch sie sich in unser Bewußtsein schmuggeln könnte, dann lösen wir uns, und das ganze Spektrum der genannten VBZ mag auftreten; wir können auch die wunderbare Gruppenatmosphäre als eine „heilige Gemeinschaft" empfinden oder in eine visionäre Reise eintreten. All das hängt von der Qualität und Art der Sitzung und der Höhe der Temperatur ab. Ziel dieser Therapie ist auch hier wiederum das Erlangen der inneren Leere, der Befreiung von den Gewohnheiten. Die Nachwirkung zeitigt: körperliche Leichtigkeit, das Gefühl, zu schweben und psychisch leicht zu sein, geistige Leere und Freiheit und Unvoreingenommenheit der Wahrnehmung, erhöhte Sympathie für das Leben und all seine Strukturen. Das Wunder des vielgestalteten Daseins fängt uns ganz ein.

In gleicher Weise tut der *Feuerlauf* seine Wirkung. Allerdings haben die in Europa durchgeführten Feuerlaufseminare diese Therapiemethode stark verkürzt, vereinfacht, und ihre Wirkung ist damit reduziert. Ziel ist es, mit bloßen Füßen über einen Teppich glühender Holzkohle oder über glühend heiße Steine zu laufen. Die Vorbereitung soll die Teilnehmer einschwören darauf, daß dergleichen möglich ist, ohne sich dabei zu verbrennen. Der Glaube muß gestärkt, eine suggestive Atmosphäre vorab geschaffen werden.

Tanz und Rhythmus

Kollektiver *Tanz* ist eine der gängigsten Formen, das Bewußtsein zu entleeren und in einen Tabula-rasa-Zustand zu überführen. Entscheidend sind dabei zwei Faktoren: (1) die Bewegungsform muß einen starken Wiederholungscharakter haben; (2) der Rhythmus der Musik – meistens der einer Trommel – muß eine Frequenz von 5-8

Hertz haben, also im Thetabereich liegen. Der Thetafrequenzbereich ist verantwortlich für kreative Zustände wie die beim Einschlafen zwischen Wachen und Schlaf.

Gelegentlich muß der Trommelrhythmus aber von Betafrequenzen von 12-20 Hertz überlagert werden, um den Tänzer gewissermaßen zurückzuholen in den Wachheitszustand, um ihn nicht ganz das Bewußtsein verlieren zu lassen. Tanzen mehrere Personen, ist es schwierig, alle zur gleichen Zeit in die Thetafrequenz zu führen, da jeder unterschiedlich reagiert. Trommler schalten daher oft zum Beta- oder Alpharhythmus zurück, um langsamere Tänzer „heraufzuholen". Oder verlieren Tänzer im Thetabereich die Kontrolle, stuft sie ein schnellerer Rhythmus zur Normalität zurück. Der Trommelrhythmus dient als Frequenzmodulator des Bewußtseins. Einige Völker haben einen extrem hohen Grad der Bewußtseinsmanipulation mit dieser Methode erreicht.

Ein Beispiel aus Westtibet soll uns zur Veranschaulichung dienen. Bei der Ausbildung von Schamanen werden zwei Instrumente benutzt: eine sehr hell tönende Glocke und eine kleine Doppeltrommel (mit zwei Seiten). Beide Instrumente, Trommel und Glocke, ergänzen sich. Die Glocke mit dem hohen, hellen Klang erhält bis zu einem gewissen Grad den Zustand der Wachheit, während die Trommel das Bewußtsein in den Thetabereich treibt. Durch diese Technik wird man in einem Schwebezustand zwischen Wachen und Schlafen gehalten.

Man sagt dann, man sei ein Gottbesessener geworden; jetzt beginnt man zu heilen und wahrzusagen.

Die Wirkung dieser bewußtseinsverändernden Methode ist folgende:

(1) Einengung der Wahrnehmung und der Sinne.

(2) Der Klang, so spürt man, verselbständigt sich.

(3) Plötzlich verschwindet das Zeit- und Raumgefühl, Loslösung von der Umwelt setzt ein.

(4) Subjektive Zeitverlangsamung, z.B. scheint ein Glockenschlag sehr lange anzuhalten; dadurch haben wir ausreichend Zeit, das, was wir von der Umwelt wahrnehmen, subjektiv länger zu analysieren. Durch diesen Zeitlupeneffekt oder „Gummiband-Effekt" werden die Denkkraft und das Urteil geschärft; und wird uns ein Patient vorgeführt, so erkennen wir dessen Probleme rascher.

(5) Man spürt in sich eine geheimnisvolle Kraft; es ist jedoch die Kraft unseres Lebens, die a priori vorhanden ist, die nun aber stärker empfunden als Heilkraft erfahren wird. Und man meint, damit heilen zu können, und schickt die Kraft in den Körper des Kranken. Es handelt sich dabei um Kraftübertragung. Umgekehrt glaubt man, Krankheit oder schlechte Lebenskraft aus dem Patienten herausziehen zu können.

(6) Da der Körper betäubt ist, eine hypnotische Taubheit besteht, können wir kleine physiopsychologische Kunststücke vollführen: Wir sind unempfindlich gegen Feuer, Schmerz usw.

(7) Nach der Trance fühlen wir uns vitaler als zuvor, sind erholt, frisch und wach; der Thetazustand wirkt eine gewisse Zeitlang nach und klingt dann langsam ab.

Ohne Vorbereitungsverfahren ist es allerdings uneffektiv, in diese Therapie einzusteigen. Zuvor muß eine gewisse „magische" und harmonische Stimmung erzeugt werden. Ein dafür geeigneter Raum und Therapieplatz muß zur Verfügung stehen. In Tibet, wo das therapeutische Geschehen in die Religion eingebettet ist, fördern viele vorausgehende Auslöser eine heilige und ehrfurchtsvolle Stimmung, die unabdingbare Voraussetzung für das Gelingen der Therapie ist. Uns fehlen solche einleitenden suggestiven Elemente, sie müssen noch entwickelt werden.

Methoden zur Entleerung des Bewußtseins

Das Prinzip der Entleerung des Bewußtseins von Konzepten, Gefühlen, Erwartungen, Hoffnungen und Gewohnheiten scheint mir das eigentliche Ziel der SPT zu sein. Welche Bewußtseinstechniken können dazu dienen?

Die einfachste Methode – und die ist uns von unseren Kinderspielen her vertraut – ist so etwas wie eine Mutprobe: der *Schmerz*. Die bewußte Schmerzerzeugung – und dafür sind alle nur denkbaren Methoden von den Völkern verwendet worden – bewirkt Konzentration auf *einen* Punkt: den Schmerz. Alle Welt verblaßt aufgrund und zugunsten des Schmerzgefühls. Was könnte nun der Zweck dessen sein? – Konzentration auf *einen* Punkt wird damit geübt. Die „Hypnose des Schmerzes" wird erfahren. Nehmen wir als Modell den Sonnentanz der nordamerikanischen Lakota-Indianer. Ins Fleisch von Brust und Rücken werden Streifen geschnitten, hinter denen man eine Schnur durchzieht, die an einem zentralen Baum oder Pfahl (dem Weltenbaum) festgebunden wird. Die Männer, tanzend, betend, singend, umkreisen den Baum und lehnen sich in Abständen zurück, um die Hautstreifen zu zerreißen. Im Idealfall erfolgt das nach vier Tagen – solange ziehen die Sonnentänzer das Schmerzritual hin. Schmerzen dürfen nicht geäußert werden; Ohnmacht gilt als Zeichen mangelnder geistiger Kontrolle. Außer dem Ertragen von Schmerzen und Erschöpfung geht es noch um etwas anderes: Durch den Schmerz wird unser Bewußtsein konzentriert, die Umwelt verblaßt. Damit ist das erste Ziel erreicht. Das zweite ist nun die Beseitigung des Schmerzgefühls durch Verlagerung der Konzentration auf Gebet, Gesang, Tanz, wodurch der Schmerz sich auflöst. Die Schmerzerzeugung hat nur einen Zweck: zu lernen, sich mit aller Macht nur auf das Ritual zu konzentrieren. Der Schmerz wird gewissermaßen dazu benutzt, sich wirklich konzentrieren zu lernen. Aber auch das ist noch nicht das letzte Ziel. Dem ganzen Vorgang liegt die Erkenntnis zugrunde, daß extreme Wahrnehmungseinengung paradoxerweise zu extremer Wahrnehmungsausweitung führt. Das eigene Dasein und das anderer wird unvergleichlich schärfer erfahren als im Normalbewußtsein. Ziel der SPT ist demnach, die Welt voller und wahrer zu erfahren. Dahinter steht wieder: Je voller wir die Welt erfahren, je weniger Tatsachen wir außer acht lassen, desto gesünder, reifer und überlebensfähiger werden wir.

Im Kampf ums Überleben, in der Verzweiflung des Schmerzes schaffen wir uns instinktiv sogenannte *Machtgesänge*. An diese Gesänge klammern wir uns förmlich, um dem Schmerz zu entgehen, tauchen ein in ihn, verbergen uns in ihm. Der Erfolg geht über den Augenblick hinaus; später, sobald wir diese Machtgesänge, aus Verzweiflung geboren, anstimmen, werden sie uns von neuem befreien von Leid, Angst und Mutlosigkeit. Unsere Fähigkeit, die Konzentration auf etwas anderes zu verlagern, ist unsere Beschützerkraft geworden.

Darüber hinaus schaffen wir uns in der Verlorenheit des Schmerzes, aus der großen Not heraus *imaginäre Helfer*, die uns beruhigen und uns in ein Land ohne Elend und Schmerz führen. Plötzlich mag so eine Gestalt vor uns erscheinen, sie verdichtet sich mit Intensivierung des Schmerzes. Sie wirkt real, denn sie nimmt uns den Schmerz und wird uns später immer wieder das Leid nehmen, wann immer wir sie herbeirufen werden. Wir haben einen Hilfsgeist gewonnen. Wir sind nicht mehr allein. Der Hilfsgeist mag in Menschengestalt, in Tiergestalt oder als Himmelsphänomen kommen; es kann auch ein Stein oder sonst ein Gegenstand sein, den wir gefunden haben und auf den wir nun alle Erwartungen setzen.

Eine weitere Hilfsquelle mag eine im Zusammenbruch aller psychischen Kräfte sich entfaltende *Vision* sein, die das Lebensziel, den Lebenszweck oder das zukünftige Leben in einem Bild, einem Geschehen zusammenfaßt und dem Gepeinigten eine Quelle der Inspiration, der Kraft und des Durchhaltevermögens wird. Eine Vision ist ein inneres Bild, das so intensiv ist, daß wir meinen, es komme von außen und sei von uns unabhängig.

Unser Bewußtsein schafft sich demnach in Endsituationen oder Untergangsstimmungen eine letzte Kraftquelle, die so stark sein kann, daß sie das ganze Leben transformiert. Ziel der SPT ist es, jene Machtgesänge, Machtworte, Hilfsgeister, Visionen und Machtgegenstände zu erschaffen, damit wir die Hindernisse und Qualen des Lebens überwinden können und das Leben voll gelebt werden kann.

Wenn die Fleischriemen beim Sonnentanz zerreißen, entsteht ein neuer Zustand:

(1) Der Sonnentänzer mag über eine ungeahnte Hilfsquelle verfügen, seinen Hilfsgeist, seine Vision. Sie haben ihm den Blick in sein künftiges Leben freigegeben und mögen ihn mit neuen Energien ausgestattet haben. Sein neuer Daseinszustand läßt ihn aufleben. Die Lebenskraft steigt an.

(2) Nun wird er seine Probleme und die Welthindernisse besser meistern können; Ausdauer, Selbstsicherheit und Siegesgewißheit erfüllen ihn.

(3) Aus dem Sonnentanz kommt er als ein Neugeborener hervor. Die unmittelbaren Nachwirkungen sind: erhöhte Wahrnehmung, schärferes Denken, Gefühl des Zusammenhangs des Daseins, Mitgefühl, Liebe, Lebenssinn und eine Leichtigkeit des Körpers und des Geistes, die ihn fast schweben lassen. Schwerelosigkeit aber heißt: Befreiung vom Körperlichen.

(4) Auf dem Höhepunkt der Verschiebung der Konzentration auf einen schmerzfreien Punkt mag der Sonnentänzer in einen Bereich der Leere geraten; plötzlich ist dann nichts mehr da, weder Schmerz noch Sonnentanz noch Umwelt. Jetzt geht alles wie von selbst. Anschließend weiß er nicht mehr, was geschehen ist: Erinnerungsverlust! Aus der Leere aufgetaucht, sieht er das Leben wie zum ersten Mal: Es strahlt eine Kraft aus; es ist von makelloser Schönheit. Es ist *Leben*, es ist heilig. Respekt und Demut überkommen den Sonnentänzer.

Die hier dargestellte psychophysiologische Abfolge von Phänomenen ist universell. Menschen aller Kulturen erfahren das auf gleiche Weise. Mit dieser Methode hat der Tänzer intensiven Kontakt zur Umwelt und zu sich selbst erhalten. – Das ist die älteste Form der Psychotherapie. Ob wir im Westen die Schmerztherapie verwenden können, bleibt fraglich. Nur wenigen wird diese Möglichkeit offenstehen. Daher sollten wir sehen, wie wir zu Variationen der archaischen Lebenstherapie kommen, die eher für uns zugeschnitten sind.

Als zweite Methode will ich das Prinzip der *Wiederholung* vorstellen. Wiederholungstherapien kennen alle Stammeskulturen. Betrachten wir ein Beispiel aus der Eskimokultur: Wer etwas über sich lernen will, wer ein Problem zu lösen hat – und sei es ein recht handfestes – etwa zurückgehender Erfolg bei der Jagd oder Schwierigkeiten in der Ehe, der begibt sich allein in die Wildnis. Dort nimmt er einen Stein und reibt damit auf einem anderen Stein solange herum, bis seine Arme steif werden, er müde wird, die Kraft nachläßt, er aufgeben will – aber er muß weitermachen. Schließlich überwindet er den toten Punkt, die Schmerzen verschwinden, er vergißt, daß er Steine reibt. Alles geht jetzt wie von selbst. Jetzt tut der Mensch bewußt und willentlich nichts mehr, er ist auf der „anderen Seite" angelangt: Die Trance ist gekommen! Er steht außerhalb seiner selbst, sieht sich beim Steinereiben zu, ist frei von Raum und Zeit, wandert übers Land, während der Körper weiterarbeitet. Oder er erkennt plötzlich einen Hilfsgeist, ein Hilfstier, sie stehen mit einem Male da oder wachsen langsam aus dem Nichts heraus. Diese Wesen helfen dem Menschen, sie lösen sein Problem oder spenden Kraft. Sie sind unsere Freunde geworden und werden fortan immer bereitstehen, um uns bei Gefahr und Niederlagen zu unterstützen. Diese Hilfsgestalten lassen sich auch abweisen, indem man sagt, man suche einen noch stärkeren Helfer. Allerdings heißt das: weiterreiben! Schließlich beschert die Ausdauer einen stärkeren Helfer. – Psychologisch gesehen ist es vermutlich besser zu glauben, daß ein anderes Wesen (nicht man selbst) den Erfolg bewirkt, denn die Fixierung auf sich selbst kann ein Hindernis darstellen. Wer sich nicht auf sich selbst konzentriert, sondern auf den außerhalb stehenden Helfer, wird keine Arbeitswiderstände, keine Lebenswiderstände haben, er wird sich von seinem Unbewußten, seiner Körperweisheit führen lassen.

Moderne Psychotherapie wird nun einwenden, all das ließe ich ebenso durch Imaginationsverfahren und Entspannung auf der Couch erreichen. Dazu ist folgendes zu sagen: Je radikaler das Bewußtsein in den Trancezustand oder den *Tabula-rasa-Zustand* hineingetrieben wird, desto nachhaltiger ist die anschließende Wirkung. Die Imaginationsverfahren haben nicht die Radikalität wie die SPT, ihre Wirkung ist sanfter und leiser.

Voraussetzung für diesen Aspekt der SPT ist Einsamkeit, Abkehr von der Kultur, Schweigen, Mut und der Glauben, daß mit dieser Methode die Vision, der Helfer herbeigezwungen werden kann. Je unerschütterlicher der Glauben ist, desto eher tritt eine Wirkung ein. Die Therapie muß nicht beim ersten Versuch erfolgreich sein. Es lassen sich viele Übungen über Monate hinweg durchführen. An irgendeinem Tag kommt dann der Durchbruch.

Das Übungsprinzip Wiederholung ist universell, selbst in der Meditation ist Wiederholung das entscheidende Moment. Unsere Kultur kennt den Begriff des Übens. Wir üben solange etwas, bis es *wie von selbst* geht, bis der Mechanismus eingeschliffen ist oder bis das Unbewußte die Führung übernimmt. In beiden Fällen muß die zur Verkrampfung neigende Rationalität und Egokontrolle und das Klammern am Bewußt-sein ausgeschaltet werden. Das Ziel der SPT ist, wie wir sehen, das Ausschalten der bewußten Reflexion. Dem Unbewußten und der Körperweisheit traut man mehr Entscheidungskraft, Ausdauer und Einsicht zu als dem Intellekt. SPT ist in diesem Sinne ganz Naturtherapie.

Aus der Technik der Wiederholung lassen sich nun viele Varianten entwickeln, die auf den einzelnen Patienten zugeschnitten werden können. Der Kreativität des Therapeuten sind hier keine Grenzen gesetzt.

Zur Theorie der Entleerung

Die Öffnung führt zu einem Zustand der Konzeptlosigkeit und Freiheit. In diesem *Tabula-rasa-Zustand* erholt sich der fortwährend von Konzepten und Werten Geplagte und genießt ein *reines* Dasein. Er muß nicht mehr entscheiden, er kann loslassen.

So erholt sich der Geist. Ferien für das Denken! Mit der Erholung von der Vielfalt setzt bereits der Heilungsvorgang ein. Aber wir halten es nicht lange im Leere-Zustand aus; wir reisen zurück in die Vielfalt unserer Welt. Jetzt wirkt in uns die Leere nach, und wir erschauen unsere Welt wie neu, wie zum ersten Mal. Das Denken ist schärfer, die Gefühle sind unvoreingenommen, unser Handeln ist unbeschwert und gelassen.

Wir erkennen die Relativität des Daseins. Wir nehmen nicht mehr alles so wichtig. Unsere Denkstrukturen sind nur ein dünner Belag auf der unendlichen Schicht des Leeren.

Wir sind ein illusionärer Farbaufstrich auf der Leinwand Leben. Dennoch lehnen wir diese künstlich gemalte Welt nicht einfach ab – nein, wir lieben sie um so mehr, wir verehren dieses grandios gemalte Bild, das sich wie ein Blütenduft aus dem Nichts zu einem Etwas verdichtet hat.

Wir genießen die Schönheit dieses wechselnden Rauch- und Nebelfetzens Welt. Das Wolkenbild verändert sich dauernd, bleibt nie ein gleiches. Nichts läßt sich festhalten, wir müssen mit den Wolken ziehen. – Die SPT führt zu einer Neugeburt. Lebensbejahung überkommt uns, kurz nachdem wir die Leere erfahren haben.

Wir steigen frisch und mit einem neuen Schwung ins Leben ein. Denn wir waren dort, wo nichts mehr ist. Wir erkennen den Urgrund und haben unser Urwesen gefunden.

Die Leere enthüllt nun ihre wahre Kraft: *Das Nichts schafft das Etwas.* Die Erkenntnis der Leere führt zur Erzeugung der Fülle. Die SPT zeigt also immer wieder, wie leer die Strukturen unserer Welt sind, daß alles seinen Ursprung in unserem Bewußtsein hat, welches aus dem Nichts heraus einfach eine Ideologie, ein Wissen, einen Glauben erschafft. Weltenschwangeres Nichts!

Hier beginnt die *paradoxe Philosophie des Schamanentums,* die das Leben versteht als Wechselspiel zwischen Nichts und Etwas – als ewiges Licht- und Schattenspiel.

Einsamkeit

Wie gewinne ich auf die einfachste Art Zugang zu mir selbst? Wenn ich keinerlei Hilfsmittel habe, muß ich mich auf das besinnen, was ich bin; und das sind nicht meine Umwelt, nicht mein Haus, meine Kleider, mein Beruf, meine Freunde. Das lasse ich alles hinter mir. Ich wende mich ab und gehe in die Einsamkeit, dorthin, wo Dinge und Konzeptionen nicht mehr existieren. Dennoch schleppe ich unbemerkt allerlei anderes Gepäck mit: Hoffnungen, Erwartungen, Theorien, Glaubenssysteme, Neid, Haß, Liebe und unzählige Gewohnheiten, ja eine ganze Kultur. Wie kann ich mich aber so befreien von den Etiketten, mit denen ich mich beklebt habe? Ich stehe nun in der Einsamkeit der Natur, ohne Kleider, weit und breit nichts Menschengemachtes. Ich bin auf das Roheste, Primitivste zurückgekommen – den nackten Menschen.

Noch aber ist unsere Psyche angefüllt mit vielerlei Vorstellungen. Es beginnt jetzt ein Prozeß, der uns Stück für Stück auch die psychischen Ereignisse wegnimmt. Die Einsamkeit verschluckt sie. Es gibt keine Fläche, auf die sich unsere Hoffnungen und Worte projizieren können. Wir hoffen noch, aber in die Leere hinein. Es gibt keine Spiegel. Was wir hinausschreien, verhallt. Die Leere der Natur saugt uns auf; wir werden selbst immer leerer; bald kommen uns keine Gedanken mehr. Wir sind eine laufende Sanduhr: Unsere Zeit als *Ich* läuft ab! Vergessen wir nicht, wir haben auch aufgehört zu essen und zu trinken! Je mehr wir leerlaufen, desto näher rückt uns gleichzeitig eine Vision. Plötzlich erscheint dann in der Nacht, in der glühenden Sonne, am Wolkenhimmel oder im Wasser eine Gestalt, ein Tier, ein Blitz, ein Donner, ein Baum spricht, der Fels zeigt ein Gesicht; und sie sagen uns das, was uns gesagt werden muß – direkt oder symbolisch, als Bild, Ton oder Gefühl. Sie sagen uns das, was unser Leben neu beleben kann.

An dem Punkt, wo wir ganz klein und unscheinbar, ganz ohne Meinung, Wissen, ohne Zweifel und Arroganz in der Weite der Natur stehen, genau an diesem Punkt beginnt die Leere zu sprechen. Wenn wir aufhören zu sprechen, spricht es aus uns; dann sprechen wirklich *wir* und nicht irgendwelche Kulturnormen. Die Leere enthüllt ihre große Fülle!

Diese allereinfachste Form der SPT kann auch in unserer Kultur leicht praktiziert werden, aber sie verlangt eine noch unkultivierte Natur. Diese Suche nach Vision hat folgende Voraussetzungen:

(1) eine Vorbereitungsphase, in der mit dem Therapeuten die Reise besprochen wird; man kann sich durch Reinigung, z.B. Magenreinigung und Schwitzhütte, vorbereiten;

(2) Auswahl des Ortes: ein Berg, ein Tal, ein Felsen, Wüste oder Wald;

(3) Bestimmung der Länge der Visionssuche: drei, vier oder fünf Tage;

(4) nur eine Decke wird mitgenommen, man bleibt nackt;

(5) es wird gefastet; wer will, kann auch das Trinken vermeiden, was aber nach drei Tagen sehr anstrengend wird (am sechsten Tag kann der Tod eintreten);

(6) vielleicht ist es für einige ratsam, zu beten, zu singen, zu meditieren, wenn das nicht ohnehin von selbst kommt;

(7) zu dem festgelegten Zeitpunkt Rückkehr und Aufarbeitung der Erfahrung mit dem Therapeuten.

Natur

Obwohl die Natur so vielfältig ist und alle Sinne anspricht, befreit sie uns von der Vielfältigkeit der Kulturmechanismen. Natur und Leere sind also *ein* Begriff. Die Kultur, die Stadt, die Bücher, die Technik aber entfremden uns von der Natur. SPT betont beide Prinzipien. Der Mensch muß ein Kulturwesen sein, aber das kann er nur, wenn er in Abständen die Natur aufsucht. Aus der Leere der Natur entspringen neue Kräfte für die Kultur. Wir können Natur und Kultur nicht trennen, wir können nur zwischen ihnen hin- und herpendeln. Besonders in unserer Zeit, in der der Kulturmensch immer mehr zum Kulturskelett erstarrt und die Natur immer mehr vernichtet wird, bedürfen die Menschen der erholenden, kraftspendenden Naturkräfte. Wir müssen die Kluft, die sich zwischen Natur und Kultur aufgetan hat, zuschütten, und diese Heilung muß nicht nur physisch, sondern auch geistig erfolgen. Wir wissen insgeheim und instinktiv um die regenerierende Kraft der Natur, wenn wir in den Ferien die Metropolen verlassen und ans Meer, in den Wald, zu den Flüssen und Bergen fliehen. Aber wir werden immer wieder von der Kultur eingeholt; wir schleppen den ganzen Ballast der Kultur in unseren Koffern und Körpern hinterher. Wir trauen uns nicht mehr, körperlich und geistig nackt in die Natur zu gehen, wir wollen uns schützen vor der Rohheit und der infernalischen Kraft des Natürlichen. So erhalten wir nur die Hälfte der Erholung. Wir entleeren uns ein wenig an Meer und Strand, die große Reinigung aber vermeiden wir. – SPT ist Naturtherapie! Wir können zurückfinden zum Einfachsten, aber das war schon immer das Schwerste, das Einfache zu finden. In diesem Paradox aber besteht der schamanische Weg.

Vorbereitungsphase

Eine SPT setzt voraus, daß wir annehmen, daß wir *mehr sind, mehr können, mehr haben,* wenn wir uns öffnen für unser Urwesen und für die instinktive Weisheit des Körpers. Das Urwesen verstehe ich hier im Sinne einer von allen Kulturgewohnheiten befreiten Psyche, einer leeren Psyche. Ebenso verstehe ich unter Natur eine von der Kultur befreite Natur. Ohne Glauben daran, daß unsere Kapazität brachliegt und unser Bewußtsein größer sein kann, ist es schwer möglich, eine SPT durchzuhalten. Wer nicht hofft, daß eine Vision, die einem in aller Klarheit ein symbolisches Bild vorführt, unsere Lebenskraft und unser Lebensziel stärken kann, wer nicht glauben mag, daß ein Machtgesang ein Kraftspender ist, der kann keine SPT anfangen.

Weil unsere Psyche Möglichkeiten der Kraftentfaltung bietet, die weit über das hinausgehen, was normale Therapieformen anbieten, bedarf es einer Einleitungsphase für die SPT, in der dem Menschen die Vorstellungen bewußtgemacht werden, mit denen er konfrontiert wird. Fühlt er sich angesprochen, spürt er hier eine Wahrheit, dann besteht der nächste Schritt der Vorbereitung darin, mit ihm gemeinsam den Mut zu erarbeiten, diese Therapie in Angriff zu nehmen. Es muß aber in der Vorbereitungszeit (1) eine klare Erkenntnisgrundlage für das geschaffen werden, was uns erwartet; das Glaubens- und Willenssystem muß gestärkt werden und (2) muß der Mensch den Mut entwickeln, sein Leben bewußt und selbständig in die Hand zu nehmen, d.h. in die Einsamkeit zu gehen.

Der Therapeut beschränkt sich auf die Vorbereitungsphase, der Rest obliegt dem Mutigen. Erst nach der Begegnung mit sich selbst tritt wieder der Therapeut hinzu; es folgt eine Nachbereitungs- und Aufarbeitungsphase, in der das Erlebnis ins Leben integriert wird.

Schlußbetrachtung

Mit den hier dargestellten Verfahren und Prinzipien habe ich nur einen kleinen Ausschnitt aller SPT bearbeitet, eben jenen, der von unserer Kultur übernommen werden kann. Ich habe den ganzen Komplex der Zeremonien, Rituale und Gruppentherapien ausgespart, da wir afrikanische, asiatische oder indianische Mythologien und Kosmologien, die diese Zusammenkünfte bestimmen, nicht übernehmen können. Es handelt sich hier lediglich um ein Rohgerüst, es werden nur die Umrisse einer Therapie enthüllt. Von einer echten SPT sind wir weit entfernt; diese ist erst noch zu entwickeln. Es bleibt zudem die Frage: Ist das möglich? Ist das sinnvoll?

Am einfachsten werden wir Reinigungstherapien auf schamanischer Grundlage entwickeln können. Schwieriger wird es mit dem notwendigen Naturkontakt. Wo finden wir heute entsprechende Naturformationen, wo Tiere, wo ruhige Plätze; SPT müßte wohl in Gebieten ausgeübt werden, die noch weitgehend ungestört sind. Zudem stößt das Prinzip der sensorischen Deprivation und Einsamkeit bei unserer Kultur auf mancherlei Einwände, denn da gilt: Der Mensch soll *mehr* aufnehmen, nicht weniger! Einsamkeit und Alleinsein sind stark negativ besetzte Kategorien in der abendländischen Kultur. Es käme darauf an, dies hinterfragbar zu machen, um eine Umorientierung des Denkens einzuleiten. Das Prinzip der Entleerung dagegen könnte noch akzeptiert werden; es ließe sich mit bekannten Erkenntnissen, etwa denen Pawlovs, untermauern. Die praktischen Implikationen allerdings werden nur wenige Menschen nachvollziehen können. Im Bereich des Möglichen liegt die Erzeugung von Trancezuständen. Wir haben diesbezüglich eine Tradition in der Hypnose, und wird Trance mittels Musik hervorgerufen, dann finden wir in der Musiktherapie einen Vorläufer. Am schwierigsten stelle ich mir vor, das Grundprinzip der SPT zu vermitteln: Heilung durch die Erfahrung von veränderten Bewußtseinszuständen. Eine andere Extremanforderung: die Therapeuten müssen sehr experimentierfreudige und mutige Menschen sein, die all die Erfahrungen, die im Klienten hervorgerufen werden sollen, bereits an sich selbst durchgemacht haben, und das zu einem Grade, der sie als „Meister" kennzeichnet.

Vermutlich wird die SPT – als Therapie der Extreme – ein Weg für einzelne bleiben, gelehrt von einzelnen, wenn es nicht gelingt, (1) eine umfassende theoretische Begründung und Theorie zu entwerfen und (2) einen für europäische Maßstäbe vernünftigen Mittelweg in der Praxis zu finden.

Literatur

Brown, Vinson: „Ein Regenbogen im Morgengrauen", in: *Schenk/Kalweit* 1987.

Deren, Maya: The Voodoo Gods, St. Albans 1975.

Jones, David Earle: Sanapia, Comanche Medicine Woman, New York 1972.

–: „Die Lehrer", in: *Schenk/Kalweit* 1987.

Kalweit, Holger: Die Welt der Schamanen, München 1984.

–: Urheiler, Medizinleute und Schamanen. Lehren aus der archaischen Lebenstherapie, München 1987.

–: „Formen transpersonaler Psychotherapie bei nicht-westlichen Kulturen", in: *Integrative Therapie*, 3, Jg. 10, 1985.

–: „Himalaya-Orakel", in: *Schenk/Kalweit* 1987.

Katz, Richard: Boiling Energy, Cambridge, Mass. 1982.

–: „Heiler sprechen", in: *Schenk/Kalweit* 1987.

Knudtson, Peter, H.: „Flora, Medizinfrau der Wintu", in: *Schenk/Kalweit* 1987.

Kunze, Gerhard: „Die kleine Geisterfrau", in: *Schenk/Kalweit* 1987.

Larsen, Stephan: „Shamanism and Psychotherapy", unveröffentl. Manuskript 1985.

Peters, Larry: „Psychotherapy in Tamang Shamanism", in: *Ethos*, 6, Nr. 2, 1978.

Prem Das: „Die singende Erde", in: *Schenk/Kalweit* 1987.

Schenk, Amelie, Kalweit, Holger (Hrsg.): Heilung des Wissens. Forscher erzählen von ihrer Begegnung mit dem Schamanen – der innere und der äußere Weg des Wissens, München 1987.

–: „Ein Medizinmann erzählt", in: *Schenk/Kalweit* 1987.

Sharon, Douglas: „Der gescheiterte Schamanenschüler", in: *Schenk/Kalweit* 1987.

Tai Chi Chuan

Frieder Anders

„Das taoistische Denken beruht auf der Präexistenz einer unterschiedslosen Einheit, aus der die materielle Kraft, das Ch'i, hervorgeht. Ch'i ist eine Vorstellung der grundlegenden Energie, die den Phänomenen vorausgeht. Es repräsentiert weiterhin die materielle Kraft, die mittels der komplementären Dualität zu den Erscheinungsformen der Zehntausend Dinge führt. Deshalb steht Ch'i auch für Materie. Ch'i geht der Materie voraus und ist der Ursprung der Materie und der physischen Energie. Das chinesische Zeichen Ch'i kann sowohl mit Materie als auch mit Energie übersetzt werden, symbolisch für die fundamentale Einheit dieser beiden Begriffe. Einen vergleichbaren Ausdruck gibt es in den westlichen Sprachen nicht" (*Sticker* 1988, S. 40).

Der Name für die „komplementäre Dualität" (Yin und Yang) ist „Taichi". „Chuan" bedeutet wörtlich „Faust", und übertragen, „Bewegungskunst". Bei der Übung des Taichi Chuan geht es darum, Ch'i zu entwickeln, zu stärken, zu nähren und zu pflegen. Ch'i ist die Quelle aller Bewegung im Körper, wobei Bewegung im weitesten Sinn verstanden wird: „Physische Aktivitäten (Gehen, Tanzen), automatische Bewegungen (Atmen, Herzschlag), willentliche Aktionen (Essen, Sprechen), geistige Tätigkeiten (Denken, Motivation, Sich-Freuen, Träumen) sowie Entwicklung, Wachstum und Lebensprozesse im allgemeinen Sinn (Geburt, Reife, Altern) – das sind alles ‚Bewegungen', die vom Ch'i abhängen" (*Kaptchuk* 1988, S. 48).

Der Ursprung

Die „Mutter" des Taichi Chuan war die Meditation der Taoisten, eine Methode, durch Stillsitzen in bestimmten Körperhaltungen den Energiestrom im Körper, Ch'i genannt, unterhalb des Nabels im „Meer des Ch'i" zu sammeln und ihn auf die Bahn des „Himmlischen Kreislaufs" durch den Körper zu führen, um so Yin und Yang im Mikrokosmos Körper zu vereinigen, und zu einem „Unsterblichen" zu werden. Geist und Körper müssen frei fließen, damit weder Atem noch Ch'i behindert werden und den Körper durchdringen können.

Der legendäre taoistische Mönch *Chang San-Feng* (12. Jh. n. Ch.) entwickelte eine Kampfkunst, deren Bewegungen und Kraft auf dem freien Fluß des Ch'i basierte, und nannte sie Taichi Chuan. In der Beobachtung des Kampfes eines Kranichs mit einer Schlange entdeckte er die Komplementarität von angreifender und nachgebender Kraft und entwickelte Techniken auf der Basis der Einheit von Yin und Yang. Im Verlauf der korrekten Übung entwickelt sich eine wesentliche „innere Energie" (Ch'i-Kraft), die einen Angreifer abprallen läßt, wie ein harter Gegenstand von einem Ball abprallt.

Meister *Yang Pan-Hou* (1837-1892), der älteste Sohn von *Yang Lu-Chan*, dem Begründer des Yang-Stils, saß am Fluß und angelte. Von hinten schlich sich ein junger Boxer an. Die „Wunderkräfte" des Taichi Chuan waren in aller Munde, und es gab viele Herausforderungen von Vertretern verschiedenster Kampfstile an Taichi-Meister, um herauszufinden, was an solchen Gerüchten wahr sei. Dieser hier nun versuchte es auf die heimliche Art: Er sprang den Meister von hinten plötzlich an. In hohem Bogen prallte er ab, flog nach vorn über den Sitzenden hinweg und landete im Wasser. Mit der Angelrute aus Bambus fischte Yang ihn heraus und warf ihn, wie einen Fisch am Haken, hinter sich.

Heute unterscheidet man „inneres" und „äußeres" Taichi Chuan, beim „äußeren" gingen die Geheimnisse der Bewegung, die zum freien Fließen des Ch'i und zur Entstehung der Ch'i-Kraft führen, im Verlauf der Jahrhunderte verloren, und nur die äußere Form des Bewegungsablaufs blieb erhalten.

Der Weg

Grundlage ist die Form, eine Folge von vorgegebenen Bewegungsformen, die langsam, gleichmäßig, entspannt und rund ausgeführt werden. Sie dauert etwa 15-20 Minuten, sie zu erlernen braucht es etwa ein Jahr. Zweimal täglich, morgens und abends ausgeführt, bringt sie mit der Zeit „die Geschmeidigkeit eines Kindes, die Gesundheit eines Holzfällers und die Gelassenheit eines Weisen hervor", wie die Chinesen sagen.

Grundform der Bewegungen ist der Ball: Der Körper gibt die eine – sichtbare – Hälfte eines Balles ab, die andere bilden die Verlängerungen der Arme, Beine und der Bewegungen im Raum. Alle Bewegungen der Arme formen ebenfalls Bälle. Jede Phase des Bewegungsablaufs kann auf Ch'i getestet werden: als Atem, der frei strömt und tief geht, und als zentrierte, elastische Ch'i-Kraft, die sich, vom Geist geführt, ausdehnt und verschieden ist von Muskelanspannung und Körpergewicht. Außer der Form gibt es noch andere Disziplinen, die ich an anderer Stelle ausführlich beschrieben habe (vgl. *Anders* 1989).

Übungsbeispiel

Als Beispiel möge die 1. „Ch'i-Kung"-Stellung des „alten Yang-Stils" dienen. Darin läßt sich die Ballform der Arme und die Ch'i-Kraft gut erfahren.

Stehen Sie aufrecht mit locker gestreckten Beinen, die Füße schulterbreit auseinander und parallel, das Gewicht gleichmäßig auf beide Füße verteilt. Heben Sie nun die Arme, bis die Hände etwas über Schulterhöhe sind. Die Daumen zeigen nach oben, die Finger sind entspannt geöffnet. Stellen Sie sich vor, die Hände würden locker einen Tennisball halten, die Arme einen großen Ball. Die Schultern unten lassen, den Brustkorb entspannen, damit kein Hohlkreuz entsteht. Stehen Sie so 2-3 Minunten, lassen Sie den Atem dabei ruhig gehen, wie er will. Wenn die Schultern und Nacken anfangen zu schmerzen, können Sie sie vorsichtig bewegen. Beenden Sie die Übung, indem Sie die Arme senken und sanft lockern. Nehmen Sie nach kurzer Entspannung die Haltung wieder ein und achten Sie jetzt auf die Daumen: der Raum zwischen Daumen und Zeigefinger soll möglichst offen sein, aber ohne, daß der Daumen abgestreckt, d.h. angespannt wird. Spüren Sie den Atem. Verstecken Sie nun die Daumen hinter den Handflächen, und spüren Sie dem Atem nach, wie er jetzt geht. Dann öffnen Sie die Daumen wieder, spüren den Atem, verstecken sie wieder, etc.

Wenn Sie das einige Male getan haben, wobei Schultern und Brust entspannt waren (aber nicht eingesunken), sollten Sie spüren können, daß der Atem bei geöffneten Daumen tiefer und länger geht. Der „versteckte" Daumen blockiert Atem und Ch'i, genauer das Ch'i der Lunge, dessen Leitbahnen seine Endpunkte im Nagelfilz der

Daumen hat. Ihn abzuknicken ist vergleichbar dem Umknicken eines Schlauches, durch den dann kein Wasser oder Gas mehr fließen kann.

Bitten Sie nun jemand, Ihnen zu helfen, die Ch'i-Kraft zu testen. Stehen Sie wieder aufrecht in der Stellung wie oben, die Daumen offen. Ihr(e) Partner(in) steht seitlich von Ihnen und legt eine Hand auf Ihr eines Handgelenk, die andere hinter Ihre Schulter (dem Handgelenk gegenüber) und drückt – erst sachte, dann allmählich stärker werdend – Ihr Handgelenk und Ihre Schulter gegeneinander. Achten Sie dabei darauf, daß Ihr Handgelenk nicht abknickt. Sobald der Druck beginnt, stellen Sie sich vor, daß der Ball, den Ihre Arme halten, sich ausdehnt, und lassen Sie ihn solange sich ausdehnen, wie der Druck anhält. Wenn Sie mit dem „Ausdehnen" beginnen, sobald der Druck spürbar wird, wird es nicht möglich sein, Ihre Arme zusammenzudrücken.

Wiederholen Sie den Test nun mit beiden Daumen hinter den Handflächen, also mit blockiertem Ch'i. Wahrscheinlich läßt sich der Arm jetzt leicht zusammendrücken, es sei denn, Sie haben sehr starke Arme und Ihr(e) Partner(in) schwächere. Auf jeden Fall ist eine andere Kraftanstrengung nötig, dem Druck zu widerstehen, und die mühelose „Ausdehnung" des Balles unmöglich.

Vollendung

„Die höchste Stufe ist erreicht, wenn der Meister sich ganz auf seinen Geist verlassen kann. Die Bewegungsabläufe werden so fein beherrscht, daß der Willensimpuls genügt, das Ch'i zu bewegen – deswegen heißt Taichi Chuan auch ‚innere' Kampfkunst. Der Geist des Meisters ist zu spirituellem Bewußtsein geworden; das individuelle Bewußtsein ist mit dem kosmischen eins geworden. Was der Meister auf dieser Stufe vermag, geht weit über Kampf oder Spiel hinaus: er verkörpert die Einheit von Himmel, Mensch und Erde, und die Kräfte, die sich gegen diese Einheit wenden, weil sie sie ignorieren, leugnen oder vernichten wollen, prallen ab. Der Angreifer, der zurückgeworfen wird, erfährt diese Einheit als gewaltige Kraft, die ihn besiegt – aber nicht bestraft oder vernichtet. Er wird belehrt und kann sein Leben ändern. Die Einheit allen Seins, das Tao, schließt auch das mit ein, was scheinbar herausfällt. ‚Ein Unsterblicher zu werden, bedeutet so im Grunde, seinen wahren und ursprünglichen Körper bewußt in Besitz zu nehmen – dem Kosmos – und dies, indem man ganz wörtlich zu den eigenen Sinnen, zu Bewußtsein kommt, denn diese schaffen letztlich das Werk der Integration für uns' *(Alan Watts)*." (*Anders* 1989, S. 171).

Literatur

Anders, Frieder (Hrsg.): Tai Chi – Chinas lebendige Weisheit, Hugendubel, München 1989.

Kaptschuk, Ted J.: Das große Buch der chinesischen Medizin, O.W. Barth, Weilheim 1988.

Sticker, Allerd: Tao, Teilhard und das westliche Denken, O.W. Barth, Weilheim 1988.

Wege des Yoga

Maria Wirth

Yoga wird im Westen oft als eine Art Gymnastik betrieben, als Körperübung, mit der man sich gesundhält oder entspannt. Das kann Yoga leisten, aber es ist viel mehr. Yoga heißt Vereinigung. Gemeint ist die bewußte Vereinigung von unserem begrenzten, personalen Ich mit unserem unbegrenzten, transpersonalen Selbst. Im hinduistischen Bereich heißt dieses Selbst Atman; es ist wesensgleich mit Brahman, dem ewigen, unvergänglichen Absoluten, der höchsten Wirklichkeit der Vedanta. „Es kann weder von Waffen verwundet, von Feuern verbrannt, von Wasser naß, noch von Wind trocken werden", sagt *Krishna* von Atman, und „es ist den Sinnen nicht zugänglich", ja, nicht einmal den Gedanken. Es ist unser innerstes Sein – überall, immer, unverändert, das Sein von allem Sein. Yoga ist sowohl der Weg zu dieser Vereinigung als auch das Ziel.

In Wahrheit sind wir immer schon eins mit unserem Selbst, nur – wir sehen das nicht. Yoga kann helfen, „die inneren Augen aufzumachen". Es ist ein Prozeß, der nicht leicht ist. Einswerden mit unserem Selbst bedeutet, daß sich unser Ich, diese sich als getrennt erlebende Scheinexistenz, auflösen muß; das Ich muß sterben. Weise vergleichen den Weg zur Einheit mit dem Selbst mit dem Balancieren auf einer Rasierklinge. Man braucht einen starken Willen und große Zielstrebigkeit dafür, aber man darf auch Gnade erwarten.

Das Ich ist sehr eigenwillig, unabhängig davon, ob jemand sich stark oder schwach vorkommt. Mit diesem eigenen Willen scheint es aber kaum etwas anderes zu bewirken, als unsere Stimmungslage von Freude zu Leid und von Leid zu Freude pendeln zu lassen. Ist etwas so, wie unser Ich es sich wünscht, sind wir froh, ist es anders (und das ist viel häufiger der Fall), sind wir deprimiert, ärgerlich, entrüstet, eifersüchtig.

In ruhigen Stunden spüren wir, daß da noch etwas anderes ist, ein anderer Wille, der Wille unseres Selbst. Vielleicht spüren wir sogar, daß alles, was uns widerfährt, uns widerfahren muß nach dem Gesetz des Karma, daß wir ernten, was unser eigenwilliges Ich sät.

Könnten wir in völligem Einklang mit dem Willen des Selbst, des Absoluten sein und sagen: „Dein Wille ist mein Wille", wären wir zufrieden und unabhängig von Freude und Leid dieser Welt. Unser Selbst könnte sich ungehindert durch uns ausdrücken, und wir wären plötzlich, sozusagen unbeabsichtigt und nebenbei, eine wirklich starke und freie Persönlichkeit.

Das Ich steckt hinter unseren Wünschen. Sie bestimmen unsere Gedanken, Gefühle, Worte, Taten. Wir sind gewohnt, uns so sehr mit diesen Wünschen zu identifizieren, daß wir gar nicht merken, daß wir die Kontrolle über diese Wünsche gar nicht haben. Unsere Wünsche und Bedürfnisse machen uns unfrei.

„Woran erkennt man einen Yogi?" fragt Arjuna den Krishna in der Bagavad Gita und bekommt zur Antwort: Vor allem am Gleichmut, daß er in Freud und Leid, bei Freunden und Feinden, in Hitze und Kälte der Gleiche ist; daß er frei von Angst, Ärger, Stolz, frei von Sehnsüchten und Abscheu ist, kurz, daß er frei von seinem Ego ist, das uns normale Menschen voneinander trennt, ängstlich, gierig, neidisch macht und uns so daran hindert, an der Fülle des Lebens teilzuhaben.

Es gibt verschiedene Yogawege, uns von unserem Ego zu befreien und der Wahrheit näherzukommen.

1) *Jnana Yoga,* der Weg des Wissens. Er ist für Europäer ein guter Ausgangspunkt, weil er beim Intellekt ansetzt. Er regt an, Fragen zu stellen, Fragen über das Ich, die Welt, über Gedanken, Gefühle, Taten, über den Körper, den Tod, Freude und Leid – und darüber, wer es ist, der diese Fragen stellt.

Für gewöhnlich halten wir die Welt, die wir mit unseren Sinnen wahrnehmen, für die einzig wahre Wirklichkeit. Das ist sie nicht. *Ramana Maharshi,* ein Jnana Yogi (er ist 1950 gestorben), vergleicht die wahrnehmbare Welt mit einem Film, der auf die Leinwand projiziert wird. Solange wir vom Film gefesselt sind, sehen wir diese Leinwand nicht. Wenn wir aber nach der Substanz der sich ständig wandelnden Bilder greifen wollen, finden wir nur sie. Atman, unser Selbst, ist mit dieser Leinwand vergleichbar. Es liegt allem zugrunde.

Wir identifizieren uns leicht mit unserem Körper. Doch wo ist das Kind, das wir einmal waren? Ist der Tod des Kindes etwas anderes als der Tod des alten Körpers? Alles ist in ständiger Veränderung.

Alles, was einen Anfang hat, muß ein Ende haben. Der Körper ist natürlich, und Natürliches ist vergänglich, vergleichbar mit dem Film. Das Dahinterliegende, Atman, vergeht nicht. Auch unser Geist *(mind)* ist ein Strom ständig wechselnder Gedanken, Erinnerungen, Vorstellungen. Wie kommt es, daß wir uns als beständig erleben? Haben wir trotz allem ein Gespür dafür, daß es etwas Eigentliches gibt, das dem allen zugrunde liegt?

Indische Philosophen und Weise begnügen sich nicht mit Intellektuellem allein. Bei ihnen muß immer auch Erfahrung dazukommen. Im Jnana Yoga identifiziert man sich völlig mit dem höheren Bewußtsein, bis man jegliches Gefühl für eine getrennte Existenz verliert. „Diese Identifikation mit dem Unmanifesten ist schwer zu erreichen für die, die in einem Körper sind", erklärt Krishna dem Arjuna und weist gleichzeitig einen leichteren Weg:

2) *Bhakti Yoga* – der Weg der Liebe und Hingabe an den „persönlichen" und manifesten Gott. Dieser Weg war für viele Menschen aus dem Westen den letzten Jahrzehnten tabu; wenn etwas in Frage gestellt wurde, dann die Existenz eines persönlichen Gottes. Aber: Wenn allem ein absolutes Bewußtsein zugrunde liegt, dann auch uns, dann können wir auch mit Ihm in Kontakt treten. Warum also uns nicht direkt mit Ihm in Verbindung setzen? Allerdings, solange wir nur bitten, solange bleiben wir getrennt von Ihm. Etwas von jemandem zu wollen setzt voraus, daß es zwei gibt. Nur Liebe macht Eins-Werden möglich, allumfassende, bescheidene, geduldige, selbstlose Liebe, nicht die unseres Ichs, die immer etwas will, die Unterscheidungen macht und so nie die wahre Erfüllung findet. Diese Liebe wächst durch Beten (nicht um irgend etwas, sondern um Ihn) und durch Meditieren, das heißt, in Seiner Betrachtung völlig absorbiert zu sein, durch ständigen Kontakt.

Weil es so schwierig ist für den Menschen, unmanifestes Bewußtsein zu lieben, rät Krishna dem Arjuna: „Liebe mich und übergib dich mir völlig." Am Anfang ist es oft eine Hilfe, sich auf einen persönlichen Gott zu beziehen, einerlei ob man ihn Krishna, Christus, Vater, Mutter, Geliebter oder Guru nennt, um so über die Liebe zu seiner Person leichter zu der transpersonalen, spirituellen Liebe zu kommen.

3) Eng verbunden mit Bhakti Yoga ist *Karma Yoga* – der Weg des selbstlosen (in unserer Terminologie besser „ego-losen") Tuns. Das

heißt, alles so gut wie nur möglich zu tun, mit größter Aufmerksamkeit, Sorgfalt, Liebe, aber ohne Wünsche für unser Ich.

Dieser Weg ist dem Westen besonders fremd, denn wir sind gewohnt, unser Leben danach zu beurteilen, wie weit wir unsere Wünsche verwirklichen konnten. Karma Yoga fordert klar: alle egoistischen Wünsche (und alle Wünsche sind egoistisch) aufgeben, auch in bezug auf das, was wir tun. Auf die Frage, wie denn dann die Welt und das Leben weiterliefe, hörte ich *Anandamayi Ma,* eine indische Heilige („heil" im wahrsten Sinne des Wortes) antworten: „Probier' es aus, dann wirst du's sehen".

Es kostet Mut und Vertrauen in Ihn, den Sprung zu wagen und uns nicht mehr um unser begrenztes Ich, auch in bezug auf seine materiellen Bedürfnisse Sorgen zu machen. „Denen, die nur mich kennen, ständig an mich denken und mich verehren, ohne etwas für sich zu wollen – denen gebe ich volle Sicherheit und kümmere mich persönlich um alles, was sie brauchen", sagt *Krishna.*

Soweit eine kurze Skizzierung der wichtigsten Wege des Yoga. Sie sind hauptsächlich in der Bagavad Gita aufgezeichnet. In Stichpunkten:

- Geh der Welt und deinem Ich auf den Grund. Erkenne, daß dieser Grund das immergleiche Bewußtsein ist, und identifiziere dich mit ihm.
- Stell den Kontakt zu diesem Bewußtsein in dir her durch Beten und Meditieren und lerne, es zu lieben.
- Tu alles „gleichermaßen", so gut du kannst – für Ihn –, und sei am Ergebnis uninteressiert.

Der Grundsatz ist, daß wir – idealerweise ununterbrochen – in Gedanken und damit in Worten und Taten auf Ihn konzentriert sind, voll bewußt, nicht nur im Jetzt dieser zeitlichen/weltlichen Gegenwart, sondern im immerwährenden Jetzt, dem „Eternal Now". Es ist eine einfache Formel, und doch bedeutet es im Normalfall für unser Leben, das Steuer um 180 Grad herumzuwerfen.

Patanjali hat um 400 A.D. in seiner Yoga-Sutra acht Stufen des Yogaweges aufgezeichnet. Die ersten beiden umfassen ethische und moralische Übungen. Äußere und innere Reinheit, ein „tugendhaftes" Leben ist unabdingbare Voraussetzung für Yoga. Darauf folgen die „Asanas" (bestimmte Körperhaltungen, bei denen es darum geht, den Körper in eine Position zu bringen, in der er die Konzentration nicht stört) und Atemübungen.

Die fünfte bis siebte Stufe Patanjalis befassen sich mit dem Abziehen des Denkens von den Sinnesobjekten, mit Konzentration und Meditation (auf dieser Stufe sollte das Denken mit dem Objekt der Meditation verschmelzen), bis schließlich die achte Stufe, Samahdi, erreicht wird, auf der die Dualität und die Erscheinungswelt nicht mehr existieren. Seine Nachfolger haben diesen Weg „*Raja-Yoga*" genannt, „königliches Yoga".

Aus der Übung von Körperhaltung und Atem ist *Hatha-Yoga* hervorgegangen. Benutzt man dies nur als Technik, als Übung, die man morgens und abends zwanzig Minuten macht, und wartet man dabei darauf, daß sich Visionen, Lichterlebnisse, ozeanische Gefühle einstellen, stellt das eine Gefahr dar. Wenn Offenheit und Hingabe dem Atman gegenüber fehlen, hat das Ich freies Spiel mit seinem (egoistischen) Wunsch nach Persönlichkeitsentfaltung. Die Visionen mögen sich einstellen, aber es ist ratsam, sie einfach zu ignorieren, nicht darüber zu reden und vor allem nicht an ihnen zu hängen. Denn wenn wir uns mit „spirituellem Genuß" zufriedengeben, verzichten wir auf das unbeschreiblich viel größere Glück der Vereinigung um eines „Ego-Trips" willen. Es geht nicht darum, vorübergehende transzendente Zustände mit irgendwelchen Methoden zu induzieren. Yoga will mehr als nur gelegentliche Blicke aufs Ziel, Yoga will zum Ziel hinführen.

Literatur:

Vor allem sind natürlich die Originaltexte wie Bhagavad Gita und Upanishaden zu empfehlen. Außerdem

Svami Vivekananda: Jnana Yoga und Raja Yoga (Freiburg 1983).
–: Karma Yoga und Bhakti Yoga (Freiburg 77/83).

Für mich wegweisend waren vor allem auch die prägnanten Anweisungen von *Anandamayi Ma:* Worte der glückseligen Mutter Anandamayi Ma (Mangalam Verlag). Außerdem Bücher über Ramana Maharishi, Swami Ramdas (den indischen Ramdas), Swami Sivananda, Yogananda, Sri Aurobindo und die Mutter.

Der Weg des Zen

Willigis Jäger

Das Ich-Bewußtsein des Menschen ist nur ein Teil des Gesamt-Bewußtseins. Es engt die Erfahrung des Gesamt-Bewußtseins ein auf einen kleinen Ausschnitt. Darüber hinaus interpretiert es auch noch das, was wir sehen, und gibt der Wirklichkeit eine ganz bestimmte Färbung. Unser Ich-Bewußtsein liefert uns nur gleichsam Inhalte für das Gesamt-Bewußtsein. Solche Inhalte sind z.B. bestimmte Prozesse, die ablaufen: Denkvorgänge, Erinnerungen, Pläne, Urteile, Sehnsüchte, Ängste und Reaktionen. Unser Gehirn und unser Nervensystem bringen offensichtlich diese Prozesse in Gang. Aber diese Prozesse sind nicht gleichbedeutend mit unserem Gesamt-Bewußtsein. Der Zen-Weg hilft, diese Bewußtseinsinhalte auslaufen zu lassen, damit eine umfassendere Erfahrung des Gesamt-Bewußtseins möglich wird.

Mit anderen Worten, die Welt ist nicht so, wie sie unser Tages-Bewußtsein, mit dem wir jetzt da sind, uns vorgaukelt. Das Tages-Bewußtsein hypnotisiert uns gleichsam und spielt uns eine ganz bestimmte Welt vor. Der Zen-Weg sucht uns in eine Erfahrung zu führen, die viel umfassender, viel umgreifender und letztlich sehr viel wirklicher ist als das, was wir mit Intellekt und Sinnen wahrnehmen können. – Es gibt zwei Hauptrichtungen im Zen, die dahin führen. Shikantaza und Koan-Praxis.

Shikantaza

Shikantaza bedeutet „Nur Sitzen", d.h. mit voller Aufmerksamkeit da sein, ohne etwas Bestimmtes im Bewußtsein festzuhalten. Das Bewußtsein darf auf nichts fixiert sein. Es soll sich nur seiner selbst bewußt sein. Das ist nicht leicht, denn unser Geist gleitet sofort ab in Gedanken. Er befaßt sich mit Gefühlen und mit Sinneswahrnehmung oder geht über in Dösen oder Schlafen. Shikantaza besteht nun darin, auf dem Grad des vollen Wachseins zu bleiben, ohne daß man in eine der genannten Richtungen absinkt.

Das Koan

Der Koan-Weg wird als der leichtere angesehen, d.h. er führt den Schüler im allgemeinen schneller zu einer Ganzheitserfahrung. Er wurde im klassischen Zeitalter des Zen in China praktiziert. Über das Koan gibt es viele Mißverständnisse, selbst in Zen-Büchern und unter Zen-Schülern. Manche meinen, es sei eine Art Rätsel, das man zu lösen habe, ein Rätsel, das vielleicht in ein Dilemma führen soll, um einen psychologischen Prozeß herbeizuführen. Das mag der Fall sein. Aber im wesentlichen ist die Lösung des Koans die Präsentation der Wesensnatur. Das, was erfahren wird, soll sichtbar gemacht werden. Der Meister erkennt an diesem speziellen „Ausdruck", ob der Schüler wirklich durchgebrochen ist oder nicht. So ist das Koan mehr eine Grenzkontrolle, ein Checkpoint. Die Grenze ist immer offen, das Tor steht weit auf, aber die Grenze kann nur der passieren, der eine innere Erfahrung vorweisen kann.

Das Koan Mu

Das wichtigste Koan ist wohl das Koan *Mu* (Mumonkan Koan Nr. 1). Millionen von Zen-Mönchen sind damit den Zen-Weg gegangen, und nicht wenige haben mit diesem Koan Erleuchtung erfahren. Es sei daher kurz auf dieses Koan Mu eingegangen.

Ein Koan ist im allgemeinen ein Ereignis aus dem Leben. So fragte eines Tages ein Zen-Mönch seinen Meister Joshu: „Hat der Hund Buddhanatur?" Joshu antwortete darauf: „Mu!" Mu heißt im Chinesischen „nein" oder „nichts", aber Joshu hat sicherlich nicht NEIN oder NICHTS gemeint mit seiner Antwort. Was wollte Joshu also mit diesem Mu? Das ist das Koan. Wer nun versucht, eine Bedeutung im Inhalt des Wortes zu finden, wird Joshu sicherlich verfehlen. Er wird nie die Barriere des Mu passieren. Was soll also geschehen? Der Mensch hat eine Antwort in sich selbst zu finden. Er muß selber zur Antwort werden und diese Antwort kundtun.

Die Übung führt zu einer Ruhigstellung des aktiven Teiles unseres Bewußtseins. Nur dann können Erfahrungsmöglichkeiten aufbrechen, die transmental und transpersonal sind. Es ist die Erfahrung, die im Westen mystisch genannt wird. Das Koan hilft dem Schüler loszulassen, damit tiefere Schichten seines Bewußtseins aufbrechen können.

Dieses Koan Mu ist im Zen deshalb so wichtig, weil es wohl das einzige Koan ist, das einen längeren Kommentar aus der klassischen Zeit hat. Der Kommentar stammt von *Mumon*, der die Sammlung der Koans, die im *Mumonkan* zusammengefaßt sind, erstellt hat. Daher sei auf diesen Kommentar kurz eingegangen. Er hat folgenden Wortlaut:

„Beim Zen-Studium müssen die von den alten Zen-Meistern aufgebauten Sperren durchbrochen werden. Man muß seinen *unterscheidenden Geist auslöschen*, wenn man unvergleichliches Satori erlangen will. Diejenigen, die nicht die Sperre durchschritten und den unterscheidenden Geist nicht ausgelöscht haben, sind alle Gespenster, die in Bäumen und Pflanzen spuken. Nun sage mir: Was ist die Sperre der Zen-Meister? Eben dieses ‚Mu' – das ist die Schranke des Zen. Es wird daher *‚Die torlose Schranke des Zen'* genannt. Diejenigen, die die Schranke überwunden haben, werden nicht nur deutlich Joshu sehen, sondern werden Hand in Hand gehen mit allen Meistern der Vergangenheit, sie von Angesicht zu Angesicht sehen. Du wirst mit dem gleichen Auge sehen, mit *dem sie sehen, und hören mit dem gleichen Ohr.* Wäre das nicht wunderbar? Willst du nicht die Schranke überwinden? Dann konzentriere dich mit deinen 360 Knochen und 84 000 Poren auf dieses ‚Mu' und verwandle deinen ganzen Leib in ein großes Suchen. *Tag und Nacht* arbeite eifrig daran. Versuche keine nihilistische oder dualistische Deutung. Es ist, wie wenn man eine rote, heiße Eisenkugel hastig verschluckt hätte. Du versuchst, sie auszuspeien, aber du kannst es nicht.

Lösche dein illusorisches, unterscheidendes Wissen und deine bisher angesammelten Kenntnisse vollkommen aus und arbeite noch härter. Nach einer Weile wird dein Mühen Früchte tragen, werden alle Gegensätze auf natürliche Weise eins werden. Du wirst dann wie betäubt sein, wie jemand, der einen wunderbaren Traum gehabt hat: Man weiß es nur in einem selbst. Plötzlich durchbrichst du die Schranke. Du wirst den Himmel in Staunen versetzen und die Erde erschüttern.

Es ist, als habest du das große Schwert von General Kan an dich gerissen. Du tötest den Buddha, wenn du ihm begegnest. Du tötest die alten Meister, wenn du sie triffst. Am Rande von Leben und Tod wirst du gänzlich frei, und in den sechs Reichen und den vier Lebensweisen lebst du in großer Freude ein wahres Leben in vollkommener Freiheit.

Wie soll man nun darum kämpfen? Mit aller Macht arbeite an diesem ‚Mu'. Wenn du nicht aufhörst in diesem Kampf und nicht wankst, dann wirst du sehen, wie die Dunkelheit sich sogleich erhellt, wenn die Dharma-Kerze brennt."
(*Shibayama Zenkai*, Zu den Quellen des Zen, Wilh. Barth Verlag 1976)

Am Ende der Erläuterungen zum Koan Mu sei kurz auf Meister *Joshu* eingegangen. Er ist mit der bedeutendste Zen-Meister der klassischen Zeit, und was wir von seinem Leben wissen, erläutert Zen vielleicht besser als viele Worte. Joshu lebte von 778 bis 897, er wurde also 120 Jahre alt. 40 Jahre übte er Zazen unter seinem Meister Nansen. Als dieser starb, blieb er noch 2 Jahre in diesem Kloster. Erst als er 60 war, ging er zu anderen Meistern, um sein Zen zu vertiefen.

Und erst mit 80 Jahren ließ er sich an einem Tempel nieder, um Schüler anzunehmen. Es gibt im Zen ein geflügeltes Wort, das heißt: „Bevor du nicht 12 Jahre intensiv Zazen unter einem Meister geübt hast, sollst du deinen Mund nicht auftun, um über Zen zu reden."

Führung im Zen

Zen ist ein Weg, der zur menschlichen Selbstverwirklichung führen soll, und er ist sicherlich eine der edelsten Möglichkeiten. In allen Religionen ist es Brauch, daß sich der Mensch auf einem esoterischen Weg für viele Jahre einer Führung anvertraut. Die Erfahrung von Generationen soll ihm durch den Meister zugute kommen. Im Zen nennt man den Meister meistens *Roshi.* Das ist ein Titel, der im allgemeinen nur dem zuerkannt wird, der eine langjährige Schulung unter einem Meister hatte und von seinem Meister dann beauftragt wurde.

Jeder, der sich ernsthaft auf einen Weg ins Innere eingelassen hat, weiß, wie sehr er dabei einer Führung bedarf. Das Ziel des Zazen ist die Transzendierung der relativen Ich-Erfahrung durch Atembeobachtung, Shikantaza oder Koans. Die Aktivität des relativen Ich soll soweit zurückgenommen werden, daß neue Möglichkeiten des Erfahrens in der Tiefe des Bewußtseins aufbrechen können.

Der Roshi ist immer Führer zur eigenen Erfahrung, d.h. zur Erfahrung des Schülers. Der Schüler hat selber den Tee zu schmecken, wie man im Zen sagt. Man kann lange erklären, wie Tee schmeckt, aber das ist nicht das Erfahren der Wahrheit des Tees, nur wenn man ihn schmeckt, kann man erfahren, was Tee ist.

Daher wird ein Roshi seine Schüler auch nie zur Abhängigkeit führen. Übertragung im psychologischen Sinn wird eine Zeitlang vielleicht geduldet, aber der Schüler hat dann frei zu werden und sich selber zu finden in und durch seine Übung. Ein Roshi wird daher auch nie persönlich binden. Er freut sich, wenn der Schüler einen besseren Meister gefunden hat, und entläßt ihn gerne. Manchmal rät der Roshi sogar einem Schüler, sich einen anderen Meister zu suchen. Wer sich aber dem Koan-Weg anvertraut, braucht für längere Zeit den gleichen Führer. Ein Wechsel ist dann immer eine sehr bedeutsame Entscheidung.

Da es im Zen nicht nur um eine Erfahrung geht, sondern um die Integration dieser Erfahrung in das Leben, braucht der Schüler den

Roshi zur Spiegelreflexion – ähnlich wie in der Psychotherapie. Eine Psychoanalyse kann man nicht allein machen, sie braucht das Gegenüber, genauso das echte Zen. Wenn im Zen das Gegenüber und die ständige Führung fehlt, ist es im besten Fall eine Konzentrationsübung, aber kein Zen. Wer wirklich den Zen-Weg gehen will, muß sich daher einen Meister suchen. „Zen ist nicht in den Schriften", heißt ein wichtiges Zen-Wort. Ich kann es nicht aus Büchern lernen.

Psychische Störungen bestehen zu einem guten Teil darin, daß ein Mensch die Erfahrungen seines Innern nicht in die übliche Weltsicht einordnen kann. Er erfährt die Welt anders als die übrigen Menschen. Nicht wenige werden dadurch irritiert, manche so stark, daß sie in psychiatrische Behandlung müssen oder zu Droge und Alkohol greifen. Alle Religionen verweisen daher auf einen Führer in diesem unbekannten Gebiet.

Das Ziel des Zen: Das Satori

Das eigentliche Ziel des Zen ist „Satori" oder „Kensho", d.h. die Schau ins eigene Wesen, was gleichbedeutend ist mit Schau in die Zusammenhänge dieser Welt. Ziel der Wesensschau ist aber nicht die Schau um ihrer selbst willen, sondern um der Rettung aller Lebewesen willen, wie das erste der vier Gelübde, die jeden Abend im Zendo rezitiert werden, sagt: „Die Lebewesen sind zahllos, ich gelobe, sie alle zu retten." Damit wird auch deutlich, daß Satori nicht introvertiert, sondern im Gegenteil die Einheit mit allem Leben erfahren läßt und die Verantwortung für alle Lebewesen zur ersten Tugend macht. Mitleiden und Miterlösen, bis alle gerettet sind, ist das Bodhisattva-Ideal und somit der höchste Stand, der sich vor der letzten Vollendung im Zen erreichen läßt.

Eine Wesensschau kann verschiedene Grade haben. Sie kann relativ flach sein, sie kann aber auch sehr tief und umfassend sein. Ein erstes Kensho kann sich im Laufe der Zeit zu einer größeren Tiefe entfalten, was der Grund für eine längere Koan-Schulung ist. Diese Wesensschau im Zen ist aber nicht einfach ein ekstatischer Zustand, nicht einfach ein Raptus.

Der ekstatische Zustand wird im Zen sehr viel eher als eine „Krankheit" angesehen, aus der man wieder heraus muß. Viele Koans haben zum Ziel, diese Wesens-Schau in den Alltag zu integrieren, denn das ist das eigentliche Ziel: die Verwirklichung der Erfahrung im alltäglichen Leben, in allen Verrichtungen und Ereignissen.

So ist Satori mehr die rechte Weise, in der Welt da zu sein. Zen spricht von „wachen Menschen" und von „nicht-wachen Menschen". Wer nur in seinem Alltags-Bewußtsein da ist, da sein kann, ist noch nicht erwacht. Er hat die ganze Wirklichkeit noch nicht erfahren. Zen will zum Erwachen des wahren Selbst führen, zum Schauen des „wahren Antlitzes". Es will uns helfen, zu erfahren, wer wir wirklich sind und was diese Welt ist.

Das Ziel des Zen ist der ganze Mensch, der heilige Mensch, der heile Mensch oder, um es psychologisch auszudrücken, ein Mensch, der zur vollen Individuation gekommen ist. Das Ziel des Satori wird am besten ausgedrückt in den sogenannten Ochsenbildern, einer Bildreihe, die den Zen-Weg beschreibt. Es sei nur auf zwei Bilder eingegangen. Das vorletzte ist ein leerer Kreis. Man könnte diesen leeren Kreis mit einer ekstatischen Erfahrung gleichsetzen, so wie sie in der Mystik oft beschrieben wird. Aber das ist nicht das eigentliche Ziel des Zen.

Es ist nicht das letzte der „Ochsenbilder". Das letzte Bild ist der Weise, der auf den Markt geht und dem man seine Erleuchtung nicht einmal mehr ansieht, der seine Erleuchtung vergessen hat, der lebt wie jeder andere Mensch. Unter diesem Bild steht: „Die Gefilde seines Inneren sind tief verborgen. Er geht seinen Weg und folgt nicht den Schritten früherer Weiser. Er kommt mit der Kürbisflasche auf den Markt und kehrt mit seinem Stab in die Hütte zurück" (*Kapleau*, Die drei Pfeiler des Zen, S. 417).

Satori ist immer die Erfahrung dieses Augenblickes, und dieser Augenblick ist zeitlos. Begrifflich umschrieben könnte man Satori nennen: „Einheit und Leere, aus der alle Differenzierung kommt und wieder zurückkehrt." Ein Erlebnis der Einheit allein ist noch kein volles Satori. Es gehört die Erfahrung der Leere aller Dinge hinzu.

Es sei noch einmal gesagt: Ziel des Zazen ist nie ein ekstatischer Zustand, sondern dieser Augenblick im Alltag. Daher kennt Zen keine Weltflucht und keine Weltverneinung, es ist alles so, wie es ist, und so wie es ist, ist es gut und vollkommen. Es gibt ein wichtiges Zen-Koan, das heißt: „Jeder Tag ein guter Tag." Zu dieser menschlichen Reife vorzudringen, ist das eigentliche Ziel des Zen.

Das Eine und das Viele

Durch unser logisches Training sind wir im Westen gewohnt zu sagen, A ist gleich A, A kann nicht gleich B sein. Auf einer tieferen Stufe der Erfahrung ist es aber durchaus möglich, daß X A und zugleich B ist. Die Wesensnatur ist wie ein Meer, sagt Zen, das sich ständig in Wellen äußert. Die Welle ist als solche ansprechbar, sie hat eine gewisse Eigenexistenz, aber sie ist nicht denkbar ohne das Meer. Und so hat auch jedes Geschöpf seine Eigenexistenz. Man kann es getrennt denken und sehen, in Wirklichkeit aber ist es dieses Meer, das Zen mit „Wesensnatur" bezeichnet. Diese Wesensnatur formt sich im Geschöpflichen aus. Und so ist eine Grundaussage des Zen: „Form ist nichts anderes als Leere, Leere nichts anderes als Form. Form ist wirklich Leere, Leere wirklich Form" (*Maha Prajna Paramita Hrdaya Sutra*). Aus Angst, es könnte einer nur eine begriffliche Vorstellung von Form und Leere haben, fährt das Herz-Sutra weiter: „Die Formen aller Dinge sind leer. Sie entstehen nicht und vergehen nicht. Sie sind nicht rein und nicht unrein, nehmen nicht zu und nicht ab."

Und weiter sagt das *Sutra*: „Daher ist in der Leere keine Form. Weder Empfindung, Wahrnehmung, Wollen oder unterscheidendes Denken, weder Auge, Ohr, Nase, Zunge oder Körper, weder Farbe, Ton, Duft oder Geschmack, weder Berührbares noch Vorstellung, weder ein Bereich der Sinnesorgane noch ein Bereich des Denkens, weder Unwissenheit noch Ende von Unwissenheit. Und so gibt es weder Alter noch Tod, noch ein Ende von Alter und Tod, weder Leiden noch Entstehen von Leiden, kein Anhäufen, Vernichten, keinen Weg, weder Erkennen noch Erreichen, weil es nichts zu erreichen gibt."

Die Welt, so wie sie unser Ego-Bewußtsein sieht, ist nicht die ganze Wahrheit. Sie ist eine Teilwahrheit. Die Ganzheitserfahrung allein führt auf den Grund der Dinge, führt in den Ozean hinein, das Bewußtsein wird sich seiner selbst bewußt. Die Sinneswahrnehmung, eingebettet in das mystische Erkennen, nimmt die Dinge anders wahr, als der „unerleuchtete Mensch" sie wahrnimmt. Das Kreatürliche erweitert sich in der mystischen Erfahrung zu seiner Ganzheit und erhält so eine neue Qualität und Wertigkeit. Die Erfahrung läßt erkennen, daß Natur sich nicht im Biologischen und Materiellen erschöpft. Stein ist nicht nur Stein, Bein ist nicht nur Bein. Alles Geschöpfliche ist in diesem Sinne vollkommen leer. Alle Dinge sind ein reines Nichts. Dieses geheimnisvolle Nichts, diese Leere der Mystik, wird auf der einen Seite als die letzte Wirklichkeit erfahren, auf der anderen Seite ist es unbegreifbar und unbeschreibbar und der Ausgangspunkt und Urgrund aller Differenzierung. In dieser Leere haben alle Dinge ihren Bestand, aber nicht auf die Weise, wie Sinne und Verstand es auf der raum-zeitlichen Ebene erfassen.

Verläßt man sich allein auf den Intellekt, wird man von Pantheismus und Monismus reden müssen. Aber diese intellektuellen Kategorien passen nicht auf die Zen-Erfahrung. Das ist wie wenn man Flüssigkeit mit einem Flächenmaß abmessen würde, es fehlt eine Dimension. Wer sagt, daß Mystik pantheistisch ist oder monistisch, der hat nicht verstanden, daß diese Begriffe sich auf die Ganzheitserfahrung nicht anwenden lassen.

Der Natur wird nicht ihr wahres Sein geraubt, es geht nicht um eine Vernichtung der Natur auf Kosten der Übernatur, im Gegenteil. Wenn der Mensch frei geworden ist von der Dominanz seines Ich-Bewußtseins, schaut er durch das bloße Schein-Sein der Natur hindurch und erfährt ihr wahres Sein. Was vernichtet wird, sind nur die durch des Menschen Ich und Eigensucht gestifteten falschen Begriffe, die ihm einen Ausschnitt aus der ganzen Wirklichkeit als das Ganze vorgaukeln.

Es gibt eine Sammlung von Gedichten, die Menschen nach ihrer Erleuchtung verfaßt haben. Wer nie eine tiefere Erfahrung gemacht hat, hält diese Gedichte für Unsinn, mindestens aber für schwer verständlich. Doch weisen sie besser auf die letzte Wirklichkeit hin als lange Beschreibungen. Einige seien hier zitiert:

„5048 Bände voller Sutras – roll sie alle auf". (187)
„Hände greifen, Füße gehen". (394)
„Berge sind Berge – Wasser, Wasser". (429)
„Der Jäger sieht nicht die Berge – der Dieb, in Haufen von Gold, nicht den Wachmann". (772)
„Jedem ist es von Anfang an zu eigen – jeder besitzt es in vollkommener Weise". (919)
(*Shigematsu Sooiku*, A Zen Forest, New York 1981)

Das Kensho kennt kein Außen und kein Innen. Wenn man einen Kreis zeichnet, gibt es ein Außen und ein Innen. Was außen ist, schließt das, was innen ist, aus. So unterscheidet auch das Ego-Bewußtsein zwischen außen und innen. Die Ganzheitserfahrung, die eine viel umfassendere Erfahrung als die intellektuell-sinnliche ist, kennt nicht außen und innen. Da ist nur Eines. Da ist nur ein „Leib". Diese Erfahrung hat einen starken Einfluß auf das soziale Verhalten. Im Koan 45 des *Mumonkan* heißt es daher: „Ziehe nie den Bogen eines anderen, reite nie das Pferd eines anderen." Der Mensch reitet immer sein eigenes Pferd, auch wenn er das Pferd eines anderen reitet. Er zieht immer seinen eigenen Bogen, auch wenn er meint, den Bogen seines Nachbarn zu ziehen.

Wo es nicht außen und innen gibt, gibt es auch nicht mein und dein. Dann sind die Nöte des anderen meine Nöte und die Freuden des anderen meine Freuden. Die Satori-Erfahrung ist die Grundlage der Nächstenliebe.

Die Unaussprechbarkeit der Erfahrung im Zen

Die letzten Verse haben deutlich gemacht, wie schwer eine Erfahrung im Alltags-Bewußtsein auszudrücken ist. Man ist überzeugt, daß im Grunde genommen überhaupt nicht darüber geredet werden kann. Wer erfahren hat, der drückt das zur gegebenen Zeit in der gegebenen Art aus. Literarisch gesehen geben viele Verse in dem oben angeführten Buch keinen Sinn, doch verweisen sie in unglaublicher Klarheit auf die Erfahrung. So geht es wohl mit allen Texten von Mystikern. Wer sie nur von außen her liest, versteht ihren Sinn nicht. Wer heilige Schriften nur textkritisch lesen kann und versucht, ihre Wortbedeutung zu begreifen, geht am Wesentlichen vorbei. Es ist eine alte Tatsache, daß sogenannte Gelehrte vom eigentlichen Inhalt heiliger Schriften unter Umständen sehr wenig verstanden haben. Sie erhellen sich nur dem, der sie von innen erfährt. Die Erfahrung ist nicht beschreibbar. Ich kann Zucker zwar beschreiben, aber was er wirklich ist, kann ich nur schmecken. So schreibt der Vers zum Koan 23 im *Mumonkan*:

„Du magst es beschreiben, es ist vergeblich. Du magst es schildern, es hat keinen Wert. Du kannst es niemals würdig preisen; gib dein Herumtasten und deine Manöver auf. Du kannst das wahre Selbst nirgendwo verbergen. Wenn die Welt auch zusammenstürzt, es ist doch unzerstörbar."

Oder der Vers zum Koan 37 im *Mumonkan*:

„Worte geben keine Wirklichkeiten wieder, Schriftzeichen enthalten nicht den Geist des Innern; wer sich an Worte klammert, ist verloren; wer an Schriftzeichen festhält, wird in Unwissenheit verbleiben."

Shodoka, ein Gesang, der dem 6. Patriarchen *Eno* zugeschrieben wird, aber wohl von seinem Nachfolger stammt, drückt es so aus:

Ich suche weder die Wahrheit, noch weise ich Täuschungen ab.
Ich weiß: Alle Gegensätze sind leer und ohne Form.
Doch diese Nicht-Form ist weder leer noch nicht leer,
Und dies ist die wahre Gestalt des Tathâgata.

Der Geist-Spiegel zeigt alles klar und ungehindert;
Grenzenlos durchdringt er die zahllosen Reiche.
In seiner Mitte spiegeln sich alle Dinge des Universums;
In diesem einen vollkommenen Licht gibt es weder innen noch außen.

Die weite Leere verbannt Ursache und Wirkung;
Doch das bringt nur Unheil und Verwirrung.
Wer das Dasein zurückweist und sich an die Leere klammert, ist krank.
Wie einer, der ins Feuer springt, um dem Ertrinken zu entgehen.

Eine echte Erfahrung „weiß" nichts von einer Erfahrung. Sie hat sich gleichsam selbst vergessen. Ein Auge, das sich von innen sieht, sieht sich nicht von außen. Man erfährt, daß man nicht getrennt ist von den anderen und vom anderen. Und so ist auch das Mitleiden eine ganz spontane Reaktion. Ich erfahre das Gemeinsame. Man bedauert andere nicht, als ob sie von einem getrennt wären. Vielmehr ist die Pein der anderen die eigene Pein. Eine Mutter erfährt dies oft, wenn ein Kind leidet. Sie leidet so, wie das Kind leidet. Wenn sie hilft oder reagiert, dann hilft sie ihrem eigenen Leiden im Kind, und sie reagiert im Grunde genommen auf ihr Leiden. So ist wirkliches Mitleiden nicht ein Schielen auf Verdienste. Man hat keine Erwartungen, daß das einmal zurückvergolten wird. Die linke Hand weiß nicht, was die rechte tut. Und daher stimmt auch der Satz: Da ist keine Erfahrung, die ich erreichen könnte.

Wer Wasser ist, der fühlt sich nicht im Wasser. Nur wer nicht Wasser ist, schreit mitten im Wasser nach Wasser, wie das *Sutra* sagt. Da ist nichts außerhalb von uns selber. Es gibt also nicht zu gewinnen und nichts zu verlieren. Da ist auch kein Grund, über eine Zen-Erfahrung zu sprechen. Das Lametta von Erleuchtung ist abgefallen. Es „stinkt" nicht mehr, der Erleuchtete ist ein ganz gewöhnlicher Mensch. Wenn er hungrig ist, ißt er, wenn er müde ist, ruht er sich aus, und wenn da etwas zu tun ist, dann tut er es. Was getan wird, wird aus der Mitte des Seins heraus getan, und daher sagt das *Sutra*: „Weder Erkennen noch Erreichen, weil es nichts zu erreichen gibt."

Die letzte Wirklichkeit ist *immer* ganz da. Es gibt in diesem Sinn keine Evolution, sondern nur ein tieferes Eindringen ins Sein. Was wir Entwicklung nennen, ist nur ein Fortschreiten in der Erfahrung der Zusammenhänge. Es gibt keine Veränderung, sondern nur ein Wachsen in der Erkenntnis. Entfalten kann sich nur unser Bewußtsein, um aus der Teilerfahrung in eine Ganzheitserfahrung vorzustoßen. Die letzte Wirklichkeit wird sich gleichsam in uns selbst bewußt. Das ist der Prozeß, den wir Evolution nennen.

Ein Wort, das diesen Zustand oft beschreibt, ist *So-Sein*. Es ist alles so, wie es ist. Es hat alles die Wertigkeit, die ihm zusteht, aber nicht mehr. Nichts wird hineinprojiziert, nichts wird übertrieben, nichts wird untertrieben. Jedes Ding ist vollkommen. Es fehlt ihm nichts. Das nennt der Buddhismus *Nirvana*. Alle Buddhas der Vergangenheit, der Gegenwart und der Zukunft wohnen in dieser transzendenten Weisheit.

Was ist das Wesen des Zen?

Diese Frage haben im Laufe der Jahrhunderte Tausende von Mönchen ihren Meistern gestellt. Was ist das Wesen des Zen? Jeder Meister gab darauf eine andere Antwort, und jeder Meister sprach, wenn seine Antwort aus der Erfahrung kam, die Wahrheit, auch wenn sie dem Schüler nicht begreifbar war. Was ist Zen? Auf diese Frage gibt es auch in diesem Augenblick Tausende von Antworten. Aber nur wer hören kann, wird sie hören. Zen kann nicht gelehrt werden.

Gelehrt werden kann nur der Zen-Weg. Und sogar dieser Weg ist ein Weg, der nicht auf dem Buchstaben beruht. Zen ist eine Überlieferung außerhalb der Sutren, also außerhalb der Lehre. Das ist ein wesentlicher Satz. Zen zeigt direkt auf den Geist des Menschen. Es zielt auf die Realisierung des ewig unvergänglichen *Dharma*. Mit anderen Worten, wer den Zen-Weg geht, soll zur gleichen Erfahrung kommen wie Shakyamuni Buddha. Zen sucht also eindeutig die mystische Erfahrung, eine Erfahrung, die jenseits des intellektuellen und sensitiven Begreifens liegt, die aber eine Erfahrung dieser Welt in diesem Augenblick ist. Zen ist also keine Philosophie und keine Konfession, auch kein Lebensstil, sondern es möchte alle Potenzen des Menschen zur vollen Entfaltung bringen, um die Wirklichkeit unverfälscht zu erfassen.

Die Übermittlung des Dharma vollzieht sich im Zen von Person zu Person, Aug in Aug mit dem Meister. Das heißt aber nicht, daß der Meister dem Schüler eine Erfahrung geben könnte. Er kann ihn nur zu dieser Erfahrung erwecken. Zen ist sorgsam darauf bedacht, das Wesen rein zu vermitteln. Wenn in der Rinzai-Sekte eine Zen-Halle eröffnet wird, dann geschieht das feierlich mit dem Hinweis, „ein wahrer Vermittler des Dharma". In dieser treuen Überlieferung von Meister zu Schüler besteht die Reinheit der Lehre und nicht in den Schriften oder einem Lehramt. Und es wird wohl immer schwer sein, einen wirklichen Meister zu finden. Zen wird daher wohl auch nie zur Massenbewegung. Es bleibt immer eine kleine Schar, die sich diesem Weg restlos verschreibt.

Nirvana
Die Grundbedeutung des Wortes „Nirvana" ist: „Erlöschen". Es ist ein Endzustand ohne Leiden, ohne Gier, ohne Haß. Nicht klar ist, ob mit dem Erlöschen auch die Individualität des Menschen gemeint ist. Bleibt das Individuum gewahrt oder wird es vernichtet, das ist die Frage. Buddha hat sich darüber wohl nicht geäußert; auf jeden Fall läßt sich aus den Schriften, die ja alle lange nach Buddha geschrieben worden sind, nichts Klares herauslesen. Buddha spricht zwar vom Erlöschen, aber dieses Erlöschen ist nicht nihilistisch zu verstehen. Nach einer alten Vorstellung wird das Feuer beim Verlöschen nicht vernichtet, sondern gleichsam durch Eingehen in den Ätherraum unfaßbar. Der letzte Zustand wird manchmal als ein unfaßbarer, freudvoller Zustand bezeichnet.

Nirvana ist eine dem Ichbewußtsein entrückte metaphysische Stätte der Wesenheit, die todlos und unverursacht ist. Der Mahayana-Buddhismus neigt dazu, den Endzustand als eine positive metaphysische Wirklichkeit zu verstehen. Es geht um ein unbeschreibliches anderes Ufer, eine Dimension, die mit unserem raum-zeitlichen Bewußtsein nicht erfahren werden kann. Das Bild, das hier immer wieder gebraucht wird und von uns negativ ausgelegt wird, daß man im Nirvana aufgeht wie der Wassertropfen im Meer, ist wohl irreführend. Der endgültige Zustand ist sicherlich ein Zustand der Entgrenzung, der Befreiung, der Dimensionen beinhaltet, die unser Ich-Bewußtsein nur ahnen kann.

Das Mukabele der Mevlevi-Derwische: Tanz als Weg zwischen Sehnsucht und Erinnerung*

Maria-Gabriele Wosien

Maulana Dschelaleddin Rumi, neben *Hafis* der größte persische Dichter, hat den Orden der tanzenden (Mevlevi-) Derwische begründet. Im Mathnavi, seinem Hauptwerk (hrsg. von *Nicholson* 1968), erzählt Rumi die Geschichte zweier Freunde (Bd. I, S. 167):

„Einst klopfte ein Mann an die Tür des Freundes. Der fragte: ‚Wer ist da?' ‚Ich', antwortete der Mann. Der Mann aber schickte ihn fort mit den Worten: ‚Geh, noch ist es nicht Zeit, daß du hereinkommst. An diesem Tisch ist kein Platz für den Rohen.'

Wie anders aber wird der Rohe reif als durch das Feuer des Abschieds und der Trennung? Und so ging der Mann fort, reiste ein Jahr lang umher, sich verzehrend im Feuer der Sehnsucht. So wurde der Rohe reif, kehrte wieder, klopfte und schritt vor der Tür des Freundes auf und ab zwischen tausend Ängsten und Freuden.

Da rief der Freund: ‚Wer ist an der Tür?' und der Mann antwortete: ‚Du bist es.' ‚Nun', antwortete der Freund, ‚da du ich bist, komm herein, o mein Selbst, und öffne die Tür'."

Das Gleichnis vom „Rohen" und „Reifen" klingt auch an im „Lied der Rohrflöte", dem Proömium zum Mathnavi, worin Rumi den Weg aufzeichnete, der von der Anmaßung des Wissens über Gott bis hin zur Selbstaufgabe führt (Bd. I, S. 167):

„Ein jeder dünkte sich, mein Freund zu sein,
nicht einer drang in mein Geheimnis ein
von innen her."

Rumi selbst ist diesen Weg „von innen her" gegangen, als der damals schon Vierzigjährige dem wandernden Derwisch** Schems

---

* Dieser Aufsatz ist eine Neubearbeitung und Kurzfassung des gleichnamigen Artikels der Verfasserin, veröffentlicht bei ORA-Verlag, 8021 Icking 1972. Das dort im Detail beschriebene Ritual wird nicht als Rezept zum Selbsttun angeboten. Es bedarf der Einweisung durch einen erfahrenen, in der Tradition stehenden Meister.

** „Derwisch" (persisch) wörtlich „Türschwelle", bzw. der an der Schwelle, zwischen den Welten Stehende, im übertragenen Sinn „der Arme", der sich in Hingabe an Gott Übende, auch „Bettelmönch".

aus Tabriz begegnete, eine Begegnung, die zu einem völligen Wandel in seinem Leben und Werk führte.

Die Überlieferung berichtet, wie Schems sich etwas ironisch vor dem berühmten Mann verbeugt und ihn, unbeeindruckt von dessen Gelehrsamkeit, ohne Scheu in theologische Diskussionen verwickelt. Erleuchtung könne man nicht durch das Studium von Büchern erlangen, meint er.

Rumi, der Grübler und Zweifler, ist tief beeindruckt von der natürlichen Selbstsicherheit, der unkomplizierten Gläubigkeit und den kompromißlosen Forderungen des ungebildeten Wandermönchs, der weder lesen noch schreiben kann. Seine Ansichten erscheinen dem um Erkenntnis ringenden Gelehrten geradezu von messianischer Hellsichtigkeit. Schems soll über diese Begegnung gesagt haben: „Ich bin gekommen, um den Erleuchteten zu erleuchten."

Wenn ein Zustand der völligen Sammlung, des Einsseins mit dem Höchsten erreicht werden soll, muß der taxierende und fixierende Intellekt und auch das vom Körper gefangene Bewußtsein suspendiert werden.

„Beim Hören von Musik erahnt die Seele den Duft des Geliebten,
Die Melodie gleicht einer mystischen Barke,
Sie trägt hinüber die Seele zum Ufer des Freundes."

Musik, heilige Worte und rhythmische Bewegung sind die Kräfte, welche die Sufis zu diesem Ufer bringen.

Das Hauptinstrument der Mevlevi ist die Rohrflöte *(Ney)*. Sie ist das Symbol für den gnostischen Menschen überhaupt. Innen ist sie hohl, wie der Mensch, der den Zustand der Entselbstung erreicht hat. Der Hauch des Geliebten durchweht sie, wie Adam vom Odem Gottes belebt wurde. Ähnlich dem Menschen ist das Rohr von seiner Urheimat, dem Schilfbett getrennt. Der Mensch sehnt sich zurück nach dieser himmlischen Heimat. Die Flöte gibt dem Trennungsschmerz klagenden Ausdruck.

Eines der Hauptexerzitien der Sufis ist der *Zikr*, die Erinnerung an Gott. Die Adepten knien dabei im Halbkreis um den Scheikh, der den Vorsitz hat, und rufen den Namen Gottes unendlich viele Male an, mit soviel Sammlung und Intensität, wie jeder einzelne nur aufzubringen vermag. Dabei wiegen sie den Körper nach rechts und links, vorwärts und rückwärts, auf und ab. Oft wird der Zikr auch rhythmisch und musikalisch untermalt.

Das *Mukabele* ist eine Erweiterung dieses im vorderen Orient allgemein verbreiteten Zikr-Exerzitiums. „Wohin du dich auch wendest, siehst du das Angesicht Gottes“, heißt es im Koran. „Mukabele“ bedeutet: „Von Angesicht zu Angesicht“. Die Form ist sehr streng, bis in alle Einzelheiten festgelegt. Mit Musik, Rhythmus, Dichtung schwingt man ein in die Ebene, wo religiöse Kräfte wirksam werden, wo alle Trennung aufhört. Um dies zu erreichen, muß der Derwisch sich jedoch ganz hingeben.

„Sich selbst zu sterben, um zum Diener an der Schöpfung zu werden“, das ist der Weg der Derwische im Orden der Mevlevi, ein Weg der Liebe. Novizen müssen tausend und einen Tag in der Küche der Ordensgemeinschaft Dienst tun. Während dieser mühevollen und oft absichtlich sinnwidrigen Arbeit wird der Novize auch gelehrt, seine „tote“ Umwelt als beseelt zu betrachten, den Fußboden, auf dem er geht, die Gewänder, die er trägt: der Schöpfer ist allgegenwärtig, in allen Dingen. Und alle Dinge sind in einem ständigen Prozeß des Werdens:

„Eine Stufenleiter wurde zum Aufstieg dir gegeben:
Zuerst warst du Stein, dann wurdest du Pflanze, dann Tier
Wie könnte dir dies ein Geheimnis sein?
Dann wurdest du Mensch, mit Wissen, Verstand, Glauben.
Siehe dein Körper – ein Teil der Erde, wie vollkommen er wurde!“
„Wenn du vom Menschen dich weiter entwickelst, so wirst du ganz sicher zum Engel:
Denn wenn du nicht länger der Erde gehörst, so ist dein Platz im Himmel.
Und weiter reisest du vom Dasein als Engel, daß dein Tropfen ins ewige Meer und zu hundert Meeren werde.
Nicht länger dann bist du ‚Sohn‘, aus ganzer Seele sage: ‚Ich bin eins‘.“

(Aus dem Diwan)

Dies zu wissen ist notwendig, um dem Ritual die entsprechende „Einstellung“ entgegenzubringen:

„Bist du aufmerksam und wachsam, kannst du das Echo deines Handelns in jedem Augenblick erleben... Um ein reines Herz zu haben, mußt du wachsam sein, denn aus jeder deiner Taten wird dir etwas geboren.“

Die Reinheit des Herzens ist Sinn und Ziel der Arbeit der Mevlevi. Es soll ein Spiegel des Göttlichen werden.

Die Einweisung in die Technik und Symbolik des Mukabele gibt der *Semazenbasi* (Tanzmeister). Er unterweist den Novizen auch im *Adab*, im guten Benehmen, das heißt in der speziellen „Haltung“ dem

Ritual gegenüber. Vor jeder Übungestunde, wie auch vor jedem Mukabele, unterzieht sich der *Semazen* (Drehtänzer) einer rituellen Waschung.

Das Gebot, allem Gegenständlichen Verehrung entgegenzubringen, zeigt sich auch als „Haltung" während des Trainings. Wenn sich der Novize am Anfang auf den Boden kniet, um ein kurzes, innerliches Gebet zu sprechen, so küßt er diesen zuerst. Auch die Instrumente werden geküßt, ehe man sie spielt und wieder weglegt, die Gewänder, bevor man sie an- und ablegt, der Koran, ehe man aus ihm rezitiert.

Der rituelle Ablauf des Mukabele und insbesondere der zentrale Teil, die Drehbewegung, wird in einer einige Wochen dauernden Übungszeit gelernt, zunächst auf einer größeren Holzplatte, in deren Mitte ein abgerundeter Messingnagel eingeschlagen ist. Der Novize stellt sich in der Grundstellung davor und verbeugt sich (*Niyaz*). Jede Verbeugung gilt der unsichtbaren Gegenwart Gottes. Dann küßt er den Nagel, nimmt mit der rechten Hand etwas Salz, das ihm der *Semazenbasi* auf einer Schale reicht, küßt es, streut es auf den Nagel, erhebt sich, nimmt den Nagel zwischen die große und zweite Zehe des linken Fußes, „versiegelt" dann die Füße und bleibt in dieser Grundstellung, bis der Semazenbasi ihm das Zeichen zum Anfangen gibt. Ähnlich komplex sind auch die folgenden Rituale; sie werden nicht mehr in allen Einzelheiten aufgeführt.

Die Drehbewegung wird viele Male geübt, bis ein eindeutiger Rhythmus von Öffnen und Schließen, Geben und Nehmen, Auf und Ab entsteht; genauer gesagt, eine um die zentrale Körperachse aufsteigende und absteigende Spirale. Später kommt die Armhaltung dazu. Sie symbolisiert den Menschen als Brücke, als Glied, eingespannt zwischen Himmel und Erde, von oben empfangend, nach unten streuend. Er ist damit nur Vermittler und beansprucht nichts für sich. Zuletzt lernt der Novize, sich nicht nur um die eigene Achse genau am Platze zu drehen, sondern auch frei im Raum, in Richtung der Präzession der Erdachse, an der Peripherie eines Kreises entlang. Dann erst wird er in die Form des Rituals eingewiesen.

Die *Tekke*, das Ordensgebäude der Mevlevi, ist wie die Moscheen ein Kubus, gebaut nach dem Vorbild der *Ka'aba*, dem Symbol der Erde. Über dem Kubus wölbt sich der Dom, Symbol des Himmels. Seinen Mittelpunkt verbindet eine imaginäre Achse, der *Qutb* mit dem Mittelpunkt des Tanzkreises. Innerhalb des quadratischen Grundrisses des Tanzsaales (*Semahane*) verläuft die imaginäre Peripherie des Tanzkreises. Oberhalb der Tanzfläche ist meist eine Galerie, auf der auch Frauen (getrennt) ihren Platz haben. Über dem Eingang ist die *Mutrib* („Ort der Erregung"), der Platz für die Musiker. Vom Eingang bis zum *Mihrab* (Gebetsnische), vor dem das rote Vließ des Scheikhs (*Post du 'Asi*) ausgebreitet ist (rot ist die Farbe der Manifestation und der Vereinigung), erstreckt sich der *Hatt i istwa*, der imaginäre Äquator. Er symbolisiert die Schöpfungslinie, den kürzesten Weg zur Realität, zu *al Haqq* (Gott). Er darf nur vom Scheikh beschritten werden, wenn er bis zum Vließ und zurück geht.

Wenn die Novizen ihre Übungszeit absolviert haben, bekommen sie die *Sikke* (Derwischmütze) als Zeichen ihrer Zugehörigkeit zum Orden verliehen. Zum Mukabele tragen die Derwische außerdem die *Khirka*, einen schwarzen, bodenlangen Umhang (er symbolisiert das Grab) und die *Tennure*, ein langes, weißes, ärmelloses Gewand, Symbol für das Leichentuch oder auch für den „Ofen", in dem sie „gekocht" werden (weiß ist die Farbe Adams, Mohammeds und auch das Symbol des Lichts Gottes). Die *Sikke* (Mütze) ist Symbol für den Grabstein und auch für das Allumfassende des Himmelsgewölbes.

Aufgereiht erwarten die *Semazen* zu Beginn des *Mukabele* den Scheikh, den Vertreter *Mevlanas*. Er schreitet, wie die anderen mit einer *Khirka* bekleidet, den *Hatt i istwa* entlang auf das Vließ zu. Der Scheikh ist Symbol für den Baum der Erkenntnis. Er eröffnet den Kreislauf des Werdens, der Entfaltung des Ur-Einen, den Weg zurück zu der im Menschen verborgenen göttlichen Substanz.

Während der Scheikh und die Semazen in Gebetshaltung „in ihren Gräbern" verharren, singt der *Na'than* langsam und feierlich in Baritonlage die *Na't*, das Loblied auf den Propheten*. Danach fordert der Trommelmeister mit ein paar Trommelschlägen den Flötenmeister auf, ein Flötensolo in der Tonart des Abends zu blasen. Er moduliert es über mehrere Tonarten, jeweils vom Grundton ausgehend und schließlich wieder zu ihm hinabsinkend. Der Ton der Flöte symboli-

* Die in der Tonart Rast (G-Dur) komponierte Weise stammt von *Buhurzade ‚Itri Dedé* (1595-1603), der Text wahrscheinlich nicht von Rumi selbst, sondern von einem seiner Nachfolger, *Ulu Arif Celebi*.

siert den Atem Gottes über der schlafenden Welt. Die Derwische lauschen dieser Vorahnung des Lebens:

„Im Hören vollzieht sich eine Wandlung der Qualitäten,
im Sehen eine Wandlung des Wesens.
Stammt dein Wissen ums Feuer nur vom Hörensagen,
Dann sieh zu, vom Feuer gekocht zu werden:
Es gibt keine innere Gewißheit, ehe du nicht brennst –
Wünschst du dir diese Gewißheit, so setz dich ins Feuer.
Wird das Ohr feinhörig, dann wird es zum Auge,
Sonst bleiben die Worte verstrickt und treffen nicht ins Herz."

Mit dem ersten Trommelschlag *„Kum"* (Erwachet!) setzt die Instrumentalmusik ein. Scheikh und Derwische schlagen mit der flachen Hand auf den Boden, küssen ihn und erheben sich – die Verwandlung, die Auferstehung aus den Gräbern, aus dem Schlaf der Gleichgültigkeit beginnt. Der Scheikh führt die Prozession und umschreitet den Tanzkreis in Richtung der Präzession der Erdachse (wie dies bei allen Umschreitungen heiliger Stätten und der *Ka'aba* üblich ist). Er schreitet in die (von ihm aus gesehen) rechte Hälfte des Kreises, in die Welt der Materie, der Manifestation.

Ist der *Semazenbasi* beim Vließ angekommen, verbeugt er sich, überschreitet den Äquator, macht auf der rechten Seite kehrt und steht somit dem nächsten Semazen „von Angesicht zu Angesicht" gegenüber. Beide sehen die Schönheit der Welt Gottes in den Augen des anderen und verbeugen sich. Dann geht der Semazenbasi dem Scheikh nach. Daraufhin tritt der Semazen hinter ihm ebenfalls mit drei Schritten über den Äquator und dreht sich zum nächsten Semazen um...

Zum Rhythmus der Trommeln geht die Prozession dreimal in dieser Weise in einem schleppenden Nachstellschritt um den Tanzkreis. Im Rhythmus der Trommeln wiederholen die Semazen innerlich den Namen *„Al – lah"*. Mit jeder Runde wird das Erlebnis Gottes innerlicher.

Dann beginnt die eigentliche Drehmusik, das erste *Selam* (Tanzperiode) zum Trommelrhythmus *Düyek*, mit Flöten, Sängern, Becken, Streich- und Zupfinstrumenten. Die Semazen küssen ihre *Khirka* und lassen sie hinter sich fallen. Der Semazenbasi verbeugt sich vor dem Scheikh, küßt ihm die Hand, empfängt einen Kuß auf seine *Sikke* und geht ein kleines Stück in die rechte Hälfte des Kreises. Nach einer weiteren gemeinsamen Verbeugung folgen die Semazen und fangen danach an, sich um die eigene Achse sowie entlang der Peripherie des Kreises zu drehen. In jeder der vier aufeinanderfolgenden Selam rücken die Semazen eine Stufe weiter in der Erkenntnis und der Annäherung an die Gottheit.

„Du läßt die beiden Welten
Trittst in den Reigen du,
Denn jenseits beider Welten
Die Welt ist hier des Reigens
Mag auch das Dach sehr hoch sein, –
Doch höher reicht die Leiter
Aus dem Revier des Reigens.
Nun tretet mit den Füßen
Auf alles außer Ihm,
Denn euer ist der Reigen,
Denn jetzt seid ihr des Reigens!" *(Aus dem Diwan)*

Der Semazenbasi gibt acht, daß sich die Semazen beim Drehen gegenseitig nicht stören und den richtigen Abstand wahren – jeder hat seinen eigenen Weg, doch ist er gehalten im Reigen. Im vierten Selam drehen sich die Semazen nur noch am Platz im Raum verteilt, der Semazenbasi ist neben das Vließ zurückgetreten.

Es ist ein innerer Weg vom ersten bis zum vierten Selam: das erste bedeutet die institutionelle Religion, das zweite den Weg über die Religion hinaus, das dritte, der Wirklichkeit von Angesicht zu Angesicht zu begegnen und das vierte sich selbst zu finden.

Nach dem vierten Selam dreht sich der Scheikh langsam vom Vließ weg auf den Kreismittelpunkt zu. Die Musik steigert sich zu einem sehr schnellen Rhythmus (von *Düyek* zu *Son Yürük Semai*). Er dreht sich im Mittelpunkt des Tanzkreises, eins mit der *Qutb* (Achse), die die Erde (Tanzfläche) mit dem Himmel (Dom) über ihr verbindet.

„Der Geliebte erstrahlt wie die Sonne im Glanz,
Gleich Stäubchen umkreist ihn der Liebenden Kranz.
Wenn der Lenzwind der Liebe zu wehen beginnt,
Jeder Zweig, der nicht dürr ist, regt sogleich sich im Tanz."

Während das Flötensolo ausklingt, dreht sich der Scheikh langsam wieder auf sein Vließ zurück, der Reigen ist zu Ende. Die Semazen bekommen ihre *Khirka* zurück, der Koran wird rezitiert. Zum Schluß sagt der Semazenbasi ein Dank- und Segensgebet, und der Scheikh spricht leise die *Fatiha*, die erste Sure des Koran, und ein kurzes Segensgebet, in dessen langgezogenes „*Hu*" alle Derwische mit einer Verbeugung einstimmen. Dann verläßt der Scheikh mit einer Verbeugung, die alle erwidern, die *Tekke*, gefolgt vom Semazenbasi, den Semazen und den Musikern.

So gehen die Derwische im Mukabele den Weg des Ahnens, der Erregung und (inneren) Bewegung (Prozession), über die Ekstase und Hingabe bis zur Auflösung (erstes bis viertes Selam), um dann im allmählichen Niedersteigen (während des *Pos du' Asi* und des Hinausschreitens) wieder in die Welt der Schöpfung zurückzukehren, um „in der Welt und doch nicht von ihr zu sein", im schweigenden Bewußtsein des erlebten Geheimnisses der Offenbarung:

> „Die Liebe kam zu mir und wurde das Blut in meinen Adern.
> Was von mir bleibt, ist ein Name, der Rest ist Er allein."
>
> (*Dschelaleddin Rumi*)

Literatur

Bakhtiar, Laleh: Sufi--Ausdrucksformen mystischer Suche, München 1976, 1987.

Nicholson, R. A. (Hrsg.): The Mathnavi of Jelaluddin Rumi, London 1968.

Random, Michel: Mawlana Djalal-ud-Din Rumi. Le Soufisme et la danse. Sud-Editions, Dehli/Tunis 1980.

Ritter, Helmut: Der Reigen der tanzenden Derwische, *Zeitschrift f. vergl. Musikwissenschaft* 1, Berlin 1933, S. 28-40.

–: Maulana Galaladin Rumi und sein Kreis, *Philologika*, Bd. XI, Der Islam, Bd. 25, 1939, S. 116-185.

–: Die Mevlanafeier in Konya vom 11.-17. Dez. 1960, *Oriens*, Bd. 15, Leiden 1962, S. 249-276.

Fünf Kennzeichen echten Betens

David Steindl-Rast

Eine Indianerin macht Feuer. Vierzig Zen-Mönche sitzen mit halbgeschlosenen Augen regungslos in der Meditationshalle. Ein Bergbauer hält den Pflug an, nimmt den Hut ab, bekreuzigt sich und spricht ein Gebet, während die Mittagsglocken läuten. Junge Menschen, die gegen Atomwaffen protestieren, singen, noch während sie von der Polizei in den Wagen geschleppt werden. Mitten in der Menschenmenge einer Großstadtstraße bückt sich eine alte Frau um ein halbzertretenes Stück Brot und legt es ehrfürchtig auf einen Mauervorsprung für die Tauben. – Was verbindet diese Szenen? Was haben sie gemeinsam? Sie zeigen uns, wenn wir unter die Oberfläche schauen, Menschen, die aus der Sinnquelle ihres Lebens trinken. Sie tun dies bewußt, aber ganz einfach und selbstverständlich; das heißt, sie beten.

Beten, richtig verstanden, ist das Herzstück jeder spirituellen Tradition. Tatsächlich jeder? Läßt sich dies überzeugend darstellen? Können wir das Wort „beten" so verstehen, daß es wirklich das innerste Wesen der einzelnen Traditionen ausdrückt, zugleich aber auch das, was allen Traditionen gemeinsam ist? Da ich weiß, daß ein solches Verständnis den Tatsachen gerecht wird, möchte ich versuchen, das hier an fünf Merkmalen echten Betens aufzuzeigen. Manchmal drückt sich dieses Beten in Gebeten aus, manchmal nicht. Darauf kommt es uns hier nicht an. Es geht vielmehr um etwas Tieferes. Beten ist eine Haltung des Herzens; gesammelt, gelassen, gläubig, verantwortlich, dankbar. Damit habe ich die fünf Merkmale echten Betens auch schon genannt.

Im folgenden spreche ich bewußt als Christ, der als Benediktinermönch in einer fünfzehn Jahrhunderte alten, klar ausgeformten Art des Betens zuhause ist. Die fünf Merkmale sind so ausgewählt, daß sie in dieser meiner eigenen Tradition als Kennzeichen gelten dürfen für die Echtheit des Betens. Zugleich weiß ich aber, daß auch andere voneinander ganz verschiedene Traditionen (Sufis, Buddhisten,

Hopis) echtes Beten an den selben Wesensmerkmalen erkennen. Es wurde mir nämlich Gelegenheit geschenkt, mit Vertretern dieser und anderer Traditionen gemeinsam zu beten. Was ich hier vorlege, entspricht nicht Wünschen oder Vermutungen, sondern meiner eigenen Erfahrung.

Um Erlebbares, um Erfahrbares geht es also hier, nicht um abstrakte Überlegungen oder im voraus schon gegebene Meinungen. Daher richtet sich auch alles hier zu Erwägende an Ihr Erleben und muß sich dem Urteil Ihrer eigenen Erfahrung unterziehen. Es ist meine Überzeugung, daß es diesem Urteil standhalten kann. Es handelt sich ja nicht um private Erfahrungen, die ein Mensch hat, ein anderer eben nicht. Ich spreche hier vielmehr von jenem tiefsten Erleben, das die letzte Instanz ist für unsere religiösen Überzeugungen. Für die Wissenschaft ist diese letzte Instanz das Experiment. Was sollte es im Bereich der Religion sein, wenn nicht unser tiefstes menschliches Erleben in der mystischen Erfahrung?

Mystisch? Ja! Von dem Wort „mystisch" dürfen wir uns hier nicht abschrecken lassen. Es bezeichnet in seiner allgemeinsten Bedeutung: „Erfahrung unserer Zugehörigkeit zum Wirklichkeitsgrund." Diese Begriffsbestimmung enthält nichts, was nicht uns allen aus eigenem Erleben bekannt wäre. Selbst die Psychologie weiß seit *Abraham Maslow*, daß „Peak Experiences" (wörtlich „Gipfelerlebnisse") grundlegend zum Menschsein gehören. Und das sind eben Augenblicke, in denen unsere Zugehörigkeit zum Wirklichkeitsgrund zur lebendigen Erfahrung wird. Wir trinken in jenen Augenblicken aus der geheimnisvollen Quelle, aus der allein wir letztlich Lebenssinn schöpfen können. Für den sich selbst entfremdeten Menschen bleiben solche Erlebnisse vereinzelt und unverständlich, wie die Aufwallungen einer Springquelle. Der schöpferische Mensch dagegen (und auch das kann die Psychologie klar zeigen) läßt jeden Bereich seines Lebens vom Strom dieser Quelle bewässern und fruchtbar machen und findet so Sinn im Leben. Dies methodisch zu tun, ist ja das Wesen jeder spirituellen Disziplin. Sie steht und fällt also mit ihrem mystischen Kern.

Im Vergleich mit diesem gemeinsamen Kernstück sind die Unterschiede zwischen den verschiedenen spirituellen Traditionen zweitrangig. Wir dürfen diese Unterschiede aber auch nicht unterschätzen. Es hängt viel davon ab, ob wir uns den Wirklichkeitsgrund persönlich (theistisch) oder unpersönlich vorstellen. Es hängt viel davon ab, ob wir uns unsere Zugehörigkeit etwa als Geborgenheit in Gott, als Verwurzelung im Urgrund oder als Einheit mit der letzten Wirklichkeit versinnbilden. Trotzdem, was letztlich zählt, ist die persönliche Erfahrung, durch die uns solche Sinnbilder und Vorstellungen erst lebendig zueigen werden. Unser religiöses Erleben geht ja über das, was sich ausdrücken läßt, unendlich hinaus. Selbst hinter Begriffen, die einander zu widersprechen scheinen, kann ein und dieselbe mystische Erfahrung liegen.

Östlichen Traditionen ist dies selbstverständlich. Wir im Westen neigen dazu, die Ausdrucksformen des Religiösen in Lehre, Moral und Kult beinahe wichtiger zu nehmen, als das, was sich in diesen Formen ausdrückt und worauf sie abzielen, nämlich mystische Erfahrung. Das zeigt sich manchmal in ängstlicher Verlegenheit schon dem Worte „mystisch" gegenüber. Und doch, wie sollen wir etwa Bekehrung, Gnade oder Offenbarung verstehen, wenn nicht als Erfahrung unserer Zugehörigkeit zum Wirklichkeitsgrund? Und was soll Erfahrung sein, die nicht erlebt wird? Wir Christen nennen Urgrund aller Wirklichkeit „Gott". Wir wissen uns Gott in und durch Jesus Christus zugehörig als Kinder des ewigen Vaters. Und wir erfahren diese Zugehörigkeit durch Gottes Heiligen Geist, den Lebensquell unserer innersten Lebendigkeit. Für die christliche genau sowie für alle anderen religiösen Traditionen der Menschheit gilt: Was nicht dem Erleben entspricht und zum Erlebnis wird, bleibt tot.

Hier müssen wir daher auf unser eigenes Erleben zurückkommen. Wir müssen uns an einen jener Augenblicke erinnern, in denen uns unsere Zugehörigkeit zum tiefsten Grund aller Wirklichkeit lebendig bewußt wurde. So oft fühlen wir uns ja auf langen Strecken unseres Lebens vereinsamt und wie verwaist. „Elend" fühlen wir uns zuinnerst (und das heißt ja ursprünglich „in fremdem Land"), uns selbst, den anderen und Gott entfremdet. Dann überkommt es uns aber ganz unerwartet, und einen Augenblick lang sind wir wie zuhause. Wir sind geborgen, verwurzelt, eins mit allem. Solche „Gipfelerlebnisse" verdienen ihren Namen. Sie stellen wirklich Höhepunkte unseres Lebens dar. Äußerlich ereignet sich zwar meist gar nichts besonderes, aber wir sind einen Augenblick lang in Einklang mit dem All, sind daheim in der Welt.

Erinnere dich doch an einen solchen Augenblick. Dein eigenes Erleben wird dir dann beweisen, worauf es uns hier besonders ankommt: In solchen Augenblicken fließt Sinn in unser Leben ein. Meist sind wir ja so zielstrebig auf diesen oder jenen Zweck eingestellt, daß wir ganz den Blick verlieren für das Sinnvolle. Sinn reicht aber über Zweckmäßigkeit so weit hinaus wie das Geläute der Domglocken über ihre Funktion als Signal. Unser zweckdienliches Mühen ermüdet uns. Was aber Sinn hat, erfrischt uns. Vielleicht war es wirklich ein großes Glockenläuten, das unser Gipfelerlebnis auslöste. Vielleicht war es etwas völlig anderes. Jedenfalls waren wir in jenem Augenblick wie Trinkende an einer Quelle, die aus unauslotbaren Gründen zu fließen begann.

In solchen Augenblicken erleben wir (auch wenn wir uns dessen nicht bewußt sind), was beten heißt. Wir sind – und wie selten kommt das sonst vor – vollkommen *gesammelt.* Sinn schlägt uns völlig in Bann. Dabei sind wir aber keineswegs angespannt, sondern völlig *gelassen.* Sinn finden heißt Ruhe finden. In jenen Augenblicken fällt es uns auch gar nicht schwer, im tiefsten Sinne gläubig zu sein. Wo Sinn sich uns offenbart, antworten wir ganz von selbst mit gläubigem Vertrauen. Unser ganzes Selbst wird zur Antwort. Sinn finden macht verantwortlich, gibt aber zugleich die Kraft, *verantwortlich* zu antworten. Über alles andere aber hinaus sind wir in jenen Augenblicken *dankbar.* Wer Sinn findet, der weiß: „Alles ist Gnade".

Die Suche nach Sinn ist die treibende Kraft in allen Religionen der Menschheit. Das Beten ist wiederum das Kernstück jeder Religion, nämlich die mystische Sinnerfahrung. Freilich drückt sich das in den einzelnen religiösen Traditionen oft sehr unterschiedlich aus. Es ist aber zugleich auch der Punkt, an dem sie zusammentreffen, die gemeinsame Quelle religiösen Erlebens im Menschenherzen. Nichts ist dringender nötig in der Weltkrise der Gegenwart, als das zu finden, was uns zutiefst verbindet. Daß dies das Gebet ist, soll deutlicher werden, indem ich die fünf Kennzeichen echten Betens einzeln näher betrachte.

Wirklich beten heißt gesammelt beten

Sinnbild religiöser Sammlung ist in der biblischen Überlieferung für Judentum, Christentum und Islam, aber auch für mehrere andere religiöse Traditionen der Erde, das Herz. Was Herz hier bedeutet, wird uns aus eigenem Erleben klar, wenn wir uns daran erinnern, daß wir Sinn immer nur mit unserem Herzen finden. Mit dem Verstand sehen wir ein. Mit dem Willen spannen wir alle Kräfte an, um das zu ereichen, was uns erstrebenswert erscheint. Unsere Gefühle geben unserem Erleben seine Klangfarbe, stellen sozusagen den Resonanzraum unserer inneren Schwingungen dar. Für Sinn ist das Herz empfänglich. Zum Herzen gehören aber nicht nur unsere Gefühle, sondern ebenso unser Wille und unser Verstand. Das Herz, so verstanden, spricht auf Sinn an, so wie das Auge auf Licht anspricht und das Ohr auf Klang. Das Herz ist das Organ für Sinn.

Herz bedeutet aber nicht nur jenen Bereich, in dem wir mit uns selbst eins sind, nicht nur jene tiefste Wurzel unseres Wesens, wo Denken, Fühlen und Wollen noch eins sind. Herz steht für das Einssein schlechthin. Nicht nur mit uns selbst sind wir wie im Herzen eins, sondern mit allem Sein und mit seinem Ursprungsgrund. Es ist eine ganz geheimnisvolle Tatsache: Unsere allerpersönlichste Mitte ist keine Privatzone; unsere tiefste Innerlichkeit ist zugleich unsere Verbindung mit allen anderen Menschen, mit allem, was es gibt, mit dem All.

Diese Tatsache ist der persönlichen Erfahrung jedes Menschen zugänglich. Wir müssen uns nur wieder an unsere Gipfelerlebnisse erinnern. Das waren doch Augenblicke, in denen wir nicht nur teilweise und zerstreut gegenwärtig waren, sondern ganz, gesammelt, völlig anwesend, mit ganzem Herzen da. Zugleich waren das aber auch Augenblicke des All-eins-Seins. Darum fühlten wir dann auch jenen Herzensfrieden, der uns erfüllt, wenn unser Elend im tiefsten Zugehörigkeitsgefühl aufgehoben ist.

All das ist Geschenk und wird auch als solches empfunden. Im innersten Herzen erleben wir unser eigenes Sein als Geschenk (in unseren düstersten Stunden sogar als unerwünschtes Geschenk). An dieser Erfahrung wird uns bewußt, daß alles, was es gibt, Gabe ist und so über sich selbst hinausweist. Hier liegt der Ursprung allen religiösen Bewußtseins. Es wäre ein Kurzschluß, hier gleich das Bild Gottes als Geber aller Gaben einzuführen. Dahin führt erst ein langer, erlebnisreicher Weg. Aber der gemeinsame Nenner für alles, was der Gottesbegriff später beinhalten wird, ist in diesem religiösen Urerlebnis schon gegeben. Jener tiefste Wirklichkeitsgrund, den Theisten

„Gott“ nennen, den jeder Mensch aber aus innerster Erfahrung kennt, ist der Bezugspunkt für unser Zugehörigkeitsbewußtsein. Es liegt im Unendlichen, gibt uns aber, wo immer wir auch sein mögen, Geborgenheit im All, Sinn im Leben, Herzensfrieden.

Nach diesem Frieden, nach dieser Geborgenheit sehnen wir uns alle in unserem Elend. Wie können wir den Heimweg zum Herzen finden? Indem wir uns sammeln. Sammlung führt uns aus Zersplitterung und Entfremdung heim zum Herzen. Das ereignet sich, so oft wir etwas zu Herzen nehmen. Wissen wir nicht alle aus Erfahrung, was das heißt? Wir wissen es nur zu gut. Wir wissen auch, wie verwundbar unser Herz ist. Alles, was wir wirklich zu Herzen nehmen, bricht uns früher oder später das Herz. Darum fürchten wir uns davor.

Bleibt uns aber eine Wahl? Können wir das Leben bejahen und zugleich unser Herz verhärten? Was uns das Herz bricht, wenn wir uns dem Leben öffnen, die Welt zu Herzen nehmen und uns willig verwundbar machen, das *zer*bricht uns ja nicht das Herz. Es bricht es nur *auf*. Es gibt Samen, die durch einen Waldbrand gehen müssen, bevor ihre harte Schale zerspringt und sie keimen können. Wenn wir lange genug leben, schenkt uns das Schicksal schon Waldbrände im Innern. Unser enges Herz muß zerspringen, um weit genug zu werden für das Unerfaßliche, das Leben in all seiner Weite.

Hierher gehört wohl auch die Frage nach dem Sinn des Leidens. Nicht, daß wir sie mit Worten beantworten könnten. Mit unserem Leben aber müssen wir sie beantworten. Das bleibt uns nicht erspart. Wer dann sein Herz verschließt, leidet nicht weniger, aber sein Leiden bleibt unfruchtbar. Wir kennen aber auch Menschen, die am Leiden erst zu innerer Größe herangewachsen sind. Das Leben fordert uns heraus, selbst das Leiden zu Herzen zu nehmen und daran zu reifen.

Wie aber sollen wir so Schweres zustande bringen, bevor wie an Leichterem geschult sind? Können wir das Zuherzennehmen nicht täglich an Leichterem üben? Wir können uns die kleinen Freuden des Alltags wirklich zu Herzen gehen lassen. Wenn wir das tun, dann wird es uns immer leichter fallen, auch im Leid unser Herz nicht zu verschließen. Wenn uns etwas zutiefst beglückt, dann fühlen wir doch manchmal, daß uns vor Freude förmlich das Herz zerspringt. Wir können unser in sich verschlossenes Herz aber auch im Alltag immer wieder aufspringen lassen, bis wir es erst gar nicht mehr verriegeln. Gesammelt leben, heißt mit offenem Herzen leben.

Wer mit Indianern leben durfte, weiß, was Sammlung heißt. Wenn eine Indianerin Feuer macht im Herd, dann tut sie das mit derselben gesammelten Haltung wie, sagen wir, ein Pilger am Ganges ein Räucherstäbchen anzündet. Beide beten. Beiden fließen durch diese Sammlung Sinn in ihren Alltag. Warum sollte das nicht auch uns geschenkt sein? Als Kinder konnten wir mit solcher Sammlung zeichnen, Ameisen beobachten, oder auch nur in die Luft schauen – solange wenigstens, bis man uns oft genug ermahnt hatte, „Steh nicht herum; tu etwas!" und wir uns endlich wie Erwachsene benahmen. Das Kind in uns wartet. Noch ist es nicht zu spät. Durch Sammlung können wir das Kind in uns befreien. Das Kind in uns ist gesammelt. Sammlung ist etwas ganz anderes als Konzentration, jene gespannte Aufmerksamkeit, die unser Blickfeld mehr und mehr einengt. Sammlung erweitert vielmehr unseren Ausblick und vertieft zugleich unseren Einblick. Konzentration kann krampfhaft werden. Sammlung bleibt immer gelassen. Hier grenzt sie aber schon an das nächste Kennzeichen echten Betens.

Wirklich beten heißt gelassen beten

Ich habe hier die Gelassenheit des Herzens im Auge, und dies in zweifachem Sinn. Einmal bedeutet Sammlung eine Haltung, die den ganzen Menschen kennzeichnet, weil sie seiner innersten Mitte entspringt. Und diese Wesensmitte nennen wir eben Herz. Andererseits ist es kein Zufall, daß unsere Sprache gerade vom Herzen spricht, wenn sie unser Lebenszentrum meint, nicht vom Kopf, vom Magen oder von der Leber. Physiologisch legt sich das natürlich nahe. Rein physiologisch ist außerdem das Herz ein ganz einzigartiger Muskel in unserem Körper, ein Muskel, der durch Gelassenheit gekennzeichnet ist.

Wie könnte sonst das Herz (und ich spreche jetzt vom Zentralorgan des Blutkreislaufes) jahrzehntelang unermüdlich pumpen? Jeder andere Muskel wird schon nach kurzer Zeit der Tätigkeit müde und fängt zu schmerzen an. Der Herzmuskel arbeitet gelassen weiter – ein Leben lang. Wie ist das möglich? Eben wegen jener Gelassenheit, die Anspannung und Ausruhen in vollendeter Ausgewogenheit miteinander verbindet. Mit jedem Herzschlag spannt sich der Herzmuskel an und stößt so das Blut in die Arterien. Zu jedem Herzschlag gehört aber auch die Phase der Entspannung, während der das Blut aus den Venen in das Herz zurückströmt. Rein physisch ist da in unserer Körpermitte ein Organ, das Spannung und Entspannung, Geben und Nehmen harmonisch auszuwägen weiß. Und darin liegt ja das Wesen der Gelassenheit.

Wenn wir nur auch in einem tieferen Sinn unser Leben von der Gelassenheit des Herzens tragen ließen! „Wir sind die Treibenden", wie *Rilke* sagt. Wir sind die so selten Entspannten. Wir nehmen und nehmen, aber wann geben wir? Wann geben wir uns selber? Hingebung und Gelassenheit gehören innig zusammen. Ich spreche hier gar nicht von Hingebung an schwere Aufgaben, von opferbereiter Selbsthingabe für ein Ideal. Es genügt schon, wenn wir an gelassene Hingabe im Bereich der Sinne denken. Wie schwer fällt uns schon das. Gelassen horchen, gelassen schmecken, gelassen etwas anrühren – wie selten tun wir das. Darum ist unser Leben oft so sinnleer. Wie können wir denn Sinn finden, wenn wir nicht mit unseren Sinnen beginnen? Wenn auch Sinn weit über nur Sinnliches hinausgeht, er gedeiht, solange er im Sinnlichen verwurzelt bleibt. Und das können wir durch gelassene Sinnenfreudigkeit fördern.

Sinn findet man nicht durch grübelnd angespanntes Nachsinnen. Sinn wird uns in gelassenen Augenblicken zum Geschenk. Auch das wissen wir alle aus eigener Erfahrung. Die alten spirituellen Traditionen haben deshalb Formen entwickelt, durch die wir uns im Gelassensein üben können. Die Tee-Zeremonie Japans ist ein gutes Beispiel. Ursprünglich war das einfach die Form, in der die buddhistischen Mönche für einen Gast eine Schale Tee bereiteten und sie ihm vorsetzten; auch das Geschirrabwaschen am Ende gehört noch dazu. All das vollzog sich einfach völlig gesammelt und gelassen. Erst später wurden die Formen rituell festgelegt. Hunderttausende lernen und üben diese Gesten und Bewegungen heute in allen Einzelheiten. Das Wesentliche aber ist und bleibt Gelassenheit. Wo die fehlt, sind die Formen leer; wo sie herrscht, da kommt es auf Einzelheiten letztlich nicht so sehr an.

Wer einmal eine Tee-Zeremonie miterleben durfte, der weiß, wie ganz einfache Handlungen, etwa das Niederstellen eines Gefäßes oder das Falten eines Tuches, gelassen verrichtet, den Gast zutiefst beeindrucken können. Die Gelassenheit gibt der Sammlung bei aller Tiefe eine geradezu spielerische Leichtigkeit. Die Sammlung wieder bewahrt die Gelassenheit davor, lässig zu werden. Im Zusammenspiel öffnen die beiden ungeahnte Tiefen und heitere Weiten des Bewußtseins. In dem so geschaffenen Spielraum klingen alltägliche Geräusche, etwa das Sieden des Wassers im Kessel, wie noch nie gehört; alltägliche Gebärden, wie das Abtrocknen einer Teeschale, enthüllen sich als zeitlos bedeutsam. Nichts ist hier symbolisch: das wird immer wieder betont. Nichts bedeutet etwas anderes als sich selbst. Aber im Raum der Gelassenheit kann jedes Ding, jede Tätigkeit sich entfalten und auf ungeahnte Weise sinnvoll werden.

Die Tee-Zeremonie ist nur eine der vielen verschiedenen Formen, die von der Überlieferung bewahrt und entwickelt wurden, weil sie sich besonders zur Übung der Gelassenheit eignen. Jede Tradition hat ihre eigenen Formen. Im Gregorianischen Choral der Mönche findet die gleiche Gelassenheit Ausdruck, die wir von der Tee-Zeremonie her kennen. In beiden Fällen geht es um das Einüben einer inneren Haltung, die sich auch in jeder anderen Tätigkeit bewahren muß. Das Chorgebet der Mönche soll sich in der gesammelten Gelassenheit fortsetzen, mit der sie im Garten, am Schreibpult oder in der Küche arbeiten. Nicht nur durch das formelle Gebet, sondern durch jede unserer Tätigkeiten soll sich Sinn entfalten in Gelassenheit.

So leben heißt ohne Unterbrechung zu beten. Und auf das Beten sollte immer die Betonung fallen, nicht auf die Gebete. Gebete feiern den Sinn von Welt und Leben. Durch diese Feier vertieft sich uns der Sinn des Lebens. Beten kann aber nicht auf Gebetszeiten beschränkt werden, so wenig wie leben auf Feierstunden des Lebens. Wenn ich mich erinnere, wie eine Indianerin eine Decke zusammenfaltet, dann weiß ich, daß sie es mit derselben inneren Haltung tut, mit der ein Tee-Meister sein Seidentüchlein faltet. Beide beten. Beide trinken Sinn: trinken gelassen, wie Kühe am Trog. In beiden spielt das Kind wie am taufrischen Schöpfungsmorgen mit der göttlichen Weisheit.

Als Kinder wußten wir noch, gelassen zu leben. Aber auch in der Welt der Kinder sind die Formen am Zerbrechen. Die Kinderreigen, die in meiner eigenen Kindheit in den Bergen noch so lebendig waren, wo sind sie heute? Auszählreime und Reigenlieder, die Kinder Kindern seit Jahrhunderten wiedergegeben hatten, sind in

Vergessenheit geraten oder nur noch in Büchern zu finden. Wir dürfen hoffen, daß die Gelassenheit sich neue Formen der Feier schaffen wird, wenn sie fortbesteht. Vom Fortbestehen der Gelassenheit hängt unser eigenes Fortbestehen ab. *Ohne* Gelassenheit können wir ja nicht Sinn finden. Ohne Sinn kann kein Mensch überleben.

Beten und Gebete sind nicht das gleiche, haben wir gesagt. Gebete feiern den Sinn, der sich durchs Beten über Welt und Leben breitet wie Licht über eine Landschaft. Gelassen leben heißt, recht verstanden, ohne Unterlaß beten. Von dieser Einsicht hängt in der religiösen Erziehung von Kindern viel ab. Zunächst einmal sind wir dafür verantwortlich, die Gelassenheit unserer Kinder zu behüten. Wie kann ein Kind gelassen bleiben, das nie in Ruhe gelassen wird?

Wer die Beziehung zwischen Beten und Gebet versteht, der wird Kindern zwar zur rechten Zeit Gebete lehren, wird sich aber hüten, den Eindruck zu geben, daß Gebete wichtiger seien als das beständige Beten, das dem Kind, wenn auch unreflexiv, längst vertraut ist. Wir lehren die Kinder ja auch Gedichte und Lieder, in denen das Leben sich zur Feier verdichtet, ohne daß es uns oder ihnen einfiele, Dichtung wichtiger zu nehmen als das gelebte Leben.

Auch für uns Erwachsenen gilt ja, daß unser Beten dann am ehesten echt ist, wenn wir uns dessen am wenigsten reflexiv bewußt sind. Wie schwer fällt es uns oft, bei Gebeten gesammelt und gelassen zu sein, während uns das beim Angeln, beim Wandern oder beim Skifahren ganz von selber gelingt. Das spricht keineswegs gegen Gebete, es mag aber anzeigen, daß wir die Funktion des Gebetes für unser Beten noch nicht recht verstanden haben. Wir müssen uns immer wieder einmal fragen: Sind meine Gebete echter Ausdruck meines Betens? Und helfen sie mir, gelassen zu leben, d.h., *allzeit* zu beten? Darauf kommt es ja letztlich an. Und dafür ist jeder selbst verantwortlich.

Wo von Gebeten die Rede ist, da klingt bald das Stichwort „Glaube" an.

Wirklich beten heißt gläubig beten

Gläubigkeit gehört zu der Gelassenheit, von der ich eben sprach. Wenn echtes Beten gelassen ist, so hat das nichts mit unbekümmerter Sorglosigkeit zu tun. Das bliebe an der Oberfläche. Gelassenheit hat Gewicht. Sie reift durch Kummer und Sorge hindurch, weil sie eben gläubig ist. Glauben aber hat hier mehr mit Treue und Vertrauen zu tun als mit Für-Wahr-Halten. Diese Glaubensverständnis hat seine Wurzeln im tiefsten menschlichen Erleben und liegt eindeutig auch dem Glaubensbegriff in der Bibel zugrunde. Trotzdem schleichen sich gerade hier so oft Mißverständnisse ein, daß wir uns besonders bemühen müssen, sie zu vermeiden.

Wir müssen es zunächst vermeiden, den Glauben mit religiöser Überzeugung zu verwechseln. Im besten Fall sind diese Überzeugungen, die sich in Glaubenssätzen und Glaubensbekenntnissen ausdrücken, nie ganz hinreichende Versuche, das Unbegreifliche zu begreifen und das Unaussprechliche auszusprechen. Im schlimmsten Fall können sie uns den Weg verbauen, dann nämlich, wenn wir sie wichtiger nehmen als die lebendige Erfahrung des Glaubens selbst, für die sie doch immer nur mehr oder weniger gut geglückter Ausdruck bleiben. Auf jeden Fall sind religiöse Überzeugungen ernst zu nehmen, schon deshalb, weil sie zum Fanatismus werden und unendliches Unheil anrichten können in der Welt. Feste religiöse Überzeugungen können freilich auch Stütze und Hilfe sein für den Glauben. Aber nur dann, wenn wir uns nicht daran klammern. Glauben bedeutet zuerst und zuletzt tiefstes Vertrauen. Vertrauen auf was? Zunächst auf die Treue jenes Seinsgrundes, mit dem wir uns in unseren besten Stunden verbunden wissen. Wir wissen dann auch: der Seinsgrund trägt; wir können uns darauf verlassen. Im Sich-Verlassen besteht ja gerade das Vertrauen. Und weil der Seinsgrund immer tiefer liegt, als wir ihn ausloten können, so verlangt jenes äußerste Vertrauen, das wir den Glauben nennen, daß wir immer wieder loslassen, was wir fassen können, und uns vom Unfaßlichen ergreifen lassen.

Wenn wir Christen von den „Gläubigen" sprechen, dann meinen wir meist die Christgläubigen. So schnell geht das aber nicht. Uns Christen ist die Treue Gottes in Jesus Christus begegnet. Millionen, die von Jesus Christus niemals hörten, niemals hören konnten, leben und lebten doch als Gläubige im vollen Sinn des Wortes, in tapferem Vertrauen auf das Leben. Christus, der bei Johannes sagt, „Ich bin das Leben", kennt die Seinen. Es kann Hilfe und Stütze für den Glauben sein, Ihn durch die christliche Lehre ausdrücklich zu kennen. Wenn wir uns aber an Glaubenssätze klammern, anstatt uns tapfer dem Leben anzuvertrauen, dann wird es uns sogar noch zum Gericht, gewußt zu haben, daß ja Er das Leben ist. Die Gläubigen sind nicht jene, die etwas Bestimmtes glauben, sondern jene, die gläubig leben.

Was sollen wir dann aber denen antworten, die uns daran erinnern, daß zum Christenglauben von Anfang an die Überzeugung gehörte, daß allein im Namen Jesu das Heil zu finden sei. An dieser Tatsache läßt sich nicht zweifeln. Wir müssen nur fragen, was „Name Jesu" in diesem Zusammenhang heißt. Es handelt sich jedenfalls nicht um den Namen als eine Anordnung bestimmter Silben. Das wäre nicht Religion, sondern Magie. Der Name steht vielmehr für die Sendung des Genannten, für das, wofür er einsteht. (Darum fällt eine neue Sendung auch oft mit einer neuen Namensgebung zusammen, wie etwa bei Abraham oder Petrus.) Im Namen Jesus das Heil finden bedeutet also, in derselben Grundhaltung leben, die für Jesus kennzeichnend war: letztes Vertrauen noch im Kreuzestod auf die Treue jenes Urgrundes, den Jesus gläubig „Abba" nannte. Alle, die sich dem Seinsgrund ihres Lebens gläubig anvertrauen, ganz gleich, wie sie ihn nennen, finden „im Namen Jesu" ihr Heil. (*Karl Rahner* hat uns ein schönes Bild dafür geschenkt: Wer in einen Abgrund springt, kommt immer bis zum Grund, auch wenn er die Tiefe vorher nicht ausgelotet hat.)

Andere erinnern uns daran, daß Jesus *„der Weg"* ist. Macht das nicht alle anderen Wege zu Irrwegen? Da scheint es mir, daß wir die Bedeutung von Jesus Christus arg herabsetzen, wenn wir ihn nur zu *einem* Weg unter vielen machen, selbst wenn wir diesen einen den einzig richtigen nennen. Wenn wir verstanden haben, was der Name Jesus bedeutet, dann wissen wir auch, daß er für jenes gläubige Vertrauen steht, das allen gemeinsam ist, die spirituell „auf dem Weg" sind. Was bedeutet es denn, auf dem Weg zu sein? Wer nur am Wegrand sitzt, der ist nicht wirklich „auf dem Weg", selbst wenn es der beste Weg wäre, an dem er sich festgesetzt hat. Auf dem Weg sein bedeutet voranschreiten. Das verlangt Vertrauen. Das verlangt sogar, daß wir mit jedem Schritt den Weg hinter uns lassen, den wir schon zurückgelegt haben.

Glaube und Wagnis sind untrennbar verbunden. Zu oft wird der Glaubensweg wie ein Eisenbahngeleise dargestellt. Als ob man nur seinen Waggon ankoppeln lassen müsse, und los geht's, unfehlbar zur Endstation. Das Abenteuer des Glaubens ist eher einer Fahrt im Nebel vergleichbar, bei der man sich auf den Kompaß verlassen muß. Wie die Kompaßnadel nach Norden weist, so weist unser Herz auf den Sinn unseres Seins. Die Nadel im Kompaß kann sich aber nur dann frei bewegen, wenn wir das Sicherheitsschräubchen lockern, das sie in einer Stellung festhält. Unser Herz hat auch etwas, das diesem Schräubchen entspricht. Darum müssen wir uns immer wieder einmal Zeit nehmen, unser Herz frei zu machen. Vor allem müssen wir dem Kompaß unseres eigenen Herzens trauen. Das verlangt vielleicht das tapferste Vertrauen.

Wenn unser Herz ein Privatbereich wäre, dann kämen wir auf diesem Weg nur immer tiefer in Vereinzelung und Entfremdung hinein. Wir haben aber schon gesehen, daß wir im innersten Herzen zutiefst mit Gott und dem All verbunden sind. Dem Kompaß des Herzens folgen, heißt also, Zugang finden zur göttlichen Weltordnung. Weil hier so viel Raum bleibt für Selbsttäuschung, darum werden wir uns gerne an den Glaubensüberzeugungen unserer Überlieferung orientieren. Seefahrer richten sich ja auch nach den Karten der Entdeckungsfahrer, die vor ihnen kamen. Solange wir nur nicht in den Irrtum verfallen, die Karte könne die Seefahrt ersetzen.

In letzter Hinsicht kommt alles doch auf gläubiges Vertrauen an. Ziel des Glaubensweges ist ja jener Sinn des Lebens, nach dem sich unser Herz so sehnt. Von diesem Sinn zu trinken, heißt beten. Das können wir aber nur in gläubigem Vertrauen. So lange wir auf dem Weg sind, finden wir mit jedem Schritt Sinn, nicht aber als etwas, woran man sich klammern kann. Nur wenn wir loslassen und uns verlassen, dürfen wir sicher sein, mit dem nächsten Schritt neuen, tieferen Sinn zu finden. So schreiten wir voran „von Kraft zu Kraft", in gläubigem Vertrauen. Vertrauen aber bliebe kindisch, wäre es nicht mit Verantwortlichkeit gepaart. Darum gilt für unser Beten ein weiteres Merkmal:

Wirklich beten heißt verantwortlich beten

Es gibt ein Vertrauen, das unverantwortlich ist. Freilich verdient es dann nicht, Vertrauen genannt zu werden; gläubig ist es schon gar nicht. Das Vertrauen wahrer Gläubigkeit und echten Betens ist verantwortlich. Die Verantwortlichkeit, von der wir hier sprechen, wird andererseits durch gläubiges – nicht kindisches – Vertrauen davor bewahrt, sich in kompulsiver Wichtigtuerei zwanghaft zu verkrampfen, als ob wir die Last der ganzen Welt auf unseren Schultern tragen müßten. Je mehr wir uns auf den Seinsgrund (– auf Gott, wenn wir es so sagen wollen) verlassen, um so überzeugender erleben wir seine Verläßlichkeit. Wir erleben aber auch, daß Gott (oder der Urgrund aller Wirklichkeit) sich in rührender Armut und Verwundbarkeit auf uns verläßt. So hängen Vertrauen und Verantwortlichkeit zusammen.

Der Begriff der Verantwortlichkeit weist zunächst auf das Wort, das uns in jedem Augenblick anspricht. Richtig verstanden, *ist* ja jeder Augenblick unseres Lebens mit all den gegebenen Umständen, die darin zu Worte kommen, Wort, das von uns Antwort verlangt. Die kleine Silbe „ver" in Verantwortung drückt aus, daß es sich dabei um die grundlegende, die entscheidende Antwort handelt. In diesem Sinne verantwortlich sein, heißt bereit sein, von Herzen zu antworten, d.h., gesammelt, gelassen und gläubig, wie wir schon gesehen haben. Nur wer dem Leben von Herzen antwortet, kann so betend Sinn finden. Wirklich beten heißt also auch verantwortlich beten.

Nun läßt sich aber auch fragen: Wer hat das Recht und die Macht, uns zur Verantwortung zu ziehen? Vor welcher Instanz müssen wir uns letztlich verantworten? Es ist erstaunlich, wie selten eine so grundlegende Frage erhoben oder überhaupt erst formuliert wird. Die einen leben, so scheint es, verantwortungslos in den Tag hinein; für die anderen ist es gar keine Frage, daß sie sich eben vor Gott verantworten müssen. Letzteres stimmt zwar, es gibt hier aber leicht einen Kurzschluß. Wenn wir von Gott reden, dann haben wir gewiß jene Instanz im Sinn, vor der wir uns letztlich verantwortlich wissen. Richtig. Wo aber „residiert" die göttliche Instanz, vor der wir uns verantworten müssen? Wo hat sie, bildlich gesprochen, ihren Amtssitz?

Diese Frage ist weit schwieriger, als sie scheinen mag. Wenn wir uns letztlich einzig vor unserem eigenen Herzen zu verantworten haben, muß das nicht zu individualistischer Willkür führen? Wir können den Bezugspunkt unserer Verantwortlichkeit auch nach außen verlegen. Dann läßt sich die Frage nach der Legitimierung jener Autorität, vor der wir uns verantwortlich fühlen, nicht umgehen. Da draußen stellen nämlich ganz verschiedene und oft widersprüchliche Machts- und Rechtsbereiche Ansprüche an unser Verantwortlichkeitsbewußtsein. Wie gerechtfertigt sind jene Ansprüche? Und wer kann darüber entscheiden?

Mit dieser letzten Frage kommen wir unumgänglich wieder zu unserem eigenen Herzen zurück. Denn wo dürften wir sonst eine Antwort erhoffen? Keine Macht der Welt kann uns verantwortlich machen, wenn unser Herz ihr nicht das Recht dafür zugesteht. Unser Herz gibt auch ganz klar sein Urteil, wenn wir nur gesammelt, gelassen und gläubig hinhorchen. Ein Grund, warum wir das manchmal nicht tun, ist, daß unsere Vorurteile das Urteil des Herzens gar nicht hören wollen. Wir fürchten, daß es uns zu schwer fallen könnte, die Verantwortung auf uns zu nehmen, die unser Herz uns aufgibt. Und schwer ist es sicher. Was hier aber auf dem Spiel steht, ist Einklang mit der kosmischen Ordnung, Herzensfrieden, Sinnfindung.

Weil das Herz, wie schon gezeigt, unser Zugangspunkt zur kosmischen Ordnung ist, darum sind wir letztlich vor unserem eigenen Herzen verantwortlich. Nur ist das eben das genaue Gegenteil von Individualismus. Wer wirklich auf sein Herz horcht, der hört da den Anspruch, den alle Menschen, Tiere, Pflanzen, den der Kosmos, das All, ja der Quellgrund aller Wirklichkeit an unsere Verantwortung stellen. Wer auf sein eigenes Herz horcht, der hört nicht seine eigene Stimme, sondern seine ur-eigene Stimme, die Stimme Gottes.

Haben wir diese Stimme einmal gehört – und wer hat sie nicht gehört? –, dann wissen wir eigentlich auch, daß die Frage, ob unsere letzte Verantwortung nach außen oder nach innen weist, eine falsche Alternative vorausetzt. Kein Wunder, daß man von einem völlig verwirrten Kerl sagt, „der weiß nicht, wo Gott wohnt". Überall, außen wie innen, sollen wir uns verantwortlich erweisen. Ein Gegensatz, der sonst zu lähmender Polarisierung führen müßte, wird so als schöpferische Spannung erlebt.

Spannung gehört zum Leben. Immer wieder wird sich äußere Macht Rechte anmaßen, die ihr der Maßstab des Herzens nicht zugesteht. Immer wieder wird aber auch ein gerechter Anspruch von außen uns nötigen, mit dem Herzen zu horchen. Das Herz bleibt maßgeblich; alles andere sind Anmaßungen oder Mutmaßungen. Zu horchen, was das Herz von uns verlangt, heißt Sinn finden, heißt beten. Das Wort im Herzen, auf das unsere Verantwortung Antwort gibt, ist Geschenk – das größte aller Geschenke. Darum mündet Verantwortlichkeit in Dankbarkeit.

Wirklich beten heißt dankbar beten

Immer wieder stoßen wir in diesen Erwägungen auf die zentrale Bedeutung dessen, was eine alte und breite Überlieferung das Herz nennt. Gesammelt sein heißt, in der Herzmitte sein wahres Selbst finden. Gelassen sein heißt, im Einklang mit dem Herzen leben. Gläubig sein heißt, sich auf den Kompaß des Herzens verlassen. Verantwortlich sein heißt, sich dem Anspruch des Herzens zu stellen. Wie aber können wir mit Sicherheit den Weg finden zu unserem eigenen Herzen? Die Antwort lautet: durch Dankbarkeit. Dankbar kann man nur aus ganzem Herzen sein oder gar nicht. Wir brauchen also nur dankbar zu sein, und schon stehen wir, wo wir hingehören.

Was könnte einfacher sein als Dankbarkeit? Nichts sollte uns leichter fallen in einer Welt der gegebenen Tatsachen, als im gegebenen Augenblick den gegebenen Umständen gerecht zu werden, indem wir die einzig passende Antwort geben auf Gegebenes und uns dankbar zeigen. Wir erleben ja sogar unser eigenes Dasein als uns vorgegeben, als uns zugleich geschenkt und uns aufgegeben. Manchmal werden wir angesichts dieses Geschenkes von Dankbarkeit überwältigt. Manchmal verzagen wir angesichts der Aufgabe. In unseren besten Stunden aber sehen wir selbst die Aufgabe als Gabe. Warum fällt uns dann das Dankbarsein zu anderen Zeiten so schwer?

Der Grund ist, daß dankbar sein so viel von uns verlangt; eigentlich alles. Wer teilweise besitzt und teilweise empfängt, der kann Gegengaben geben aus seinem Besitz, kann tauschen oder bezahlen. Wem aber, wie uns, alles geschenkt ist, der kann nur danken, d.h. sich selber geben. Im Danken geben wir uns selber, weil wir sonst nichts haben. In unseren Gipfelstunden ist uns das ein Leichtes. Da bricht ja unser echtes Selbst durch und verströmt sich in dankbarem Zugehörigkeitsbewußtsein. Dann aber klammert sich unser kleines, irriges Ich wieder an seine Vereinzelung, und wir bleiben blind in uns selber stecken.

Dann stockt unsere Vernunft und kann das Gegebene nicht als Geschenk erkennen. Unsere Verstandeskraft allein reicht dazu nämlich nicht aus. Nur das Herz kann Sinn sehen. Was aber die Gabe zum Geschenk macht, gehört zum Bereich von Sinn. Im Herzen sind Verstand und Wille noch eins. Unser kleiner, eigenwilliger Wille aber kann nicht dankbar sein. Er kann nämlich das Gegebene nicht als Geschenk anerkennen. Das würde nämlich Verbindlichkeit bedeuten. Jedes Geschenk ist im tiefsten Sinne verbindlich: Es verbindet Geber und Empfänger. Unser kleiner Wille will jedoch seine unverbindliche Selbständigkeit wahren. Und unsere kleinen Gefühle – nicht das große Herzensgefühl – fürchten sich davor, dankbar und so verwundbar zu werden. So verhärten sie sich in Undankbarkeit.

Dankbarkeit läßt sich aber einüben. Aus der Erfahrung von Augenblicken spontaner Dankbarkeit kennen wir die Gebärde des dankbaren Herzens. Und wir kennen die Seligkeit, die dann über uns kommt. In Höhenstunden unseres Lebens verstehen wir mit der Verständigkeit unseres Herzens: Ja, es ist wahr: alles ist Gabe. Dann anerkennen wir mit willigem Herzen: Ja, es ist gut, daß gegenseitiges Geben und Empfangen alle mit allen in Dankbarkeit verbindet. Dann fühlen wir ganz herzlich: Ja, es ist schön, unsere gegenseitige Abhängigkeit ein Leben lang zu feiern. Weil wir dieses dreifache „Ja" aus unseren glücklichsten Stunden kennen, hindert uns nichts, es immer wieder zu sagen, auch wenn wir uns nicht so ganz danach fühlen.

Je dankbarer wir werden, um so glücklicher. Das sollte uns ein Ansporn sein. Es ist ja ein Irrtum, zu glauben, daß Glück dankbar macht. Im Gegenteil: Dankbarkeit macht glücklich. Wie viele Menschen haben alles, was man braucht, um glücklich zu sein, und noch weit mehr, sind aber doch nicht glücklich, weil sie nicht dankbar sind für das, was sie haben. Andere dagegen sind dankbar für was immer sie haben, auch wenn es zunächst wie Unglück aussieht, und das macht glücklich. Es ist eine Haltung, die nicht nur mit einem schweren Geschick leichter fertig wird, sondern auch mehr Aussicht hat, das Geschick einfallsreich zum besseren zu wenden. Der Schlüssel zum Glücklichsein liegt in unserer eigenen Hand, und er heißt Dankbarkeit.

Wahre Dankbarkeit ist ja keineswegs passiv. Sie kennzeichnet gerade die schöpferischsten Menschen. Weil Dankbarkeit die angemessene Antwort auf jede Gegebenheit ist, zeigt sie sich im tatkräftigen Zupacken, wenn der gegebene Augenblick das verlangt. So zeigt sich, wer dankbar ist, *verantwortlich*. Er zeigt sich aber auch *gläubig*; wie könnte er sonst das Vertrauen haben, daß jede Gegebenheit Gabe oder Aufgabe ist, an der er wachsen kann? In diesem Bewußtsein kann er *gelassen* vorangehen, im Schritt mit dem, was sich ergibt. Und nie sind wir so *gesammelt*, wie wenn wir dankbar sind; Dankbarkeit faßt alle Merkmale echten Betens zusammen. Denken, Fühlen, Wollen werden eins im dankbaren „Ja" des Herzens. Wir stehen hier an der Quelle vollen und erfüllten Lebens und Betens.

Durch Dankbarkeit können wir immer wieder die Verbindung herstellen zu unseren Gipfelerlebnissen und können deren erhöhte Lebenskraft in unseren Alltag überströmen lassen. In dem Maße, in dem uns das gelingt, wird jede Handlung unseres täglichen Lebens zu einer Form des Betens. Das Wesen der Gipfelerlebnisse ist ja, daß uns zur Erfahrung wird, was beten letztlich heißt; nämlich, aus unserer Verbundenheit mit dem Urgrund aller Wirklichkeit Sinn schöpfen. Wenn immer wir dankbar leben, beten wir also. Dann leuchtet unser Alltag in einem neuen Licht und erweist sich als sinnvoll. Eine Landschaft leuchtet so auf, wenn Sonnenstrahlen durch die Wolken brechen. Den Jüngern in Emmaus leuchtete es so ein, daß der Fremde, der da mit ihnen Brot brach, Jesus Christus war.

In allen Religionen der Erde gibt es Riten, die das große Ja des Herzens sinnbildlich zum Ausdruck bringen. In der christlichen Tradition ist es von Anfang an das Brotbrechen, in dem sich das dreifache Ja der Dankbarkeit anspricht. Das Brot versinnbildet uns selbst und alles, was es gibt, als Gabe. Darin liegt das Ja, mit dem das verständige Herz alles als Geschenk erkennt. Wenn das Brot gebrochen und verteilt wird, so spricht damit das willige Herz sein Ja aus zu der Gemeinsamkeit, die uns im Geben und Nehmen verbindet. Im gemeinsamen Mahl aber spricht das feiernde Herz sein freudiges Ja zu einem Leben, in dem wir selber füreinander Brot werden.

Da kommt mir ein Erlebnis in Erinnerung, das mich die verbindende Kraft des Brotbrechens nie vergessen lassen wird: New York, 3. Juni 1983, eine Gruppe von Studenten protestiert gegen die Aufrüstung. Im Großstadttrubel stehen sie zuerst schweigend unter einem Banner, auf dem steht „BROT, NICHT BOMBEN". Dann brechen sie singend einen großen, schönen Laib Brot und teilen die Stücke an alle Vorübergehenden aus, bieten sie ihnen wenigstens an; allen, auch der Polizei. Weiter vorne ist die Gruppe derer, die bereit sind, sich verhaften zu lassen, in die verbotene Zone eingedrungen.

Sie stehen jetzt vor der inneren Polizeisperre; sie singen, sie beten. Eine lange Kette junger Menschen und unbeweglich, ihnen gegenüber auf Atemnähe, die Kette von Polizisten. In diesem Augenblick kommt ein älterer Herr vorbei im grauen Anzug mit Weste. Daß für ihn diese ganze Protestiererei nur eine Störung auf dem Weg ins Büro ist, sieht man ihm an. Er bleibt genau an der Stelle stehen, von der aus er die beiden konfrontierten Reihen entlang schauen kann. Rechts, Stahlhelm an Stahlhelm, Visiere geschlossen, Knüppel in Abwehrstellung; links Schulter an Schulter die Singenden. Er schaut lange hin, ohne etwas zu sagen. Sein Gesichtsausdruck verändert sich auf eine Weise, die sich meinem Herzen für immer einprägt. Er liest, was auf dem Banner steht. Dann streckt er seine Hand aus und sagt beinahe feierlich: „Von diesem Brot möchte ich auch essen".

Beten verbindet. Wir aber brauchen nichts notwendiger in unserer zerrissenen Zeit als Verbundenheit, die in der uns allen gemeinsamen Tiefe wurzelt. *Reinhold Schneider* hatte wohl recht: „Allein den Betern kann es noch gelingen, das Schwert ob' unseren Häuptern aufzuhalten..."

Meditation und Heilung

Claudio Naranjo

Während der vergangenen ein oder zwei Jahrzehnte hat die westliche Psychologie sich mit aufmerksamem Ohr der Weisheit östlicher spiritueller Traditionen zugewandt. Wie ein Blick in psychologische und medizinische Zeitschriften verdeutlicht, besteht ein Aspekt dabei in der Wertschätzung der therapeutischen Bedeutung verschiedener Meditationsformen. Obwohl Meditation in den unterschiedlichen spirituellen Traditionen nicht als Mittel zur Heilung bestimmter Leiden des Körpers und des Geistes verstanden wird, sondern als Pfad zur höchsten Erkenntnis, dürfen wir nicht vergessen, daß der therapeutische und der spirituelle Aspekt zwei Seiten der gleichen Medaille sind. Vorwissenschaftliche Herangehensweisen scheinen dies sehr wohl gewußt zu haben. So zeigen zum Beispiel die Abhandlungen des Buddha bezeichnenderweise, daß der achtfache edle Pfad und die Meditation in besonderer Weise der Transzendierung des Leidens dienen; und der Taoismus bekennt sich zu der Untrennbarkeit zwischen spiritueller Vollkommenheit und dem gesunden Fließen des *ch'i* in den subtilen Bahnen des Körpers.

Ich werde im folgenden auf die *Meditation als Psychotherapie* eingehen; zuvor aber muß ich kurz klären, was ich unter „Meditation" verstehe, denn es gibt zahlreiche Meditationsformen, deren Definitionen manchmal wenig umfassend sind. Kurz gesagt, wenn ich von „Meditation" spreche, beziehe ich mich auf den gesamten Bereich der Meditation. Ich befasse mich hier mit einer Kartographie dieses Bereichs und mit Überlegungen über Meditation mit ihren verschiedenen Dimensionen, denn wenn Meditation tatsächlich nur multidimensional zu verstehen ist, d.h. als eine Zusammensetzung von mehreren Komponenten, dann müssen wir deren heilende Potentiale untersuchen.

Lassen Sie mich dieses Thema schrittweise angehen, indem ich Ihnen die Entwicklung meiner Gedanken hierüber mitteile. Einigen

Lesern wird mein Meditationskonzept bekannt sein, das vor 15 Jahren in Zusammenarbeit mit Dr. Ornstein unter dem Titel „Psychologie der Meditation" veröffentlicht wurde (*Naranjo, Ornstein* 1970). Ich habe hier zum ersten Mal nach der gemeinsamen Struktur der verschiedenen Meditationsansätze gesucht und die unten aufgeführte tripolare Graphik vorgeschlagen.

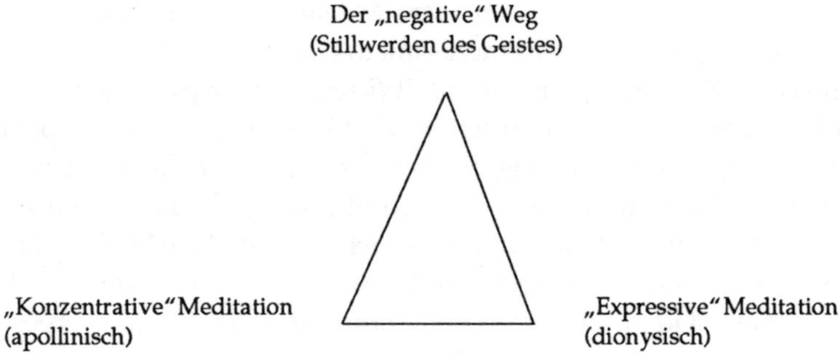

Abb. 1

Ich legte dann den Unterschied zwischen zwei gegensätzlichen Meditationsgruppen bzw. –stilen dar: Die eine nannte ich „konzentrativ"; der Meditierende sammelt sich auf ein ausgewähltes Objekt und verharrt in einer Haltung der Disziplinierung des Geistes. Die andere Gruppe könnte als eine „Disziplin der Undisziplin" im Sinne eines Loslassens des Geistes verstanden werden, als eine Disziplin des Sich-überlassens. Von diesen unterschied ich eine weitere Gruppe, die ich den „negativen Weg" nannte, eine Haltung der Disidentifikation von den Objekten des Denkens und Wahrnehmens.

Ich verdeutlichte den Gegensatz zwischen der konzentrativen Meditation und jener, die ich mit der Haltung des Loslassens und Sichüberlassens charakterisierte, indem ich auf sie die Attribute „apollinisch" und „dionysisch" anwandte; auf das Gebiet spiritueller Bestrebungen bezogen halte ich diese Begriffe für noch geeigneter als auf künstlerische und kulturelle Stilrichtungen. Der „negative" Weg wird im Zazen auf typische Weise verdeutlicht, dessen Hauptmerkmal weder ein Sich-sammeln noch ein Loslassen ist, sondern eine Haltung, den Geist ganz abzuschalten.

Nach der im Vorhergehenden erwähnten Veröffentlichtung von „Wesenskern und Techniken der Meditation" *(Naranjo, Ornstein* 1976) fand ich jedoch, daß dieses Modell dem Gegensatz nicht gerecht wird zwischen *Vipassena,* wo das Objekt der Meditation die fortlaufende Erfahrung selber ist, und einer Meditation über ein Objekt im eigentlichen Sinne (visueller, auditiver oder begrifflicher Art), welches auf etwas jenseits seiner selbst hinweist, so daß es eine evokative und symbolische Funktion erhält. Aus diesem Grunde schlug ich in einem darauf folgenden Aufsatz *(Naranjo* 1977) vor, eine Landkarte des ganzen Bereichs der Meditation zu erstellen, die den beiden bipolaren Dimensionen entspricht: Ich bezeichnete die eine als stop-go-Dimension, sie reicht von Nichts-tun bis Loslassen (die oben genannten negativen und expressiven Formen); die zweite Dimension bildet der Gegensatz zwischen Achtsamkeit und Gottes-Bewußtsein.

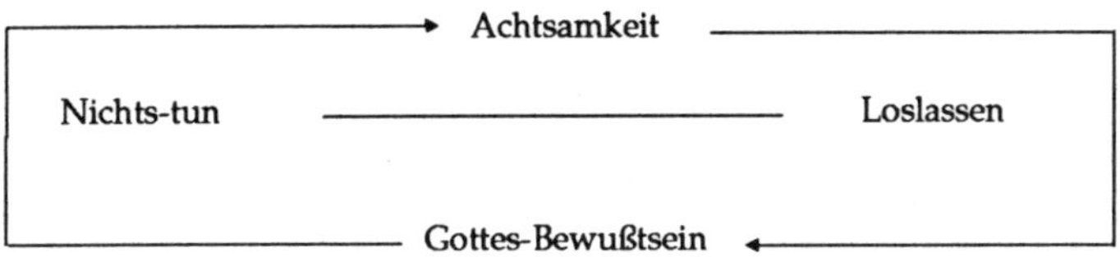

Abb. 2

Ich zitiere aus diesen früheren Ausführungen:

„Ich schlage vor, daß wir nicht nur vier Grundarten der Meditation unterscheiden, sondern auch vier Dimensionen bzw. Komponenten, die sich alle einander annähern und in jener Erfahrung enthalten sind, welche das höchste Ziel des Meditierenden ist. Höheres Bewußtsein erfordert das Schweigen des niederen, peripheren Geistes als Voraussetzung für innere Freiheit und Sponaneität, für Bewußtheit und Heiligkeit. Daraus ergibt sich, daß die von mir beschriebenen Polaritäten nicht widersprüchlich, sondern *komplementär* sind, denn nur auf einer äußerlichen Erfahrungsebene scheinen sie widersprüchlich. Der Gegensatz, zu einem Zustand mentaler Stille zu gelangen und zum Beispiel das freie Fließen innerer Prozesse zuzulassen, ist vereinbar und kommt in einem mentalen Zustand überein, der gleichzeitig mentales Schweigen und innere Freiheit ist, wie er häufig in der Zen-Literatur beschrieben wird.

Ohne die im Innersten der Meditation verborgene Erfahrung jedoch, jene unbeschreibliche Erfahrung des gleichzeitigen Spürens von Frieden, Freiheit, Bewußtheit und Numinosität, werden Meditierende, die den getrennten Pfaden des Nicht-tuns und des Sichüberlassens folgen, wahrscheinlich gegensätzliche mentale Einstellungen entwickeln. Der Pfad des *wu-wei* (so der traditionelle chinesische Begriff für Nichts-tun) kann leicht zu einer zu „trockenen" Meditation führen; andererseits kann der Pfad des Loslassens mit seinen Ekstasen leicht zu „feucht" werden. Dennoch können beide Pfade, welche die vorherrschenden Meditationsformen im Osten bzw. im Westen sind, die Meditierenden potentiell zu einem gemeinsamen Ziel führen.

Das heißt nicht, daß die durch das Beschreiten des einen oder anderen Pfades erlangte Spiritualität die gleiche wäre. Genauer gesagt: Auch wenn der Gipfel des Berges von Osten oder Westen ebenso wie von Norden oder Süden erreicht werden kann, so müssen wir doch begreifen, daß die *Erfahrung* des Gipfels sich dem Hintergrund der verschiedenen Kletterer entsprechend in verschiedener Hinsicht unterscheiden wird. Wenn wir diese Metapher weiterdenken, so können wir sagen, daß die Bergspitze von einem, der seinen Weg dorthin durch die Sümpfe genommen hat, anders erfahren und zum Ausdruck gebracht wird als von einem, der über felsige Abhänge geklettert ist. Jeder von beiden hat während der langen Reise seine eigenen Fähigkeiten entwickelt und wird die neuen Eindrücke in einem Geist, der auf besondere Weise sensibilisiert ist, empfangen.

Ebenso wird die Erfahrung der Erleuchtung bei denen, die über den Weg der Achtsamkeit zu ihr gelangten, anders hervortreten als bei denen, die den Weg des Gottes-Bewußtseins nahmen. In dem Umfang, wie der Weg der Achtsamkeit wahrhaftig zu seiner Bestimmung führt, ist er ein Tor zu spiritueller Erfahrung, so daß selbst die trockenste Form des Teravada-Buddhismus auf einem Kontext der Religiosität beruht. Auch der Weg des Gottes-Bewußtseins, wie er vom Westen verkörpert wird, kann nur mit Hilfe der Achtsamkeit zu einer echten Erfahrung des Göttlichen werden (im Gegensatz zu intellektuellen Konzepten). Der geistesabwesend Betende betet also nicht wahrhaftig, denn die mit der Praxis der Achtsamkeit verbundene beständige Aufmerksamkeit ist eine Grundvoraussetzung für tiefe Versunkenheit."

Noch einige Zeit später fand ich es jedoch unangemessen, andächtige Gesänge als Beispiel für die „Meditation auf ein Objekt" zu betrachten; die affektive Dimension der Psyche sollte in einem Meditationskonzept ebenso wie die konative und die kognitive berücksichtigt werden. Auf der Transpersonalen Konferenz in Bombay schlug ich also neben den beiden im Vorhergehenden umrissenen Dimensionen eine weitere, ebenfalls bipolare, vor, deren Pole Liebe und Nicht-anhaften sind.

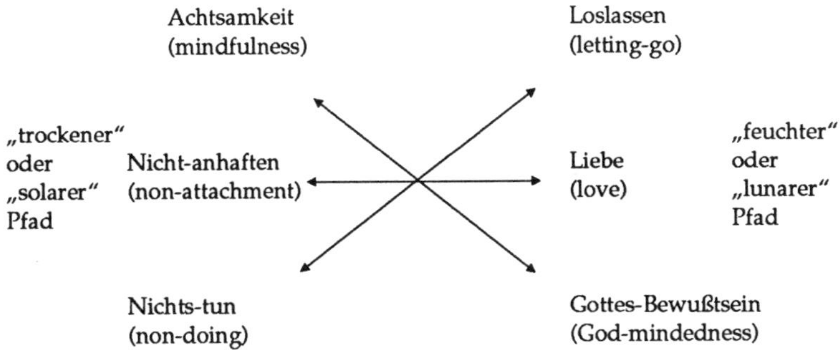

Abb. 3

Wie die Dimensionen Nichts-tun/Loslassen und Gottes-Bewußtsein/Achtsamkeit, so ist der scheinbare Widerspruch zwischen Liebe und Gleichmut lediglich die Erscheinungsform einer weiteren Komplementarität. „Universelle Liebe" und „kosmische Indifferenz" könnten sehr treffend mit dem Bild von Yin und Yang veranschaulicht werden; sie umfassen einander nicht nur, auch trägt jedes das andere im Kern in sich.

Ich habe auch darauf hingewiesen, daß die drei Dimensionen, von denen auszugehen ich vorschlage, um meditative Erfahrungen zu begreifen, nicht unabhängig voneinander sind. Wir können folgendes sagen: Die Übungen, den Geist still werden zu lassen und ihn zu beobachten, gehören zusammen und bewirken wiederum Gleichmut, was wir den „yogischen Komplex" nennen können, während die Übungen des Sich-überlassens, des Gottes-Bewußtseins und der

Kultivation der Liebe naturgemäß einem „religiösen Komplex“ zuzuordnen sind. Alternativ dazu können wir auch, wie es in der Vergangenheit üblich war, von einem „trockenen“ und einem „feuchten“ Weg, einem „solaren“ und einem „lunaren“ Pfad sprechen, was den vorherrschenden Formen spiritueller Bestrebungen im Osten wie im Westen entspricht. Aus mathematischer Sicht sind also die drei Dimensionen der Meditation nicht unabhängig voneinander, sondern aufeinander bezogen; sie sollten nicht rechtwinklig dargestellt werden, sondern mit Winkeln, die kleiner als 90° sind.

Vor diesem Hintergrund möchte ich das Thema der Meditation als Psychotherapie angehen, denn wenn Meditation sich als ein Bereich in sechs Facetten darstellen läßt und ihre spezifischen Techniken in unterschiedlichem Maße diese sechs „inneren Haltungen“ des Geistes umfassen, dann können wir das umfassendere Thema angehen und uns der Reihe nach mit den therapeutischen Aspekten des Nichts-tuns, des Loslassens, der Achtsamkeit, des Gottes-Bewußtseins, des Nicht-anhaftens und der Übung der Liebe beschäftigen.

Ich werde in dieser Erörterung den Begriff des „Ego“ in dem Sinne einführen, der den spirituellen Traditionen zugrunde liegt; er sollte nicht mit der psychoanalytischen oder allgemein üblichen psychologischen Bedeutung des Begriffs verwechselt werden. So wie das „Ego“ in traditionellen Zusammenhängen gleichbedeutend mit dem „kleinen Geist“ ist, der dem „großen Geist“ im Wege steht, so sehe ich hier das „Ego“ als die Summe der Konditionierungen, mit denen wir uns gewöhnlich identifizieren, des unwillkürlichen Anteils unserer Psyche und der erlernten Weisen des Tuns, Sehens und Wahrnehmens, die einem potentiell möglichen organismischen Fließen im Wege steht. In diesem Sinn ist das „Ego“ weniger mit dem „Ego“ der Psychoanalyse vergleichbar und entspricht eher dem Begriff des Charakters, insbesondere in seiner post-Reichianischen Bedeutung, wo Charakter mit Unterdrückungsmechanismen in Zusammenhang gebracht wird. Wir können uns das Ego in seiner herkömmlichen Bedeutung auch als psychopathologischen Aspekt (oder als Sub-Selbst) der Psyche vorstellen, charakterisiert nicht nur durch Fixierungen (d.h. Wiederholungszwang), sondern auch durch sich selbst perpetuierenden Schmerz, dem durch Sehnsucht, Aggressionen und aktives Nicht-Bewußtsein zu entrinnen gesucht wird.

Es ist einfach einzusehen, daß Nichts-tun, d.h. alle psychischen Vorgänge zum Stillstand zu bringen, eine Medizin sein kann für alles, was seelisch im Argen liegt. Wie auch immer die psychodynamische Situation beschaffen sein mag, welche Emotionen und Gedanken auch immer den gegenwärtigen seelischen Zustand bestimmen – die Fähigkeit, die „Vibrationen des Geistes anzuhalten" (wie *Patanjali* sich ausdrückt), wird zu deren Auflösung beitragen können. In dem Ausmaß wie das Ego ein Bündel zwanghafter Geistesaktivitäten ist, wird Nichts-tun, d.h. die Entspannung von Muskeltätigkeit, Einstellungen und Denkweisen, eine Übung des Transzendierens der Zwanghaftigkeit sein. Ich meine mit „Ego-Verlust" das „Wegschmelzen" eines dysfunktionalen Systems in der Psyche, eine Organisation von Erfahrungen und Verhaltensweisen, die, sobald sie angesichts von Schmerzen zu einer Nothandlung wird, sich auflöst und eine anti-organismische Kraft bildet, also einen zerstörerischen und tötenden Faktor. In dem Ausmaß wie das Ego nur ein Teil der Psyche ist, der sie aber ganz beherrscht, wird die Übung des Nichtstuns eine Übung des Loslassens dieser dysfunktionalen Überkontrolle sein.

Mit zunehmenden meditativen Erfolgen kann die Kontroll-Überfunktion des Ego (und die dadurch entstehende Beeinträchtigung der organismischen Selbst-Regulierung) höchst wirksam durch den direkten Befehl, loszulassen, aufgegeben werden, der nicht nur zu schamanischen und prophetischen Erfahrungen gehört, sondern in gewisser Weise auch zu jeder Art von Meditation. In der Haltung, sich etwas größerem als sich selbst zu überlassen, läßt die Psyche jene innere Spontaneität zu, die dem Ego fehlt und die gleichermaßen Gesundheit bedeutet und ein Pfad zur Heilung ist.

Ebenso wie die Bedeutung des Loslassens in der gegenwärtigen Psychotherapie weitgehend Anerkennung findet, so besteht eine weitverbreitete Einsicht in den Wert der Achtsamkeit. Der frühere Schwerpunkt des Erinnerns der Vergangenheit hat sich im Verlauf der Geschichte der Psychoanalyse zu einer Betonung der Bewußtheit über das Gegenwärtige verschoben, und mit dem Auftauchen der Gestalttherapie und ihrer Hervorhebung des therapeutischen Wertes einer Zentrierung im Jetzt ist die „Hier-und-Jetzt"-Formel zu einem Schlagwort geworden. Auch die Anerkennung des psychotherapeutischen Stellenwerts verschiedener Formen der Körperarbeit (Elsa Gindler, Eutonie, Feldenkrais, Alexander-Schule etc.) kann als Beweis für die therapeutische Wirksamkeit der Körper-Bewußtheit an sich herangezogen werden. Die Tatsache, daß Bewußtheit über gegenwärtig ablaufende Erfahrungsprozesse eine heilende Wirkung ausüben kann, mag teilweise als Ergebnis sich selbst korrigierender Prozesse verstanden werden, die im Organismus im Lichte der Bewußtheit stattfinden. Wir können auch annehmen, daß die Übung der Aufmerksamheit ein Gegenmittel (gleichsam Gift) für das Ego ist, insofern nämlich, als dieses sich nur durch Unterdrückung und selektive Unaufmerksamkeit gegenüber Erfahrungen aufrechterhalten kann.

Das Gottes-Bewußtsein heilend wirken kann, wird weitgehend durch Darstellungen jener psychologischen Vorteile erhärtet, welche aus entweder spontan oder psychedelisch ausgelösten transpersonalen Erfahrungen gewonnen werden. Während das Ego als geschlossenes System, belebt durch ein Gefühl der Unzulänglichkeit, funktioniert, ist das Erwachen zu religiösen Erfahrungen gleichzeitig das Erwachen zu einem Reichtum, in dem die Sehnsucht Erfüllung findet, und die Energien, die in ihre dysfunktionale Suche nach einem Sinn an der falschen Stelle eingeschlossen sind, können für befriedigendere Ziele eingesetzt werden.

In versunkener Meditation, wo der Mensch die Erfahrung einer Verschmelzung mit dem Objekt der Betrachtung sucht, besteht zugleich eine selbst-vergessene und, auf physischer Ebene, tiefe Entspannung, die als „selbstlose Hingabe" begriffen werden kann. Selbst wenn also mystische Erfahrungen, die das Ziel der Meditation sind, fehlen, können wir festhalten, daß der Akt kreativer Imagination eine vorübergehende Aufhebung des Ego mit sich bringt.

Die Feststellung, daß die Übung des Nicht-anhaftens eine andere Art der Aufhebung des Ego sei, kann als Ergebnis der Betrachtung gelten, das Ego werde durch einen Mechanismus angetrieben, den *Maslow* „Motivation des Mangels" nennt und den der Buddhismus als Sehnsucht bezeichnet. Die zwanghafte Unruhe, die dem normalen Geisteszustand eigen ist, wird durch ein Gefühl des Mangels angeregt. Wir können daher sagen, daß die von den spirituellen Traditionen empfohlene Praxis des Gleichmuts der Aufforderung gleichkommt, dieses Mangel-Gefühl (ob es nun als Moralität, Kastration oder existentielles Vakuum begriffen wird) nicht auszuagieren. So wird verständlich, daß in der Entwicklung dieser anderen Haltung dem Schmerz gegenüber eine Möglichkeit liegen mag, ihm zu entkommen, läßt sich doch feststellen, daß psychischer Schmerz gerade durch die Anstrengung, ihn zu vermeiden, aufrecht erhalten wird.

Wenn das Blut, das in den Adern des Ego rinnt, Sehnsucht ist und jenes in den Adern dessen, was wir unser Höheres Selbst, Wesen, wahres Sein nennen mögen, Liebe, dann entspricht es den Naturgesetzen, wenn die Übung der Liebe zu anderen, sich selbst und dem Höchsten als Weg zu spiritueller Entwicklung gemeint ist. Betrachten wir jedoch die Praxis der Liebe uznd Hingabe realistisch, werden wir zugeben müssen, daß diese zum großen Teil darin besteht, Destruktivität aufzuheben oder zu verhindern. Eine solche „Ego-Enthaltsamkeit" genügt jedoch, ebenso wie in der Praxis des Nicht-anhaftens, um einige Schritte des Abstands zwischen den unwillkürlichen Neigungen der Psyche und dem Übenden entstehen zu lassen, Schritte zur Disidentifikation, die gleichermaßen Schritte zur Freiheit sind.

Zusammenfassend schlage ich also vor, daß die sechs unterschiedlichen Geisteshaltungen in unterschiedlichem Ausmaß die Grundlage für jene Übungen bilden, durch welche dem Menschen die bestmögliche Entfaltung seiner Geisteskräfte auferlegt wird, und daß diese unterschiedlichen „Grundtechniken", wie wir sie unter Voraussetzung von Meditationstechniken im eigentlichen Sinne nennen können, zusammenlaufen in einem einzigen Prozeß der Verhinderung des Ego bzw. der Aufhebung der auf konative, affektive und kognitive Rollen festgelegten Persönlichkeit. Das Ego ist der Schleier, der unsere spirituelle Wahrnehmung verdunkelt; wir müssen aber hinzufügen, daß die Aufhebung (Vernichtung oder vielmehr Transzendierung) des Ego einem Wegreißen des Schleiers gleichkommt, der uns von der Wahrnehmung unserer eigentlichen Natur und von allem, was ist, trennt. Aus diesem Grunde setze ich in dem abschließenden Diagramm das „Sein" als Antipode zum „Non-Ego". Denn während man das Non-Ego (vom Standpunkt des gewöhnlichen Bewußtseins aus das „Nichts") den therapeutischen Aspekt der Meditation nennen kann, läßt sich die Offenbarung des Seins bzw. Genosis als deren (untrennbares) spirituelles Ziel betrachten.

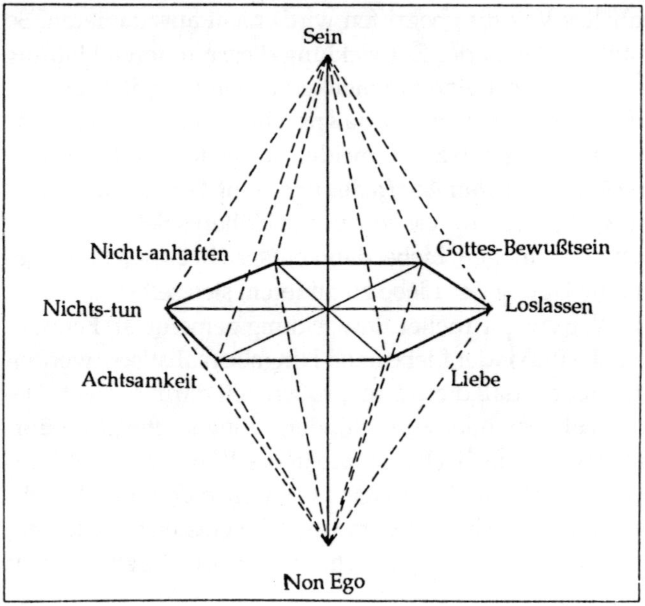

Abb. 4

Literatur

Naranjo, C., The Way up and the Way down: On Meditation, *Consciousness and Culture*, 1 (1) (1977).
Naranjo, C., Ornstein, R., Psychologie der Meditation, Fischer, Frankfurt/M. 1976.
–, Bringing Eastern Meditation into Western Psychotherapy, in: *Grof, S.*, Ancient Wisdom and Modern Science, State U. of N.Y. Press, 1984.

Übersetzung aus dem Amerikanischen von Doris Hegemannn.

Teil III:

Transpersonale Psychotherapie – Europäische Ansätze

Anthropósophie

Michaela Glöckler

1. Zum Leben und Werk Rudolf Steiners

Rudolf Steiner (1861 – 1925) ist der Begründer der anthroposophischen Geisteswissenschaft. Anthroposophie heißt Menschenweisheit, und so anspruchsvoll wie dieses Wort ist auch das damit verbundene Bemühen. Denn „Anthroposophie ist ein Erkenntnisweg, der das Geistige im Menschenwesen zum Geistigen im Weltall führen möchte".[1]

Eine Frage, die Anthroposophen oft gestellt wird, ist: Woher hatte Rudolf Steiner seine übersinnlichen Fähigkeiten? Wie konnte er in dieser Ausführlichkeit über das Leben nach dem Tode, über Menschenschicksale in wiederholten Erdenleben berichten? Wie die Weltgeschichte vom Anbeginn bis heute erforschen und über die esoterischen Zusammenhänge des Christentums in seiner Beziehung zu dem östlichen und westlichen Schulungsweg Auskunft geben?

In seiner Autobiographie „Mein Lebensgang",[7] die Steiner gegen Ende seines Lebens geschrieben hat, berichtet er, wie er von Kindheit an mit seinem Bewußtsein nicht nur in der Sinneswelt, sondern auch ganz wach in der übersinnlichen Welt lebte. Er schildert, wie er bald lernte, von seinen übersinnlichen Wahrnehmungen zu schweigen, weil er erlebte, wie seine Umgebung auf entsprechende Äußerungen mit Unverständnis reagierte. Schon während seiner Schulzeit strebt er danach, den Zusammenhang des sinnlichen und übersinnlichen Erfahrungsfeldes gedanklich zu fassen und damit mitteilbar zu machen. Dieses Anliegen wird auch in seinen erkenntnistheoretischen und philosophischen Schriften deutlich.[2,3,4,5] Denn hier schildert er nicht nur die Bedingungen der Forschung für die verschiedenen wissenschaftlichen Gebiete, sondern er lenkt auch den Blick auf die Natur des Denkens selbst als des Instrumentes für jedes Erkenntnisbemühen. Welcher Natur ist das Denken, durch das alle

Einsichten vermittelt werden können? Selbst ist es ja nicht sinnlich wahrnehmbar. Es macht aber alles Sichtbare verständlich, alle wirksamen Naturgesetze verfügbar. Rudolf Steiner macht darauf aufmerksam, daß das Denken die allen Menschen zugängliche übersinnliche Fähigkeit ist, mit der wir zwar alle täglich umgehen, über deren übersinnliche Natur wir uns jedoch meist keine Rechenschaft ablegen. Die gedankliche Betätigung als geistige zu erleben – hierzu führen seine oben erwähnten Schriften. Mit dieser Anschauung vom Denken findet sich Rudolf Steiner in innerer Übereinstimmung mit der thomistischen Philosophie, die das Denken als reale geistige Kraft beschreibt und nicht als strukturelles Regulativ im Sinne des Nominalismus.

Eine andere Frage, die Anthroposophen oft begegnet, ist: Warum haltet ihr an dem mittelalterlichen Universal-Realismus des Thomas von Aquin fest? Warum legt ihr so großen Wert auf den Realitätscharakter des Denkens? Die Antwort ist einfach: Spricht man dem Denken seine übersinnlich-reale Natur ab, so reduziert sich die Fülle der Welterscheinungen auf das sinnlich Gegebene. Damit wird hypothetisch postuliert, daß das seelische und geistige Erleben des Menschen nur komplizierte Eigenschaften der biochemisch-materiellen Prozesse sind. Das Übersinnliche wird nicht bemerkt oder vernachlässigt. Entdeckt man hingegen die geistige Natur des Denkens, so gliedert sich die Fülle der Welterscheinungen in den Bereich des sinnlich und geistig-real Erfahrbaren. Dabei dient das Denken einerseits der Erkenntnis des sinnlich Gegebenen. Andererseits wird es zur Grundlage der geistigen Schulung, da es selbst übersinnlich ist und so zwischen den sinnlichen und geistigen Erfahrungen vermitteln kann. Es kann sowohl das sinnlich Gegebene in Form von Vorstellungen dem Bewußtsein mitteilen, als auch die übersinnlichen Erlebnisse dem Bewußtsein gedanklich zugänglich machen. So gesehen schließen sich Rudolf Steiners Darstellungen über den meditativen Schulungsweg zur Geisterkenntnis mit innerer Notwendigkeit an die erkenntnistheoretisch-philosophischen Grundwerke an. Denn der von ihm gewiesene Weg der Meditation setzt bei der Erkraftung und Vertiefung des Denkens an und führt schrittweise, unter Beibehaltung des verstehenden gedanklichen Mitvollzugs, an die übersinnlichen Erfahrungen heran. Genauso folgerichtig schließt sich an die Beschreibung des Schulungsweges die Veröffentlichung der geisteswissenschaftlichen Forschungsergebnisse in den Büchern „Theosophie“[8], „Die Akashachronik“[9] und „Die Geheimwissenschaft“[10] an. Denn zum Schulungsweg gehört das Studium der geistigen Forschungsresultate, durch welche dem Schüler die Möglichkeit gegeben wird, sich geistig zu orientieren und die Ergebnisse der Geistesforschung durch persönliche Lebenserfahrung zu verifizieren. Nicht Glaube und Ergebenheit werden vom Schüler gefordert, sondern der selbständige gedankliche Nachvollzug und das Überprüfen des so Gedachten an der alltäglichen Lebenserfahrung.

Von Menschen, die Rudolf Steiners Forschung auf geistigem Gebiet oberflächlich betrachten, wird gerne gesagt, er sei ein Eklektiker gewesen, der aus den verschiedenen gnostischen, mystischen, alchemistisch-rosenkreuzerischen und theosophischen Quellen, sowie der orientalischen Philosophie und Religion ein neues Weltsystem zusammengestellt habe. Genauere Prüfung ergibt: Es handelt sich um originale, eigenständige Geistesforschung, die jeder Mensch in sein Denken aufnehmen und anhand seiner eigenen Lebenserfahrung überprüfen und verstehen kann. Vielen Menschen war es gegeben, übersinnliche Erfahrungen in dem einen oder anderen Bereich zu haben. Aber Steiner konnte das geistig Erlebte und Geschaute so in Gedanken fassen, daß es nicht nur geglaubt oder als Offenbarung hingenommen, sondern durch eigene Erkenntnisarbeit nachvollzogen, verstanden und weitergeführt werden kann. In einem der Vorträge, die Rudolf Steiner 1920 vor Ärzten gehalten hat, führt er, um Mißverständnisse zu vermeiden, diesbezüglich aus:

> „Ich möchte nicht versäumen, Sie darauf aufmerksam zu machen, daß dasjenige, was ich hier vortrage, nicht entlehnt ist älteren medizinischen Schriften, sondern auf durchaus gegenwärtiger geisteswissenschaftlicher Forschung beruht. Nur muß versucht werden, zuweilen in der Terminologie auf die ältere Literatur zurückzugreifen, weil ja die neuere Literatur eine Terminologie nach dieser Richtung hin noch nicht ausgebildet hat. Aber derjenige, der glauben würde, daß irgend etwas hier vorgetragen wird, was nur älteren Schriften entnommen ist, der würde sich eben sehr irren.“[11]

Diese geistige Unabhängigkeit und eigene Forschertätigkeit ist es auch gewesen, die Rudolf Steiner zur Trennung von der Theosophischen Gesellschaft veranlaßte, der er seit 1902 als Leiter der deutschen Sektion angehörte. Man hatte von ihm die Annahme angeblich geistiger Tatsachen erwartet, die er aus seiner Forschung heraus nicht bestätigen konnte. So gründete er 1912 eine eigene Gesellschaft, der er den Namen „Anthroposophische Gesellschaft" gab. In dieser wurde die begonnene Arbeit fortgesetzt.

Bis zu diesem Zeitpunkt vermittelt Rudolf Steiner in erster Linie die geisteswissenschaftlichen Grundlagen zum Verständnis der Evolution des Menschen und der Erde sowie die Methodik der Seelen- und Geistesschulung. Auch gibt er in mehreren Vortragsreihen ganz neue Hilfen zum Verständnis der Evangelien.[6,12,13,14)]

Mit dem Jahre 1909 beginnt jedoch bereits eine weitere Etappe in der Tätigkeit Rudolf Steiners. Waren es bis zur Jahrhundertwende philosophische und erkenntniskritische Schriften gewesen und von 1902 – 1909 im wesentlichen die Grundlagen der anthroposophischen Geisteswissenschaft, so beginnt nun bis zum ersten Weltkrieg eine außerordentlich fruchtbare Zeit künstlerischen Schaffens. Rudolf Steiner entwickelt zusammen mit *Lory Maier-Smits* und *Marie Steiner-von Sivers* die Grundelemente der neuen Bewegungskunst Eurythmie. Zugleich gibt er Marie Steiner-von Sivers Anregungen, das geistig Wirksame in der Sprache zu untersuchen. Jeder Vokal und jeder Konsonant werden auf ihren Wesensgehalt hin befragt und ihre sinntragende Stellung im Wort und in der künstlerisch gestalteten Sprache erforscht. Damit ist die Erkenntnisgrundlage für ein neues künstlerisches Erüben der Sprache geschaffen. Diese Art des bewußten Erübens und Umgangs mit der Sprache wird später „Sprachgestaltung" genannt.

Im Zusammenhang mit dieser Arbeit am Wesen der Sprache und der Bewegung entstehen auch Rudolf Steiners eigene dramatische Dichtungen: Die vier Mysteriendramen, welche in den Jahren 1910 bis 1913 jeweils im Sommer in München uraufgeführt wurden. Das fünfte Drama unterbleibt wegen des Kriegsausbruches 1914, obwohl es schon vollständig konzipiert ist. Es wird später nicht mehr aufgegriffen. Im Zusammenhang mit der Inszenierung der vier Mysteriendramen entsteht der Wunsch, dafür ein eigenes Theater zu bauen, bei dem bereits in den Formen der Architektur etwas von dem zum Ausdruck kommt, wonach künstlerisch bei den Aufführungen gestrebt wird: Ein unmittelbares Offenbaren seelischer und geistiger Zusammenhänge in Bild, Sprache und Bewegung. Rudolf Steiner arbeitet jetzt auch als Architekt und entwirft das erste Goetheanum als Doppelkuppelbau, das schließlich in der Schweiz, in Dornach gebaut wird. Für diesen Bau entwirft er die farbigen Glasfenster, betätigt sich mit Skizzen und Entwürfen sowie auch der endgültigen Ausführung an den Fresken und modelliert und schnitzt gemeinsam mit Edith Marion das plastische Hauptwerk, das den Menschheitsrepräsentanten Christus inmitten der die Menschheitsentwicklung begleitenden Mächte des Bösen, Luzifer und Ahriman, darstellt. Der Bau wird 1922 durch Brandstiftung vernichtet. Das zweite Goetheanum wird später nach einem neuen Entwurf Rudolf Steiners aus Beton errichtet.

Mitten im ersten Weltkrieg, im Jahr 1917, beginnt eine weitere Etappe der anthroposophischen Arbeit. Zu der geisteswissenschaftlichen Forschung und der künstlerischen Tätigkeit kommt als neuer Einschlag das soziale Engagement auf der Grundlage der sogenannten „Dreigliederung des sozialen Organismus" hinzu. 1917 veröffentlicht Rudolf Steiner in seinem Buch „Von Seelenrätseln"[15) erstmals seine Forschungsergebnisse zum Thema „Dreigliederung des menschlichen Organismus". Er faßt darin das Ergebnis dreißigjähriger Forschung auf wenigen Seiten zusammen und legt dar, wie das menschliche Denken organisch korreliert mit dem Nervensystem, das menschliche Fühlen mit den rhythmischen Funktionen von Kreislauf, Herz und Lunge und das menschliche Wollen mit der Stoffwechselaktivität und Gliedmaßentätigkeit des Organismus. Dabei macht er deutlich, daß jeder Nerv *Wahrnehmungsfunktionen* hat. Weder das Fühlen noch das Wollen haben in bezug auf ihre Entstehung etwas ursächlich mit dem Nervensystem zu tun. Sie bedürfen vielmehr der rhythmischen Funktionen und der Stoffwechsel- und Bewegungsvorgänge, um als seelische Realitäten im Leib erlebt und entfaltet werden zu können. Die sogenannten motorischen Nerven nehmen demnach Willensaktionen wahr, die primär im Stoffwechsel-Bewegungsapparat impulsiert werden. Ebenso hängt das Gefühlsleben gemäß dieser Forschung primär mit den rhythmischen Funktionen zusammen und wird über das Nervensystem nur bewußtgemacht. Nur das Denken steht mit dem Zentralnervensystem in einem primären Zusammenhang. Es ist zwar kein Ergebnis der Nervenvorgänge, es bedarf jedoch des Gehirns, um leibgebunden auftreten zu können und um bewußt erlebt zu werden. In der Kürze der Darstellung mag diese Gliederung des seelischen und leiblichen Lebens in Nerven- und Sinnesprozesse, rhythmische Vorgänge und Stoffwechselvorgänge einerseits und in Denken und Sinneswahrnehmung, Fühlen und Wollen andererseits abstrakt oder postulierend klingen. Bei genauerer Betrachtung zeigt sich jedoch, daß hier Tatsachen und Beziehungen aufgedeckt wurden, die von weitreichender Bedeutung für das Verständnis des menschlichen Organismus sind. Diese für die verschiedenen medizinischen Forschungsbereiche auszuarbeiten und fruchtbar zu machen, wird noch Aufgabe vieler Jahrzehnte wissenschaftlicher Arbeit sein. Für die Praxis der Pädagogik, Medizin und Sozialarbeit haben diese Forschungsergebnisse Rudolf Steiners jedoch schon heute Bedeutung, weil ihre therapeutische Relevanz unmittelbar erlebt werden kann.

Ab 1917 beginnt Rudolf Steiner auf die Anfrage von Menschen aus verschiedenen Berufen hin, die Bedeutung der Anthroposophie für die Lebenspraxis darzustellen. 1919 entsteht die erste Waldorfschule. Gleichzeitig werden grundlegende Ideen zur sozialen Erneuerung, daß heißt zu einer Entflechtung des Wirtschafts-, Rechts- und Geisteslebens dargestellt. Damit wird die Voraussetzung geschaffen für den Abbau anonymer Machtstrukturen und den Aufbau einer menschengemäßen sozialen Grundordnung.[16,17] Denn wenn diese drei Bereiche des kulturellen und sozialen Lebens autonom gegliedert und verwaltet werden, können die sozialen Ideale von Freiheit, Gleichheit und Brüderlichkeit im Zusammenhang mit der Würde des Menschen verwirklicht werden.

Als Rudolf Steiner von Theologen verschiedener Konfessionen gefragt wird, ob es nicht auch aus der Anthroposophie heraus die Möglichkeit gäbe, das religiöse Leben neu zu gestalten, gibt er 1922 die entscheidenden Hilfen zur Begründung der Bewegung für religiöse Erneuerung, die heute in vielen Ländern der Erde unter dem Namen „Die Christengemeinschaft" tätig ist. Den Landwirten gibt er 1924 Anregungen zur Wiederbelebung zerstörter Böden und zum Aufbau eines harmonisch aufeinander abgestimmten ökologischen Gleichgewichtes im landwirtschaftlichen Betrieb. Als er zunächst von einem Chemiker, dann auch von Ärzten gefragt wird, welche Konsequenzen die Anthroposophie für die Medizin habe, richtet er ab 1920 Kurse für Ärzte und Medizinstudierende ein, in denen er die Grundzüge einer anthroposophisch orientierten Medizin darlegt. Außerdem schreibt er zusammen mit seiner ärztlichen Mitarbeiterin, Frau Dr. med. *Ita Wegman*, das Buch: „Grundlegendes zu einer Erweiterung der Heilkunst nach geisteswissenschaftlichen Erkenntnissen"[18], das noch kurz vor seinem Tode vollendet wird. Besonders diese dritte Etappe der Wirksamkeit zeigt einen Charakterzug Rudolf Steiners, den er konsequent durch sein ganzes Leben hindurch gelebt hat: nicht von sich aus für dieses oder jenes einzutreten und die Menschen zu Handlungen zu motivieren. Es waren vielmehr die anderen, die Menschen, denen er begegnete, die ihn baten, diese oder jene Auskunft, Richtlinie oder Hilfe zu geben. Wo keine Frage war, wurde auch keine Antwort gegeben. Damit erweist sich Rudolf Steiner als moderner Eingeweihter, dessen Anliegen es ist, die christlichen Ideale von Freiheit und Liebe als höchste Werte menschlicher Entwicklung zu achten und zu schützen. In keines Menschen freien Willensentschluß einzugreifen ist ihm höchste Pflicht. Und seine Menschenliebe nimmt Rücksicht auf den Entwicklungsgrad jedes Menschen und verbietet jegliche Form von Missionierung oder Beeinflussung. Alles Dogmatische und Sektiererische war ihm wesensfremd, und er litt darunter, wenn seine Schüler derartige Neigungen entwickelten, und tat was er konnte, um dem entgegenzuwirken. Er wollte keine Anhänger oder Bewunderer um sich haben, sondern mündige Menschen, die die Wahrheit im Licht der Freiheit und aus Liebe zur Menschheit suchen.

Nach dem Brand des ersten Goetheanums in der Silvesternacht 1922 auf 1923 folgt ein Jahr der Neubesinnung. Die bisherige Entwicklung der anthroposophischen Bewegung wird überdacht und zusammen mit den engsten Mitarbeitern der Entschluß gefaßt, die Anthroposophische Gesellschaft noch einmal neu zu begründen. Dieses geschieht dann auf der Weihnachtstagung von 1923 auf 1924.[19] Neu ist dabei die Einrichtung der Freien Hochschule für Geisteswissenschaft als Zentrum der Anthroposophischen Gesellschaft, in der geistige Forschung auf allen Lebensgebieten betrieben werden kann. Erstmals wird in diesem Jahrhundert wieder eine „Universitas" gegründet, auf der Grundlage konkreter Geistesforschung und dadurch mit primär interdisziplinärem Ansatz: Das heißt, was in dem einen Wissenschaftszweig erarbeitet wird, wird mit den Ergebnissen aus einem anderen Bereich zusammengehalten und auf gegenseitige Entsprechungen, Ergänzungen und durch diese Verbindung sich ergebende Fragestellungen und Forschungsansätze hin überprüft. Im Zentrum dieser Hochschule steht die Allgemeine Anthroposophische Sektion, in der Rudolf Steiner selbst die Leitung übernimmt und für die Mitglieder der Schule esoterische Stunden gibt zur Vertiefung der anthroposophischen Schulung. Außerdem übernimmt er selbst noch die Leitung der Pädagogischen Sektion, da dem weiteren Ausbau der Waldorfschule bis zum Ende seines Lebens sein besonderes Interesse galt. Die anderen Sektionen für Medizin, Naturwissenschaft, Landwirtschaft, Sozialwissenschaft, Bildende Kunst, Redende und Musizierende Künste, Schöne Wissenschaften, Mathematik und Astronomie sowie für das Geistesstreben der Jugend werden zum Teil noch zu seinen Lebzeiten, zum Teil später, der Leitung von Fachleuten anvertraut.

Die Allgemeine Anthroposophische Gesellschaft als Förderer und Träger dieser Hochschule erhält einen neuen, geistigen Grundstein in Form einer Meditation. Darin wird wie in einem Brennpunkt das Anliegen der Anthroposophie zusammengefaßt: eine Pflegestätte zu sein für das menschliche Seelen- und Geistesleben in seiner Beziehung zu dem jedem Menschen innerlich nahen Gotteswesen, dem Christus.[1)]

Am 30. März 1925 geht Rudolf Steiner nach sechsmonatigem Krankenlager, bis zuletzt bei klarstem Bewußtsein und geistig unermüdlich tätig, über die Todesschwelle. Seine Sorge gilt in dieser letzten Zeit dem weiteren Aufbau der Anthroposophischen Gesellschaft als einer Menschengemeinschaft, die sich in den Dienst einer Kulturaufgabe stellt: auf allen Lebensgebieten zu versuchen, aus Einsicht in die geistigen Zusammenhänge zu handeln und die das Leben verwandelnden Impulse des Christentums zu verwirklichen. In der Zeit zwischen der Weihnachtstagung und dem Beginn seines Krankenlagers Ende September 1924 hält Rudolf Steiner für die Mitglieder seiner Gesellschaft noch 81 Vorträge über das menschliche Schicksal und die Wiederverkörperung.[20)] In diesen Vorträgen schildert er nicht nur den Schicksalsgang bedeutender Persönlichkeiten durch verschiedene Zeiten hindurch im Laufe ihrer Verkörperungen, sondern gibt auch praktische Hinweise zur Schicksalserkenntnis und Lebensbewältigung. Vom Krankenlager aus schreibt er Briefe an die Mitglieder der Gesellschaft und veröffentlicht regelmäßig Anregungen zur geistigen Forschung in der Wochenschrift „Das Goetheanum".[1)]

Seit dem Tode Rudolf Steiners ist die Entwicklung dieser primär international gegründeten Allgemeinen Anthroposophischen Gesellschaft weitergegangen. Sie zählt heute Mitglieder in fast allen Ländern der Erde, unabhängig von politischer Meinung oder religiöser Bindung. Bekannter als die Anthroposophische Gesellschaft sind im allgemeinen die Waldorfschulen, die heilpädagogischen und sozialtherapeutischen Einrichtungen, die klinisch-therapeutischen Institutionen sowie die anthroposophisch orientierte Medikamenten-Herstellung und die biologisch-dynamische Landwirtschaft.

2. Zum Verständnis der anthroposophischen Medizin

Die geisteswissenschaftlichen Grundlagen der anthroposophischen Medizin sind, wie schon erwähnt, in einer Reihe von Vorträgen sowie dem Buch „Grundlegendes zu einer Erweiterung der Heilkunst" in den Jahren 1920 – 1925 von Rudolf Steiner ausgearbeitet worden.[8,21] Auch hier steht die Erkenntnis des Zusammenhangs von Leib, Seele und Geist des Menschen ganz im Vordergrund. Das Studium der Anthroposophie und des Schulungsweges[22] ist die Grundlage, auf der dann im speziellen die Medizin betreffend weitergearbeitet werden kann. Da die Anthroposophie als solche das Wissen vom gesunden Menschen und seinen Entwicklungsmöglichkeiten birgt, läßt sich auf dem Hintergrund dieser Menschenkunde alles Krankhafte und Pathologische als Abweichung von diesem gesunden Menschenurbild verstehen. Heilung wäre immer, den Menschen seinem wahren Wesen, seinem göttlichen Urbild wieder näherzubringen. Rudolf Steiner hat in seinen pädagogischen Vorträgen die gesunde Entwicklung des Kindes bis zur Mündigkeit hin dargestellt.[23] In Vorträgen über den Lebenslauf und seine Gesetze sowie in seinem Buch „Theosophie"[8] hat er dann die weitere Entwicklung des Menschen bis zum Tode und in der geistigen Welt im nachtodlichen Leben geschildert. Hier, sowie in den Karma-Vorträgen,[20] werden auch die Gesetzmäßigkeiten der Schicksalsbildung bezüglich Gesundheit und Krankheit im Gang der wiederholten Erdenleben dargestellt. Damit ist der Hintergrund für das therapeutische Handeln aufgezeigt. Jeder Mensch, der in einem bestimmten Augenblick seines Lebens erkrankt und Hilfe nötig hat, befindet sich in einer Krisensituation seines Entwicklungsweges. Diese Krisensituation gilt es im Zusammenhang mit der Gesamtbiographie zu erfassen und aus der Einsicht in diesen Zusammenhang die therapeutischen Maßnahmen zu ergreifen. Die Einsicht in den Zusammenhang von Seele und Geist mit dem körperlichen Leben ist dabei grundlegend.

Dieser Zusammenhang bildet auch die Voraussetzung für ein Verständnis der Kunsttherapie, die einen breiten Raum innerhalb der anthroposophischen Therapie einnimmt. Daher sei er hier in Ergänzung zu dem oben genannten Gesichtspunkt der funktionellen Dreigliederung des menschlichen Organismus noch weitergehender charakterisiert: Zunächst sei noch einmal auf die geistige Tätigkeit des Denkens hingeblickt. Wie hängt das Denken mit dem Körperleben zusammen? Rudolf Steiner führt hierüber in dem schon erwähnten Buch „Grundlegendes zu einer Erweiterung der Heilkunst" im ersten Kapitel aus:

„Es ist von der allergrößten Bedeutung zu wissen, daß die gewöhnlichen Denkkräfte des Menschen die verfeinerten Gestaltungs- und Wachstumskräfte sind. Im Gestalten und Wachsen des menschlichen Organismus offenbart sich ein Geistiges. Denn dieses Geistige erscheint dann im Lebensverlaufe als die geistige Denkkraft. Und diese Denkkraft ist nur ein Teil der menschlichen Gestaltungs- und Wachstumskraft. Der andere Teil bleibt seiner im menschlichen Lebensbeginne innegehabten Aufgabe treu."[18)]

Es wird also von einer Metamorphose der Wachstums- und Regenerationstätigkeit in Gedankentätigkeit gesprochen und damit auf etwas hingewiesen, was Goethe schon in seiner Lehre von der Metamorphose der Pflanze veranlagt hat.

Was auf dem anthroposophischen Schulungsweg als Erfahrung auftritt: daß man durch Konzentration und Meditation das Erleben des gewöhnlichen Denkens steigern und weiterentwickeln kann zum Erleben der lebensspendenden, bildenden und gestaltenden geistigen Denkkraft, das wird hier als Ergebnis geisteswissenschaftlicher Forschung dargestellt. Es hat nicht nur für denjenigen eine Bedeutung, der durch eigene meditative Bemühung die Wahrheit dieses Forschungsergebnisses nachvollzieht. Vielmehr hat es für jeden Menschen eine Bedeutung, der sich über den Zusammenhang des Denkens mit dem Körperleben aufklären möchte. Denn jeder Mensch kann nachprüfen, inwieweit tatsächlich diese von Rudolf Steiner genannte Identität zwischen den Lebens- und Wachstumsvorgängen und dem Gedankenleben vorhanden ist. In der Tat ergibt schon eine erste Betrachtung des menschlichen Denkens und seiner Gesetzmäßigkeiten, daß diese mit den Gesetzen des Lebendigen in Wachstum und Regeneration identisch sind. Nicht nur, daß wir gewohnt sind, vom Gedanken-*Leben* zu sprechen, nicht nur, daß im Denken jeder Gedanke mit dem nächsten zusammenhängt wie eine Funktion im lebendigen Organismus mit einer anderen, sondern auch in bezug auf einzelne Funktionen ist dies zu beobachten. Zum Beispiel kennen wir das analytische und synthetische Denken. Im Organismus finden wir Entsprechendes wirksam in der Verdauungstätigkeit, durch welche die Nahrungssubstanzen analysiert, das heißt bis zu den letzten Bausteinen biochemisch abgebaut und dann zum Aufbau körpereigener Substanz herangezogen werden. So wird auch beim kritisch-analytischen Denken ein Sachverhalt bis in seine Elementarbestandteile auseinandergenommen und kritisch gesichtet. Im konstruktiv-schöpferischen, synthetischen Denken hingegen gewinnen die persönlichen Einsichten Gestalt und werden innerlich bewegt.[24)] Auch ein Blick auf die Entwicklung des Gedankenlebens zeigt den Zusammenhang. Im ersten Lebensdrittel gehen leibliches und gedanklich-geistiges Wachstum Hand in Hand bis zur sogenannten Mündigkeit mit einundzwanzig Jahren. Dann folgt eine weitere Etappe von etwa zwanzig Jahren, wo die leiblichen und geistigen Kräfte sich etwa die Waage halten in bezug auf ihre Leistungsfähigkeit. Im letzten Lebensdrittel hingegen steht beim gesund alternden Menschen dem langsamen Altersabbau des Körpers und seiner Organe ein fortschreitender geistiger Aufbau gegenüber. Die Regenerationskräfte, die beim Altern freiwerden, verwandeln sich in Gedankenkräfte und führen – wenn sie durch Lernprozesse bewußtgemacht werden – zur Altersweisheit. Würden sie nicht durch Lernvorgänge in bewußte Gedanken umgewandelt, so blieben sie unbewußt. Dadurch erfährt der Begriff des sogenannten Unbewußten in der Psychologie eine neue Beleuchtung. Das unbewußte Gedankenleben wäre demnach einerseits identisch mit dem Körperleben und andererseits mit den von der biologischen Tätigkeit bereits emanzipierten, aber noch nicht von der Persönlichkeit durch Lernvorgänge ergriffenen und in das bewußte Gedankenleben integrierten Wachstums- und Regenerationskräften. Durch diese Betrachtungsart werden auch die Bewußtseinserlebnisse verständlich, die verschiedene

Autoren im Zusammenhang mit dem Sterben beschreiben. Nicht auslöschendes Bewußtsein, sondern Gedankenfülle und Bilderreichtum in einzigartiger Bewußtseinsklarheit werden beschrieben.

Dieser Zusammenhang von den Lebens- und Wachstumsvorgängen des Leibes und dem denkenden Bewußtsein ist sowohl für das Verständnis der körperlichen Krankheiten entscheidend, bei denen sich die Regenerations- und Wachstumskräfte in unregelmäßiger Weise für die bewußte Tätigkeit befreit haben, als auch für das Verständnis der Psychosen und seelisch-geistigen Störungen. Hier drängen Wachstumskräfte aus verschiedenen Organbezirken in das Bewußtsein herein, die nicht wie sonst im Verlaufe der Entwicklung dem Menschen zur freien Gedankentätigkeit zur Verfügung stehen (gesundes Gedankenleben), sondern die noch behaftet sind mit der Eigendynamik der organischen Tätigkeit, die streng gesetzmäßig abläuft und dadurch dem Menschen Bilder in Form von Halluzinationen, Zwangsvorstellungen und Wahnbildern ins Bewußtsein drängt, die vom Menschen-Ich nicht aufgelöst, verwandelt und beherrscht werden können wie beim normalen Gedankenbilden. Die regelrechte Metamorphose der Wachstumskräfte in Gedankenkräfte ist keine selbstverständliche, beziehungsweise automatisch ablaufende Angelegenheit. Vielmehr kann hier durch falsche Erziehung oder durch rücksichtsloses Umgehen mit sich selbst manche Störung für das leibliche und seelisch-geistige Leben veranlagt werden. Dem vorzubeugen ist Aufgabe der anthroposophischen Pädagogik. Dieses zu ergründen, und wo möglich, kausal zu behandeln, ist Aufgabe einer anthroposophisch orientierten Psychiatrie.[25,26)]

Rudolf Steiner hat in diesem Zusammenhang auch dargestellt, daß die Wachstumsgesetze, nach denen sich der Leib während der Embryonalzeit und der Wachstumsperiode entwickelt, identisch sind mit den plastisch-bildenden Gestaltungsmöglichkeiten, deren sich ein Künstler bedienen muß, wenn er in der bildenden Kunst tätig werden will. Daher empfahl er Ärzten und Lehrern das Plastizieren als Vorübung, um zum Verständnis der Gesetzmäßigkeiten des ätherischen Organismus (es ist dies der Ausdruck, den Rudolf Steiner zur Beschreibung des Gedankenorganismus beziehungsweise der Lebensbildekräfte benutzt) zu kommen. Daß es sich bei der Summe aller Lebenstätigkeiten tatsächlich um einen eigenständigen Organismus handelt, wird im Augenblick des Todes offenbar. Denn jetzt folgen alle Stoffe des Leibes unmittelbar und ausschließlich den chemisch-anorganischen und physikalischen Gesetzen. Während des Lebens sind jedoch die Stoffe und Kräfte in den Zusammenhang des Lebens eingeordnet und gehorchen den Gesetzen des Lebendigen, die dem Tod entgegenwirken. Auf diesen Gesetzeszusammenhang ist mit dem Begriff Ätherleib hingedeutet.

In der menschlichen Seele wirkt das Denken mit dem Fühlen und Wollen zusammen. So wie man jedoch von einem Gedankenorganismus sprechen kann, so kann man auch auf einen in sich zusammenhängenden Gefühlsorganismus hinblicken. Rudolf Steiner hat zur Beschreibung der Gefühlswelt und ihrer Gesetzmäßigkeiten den Begriff des astralischen Leibes als Träger der Gefühlswelt und der Empfindungen gewählt. Im Bereich der Gefühle gelten nicht die plastisch-bildenden Gesetzmäßigkeiten – hier ist alles Spannung und Lösung, Konsonanz und Dissonanz, Harmonie und Disharmonie, Differenzierung, Gliederung, Proportion, Intervall. Musikalische Gesetze sind es, nach denen sich das Gefühlsleben gestaltet, und wundervoll aufeinander abgestimmte Proportionen sind es, die den gesamten Aufbau des menschlichen Organismus bestimmen. Der Arzt *Armin Husemann* hat diesen Zusammenhang in seiner Schrift „Der musikalische Bau des Menschen"[27] näher erläutert. So wie die Lebens- und Wachstumskräfte sich metamorphosieren in der Kraft des Denkens, so geschieht ein Ähnliches mit den Kräften und Gesetzen der Differenzierung und der Proportion. Diese musikalischen Kräfte metamorphosieren sich in das erwachende Gefühlsleben, nachdem sie ihre Aufgabe bei der Leibbildung vollbracht haben. Diesen Kräften verwandt ist auch dasjenige, was in der Malkunst geschieht. Im Umgang mit den Farben finden sich die Gesetze der Komposition und Harmonie, der Differenzierung und des Zusammenspiels von Farbklängen wieder.

Aber auch das Willensleben basiert auf einer eigenständigen Organisation im Menschen: der Ich-Organisation. So wie der Mensch in seinem Denken den Weltgesetzen und der Wahrheit hingegeben ist, in seinem Fühlen die Beziehung zwischen der Welt und sich selbst als Zusammenklang erlebt, so gründet er in seinem Wollen ganz in sich selbst und bringt durch seinen Willen zum Ausdruck, was er sich in seinen innersten Entschlüssen vorgenommen hat und was er in der Welt bewirken will. Auch in der Kraft des Wollens lebt eine künstlerische Gesetzmäßigkeit: die von Bewegung und Sprache, Mimik und Gestik; sie sind reinster Willensausdruck. Durch Bewegung und Sprache zeigen wir, was wir wollen, und stellen uns mitgestaltend in die Lebensverhältnisse hinein. Die Ichorganisation ist unmittelbarer Träger des Kerns der menschlichen Persönlichkeit, des ewigen Wesens des Menschen, seines Willenszentrums, seines Ich.

Das Studium dieser künstlerischen Gesetzmäßigkeiten[29)] in Verbindung mit allem, was die moderne Naturwissenschaft über den physischen Leib des Menschen heute aussagen kann, ergibt eine Erkenntnis der Wesensglieder des Menschen. Im Zusammenwirken der Gesetzmäßigkeiten der physischen, ätherischen, astralischen und Ich-Organisation vollzieht sich der Aufbau und die Entwicklung des leiblichen und seelisch-geistigen Lebens. Im Körper bewirken diese Gesetze, in der irdischen Substanz gestaltend, den Auf- und Abbau. In der Seele dienen sie dem tätigen Menschengeist zu seiner Selbst- und Welterkenntnis.

Es mag einleuchten, daß aufgrund einer solchen Zusammenschau auch die künstlerische Therapie auf eine neue und vor allem menschenkundlich exakte Basis gestellt werden kann. Dieses im einzelnen für Gesundheit und Krankheit zu verifizieren und auszuarbeiten ist jedoch ein langer Prozeß, der individuell zu erarbeiten ist und immer neue, weitere Schritte innerhalb der anthroposophischen Medizin erfordert. Dennoch sind die Wege gewiesen und erste Erfolge dieser Therapie bereits sichtbar. Am weitesten ist die anthroposophische Bewegungstherapie, die Heileurythmie, entwickelt, weil sie von Rudolf Steiner selber noch in Form eines Kurses für Heileurythmisten und Ärzte veranlagt worden ist.[28)] Sie ist eine integrative Kunst, die als sichtbare Sprache, sichtbarer Gesang und bewegte Plastik mit den Gesetzmäßigkeiten der drei genannten Bereiche umgeht und so harmonisierend und ausgleichend auf alle Bereiche des körperlichen und seelischen Lebens wirken kann.

Aus der Betrachtung des Zusammenhangs des geistig Wirksamen im Leben und Sterben der Natur mit dem Seelisch-Geistigen des Menschen geht auch eine neue Heilmittel-Erkenntnis hervor. Dabei steht das menschliche Ich mit der ihm innig verwandten Ich-Organisation in einem für die Therapie wichtigen Zusammenhang mit dem Wärmezustand der Dinge und dem mineralischen Reich der Natur. Der Astralleib steht in einem solchen mit dem Aggregatzustand der Luft und der Pflanzenwelt und der Ätherleib entsprechend mit dem Aggregatzustand des Flüssigen und der Tierwelt. Daraus ergeben sich neue Gesichtspunkte für die Wahl von Naturheilmitteln. Rudolf Steiner hat zusammen mit *Ita Wegman* und anderen Ärzten eine Reihe neuer Heilmittel entwickelt. Diese werden sowohl bei körperlichen Erkrankungen als auch in der Psychiatrie eingesetzt. Denn nach Rudolf Steiners Forschungsergebnissen auf diesem Gebiet kommen – wie schon gesagt – die pathologischen Bewußtseinsinhalte (Zwangsgedanken, Wahnvorstellungen, Halluzinationen) dadurch zustande, daß Organfunktionen gestört sind und in nicht regelrechter Art Wachstumskräfte in Gedankenkräfte umgewandelt werden, die dann nicht – wie sonst das Gedankenleben – der Persönlichkeitskontrolle unterliegen. Therapeutisch handelt es sich hier also um eine Rückführung pathologischer Bildinhalte aus dem Bewußtsein in das Körperleben und eine Unterstützung der betroffenen Organfunktionen. Daher wird zunächst der Hauptakzent der Behandlung auf die medikamentöse und künstlerische Therapie gelegt, um günstige Voraussetzungen für eine eingehende Gesprächstherapie zu schaffen.

Aus dieser knappen Skizze mag deutlich werden, daß das Studium des Menschenwesens mit Hilfe der Anthroposophie für alle Zweige der Medizin neue Verständnis- und Handlungsmöglichkeiten bietet. Bezieht man das vorgeburtliche und nachtodliche Leben, also die ewige Existenz des Menschen, in die Betrachtung mit ein, so ergeben sich für die Fragen nach der Empfängnisregelung und Geburt sowie der sogenannten Sterbehilfe andere Gesichtspunkte als in der nur naturwissenschaftlich orientierten Medizin. Dieser Aspekt wird sich auf eine Operationsvorbereitung ebenso auswirken wie auf die Atmosphäre einer Intensivstation.

Neben dem Dialog mit der naturwissenschaftlich orientierten Medizin und der damit verbundenen Erweiterung der therapeutischen Möglichkeiten entwickelt die anthroposophische Medizin eigene Forschungs- und Behandlungsmethoden, auf die hier nur orientierend hingedeutet werden kann. Nicht unerwähnt sei in diesem Zusammenhang der Beitrag der anthroposophischen Medizin zur Krebstherapie. Rudolf Steiner empfahl eine besondere Zubereitung aus der Mistel (*Viscum album*). Aufgrund der Erfolge wurde hieraus weltweit eines der anerkanntesten anthroposophischen Präparate, welches inzwischen von fünf Firmen unter den Namen Iscador, Isorel, Helixor, Viscum abnoba und Iscucin vertrieben wird.

Zum Abschluß sei betont, daß die anthroposophisch orientierte Medizin ihrem Selbstverständnis nach keine Alternativmedizin darstellt, sondern vielmehr eine integrative Medizin. Jeder anthroposophische Arzt steht auf dem Boden der Schulmedizin, aber erweitert die dort gewonnenen Einsichten und Methoden durch die Menschenkunde und die Geisterkenntnis der Anthroposophie. Dadurch kommt er zu anderen Erkenntnis- und Handlungsweisen, ohne jedoch den wissenschaftlichen Boden der modernen Medizin zu verlassen. So wenig wie die Anthroposophie zurückführen will auf alte Heilmethoden oder geistige Anschauungsweisen vom Menschen, die in früheren Zeiten gelebt haben, so wenig stellt sie sich in Gegensatz zur naturwissenschaftlichen Entwicklung unserer Zeit. Es ist vielmehr ihr Anliegen, ausgehend vom Gegenwartsbewußtsein, den Weg zu zeigen zu einer eigenständigen Erkenntnis des Geistigen in Mensch und Natur und aus dieser Geisterkenntnis heraus die Brücke zu schlagen zur gegenwärtigen Naturwissenschaft und Naturerkenntnis. Rudolf Steiner und Ita Wegman beschreiben diesen Standpunkt der anthroposophischen Medizin mit folgenden Worten:

„Nicht um eine Opposition gegen die mit den anerkannten wissenschaftlichen Methoden der Gegenwart arbeitende Medizin handelt es sich. Diese wird von uns in ihren Prinzipien voll anerkannt. Und wir haben die Meinung, daß das von uns Gegebene nur derjenige in der ärztlichen Kunst anwenden soll, der im Sinne dieser Prinzipien vollgültig Arzt sein kann. Allein wir fügen zu dem, was man mit den heute anerkannten wissenschaftlichen Methoden über den Menschen wissen kann, noch weitere Erkenntnisse hinzu, die durch andere Methoden gefunden werden, und sehen uns daher gezwungen, aus dieser *erweiterten* Welt- und Menschenkenntnis auch für eine Erweiterung der ärztlichen Kunst zu arbeiten. Eine Einwendung der anerkannten Medizin kann im Grunde gegen das, was wir vorbringen, nicht gemacht werden, da wir diese nicht verneinen. Nur derjenige, der nicht nur verlangt, man müsse sein Wissen bejahen, sondern der dazu noch den Anspruch erhebt, man dürfe keine Erkenntnis vorbringen, die über die seinige hinausgeht, kann unseren Versuch von vorneherein ablehnen."[18)]

Aus dem Dargestellten ist vielleicht deutlich geworden, daß das Besondere der Anthroposophie in der Erkenntnismethode liegt. Diese führt zu der Anerkennung der Realität der Gedanken als der in Welt und Mensch wirksamen Geistigkeit. Wird diese in der eigenen Denktätigkeit erkannt, so kann durch Weiterentwicklung des

Denkens zu den von Rudolf Steiner geschilderten höheren Erkenntnisstufen der Imagination (Bilder des Geistigen), Inspiration (Offenbarungen des Geistigen) und Intuition (unmittelbare geistige Wesenserfahrung) fortgeschritten werden. Das Begeisternde an der Anthroposophie ist jedoch, daß die auf den verschiedenen Stufen geistiger Erfahrung errungenen Erkenntnisse mit dem gewöhnlichen Verstand beurteilt und für das praktische Leben fruchtbar gemacht werden können. Das ist dadurch möglich geworden, daß es Rudolf Steiner gelungen ist, seine geistigen Erfahrungen in Gedankenformen zu kleiden, die dem gewöhnlichen Denken zugänglich sind und die dadurch in den Bereich des Verstehbaren eintreten. So kann durch die anthroposophische Erkenntnismethode und deren Forschungsergebnisse jedes Lebensgebiet, aber auch jeder Zweig der Medizin neu angeschaut und bearbeitet werden. Dabei ergeben sich weiterführende Dialoge sowohl mit den Vertretern der konventionellen Medizin als auch mit Vertretern alter naturheilkundlicher Methoden oder geistiger Heilweisen. Anliegen der Anthroposophie ist es, diese Methoden in ihrer Beziehung zum geistigen und leiblichen Wesen des Menschen zu verstehen und so zu helfen, daß der Therapeut aus Einsicht in die Zusammenhänge handeln lernt. Dadurch sind aber auch dem Kranken neue Möglichkeiten gegeben, sich als mündiger Patient mit dem Arzt über das weitere Vorgehen zu verständigen und mitzuentscheiden, welche Therapie in der entsprechenden Situation die angemessene ist. Die anthroposophische Medizin rechnet mit dem Kranken als einem Partner, der aktiv an dem Heilverlauf mitarbeiten will.

Literaturhinweise

Die Werke Rudolf Steiners werden nach der Gesamtausgabe (GA) zitiert (Rudolf Steiner Verlag, Dornach/Schweiz).

(1) *Steiner, Rudolf*: Anthroposophische Leitsätze, GA 26, Dornach 1982.
(2) —: Grundlinien einer Erkenntnistheorie der Goetheschen Weltanschauung, GA 2, Dornach 1979.
(3) —: Wahrheit und Wissenschaft, GA 3, Dornach 1980.
(4) —: Philosophie der Freiheit, GA 4, Dornach 1987.
(5) —: Die Rätsel der Philosophie in ihrer Geschichte als Umriß dargestellt, GA 18, Dornach 1985.

(6)—: Das Christentum als mystische Tatsache, GA 8, Dornach 1976.
(7)—: Mein Lebensgang, GA 28, Dornach 1982.
(8)—: Theosophie, GA 9, Dornach 1975.
(9)—: Aus der Akashachronik, GA 11, Dornach 1986.
(10)—: Die Geheimwissenschaft im Umriß, GA 13, Dornach 1977.
(11)—: Geisteswissenschaft und Medizin, VI. Vortrag, GA 312, Dornach 1985.
(12)—: Das Johannes-Evangelium, GA 103, Dornach 1981.
(13)—: Die Apokalypse des Johannes, GA 104, Dornach 1985.
(14)—: Das Johannes-Evangelium im Verhältnis zu den drei anderen Evangelien, GA 112, Dornach 1981.
(15)—: Von Seelenrätseln, GA 21, Dornach 1983.
(16)—: Kernpunkte der sozialen Frage, GA 23, Dornach 1976.
(17)—: Heilfaktoren für den sozialen Organismus, GA 198, Dornach 1984.
(18) *Wegmann, Ita*, Grundlegendes zu einer Erweiterung der Heilkunst, GA 27, Dornach 1984.
(19)—: Die Weihnachtstagung zur Begründung der Allgemeinen Anthroposophischen Gesellschaft 1923/24, GA 260, Dornach 1985.
(20)—: Esoterische Betrachtungen karmischer Zusammenhänge, Bd. I – VI, GA 235, 236, 237, 238, 239, 240, Dornach 1984, 1988, 1982, 1981, 1985, 1986.
(21)—: Vorträge über Medizin, GA 312, 313, 314, 317, 319, Dornach 1985, 1984, 1987, 1985, 1982.
(22)—: Die Methodik des Lehrens und die Lebensbedingungen des Erziehens, GA 308, Dornach 1986.
(23)—: Die gesunde Entwicklung des Leiblich-Physischen als Grundlage der freien Entfaltung des Seelisch-Geistigen, GA 303, Dornach 1987.
(24) *Lindenau, Christoph*: Der übende Mensch, Stuttgart 1981.
(25) *Treichler, Rudolf:* Der schizophrene Prozeß, Stuttgart 1981.
(26)—: Die Entwicklung der Seele im Lebenslauf, Stuttgart 1982.
(27) *Husemann, Armin*: Der musikalische Bau des Menschen, Stuttgart 1989.
(28) *Steiner, Rudolf*: Heileurythmie, GA 315, Dornach 1981.
(29)—: Kunst und Kunsterkenntnis, GA 271, Dornach 1980.

Weitere Literatur zur Einführung in die anthroposophische Medizin

Bott, Victor: Anthroposophische Medizin, Heidelberg 1982, 2 Bände.
Bühler, Walther: Der Leib als Instrument der Seele, 9. Auflage, Stuttgart 1987.
Fintelmann, Volker: Intuitive Medizin, Stuttgart 1986.
Goebel, Wolfgang; Glöckler, Michaela: Kindersprechstunde, 7. Auflage, Stuttgart 1988.
Holtzapfel, Walter: Medizin und Mysterien, Dornach 1984.
Husemann, F.; Wolff, O.: Das Bild des Menschen als Grundlage der Heilkunst, Bd. I, II, III, Stuttgart 1986.
Leroi, Rita: Misteltherapie – Eine Antwort auf die Herausforderung Krebs, Stuttgart 1987.
Selawry, Alla: Silber und Silber-Therapie, Wissenschaft der Metalltherapie von Organ und Psyche, Stuttgart 1966.

Sieweke, Herbert: Anthroposophische Medizin, Dornach 1982.
—: Gesundheit und Krankheit als Verwirklichungsformen menschlichen Daseins, Dornach 1967.
Treichler, Rudolf: Schlafen und Wachen, Stuttgart 1985.
Weizsäcker, Käthe: Psychotherapie und Anthroposophie, Stuttgart 1987.

Literatur zur Einführung in die künstlerische Therapie

Hauschka, Margarete: Rhythmische Massage, Verlag M. Hauschka Schule, Boll 1972.
—: Zur künstlerischen Therapie, Bd. I und II, Verlag Margarete Hauschka Schule, Boll 1978.
von der Heide, Paul: Zur künstlerischen Therapie, Bd. III, Verlag Margarete Hauschka Schule, Boll 1978.
Kirchner-Bockholt, Margarete: Grundelemente der Heileurythmie, Dornach 1981.
Lorenz-Poschmann, Agathe: Therapie durch Sprachgestaltung, Dornach 1981.
Mees-Christeller, Eva: Kunsttherapie in der Praxis, Stuttgart 1988.
Specht, Marie-Josette; Tautz, Christoph: Heileurythmie und Medizin, Stuttgart 1986.
Steiner, Rudolf: Eurythmie als sichtbarer Gesang, GA 278, Dornach 1984.
—: Eurythmie als sichtbare Sprache, GA 279, Dornach 1979.
—: *Steiner-von Sivers, Marie*: Methodik und Wesen der Sprachgestaltung, GA 280, Dornach 1983.

Die Analytische Psychologie C.G. Jungs als Form transpersonaler Psychologie

Lutz Müller, Theodor Seifert

1. Die transpersonale Dimension in Persönlichkeit und Werk C.G. Jungs

„Vocatus adque non vocatus deus aderit" (gerufen und nicht gerufen wird Gott da sein) – diesen delphischen Orakelspruch, der den Lakedämoniern gegeben wurde, als sie gegen die Athener Krieg führen wollten, hatte *C. G. Jung* über der Eingangstüre seines Hauses in Küsnacht einmeißeln lassen. Er ist in verschiedener Hinsicht ein Leitmotiv seines Lebens wie auch seiner Psychologie und Psychotherapie. Jung hatte früh die Auffassung gewonnen, daß die göttliche, transpersonale Dimension (wobei, wie noch gezeigt wird, sein Gottesbegriff kein theologischer oder konfessioneller war) das Leben des Menschen tiefgreifend bestimmt, ob es ihm nun bewußt ist oder nicht.

Für ihn waren die meisten Krisen und seelischen Erkrankungen, seien sie gesellschaftlich-kollektiver oder individueller Art, immer auch ein Ausdruck für einen gestörten Bezug des Menschen zu seinem innersten Wesen, das er „Selbst" nannte und das sowohl persönliche wie überpersönliche Aspekte beinhaltet. Er verstand Krankheitssymptome als regulative, kompensatorische Signale und „Aufrufe" des „Selbst" an den Menschen, sich seines religiösen Ursprungs und seines transpersonalen Lebenssinns bewußt zu werden.

Auch in Jungs Leben ist das Transpersonale „gerufen und nicht gerufen" immer wieder in mehr oder weniger krisenhafter Form eingebrochen und hat ihn zu lebenslanger Auseinandersetzung mit ihm gezwungen. Jung wurde 1875 in Kesswil in der Schweiz geboren und lebte von seinem vierten Lebensjahr an mit seinen Eltern in Basel. Sein Vater war Pfarrer. Schon seit seiner frühesten Kindheit wurde er in hohem Maße – bedingt wohl durch seine ausgeprägte introvertierte, intuitive Einstellung – von Phantasien, Träumen und Einfällen beeinflußt. Bereits der erste Traum, an den er sich erinnern kann und den er etwa mit drei bis vier Jahren hatte, war von solch archetypischer und für ihn zukunftsweisender Art, daß er von ihm sagt, daß er ihn sein ganzes Leben lang beschäftigt hat.

1.1 Der Traum von der unterirdischen Phallus-Gottheit

In diesem Traum entdeckte Jung auf einer Wiese ein dunkles, rechteckiges Loch in der Erde. Er folgte einer Steintreppe, die in die Tiefe führte. In der Mitte eines großen Raumes stand ein wunderbar reicher, goldener Thronsessel, auf dem ein merkwürdiges Gebilde saß, das er sich noch nicht erklären konnte.

„Es war ein riesiges Gebilde, das fast bis an die Decke reichte. Zuerst meinte ich, es sei ein hoher Baumstamm. Der Durchmesser betrug etwa fünfzig bis sechzig Zentimeter und die Höhe etwa vier bis fünf Meter. Das Gebilde war aber von merkwürdiger Beschaffenheit: Es bestand aus Haut und lebendigem Fleisch, und obendrauf war eine Art rundkegelförmigen Kopfes ohne Gesicht und ohne Haare; nur ganz oben auf dem Scheitel befand sich ein einziges Auge, das unbewegt nach oben blickte." (*Jung* 1962, S. 18)

Wenn man will, kann man diesen Traum als einen Schlüssel zu Jungs Leben und Werk auffassen. So war es sein tiefstes, lebenslanges Anliegen, die schöpferische Potenz und Dynamik, die in den unbewußten Regionen der Psyche enthalten ist und die sich im Traum als die unterirdische phallische Gottheit symbolisiert, dem Menschen wieder bewußt und zugänglich zu machen. Dazu mußte er auch wagen, die von der Gesellschaft und Kultur tabuisierten, archaischen und triebhaften Aspekte des Religiösen aus der Verdrängung und Verleugnung zu erlösen, was ihm bis heute von vielen Theologen (und Psychologen) verübelt wird, weil sie das Transpersonale vom Unbewußten der Seele deutlich abgrenzen wollen. Das wirklich Neue und Epochale in Jungs Psychologie liegt eben nicht nur in einer Wiederentdeckung der religiösen und der archetypischen Dimension der Psyche, sondern auch in der Betonung der schattenhaften, dunklen Seiten des Göttlichen.

Der beschriebene Kindheitstraum von Jung muß natürlich auch kompensatorisch zu seiner damaligen Familiensituation gesehen werden. Sein Vater, der Pfarrer war, litt daran, im Inneren seinen Glauben verloren zu haben, und versuchte, diesen Verlust durch eine äußerlich eingenommene, starre religiöse Haltung zu ersetzen. Die wirkliche religiöse Erfahrung war ihm abhanden gekommen. Jungs Mutter hingegen hatte sich, trotz äußerer Anpassung an die religiösen Konventionen, eine starke Verbundenheit zu allem Naturhaften, eine natürliche Religiosität bewahrt, die vermutlich Jungs eigene religiöse Einstellung unbewußt prägte. Wie der Traum zeigt, lebte das wahre Religiöse in Jung und seiner Familie offenbar in ursprünglichster Weise unter der Oberfläche des Bewußtseins weiter. Es von dorther wiederzugewinnen machte das lebenslange Bemühen von Jung aus.

1.2 Der Einbruch des „Unbewußten"

Während sich die ungeheure schöpferische Potenz des „Unbewußten" in den ersten Lebensjahren Jungs erst ankündigte, brach sie in der Lebensmitte, in den Jahren 1913 – 1916, vollständig durch. Ausgelöst wohl durch den Bruch der freundschaftlichen Beziehungen zu *S. Freud*, zu dessen geistigem Nachfolger er bereits erkoren worden war, geriet er in eine tiefe existentielle Krise, in deren Verlauf er in solchem Ausmaße mit visionären Erfahrungen und archetypischen Symbolen konfrontiert wurde, daß diese zum „Urstoff" seines Lebenswerkes wurden. Er schreibt darüber in seinen Erinnerungen:

> „Die Jahre, in denen ich den inneren Bildern nachging, waren die wichtigste Zeit meines Lebens, in der sich alles Wesentliche entschied. Damals begann es, und die späteren Einzelheiten sind nur Ergänzungen und Verdeutlichungen. Meine gesamte spätere Tätigkeit bestand darin, das auszuarbeiten, was in jenen Jahren aus dem Unbewußten aufgebrochen war und mich zunächst überflutete. Es war der Urstoff für ein Lebenswerk." (*Jung* 1962, S. 203)

Jungs Lebenswerk bestand im wesentlichen darin, die Existenz und die immense Bedeutung einer archetypischen, transpersonalen Dimension in der menschlichen Seele nachzuweisen und sie den Menschen zugänglich zu machen. Da es für ihn ohne Geschichte keine wirkliche Psychologie geben konnte, suchte er für alle seine theoretischen Auffassungen (z.B. zum Selbst-, Schatten-, Anima-, Individuationsbegriff usw.) nach Vorläufern und Parallelen in der Kultur- und Geistesgeschichte der Menschheit. Diese fand er bei den Gnostikern und Neuplatonikern ebenso wie bei den Kirchenvätern und Mystikern des Mittelalters, bei den Alchemisten und Rosenkreuzern wie in der romantischen Philosophie und in der Naturphilosophie. Außer mit der Kultur und Philosophie des Abendlandes beschäftigte er sich intensiv mit östlichen Philosophien sowie mit den Religionen, Mythen, Märchen, Sitten und Kunstleistungen der Völker der Welt. Um lebendiges Anschauungsmaterial zu erhalten, unternahm er Reisen nach Afrika und Ägypten, zu den Pueblo-Indianern Arizonas und Neu-Mexikos sowie nach Indien. – Jungs Leben und Werk lassen sich nicht voneinander trennen:

„Meine Werke können als Stationen meines Lebens angesehen werden, sie sind Ausdruck meiner inneren Entwicklung, denn die Beschäftigung mit den Inhalten des Unbewußten formt den Menschen und bewirkt seine Wandlung. Mein Leben ist mein Tun, meine geistige Arbeit. Das eine ist vom anderen nicht zu trennen. Alle meine Schriften sind sozusagen Aufträge von innen her; sie entstanden unter einem schicksalshaften Zwang. Was ich schrieb, hat mich von innen überfallen. Den Geist, der mich bewegte, ließ ich zu Worte kommen. Ich habe nie mit einer starken Resonanz auf meine Schriften gerechnet. Sie stellen eine Kompensation zu meiner kontemporären Welt dar, und ich mußte das sagen, was niemand hören will" (*Jung* 1962, S. 225).

Als er 1961 im Alter von beinahe 86 Jahren starb, hinterließ er ein theoretisches Werk, das mehr als achtzehn Bände umfaßt, dazu drei Bände gesammelter Briefe und eine Autobiographie, die von A. Jaffé aufgezeichnet und herausgegeben wurde (*Jung* 1962).

2. Das Mandala als Zentralsymbol der Analytischen Psychologie

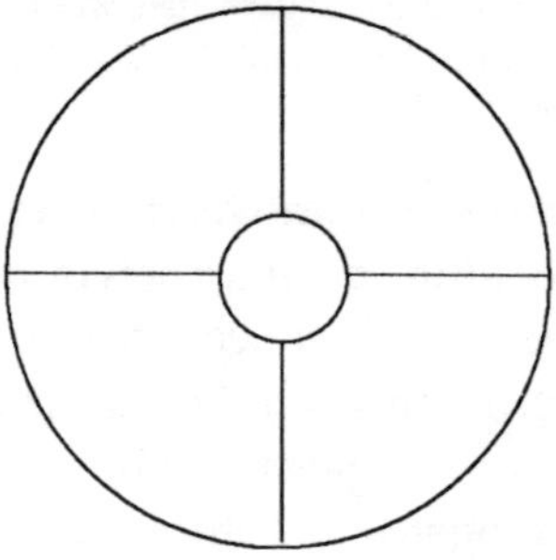

Abb. 1: Das Mandala als Zentralsymbol er Analytischen Psychologie
Aus: Jung, C.G., Aion, GW 9/II, Olten 1976, S. 255

Das Mandala (sanskrit: „Kreis") bildet als archetypisches Symbol den Schlüssel zum Verständnis der Analytischen Psychologie, ihrem Menschenbild, ihrer Persönlichkeitstheorie und ihrer daraus abgeleiteten praktischen Konsequenzen für Selbstverwirklichung und Psychotherapie. Jung selbst hatte in seiner oben beschriebenen Krise spontan seine ersten Mandalas gemalt, ohne von ihren östlichen Gegenstücken gewußt zu haben und ohne zu verstehen, was er da eigentlich tat. Er entdeckte, daß das Mandala ihm half, in die Fülle seiner Phantasien und Intuitionen Ordnung und Orientierung zu bringen. Er hatte den Eindruck, daß seine Mandalazeichnungen seiner jeweiligen inneren Verfassung entsprachen.

„Nur allmählich kam ich darauf, was das Mandala eigentlich ist: <Gestaltung – Umgestaltung des ewigen Sinnes ewige Unterhaltung> ... Meine Mandalabilder waren Kryptogramme über den Zustand meines Selbst, die mir täglich zugestellt wurden. Ich sah, wie das Selbst, d.h. meine Ganzheit, am Werke war. Das konnte ich allerdings zuerst nur andeutungsweise verstehen; jedoch schienen mir die Zeichnungen schon damals hochbedeutsam, und ich hütete sie wie kostbare Perlen. Ich hatte das deutliche Gefühl von etwas Zentralem, und mit der Zeit gewann ich eine lebendige Vorstellung des Selbst. ... Erst als ich die Mandalas zu malen anfing, sah ich, daß alles, alle Wege, die ich ging, und alle Schritte, die ich tat, wieder zu einem Punkte zurückführten, nämlich zur Mitte. Es wurde mir immer deutlicher: das Mandala ist das Zentrum. Es ist der Ausdruck für alle Wege. Es ist der Weg zur Mitte, zur Individuation." (*Jung* 1962, S. 199f.)

Das Mandala hat von Jung, seinen Schülern und in neuerer Zeit von anderen Autoren viele Deutungen erfahren. Häufig wird es als ein ästhetisch schönes Gebilde betrachtet, das dem Betrachter durch seine Ausgewogenheit und Symmetrie Ruhe und Harmonie vermittelt. Andere sehen in ihm ein kosmisches Symbol, als ein Ausdruck der Einheit des Menschen mit dem Universum. Es läßt sich aber auch in eine Beziehung zur Ganzheit des Selbst im Menschen setzen, wie Jung es tat, und es symbolisiert dann zum einen eben diese potentielle Vollständigkeit und Ganzheit der Persönlichkeit und zum anderen den Ursprung, den Weg und das Ziel der menschlichen Entwicklung.

2.1 Die Mitte des Mandala als präexistentes Selbst

Unter letzterem Gesichtspunkt läßt sich der kleine Kreis im Zentrum des Mandala verstehen als die uranfängliche, noch unbewußte Einheitswirklichkeit des Selbst, der schöpferische Ursprungszustand, in dem die ganze Fülle des menschlichen Daseins latent vorhanden, aber noch nicht zur bewußten Erfahrung geworden ist. Es ist jener präexistente Aspekt des Selbst, der sich in den Religionen und Mythen häufig unter dem Symbol des „Göttlichen Kindes" dargestellt hat und von dem Jung schrieb:

„In jedem Erwachsenen steckt ein Kind, ein ewiges Kind, ein immer noch Werdendes, nie Fertiges, das beständiger Pflege, Aufmerksamkeit und Erziehung bedürfte. Das ist der Teil der menschlichen Persönlichkeit, der sich zur Ganzheit entwickeln möchte. Von dieser Ganzheit aber ist der Mensch unserer Zeit himmelweit entfernt." (*Jung* 1972, 134f.)

2.2 Die Kreuz-Struktur als Polaritätssymbol

Mit der Bewußtseinsentwicklung beginnt sich für den Menschen dieses uranfängliche Selbst zu verwirklichen, indem es für ihn in seine Polaritäten auseinandertritt. Dies wird durch die Kreuz-Struktur symbolisiert. Das Kreuz ist eines der am weitesten verbreiteten Symbole der Menschheit. Wegen seiner äußeren vier Punkte wurde es zu einem archetypischen Richtungs- und Ordnungssymbol (z.B. die vier Himmelsrichtungen, das Koordinatensystem), zum Symbol der Quaternität schlechthin. Außerdem wird die senkrechte Achse häufig dem „männlich"-aktiven Prinzip und die waagerechte dem „weiblich"-passiven Prinzip zugeordnet. Dadurch wird das Kreuz zu einem Symbol der Durchdringung und Vereinigung zweier polarer Bereiche.

Für die Analytische Psychologie benötigt das Leben und die Entfaltung des Bewußtseins eine ständige Auseinandersetzung mit den Polaritäten des Daseins. Polaritäten sind der Motor jedes lebendigen und seelischen Geschehens. Schon sehr früh, bereits vor der Entwicklung der modernen kybernetischen, systemtheoretischen Modellvorstellungen hat Jung die Psyche des Menschen als ein sich selbst regulierendes, offenes System beschrieben, in dem sich die verschiedenen Polaritäten zueinander kompensatorisch verhalten.

Da nach Auffassung der Analytischen Psychologie alle Aspekte der menschlichen Natur in einem polaren Spannungs- und Ergänzungsverhältnis zueinander stehen, werden die verschiedenen theoretischen Begriffe immer auch in einem polaren Kontext gesehen (vgl. dazu z.B. *Seifert* 1981 und *Müller* 1986, die das Polaritätsmodell als Ordnungsschema zur Darstellung wesentlicher Aspekte der Analytischen Psychologie verwenden). Grundlegende Polaritäten in der Analytischen Psychologie sind z.B. die vier sogenannten Ich-Funktionen „Denken-Fühlen“ und „Empfinden-Intuieren“, das Einstellungspaar „Introversion“ – „Extraversion“, die Persönlichkeitsinstanzen „Persona“ – „Schatten“, das Ich und sein gegengeschlechtlicher Pol „Animus“/„Anima“, das „Bewußte“ und das „Unbewußte“. Eine der Hauptpolaritäten, von der sich viele andere ableiten lassen, ist die zwischen dem Ich-Bewußtsein und den unbewußten Anteilen des Selbst. Die Ich-Bewußtseins-Entwicklung der Persönlichkeit ist nur dadurch möglich, daß sich das Ich mit ganz bestimmten Teilen des Selbst verbindet und identifiziert, während es andere unbewußt lassen bzw. verdrängen muß. Dadurch geht aber die ursprüngliche Einheit und Ganzheit des Selbst verloren, zugunsten einer Bewußtsein erst ermöglichenden Einseitigkeit.

2.3 Die Umkreisung der Mitte im Individuationsprozeß

Die Ich-Entwicklung führt also mit einer gewissen Notwendigkeit zunächst zu Polarisierungs- und Verdrängungsprozessen, in deren Verlauf es zu einer Distanzierung und „Entfremdung“ von diesem uranfänglichen, präexistenten Selbst kommt. Im „Individuationsprozeß“ sollen nun die aus dem bisherigen Leben ausgeschlossenen und unbewußt gebliebenen Selbstanteile dem Bewußtsein und Erleben schrittweise wieder zugänglich gemacht und damit integriert werden. Der Individuationsprozeß mit der Zentrierung auf das Selbst hin steht deshalb wieder mehr unter dem Symbolbild des Kreises oder der Kreisbewegung (äußerer Kreis des Mandala, Umkreisung der Mitte auf dem Wege der Bewußtmachung und Erfahrung der bisher unbewußt gebliebenen Polaritäten).

Im einzelnen bedeutet dies z.B. die Bewußtmachung unbewußter Komplexe, die Auseinandersetzung mit der Persona und dem eigenen Schatten und die Herstellung einer Beziehung zum inneren Gegengeschlecht (Anima/Animus). Die Bewußtmachung der Persona dient der Unterscheidung zwischen den Seiten der Persönlichkeit, die das Ergebnis der Anpassung an die Kollektivwerte sind, und jenen, die dem (eigenen) Selbst entstammen. Eng damit verbunden ist die Integration des persönlichen Schattenbereiches, wobei der Mensch seine eigenen negativen und minderwertigen oder bisher ungelebten Seiten erfährt und allmählich ihre Projektion auf Sündenböcke in der Umwelt zurücknimmt. Er wird sich jetzt selbst zur moralischen Aufgabe, dadurch aber auch toleranter, verständnisvoller und menschlicher. Die Herstellung einer Beziehung zum inneren Gegengeschlecht macht insofern im tieferen Sinne beziehungsfähig, als der Partner nunmehr eher in seiner Wirklichkeit gesehen und angenommen werden kann, weil die die partnerschaftlichen Beziehungen überlagernden Animus/Anima-Projektionen zumindest teilweise zurückgenommen werden können. Auch erschließt die Entwicklung der gegengeschlechtlichen Seite neue Erlebens- und Erfahrungsmöglichkeiten. Schließlich führt auch die Rücknahme der Projektion des Selbst auf äußere, materielle Objekte (wie sie etwa beim Macht- und Besitzstreben vorliegt) zu einer Befreiung von der Abhängigkeit und Bindung an diese und zu einer objektiveren, gelasseneren Wahrnehmung der äußeren Realität.

Diese „Umkreisung der Mitte" mit dem Ziel des „Mysterium Coniunctionis", der „Vereinigung der Polaritäten", ist zunächst aber alles andere als ein einfacher, konfliktfreier Vorgang. Wer es wagt, die bisher unbewußten Seiten des Selbst bewußt werden zu lassen, der erfährt, daß er nicht so eindeutig ist, wie er glaubte. Er erfährt in mehr als einer Hinsicht die Faustschen „zwei Seelen in seiner Brust", denn die Annäherung an das Selbst erzeugt natürlicherweise gerade jene Konflikte, die man durch ihr früheres Verdrängen und Unbewußthalten zu vermeiden versucht hatte. Deshalb stürzt der Individuationsprozeß den Menschen zunächst in einen meist qualvollen Zustand der Konflikthaftigkeit, der Verunsicherung, der Hilflosigkeit und Desorientierung. Der Mensch geht den leidvollen Weg der seelischen Kreuzigung, des Ausgespanntseins zwischen den Polaritäten der Psyche. Jeder Mensch, so meinte Jung, der auch nur annähernd seine eigene Ganzheit realisieren möchte, müsse erfahren, daß sie eine Kreuztragung bedeutet.

Deshalb kann auch den mit ihr verbundenen Leiden nicht ausgewichen werden. Es gilt vielmehr, die Konfliktspannung zwischen den beteiligten Polaritäten solange auszuhalten, bis eine Vereinigung auf höherer Ebene möglich wird. Das Selbst kann sich im Menschen nur dann ganzheitlich manifestieren, wenn er stark genug ist, eine psychische Kreuzigung zu erleiden. Das ist gleichbedeutend mit einem allmählichen Absterben der bisherigen Ich-Bewußtseinswerte und -Einstellungen, die aufgrund der Konfrontation mit der Polarität und Paradoxität des Selbst als relativ erfahren werden. Wenn der Mensch in diesem Prozeß spürt, daß er immer weniger in der Lage ist, aus eigener Kraft eine Lösung der an ihn herandrängenden Probleme zu finden, kommt er im Eingeständnis der eigenen Hilflosigkeit, Schwäche und Ausgeliefertheit zu einer demütigen Haltung, in der er sich den schöpferischen und gegensatzvereinigenden Impulsen des Selbst öffnet.

Jeder neue bewußtwerdende Inhalt setzt den Menschen in kleinerem oder größerem Umfang diesem Stirb- und Werde-Prozeß aus. Aus der Erfahrung vieler solcher psychischer Tode und Wiedergeburten gewinnt er nach und nach Vertrauen zum Selbst, das er zunehmend als seinen tragenden Grund erfährt. Das Kreuz ist damit nicht nur ein Symbol des Opfers und des Leidens, sondern auch eins der Ganzheit des Selbst. Es stellt sowohl den Prozeß der Selbst-Findung als auch dessen Ziel dar. Als Ordnungssymbol weist es darauf hin, daß der Mensch in der Vereinigung der in ihm wirkenden Polaritäten zu einer höheren, inneren Ordnung, die seine Mitte ist, finden kann. Im Kreuzungspunkt der Balken, in der Mitte des Kreuzes, ist eine vom Konflikt der Gegensätze unberührte Region der Stille, des Friedens und der Befreiung. Es ist jener Punkt, von dem die Ich-Entwicklung ihren Ausgang genommen hat und in dem sie ihre Erfüllung findet.

In dem Maße, in dem im Individuationsprozeß eine Synthese der verschiedenen Teilaspekte der bewußten und unbewußten Persönlichkeit gelingt, findet eine innere kopernikanische Wende statt. Das Ich erlebt sich in seiner Abhängigkeit und Beziehung zum Selbst, das nun zum neuen Zentrum der Persönlichkeit wird. Entscheidend dabei ist, daß sich trotz dieser letztlichen Identität zwischen Selbst und Ich der Mensch nicht mit dem Selbst identifiziert oder sich in ihm auflöst, weil damit das Ich seine Bewußtseinsfunktion verlöre. Das Selbst ist auf das Ich als ständigen Dialogpartner angewiesen und kann sich nur insoweit im Menschen verwirklichen, als ein Ich vorhanden ist, das zu diesem Dialog bereit ist, sich von ihm zu unterscheiden weiß und eine gewisse Eigenständigkeit beibehält.

Das Einlassen auf den Individuationsprozeß vermittelt dem Menschen Lebenssinn und Lebensfülle. Dies beruht aber nicht auf dem Erfahren einer letzten Wahrheit, eines letzten Zustandes oder irgendeiner Vollkommenheit, sondern gerade auf der dialektischen Auseinandersetzung mit den Polaritäten des Lebens. Ein solcher Lebenssinn ist kein statischer, sondern ein dynamischer, der sich dem Lebensprozeß entsprechend ständig wandelt und auf jeder Altersstufe andere Formen annimmt. Dies ist nun wiederum eine der Paradoxien der Selbst-Erfahrung, daß jener von uns angestrebte innere Frieden, jene Stille und gelassene Heiterkeit gerade im Wechsel und Wandel der verschiedenen Manifestationsformen des Selbst erfahren wird. Auf diese Weise wird dieses eine, letztlich unerkennbare Selbst in einer immer enger werdenden, asymptotisch verlaufenden Kurve umkreist, hinter all seinen unzähligen Erscheinungsformen immer deutlicher erahnt, ohne je ganz erfaßbar zu sein.

3. Analytische Psychotherapie

3.1 Das Krankheitsmodell

Die Analytische Psychologie hat nur ansatzweise eine eigene, spezielle Krankheitslehre entwickelt. In der Neurosentheorie lehnt sie sich in gewisser Hinsicht an die bestehenden tiefenpsychologischen Modelle (Psychoanalyse, Neo-Psychoanalyse, Ich-Psychologie) an, betont aber darüber hinaus, daß Neurosen, psychosomatische Symptome und auch Psychosen grundsätzlich Ausdruck einer Störung der Beziehung zwischen dem Ich und dem Selbst sind, d.h. die seelische Erkrankung entsteht dadurch, daß der Betroffene nicht in der Lage ist, der Ganzheit der eigenen Persönlichkeit und des Selbst Rechnung zu tragen. In dem Maße, in dem die vertrauensvolle Beziehung zum Selbst gestört ist, kommt es zu einer Entzweiung und Entfremdung des Menschen mit sich und von sich selbst. Der Mensch ist dann nicht mehr in der Lage, die von seinem Selbst intendierten Reifungs- und Wachstumsschritte zu tun, wodurch seine Lebensdynamik blockiert wird und er in Verhaltens- und Erlebensweisen verharrt, die seinem Alter und seiner Situation unangemessen sind. So verstanden ist eine Erkrankung der Ausdruck eines Selbst- und Sinnverlustes und damit des Verlustes der religiösen Einstellung als Bezug zu einem transpersonalen Hintergrund.

Eine Störung der Ich-Selbst-Beziehung kann nicht nur eine Folge der hemmenden und traumatischen Erfahrungen der Lebensgeschichte des Individuums sein, sondern auch eine von krankmachenden Zeitströmungen, gesellschaftlich-sozialen und kulturellen Verhältnissen, mit denen das Individuum identifiziert ist. Seine Störung ist dann ein Ausdruck der Störung des Systems, in dem es lebt. Dieser und andere Aspekte führten Jung dazu, anzunehmen, daß eine Erkrankung nicht nur ein lästiges Übel sei, das man auf schnelle Weise zu beseitigen habe, sondern daß es sich dabei auch um einen heilbringenden Faktor handeln könne, um ein Signal und einen Aufruf der regulierenden, kompensierenden Kräfte des Selbst zu einer Persönlichkeits- und Systemveränderung. So sind es häufig die sensiblen, differenzierten, lebensoffenen, im weitesten Sinne kreativen und religiösen Menschen, die an einer Krankheit aufgrund bestehender gesellschaftlicher Einseitigkeiten leiden. Die Erkrankung hat unter diesem Aspekt gesehen für den einzelnen wie für die Gesellschaft eine finale Bedeutung, ein immanentes Ziel und einen verborgenen Sinn, der allgemein formuliert in einer Bewußtseinserweiterung und der Herstellung einer erneuernden, schöpferischen Beziehung zum Selbst liegt. Eine solche positive finale Betrachtungsweise der Krankheit führt konsequenterweise zu einem Therapieverständnis, in dem nicht die Beseitigung des Symptoms im Vordergrund steht, sondern das Erfahren, Bewußtmachen und Realisieren des in ihm enthaltenen Sinns.

3.2 Das Therapieziel

Die Ziele und Inhalte der Analytischen Psychotherapie sind natürlich wie bei jeder anderen Therapieform zunächst abhängig von der Persönlichkeit des Patienten, dem Stand seiner psychischen Entwicklung, der Art und Schwere seiner Symptomatik etc. Unabhängig davon läßt sich aber als generelles Ziel formulieren, daß es in der

Analytischen Psychotherapie um die Herstellung einer vertrauensvollen Beziehung des Patienten zu den unbewußten Dimensionen der Psyche, zu den regulativen Prozessen des Selbst, zum Selbst geht.

In der psychotherapeutischen Praxis allerdings kommt es in der Regel nur ansatzweise zu Phänomenen und Erfahrungen, die dem Individuationsprozeß im engeren Sinne entsprechen, was das eigentliche Anliegen der Analytischen Psychotherapie wäre. Das hängt vor allem damit zusammen, daß die Individuation ein relativ gut entwickeltes Ich-Bewußtsein zur Voraussetzung hat, das die Spannung der Auseinandersetzung mit den archetypischen Wirkkräften des kollektiven Unbewußten auszuhalten vermag. Bei einer schwachen Ich-Struktur können archetypische Wirkfelder eine auflösende und zerstörerische Wirkung haben (z.B. bei Borderline- und Psychose-Strukturen), so daß in diesen Fällen zunächst eine Distanzierung und Abschirmung mit Hilfe der Entwicklung gesunder Abwehrmechanismen erforderlich ist.

Hier liegt auch eine Kritik der Analytischen Psychologie gegenüber Methoden, die den Menschen zu schnell mit archetypischen, transpersonalen Inhalten konfrontieren wollen und ihn dann hinterher möglicherweise auch noch damit alleine lassen. Transpersonale Erfahrungen können einem relativ reifen, stabilen Menschen zwar wesentliche und tiefgreifende Neuorientierungen vermitteln, einen weniger stabilen Menschen aber in Desorientierung und Chaos stürzen. Archetypisch-transpersonale Inhalte haben eine hohe „energetische Aufladung“ und einen ambivalenten Charakter, so daß man vorher nie recht wissen kann, ob es dem betreffenden Individuum gelingen wird, diese Erfahrung schöpferisch zu integrieren, oder ob es dieser Erfahrung „verfällt“ und sie ihn „ergriffen“ und „besessen“ macht. In den leichteren Fällen führt letzteres zu gelegentlichen Störungen der Bewußtseinsklarheit und Realitätskontrolle (z.B. Konzentrationsschwierigkeiten, Vergeßlichkeit, Gedankenabbrüchen, Stimmungsschwankungen), in schwereren Fällen zu psychoseähnlichen Zuständen wie starken Depressionen, panikartigen Angstattacken, Halluzinationen, paranoiden Verfolgungsphantasien und manischen „Inflationen“, in denen man seine Persönlichkeit an Bedeutsamkeit und Wichtigkeit weit überschätzt, was auf Dauer zu Arroganz und damit zu Beziehungsabbrüchen, Isolation und Einsamkeit führt.

3.3 Die therapeutische Beziehung und die „Selbst-orientierte" Haltung des Therapeuten

Die analytische Psychotherapie bevorzugt einen behutsamen, allmählichen Prozeß der Annäherung an archetypische, transpersonale Erfahrungen. Dem Klienten soll ermöglicht werden, den ihm ureigensten Weg zu sich und seinem Selbst zu finden und zu gehen. Die therapeutische Beziehung sollte so gestaltet sein, daß sie das Entwicklungspotential des Patienten nicht von vorneherein durch eine bestimmte Grundhaltung und -technik einschränkt oder fixiert. Der therapeutische Prozeß wird als ein schöpferischer Vorgang aufgefaßt, der größtmögliche Offenheit für das Neue und Unbekannte, das sich im Klienten entfalten möchte, benötigt. Er setzt eine Bereitschaft des Therapeuten voraus, sich auf die individuelle Eigenart des Patienten einzulassen und auf jedes Vorher- oder Besserwissen darüber, was für den Klienten eigentlich das Richtige und Sinnvolle wäre, zu verzichten. Immer wieder muß sich der Therapeut klarmachen, daß er trotz seiner Erfahrungen – oder auch gerade wegen dieser – nicht weiß, was der Sinn der Symptomatik und des Leidens dieses Klienten ist und welche verschlungenen Pfade und welche notwendigen Umwege er gehen muß, damit er sich seinem Selbst nähern kann. Deshalb begegnet der Therapeut seinem Klienten mit offenen und leeren Händen, die dann gemeinsam mit denen des Klienten vorsichtig und behutsam die neue Gestalt, die werden möchte, ertasten und formen.

Diese analytisch-integrative Grundhaltung hat sehr viele Berührungspunkte mit der der Rogers'schen Gesprächspsychotherapie und auch mit der anderer humanistischer Verfahren, geht aber insofern darüber hinaus, als Äußerungsformen des Selbst in den Mittelpunkt der therapeutischen Aufmerksamkeit gerückt werden. Der analytische Psychotherapeut fragt sich und seinen Klienten gewissermaßen beständig: „Wohin will das Selbst Sie bzw. uns führen?" (Der Einbezug dieser selbst-orientierten Haltung erweitert, modifiziert und differenziert übrigens viele klassische tiefenpsychologische Therapievariablen, wie z.B. das Setting, die Phänomene von Abwehr, Widerstand, Übertragung und Gegenübertragung, worauf an dieser Stelle aber leider nicht eingegangen werden kann.)

Abbildung 2: Das Eintauchen im Bade (aus *Jung* 1971, S. 257)

C.G. Jung hat sich in den letzten Jahrzehnten seines Lebens intensiv mit den Phantasien der Alchemisten des Mittelalters beschäftigt. Er fand in ihnen symbolische Vorläufer seiner Psychologie und den im Individuationsprozeß ablaufenden Wandlungsvorgängen. Er hat die Phänomene des alchemistischen Werkes auch auf die therapeutische Beziehung übertragen und auf die engen Parallelen hingewiesen (vgl. *Jung* 1971). Die obige Abbildung ist die vierte aus einer Reihe von zehn und stammt aus dem „Rosarium Philosophorum", einem alchemistischen Buch von 1550.

Als ein Symbolbild verstanden, macht sie deutlich, wie Jung die therapeutische Beziehung und den therapeutischen Wandlungsprozeß sah. Therapeut und Klient sitzen nackt im Bad, sie sind durch ein vielfältiges, bewußt-unbewußtes Beziehungsgeflecht miteinander verbunden. Die Nacktheit bedeutet die grundsätzliche Offenheit, Aufrichtigkeit und Gleichwertigkeit der Begegnung, was aber keineswegs bedeutet, daß der Therapeut seine therapeutische Funktion und Rolle dabei aufgibt. Im Gegenteil: Gerade bei solchen tiefgehenden Auseinandersetzungen mit dem Unbewußten wird eine klare

Rollentrennung und „Abstinenz" des Therapeuten, der nicht auch noch eigene private und persönliche Bedürfnisse und Wünsche in die Beziehung hineinträgt, dringend notwendig. Die Taube in der Zeichnung ist ein Symbol für den von oben kommenden „Heiligen Geist", als die einende und erleuchtende transpersonale Erfahrung, um deretwillen sich Therapeut und Klient auf das „Eintauchen im Bade" eingelassen haben. Der geistige, transpersonale Aspekt des Selbst erscheint dann, wenn Therapeut und Klient es wagen, sich gemeinsam in einem kontrollierten regressiven Prozeß in das „Wasser des Unbewußten" hineinzubegeben. Das geht natürlich nur, wenn der Therapeut in seiner Ausbildung selbst ausreichende Erfahrungen mit solchen bewußtseinsverändernden Vorgängen gemacht, keine Angst vor ihnen und ihren merkwürdigen Phänomenen hat und in der Lage ist, immer wieder aus ihnen aufzutauchen.

Die Manifestationen und Wirkungsweisen des Selbst spiegeln sich besonders deutlich in unbewußten Vorgängen. Viele analytische Psychotherapeuten bevorzugen deshalb die Arbeit mit Träumen, Phantasien, Imaginationen und anderen symbolischen Ausdrucksformen des Unbewußten (z.B. solchen, wie sie in Meditations- und Trancezuständen, im Körperausdruck, in Symptomen, Fehlleistungen, Übertragungs- und Gegenübertragungsreaktionen erscheinen), und es ist Aufgabe des Therapeuten, sie wahrzunehmen und mit dem Patienten zu erarbeiten. Diese therapeutische Arbeit und der damit angestrebte Bewußtwerdungsprozeß ist aber, wie die Abbildung zeigt, keine intellektuelle Erklärung oder Interpretation, sondern eine sich allmählich vollziehende Wandlung, die den ganzen Menschen umfaßt und zu einer Veränderung seines Denkens und Fühlens, seiner Werte und Einstellungen, seines Erlebens und Verhaltens führen soll. Das wesentliche Veränderungsmoment wird vor allem darin gesehen, daß sich der Klient den ihm auf diese Weise zustoßenden Erfahrungen ganzheitlich aussetzt und daß er dies im Austausch mit einem anderen Menschen tut, der ihn darin begleitet, stützt, ermutigt und fördert. Die stützende Begleitung und liebevolle Förderung wird angestrebt durch die beschriebene grundsätzlich offene, akzeptierende und aufrichtige Haltung des Therapeuten, seine auf die symbolischen Manifestationen des Selbst hin orientierte Einstellung und sein Bemühen, jeweils die vier „Ich-Funktionen" des Klienten, also sein Fühlen und Denken, sein Intuieren und Empfinden (Wahrnehmen) zu berücksichtigen, damit die Begegnung mit dem Unbewußten für ihn zu einer ganzheitlichen und wandelnden Erfahrung werden kann.

Literatur

Franz, Marie-Louise, v., C.G. Jung. Wirkung und Gestalt. Frauenfeld: Huber 1972.

Jaffé, A., Der Mythus vom Sinn im Werk von C.G. Jung. Olten: Walter 1978.

Jung, C.G., Erinnerungen, Träume, Gedanken. Aufgezeichnet und herausgegeben von A. Jaffé. Olten: Walter 1962.

–, Zur Psychologie der Übertragung. Ges. Werke 16, Olten: Walter 1971.

–, Vom Werden der Persönlichkeit. Ges. Werke 17, Olten: Walter 1972.

–, Zur Psychologie östlicher und westlicher Religionen. Ges. Werke 11, Olten: Walter 1973.

Müller, L., Suche nach dem Zauberwort. Identität und schöpferisches Leben. Stuttgart: Kreuz 1986.

Seifert, Th., Lebensperspektiven der Psychologie. Olten: Walter 1981.

Die heilende Funktion der Transpersonalen Psyche nach C.G. Jung

Marie-Louise von Franz

Mit ihrer Entdeckung einer transpersonalen Schicht in der menschlichen Psyche kann die Transpersonale Psychologie heute der Jungschen Psychologie die Hände reichen, denn *Jungs* „kollektives Unbewußtes" meint ein und dieselbe Sache; wenn sie auch auf verschiedenen Wegen entdeckt wurde. Die transpersonale Psychologie (*Maslow, Stanislav Grof* z.B.) erforschte diese Schicht besonders im LSD-Rausch und in psychotischen Intervallen. Auch *C.G. Jung* begann seine Forschung bei dem psychotischen Material (Symbole der Wandlung, Ges. W. Bd. 5), wo sich die archetypische, allgemein menschliche, d.h. eben transpersonale Schicht der Psyche oft völlig unverhüllt offenbart, um sie dann auch im normalen Menschen aufzuzeigen, wo sie unverschleiert in exzeptionellen Zuständen durchbricht (wie z.B. in religiösen Visionen oder Bekehrungserlebnissen). Sie taucht aber auch in gewöhnlichem Traummaterial auf, dort allerdings häufig mit persönlichen Reminiszenzen und Bildern vermischt.

Das Wissen um diese Schicht ist deshalb so ungeheuer wichtig, weil jede tiefere heilende Wandlung des Menschen dort ihren Anfang nimmt, wie andererseits auch seelische Katastrophen, wie die Psychose im einzelnen und weltanschaulich bedingte Kriege (d.h. kollektive Psychosen) von diesem Bereich her bedingt sind. Das transpersonale Unbewußte oder, wie *Jung* es auch nannte, die „objektive Psyche" ist nämlich jenes Numinosum, das in unendlich variierenden Formen aller Religionen der Erde zugrunde liegt. „Religion scheint mir", sagt deshalb *C.G. Jung* (G.W. 11, S. 4), „eine besondere Einstellung des menschlichen Geistes zu sein, welche man in Übereinstimmung mit dem ursprünglichen Gebrauch des Begriffes ‚religio' formulieren könnte als *sorgfältige Berücksichtigung und Beobachtung* gewisser dynamischer Faktoren, die aufgefaßt werden als ‚Mächte': Geister, Dämonen, Götter, Gesetze, Ideen, Ideale oder wie immer der Mensch solche Faktoren genannt hat, die er in seiner Welt als mächtig, gefährlich oder hilfreich genug erfahren hat, um ihnen sorgfältige Berücksichtigung angedeihen zu lassen, oder als groß, schön und sinnvoll genug, um sie andächtig anzubeten und zu lieben."

Diese „dynamischen Faktoren" gehören samt und sonders zur Wirklichkeit des kollektiven Unbewußten oder eben zur transpersonalen Psyche. Das aber ist ein Stück lebendige Wirklichkeit, dessen Grenzen wir nicht kennen. Fast scheint es heute so, als ob es ein das Universum erfüllender Faktor wäre – koexistent mit der kosmischen Materie. Innerhalb dieser transpersonalen Psyche hat nun *Jung* relativ isolierbare Strukturen nachgewiesen, die er bekanntlich „Archetypen" nennt. Sie bilden eine Viel-Einheit von numinosen Mächten, wobei Jung den Einheitsaspekt in Anlehnung an die hinduistische Philosophie als (kosmisches *und* individuelles) „Selbst" bezeichnet.

Im folgenden sollen einige Träume einer Frau erläutert werden, welche diese „Faktoren" und besonders die Probleme des Umganges mit ihnen illustrieren. Die nachfolgenden Träume stammen von einer 43jährigen, unverheirateten Frau, einer Volksschullehrerin aus der Steiermark. Sie hatte in ihrem Heimatort eine Analyse begonnen, welche aber an dem Mangel mythologischer Kenntnisse der dortigen Analytikerin scheiterte, da die Träume fast ausschließlich archetypisches Material enthielten. Andauernde, nicht körperlich bedingte Migränen und ein eigenartiges Symptom hatten sie zu diesem ersten Analyseversuch veranlaßt. Wenn nämlich ihre Schulkinder sie über ein gewisses Maß ärgerten, entfuhr ihr, einer zarten, schüchternen, immer „korrekten" Frau, ein so furchtbarer tierischer Schrei, daß zwar die Kinder gleich still wurden, sie selber aber ebenfalls tief erschrak, weil da autonom etwas so unheimlich Dunkles und Wildes aus ihr herauskam. Als sie mich in ihren Ferien aufsuchte, befand sie sich in einem Zustand schwerer Erschöpfung, und zugleich war sie gejagt von Visionen und Träumen, die sie völlig zu überwältigen drohten. Man hätte also eigentlich eher zuerst für körperliche Erholung sorgen sollen – aber das drängende Unbewußte war ja nicht mehr aufzuhalten; ich hoffte nur, die Träume würden selber einen Weg aus dieser fast von Anfang an unmöglichen Situation zeigen.

Der Initialtraum lautete folgendermaßen:*

Engelsgeburt

„Ich bin eingekerkert in einer großen Festung, zum Teil aus natürlichem Fels. Wir sind ganz hinten in der Festung, vorne scheint ein kirchlicher Raum zu sein, denn unsere Haft hat mit Religion zu tun. Bei mir befinden sich noch mein Großvater und meine Schwester Agathe. Es ist Nacht. Vor mir bildet sich eine Öffnung im Fels. Ganz im Hintergrund derselben fließt eine starke, wasserreiche Quelle und bildet einen breiten Wasserfall. Ich freue mich über diesen Anblick, der erlösend auf mich wirkt.

Ich suche einen Platz, um zu schlafen. Der Fels ist zu hart und zu unegal. Es ist eine Felsentreppe da, die tief hinunterführt. Ich gehe einige Stufen hinunter, um mich hier zu lagern. Es ist ganz dunkel, der Stein ist kalt und feucht, und mich friert.

Ich stehe auf und gehe etwas weiter vor, dort ist eine zweite Treppe aus Holz, die in einen Innenraum führt zu meiner Schwester und zu meinem Großvater. Wir müssen hinuntergehen, Agathe und ich, um unsere natürlichen Bedürfnisse zu verrichten. Ich bitte den Großvater, uns zu begleiten, um uns zu schützen. Ich trage einen tief rotbraunen Morgenrock, der auf dem Rücken filzig geworden ist. Da ich friere, frage ich den Großvater, ob er den anderen Morgenrock nicht für sich brauche; ich würde ihn dann auch noch über mich legen. Ich frage dies mit Zärtlichkeit und wärmster Fürsorge für ihn. Er erwidert, ich solle den Rock doch nehmen, er brauche ihn nicht.

Wir gehen durch einen großen, leeren Raum. Dann kommen wir in des Schlafzimmer meiner Mutter. Hinter einem Vorhang steht ein Toiletteneimer. Der Großvater begleitet Agathe dorthin, damit ihr nichts geschehen kann, dann kommen sie zurück, und ich gehe hin. In dem Eimer hängt eine gebrauchte Binde meines Großvaters. Er hat sie nicht entfernt, damit man sehe, daß er auch Binden braucht. Dann ist es, als ob die Binde zu mir gehöre. Das Peinlichste für mich ist, daß ich sie wegräumen muß; ich bin aber bereit, es zu tun im gleichen Geist der Liebe, in dem ich ihm vorhin den Morgenrock angeboten habe.

Seitdem ich selber hinter dem Vorhang bin, ist eine große, schöne Frau gegenwärtig. Ich komme hervor. Die Frau ist an dem Ort, wo der Eimer stand, jetzt das Bett, in dem ich als Kind lag (im gleichen Zimmer meiner Mutter). Ich sehe von der Frau nur ein wundervolles Engelsgesicht, von einem duftigen, ganz zarten Schleier umgeben. Es wirkt wie eine Erscheinung. Sie sagt, sie verstünde oder wisse nicht, wie das zugehe (diese Verwirklichung oder Wandlung). An ihrer Seite erscheint ganz klein eine Heiligengestalt und hinter dieser ein Engel, der sie führt und leitet. Beide Gestalten farbig und zusammengesetzt aus vielen Teilen, wie die Figuren in einem Kirchenfenster. Ich betrachte die Erscheinung, und mir geht es auf! Ich sage, ich wisse es. (Hintergedanke: durch die Führung des Engels!)

In diesem Augenblick wird mein Großvater von einer Übelkeit befallen. Es ist, als ob er aus dem Bett meiner Mutter gestiegen wäre – er sitzt davor, an den Nachttisch zurückgelehnt. Er sagt weinend, er müsse sterben, und fügt hinzu: Ich habe nicht gedacht, daß dies unser letzter Gang miteinander ist. Ich nähere mich mit großer Zärtlichkeit und schicke Agathe einen Arzt rufen. Am liebsten möchte ich niederknien und ihn umfassen. Ich streichle sein Gesicht und küsse ihn auf den rot geschminkten Mund."

---

* Die Träumerin gab ihren Träumen von sich aus Titel, als sie sie für mich abschrieb.

Die Träumerin stammte aus bäuerlichen Kreisen und war schon mit sechs Jahren Vollwaise; ihr Vater war im Krieg in tragischer Form ums Leben gekommen, und ihre Mutter starb ihm bald nach. Die Kleine wurde bei Verwandten untergebracht, wo sie aber keinen engeren Kontakt fand; ihr einzigen Gefühle galten einer Hündin, an die sich das verlassene Kind oft anschmiegte, um Wärme zu erhalten. Auch ihre Schwestern wurden andernorts untergebracht. Die Schwester Agathe, welche in diesem Traum vorkommt, war längst an einem Karzinom gestorben. Auch der Großvater, der im Traum erscheint, war in Wirklichkeit schon lange tot, so daß die Träumer hier eigentlich zu einer *„Nekyia"*, von zwei Totengeistern geleitet, in die Tiefe des Unbewußten hinabsteigen. Die Festung und der Felsenkeller sind hier ein transpersonales, d.h. archetypisches Bild. Es erinnert an die antiken Inkubationsstätten wie das Asklepeion zu Epidauros oder die Höhle des Orakelgottes Trophonios, wo die Schlafenden heilende und wegweisende Träume erhielten (vgl. *Meier* 1984). Eine Quelle oder fließendes Wasser gehörte immer auch dazu, als Attribut der chthonischen Heilgötter. Die Erben dieser Orakelstätten, die Stätten der Verehrung christlicher Heiliger (z.B. Michaels in Monte Gargano, Sizilien), haben auch immer eine solche Quelle. Die Träumerin ist dort in einer Art von religiöser „Haft". Letztere erinnert an den antiken Brauch der sog. *Katoché,* was sowohl Haft wie Besessensein von einem Gott bedeutet. Der *„Kátochos"* begab sich freiwillig in Gefangenschaft in einem Tempelbereich und beobachtete seine Träume, um Schutz und Hilfe von der Gottheit zu erlangen. Die *Katoché* verbildlicht somit einen Zustand religiöser Introversion, die den Zweck hat, den Lebensquell in der eigenen Tiefe wiederzufinden.

Die Träumerin friert, sie ist ungenügend bekleidet in ihrem ausgetragenen Morgenrock. Ihre Einstellung gegenüber dem Unbewußten ist nachlässig (*négligé*), nicht „warm" genug und darum nicht mehr genügend. Sie entlehnt darum den Rock des Großvaters, d.h. versucht seine Einstellung zum Unbewußten zu übernehmen. Dieser Großvater symbolisiert, was Jung den Animus einer Frau nennt. Er war der längst verstorbene Vater ihrer Mutter, von dem sie nur wußte, daß er „schwarze Magie" trieb und daß sich nächtlicherweile Menschen in seinem Hause trafen, um Teufelsbeschwörungen auszuführen: „Man habe dann öfters den Teufel mit einer Kette rasseln gehört". Die Träumerin selber hatte ebenfalls ein fatales Interesse an solchen Dingen; sie hatte *Eliphas Levis* Werke gelesen und offenbar tief in sich aufgenommen, wollte aber – und das war das Gefährliche daran – nicht viel davon sprechen. Der Großvater personifiziert offensichtlich eine „unreine" Einstellung zu den Mächten der Tiefe, welche bereinigt werden sollte. Er erscheint als Hermaphrodit, als ein Symbol der Ganzheit, dem aber etwas Monströses anhaftet (*Jung*, G.W. 16, Para 533), denn es sind zwei Elemente darin zur Ganzheit vereint, bevor sie noch richtig auseinanderpolarisiert worden waren – ein Noch-beieinander-Sein der Gegensätze statt einer echten Verbindung.

In nuce enthält diese Großvaterfigur das persönliche Hauptproblem der Träumerin: Bewußtsein und Unbewußtes standen bei ihr in einem unrichtigen Kontakt, den man als Magie statt als *„religio"* bezeichnen könnte. Erstere geht mit einer partiellen Besessenheit zusammen, was der Traum insofern dartut, als der Magier-Großvater ein Stück Weiblichkeit assimiliert hat, welche eigentlich zum Ich gehörte. Indem der Animus als unbewußter Magiergeist ein Stück Weiblichkeit auf seine Seite gezogen hat, hat er ein Übergewicht bekommen, durch das er nicht nur das Ich der Träumerin dominiert, sondern eine Frau fühlt in solchen Fällen nicht mehr, ob sie selber oder ihr Animus etwas meint oder empfindet – die Ansichten des Animus fühlen sich innerlich genauso an, als ob es die eigenen wären. Auch werden das weibliche Gefühl und ein männliches geheimes Berechnen und Planen unsauber vermischt.

Dadurch, daß ein Stück des Ego ans Unbewußte assimiliert wurde, besteht außerdem eine Art unklare Identität mit letzterem, was sich bei der Träumerin als eine weitgehende Hellsichtigkeit und ausgesprochene mediumistische Veranlagung äußerte. Dadurch entsteht dann aber leicht eine geheim-arrogante, geheimnisvoll aufgemachte Pseudoüberlegenheit und ein falsches „Wissen" um das Unbewußte. Dieses Wissen beruht auf der Besessenheit, d.h. beruht auf dem unpersönlichen „Wissen" der unbewußten Komplexe, d.h. deren vager Luminosität. Wie *Jung* (G.W. 8, S. 225 f.) nachgewiesen hat, besitzen nämlich auch die Komplexe des Unbewußten eine gewisse diffuse Bewußtseinsqualität, und im Falle einer Besessenheit durch unbewußte Komplexe steht natürlich dieselbe dem Ich teilweise zur

Verfügung. Es erzeugt dies zwar eine gewisse Hellsichtigkeit, die aber durch den Verlust einer sauberen Abgrenzung des Bewußtseinsfeldes oder durch mangelnde Gefühlsklarheit erkauft ist. In unserem Fall handelte es sich um letztere Möglichkeit – die Träumerin war in ihren Gefühlen seltsam unsicher und unbeständig, d.h. ihr Herz geriet immer wieder unter die Dominanz kalter, mißtrauischer Berechnungen (d.h. des Magier-Großvaters). Dementsprechend geriet sie auch im äußeren Leben immer wieder an kalte, berechnende Männer heran, welche ihre Liebesfähigkeit mißbrauchten und ihr das, was sie nach ihrer unglücklichen Kindheit am meisten brauchte – echte Wärme und Gefühl –, nicht gaben.

Die Verunreinigungen der Toiletten im Schlafzimmer der Mutter weisen wohl indirekt auf solche unerfreulichen sexuellen Erlebnisse hin. Dort wird aber auch das Selbst geboren – *in stercore invenitur*! Das Schlafzimmer der Mutter, wo die Träumerin zur Welt kam, symbolisiert den inneren Ursprungsort und den Raum des weiblichen Instinktes. Wenn sich die Träumerin entschließt, dort Sauberkeit zu schaffen, erscheint die „schöne große Frau", ein Bild des Selbst in der Ausdrucksweise *C.G. Jungs*, d.h. eine Personifikation der höheren, umfassenderen Persönlichkeit und der inneren Ganzheit. Aber diese große innere Figur weiß nicht um ihre eigene Entstehung, sie bedarf des Ichs, um sich selbst zu erfahren, ebensosehr wie das Ich sie braucht, um seiner selbst bewußt zu werden. Das Ich ist gleichsam das Auge des Selbst, und nur es kann sehen und erfahren, wie das Selbst entstanden ist. Es sieht dies im nächsten Bild des Traumes: in den zwei zusammengesetzten Figuren: dem Engel, der eine Heilige führt.

Die Figur der Heiligen wiederholt das Motiv der „schönen, großen Frau" und stellt wohl wieder die individuierte religiöse Persönlichkeit dar, welche die Träumerin werden könnte, wenn sie sich „der Führung des Engels" überließe. Der Engel – ein Bote der Gottheit – wird durch einen späteren Traum erklärt werden, wo von einer überlegenen Figur feierlich erklärt wird: „Das Unbewußte kleidet sich dann in einen Engel." Der Engel ist somit das Geheimnis des Unbewußten selber, das göttliche Geheimnis des seelischen Urgrundes. Von ihm sollte die Träumerin sich führen lassen. Daß diese Gestalten wie ein zusammengesetztes Glasfenster erscheinen, weist auf das Motiv der „conglomerate soul" (des Selbst als einer multiplen

Einheit) hin, der Einswerdung der vielen Elemente außen und innen (*Jung*, G.W. 13, S. 257 f.). In diesem Moment wird klar, daß der Traum nun von der Träumerin eine demütige religiöse Einstellung verlangt, und darum wird es gerade in diesem selben Augenblick dem Magier-Geist in ihr todübel – denn die zwei Einstellungen vertragen sich nicht. Der Magier besitzt und benützt das Unbewußte und gibt sich aus, als ob er es durch sein Wissen in der Tasche habe, wo er doch bestenfalls ein paar intuitiv erfaßte Symbolzusammenhänge zu ahnen vermag.

Hier wird also deutlich, wie in den meisten Produkten des Unbewußten das persönliche und das transpersonale Element vermischt auftreten; und der Traum zeigt auch, daß *der heilende Faktor* in der archetypischen Schicht erscheint: in der großen Frau und dem Engel. Allerdings sind auch die Gestalten von Agathe und dem Großvater nur halb persönlich, insofern man in ihnen den Schatten und den Animus der Träumerin erkennen kann – Figuren, die bei allen Menschen vorkommen; aber sie sind in Erinnerungsbilder des persönlichen Lebens der Träumerin eingekleidet. In dieser Schicht des persönlichen Unbewußten liegt auch die Quelle der neurotischen Störung: die durch die „schwarze Magie" des Großvaters verbildlicht ist. Letztere besteht in einer unsauberen machthungrigen und manipulatorischen Einstellung zum Transpersonalen, m.a.W. *unreligiösen* Einstellung. Letztere hingegen bestünde unter einer naiveren Unterordnung „unter die Führung des Engels".

Inzwischen war aber die bewußte Lage der Träumerin sehr beunruhigend. Ihre Erschöpfung machte es ihr schwer, Hoffnung zu fassen, und sogar das Aufschreiben der andrängenden Traumflut wurde ihr oft zuviel. Nach einigen mehr persönlichen Träumen kam dann aber ein Traum, der mir einen Wink zu geben schien, wie wir vorgehen könnten.

Man hört in Psychologenkreisen oft die Bemerkung, daß im Falle einer Überschwemmungsgefahr durch das Unbewußte der Analytiker verdrängende oder das Unbewußte nicht berücksichtigende Maßnahmen ergreifen solle. Meiner Erfahrung nach ist dies nicht immer nötig, denn das Unbewußte zeigt oft – allerdings nur, wenn man die Träume richtig versteht – selber einen Weg, wie man seiner Herr werden könnte, und der solcherart vom Unbewußten selber vorgeschlagene Weg wirkt meistens auf den Analysanden überzeugender, als wenn der Analytiker einfach etwas von sich aus unternimmt. In unserem Fall trat folgender Traum auf:

Der Wasserquell

„Ich stehe in der Wüste. Es wird nach Wasser gegraben: ein Mann schaufelt in der Erde – er scheint sehr wissend und überlegen, eine Art ‚Professor'; von unten her scheint auch einer sich heraufzuarbeiten. Plötzlich stoßen die beiden zusammen und kommen mit dem Gesicht aufeinander zu liegen, was sehr spaßig aussieht. Der untere hat eine Art eisernes Gesicht oder Maske, und oben und unten erscheinen vertauscht. Plötzlich ist die Lage ganz anders – man muß die Überfülle des Wassers fieberhaft wegschöpfen, damit keine Überschwemmung stattfindet, und die Wasser zugleich der Stadt Rom zuführen. Viele Schwarze arbeiten eifrig unter der Leitung des Professors. Meine Freundin Alberta kommt mit einem schönen grünen Gefäß, und wir helfen und schöpfen. Der Professor treibt uns an und haut mir im Spaß mit einem Stock eins auf den Hintern. Dann aber schickt mich der Professor weg – ich soll etwas auf einem Bett abliegen und ruhen, die anderen werden inzwischen für mich weiterarbeiten."

Dieser Traum gab mir zunächst einen hilfreichen, praktischen Wink: Ich riet der Träumerin, genau wie es im Traum hieß, sich einfach ganz ins Bett zu legen und nur für ihre Analysestunde kurz aufzustehen, und fuhr sonst fort, einfach weiter die Träume zu deuten. Diese Lösung erwies sich als günstig, wir wurden mit der Traumflut fertig, ohne daß die Träumerin zusammenbrach oder abglitt; ja ihre langen Stunden im Bett ruhten sie aus und versetzten sie in eine friedliche, meditative Stimmung. Sie neigte nämlich dazu (wie ich erst später entdeckte), sich immer mit einer tyrannischen Pflichtforderung selber zu vergewaltigen und zu überanstrengen, so daß sich diese Bettruhe unerwartet segensvoll auswirkte.

Im übrigen aber scheint mir der Traum eine eindrucksvolle Darstellung des geheimnisvollen Vorganges zu sein, der bei jeder Bewußtmachung des Unbewußten geschieht. Wir „erklären" ja das Unbewußte mit Hilfe von Symbolen und Begriffen, die alle ihrerseits wieder letztlich diesem selben Urgrund entstammen – ignotum per ignotius, wie die Alchemisten sagen, und wie *C.G. Jung* auch immer wieder betont. Die aus dem Unbewußten aufsteigenden symbolischen Bilder weisen nämlich ihrem Wesen nach auf essentiell Unbewußtes, und darum bleibt auch „jede Deutung notwendigerweise ein Als-Ob", es handelt sich nur „um die Umschreibung und approximative Charakterisierung eines unbewußten Bedeutungskernes" (*Jung*, G.W. 9/I, S. 165 ff.), und deshalb ist auch jede Deutung letztlich eine Neueinkleidung des Mythos selber. Diese muß aber vollzogen werden, damit der Anschluß des kultürlichen Bewußtseins an die Instinktgrundlage des Unbewußten erhalten bleibt.

Der „Professor" stellt offenbar eine solche geistige Haltung dar, welche die Inhalte des Unbewußten zu assimilieren versucht – der Eisenmaskenmann aber den mythenerzeugenden Geist der Tiefe selber. Die zeitweise Vertauschung der Rollen zeigt einerseits die natürliche Verwandtschaft der beiden, ist andererseits aber auch im Sinn der Magiegefahr zu deuten: wenn der Geist des Unbewußten den deutenden Geist assimiliert, dann entsteht jenes arrogant-mystische Pseudodeuten und intuitiv andeutende „Verkünden" eines „neuen" Mythos, welchem neuerdings wieder manche Mythenforscher und halbmystische „Bewegungen" huldigen, bei denen der bewußte menschliche Ausgangspunkt und Standpunkt verlorengegangen ist. Der Unterschied des Professors und des Eisengesichts liegt nämlich darin, daß der eine menschlich, der andere aber teilweise übermenschlich ist.

Die Träumerin sympathisierte mit solchen pseudomythischen Symbolauffassungen, weil sie dadurch vom Elend ihres realen Lebensweges in eine mythische Zauberwelt flüchten konnte, wo keine ethischen und sonstigen Entscheidungen zu fällen waren. Meine Versuche, alle Traumdeutungen auf ihr eigenes Leben aktuell zurückzubringen, liebte sie nur halb, und das zeitweise Überhandnehmen des Eisengesichtes im Traum zeigt, daß sie sich manchmal in einem Schwelgen in Affekten gehen ließ. Gottlob bleibt aber die Vermischung nur temporär und kann der „Professor" wieder die Oberhand gewinnen.

Der Mann mit der Eisenmaske oder dem Eisengesicht verdient wohl noch nähere Betrachtung; er ist nämlich ein archetypisches Motiv, das sich sowohl in der Alchemie als auch im Grimmschen Märchen „Eisenhans" wiederfindet. Als Eisenmann erscheint er in der Alchemie als eine Personifikation des Mars oder Ares, den z.B. der Paracelsist *Adam von Bodenstein* als „natura prima rerum" auffaßt, während ihn *Rulandus* mit dem paracelsischen Archeus vergleicht; wie *C.G. Jung* (G.W. 13, S. 159 ff.) gezeigt hat, ist er eine Personifikation des Unbewußten. Ares ist nach *Rulandus* der „individuelle Gestalter", d.h., wie *Jung* sagt, das „principium individuationis sensu strictiori". *Paracelsus* beschreibt ihn in seiner Schrift „De vita longa" folgendermaßen: „Er geht aus dem Gestirn, den Corpora supracoelestia; denn solcherart ist die Eigentümlichkeit und Natur der überhimmlischen Körper, daß sie geradenwegs aus dem Nichts ein körperliches Phantasiebild (*imaginationem corpoream*) hervorbringen, so daß man es für einen festen Körper hält. Von dieser Art ist Ares, daß, wenn man an den Wolf denkt, dieser auch erscheint. Die Welt ist ähnlich den aus den vier Elementen hervorgehenden Geschöpfen. Aus den Elementen entsteht, was seinem Ursprung in keinerlei Weise gleich ist, aber nichtdestoweniger trägt es Ares Alles in sich." Ares erscheint demnach (sagt *C.G. Jung*, dieses Zitat deutend) als ein *intuitiver Anschauungsbegriff einer vorbewußten schöpferischen Gestaltungskraft. Johannes Braceschius von Brixen*, ein ungefährer Zeitgenosse des *Paracelsus*, vergleicht den Ares mit dem „Demogorgon", einem angeblichen Urvater aller Heidengötter. „Er ist der Gott der Erde, ein schrecklicher Gott und auch das Eisen". Astrologisch bedeutet Mars die Triebnatur und Affektivität des Menschen. Ihre Zähmung und Wandlung in den „Stein der Weisen" ist das Ziel des alchemistischen Werkes.

Auch bei der Träumerin waren starke Emotionen und Affekte unter einer schüchtern-sanften Oberfläche konstelliert und nicht zuletzt, wie sich klarer aus den folgenden Träumen ergab, ein schöpferisches Problem. Die starke Imaginationskraft ihres „Ares" hat aber auch wieder mit Magie zu tun, wie das Paracelsus-Zitat ja deutlich aussagt. In einem später erfolgten Traum kam dann ein auf dem W.C. eingeschlafener Schriftsteller vor. Die Träumerin hatte eine ausgesprochene schriftstellerische Begabung, die sie aber „einschlafen" ließ. Wie so oft bestand ihre Neurose letztlich in einem nicht genutzten Stück schöpferischer Energie.

Im Grimmschen Märchen „Der Eisenhans" findet sich eine ähnliche Figur: Dort ist er ein in einem Teich versteckter „Wilder Mann" oder Dämon, der aber eigentlich ein alter, auf Erlösung wartender verzauberter König ist. Er besitzt im Wald eine Quelle, in welcher alles, was man darein eintaucht, zu Gold wird. Als „alter König" stellt er ein früher herrschendes geistiges Prinzip dar, welches durch irgendwelche Umstände entthront und zum bösen Naturgeist entwürdigt wurde. Dies weist nicht nur auf die Alchemie, sondern auch auf vorchristliches germanisches religiöses Geistesgut und speziell auf Wotan hin. Als Hüter der Goldquelle ist Eisenhans aber auch ein zauberischer Naturgeist im Sinne der alchemistischen Naturphilosophie, ein *Deus absconditus* in der Materie (vgl. *von Beit*, Bd. 2, S. 380 ff.). In seinem unerlösten Zustand als eiserner Dämon aber bedeutet er ungebändigte barbarische Aggressivität und Affektivität, weshalb es nicht verwundert, daß die Träumerin in der Kriegszeit nationalsozialistische Neigungen entwickelte, die sie allerdings nicht nach außen realisierte – es blieb gottlob wenigstens nur bei einer milden Sympathie.

Dieser Dämon hing ferner wohl auch mit dem Schreisymptom zusammen, das ja ein autonomer Wildheitsausbruch war. Nachdem wir diese Zusammenhänge erörtert und ins Bewußtsein gehoben hatten, kam dann auch ein Traum, in welchem ein Eber im Hinterhof des Schulhauses ein unheimlich lautes Donnergrollen ertönen ließ. Ein Jäger trat auf und erschoß den Eber, und die Träumerin sah dann, daß das tote Tier am Bauch einen seltsamen goldenen Schimmer aufwies. Man ist an Wotans Eber „Gullinborsti" erinnert! Da das Schreisymptom nach der Heimkehr der Träumerin nicht mehr wiedergekehrt ist, muß man annehmen, daß dieser Traum die Besiegung des autonomen Affektausbruches darstellt, nachdem der geistig-religiöse Aspekt des Eisenmaskenmannes und anderer verwandter Inhalte dem Bewußtsein nähergebracht worden war. Solche Traummotive zeigen aber auch, wie Magie, Heidentum und moderne politische Irrlehren insgeheim mit nicht integrierten religiösen Inhalten unmittelbar zusammenhängen und auch wie der alte Wotan als wilder Jäger, Eisenmann, Eber usw. noch immer im seelischen Hintergrund germanischstämmiger Menschen spukt.

Doch nun droht im Traum eine Überschwemmung durch das Unbewußte, dessen Inhalte, wie es heißt, „der Stadt Rom" (d.h. einem religiösen inneren Zentrum)* zugeführt werden sollten. Nicht das Ich sollte sich an dem Reichtum, der aus der Tiefe quillt, berauschen, sondern ein inneres Zentrum, das Selbst, sollte davon belebt werden.

Zu den Negern assoziierte die Träumerin: „Arbeiten wie ein Neger", was die Schwarzen im Traum auch tun. Sie gehorchen dem „Professor" und verkörpern wieder jene einfach demütige Hingabe

---

* Laut Assoziation der Träumerin bedeutet Rom dies für sie. Sie war selber nie in Rom gewesen.

an die innere Welt, welche auch immer gewissenhafte und ernste Arbeit mit sich bringt, wenn man die Inhalte des Unbewußten nicht nur intuitiv „beriechen", sondern in ihrem Wesen assimilieren will.

Das wichtigste Symbol aber ist in diesem Zusammenhang das schöne grüne Gefäß, das die Freundin Alberta zum Wasserschöpfen benützt. Die Träumerin ist eine introvertierte Intuitive*, und ihre Empfindung, d.h. ihre Realitätsfunktion, war (wie dies in solchen Fällen oft vorkommt) primitiv intensiv, aber nur partiell, insulär und autonom funktionierend. So hatte sie zwar eine gute, fast allzu gute Beziehung zu Geld- und Kleiderfragen, vernachlässigte aber ihren Körper in bezug auf Essen und Schlafen und richtete sich auch nie wohnlich ein. So beschwerlich und fragwürdig die inferiore Funktion meistens nach außen funktioniert, so ist sie gerade in der Beziehung zum Unbewußten besonders wertvoll, weil sie noch jene primitive Spontaneität besitzt, welche die Inhalte des Unbewußten zu erfassen hilft. Auch die Trägerin des Gefäßes, Alberta, weist in diese Richtung, war sie doch, laut Aussage der Träumerin, eine einfache, „realistische" Frau. Das Gefäß erinnert u.a. an die Graalssymbolik und stellt das Selbst in seiner Funktion eines höchsten weiblichen Symbols dar, und zwar dasjenige geheimnisvolle Element in der Seele, welches das Gottesbild zu erfassen vermag. So soll die Träumerin offenbar ihr Ich zur meditativen Ruhe bringen und dann etwas Natürlichem und Einfachem in sich erlauben, ihr die Inhalte des Unbewußten spontan zu übermitteln.

Auch die weiteren Träume dieser Analyse beschäftigen sich mit dem Problem, wie die Träumerin sich mit der psychischen Energiequelle im transpersonalen Unbewußten richtig in Beziehung setzen kann – nicht durch intuitive Geisterflüge, sondern durch „religiöse" Gestaltung der andrängenden Bilder, d.h. durch eine Art „Gottesdienst" im Sinn einer dienenden Bemühung um die Verwirklichung des Selbst.

Literatur

von Beit, H., Symbolik des Märchens, 3 Bde., Bern 1952-1957.
Jung, C.G., Psychologische Typen (1921), Ges. Werke, Bd. 6, Walter-Verlag, Olten 1971.

* Ich setze hier die Jungsche Typologie als bekannt voraus und verweise auf sein Werk: Psychologische Typen (G.W. 6).

–, Zur Psychologie des Kindarchetypus (1940), G.W. 9/I, S. 163-195, Walter, Olten 1976.
–, Psychologie und Religion (1940), G.W. 11, S. 1-117, Walter, Olten 1971.
–, Paracelsus als geistige Erscheinung (1942), G.W. 13, S. 123-209, Walter, Olten 1978.
–, Der Geist Mercurius (1943), G.W. 13, S. 211-269, Walter, Olten 1978.
–, Die Psychologie der Übertragung (1946), G.W. 16, S. 173-345, Walter, Olten 1971.
–, Theoretische Überlegungen zum Wesen des Psychischen (1947), G.W. 8, S. 183-261, Walter, Olten 1971.
Meier, C.A., Antike Inkubation und Psychotherapie. Studien a.d. Jung-Institut, Zürich 1949; verbesserte Aufl. Daimon Verlag, Zürich 1984.

Transzendenz als Erfahrung

Karlfried Graf Dürckheim

Der Kräfte, Vermögen und Erscheinungen, die den Horizont des natürlichen Menschen transzendieren, gibt es viele. Unsere Zeit ist reich an Entdeckungen im Raum des Übernatürlichen. Zu den die natürlichen Grenzen überschreitenden Phänomenen gehört alles, was heute unter dem Namen „Psi" registriert wird, so alle parapsychischen Phänomene. Der Mensch erkennt in sich und übt Fähigkeiten, die nach allen Richtungen die bisherigen Grenzen seines Bewußtseins überschreiten. Das Erinnerungsvermögen wird erweitert bis in die frühe Kindheit nicht nur, sondern bis in den Augenblick der Geburt und darüber hinaus bis in frühere Leben. Planmäßig übt sich der Mensch mit und ohne Zuhilfenahme von Drogen in der Erweiterung des Bewußtseines, die ihn befähigt, ungeahnte Räume des Universums zu sehen und in ihnen bisher unbekannten Wesen zu begegnen. Übersinnliche Kräfte und Vermögen erscheinen in der Telepathie und in der Telekinese, im Fern-Sehen, dem Voraus-Sehen, dem Wunderheilen durch Handauflegen sowie in dem auf den Philippinen geübten operativen Ein-Greifen ohne Instrumente u.a.m. Der Umgang mit Verstorbenen durch Schulung der Medialität wird immer häufiger berichtet, und die Erkenntnis über das, was nach dem Tode kommt, wird erweitert durch planmäßige Aufzeichnungen von Berichten über Menschen, die klinisch tot waren und wieder zurückgekehrt sind.

So also wie Naturwissenschaft und Technik in ungeahnte Räume des unendlich Großen und unendlich Kleinen vorstoßen und damit Grenzen überschreiten, die endgültig erschienen, so auch dringt der Mensch im Raum seines inneren Erlebens ohne technische Apparate heute in andere Weiten, Tiefen und Höhen vor. Es gibt ein Aufgehen der Grenzen der bekannten Dimensionen, das planmäßiger Forschung zu verdanken ist. Auch hier handelt es sich um eine Erweiterung der Erkenntnis objektiver, das heißt vom menschlichen Erleben anscheinend unabhängiger Wirklichkeiten.

Unabhängig davon gibt es eine transzendente Wirklichkeit, deren Erfahrung nicht den Raum der objektiven Erkenntnis und Leistungsmöglichkeit erweitert, sondern einen inneren, man kann sagen religiösen Sinn hat. Während die Naturwissenschaft als Erfahrungswissenschaft die im eigentlichen Sinn menschliche Erfahrungswirklichkeit als „nur" subjektiv ausschaltet und menschliche Erfahrung durch Foto, Reagenzglas und Computer ersetzt, gibt es eine Transzendenz, die als Inhalt menschlicher Erfahrung ernst zu nehmen ist, ja, nicht nur ernst zu nehmen, sondern in den Mittelpunkt aller Bemühungen um die Erkenntnis der im spezifischen und tiefsten Sinne menschlichen Wirklichkeit gerückt werden muß. Es geht um die Erfahrung der dem Menschen wie allen Dingen immanenten Transzendenz, die den Sinn des menschlichen Lebens birgt und so religiösen Charakter hat. Hier haben wir es zu tun mit einer die innerste Dimension des Menschen erfüllenden Erscheinung des überweltlichen Seins. Allein von dieser Erfahrung soll in diesem Aufsatz die Rede sein. Der Versuch, auch nur andeutungsweise auf die Fülle der Aussagen über diese Erfahrungen in den verschiedenen Religionen einzugehen, würde den Rahmen dieses Beitrages sprengen. So beschränken sich die folgenden Ausführungen auf eine Wiedergabe der Weise, in der sich das Problem der „Transzendenz als Erfahrung" dem Verfasser dieses Beitrages darstellt.

Wir stehen heute im Zeichen eines weltgeschichtlichen Ereignisses: Die westliche Menschheit, die der Vereinigten Staaten nicht weniger als die Europas, öffnet sich zum ersten Mal in der Geschichte der Menschheit auf breiter Front dem Ernstnehmen von inneren Erfahrungen, die den Horizont des gewöhnlichen, gegenständlichen Bewußtseins überschreiten. Um solche Erfahrungen kreist seit Jahrtausenden das, was man die östliche Weisheit nennt. Um sie auch kreist die große Tradition des Einweihungsweges östlicher Meister. Im Abendland erscheint Transzendenz als Erfahrung in der Mystik. Es besteht jedoch die verwunderliche Tatsache, daß die Hüterin des religiösen Glaubens, die christliche Kirche, solchen Erfahrungen gegenüber immer sehr zurückhaltend, wenn nicht ablehnend, ja, sogar feindlich gegenüberstand. Während schon 3000 Jahre vor Christus in Indien durch Krishna das Gotterwachen in der Seele als Sinn und Höhepunkt menschlichen Lebens verkündet und gelehrt wurde, und Christus selbst den Menschen lehrte, Ihn in der eigenen Innerlichkeit zu suchen, hat die Kirche bis auf den heutigen Tag die Wirklichkeit des Göttlichen fast ausschließlich in einer Weise gelehrt, die den allmächtigen Gott, vom Menschen in einer unüberbrückbaren Distanz getrennt, zu einem „Gegenstand" des Glaubens gemacht hat. Demgegenüber wurde weithin eine angeblich innere Erfahrung des Göttlichen als etwas „nur" Subjektives, nur Naturales, Menschliches abgewertet. So stehen sich bis heute in unseren Zonen nahezu feindlich gegenüber Theologie und Mystik, Glaube und Erfahrung. Fragen wir nach der Ursache solcher Gegensätzlichkeit, so besteht sie wohl darin, daß, wie schon Christus sagte, es Menschen gibt, die „Ohren haben zu hören", und andere, die dieses Ohr nicht haben. Damit ist der Mensch gemeint, der in seinem Bewußtsein eingeschlossen ist im Horizont seiner natürlichen Kräfte: seiner fünf Sinne, seiner natürlichen Gefühle, seines rationalen, gegenständlich fixierenden Bewußtseins, seines planenden Willens, seiner natürlichen Liebeskräfte und seiner Bindung an die in seiner Gemeinschaft geltende Ethik. Wer die Erfahrung der inneren Transzendenz nicht hat und daher in die Grenzen dieses Horizontes gebannt ist, ist auf den ihm autoritär überlieferten Glauben angewiesen und darauf, alle den Horizont seines natürlichen Bewußtseins transzendierenden Mächte in einem räumlichen Außen zu suchen. Auch in diesem Glauben kommt die für den westlichen Geist charakteristische Auffassung von Wirklichkeit zum Ausdruck, die nie im inneren Erleben, sondern nur als eine gegenständlich fixierbare, ontologische Wirklichkeit Anspruch auf Anerkennung erheben darf.

Diesem in die Grenzen seines natürlichen Bewußtseins eingeschlossenen Menschen gegenüber steht der andere, der einer die Grenzen dieses Horizontes sprengenden Erfahrung nicht nur zugänglich ist, sondern sie zur Basis seines Wirklichkeitsverständnisses macht. Dieser Mensch entdeckt eine überweltliche, ihn tausendfältig transzendierende Wirklichkeit auch in sich selbst. Das ist die ihm immanente Transzendenz seines „Wesens", die jeweils individuelle Weise des allem Seienden innewohnenden *Wesens* (das Sein alles Seienden im Sinne *Heideggers*).

Die Frage nach der in der Transzendenz als Erfahrung dem Menschen begegnenden Wirklichkeit wirft ein erkenntnistheoretisches Problem auf, dessen überragende Bedeutung für das Verständnis aller hier auftauchenden Fragen erst allmählich erkannt wird. Ist das erkennende Subjekt das Welt-Ich, das heißt der im Raum des Bedingten verwurzelte und auf sein gegenständliches Bewußtsein angewiesene Mensch, so bleibt das als wirklich Anerkennbare auf den Raum des seiner rationalen Erkenntnis Zugänglichen begrenzt. Was darüber hinausgeht, ist Inhalt von Phantasie, metaphysischer Spekulation, von frommem Glauben, kurz, Produkt aus Quellen, aus denen keinerlei Wirklichkeitserkenntnis fließen kann. Mit großer Selbstverständlichkeit hat bisher der abendländische Mensch dieses Ich als einziges Zentrum möglicher Wirklichkeitserkenntnis anerkannt. Die Zeit ist gekommen, daß die Alleinherrschaft dieses Ichs im Raum der Erkenntnis gebrochen und dort, wo es um den Menschen und den Sinn seines Lebens geht, als maßgebendes Zentrum der Erkenntnis das mit der Erfahrung des Wesens aufgehende Bewußtseinszentrum als das übergeordnete anerkannt wird. Die Rechtfertigung dieser Wende ergibt sich aus der Anerkennung des für die innermenschliche Reifung und Entwicklung ausschlaggebenden Gewichtes von numinosen Erfahrungen, die den Menschen zu überwältigen und zu verwandeln vermögen. Hier können wir von einer Begegnung mit dem Überweltlichen sprechen, das sich aller gegenständlichen Erkenntnis entzieht und nur im Innesein eines inständlichen Bewußtseins des Wesens erfahren wird. Alle zu seiner Kennzeichnung gebrauchten Begriffe haben keinen ontologischen Sinn, sondern halten lediglich den Inhalt gewisser besonderer Erlebnisse fest, so auch, wenn wir „Wesen" als die Weise verstehen, in der überweltliches Sein im und als Innesein erfahren wird, erfahren als die je individuelle Weise der Teilhabe an diesem überweltlichen Sein, das im Menschen und durch ihn hindurch offenbar werden möchte im Erleben, Erkennen, Gestalten und Lieben in der Welt.

Im Raum der Erkenntnis, in dessen Mittelpunkt das Welt-Ich steht, hat Wirklichkeit nur, was gegenständlicher Erkenntnis und begrifflicher Fixierung zugänglich ist. Alles, was darüber hinausgeht, alle transzendente Wirklichkeit, besitzt keine Wirklichkeit, sondern ist Gegenstand „bloßen" Glaubens. Vom Standort des in seinem Wesen gründenden Menschen dagegen hat der Erkenntnisraum des natürlichen Welt-Ichs die Bedeutung eines Schleiers, der die eigentliche Wirklichkeit verbirgt und verhindert. Es ist die in der „Erbsünde", das heißt mit dem Erwachen des rationalen Bewußtseins entstehende Wirklichkeit, in der der Mensch sich mehr und mehr gegen die in seinem Wesen lebendige, aller gegenständlichen Erkenntnis unzugängliche, überraumzeitliche Wirklichkeit des Seins verschließt.

Wer der Erfahrung der inneren Transzendenz geöffnet ist, weiß, daß das ihn in seinem gewöhnlichen Bewußtseinshorizont tausendfältig Transzendierende als Wesen ihm wie allem, was ist, als innerster Kern innewohnt. Unter dem Druck einer die Innerlichkeit des Menschen mehr und mehr verneinenden Weltentwicklung gerät in unseren Tagen das Wesen mehr und mehr in Atemnot und durchstößt im aufbegehrenden Menschen immer häufiger die es blockierenden Wände.

Wir wüßten nichts vom überweltlichen Sein, bräche es nicht in dreierlei Weise in den Horizont unserer Erfahrung ein; als schöpferisch-erlösende Fülle; als allordnendes Gesetz; und als alldurchdringende Einheit. Diese Dreieinheit erscheint in allem, was ist, als Leben gebende und erhaltende Kraft, als Sinn und Gestalt gebendes Prinzip und als das Leben bewahrende und vollendende Ganzheit. Mit Bezug auf menschliches Leben bedeutet das zweierlei, je nachdem es auf der Ebene des Welt-Ichs oder aber auf der Ebene des in seinem Wesen gegründeten Menschen erscheint. Im Horizont des natürlichen Menschen erscheint die Dreieinheit als der ursprüngliche Drang, zu leben und zu überleben, als Drang zu einer bestimmten Gestalt seiner selbst wie seines Lebens und als Sehnsucht nach Geborgenheit und Liebe. Anders gesagt: Die Dreieinheit erscheint auf der Ebene des natürlichen, der immanenten Transzendenz noch verschlossenen Ichs in ihrer Fülle als Kraft, die der Mensch dem dankt, was er hat, kann und weiß; als Gesetz in dem, was für seine Begriffe „stimmt" und in seinem Sinn verständliche Gestalt hat; und in der Einheit des Seins als weltlicher Geborgenheit und Liebe. Dementsprechend sind die drei Grundnöte des Menschen die Angst vor der Vernichtung, die Verzweiflung am Absurden und die Trostlosigkeit der Einsamkeit. Transzendenz als Erfahrung ist das Erleben einer überweltlichen Wirklichkeit, die den Menschen von eben diesen Nöten befreit. Und in eben dieser, den Menschen aus seiner weltlichen Not befreienden Erfahrung erweist sich die Wirklichkeit des als überweltlich Erfahrenen. So besteht die Rechtfertigung dafür, hier von etwas Überweltlichem zu sprechen, darin, daß diese Kraft erfahren werden kann gerade dort, wo der Mensch in seinem weltlichen Bezug in der Schwäche oder der Vernichtung steht; daß ein tieferer

Sinn gerade dort erfahren werden kann, wo der Mensch in der Welt einem Unsinn, einem Widersinn, gegenübersteht; und daß die hier aufbrechende, den Menschen durchdringende Liebe eben dort erfahren werden kann, wo er in der Welt ein Opfer der Lieblosigkeit ist. Die Legitimation, mit Bezug auf bestimmte Erfahrungen von Erfahrungen einer transzendenten Wirklichkeit zu sprechen, liegt also in der den ganzen Menschen verwandelnden, ihn mit einem neuen Sinn beschenkenden Bedeutung. Der Mensch wird in ihnen von seinen Urnöten erlöst und zu einem Leben aus einer völlig neuen Quelle befreit.

Mit der Anerkennung der in der inneren Erfahrung aufgehenden Transzendenz als einer alle Maße des Menschlichen überschreitenden, gegenständlich nicht faßbaren Wirklichkeit ergibt sich eine besondere Einsicht in das Verhältnis zwischen innerem Erleben und den Bildern und Vorstellungen überweltlicher Mächte im Aspekt des natürlichen Welt-Ichs. Das in der inneren Erfahrung der Transzendenz den Menschen Überwältigende und Verwandelnde ist die Quelle seiner Gottesvorstellungen. Diese also sind Spiegelungen inneren Erlebens, dessen umstürzende und verwandelnde Macht in ihnen seinen bildhaften Ausdruck findet. Während vom natürlichen Welt-Ich her gesehen eine ontologisch begriffene transzendente Wirklichkeit als Ursache der inneren Erfahrung angesehen wird, müssen umgekehrt von der Wesenserfahrung her alle Bilder und Vorstellungen transzendenter Mächte als Spiegelungen der inneren Erfahrung angesehen werden. Das innerste Erleben des Menschen als Quelle aller Gottesvorstellungen anzuerkennen, muß dem als Blasphemie erscheinen, dessen Wirklichkeitssicht sein Zentrum im nur gegenständlich erkennenden Welt-Ich hat, während dort, wo der Mensch sich im Wesen in der Teilhabe am universellen Sein erfährt, die Behauptung einer von ihm unabhängig existierenden Gottheit die Glut und den wahren Sinn seiner inneren Erfahrung verrät. In der Transzendenz als Erfahrung erfährt der Mensch sich selbst als Wesen eins mit dem Wesen aller Dinge. Wo die Transzendenz den dem natürlichen Menschen zugänglichen Wirklichkeitsraum überschreitet, wird sie zu einer ihm von außen her begegnenden, sei es erlösenden oder vernichtenden Macht.

Aber auch der Mensch, der die Transzendenz als seine innerste Wirklichkeit erfahren hat, wird immer wieder in den Horizont seines natürlichen Ichs zurückfallen und dann das zuinnerst erlebte göttliche Sein auch immer wieder nach außen projizieren. Auch der mystisch Begnadete betet wieder zu Gott.

Transzendenz als Erfahrung berührt und bewegt den Menschen in verschiedener Weise und verschiedener Macht. Am eindeutigsten und gewaltigsten trifft sie ihn in der „Großen Erfahrung". Diese Erfahrung durchzieht alle Zeiten und alle Kulturen. Im Zen-Buddhismus heißt sie Satori, im Raum des Hinduismus das große Samadhi als Erfahrung des Großen Lichtes. Im christlichen Raum ist sie die Erfahrung der Praesentia Dei, die Gotteserfahrung. Übergreifend für alle Formen der Großen Erfahrung steht der Begriff des „Kosmischen Bewußtseins". Was auch immer die Namen sein mögen, es gibt die den Menschen bis in den Grund hinein aufreißende und verwandelnde Erfahrung, die ihn schlagartig auf eine andere Stufe seines Menschseins hebt und zu einem neuen Leben erweckt und beruft. Auch wenn die Gewalt des umstürzenden Erlebens schwindet – Sinnmitte, Richtung und Gesamtstimmung des Lebens sind ein für allemal eine andere: nicht mehr primär daseinsbedingt, sondern seinsbezogen.

Aber nicht nur in der Großen Seinserfahrung begegnet dem Menschen das überweltliche Wesen mit verwandelnder Kraft. Es gibt die kleinen Seinserfahrungen, ich nenne sie Seinsfühlungen. In ihnen wird der Mensch nur vorübergehend mehr oder weniger stark vom Sein berührt und aus der Ordnung seiner natürlichen Bezüge und Gefühle herausgehoben. In dieser Weise kann der Mensch in jedem Augenblick und durch alles berührt werden. Vorwiegend aber kann er die Strahlung des Seins auf vier Feldern seines Lebens in der Qualität des Numinosen fühlen: im Erlebnis der Großen Natur, wahrer Kunst, der Erotik und der Hingabe im Kult. Immer handelt es sich um das Erleben des Einbruchs einer anderen Dimension in den Raum seines gewöhnlichen Wirklichkeitsbewußtseins.

Ein drittes Medium möglicher Seinserfahrung ist die Seinsahnung, die manchen Menschen von Jugend auf drängt „zu suchen". Etwas treibt ihn aus der Banalität des gewöhnlichen Lebens zu etwas Höherem hin. Er ist der Sucher. Er sucht das ihn als Ahnung durchwirkende Wunder des Seins, gegebene Grenzen überschreitende, in der Ferne. Die Sehnsucht der Ferne ist Ausdruck des ihn heimsuchenden Wesens. Die Triebkraft des Suchens ist das Gesuchte. Zu allen Zeiten suchte der Mensch das Wunder des Seins zu erfahren. Und diese Suche fand ihren Ausdruck in Mythen und Legenden, im Leben und Wirken mehr oder weniger geheimer Bünde und Zirkel. So gab es im Abendland die Sucher nach dem Gral, die Rosenkreuzer, Templer, Alchimisten und andere. In alldem wirkt sich die immerwährende Präsenz des Überweltlichen aus als Suche nach der Essentia rerum, dem Wesen aller Dinge.

Kriterien dafür, daß der Mensch in einer Erfahrung wirklich von einer transzendenten Realität berührt wurde, es sich also nicht um eine Illusion handelte, sind die folgenden: Die Qualität des Numinosen, die das gesamte Erleben erfüllt und diesem einen besonderen Charakter verleiht, einen besonderen Schimmer, einen besonderen Glanz, eine eigentümliche Bewegung, ein eigentümliches Zittern. Wo die numinose Qualität den Menschen ergreift, ist das Erleben durchwittert von einem Fascinosum wie einem Tremendum (*R. Otto* 1917). Das Tremendum ist Anzeichen einer Kraft, die uns in der wohlgeordneten Oberfläche unseres gewöhnlichen Daseins bedroht und uns daher erzittern läßt. Fascinosum – was immer uns fasziniert, ist etwas, das wir im Grunde unseres Wesens sind, aber in unserer Personalität doch noch nicht ganz sind, zu dem wir uns also hingezogen fühlen, mit dem wir vollends eins sein möchten, von dem wir aber doch noch getrennt sind. Und so ist es mit der Wirklichkeit unseres Wesens. Wir haben an ihm teil, wir sind es im Grunde, sind eins mit ihm, aber sind in den Grenzen unseres Ich-Horizontes von ihm getrennt. So zieht es uns an. Zugleich aber ist das Sein dort, wo es uns berührt, immer auch das Bedrohliche für die derzeitige Form unseres Daseins. Wo das Wesen in uns auftaucht, sind alle Ordnungen, Sicherheiten und Grenzen der Weltwirklichkeit, in der wir uns eingenistet haben, mit der wir unseren Frieden gemacht haben, in Frage gestellt, und das Ganze gerät ins Zittern. Auf dem Hintergrund aller Qualitäten, in denen wir unsere im Ich zentrierte Weltwirklichkeit verspüren, weist das Numinose hin auf etwas völlig anderes. Diese Andersartigkeit jedoch kann graduell variieren zwischen der besonderen Qualität einer Seinsstimmung oder hauchzarten Seinsfühlung, z.B. der Qualität einer Zärtlichkeit zwischen Liebenden oder der wundersamen Stimmung einer lauen Frühlingsnacht oder der Ergriffenheit durch die transzendente Qualität eines Kunstwerks, bis hin zu jenen Formen des Ergriffenseins durch das ganz

Andere, das den uns völlig umwerfenden Charakter der Großen Seinserfahrung kennzeichnet.

Das aller echten Seinserfahrung eigene Überschreiten der Grenze bedeutet aber auch Vernichtung des bisher Gültigen und Sicherheit Gewährenden – also Sterben. Wo Seinserfahrung nicht nur eine beglückende Sternstunde ist, sondern alles verwandelndes Ereignis, ist sie mit einem Tod des Welt-Ichs verbunden. Der mit seinem Welt-Ich und dessen Vorherrschaft identifizierte Mensch muß eingehen, damit der im Wesen gegründete Mensch aufgehen kann. Dabei fallen Tod und Neugeburt zusammen.

In der Erfahrung des uns von Grund auf erschütternden ganz Anderen, in dem man sich zugleich in der eigenen Tiefe erfährt, ist bereits das zweite Kriterium echter Seinserfahrung enthalten: die Verwandlung. Schon in jeder vorübergehenden Seinsfühlung ist eine Umstimmung der Gesamtqualität unseres Erlebens mit mehr oder weniger Nachhaltigkeit gegeben. Man fühlt sich nicht nur anders, sondern als ein anderer, man reicht in andere Tiefen, Höhen und Weiten. Die Verwandlung, die die Große Seinserfahrung herbeiführt, reißt den Menschen in eine andere Dimension in einer Weise, die ihn die Dreieinheit des Seins in bisher unbekannter Tiefe erfahren läßt. Gewiß hat das Erleben für jeden, der sich zu ihm begnadet erfuhr, einen anderen Charakter, und doch erscheint in allen Beschreibungen immer wieder das Erfahren einer unermeßlichen Fülle eines übergegensätzlichen Seins, die den Menschen nun gleichsam sprengt; einer unauslotbaren Tiefe des Sinnes, die Dunkelheit in Licht verwandelt und ungeahnte Horizonte der Erkenntnis aufreißt. Welten tun sich auf, und Zusammenhänge werden sichtbar, die außerhalb des Fassungsvermögens noch so weitreichender Erkenntnishorizonte des Welt-Ichs liegen. Und die Einheit des Seins wird als ein Meer von Liebe erfahren, deren Glück alles menschliche Liebesglück und alle menschliche Liebesnot blaß erscheinen läßt. Die Klangräume der Seele und ihre Tiefen sind etwas völlig anderes als der Tonraum der Welt des gegenständlichen Bewußtseins.

In der Vollendung fallen Erkenntnis und Liebe zusammen, und höchste Erkenntnis ist Ausdruck eines mit der Ganzheit des Lebens einsgewordenen Menschen. Liebende, die sich von Wesen zu Wesen begegnen, erkennen einander im *Einen*. Im erkennenden Einswerden von Wesen zu Wesen erfährt sich der Mensch am tiefsten in der Teilhabe an dem Geheimnis, das er Gott nennt. Diese „Gotteserfahrung in der Seele" – und dies ist das dritte Kriterium einer echten Seinserfahrung – hat den Charakter der Erfüllung einer Verheißung, die der Grundsehnsucht des Menschen entspricht; denn in seinem Welt-Ich gefangen, zugleich aber im Wesen dem überweltlichen Sein unverwandt zugehörig und aus ihm heraus zur Manifestation des Göttlichen in der Welt bestimmt und gedrängt, ist er zeitlebens von der Sehnsucht erfüllt, den ihm immanenten Gott erleben zu dürfen. In der Seinserfahrung erfüllt sich – wenn vielleicht auch nur für einen Augenblick – diese Verheißung.

Wenn die Seinserfahrung echt ist – und dies ist das vierte Kriterium –, ist dies zugleich die Geburt eines neuen Gewissens. Der Mensch erfährt unabdingbar und unausweichlich einen Ruf: den Auftrag, so zu werden, daß er für die Wirklichkeit, die ihn soeben für einen Augenblick und auch, wenn es länger dauerte, doch nur vorübergehend durchdrang, in einer Weise durchlässig wird, die ihn befähigt, im Kontakt mit ihr zu bleiben, in seiner Weise zu sein, sich in der Welt zu geben und in der Welt zu wirken, ohne Unterlaß von ihr zu zeugen. Dies bedeutet den in der Seinserfahrung enthaltenen Auftrag zum inneren Weg. Das ist der Weg der Selbstverwirklichung, der Verwirklichung des wahren Selbstes, darin der Mensch seine Gestalt als die in der Welt sich bewährende Persönlichkeit überschreitet hin zu jener gleichsam überweltlichen Person, in der er transparent geworden ist für die ihm immanente Transzendenz und fähig, in der Welt von ihr zu zeugen. In der Seinserfahrung vollzieht sich im Aufgehen des Tors zum Geheimen die Initiation des dazu Berufenen, auf dem initiatischen Wege die Auszeugung seiner individuellen Teilhabe am Sein in der Individuation (*C.G. Jung*).

Es gibt jedoch keine echte Erfahrung des Seins, die uns zu einem neuen Weg einlädt, die nicht alsbald gefährdet wird durch die Begegnung mit der uns vom Sein trennenden Macht in Gestalt einer Versuchung zur Untreue gegenüber dem neuen Gewissen, zur Rückkehr auf eine flachere Ebene der Existenz, zum Ausweichen vor den Zumutungen, die der neue Weg an den Menschen stellt. Dem überweltlichen Licht tritt, wo immer es aufleuchtet, ein überweltliches Dunkel entgegen. Wo ein Göttliches erfahren wird, droht das Teuflische auch. Erst jenseits dieses Gegensatzes weist das absolut Lichte, das jenseits ist von Licht und Dunkel, so wie auch das *Leben* aus dem

Sein jenseits ist des Gegensatzes von Leben und Tod, der *Sinn* aus dem Sein jenseits ist von Sinn und Widersinn und die *Liebe* aus dem Sein jenseits von Einsamkeit und Geborgenheit in der Welt. Und dieses Licht hat der Mensch eigentlich im Sinn, wo er von „Gott" spricht. Auf dieses bezogen sagt *Meister Eckehart*: So hoch der Himmel über der Erde, so hoch ist die Gottheit über Gott. Zu diesem Licht hin aber öffnet sich der wahre Weg erst, wo der Mensch seine in der Seinserfahrung erfahrene Lichtgestalt noch einmal in der Begegnung mit den Mächten des Daseins zu opfern bereit ist; denn erst das im „Drachenblut" der Welt gehärtete, zum Wesen hin erwachte Herz befähigt den Verwandelten dann auch, als Verwandelter in der Welt zu bestehen.

Zusammenfassung

Menschliches Leben bewegt sich im Zeichen seines doppelten Auftrages: die Welt zu erkennen und zu gestalten im Werk, und aus dem Wesen heraus zu reifen auf dem inneren Weg. Die Frucht dieses Reifens sollte letztlich der zum Wesen hin durchlässig gewordene Mensch sein, Person im wahren Sinn des Wortes, durch die und aus der das immanente Wesen ohne Unterlaß hervortönt und auch im Werk der Welt sichtbare Gestalt gewinnt. Der Sinn des Werkes, geleistet mit den natürlichen Kräften des Welt-Ichs, sollte dann nicht allein die Ordnung und Gestaltung der Welt im Dienste eines gesicherten und glückhaften natürlichen Lebens sein. Der Sinn alles Leistens in der Welt sollte vielmehr darin bestehen, die Bedingungen zu schaffen, unter denen das Licht des Seins das Dasein auch dort zu durchleuchten vermag, wo es für das Welt-Ich Dunkelheit ist.

Der Weg der Verwandlung meint auch die Verwandlung im Leibe. Hierbei ist unter dem Leib nicht nur der Körper verstanden, den man *hat*, sondern der Leib, der man *ist*. Der Zusammenbruch der Vorherrschaft des sich am gegenständlichen Bewußtsein orientierenden Welt-Ichs in unserer Zeit betrifft auch die bisher nur vorherrschende gegenständliche Wahrnehmung des Leibes als eines Körpers, den man nur „hat". Ihm gesellt sich als wesentlich für die Wahrnehmung und Reifung des Menschen hinzu das Wissen um den Leib, der man „ist". Mit dem Interesse an der physischen Gesundheit und Leistungskraft des Körpers verbindet sich die Verpflichtung zur Transparenz des Leibes, der man ist, als der Einheit der Gebärden, in denen man sich ausdrückt, darstellt, im Wesen verfehlt oder verwirklicht.

Dieser Weg der Verwandlung setzt ständige Wachheit und Disziplin voraus, nicht als Unterwerfung unter eine äußere Autorität, sondern als Treue zu einer Entscheidung, die der Mensch aus Freiheit in dem Augenblick traf, in dem er den in der Seinserfahrung vernommenen Auftrag zum Weg annahm. Transzendenz als Erfahrung ist kein sich selbst genügendes Erleben, sondern, wenn sie echt ist, ein zu einem neuen Leben aufrufendes Ereignis. In ihm sieht der Mensch das andere Ufer, hat es aber noch keineswegs erreicht. Vor die Tugend haben die Götter den Schweiß gesetzt, vor die hier fällige Verwandlung den Tod. Der Mensch gelangt zum anderen Ufer nur durch den Strom, in dem er in der Identifikation mit dem Welt-Ich untergeht, ehe er als ein vom Wesen Durchlichteter wieder auftaucht.

Je größer die Bereitschaft, dem Ruf aus dem Wesen zu gehorchen, desto notwendiger die Erkenntnis all dessen, was sich diesem Weg entgegenstellt. Das ist nicht nur der Widerstandswille des in seinem Gehäuse festsitzenden Welt-Ichs, sondern das Insgesamt der im Unbewußten wirkenden Schattenkräfte. Die tiefenpsychologische Bereinigung des Unbewußten und die Wahrnehmung und Anerkennung vorhandener Schattenkräfte sowie die Übung aller Möglichkeiten, sie entweder auszuagieren oder zu integrieren, wird zum unabdingbaren Hilfsmittel für ein zuverlässiges Voranschreiten auf dem inneren Weg. Der Erfolg aller dem inneren Weg dienenden Praktiken, insbesondere auch meditativer Übungen, ist immer gefährdet, solange die Kräfte des Unbewußten unerkannt und verdrängt sind oder womöglich durch eine auf unbereinigtem Grunde geleistete Übung noch tiefer verdrängt werden.

Die den Horizont des natürlichen Ichs überschreitende Transzendenz ist jenseits der fünf großen „W": das Was, Wann, Wo, Woher und Wozu. Vom Standort des Welt-Ichs ist es also nichts, nichts im Gegensatz zu einem Etwas. Und doch betrifft „nichts", so verstanden, gerade nicht das in der Transzendenz als Erfahrung Erfahrene. Es ist vielmehr jenseits des Gegensatzes von Nichts und Etwas, von Wo und Nirgends, von Irgendwann und Niemals, von Woher und aus Nichts, von Wozu und zu Nichts. Eben deswegen ist es das völlig Unbegreifbare und für den Menschen, dessen Erfahrungsmöglichkeit nicht über den Horizont des Welt-Ichs hinausgeht, der, allseitig bedingt, auf die Sicht seiner Ratio beschränkt ist, bares Gerede. Der mit der Transzendenz als Erfahrung Beschenkte jedoch erfährt in diesem Nichts eben die Fülle des Seins. Es ist das lautere Nichts (*Meister Ekkehart*). Der Buddhist spricht von der „Fülle des Nichts". Es ist das *Wesen* aller Dinge, das *Wort*, „das im Anfang war und durch das alle Dinge gemacht sind, und ohne das nichts gemacht ist, das gemacht ist" (Johannes-Evangelium, Kap. 1); das, worin alles als göttlich erfahren werden kann („Kami" im Shintoismus). Es ist auch die Buddhanatur des Buddhisten. Es ist das „Christus – Ich bin, ehe denn Abraham ward". Es ist das ewige Nun, das senkrecht auf aller Zeit und doch auch als *Wesen* der Zeit *in* aller Zeit ist. Aber alle diese Sätze, die mit „Es" beginnen, gehen an dem Gemeinten vorbei. Denn mit Bezug auf das, was hier zur Rede steht, ist schon die Frage, was es ist, unzulässig und irreführend. Und doch ist sein Innesein im Erleben des Menschen der Lebensnerv aller Religionen, richtiger gesagt, aller lebendigen Religiosität, ohne die jede Religion schließlich erstarrt und stirbt.

Literatur

Albrecht, C.: Psychologie des mystischen Bewußtseins. Bremen: Schünemann 1951.

Assagioli, R.: Psychosynthesis. A manual of principles and techniques. New York: Viking Press 1971. Deutsch: Handbuch der Psychosynthesis. Angewandte transpersonale Psychologie. Freiburg: Aurum 1978.

Dürckheim, K. Graf v.: Der Alltag als Übung. Bern 1962.

–: Überweltliches Leben in der Welt. Weilheim: Barth 1968.

–: Vom doppelten Ursprung des Menschen. Freiburg 1973.

–: Meditieren – wozu und wie? Freiburg: Herder 1976.

Hisamatsu, H.S.: Die Fülle des Nichts. Pfullingen: Neske o.J.

James, W.: The varieties of religious experience. London: 1902. Deutsch: Die religiöse Erfahrung in ihrer Mannigfaltigkeit. Leipzig 1925.

Maslow, A.: Religious, values and peak-experiences. Columbus: Ohio State University Press 1964.

–: The psychology of being: A reconnaissance. New York 1966. Deutsch: Psychologie des Seins. München 1973.

Otto, R.: Das Heilige. München 1917.

Stachel, G. (Hg.): Munen-musó. Meditation ohne Gegenstand. Festschrift für P.M.H. Enomiya Lassalle zum 80. Geburtstag. Mainz: Grünewald 1979.

Suzuki, D.T.: Die große Befreiung. Leipzig: Weller 1939.

–: Mysticism Christian and Buddhist. London 1957.

Die personale Leibtherapie

Wolfram Helke

Die personale Leibtherapie gehört zu den wichtigsten Arbeitsweisen der Initiatischen Therapie, die von *Karlfried Graf Dürckheim* und *Maria Hippius-Gräfin Dürckheim* in Rütte begründet wurde. Alle Formen der Initiaischen Therapie beziehen sich in ihrem Ansatz auf den personalen Kern[1] des Menschen, auf das „urewige Fünklein", in den Worten von *Meister Eckehart*. Ziel dieser Arbeit ist es, das Hindurchwirken des innersten Wesenskernes durch alle Schichten des menschlichen Seins bis in das vergänglich Körperliche hinein zu erfahren. Initiatische Therapie begleitet den Suchenden auf dem Weg zur Verkörperung des Geistigen in sich selbst.

Wer sich für die Initiatische Therapie entscheidet, kommt durchschnittlich ein bis zwei Mal im Jahr für zwei bis drei Wochen nach Rütte. Er wählt sich mehrere Therapeuten mit unterschiedlichen Arbeitsweisen. Das Zusammenwirken von Geführtem Zeichnen, Leibarbeit und einem weiteren Therapiefeld, wie z. B. dem wegbegleitenden Gespräch, der Arbeit mit der Tonerde oder der Musik, hat sich dabei als günstig erwiesen. Regelmäßige Meditation, Arbeitsexerzitium und Übungswege wie Aikido strukturieren den Tag. Leibtherapeuten sind Ärzte, Psychologen und Heilpraktiker. Die mehrjährige Schulung beinhaltet Eigenprozeß und praktische Erfahrung. Die Leibtherapie hat in ihrer Einstiegsphase mit anderen Körpertherapien vieles gemeinsam. Doch steht in der Leibarbeit das Lösen von Blockaden, das Harmonisieren von Atem und Energie nicht im Vordergrund. Zentral geht es um das dialogische Begegnen und um die Suche nach dem innersten Selbst.

Daraus erwächst eine ganz differenzierte Fähigkeit leib-seelischen Empfindens, die dem Behandelten immer eindeutiger seine Wegrichtung eröffnet.

Dürckheim unterscheidet den Menschen, der „einen Körper hat" (so wie man etwa einen Gegenstand besitzt), von dem, der sich erst in dem „Leib, der er ist" selbst findet. Wesentlich zu diesem sich-selbst-in-seinem-eigenen-Leib-finden trägt die Leibarbeit bei. Sie beginnt meist mit dem „Erden" des zu Behandelnden. Besonders wichtig dafür ist der Bauchraum als physisches Zentrum des Menschen, das „Hara" (vgl. *Dürckheim* 1954). Dürckheim übte während seines Aufenthaltes in Japan über viele Jahre die Kunst des Bogenschießens. Dabei erwarb er die bedeutsame Erfahrung des Hara, jener ganz im Bauche gesammelten Kraft. Um diese Energie hier zu bündeln, bedarf es aller Gelassenheit. Dann stimmt alle Bewegung, der Schuß trifft mit Sicherheit. Die volle „Haraverfassung" lebt auf, wenn sich der Übende wach und gelassen von den Zehen bis zum Kopf mit Energie durchströmt fühlt. Eben diese Qualität kann auch die Leibtherapie in der Eingangsphase vermitteln[2].

Die ersten Schritte des sich in den Körper Einspürens, (des „Erdens") benötigen alle Zuwendung und Ausdauer. Je nach Notwendigkeit vermittelt man mit zarten oder kräftig angesetzten Griffen und Strichen ein sinnenhaftes Bewußtwerden der eigenen Körperlichkeit. So werden Muskel, Knochenstruktur und allmählich die Körperräume spürbar. Genau wie in der Meditation geht es darum, sich innerlich von den Zehen aufwärts zu den Füßen, Beinen, dem Becken (bildhaft, der Beckenschale) zu fühlen und sich im Oberkörper frei und locker atmend zu erfahren. Es ist somit darauf zu achten, sich in jedem Körperteil wahrzunehmen und allmählich die Fähigkeit zu entwickeln, sich selbst im ganzen Körper-Innenraum zu empfinden.

Bei dieser Entwicklung verliert der Kopf allmählich an Macht, die Kontrolle bleibt nicht mehr allein der Gedankenzentrale überlassen. Der die Physis durchströmende Triebwille weicht in seiner Vorherrschaft zurück und der tiefe, die Seele durchdringende, gekernte Wille übernimmt die Führung. Ich lerne meinen Gedankenapparat in Bestimmung zu nehmen und gelange aus der oft krampfhaft festgehaltenen Kopfregion in eine viel weitere und tiefere Innenwelt des Empfindens. Das Haften an der äußeren Realität vermindert sich zugunsten einer neuen Bewußtseinserfahrung meines Körperganzen. So wach ich in diesem Körper dann bin, so wach nehme ich auch meine Umgebung wahr.

Neben den Einstiegshilfen, Hara zu vermitteln, Körperinnenräume zu entdecken, vermag das gezielte Fühlenlassen des Schmerzes an verspannten Muskelstellen oft einen nicht ganz Anwesenden rasch in seinen Körper zu holen. Weiterhin hilft es meist ganz entscheidend, den natürlich fließenden Atem zu beobachten. Gemeint ist damit die sich selbst regulierende Bewegung des Atemflusses, die ihren Ausdruck im leichten Dehnen und Senken der Bauchdecke findet (vgl. *Middendorf* 1984). Wieder kann die bildhafte Vorstellung begleiten, als strömte der Ausatem bis in die Beckenschale und löste den meist gar nicht gespürten oder verkrampften Unterbauch. Schließlich lockert sich der gesamte Bauch- und Brustraum im spielerischen Rhythmus von Aus- und Einatem. Der ganze Körper kann von diesem Ebben und Fluten erfaßt werden. Ein friedvolles Durchströmen folgt, entläßt den drängenden Gedanken.

Das bewußte Hinführen zu Hara, Körperinnenraum und natürlichem Atemfluß können, müssen aber nicht Einstieg für die Leibtherapie sein. Einen weiteren Ansatz gibt ein Mensch, der mit körperlichen Schmerzen oder einem Gebrechen zum Therapeuten kommt. Am weitaus häufigsten beginnt die Arbeit natürlich mit der Frage um Begleitung in seelischer Not, meist verbunden mit der Suche nach dem Weg. Biographische Krisen, die in Vorgesprächen aufgegriffen wurden, oder ein die Geschichte des Leibes betreffender Traum können die Arbeit entscheidend unterstützen, ja oft initiierend wirken.

Die suchende Berührung trifft nicht nur auf unlebendige, dumpfe, echolose Leibräume, sondern auch auf lebensgeschichtlich geprägte Körperfelder. Die Intensität des Berührens weckt die Schichten des Unbewußten. Physisch zugefügter Schmerz kann seelischen Schmerz wachrufen. Je nach Sensitivität und seelischer Situation des Behandelten wechseln bohrende, bis an den Rand des Erträglichen schmerzende Griffe mit aufnehmenden, stützenden, weitenden Kontakten der Hände. Oft genügt ein hauchzartes Streichen, Vibrieren, kaum in Tastkontakt mit der Oberfläche. Auch das Aufbauen eines Kraftfeldes mit der Hand, ohne den Körper zu berühren, bringt inneres Erfahren, tiefe Seelenbewegung. Der Mensch gerät an die Schwelle, an der Intuition den Schleier des alltäglichen Bewußtseins durchtrennt. Erlebnisteile aus der Kindheit, lang vergessene, schicksalsgewichtige Einbrüche durchstoßen die unbewußte Schicht, für Momente kann der religiöse Urgrund in Rückbindung an den personalen Kern wieder aufleuchten. Das Tor zu einer initiatischen Erfahrung ist geöffnet. Scheu und tastend entdeckt der Erschütterte sich in einer neuen Realität. Alte Traumata zeigen sich in völlig ungekannter Sicht. In einem Wurf oder bruchstückartig werden biographische Phasen durchlebt, durchschmerzt. Dem Unbewußten ist in der Resonanz des Leibes ein Wirkfeld geboten.

Zum besseren Verständnis möge ein Beispiel dienen. Der geschilderte Ablauf umfaßt etwa zwei Jahre Begleitung eines zirka dreißigjährigen Mannes, von Beruf Versicherungsangestellter. Der gutaussehende Mann vermittelte bei der Behandlung ein Gefühl, als wäre sein Körper verkrustet, als ließe er kaum eine seelische Regung weder heraus noch hinein. Sein Brustkorb schien die Funktion eines Panzers zu haben. Immer wieder bohrte ich meine Finger aggressiv in den Muskelstrang zwischen Schulterblatt und Wirbelsäule. Jedesmal verkroch er sich in ein graues Aushalten. Allmählich konnte ich diesen beständigen Rückzug verbal ansprechen, bis der Mann sich eines Tages – bereits um dieses Schutzverhalten wissend – selbst bewußt machen konnte, daß er diesen bohrenden Angriff gar nicht zu ertragen bräuchte. Im gleichen Moment entspannte er sich, riß meinen Arm weg und war entschlossen, diese „Marter" mit sich nicht mehr machen zu lassen. Er durchbrach also einen seiner Natur eingeschriebenen Verhaltensmechanismus in dem Moment, als er sein masochistisches Muster erkannte. Sein Lebenshintergrund erklärt dieses Verhalten: sein Vater drückte ihn bis zu seinem Berufsantritt völlig an die Wand. Ebenso stand er den Befreiungstendenzen seiner Lebensgefährtin ohnmächtig gegenüber, als diese Kontakt zu einem anderen Mann aufgenommen hatte. – Innerhalb eines Jahres geschah nun Folgendes: Wechsel der Arbeitsstelle mit nunmehr besseren Aufstiegschancen und ganz bewußte Trennung von seiner Freundin. Nach der Trennung fühlte er Freiheit und Eigenständigkeit. Mehrere Monate nach der Trennung träumte er: „Seine Gefährtin und er begegnen sich auf einer sonnenerfüllten Wiese, gehen aufeinander zu und finden sich". Als wir den Traum besprachen, kamen wir überein, daß das nicht wörtlich zu verstehen sei, sondern die beginnende Integration einer weiblichen Seelenkraft (Anima) andeuten könnte. Monate vergingen nach dem Traum, die Eigenständigkeit drückte sich in der Gestaltung seiner neuen Wohnung aus. Er traf seine frühere Freundin, eine völlig neue Begegnung fand statt. Unsere therapeutische Beziehung löste sich. Das Beispiel dieses Mannes zeigt die ersten Schritte auf dem Individuationsweg.

Wie aufgezeigt, ist es ratsam, ein in sich bewußt gewordenes Verhaltensmoment (sich „martern“ zu lassen) nicht zu lange im therapeutisch sicheren Feld zu lassen, sondern diesen lebenslang angestauten Schattenteil herauszusetzen, – auch in die Umwelt.

Werden solche Anteile aus dem Bereich des Triebes, der Emotion, des Gefühls, einer tiefen Seelenqualität gestaut, gerät die Entwicklung ins Stocken. *C.G.Jung* (1967, S. 258) sagt dazu: „Individuation schließt die Welt nicht aus, sondern ein“. Die Individuationsarbeit fordert Entscheidung um Entscheidung, Abschiede von Altgewohntem. Die Kanalisierung und Bündelung uneingebundener Kräfte wächst. Der Anschluß an die innerste Wahrhaftigkeit, den numinosen Kern, gelingt für Augenblicke, erfüllt manches Mal über längere Zeit.

Wieder soll ein Beispiel verdeutlichen helfen: Eine Frau in ihrer Lebensmitte, Psychotherapeutin, arbeitsmäßig überfordert, hatte Mühe ihre Gespanntheit loszulassen. In der Behandlung blieb die Muskulatur gestrafft, als müßte sie damit ihre strenge Außenstruktur innerlich erhalten, als schützte sie „männlich“ ihre Weiblichkeit. Zarte Berührungen lösten wohl den Atem, aber nicht die Haltung, auf dem Sprung zu sein. Nach mehreren Einzelstunden mußte sie nicht mehr beständig die „Übersicht behalten“. Das reflektierende Gespräch während der Behandlung trat zurück. Das Empfinden des Körperinnenraums wuchs. Wut über die Enge, Not in der Enge kam hoch. Der physische Schmerz, den ich ihr zufügte, löste jetzt ihren seelischen Schmerz, die Angst vor Grenzenlosigkeit, die Angst vor Auflösung. Sie brach in Tränen aus. In der letzten Phase hatte ich meine Hände wie empfangend am oberen Rückenbereich, in der Nähe des Herzens. Dann Stille; die Stille wurde dichter.

Da kam ihr ganz unerwartet, wie ein heller Quell, Wort um Wort ein Gedicht von früher in den Sinn. Das Gedicht hatte sie durch die schweren Phasen der Studentenzeit begleitet. Wieder wurde die Stimmung des Aufbruchs von damals, erfüllt von zarter Kraft, offenbar. Die Aussicht, wieder Kraft aus Gedichten schöpfen zu können, machte ihr Mut. Vor allem aber der Entschluß, nun wieder selbst dichten zu wollen, gab ihr Boden und die Perspektive, das straffe Arbeitskorsett zu lockern.

Diese Frau scheint meines Erachtens einen ganzen Prozeß-Bogen durchgegangen zu sein. Von der äußeren Enge des Körpers kam sie zur innen sitzenden Angst, den Anschluß an die eigenschöpferische Kraft nicht mehr zu finden. Über die Schwelle der Stockung half es ihr, sich ganz in den Leib einzulassen. So konnte die numinose Kraft des innersten Funkens Seele und Körper wieder entzünden. Die Frau war begeistert von dem Gedanken, wieder selbst dichten zu wollen.[3] Das Schöpferische, Gestaltende aus dem Kern stand nun der einengenden Anforderung des Berufs gegenüber.

Es ist von zentraler Bedeutung, daß der auf dem Weg Befindliche lernt, sich immer wieder auf seine schöpferische Kraft zu beziehen. Denn dadurch schließt er sich an seine individuale Wirklichkeit an. Das neue Bewußtsein wandelt den dumpfen Körper zu einem empfindenden Resonanzkörper, den tief gelotetes Erleben durchströmt. So etwa kann eine transpersonale Erfahrung beschrieben werden (vgl. *Neumann* 1949/1974, S. 330 ff., 340). Worte werden rar, der Raum innen wie außen taucht in eine Atmosphäre nüchterner Klarheit. Der Mensch reift durch die ständige Arbeit an sich zu seiner zweiten Geburt in sich selbst. *Neumann* faßt diese Entwicklung in seiner Sprache so:

„Der selbstzeugerischen Tat, in der am Beginn des Lebens das Ichbewußtsein sich aus der umschlingenden Gewalt des Drachens des Unbewußten befreit, entspricht in der zweiten Lebenshälfte der selbstzeugerische Akt der Wiedergeburt des Ich zum Selbst, in der es sich aus der umschlingenden Gewalt des Drachens der Welt befreit. Der Drachenkampf der ersten Lebenshälfte beginnt mit dem Weg durch die Welt des Unbewußten und endet mit der Heldengeburt des Ich. Die Nachtmeerfahrt der zweiten Lebenshälfte beginnt mit dem Weg durch die Welt und endet mit der Heldengeburt des Selbst."

Diese Jahre und Jahrzehnte währenden Schatten- und Lichtkämpfe („Stirb und Werde") verlaufen natürlich nicht linear, sondern individuell sehr unterschiedlich. Die sich zum Dialog entwickelnde Begleitung will das innerlich Erlebte mehr und mehr dem Alltagsbewußtsein vertraut machen. Den Menschen prägt die essentielle Erfahrungsqualität. Sie verpflichtet ihn zu einer Treue-Haltung sich selbst gegenüber. Damit nimmt er sich kontinuierlich in die Arbeit, was sein alltägliches Leben allmählich durchdringt. Die Beziehung zur Umwelt, zu den Mitmenschen findet neue, wahrhaftige Gestalt.

Zum Schluß seien einige Richtlinien aus der Sicht des Therapeuten angesprochen. Sie betreffen nicht die Initiatische Therapie allein, sondern gehören zu den Grundsätzen jeder therapeutischen Beziehung: Vorrangig ist das Annehmen des zu Begleitenden als ganzem Menschen, der er ist. So wird es beiden möglich, von Herz zu Herz die Vertrauensbasis zu legen, auf der die existentiellen Durchgänge lebbar werden. Es will geübt sein, sich in die Situation einzufühlen, in dieser mitzufühlen, keinesfalls jedoch bereit zu sein, sich in ein Mitleid hineinziehen zu lassen. Nichts kann der Therapeut für den anderen stellvertretend tragen. Wohl aber bietet er Hilfe zur Selbsthilfe und ein Geleit beim Entdecken der eigenen Heilkraft. Ziel der Leibtherapie ist es, aus dem Geschehenlassen des Behandelt-Werdens herauszuführen, den Behandelten zur Mitarbeit anzuregen, den Willen zum Eigen-Stehen zu unterstützen. In dem Aktiv-Werden zur Eigenständigkeit wächst der Kontakt zu einem Gegenüber, zu einer er-wachsenden Beziehung. Diese Beziehung kann durch zunehmende Distanz und Abgrenzung des Begleiters wie des Begleitenden Bestand finden. Technik hilft nicht allein, sie überbrückt bestenfalls; das Er-fahren des Weges leitet. Der Therapeut kann sich immer nur neu und existentiell zusammen mit dem zu Begleitenden auf das gerade notwendige Wegstück einstellen. In dieser Präsenz eröffnet sich das tragende Kraftfeld zur gemeinsamen Arbeit, für den Alltag, fürs Leben.

Anmerkungen

1) Das Wort „personal" leitet sich von *personare*, d.h. hindurchtönen ab; vgl. *Dürckheim* 1973, S. 242.
2) Natürlich ist für die japanischen Disziplinen wie für die Leibtherapie nicht alleiniges Ziel die Beherrschung der physischen Sinne. Denn die eigentliche und führende Kraft im Moment des sich lösenden Pfeiles liegt nicht in der vitalen Basis, sondern in der inneren Haltung des Bogenschützen (des Kriegers im alten Sinn, des Suchenden). An dieser inneren Haltung – der Reinheit des Herzens – will ständig gefeilt sein mit aller Aufmerksamkeit und Treue. Mit dem gedanklichen Ansatz treffen zu wollen, Erfolg haben zu wollen, geht der Schuß daneben, ist die Haltung des Übergebens gestört. Genau so erreiche ich nichts in der Initiatischen Arbeit, wenn ich eine Therapie machen will, um – überspitzt ausgedrückt – befreit von meinen Blockaden besser zu funktionieren.
3) In Bezug zu dieser Frau finde ich die Mehrdeutigkeit des Wortes „dichten" beachtenswert: 1) innerliches Verdichten des Schöpferischen. 2) das Abdichten von Außenforderungen, wodurch innere Lebendigkeit erhalten bleibt und keine Überflutung von Außenstruktur kommt.

Literatur

Dürckheim, Karlfried Graf: Hara. Die Erdmitte des Menschen, O.W. Barth, Weilheim 1954.

–: Vom doppelten Ursprung des Menschen, Herder, Freiburg 1973.

Jung, C.G.: Theoretische Überlegungen zum Wesen des Psychischen (1947/1954), Ges.W. Bd. 8, Walter, Olten 1967.

Middendorf, Ilse: Der Erfahrbare Atem. Eine Atemlehre, Junfermann, Paderborn 1984.

Neumann, Erich: Ursprungsgeschichte des Bewußtseins, Walter, Olten 1949; Kindler, München 1974.

Musiktherapie

Volker Deutsch

> Der Ton ist ein unsichtbarer Gast aus einer unsichtbaren Welt, jener Welt von nebenan, die wir bisweilen, wenn wir sensibel genug sind, als gegenwärtig empfinden, ohne daß wir uns für diese Empfindung mit einem logischen Schlußsatz freizukaufen wissen.
> *Aleks Pontvik*

Musik wirkt auf zweierlei Weise im Menschen.

(1) Als Klang und Melodie, deren Ursprung die Stille, die Leere, das Schweigen ist, kündet sie von unserer himmlischen Herkunft, der Welt der Mystik.
(2) Im Rhythmus vermittelt sie erdhafte Urkräfte und läßt uns teilhaben an einer ursprünglichen Fülle unserer irdischen, naturhaften Herkunft.

So kann ein Klang Mittler in die Welt des Schweigens sein, er birgt immer auch Schweigen in sich. Eine Melodie, die transparent ist zur Stille hin, teilt uns von ihrem Wesen mit und kann uns dadurch im Wesen berühren. So sind seit alters her die mantrischen Gesänge Indiens und Japans wie auch unsere gregorianischen Gesänge Wegbegleiter auf dem spirituellen Weg. Anders dagegen erleben wir uns beim Pulsieren eines Rhythmus als Ausdruck elementarer Kräfte. Mit dem Rhythmus bejahen wir die irdische Welt, fühlen uns aufgehoben in einem größeren Rhythmus, der allen Naturerscheinungen zugrunde liegt, sei es die Meeresbrandung oder der Wechsel der Jahreszeiten... Sich-Einlassen auf den Rhythmus meint somit Vertrauen in den sinnvollen Wechsel von Vergehen und Neuentstehen, Hergeben und Empfangen...

Zunehmend fühlen sich heute Menschen angesprochen von Klängen, die man als sphärisch bezeichnen könnte. Dazu gehören insbesondere der Klang des Monochord, der Tambura, der von Glocken, Klangschalen, Obertongesang. Ich sehe darin das Suchen nach einer neuen Dimension, nach transzendenten Erfahrungen. Die unheilvolle Zersplitterung um uns herum weckt in uns das Bedürfnis nach reinen, heilen, Ganzheit stiftenden Klängen, nach einer Form von Einheitserleben. So liegt darin auch die Verheißung eines Weges zu sich selbst. Da, wo es in der therapeutischen Arbeit um dieses Thema geht, gebe ich bestimmte Übungen vor, die diese Erfahrungen ermöglichen können, angeregt durch meine eigenen Musikstudien mit indischen Lehrern. Ich setze an den Anfang den Klang der Tambura, ein obertonreiches Saiteninstrument, dessen Saiten in einem reinen Zahlenverhältnis (2 : 3 : 4) gestimmt sind. Es wird in Indien benutzt, um eine reine und spannungsfreie Atmosphäre zu schaffen. Je nach Bedürfnis und Möglichkeit öffnen sich die Gruppenteilnehmer diesem stillen und weiten Klang, manche lassen sich dabei in ihrem feinstofflichen Leib (ich nenne ihn auch einen Resonanzleib) berühren. Sie können so mühelos aus sich heraus mit ihrer Stimme Töne kommen lassen, die sich vermischen mit dem Klang im Raum. Nach einer Zeit des Ausklingens werden immer wieder typische Erlebnisbilder mitgeteilt: wohliges Bad, Schweben im Weltraum, Baden im Licht, Verschmolzensein, unendliche Freiheit; und als negative Bilder: Weggetragen werden, Boden verlieren, zerfließen...

Selten bleibt bei dieser Übung der harmonische Wohlklang lange erhalten. Er bricht sich früher oder später (je nach Zusammensetzung der Gruppe) durch spontan auftretende Nebentöne, harmoniefremde Töne. Der Klang wird farbiger, es gibt Reibungen, es bildet sich mit der Zeit ein Klanggewebe. Hier sehe ich die Parallele zu einem indischen Schöpfungsmythos:

Nachdem Gott Brahma seit undenklichen Zeiten im Alleinsein selig verweilt hatte, schuf er den Klang, das „Shabda – Brahman". Er erkannte sich in diesem Klang. Wieder nach undenklichen Zeiten, des Alleinseins müde, schuf er sich eine Gefährtin in Form eines neuen Klanges, die „Sarasvati". Ihr beider Zusammenspiel gebar neue Töne. Diese unterschieden sich voneinander und wirkten nicht nur harmonisch zueinander.

In der Musikarbeit, sowohl in der Gruppe als auch in der Einzelübung, zeigt sich in den ersten Tonschritten eine Keimgestalt, die in der weiteren Übung zu einem charakteristischen Thema werden kann. Während dieses Prozesses werden auch Erlebnisse mitgeteilt; z.B. K., der eine Ganztonreihe spielt: „Ich spüre mich weiträumig, es ist viel Licht da." Oder E.: „Dieser Schritt von d nach as erschreckt mich." (Dieser sogenannte Tritonus-Schritt war bekanntlich im Mittelalter als „diabolus", als böse und unheilstiftend verboten.) Eine andere Assoziation mit dem gleichen Intervall taucht bei C. auf, ihr Beispiel wird tanzartig: „Der Narr, die Hexe tanzen ab und an durch die Reihen des höfischen Gemenges."

Nachdem es bisher um das Thema Entwicklung des Klanges aus der Stille (Einheit) in die Bewegtheit (Vielheit) ging, wende ich mich jetzt dem Rhythmus zu. Viele Menschen haben eine besonders starke Affinität zum Rhythmus. Sei es, weil sie sich dort sofort heimisch fühlen, oder weil dieser Bereich fremd ist und bisher wenig gelebt wurde. Im letzteren Fall ist die Faszination oft von Angst begleitet.

Rhythmus ist ein erfahrbares leibliches Phänomen, der Mensch erlebt sich als Teil des Rhythmusgeschehens. Nach meiner Einschätzung, gestützt auf viele Erlebnisbilder von Schülern, lebt da die magische Welt wieder auf, beschwörend in rhythmischen, sich wiederholenden Formeln. Ebenso kann auch die Qualität der mythischen Welt gegenwärtig sein, dann nämlich, wenn sich ein größerer Zeitbogen spannt und der Rhythmus erzählenden Charakter bekommt. Die ursprünglichste Form nenne ich die archaische (in Anlehnung an *J. Gebser*). Sie zeigt sich am eindrücklichsten im Klang von großen Trommeln, Pauken, Gongs oder am Kontrabaß. Wie einen ungebrochenen Puls erleben wir die Bewegung einer großen Zwei, vergleichbar dem „Hall und Widerhall", oder auch die Bewegung der großen Drei. Das Prinzip der Zwei zeigt sich auf der menschlichen Ebene in der Bewegung des Gehens, des Herzschlages; das der Drei im Atemrhythmus. Diese Klanggebärden sind noch ohne Ausformung, haben nichts Erzählendes oder Tänzerisches. Die Wirkung ist überaus mächtig, Energien werden freigesetzt, die nach Ausdruck und Ausgestaltung verlangen. Typische Erlebnisbilder für diese archaische Form sind: Höhle, Dunkelheit, Geborgenheit, Wärme, Kraft.

Aus der Erfahrung von *Marianne Deutsch*, die seit Jahren auch mit fortlaufenden Gruppen arbeitet, gibt es dazu folgendes Beispiel: Ein vitaler, ca. 35jähriger Mann berichtet, daß er in seiner sonst glücklichen Beziehung die sexuelle Seite ausspare, worunter seine Partnerin leide. Nach über einjährigem Ringen um seine weibliche, naturhafte Seite spielt er in der Musikgruppe zum ersten Mal einen pulsierenden Zweierrhythmus auf dem Kontrabaß. Nach dem Spiel strahlt er und zeigt sich zufrieden. In der nächsten Gruppensitzung teilt er stillvergnügt mit, daß das Spiel am Kontrabaß eine Nachwirkung gehabt habe, seine Sexualität zum Leben erweckt und er mit seiner Partnerin eine erfüllte Liebesnacht verbracht habe.

So wie sich an diesem speziellen Beispiel der nächste Wegschritt im Leben vollzogen hat, gestaltet sich in der Regel der nächste Schritt im musikalischen Tun, im Spiel am Instrument, aus. Wer sich einläßt auf die große ursprüngliche Gebärde im Rhythmus erfährt dabei seine natürliche Weise, diesen Rhythmus anzureichern, auszuformen und in neue Räume, Erlebnisbereiche hineinzugehen. Die Rolle des Therapeuten ist hier, über die Echtheit des Prozesses zu wachen. Dabei können persönliche Blockaden, Ängste, Widerstände aus der persönlichen Lebensgeschichte transparent werden. Es gibt ein natürliches Bestreben im Menschen, eine unbeschwerte Spielform zu finden (die je nach Geschicklichkeit auch virtuos sein kann), ohne tragische Tiefe und Pathos und natürlich ohne Angst. Die Freude, die aus dem Spiel dann aufkommt, ist ein sicheres Kriterium dafür.

Im Verlaufe meiner Arbeit hat sich folgendes Anschauungsmodell entwickelt, das beeinflußt ist vom metaphysischen Menschenbild *Karlfried Graf Dürckheim*s und *Maria Hippius-Gräfin Dürckheim*s, der Tiefenpsychologie *C. G. Jung*s und *E. Neumanns*, der indischen Kosmologie, *Carl Orffs* und der abendländischen klassischen Musik. Das nachfolgende Musikkosmogramm besteht aus einem Achsenkreuz, das auf die Mitte, die Entfaltung der personalen Ebene hinzielt. Die Vertikale besteht aus der Polarität „Logos – Leere – Stille" (transpersonale Ebene) und „Eros – Fülle – Chaos" (präpersonaler Raum). Die horizontale Achse meint den Menschen in seiner Kultur und Lebensgeschichte, seinem Lebensplan. Die Vertikale hat hier die vorrangige Bedeutung. Sie weist in ihren äußeren Polen, Oben und Unten, auf den doppelten Ursprung der Musik hin, analog dem des Menschen (*Dürckheim* 1973). Der ganzheitliche Mensch ist immer an seinem Ursprung angeschlossen (*Gebser*). Der Weg zur Ganzheit, das „Heil"-Werden, zeigt sich in der Musikarbeit darin, daß das musikalische Spiel und Erleben mehr und mehr transparent wird auf die ursprüngliche Weise hin, daß die Qualität und Tiefe des Ur-Anfangs mehr und mehr in der Musik präsent wird. In der Musikerfahrung kann der Mensch immer wieder Momente des paradiesischen Urzustandes erleben, den Schritt in die Sonderung tun sowie einzelne Ent-

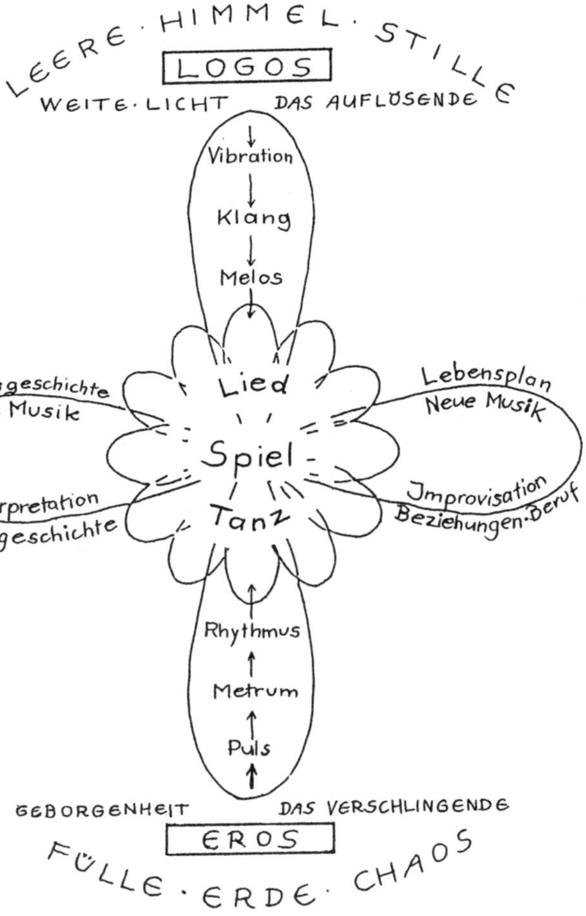
LEERE · HIMMEL · STILLE
LOGOS
WEITE · LICHT
DAS AUFLÖSENDE
Vibration
Klang
Melos
Lied
Spiel
Tanz
Lebensgeschichte
Alte Musik
Interpretation
Kulturgeschichte
Lebensplan
Neue Musik
Improvisation
Beziehungen · Beruf
Rhythmus
Metrum
Puls
GEBORGENHEIT
DAS VERSCHLINGENDE
EROS
FÜLLE · ERDE · CHAOS

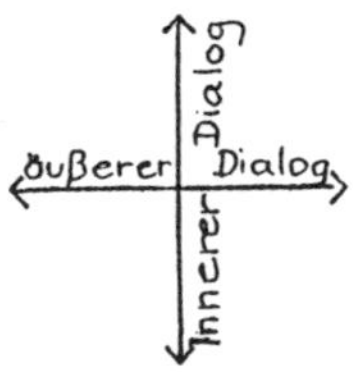
äußerer
Dialog
Innerer
Dialog

Ich-Entwicklung
Ich-Entfaltung

wicklungsschritte bis in die personale Ebene vollziehen. Damit entdeckt er sich selbst in einer umfassenderen Ganzheit und kann sich ihr durch Übung mehr und mehr annähern (*K. Wilber*).

Der therapeutische Weg verläuft nun keineswegs, wie es scheinen könnte, immer nach dem gleichen Muster. Der Arbeitsansatz im einzelnen richtet sich in der Regel nach der momentanen Befindlichkeit des Klienten. Häufig ist ein alltäglicher, persönlicher Konflikt der Einstieg. Typisch für die Arbeit sind Einzelsitzungen, z.B. 6 Einzelstunden über 3 Wochen (2-3 Mal im Jahr) in Kombination mit anderen Medien, oder 1 Stunde pro Woche über ein halbes bis ein Jahr. Die Gruppenarbeit erweist sich besonders dann als fruchtbar, wenn die Zusammensetzung der Gruppe über einen längeren Zeitraum (ein Jahr und länger) mit einer zwei bis dreistündigen Sitzung pro Woche bestehen bleibt.

Das Instrumentarium besteht aus großen und kleinen Trommeln, Pauke, Congas, Marimba (großes Xylophon), Metallophon, Streichinstrumente (vom Kontrabaß bis zur Geige), Zupfinstrumente (Gitarre, Balalaika), große und kleine Flöten, Becken, Cymbeln, kleines Schlagwerk (Rasseln etc.), Tambura und Klavier. Alle Instrumente sind bis zu einem gewissen Grad elementar, d.h. ohne Vorkenntnisse, spielbar und somit als Ausdrucksmittel geeignet.

Beispiel eines Stundenablaufs: Im Anfangsgespräch kommt bei der Klientin unter anderem das Thema, daß sie trotz beruflichen Erfolgs keinen echten Kontakt findet zum Mitmenschen. Verschlüsselt höre ich auch mangelndes Vertrauen zu ihrem Frausein. Ihre Sprechstimme scheint mir höher als natürlich mit zuwenig Pausen. Ohne auf das Gespräch besonders einzugehen, lenke ich ihre Aufmerksamkeit auf die Instrumente und ermuntere sie, sich dem zuzuwenden, was sie anspricht. Sie nähert sich scheu dem Kontrabaß und findet nach anfänglichen verlegenen Berührungsschwierigkeiten einen dunklen Ton durch Streichen einer leeren Saite. Immer wieder schlägt der Ton um in die höhere Oktave und darüber hinaus (diese Obertöne entstehen, wenn der Kontakt des Bogens zur Saite nachläßt; es mischt sich Luft in den Kontakt, die Töne bekommen einen flötenartigen Klang). Die Spielende sucht den vollen, dunklen Ton immer wieder, was nur gelegentlich gelingt. Sie geht dann über zu anderen Klängen durch Schlagen mit dem Bogen auf die Saiten. Es entsteht ein Rhythmus. Auf den Vorschlag, den Rhythmus auf einem anderen Instrument zu probieren, geht sie zur Pauke. Dieses Instrument bleibt ihr fremd. Es klingt ihr zu dunkel, etwas unheimlich. Sie wünscht sich etwas Helles und Leichtes, womit man mehr Töne spielen kann. Sie ist angesprochen vom Xylophon. Ihre Schlägel gleiten über die Klangstäbe hinauf und hinunter, sie läßt sich eine Weile von dem Spiel verzaubern. Dann erscheint es ihr doch zu oberflächlich und unverbindlich. Die nun folgenden einzeln angeschlagenen Töne finden keinen Zusammenhang, sind nicht lebendig, ohne Ausdruck. Die Frau bleibt einen Moment im Schweigen, ratlos. Es sieht nach Resignation aus, wie nach einem Versagen. Da plötzlich schweifen ihre Blicke umher, offenbar auf der Suche nach einem Instrument für eine „frische, neue Tat". Ich gebe ein Zeichen, noch bei ihrem Gefühl zu bleiben und mit diesem Gefühl in aller Ruhe einen neuen Klang zu suchen. Im geschützten Raum hinter dem Klavier findet sie nach allmählichem Herantasten eine schwarze Taste, deren Klang sie annehmen kann. Er tönt noch scheu, aber mit jedem neuen Anschlagen gewinnt der Klang mehr Leben und Farbe. Und nicht nur der Klang: „Jetzt ist wieder die Wärme da wie beim Kontrabaß. Es klingt aber klarer und hat mehr Licht, ich muß gar nichts machen", sagt die Frau hinter dem Flügel. Sie ist wieder im Kontakt mit sich und ihrer Umwelt und nimmt sich intensiver wahr und auch den Raum um sie herum. In diesem Klang nimmt sie sich an, ihre Aussagen über den Klang sind Aussagen über sie selbst.

Nun meine Interpretation, die ich in den Stunden nie mitteile, die mir zur Wegbegleitung hilft: Beim Kontrabaß ahnt und sucht sie die Wärme und Fülle, Geborgenheit (Baß = basis), es ist eine Begegnung mit ihrer weiblichen Natur. Bei der Pauke ist sie überfordert, Angst vor dem Archaischen (tief = unheimlich), sie entzieht sich damit dem tiefen Klang und auch den kraftvollen Urgebärden, sie schützt sich da vor einer Überflutung von Energie. Die spielerische Welt des Xylophons bedroht sie nicht. Die rhythmischen und melodischen Strukturen sind nicht genügend transparent auf das Archaische hin und somit nicht verwurzelt, es wird oberflächlich. Da wo sie ihr „Versagen" annimmt und sich sein läßt, wird sie durchlässig und hat eine echte Bescheidenheit für einen Klavierton. Sie läßt diesem Ton Raum, der so seine Qualität entfalten kann.

Weiterer Weg: In den nächsten Wochen geht es darum, die Präsenz für den Klang zu fördern. Aus dem Einzelklang entwickeln sich Tonfolgen. Sie lernt zu horchen auf das Thema, das sich entwickelt. In der Echtheit eines Themas kann sie den Bezug finden zu den alltäglichen Themen. In den ständigen Veränderungen ihrer Melodie erlebt sie sich als „Thema mit Variationen". Diese Arbeit festigt ihre Ich-Struktur, macht mit der Zeit auch die intensive Arbeit an ihrem Rhythmus möglich.

Literatur

Dürckheim, K. Graf v.: Vom doppelten Ursprung des Menschen, Herder, Freiburg 1973.
Gebser, J.:: Ursprung und Gegenwart, dtv, München 1973.
Wilber, K.: Halbzeit der Evolution, Goldmann, München 1988.
Pontvik, A.: Der tönende Mensch, Rascher, Zürich 1962.

Geführtes Zeichnen

Ortrud Deuser

Das Geführte Zeichnen wurde von Maria Hippius aus der Graphologie heraus entwickelt und wuchs im Laufe der Jahre zugleich mit Rütte. Die Wurzeln liegen im Bereich der Gestalt- und Ganzheitspsychologie der „Leipziger Schule" *(F. Sander, F. Krueger)*. In ihrer Dissertation über den „Graphischen Ausdruck von Gefühlen durch gegenstandsfreie Linien" wies Maria Hippius Zusammenhänge nach zwischen seelischer Bewegtheit und motorischer Ausdrucksbewegung *(L. Klages)*. Wie in der Handschrift zeigten sich in den Zeichnungen Liniengeformtheit und Richtungsbestimmtheit, besondere Raumbeziehungen und Bewegungsweisen. Ihre Arbeit gipfelt in der Feststellung einer Qualität der Tiefe, einer besonderen Beziehung zum Lebensgrund als einer Dimension des Erlebens, die „nicht mit anderen Qualitätsdimensionen zu koordinieren ist". Mit „Tiefe" oder „Grund" ist gemeint jenes Ursprüngliche und Gemeinsame, das Basis jedes individuellen Empfindens ist. So weisen unterschiedliche Gefühle wie Freude, Wut oder Trauer eine gemeinsame Strichqualität auf, wenn sie aus der Tiefe stammen.

Über das Kriegserleben wurde „Tiefe" ihr zu einer inneren Wirklichkeit. Später wird die Zusammenarbeit mit Graf Dürckheim bedeutsam, das Zusammenschwingen mit seiner Erfahrung der transpersonalen Tiefendimension, seiner Begegnung mit dem Zen in Japan, seiner Affinität zur Mystik Meister Eckeharts und die gemeinsame Ausgestaltung der Arbeitsweise in Rütte. Die tiefenpsychologische Lehre *C.G. Jungs* sowie *Erich Neumanns* gibt den weiteren Leitfaden für das Verständnis der graphisch dargestellten Werdeprozesse und die Ausdifferenzierung der Methode.

Heute hat sich ein weites Feld entwickelt von Kunst- und Kreativitätstherapien verschiedener Art. Rein äußerlich betrachtet scheint das Geführte Zeichnen kaum noch unterschieden zu sein von den vielen Weisen, die auch seelisches Material zur Darstellung bringen. Weniges ist aus der Arbeit in Rütte veröffentlicht und systematisch dargestellt worden, aber vielen Menschen wurde das Geführte Zeichnen zum bedeutsamen Erlebnis, viele arbeiten damit. Aufgrund langjähriger Erfahrung mit dieser Methode möchte ich darum einige markante Aspekte aufzeigen.

Zunächst zur Methode: Mit geschlossenen Augen, in einer Haltung nach innen gewendeter Achtsamkeit, versucht der Zeichnende, sich selbst und seiner inneren Bewegtheit auf die Spur zu kommen über das Bewegungsspiel der Hände auf dem Papier. Die sichtbar werdende Spur läßt ein graphisches Skript, eine symbolische Form entstehen, die als eine Art Psychogramm zu betrachten und nach graphologischen Kriterien zu verstehen ist.

In die zeichnende Bewegung (evtl. mit beiden Händen) fließt ein, was als Bild oder gar Begriff oft noch keineswegs faßbar ist. Körperliche Haltungen und Gesten, die ja auch Zeichen sind, werden unmitttelbar, einer gewissen Bewegungslust folgend, zu Papier gebracht. Bewegung regt Empfindungen, Gefühle, Imaginationen an, wie umgekehrt Empfindungen und Gefühle zur Bewegung hindrängen. „Jede menschliche Phantasie ist in ihrer letzten Wurzel nichts weiter als Bewegungsphantasie" (*Palàgyi, Selle* 1988, S. 227). Jede Wahrnehmung erzeugt Bewegtheit, wie durch Bewegung wiederum Wahrnehmung ausgelöst wird, die sich als leibliche Bewegung ebenso wie als assoziierende Phantasie eines in Bewegung gebrachten Bewußtseins äußert.

Im Geführten Zeichnen geht es weniger um ein Ausagieren oberflächlich-emotionaler Gestimmtheiten. Es geht um die Erarbeitung der Dimension der Tiefe, um die Berührung mit dem eigenen Wesensgrund, mit dem letztlich Bewegenden und dem Beweggrund der Bilder der Seele. Es erweist sich, daß, wenn dieser Grund einmal angesprochen ist, er aus sich heraus zur Gestaltbildung drängt. Es entfaltet sich ein „Weg"-Geschehen archetypischer Bild- und Wandlungsprozesse, die *C. C. Jung* als Individuationsweg beschreibt.

Zunächst bedarf es einer besonderen Haltung der Hingabe, um das allzu wache, wollende und fixierende Ich loszulassen, um immer deutlicher die zunächst kaum bewußten Bewegtheiten zu vernehmen, sich von ihnen „führen" zu lassen bis in nach außen sich fortsetzende Bewegung hinein. (Dies meint der Name „Geführtes Zeichnen.) *Jung* schreibt zur verwandten Methode der Aktiven Imagination: „Das Geschehenlassen, das Tun im Nicht-Tun, das Sich-Lassen des Meisters Eckehart wurde mir zum Schlüssel, mit dem es gelingt, die Tore zum Weg zu öffnen" (zit. n. *Ammann* 1978, S. 62). Einem „empfangenden" Bewußtsein, das nicht mehr korrigierend und festhaltend dazwischenspringt, eröffnen sich seelische Inhalte, Gefühle, Erinnerungen, Traumbilder, und in einer Gleichzeitigkeit von Bewegtwerden und Bewegen zeichnet „es" in rhythmisch suchenden, umschreibenden, formenden Gebärden.

Um das Einfinden in den archetypischen Bild- und Bildegrund zu fördern, werden im Geführten Zeichnen symbolische Urformen, Elementarformen vorgeschlagen zur Übung und zum meditativ nachschwingenden, vielfach wiederholten Einfinden und Ausgestalten. Wieder geht es um ein Hinspüren und Lauschen auf die wirkende und in Bewegung bringende Aussagekraft der Formen. Es sind Elemente zur späteren Schrift und zum Bild, „Schöpfungsformeln" (*M.Hippius* 1966, S. 70), die Grunderfahrungen der Menschheit spiegeln. Sie stehen vor der vielfältigen Ausdifferenzierung von Mythen und Symbolen, vor der Sprache, jenseits von Raum und Zeit, verwoben mit uranfänglicher Ausbildung menschlichen Bewußtseins. Sie entstammen kollektiven Schichten der Psyche und sprechen damals wie heute unmittelbar an. Im Ausgestalten erfährt der Zeichnende menschheitliche Erfahrensweisen in individueller Färbung, entsprechend seiner biographischen Prägung.

So wird etwa die halbkreisförmige Linie als Schale erfahren, als Gebärde des Offenseins, Empfangens, Enthaltens, des Wiegens, des tragenden Grundes, aus dem leicht etwas „entspringen" oder sich hinein einbetten kann. Die halbkreisförmige Linie als Arkade oder Bogen wird im Gegensatz dazu als abschließend erlebt, bedeckend, einengend, bedrückend, aber auch bedachend schützend. Beide Formen lassen Grunderfahrungen am Mütterlichen anklingen. Die Verbindung beider Formen, die Welle, stellt sich dar als rhythmisches Prinzip, in Bewegung bringend und einschwingend. Es ist der Wechsel und Wandel im Auf und Ab, Stirb und Werde. Verwandt ist auch die liegende Acht, das Unendlichkeitszeichen, das als stark rhythmisierende, auch beruhigende oder dynamisierende, manchmal befreiende Bewegung erfahren wird.

Ein Zeichen mit vielen Beispielen in Kult und Natur ist die Spirale: von innen nach außen als sich entwickelnde Kraft oder von außen nach innen als Kon-Zentration, als allmählicher Stufengang zur

Mitte. Der Kreis ist ein universales Symbol der Ganzheit. Es wirkt umgrenzend, zentrierend, in der kreisenden Bewegung aber kann er auch erlebt werden als Monotones und Festhaltendes, aus dem man entspringen möchte. Dies reizt oft zur „Geburt" einer geraden Linie, deren besondere Stellung und Weise für die Kraft des Ich-Impulses spricht.

Den weichen, mehr fließenden Linien stehen die geraden gegenüber in vielerlei Variation: senkrecht als Aufrichtung oder als zu sich selbst hinwendende Bewegung, waagerecht als Abgrenzung, auch Stützung und Weitung. Bedeutsam wird die jeweilige Stellung der Zeichen zum Raum sowie die Aussage der Strichqualitäten: ob schlagend, stechend oder punkthaft. Aus der Kombination ergeben sich Formen von eigener symbolischer Aussage: als Winkel, Kreuzung, Viereck, Dreieck etc. Bildassoziation und Bildgeschichten entstehen, ein persönlicher Mythos kann sich entfalten.

Durch den mit Hingabe geübten Nachvollzug erwirbt der Zeichnende die Ausdruckselemente, die Grundlage seines alltäglichen Bewegungsduktus und jeder sprachbegleitenden Gestik sind. Platos Aussage trifft hier zu: „Alles Lernen ist ein Sich-Erinnern": Er belebt in sich eine Weise des Zeichen-Setzens und Symbolerlebens, die tief berühren kann, bewegend und befreiend, und die wahrhaftiger mit dem Grund verbunden ist als vom Verstand gesteuerte vielgestaltige Gleichnisbilder. Auch die klassische moderne Kunst entstand aus dem Bedürfnis nach elementarer Ausdrucksgebung. Der Künstler sucht die Urzeichen „durch sich hindurchgehen zu lassen", wie *Klee* sagt, und „im radikalen Zurückgehen auf die Ursprünge der Menschheit selbst Schöpfer der Zukunft zu sein", wie *Beuys* formuliert (*Elementarzeichen* 1985, S. 58, 88, 140).

Eine primäre Schaffenskraft wird ausgelöst, ein Impuls zu archetypischen Bildprozessen, die aus der Eigendynamik der psychischen Energie (wie auch C.C. Jung beschreibt) zur Entfaltung drängen, Weg und Verwandlung aus sich heraus tendieren. Bilder sind vielgestaltig, vieldimensional und die eigentliche Sprache des Unbewußten. Sie stehen vermittelnd zwischen der dunkel geahnten, unfaßbaren und doch gewaltig drängenden Dynamik des Unbewußten und den abstrakten, einseitig fixierenden Sprachbegriffen. Nur über Formungsprozesse wird psychische Energie dem Bewußtsein faßbar und integrierbar. Das Unbewußte kann auch faszinieren und diffus bewegend auflösen. Formende Gestaltung durch umrissenes Bild oder Wort sind Möglichkeiten der bewußten Gegenüberstellung und damit der Integrierung. So kann das „Erschaffene" Frucht tragen und sich fortsetzen bis in konkret gelebtes Leben hinein.

Im Spiel zwischen Eindruck und Ausdruck, zwischen aufnehmendem Hinhorchen und aktivem Gestalten eröffnet sich eine Entwicklungsdynamik von eigener Intensität, die sich nicht nur als Fülle des Lebendigen, sondern auch als Ordnung und tiefe Weisheit gestaltet. Die Berührung mit der Tiefe, d. h. auch mit dem „absoluten Wissen" der archetypischen Welt gibt den Menschen ein Gefühl der Richtigkeit, der Selbstverständlichkeit und des Angekommenseins. Jene Schicht des Kollektiv-Unbewußten zu beleben, wirkt an sich schon heilsam, wie *C.G. Jung* betont. Es erlöst aus der Einsamkeit, indem es anschließt an allgemeines Menschsein und dieses ausformt. Die Weisheit des Grundes ist nicht nur eine allgemeinmenschliche, sondern auch eine persönliche. Sie dirigiert die bildhaften Wandlungsschritte und ordnet sie mit Maß und entsprechend individueller Stimmigkeit.

Der schöpferische Prozeß führt, wie *Jung* (1971, S. 134) formuliert, „zu uns selbst zurück als einem seienden und lebenden Etwas"..., „fremd und doch so nah, ganz uns selber und doch unerkennbar". Er nennt es das Selbst. Es ist die Mitte wie zugleich das Gesamt der menschlichen Psyche, Bewußtes und Unbewußtes umfassend, zugleich auch das, wovon im Grunde alle Weisheitslehren und Mystiker sprechen. Es ist eine Erfahrungsqualität, die dem Ich als transpersonale Größe erscheint, nicht wirklich fixierbar und begrifflich eindeutig faßbar. Hier wird Religiosität zur ureigensten Erfahrung. Nur einem sich öffnenden, sich preisgebenden Ich wird Rückbindung zuteil und Stützung am eigentlichen Ursprung. Und doch kann nur ein sich abgrenzendes Ich sich als Ich und so auch sich verbunden im Selbst wahrnehmen.

Die Aufnahme des Grundes und der schöpferische Dialog wird im Geführten Zeichnen zur Übung. Der Begriff der Übung ist von der Philosophie der Zen-Wege abgeleitet und von *Graf Dürckheim* in Rütte viel verwendet worden. Die innere Bereitschaft zur Übung setzt einen bestimmten Reifeschritt voraus, eine tiefe Suche und die Entscheidung, wirklich sich selbst in Verantwortung zu nehmen, sich zu gestalten und „auf den Weg zu kommen". Übung, im Gegensatz zum Lernen, heißt nicht *etwas*, sondern *sich selbst* im Tun zu üben und zu verwandeln. Das Tun muß einfach und wiederholbar sein, es schließt an ein tiefes Wissen an. Üben heißt immer auch, sich zu unterwerfen, sich treulich in den Dienst zu stellen dem eigenen Verwandlungsgeschehen gegenüber. Es geht um Demut. Solche Begriffe sind unmodern, hier aber geht es nicht um Unterwerfung einem Außen, sondern einem Inneren und zutiefst Eigenen, doch aber auch Größeren. Das Hinspüren auf dieses eigene Sein führt von selbst zur Disziplinierung. Jede Erfahrung in der Übung verweist auf den Grund der Übung. Der Übende ist somit immer mit sich selbst antwortend und verantwortend verbunden.

Das Geführte Zeichnen ist ein Übungsweg in diesem Sinne. In wiederholter Hinwendung bildet sich ein bewegtes Spiel der Urgebärden des Schöpferischen und des Empfangenden: Empfangend im Lassen und Zulassen der Weisheit des Grundes, schöpferisch im formenden Begreifen und Gestalten. Aus der lebendigen Spannung solcher Gegenpole wird schöpferisches Offensein lebendig. Es verwirklicht sich als ein von innen bewegender Lebensfluß, als „Wasser des Lebens". Der Zugang zum schöpferischen Grund ist immer wieder verstellt, wenn Widerstand sich dagegen stellt. Es geht darum, sich der Verwandlungsbewegung anheimzugeben und sie formend zu ergreifen. In der Durchlässigkeit öffnet sich das Eigenste, das die Führung übernimmt.

Literatur

Ammann, A.N.: Aktive Imagination, Walter, Olten 1978.

Elementarzeichen. Katalog der Ausstellung, Berlin 1985.

Hippius, M. (Hrsg.): Transzendenz als Erfahrung, O.W. Barth, Weilheim 1966.

Jung, C.G.: Die Beziehungen zwischen dem Ich und dem Unbewußten (1928/1966), Walter, Olten und Freiburg 1971 (auch in G.W. 7, S. 131ff.).

Selle, G.: Gebrauch der Sinne, Rowohlt-Taschenbuchverlag, Reinbek 1988.

Die Arbeit am Tonfeld

Heinz Deuser

Ein Mann sitzt vor einem flachen Holzrahmen, der etwa drei Zentimeter tief eben mit Tonerde ausgestrichen ist. Mit geschlossenen Augen umgreift er das Feld, streicht dann mit flachen Händen von oben nach unten über das Material. Einem Impuls folgend, trägt er Material in der Mitte zusammen, mehr und mehr: „Wie ein Baumstumpf". Oben auf dem Baumstumpf entsteht eine Mulde, die er wieder zustreicht. Im Umfassen knetet er weiter. Eine Seite zieht er hoch. Wieder entsteht unterhalb eine schalenartige Vertiefung, die er aber wieder einglättet. Dann schaut er das Gebilde an: „Da ist ja ein Vogel, der da sitzt und mich böse anschaut!" Auf die Frage: „Was wollen Sie tun?" gehen die Hände wieder bei geschlossenen Augen über das Feld. Sie sind unschlüssig. „Das steht wie ein Klotz!" Eine Hand hat sich zur Faust gespannt und entsteht, sich zögernd gegen den „Vogel" zu schieben. Ein leichtes rhythmisches Klopfen entsteht. Zwei Finger lösen sich aus der Faust und beginnen, Material von der Gestalt abzuschaben. Einen Moment noch bleibt die Hand ruhig, dann zieht sie sich ruckartig aus dem Feld zurück. Die ganze Person nimmt Abstand. Langsam kneten die Hände das Material, das mitgenommen wurde. Eine dünne Scheibe entsteht, droht zu zerfransen und wird eingerollt, das obere und untere Ende eingedrückt. Wieder öffnet der Betreffende die Augen: „Eine Larve – die muß vor dem Vogel bewahrt werden." Zunächst findet er keinen Platz für die „Larve", schließlich legt er sie auf den Rand des Holzrahmens.

Das war der Prozeß einer ersten Stunde. Er hat einiges mit diesem Mann und seiner Lebensbewegung, seiner Biographie und seinem Zukunftsentwurf zu tun. Und nicht nur das, dies ist ein allgemeingültiger, archetypischer Prozeß, in dem sich Ablösung wie auch Mut und Notwendigkeit zur Eigenwerdung gestalten.

Die Arbeit am Tonfeld entstand Anfang der 70er Jahre. Meine Entdeckung war in Rütte, daß der normalen Wahrnehmung archetypische Strukturen als Bewegungsgestalten zugrunde liegen, die sich in der Arbeit am Tonfeld unter den Bedingungen der Haptik ausformen. Bei Tastübungen fiel mir zunächst auf, wie sehr der Gegenstand, den die Hände ergriffen, bestimmt wurde von der Weise, wie er gegriffen wurde. So erkannten verschiedene Personen im gleichen Gegenstand einen Faustkeil oder ein zu schützendes Ei oder Küken. Solche Beobachtungen machten mir deutlich, daß Gegenstände nicht primär da sind, sondern zu Begriffen eigenen Begreifens gemacht werden. Weiter fiel mir auf, daß in jedem Begreifen die eigene Lebenssituation mitbegriffen wird. Schon im Spiel der Finger, der Stellung des Daumens, der Haltung der Handflächen lernte ich, biographische Gegebenheiten zu erkennen. Ich überlegte: Wenn sich im „Begreifen" eines Gegenstandes die Lebenswirklichkeit eines Menschen zeigt – liegt hier vielleicht ein eigener, spontaner Weg vor, sich dieser Wirklichkeit bewußt zu werden? Wenn dem so wäre, müßte man nach einer Möglichkeit suchen, den Tastvorgang als Wahrnehmungsvorgang sichtbar werden zu lassen.

So entdeckte ich das Tonfeld. Es wird mit geschlossenen Augen gearbeitet. Das weiche Material läßt sich berühren, bewegen, gestalten. Es ist der ideale Gegenstand des Begreifens. Dieser Vorgang kann verfolgt und verstanden werden im Prozeß der Gestaltung. Das Material ist begrenzt, es wird nichts hinzugegeben. Durch die Begrenzung setzt bewußte Verwandlung ein.

Mit jeder Bewegung sind wir zugleich Bewegte: Alles, was jemand ergreift, von dem ist er ergriffen. Im tastenden Erfahren, in der Haptik, drängt sich Berührtwerden geradezu auf. Das erfährt jeder, der mit geschlossenen Augen durch einen Raum geht und irgendwo anstößt – wer stößt wen? Im ersten Moment wird die Bewegung wahrgenommen als von außen kommende Berührung.

Damit erfaßt die haptische Wahrnehmung primär den Wesenscharakter der Dinge, nicht ihren Objektcharakter. Das Wesen der Dinge ist das, was unmittelbar anrührt, was Hinwendung erst bewirkt. Ohne Wesensqualität wären alle Dinge blaß und fade, lösten kein Interesse aus. „Blaß" und „fade" sind selbst schon Wesensqualitäten, die berühren. In der Genetischen Ganzheitspsychologie wurde diese Qualität als „Komplexqualität" bezeichnet. *A. Wellek* (1950, S. 14) beschreibt sie als „präsensuelle Qualität", bei der die Gegensätze Ich – Gegenstand in einer Wirklichkeit inbegriffen sind. Wesensqualität sind „Bezeichnungen, die ihren Sinn in sich selber tragen" (*Metzger* 1968, S. 70). So trifft „blaß" und „fade" die Qualität, in der der Gegenstand der Wahrnehmung erscheint. Die Wesensqualität betrifft das eigene lebendige Bezogensein. Über sie gewinnt ein Gegenstand „Nähe" (*Hippius* 1934, S.77). Was in den Dingen anrührt, entspricht der Bewegung des eigenen Lebensvollzugs.

Wer am Tonfeld arbeitet, erfährt, wie sein eigenes inneres Bewegtsein sich in der unmittelbaren Wahrnehmung formt als Bewegungsgestalt. „Jede Bewegung wird Gestalt" ist ein Schlüsselsatz dieser Arbeit. *F. Sander*, der Begründer der Aktualgenese, nennt dies „das allmähliche Gestaltwerden im aktuellen Erlebensbestand" (1962, S. 113). Im Alltag bemerkt man diesen Prozeß nicht, im Tonfeld wird er „begreifbar" im wörtlichen und übertragenen Sinn. Die Bewegungsgestalt wird selbst Gegenstand der Wahrnehmung, mit der man weiter arbeiten kann. Diese Bewegungsgestalt entspricht der archetypischen Gestalt- und Symbolbildung des kollektiven Unbewußten, das *C.G.Jung* entdeckte. Archetypische Formbildungen entstammen dem allgemeinmenschlichen Grund der Psyche. Sie gehen auf frühmenschliche Wahrnehmungsspuren zurück (Spuren der Erfassung der Welt und des Menschseins) und gestalten jede weitere Wahrnehmung für den Einzelmenschen nach vorgebahnten Ordnungen und in individueller Weise. Ihre dynamische Kraft und eigene Bewegtheit entspricht einem Bildepotential, das der einzelne in seiner Wahrnehmung am Tonfeld gestaltend aufgreifen und an sein Ichbewußtsein anschließen kann. Mit jeder Gestalt entbindet sich das Ich aus seiner unbewußten Bewegtheit, tritt heraus und gewinnt eigene Kraft in seiner innerpsychischen wie äußeren weltlichen Entwicklung. Die Arbeit am Tonfeld gibt Einblick in die Gesetzmäßigkeiten der Individuation. Jede Gestalt ist die individuelle Weise des einzelnen, da zu sein und darüber zugleich den kollektiven Grund formend aufzunehmen.

Zunehmend äußert und realisiert sich im Verlauf der Arbeit das eigene „Wesen" im Sinne *Dürckheims*, die „Mitte" bzw. das „Selbst" nach *C.G.Jung*. Alle Gestaltbildung verkörpert diese Mitte auf einen – ewigen – Moment und umkreist sie. Mit der Realisierung des Wesens findet der einzelne zu seinem Grund. Grund wird die schöpferische Bedingung und Hoffnung in allem Aufbruch des Ichs zur Eigenheit und Differenzierung. Während bloß triebhaftes Verlangen noch abgespalten werden kann, ist das Verlangen aus dem Grund wesentlich mit dem Bestand und der Entwicklung des eigenen Lebens verbunden. Grund bezeichnet immer innere wie äußere Wirklichkeit. Erst an der äußeren Wirklichkeit kann die innere eigene Wirklichkeit erfahren werden.

In der Arbeit am Tonfeld kommt der einzelne zu sich, zu seinem Grund allein über die unmittelbare Verwirklichung der Gestalt in der er steht, da ist und lebt. Alles Bewegtsein und alles lebendige Dasein drängt von sich aus nach Gestalt. In diesem Prozeß löst sich das Ich nicht auf, sondern gewinnt Abstand und bewußte Vorstellung für sich selbst. Jeder menschliche Gestaltprozeß ist angelegt auf wahrnehmendes Erkennen und bewußte Zentrierung im Ich.

Der Prozeß in der Arbeit am Tonfeld führt entweder zu einem Gestaltwandel oder zu einem bewußten Annehmen des Eigenseins in der Gestalterfüllung. Beide Male wird ein tiefes Getragensein aus dem Grund erfahren. Die Gestalt selber ist nicht der Grund, sondern die Weise, in der der einzelne in seinem Grund ausgerichtet ist.

Der Entwicklungsprozeß in der Arbeit am Tonfeld über viele Stunden läßt sich als Prozeß der Beziehung zwischen Figur- und Grundgestalt begreifen. Die Figurgestalt zeigt sich als Stellungnahme des Ichs gegenüber seiner Grundgestalt, von der es sich abzuheben sucht, um sich zu behaupten. Dies zeigt das anfangs genannte Beispiel der „Larve" gegenüber dem „Vogel". Später finden Figur und Grund zusammen: Die Bewegung geschieht zunehmend aus dem eigenen Grund, erfüllt sich unmittelbar als Grundgeschehen. Die Arbeit am Tonfeld verbindet die tiefenpsychologische Schule *C.G.Jung*s mit den Erkenntnissen der Gestaltpsychologie.

Schematisch dargestellt entwickelt sich die Stellung des Ichs zu seinem Grund in folgenden Stufen:

(1) Das suchende Hinfinden zum Grund:
Es wird zumeist am flachen Tonfeld gearbeitet, biographische Situationen stehen im Vordergrund.
(2) Das Aufnehmen des Grundes:
Alles Material wird aufgenommen und mit streichenden Bewegungen immer wieder umgriffen.
(3) Das Einfinden in den Grund:
Figur- und Grundgestalt finden zusammen.
(4) Die Behauptung im Grund:
Figur- und Grundgestalt stehen gegeneinander.
(5) Verlust der Grundgestalt:
Die Gestalt verliert ihre Wertigkeit.

(6) Eigenes Anlegen des Grundes:
Mandalaartige Gestaltungen treten auf als „Landemöglichkeit" der Seele.
(7) Einlassen in den Grund:
Die flächige, feldartige Ausrichtung im Tonfeld wird zur vertikalen Ausrichtung.
(8) Die Entwicklung aus dem eigenen Grund:
Hier stehen Aufnahme, Bildung und Vereinigung von Gegensätzen im Vordergrund.

In den Phasen 1 – 4 wird die Figurgestalt entwickelt und gewahrt. In tiefenpsychologischen Kategorien bedeutet dies Aufruf und Entwicklung des eigenständigen Ichs gegenüber dem kollektiven Unbewußten. Es treten bannende bzw. wahrende Anordnungen auf wie Kreis oder Quadrat. Themen sind Tod, Fruchtbarkeit und Erneuerung als vegetatives Geschehen. Allmählich bildet sich der Heldenmythos aus, der die Befreiung des Ich aus dem Unbewußten symbolhaft darstellt. Die 5. Phase stellt einen Wendepunkt dar: Das Ich erfüllt sich nicht mehr in der Gestalt. Es findet keine ansprechende Wertigkeit. In den Phasen 6 – 8 beginnt die Nachtmeerfahrt: das Wagnis, in neuer Weise in das Dunkel des Unbewußten einzutauchen, gleichsam zu sterben, um bereichert wieder aufzutauchen in einer neuen Geburt. Das Geschehen hat religiösen Charakter. Mandalaformen erscheinen als Orientierungsbilder. In der 8. Phase treten Wandlungssymbole auf. Nicht mehr die Orientierung steht im Vordergrund, sondern unmittelbar die Bewegung. Die Gestaltbildung wird zum Bewegungsspiel der Hände.

In der Arbeit am Tonfeld zeigt sich, daß archetypische Bilder, Mythen und Symbole Bewegtheiten des Grundes sind, über die sich das Ich zu seinem Grund einfindet. Das kollektive Unbewußte stellt sich dar als Ausdruck der eigenen Wesensqualität. Sie ist die Weise, wie der Mensch bewegt ist und Erfüllung sucht in entsprechender Gestalt.

Literatur

Hippius, R.: Erkennendes Tasten als Wahrnehmungs- und Erkenntnisvorgang, in: Erlebniswirklichkeit und Struktur (Hg. *F.Krueger*), Heft 5, München 1934.

Metzger, W.: Psychologie, Darmstadt 1968.

Sander, S.: Gestaltwerden und Gestaltzerfall, in: Ganzheitspsychologie, München 1962.

Wellek, A.: Die Wiederherstellung der Seelenwissenschaft im Lebenswerk F. Kruegers, Hamburg 1950.

Offenheit fürs Geheimnis

Daseinsanalytische Psychotherapie und Spiritualität

Alice Holzhey-Kunz

1.

Die Daseinsanalyse, dem Wortsinne nach ein Amalgam aus „Analytik des Daseins" und „Psychoanalyse", ist der Sache nach psychopathologische Theorie und psychotherapeutische Praxis, welche die Entdeckungen Freuds in der Philosophie Heideggers fundiert. Der Rückgriff auf die Philosophie Heideggers wird sowohl von *Ludwig Binswanger* wie von *Medard Boss,* den beiden Begründern der Daseinsanalyse, mit der Notwendigkeit der philosophischen Klärung der zugrundeliegenden Leitvorstellungen über den Menschen gerechtfertigt. Der Unterschied der Daseinsanalyse zu anderen therapeutischen Richtungen liegt also nicht in einer spezifischen Methode bzw. Technik, sondern in der Bedeutung, die der Philosophie für die Grundlegung der eigenen Arbeit zugemessen wird.

Während Ludwig Binswangers Daseinsanalyse, anfangs der 40er Jahre entwickelt, noch ausschließlich von Heideggers Frühwerk „Sein und Zeit" geprägt ist, basiert Boss' daseinsanalytisches Konzept auf dem späten Seinsdenken Heideggers, welches beansprucht, im Rückgang auf die Vorsokratiker das seit Platon sich anbahnende und in der neuzeitlichen Metaphysik sich vollendende Verhängnis der Seinsvergessenheit erkannt und Anstöße zu seiner Überwindung gegeben zu haben. Von dieser philosophischen Grundlage her sieht sich die Daseinsanalyse von Boss ziemlich radikal unterschieden von den meisten derzeitigen psychotherapeutischen Richtungen, welche bei all ihrer Differenz hinsichtlich Theorie und Technik untereinander doch in der Auffassung des Menschen als „Subjekt" übereinkommen.

Mit dem „Subjekt" ist hier jenes grundlegende Selbstverständnis des modernen, das heißt aus traditionellen Bindungen weitgehend emanzipierten Menschen bezeichnet, das, wie *Descartes* beispielhaft formulierte, in der Selbstvergewisserung den einzig sicheren Grund findet; zum Subjekt-sein gehört wesentlich der Kampf um Selbsterhaltung, -behauptung und -steigerung. Der Bezug zum Begegnenden steht notwendig im Dienste der Selbsterhaltung: Dinge und Menschen erscheinen primär in der Perspektive der Selbstbehauptung gegen sie. Entsprechend kreisen die seelischen Nöte des durch Subjektivität gezeichneten individuellen Menschen um eben dieses Thema der Selbstbehauptung; es geht zumeist um mangelndes Durchsetzungsvermögen, mangelnde Selbstsicherheit etc. Das Ziel der Psychotherapie ist damit umrissen: sie hat das Individuum durchsetzungsfähig zu machen, d.h. fähig, seine Bedürfnisse, sinnliche oder auch gar „übersinnliche", zu befriedigen.

Für die Daseinsanalyse stellte sich mit der beanspruchten Überwindung des Subjektivitätsprinzips die Aufgabe, Sinn und Ziel der Psychotherapie neu zu bedenken. Wenn bei Heidegger das menschliche Existieren von seinem Welt- bzw. Seinsbezug her verstanden wird, so sollte diese Einsicht für das Neuroseverständnis wie für Methode und Zielbestimmung der therapeutischen Praxis fruchtbar gemacht werden – eine nicht eben leichte Aufgabe. Medard Boss hat 1956 und 1958 zwei Reisen nach Indien unternommen, wohl in der Hoffnung, für die Lösung dieser Aufgabe Hilfestellung durch Vertiefung in östliche Weisheit zu gewinnen.

Es ist auffallend, daß diese Indienfahrten, wiewohl Boss darüber ein Buch verfaßte, die daseinsanalytische Theorie und Praxis augenscheinlich kaum beeinflußt haben. Statt zum Beispiel meditative Techniken in die psychotherapeutische Praxis zu integrieren, ist Boss, von Hause aus Psychiater und Psychoanalytiker, bei seinem Leisten geblieben. Er hat das psychoanalytische Setting, zu dem die Verpflichtung des Analysanden auf die Einhaltung der sog. „Grundregel" des freien Einfalls sowie die sog. Abstinenzhaltung des Analytikers gehören, beibehalten. Außerdem hat er weder in seinen nach dem Buch „Indienfahrt eines Psychiaters" erschienenen Schriften noch in seiner mündlichen Lehrtätigkeit auf seine Indienerfahrungen Bezug genommen. Dieses Schweigen, das nicht als Abkehr mißverstanden werden darf, verweist, genauso wie die Beibehaltung der psychoanalytischen Methode, auf eine Selbstbescheidung, die ihre guten philosophischen Gründe hat.

Demzufolge ist in der daseinsanalytischen Literatur auch nicht die Rede von „Spiritualität" oder „spiritueller Erfahrung". Gleichwohl spielt diese, in bestimmtem Sinne verstanden, in der daseinsanalytischen Psychotherapie eine zentrale Rolle. Das wird aber erst einsichtig, wenn das spezifische Verständnis von spiritueller Erfahrung, das sich aus Heideggers philosophischer Bestimmung des Menschseins ergibt, geklärt ist. Heidegger spricht von *„Transzendenz"*, und ich werde mich deshalb im folgenden an diesen Terminus halten. „Transzendenz" ist bei Heidegger ein existential-ontologischer Begriff. Transzendieren als Übersteigen des Seienden im Ganzen auf „Welt" hin macht die Grundverfassung des Menschen aus. Transzendenz als Überstieg zu Welt konstituiert die spezifisch menschliche Weltoffenheit, die ihn vom „weltarmen" Tier und dem „weltlosen" Stein unterscheidet; sie ist Ermöglichungsgrund eines offen-freien (nicht instinktgeregelten) Verhaltens zum Begegnenden.

Mit dieser philosophischen Bestimmung von Transzendenz wird ihr zwar größte Bedeutung zuerkannt, aber scheinbar in eigentümlich nivellierter Form. Wenn Transzendenz das menschliche Existieren grundlegend bestimmt, wenn also jedermann zeit seines Lebens transzendiert, dann wird nicht mehr eine spezifische, außeralltägliche Erfahrung angesprochen. Wichtig ist deshalb, Transzendenz nicht als ein ontologisches Merkmal, d.h. als eine Eigenschaft des Existierens zu nehmen, sondern als *Vollzug,* so daß verschiedene Formen des Vollzugs unterscheidbar werden. Das Dasein transzendiert immer irgendwie – so oder so. Es bewegt sich dabei zwischen zwei Polen, die Heidegger als „Ankehr" und Abkehr" faßt. Nach Heidegger hat das Dasein sogar eine gleichsam natürliche Tendenz, das Transzendieren abkehrend zu vollzieren, indem es davor flieht. Die üblichste Form der Abkehr besteht darin, ganz im Besorgen des Alltags und in der Nachrede der öffentlichen Meinung aufzugehen, was Heidegger als „Verfallen an das Seiende" bezeichnet. Diese natürliche Tendenz des Verfallens erscheint im bemächtigenden Zugriff auf das Seiende, der für das moderne Weltverhältnis charakteristisch ist, ins Übermaß gesteigert.

Die „Kehre" im Sinne einer die herrschende Transzendenzvergessenheit überwindenden Ankehr vollzieht sich als *„Offenheit fürs Geheimnis"*. Diese Formulierung charakterisiert den heute – für den vom modernen Denken geprägten Menschen – möglichen Vollzug von Transzendenz. Ob zu anderen Zeiten und an anderen Orten Transzendenzerfahrungen möglich sind, in denen das Geheimnis sich lüftet, bleibt eine offene Frage. Die heute mögliche bzw. wahre Form des Transzendenzvollzuges kann nur die Haltung der Offenheit fürs Geheimnis sein. Es gehört zur geschichtlichen Bedingtheit menschlichen Existierens, daß weder traditionell-metaphysische Bestimmungen von Transzendenz, in denen „Welt" als „Gott" oder „Kosmos" positiv ausgesagt wurde, erneuert werden können, noch gar Transzendenzerfahrungen fremder Kulturkreise tel quel übernommen werden können. Das naive Überspringenwollen der eigenen geschichtlichen Situation mag zwar zu intensiven außeralltäglichen Erfahrungen führen; es steht aber unter dem Verdacht, die neuzeitliche Haltung des Subjektivismus nicht zu überwinden, sondern in Gestalt eines schrankenlosen Eindringens und Verfügbarmachens auch des Verborgensten zu perpetuieren. Boss' Schweigen über seine Indienerfahrungen, sein Verzicht, sie in eine neue Technik von Psychotherapie umzumünzen, erweisen sich auf dem Hintergrund von Heideggers Transzendenzverständnis als Ausdruck eben der Haltung der Offenheit fürs Geheimnis.

Versuchen wir kurz, uns die wichtigsten Punkte dieses ankehrenden Transzendenzvollzuges zu vergegenwärtigen. Das Transzendieren des Seienden geht zwar nicht einfach ins Leere, sondern zu „Welt"; aber Welt ist „nichts", das einen Einstieg ermöglichen würde, keine höhere bzw. übersinnliche Welt als eigener Bereich, in dem der transzendierende Mensch sich aufhalten könnte, in dem er heimisch werden könnte. Was geheim ist und bleibt, bietet keine Heimat; Transzendenz ist ein „Hineingehaltensein in das Nichts". Aber dieses Nichts ist weder leere Negativität noch ein „Seiendes", vielmehr das *„Andere"* zu allem Seienden, unsagbar, auch nur mit Vorbehalt zu kennzeichnen als „Lichtungsspielraum", der ermöglicht, daß Seiendes für den Menschen offenbar wird. Damit klärt sich, daß der so verstandene Vollzug von Transzendenz keine Abwendung vom Alltag, kein Aufgehen und genießendes Verweilen in außeralltäglichen Erfahrungen sein kann und soll. Der transzendierende Überstieg über das Seiende im Ganzen zu „Welt" führt, da Welt „nichts" ist, zurück zu dem, was ist, zurück zu den konkreten Möglichkeiten und Aufgaben, in die der Einzelne in seiner Situation gestellt ist. Heidegger faßt diesen Sachverhalt in die Worte: „Offenheit fürs Geheimnis ist *Gelassenheit zu den Dingen"*. Transzendenz eigens zu vollziehen, statt sie in Anklammerung an das Seiende zu verleugnen, impliziert ein gewandeltes Verhältnis zu dem was ist: Gelassenheit zu den Dingen.

Es entsteht nun vielleicht der Eindruck, Transzendenz als Offenheit fürs Geheimnis sei nicht selbst eine spezifische Erfahrungsweise, sondern nur Ermöglichung eines spezifischen (des „gelassenen") Verhaltens zum Begegnenden. So verhält es sich aber nicht. Der Vollzug der Transzendenz geschieht als *„Angst"*. Diese ist eine ausgezeichnete Grundstimmung und hat als solche wenig mit jener Angst zu tun, von der wir gemeinhin reden (Kierkegaards und Heideggers „Furcht"). Angst ist, im Unterschied zu Furcht, ohne konkretes Wovor: es ist einem im Ganzen *„unheimlich"*, wenn alles unvertraut-fremd erscheint, keinen Halt und keine Sicherheit mehr zu geben vermag. Gerade dann aber, wenn alles, was gemeinhin vertraut und bedeutsam ist, unbedeutsam wird, erschließt sich „Welt als Welt". Angst ist die Erfahrung, aus allen vertrauten Bezügen herausgesetzt zu sein, hinausgehalten ins „Nichts" als den Lichtungsspielraum, und damit Erfahrung des eigenen Selbst in seinem Transzendieren zu „Welt", zur un-heim-lichen bzw. ge-heimen Welt.

Der Unterschied von Angst und Furcht liegt aber nicht nur im Wovor, sondern auch in der Intention: in der Furcht erscheint das Bedrohliche als zu vermeidend bzw. zu überwindend, während in der Angst das Unheimliche als unvermeidlich erkannt und anerkannt wird; Angst ist also nur als *ausgehaltene* Angst. Als solche hat sie eine andere Qualität als die jedermann bekannte Stimmung der Furcht oder Ängstlichkeit; Heidegger bringt die „eigentliche", d.h. die ausgehaltene Angst vorsichtig in die Nähe von Stimmungen wie Freude und Heiterkeit. Aber auch wenn Angst mit Freude und Heiterkeit in Zusammenhang gebracht wird, ist sie keine Stimmung, die um ihres Erlebnisgehaltes willen gesucht werden kann; sie entrückt zwar aus allem, was uns alltäglich-vertraut ist, aber ist gleichwohl kein kultivierbarer Zustand der Entrückung. Und das Phänomen der Angst – generell der Stimmungen – zeigt, daß das Transzendieren nicht, wie die Redeweise suggeriert, ein willentliches Tun des Übersteigens von... zu... sein kann. Stimmungen steigen in uns auf, Angst überfällt uns – das Transzendieren ist ein Geschehen, das wir nicht „machen", nur zulassen können (vgl. „Sein und Zeit", § 40).

2.

In einem zweiten Teil möchte ich nun zeigen, daß und wie es in der daseinsanalytischen Psychotherapie um die Erfahrung von Transzendenz geht. Ich habe bereits erwähnt, daß die Daseinsanalyse bezüglich des Settings psychoanalytisch geblieben ist – trotz der rigorosen Kritik an der psychoanalytischen Theorie. Welche Bedeutung kommt in daseinsanalytisch-phänomenologischer Sicht diesem „Setting" oder Verfahren zu, genauer: inwiefern ermöglicht dieses Verfahren die Erfahrung von Transzendenz?

Freud hat die Grundregel so formuliert: „Man leitet die Behandlung ein, indem man die Patienten auffordert..., einerseits sich die vollste Aufrichtigkeit zur Pflicht zu machen, andererseits keinen Einfall von der Mitteilung auszuschließen, auch wenn man 1. ihn allzu unangenehm empfinden sollte, oder wenn man 2. urteilen müßte, er sei unsinnig, 3. allzu unwichtig, 4. gehöre nicht zu dem, was man suche" (Ges. W. XIII, 214f.).

Es handelt sich also paradoxerweise um eine Regel, sich nicht an die gewohnten Regeln des Redens zu halten, weder an die Regeln des sachlichen Argumentierens noch an die Regeln von Moral und Schicklichkeit.

Im Rahmen der psychoanalytischen Theorie legimitiert sich die Zumutung eines solchen Redens instrumental: es geht um das Bewußtmachen des Unbewußten, mit anderen Worten, das Entbergen von Geheimem. Im daseinsanalytischen Kontext realisiert die Redeweise des freien Einfalls das Prinzip der Phänomenologie, alles, was als Einfall zum Vorschein kommt, als „Phänomen" anzunehmen, und sich dabei jeglichen Vorurteils, sei es über den Realitätsgehalt des Einfalls, sei es über dessen moralische Qualität, zu enthalten. Es ist das Prinzip einer möglichst unvoreingenommen-rückhaltlosen Offenheit dem gegenüber, was sich zeigt. Ich erinnere hier an den berühmten Satz *Husserl*s über dieses Prinzip:

„Doch genug der verkehrten Theorien. Am Prinzip aller Prinzipien: daß jede originär gebende Anschauung eine Rechtsquelle der Erkenntnis sei, daß alles, was sich uns in der „Intuition" originär ... darbietet, einfach hinzunehmen sei, als was es sich gibt, aber auch nur in den Schranken, in denen es sich gibt, kann uns keine erdenkliche Theorie irre machen" (Ideen I, § 24, S. 51).

Die hier erwähnten Schranken gelten auch für die Redeweise des freien Einfalls: es gilt, die Einfälle so, wie sie einem in den Sinn kommen, auszusprechen und als solche gelten zu lassen – aber keinesfalls, sie etwa unbesehen zu Richtlinien des Handelns zu machen.

Aber auch so ist dieses Prinzip ungeheuerlich genug. Es verlangt, rückhaltlos sich „allem", was sich zeigt, auszusetzen, das heißt, sich ins Unvertraute loszulassen; das Unvertraute ist aber häufig das, was das bisherige Selbstbild in Frage stellt, Schuld- und Schamgefühle evoziert. Es kann aber auch unerwartet Neues sein, was sich zeigt und zu außeralltäglich-„jenseitigen", den ganzen Menschen erschütternden Erfahrungen führt.

Es ist auch nicht nur der Inhalt der Einfälle, welcher den so Redenden aus den vertrauten Bahnen wirft, sondern die Form des Redens selbst, das Freud mit dem trefflichen Wort „Einfall" bezeichnet. „Sich etwas einfallen lassen": Wer spricht da? Wer ist das Subjekt dieses Redens? Zwar kann man, im Hinblick auf ein sachlich-argumentierendes, sogenannt „objektives" Reden, die Redeform des freien Einfalls als in höchstem Maße subjektiv bezeichnen. In Hinsicht auf das be-greifende, d.h. die Sache in den Griff bringende und bestimmende Reden erscheint hingegen die Redeform des freien Einfalls als eigentümlich ent-subjektiviert. Wer spricht? *Es* spricht sich mir zu. Dieses Geschehenlassen des Redens als Loslassen von Kontrolle und damit Macht bewirkt nicht nur, daß Einfälle „kommen", sondern daß sie auch wieder weggehen: sie summieren sich nicht zu einem Ganzen von Wissen bzw. Erkenntnis.

Die Abstinenzhaltung des Analytikers ist das unabdingbare Pendant zur Redeform des freien Einfalls. Sie besagt, daß der Analytiker keine eigene „Zensur" (*Freud*) ins Spiel bringen dürfe. Er ist also in seinem Zuhören der phänomenologischen Haltung verpflichtet. Das Gebot, sich eigener Vorurteile zu enthalten, ist aber als phänomenologisches viel radikaler als jenes von Freud. Während es bei Freud nur die persönlichen Vorurteile betraf, betrifft es nun auch jegliche theoretischen Vorurteile, welche die Einfälle des Analysanden nach ihrem Wahrheits- bzw. Realitätsgehalt zu sortieren und zu interpretieren erlauben. Die Einfälle des Analysanden fallen somit nicht, wie in einer Psychoanalyse, in den vom Analytiker hingehaltenen theoretischen Behälter, sie finden keinen Ort und keinen Platz in einem theoretischen Gefüge. Sie bleiben „ortlos", kommen und gehen und werden gerade deshalb als Phänomene „sein"-gelassen. Alle Einfälle sind als gleichrangig anerkannt, die sexuellen Triebwünsche sind nicht wahrer und ursprünglicher als geistige Erfahrungen, nichts wird zu bloßer Sublimation bzw. neurotischer Reaktionsbildung degradiert. Wenn man so will, steckt auch hinter dieser phänomenologischen Haltung eine anthropologische Theorie, die besagt, daß der Mensch nicht auf seine Naturbasis zu reduzieren sei, sondern gleichursprünglich „in den verschiedensten Bedeutungsrichtungen aufgehe" (*Binswanger*).

Damit ist von phänomenologischer Warte nicht nur dem psychoanalytischen Reduktionismus eine Absage erteilt, sondern auch dessen Umkehrung nach dem Vorbild einer neuplatonisch-gnostischen Stufentheorie. Der Analytiker als Phänomenologe ist kein „Erleuchteter", der den Weg des Analysanden aus dem bisher Vertrauten ins Unheimliche als Weg aus der „Höhle" des bloßen Meinens ans Licht wahrer geistiger Einsichten zu deuten vermöchte – er ist kein „Meister", der den Analysanden einen bestimmten, vorgezeichneten Weg zu führen vermöchte. Er hält lediglich durch seine „gleichschwebende Aufmerksamkeit" *(Freud)* einen Spielraum offen, in dem freie Einfälle *zur Sprache kommen* können. Daß die Einfälle zur Sprache kommen und nicht in der scheinbaren Unmittelbarkeit und „Reinheit" des innigen Empfindens verbleiben, entspricht der fundamentalen Bedeutung, die der Sprache für die menschliche Existenz zugemessen wird. Transzendenz ist ein Sprachgeschehen; – und daß Transzendenz, wie dargelegt, „nichts" eröffnet, das heißt Offenheit fürs Geheimnis ist, hat damit zu tun, daß es für den Menschen zwar wohl nichtsprachliche Empfindungen gibt, die nur ungenügend zu verbalisieren sind, aber keinen Aufenthalt „jenseits" der Sprache. (Eine zur Verdeutlichung notwendige Explikation von Heideggers Sprachverständnis ist hier allerdings aus Platzgründen nicht möglich.)

Mit der bisherigen skizzenhaften Darlegung des daseinsanalytischen Verständnisses der Grundregel ist aber nur gezeigt, daß das Einhalten der Grundregel prinzipiell „ankehrende" Erfahrung von Transzendenz ist. Weil dies aber das Zulassen und Aushalten von Angst bedeutet, stellt sich die natürliche Furcht vor der Angst notwendig, das heißt auch bei bestem Willen, der Einhaltung der Grundregel in den Weg.

> „Durch die Aufstellung dieser technischen Grundregel erreichen wir zunächst, daß sie zum Angriffspunkt des Widerstandes wird" (Freud, Ges.W. XI, S. 297).

Auf den ersten Blick mag es scheinen, daß die Redeform des freien Einfalls vor allem dem zwanghaften Menschen, der alles zu kontrollieren versucht, zuwider sein müßte, während sie, um nur auf die beiden klassischen Neuroseformen hinzuweisen, dem hysterischen Charakter, der freibleibend sich alle Möglichkeiten offenhalten möchte, sogar konform sei. Diese oberflächliche Verwandtschaft zur Hysterie verdeckt aber, daß das „einfallsreiche" Reden und Tun des Hysterischen ein manipulativer Versuch der eigenen Sicherung ist.

Zu fragen bleibt noch, welchen Sinn es macht, die ungeheuerliche Redeform des freien Einfalls dem Analysanden im Rahmen einer Psychotherapie zuzumuten – worin die sog. heilende Wirkung dieses Redens liegt. Damit ist die Frage nach dem Verhältnis von Neurose und Transzendenz gestellt. Scheinbar geht es ja in den meisten Fällen um ganz handfeste Probleme des Alltags, an denen der Betroffene leidet und scheitert und um deren besserer Bewältigung willen er den Psychotherapeuten aufsucht. Es ist in diesem Rahmen nur möglich, ein paar Stichworte zu dieser Frage zu geben, ohne weitere Klärung und Begründung.

Das neurotische Scheitern in alltäglichen Belangen entspringt einer besonderen Offenheit für Transzendenzerfahrungen – und dem, der dafür hellhörig ist, gibt auch der Alltag eine Fülle von Hinweisen auf das Transzendente, auf „Welt". Dem neurotisch Leidenden mißlingt jene „Abkehr" als „Verfallen" an das Seiende, er vermag nicht, wie die meisten, im Besorgen des Alltags aufzugehen und sich bei den Weisheiten des gesunden Menschenverstandes zu beruhigen. Er ist also der Erfahrung von Transzendenz ausgesetzt, ohne sie „ankehrend" übernehmen und aushalten zu können bzw. zu wollen. Das Unheimliche dieser Erfahrung erscheint von vornherein als unerträglich, ja als vernichtend – und der konkrete alltägliche Umgang mit Menschen und Sachen darum als so unangemessen, weil er im Dienste der Bannung und Überwindung von Angst steht.

Von diesem Neuroseverständnis her rechtfertigt sich die Redeform des freien Einfalls als psychotherapeutische Methode. Es geht nicht um die Bearbeitung von Alltagsproblemen; diese lösen sich vielmehr von selbst, wenn der Patient/die Patientin sich – redend – der Erfahrung von Transzendenz eigens aussetzt, sich Angst zumutet. Diese Lösung der bislang ungelösten Konflikte kann viele Gesichter haben. Eingangs wurde die Daseinsanalyse abgehoben von jenen psychotherapeutischen Richtungen, die Lösung bzw. Heilung mit gelingender Selbstbehauptung und -verwirklichung gleichsetzen. *Heidegger* beschreibt, wie bereits erwähnt, die gewandelte Beziehung zum Begegnenden auf dem Grund übernommener Transzendenz als „Gelassenheit zu den Dingen". „Ding" meint hier jegliches Seiende, herausgelöst aus dem Status des bloßen Objekts für ein Subjekt. „Gelassenheit" meint entsprechend jenes Sicheinlassen auf Begegnendes, das nicht nur geleitet ist von Eigeninteressen, sondern so weit als möglich vom Interesse und der Sorge für dieses selbst.

„Offenheit fürs Geheimnis ist Gelassenheit zu den Dingen": dieser Satz besagt, daß nur dort, wo transzendierend das Geheimnis gewahrt bleibt, Gelassenheit zu den Dingen möglich ist.

„Gelassenheit zu den Dingen" unterscheidet sich also nicht nur vom neuzeitlichen subjektivistisch-bemächtigenden Zugriff auf das Seiende, welches der Verleugnung von Transzendenz entspringt, sondern auch von jenem freischwebend-abgelösten Verhältnis zum Alltäglichen, welches sich aus einer Entrückung in spirituelle Bereiche ergeben mag. Während dieses letztere Verhältnis in der Überzeugung gründet, daß die Probleme „dieser" Welt letztlich irrelevant sind, also ein Desengagement bedeutet, das häufig auch einen ausbeuterischen Umgang mit diesem „Unwesentlichen" rechtfertigt, ist das „gelassene" Loslassen des begegnenden Seienden ein Sicheinlassen auf dessen eigenes Wesen. Damit erschließt sich zwar das Seiende in einem viel größeren Reichtum an Möglichkeiten, aber zugleich auch in seiner unaufhebbaren Widersprüchlichkeit, Fremdheit und Vergänglichkeit. Gelassenheit zu den Dingen, den immer unvollkommenen Dingen, ist nur möglich, wo die Endlichkeit nicht als übersteigbar und überwindbar entwertet, sondern in der Offenheit fürs Geheimnis als *condition humaine*, als die unser Dasein ausmachende und auszeichnende Existenzweise angenommen ist.

Einführende Literatur

Boss, Medard: Indienfahrt eines Psychiaters. Pfullingen 1959.
Boss, Medard: Grundriß der Medizin. Bern, Stuttgart, Wien 1971.
Heidegger, Martin: Was ist Metaphysik? 9. Aufl. Frankfurt a.M. 1965.
Heidegger, Martin: Gelassenheit. 7. Aufl. Pfullingen 1982.

Die Psychosynthese – ein Weg zu psychischer Gesundheit und Bewußtseinsentwicklung

Laura Boggio Gilot

Erkenne dich selbst
Besitze dich selbst
Verändere dich selbst
R. Assagioli

Die Prinzipien der Psychosynthese

Die Psychosynthese ist ein therapeutisches Verfahren mit dem Ziel, das Funktionieren der Psyche zu verstehen und die verschiedenen Aspekte des individuellen Lebens zu einer harmonischen Einheit zusammenzuführen. Sie ist nicht nur eine Psychotherapie zur Behandlung von psychischen Leiden, sondern sie untersucht auch die Entwicklungsprozesse des individuellen Bewußtseins und zu einer reifen Persönlichkeit, die in der Lage ist, alle ihre körperlichen, geistigen und spirituellen Möglichkeiten zu verwirklichen. Der Begründer der Psychosynthese ist Roberto Assagioli, ein italienischer Psychiater, der sich mit der Psychoanalyse und der östlichen und westlichen Philosophie ausführlich beschäftigt hat. Zwischen moderner Wissenschaft und alter Weisheit hat Assagioli eine bewundernswürdige Synthese konzipiert, die den Begriffsrahmen für eine Entwicklungstheorie enthält; diese bleibt nicht bei der Dimension des „Ich" stehen als instinktiv-mentaler Einheit, die mit einem rationalen Bewußtsein begabt ist, sondern sie geht von translogischen bzw. transegoischen Entwicklungsstufen aus.

Im Rahmen der Psychologiegeschichte ist die Psychosynthese im Feld der Transpersonalen Psychologie anzusiedeln, die auf das Studium der Begabungen und der menschlichen Eigenschaften höherer Art ausgerichtet ist, indem sie eine spirituelle Dimension der Psyche hervorhebt, die von der wissenschaftlichen Psychologie ignoriert wird. Innerhalb dieses konzeptuellen Rahmens übernimmt die Psychosynthese die zentralen Elemente der Psychoanalyse und der Humanistischen Psychologie und betont besonders die humanen

Werte der Vernunft, der Ästhetik und der Religion sowie die große Bedeutung der Selbstverwirklichung in der Theorie der Gesundheit. In der Psychosynthese werden nicht nur die Dynamik des gegenwärtigen Lebens, die Wichtigkeit von Entscheidungen und von Entscheidungsfähigkeit, die Anerkennung der Tiefe des menschlichen Lebens und die Bedeutung des Leidens hervorgerufen, sondern auch die dynamische Bewertung der Entwicklung und die aktiven Methoden, die bio-psychischen Energien für die „Heilung" und die „Entwicklung" der Persönlichkeit zu transformieren. Durch die stärkere Betonung der „Potentialität" der Psyche als deren Pathologie repräsentiert Assagioli eine Wendung in der psychologischen Forschung: von der Konzentration auf Krankheiten zu einer Konzentration auf die optimalen Zustände von psychischer Gesundheit. Ein Grundprinzip der Psychosynthese sieht in dem menschlichen Sein eine natürliche Tendenz der Entwicklung zu einem intelligenten Ausdruck seiner Kreativität und zu einer Verwirklichung der positiven Werte des Wissens, des Schönen und des Guten. Nach Assagioli ist die Tendenz zur Entwicklung gleichbedeutend mit der Natur der Psyche, welche nämlich die individuelle Entwicklung zu einer immer größeren Integration und Komplexität des Bewußtseins und der Identität hervorbringt.

Das Organisationsprinzip der Entwicklung ist das *transpersonale Selbst*, ein teils individueller, teils universaler Kern der Psyche, dessen transzendente Weisheit das menschliche Wachstum anleitet. Wie das *„Purusha"* vedischer Herkunft, so ist das transpersonale Selbst ein Bewußtseinsprinzip, das jenseits der Energie der Psyche steht und Macht über das bewußte Ich hat, indem es mit einem höheren und organisierterem System als dieses verbunden ist. Im Unterschied zum Selbst, dem spirituellen Prinzip, das durch die raum-zeitlichen Grenzen der Individualität nicht beschränkt ist, läßt sich die Psyche charakterisieren durch die Vielfältigkeit ihrer instinktiv-emotional-mentalen Strukturen, deren Integration im bewußten Ich Gesundheit oder Krankheit der Persönlichkeit bestimmen.

Während sich das transpersonale Selbst als ein Einheitsprinzip verstehen läßt, scheint das Feld der Psyche von der Polarität bestimmt zu sein. Vor Assagioli hat bereits *C.G. Jung* die Polarität der Psyche hervorgehoben – er hat die Natur des Selbst als Verwirklichung der *„coincidentia oppositorum"* *(Nikolaus von Cues)* beschrieben.

Im Feld der Psyche sind die grundlegenden Gegensätze repräsentiert durch die großen Archetypen des Animus (dem männlichen, rationalen Prinzip) und der Anima (dem weiblichen, emotionalen Prinzip), die ihre letzte Synthese in dem „Prozeß der Individuation" finden, wo Bewußtes und Unbewußtes sich zu einer vollständigen harmonischen Einheit verschmelzen. Die jungianischen Begriffe, die sich von dem taoistischen Yin und Yang ableiten, wurden von Assagioli vertieft, indem er andere und spezifischere Polaritäten hervorgehoben hat, deren wichtigste die zwischen Eros und Logos ist. Während der Eros die primordiale Kraft repräsentiert, das grobe und materiale Element, das die undifferenzierte Instinktenergie nährt, so ist der Logos die intelligente Kraft, das subtile und synthetische Element, das sich der chaotischen Kraft des Eros entgegensetzt.

Während der Eros, ausgestattet mit einer eruptiven, mythischen irdischen Kraft, nach dem Lustprinzip handelt, so folgt der Logos den Kriterien der Harmonie und der Ordnung, indem er nach dem Einheitsprinzip handelt. Unterschiedlich, aber komplementär, müssen die Kräfte des Eros und des Logos vereinigt werden in einem alchimistischen Prozeß der Evolution und eine rechte Verdichtung in der Harmonie der Persönlichkeit finden. Die Entgegensetzung zwischen Eros und Logos ist der Ursprung der dynamischen Konflikte zwischen instinktiven und mentalen Bedürfnissen, zwischen Bedürfnissen des Körpers und des Geistes, zwischen destruktiven und kreativen Antrieben, die die Persönlichkeit in entgegengesetzte Teile bzw. Subpersönlichkeiten aufspalten. Als eine Ursache für diese Entgegensetzung zwischen Eros und Logos erkennt Assagioli auch die einschränkende Identifikation mit Objektmodellen, die die Persönlichkeit zerstückeln und den Entwicklungsprozeß lähmen. Die Loslösung von den Objektmodellen und die Synthese der Subpersönlichkeiten durch die Harmonisierung der Konflikte zwischen Eros und Logos ist das Ziel der Psychosynthese als Therapie, die spezifische Techniken für die Persönlichkeitsentwicklung aus westlichen und östlichen Traditionen verwendet.

Ein weiteres Prinzip der Psychosynthese ist das des *Willens*, das als die zentrale Funktion des Ich angesehen wird (neben Empfindung, Emotion/Gefühl, Impuls/Begehren, Imagination, Denken, Intuition; vgl. Abb. 1). Der Wille ist identisch mit „Selbstbewußtsein" und ist die Antriebskraft der Persönlichkeit im dem Prozeß der Synthese der anderen Funktionen des Ich. Als Quelle der Aufmerksamkeit und des Bewußtseins ist der Wille die Voraussetzung jeder menschlichen Entscheidung und bestimmt den Verlauf der personalen, interpersonalen und transpersonalen Beziehungen. Wenn es an Wille mangelt, gerät auch die individuelle Freiheit in eine Krise, und die personalen Entscheidungen werden von vorgefaßten Modellen abhängig; dadurch verliert die Person die Möglichkeit, auf die Wirklichkeit einzuwirken und den Verlauf ihres Lebens zu lenken.

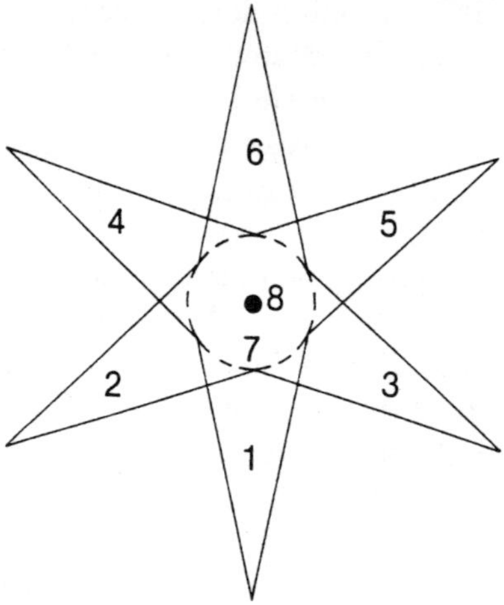

1. Empfindung
2. Emotion – Gefühl
3. Impuls – Begehren
4. Imagination
5. Denken
6. Intuition
7. Wille
8. Mittelpunkt: Das Ich oder das persönliche Selbst

Abbildung 1

Die gesamte Entwicklung des Willens erfordert die Reifung der *Kraft*, des *Wissens* und des *Guten*: Unter dem Aspekt „Kraft" ermöglicht der Wille Intentionalität und Selbstbestimmung; unter dem Aspekt „Wissen" richtige existentielle Entscheidungen; unter dem Aspekt des „Guten" das persönliche Handeln mit der Ausrichtung auf das kollektive und kosmische Gute. In der Psychotherapie erlaubt die Entwicklung des Willens eine aktive Beteiligung des Patienten bei der Veränderung der destruktiven und pathologischen Anteile der Persönlichkeit und entzieht die therapeutische Beziehung der Passivität auf der Couch des Psychoanalytikers.

Indem das Konzept des Willens bei Assagioli den Menschen vom Determinismus der Instinkte befreit, repräsentiert er eine Revolution im Hinblick auf die psychoanalytische Theorie, insofern Assagioli zeigt, daß das Bewußtsein eine eigene und unabhängige Fähigkeit der Selbstorganisation gegenüber dem Unbewußten besitzt.

Allgemein gesehen macht der „Akt des Willens" den Menschen zum Schöpfer seines Schicksals, d.h. er ermöglicht ihm die Verantwortung für das Leben, den Mut zum Sein gegen die auseinanderstrebenden Kräfte des Unbewußten und der Umwelt. In transpersonaler Perspektive ist der Wille mit Liebe übereinstimmend, nämlich als richtiges Handeln im Dienste des Lebens; so verliert der Wille seine egoistischen Zwecke und stellt sich in den Gehorsam gegenüber dem transzendenten Willen und seinen zusammenführenden Zielen.

Ein drittes Prinzip der Psychosynthese betrifft die *holistische Natur von psychischer Gesundheit*. Da der Mensch zusammengesetzt ist aus einer körperlichen, einer mentalen und einer spirituellen Ebene, kann Gesundheit nicht unabhängig sein von einer harmonischen Entwicklung des Trieblebens, der Intelligenz, der Kreativität und der Werte der Seele. Im Sinne der Psychosynthese ist Gesundheit das Resultat einer Harmonie zwischen den verschiedenen Energien der Psyche und eines dynamischen Wachstums zu immer komplexeren und organisierteren Bewußtseinsstufen. Dieses Modell der psychischen Gesundheit orientiert sich an den Kriterien der Integration und an einer Entwicklungstheorie, die Gesundheit und Selbstverwirklichung als gleichbedeutend ansieht. Das traditionelle Verständnis von psychischer Gesundheit, das der Medizin entstammt und das Gesundheit mit dem Fehlen von Symptomen gleichsetzt, ist verkürzend im Hinblick auf einen optimalen Zustand von Gesundheit, die auch den Ausdruck der auf Einheit hin strebenden Bedeutungen verlangt. Ein Mensch mit mangelnden kognitiven Fähigkeiten, unfähig zur Liebe, ohne kreative Ausdrucksfähigkeit, voller Machtstreben, egoistisch und unsensibel gegenüber dem Leid der anderen, kann sich nicht als gesund an-sehen, auch wenn er keine pathologischen Symptome hat, ge-nauso wie man auch einen Baum nicht als gesund ansehen kann, der keine Früchte trägt und nur langsam wächst.

Das transpersonale Modell der Psyche

Die Prinzipien der Psychosynthese sind der theoretische Rahmen für das Modell der Psyche bei Assagioli, das *struktural, systemisch* und *transpersonal* ist. Die Zusammensetzung der Psyche läßt sich in einer eiförmigen Graphik symbolisch darstellen, die die verschiedenen bio-psycho-spirituellen Ebenen zusammenfaßt.

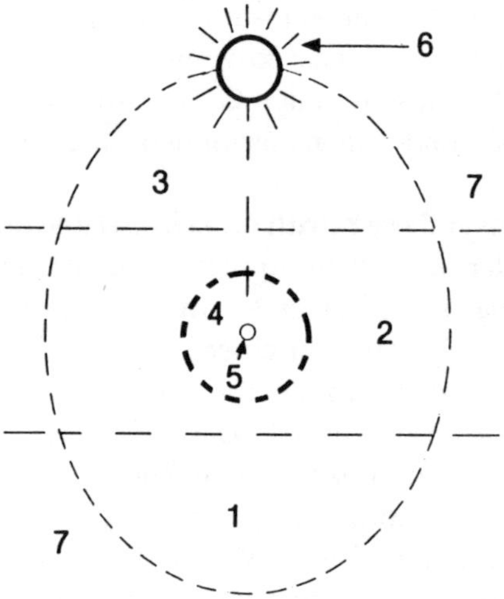

1. Das tiefere Unbewußte
2. Das mittlere Unbewußte
3. Das höhere Unbewußte oder Überbewußte
4. Das Feld des Bewußtseins
5. Das bewußte Selbst oder „Ich"
6. Das transpersonale Selbst
7. Das kollektive Unbewußte

Abbildung 2

1) *Das tiefere Unbewußte* ist die Matrix der Primärinstinkte und der elementarsten psychischen Funktionen, die das organische Leben prägen. In diesem Bereich der Psyche befinden sich die Reste der individuellen und menschheitsgeschichtlichen Vergangenheit sowie verdrängte Inhalte, von denen sich verschiedene krankhafte Störungen und psychische Komplexe mit einer starken affektiven Färbung ableiten.

2) *Das mittlere Unbewußte* ist der Bereich einer psychischen Schwangerschaft, in der sich die intellektuellen und künstlerischen Aktivitäten mittlerer Ebene vorbereiten, die dann im Bewußtseinsfeld auftauchen.

3) *Das höhere Unbewußte* bzw. *Überbewußte* ist der Sitz der höheren Energien der Psyche und des Geistes, von denen sich Intuition, moralische Imperative, übernormale Kräfte höherer Art und erleuchtete Zustände ableiten.

4) *Das Bewußtseinsfeld* enthält Gedanken, Gefühle, Emotionen und Empfindungen, die beobachtet und analysiert werden können.

5) *Das Ich oder das personale Selbst* ist das Zentrum des reinen Bewußtseins, das die verschiedenen Objekte wahrnimmt.

6) *Das transpersonale Selbst* ist der Kern der menschlichen Individualität, die Synthese aller seiner bio-psycho-spirituellen Potentialitäten. Es ist definiert als bleibendes Zentrum hinter dem personalen Ich, das in einer Realität existiert, die von derjenigen unterschieden ist, in welcher das organische Leben und die psychischen Funktionen ablaufen. Das transpersonale Selbst ist ein Teil des größeren und universalen Selbst.

7) Die individuelle Psyche hat Teil an dem *kollektiven Unbewußten,* dem Bereich der Archetypen, in dem sich die Formen des menschheitsgeschichtlichen Erbes und der gesamten gegenwärtigen Menschheit befinden.

Assagioli beschreibt mit seinem Modell eine systemische Struktur der Psyche, welche die „große Kette des Seins", beschrieben in einer *philosophia perennis,* in Erinnerung ruft. Die Ebenen des Unbewußten repräsentieren prälogische, logische und translogische Strukturen, die in hierarchischer Weise miteinander verbunden sind und im Laufe der Persönlichkeitsentwicklung fortschreitend im Bewußtsein integriert werden. Mit diesem Modell der Psyche erweitert Assagioli die traditionellen Konzepte der Psychologie, und zwar durch den topischen, den energetischen und den zeitlichen Aspekt des Unbewußten; das Modell dient seitdem als Grundlage für die Forschung der Transpersonalen Psychologie.

Der topische Aspekt: Nach Assagioli hat das Unbewußte eine hierarchische Struktur, die sich aus miteinander verbundenen Ebenen zusammensetzt und verschiedene und komplementäre Möglichkeiten enthält: Jede Ebene ist Matrix von Funktionen, die komplexer organisiert sind als die jeweils untere Ebene.

Der energetische Aspekt: Nur ein Teil des Unbewußten ist durch Verdrängung geprägt, d.h. durch alte Erinnerungen, die vom Bewußtsein abgelehnt werden. Das Unbewußte ist nicht nur ein Speicher von vergessenen Objekten, sondern ein großes Reservoir der individuellen Möglichkeiten, die im Laufe der Entwicklung zum Vorschein kommen können; diese sind nicht nur instinktmäßig und psychisch, sondern auch auf die Kräfte des Geistes bezogen – hierin zeigt sich die göttliche Natur des Menschen.

Der zeitliche Aspekt: Das Unbewußte bezieht sich nicht nur auf die individuelle Vergangenheit, sondern auch auf die Gegenwart und die Zukunft; der Aspekt der Gegenwart betrifft das Vorbewußte in statu nascendi, der Aspekt der Zukunft betrifft die Inhalte, die im Laufe der persönlichen Entwicklung hervortreten.

Die Entwicklungsstufen: das personale Ich und das transpersonale Selbst

Assagiolis umfassende Kartographie der Psyche beschreibt einen Bogen der Persönlichkeitsentwicklung mit zwei grundlegenden Stufen: dem personalen Ich und dem transpersonalen Selbst. Das personale Ich ist eine Identitätsstufe, die der instinktiv-mentalen Einheit entspricht. Hier sind im individuellen Bewußtsein die Strukturen des unteren und des mittleren Unbewußten integriert, welche den Potentialen der Instinkte und der Psyche entsprechen. Nach psychoanalytischem Verständnis resultiert die Ichentwicklung aus der Lösung des Ödipuskomplexes, der auf den Prozeß der Trennung und Individuation folgt, und setzt sich bis zur Adoleszenz fort. Nach Assagioli ist der Bogen des Ich weiter und umfaßt die Integration der synthetischen Strukturen der Intelligenz und die Verwirklichung der humanen und kreativen Eigenschaften und Werte.

Das personale Ich kann als vollständig verstanden werden, wenn sich mit den Aspekten der Selbstverwirklichung in den affektiven und den sozio-kulturellen Rollen die Qualität der „Verantwortung" verbindet, womit die eigenen Energien nicht nur für personale, sondern auch für kollektive Zwecke genutzt werden. Der Übergang vom Lustprinzip zum Realitätsprinzip und die Entwicklung der Kräfte der Intelligenz und des Willens ermöglicht dem personalen Ich ein Dasein in der Welt zwischen Anpassung und Freiheit, womit der Mensch sein eigenes Schicksal mit dem der anderen verbindet. Somit kann das Ich als vollständig angesehen werden, wenn es sich im biologischen, im denkerischen und im interaktionalen Bereich harmonisch zum Ausdruck bringt. Auf dem Höhepunkt seiner Entwicklung hat das Ich seine Kräfte und Talente der körperlich-seelischen Einheit in einer positiven und konstruktiven Weise kanalisiert, so daß die Interaktion zwischen Subjekt und Umwelt sich beständig vom Egozentrismus zu den Werten der Solidarität bewegt.

Das transpersonale Selbst * ist eine Entwicklungsstufe, in der sich die körperlich-seelische Einheit ausweitet zu einer körperlich-seelisch-spirituellen Einheit.Im Hinblick auf die Entwicklungsstufen ist das transpersonale Selbst die Frucht der Integration der Strukturen des höheren Unbewußten im Bewußtsein; von diesem höheren Unbewußten leiten sich die Kreativität, die intuitive Intelligenz, die höchsten Eigenschaften und Werte des Wahren, Schönen und Guten ab. Im transpersonalen Selbst werden die Archetypen und die universalen Formen zum Eigentum des individuellen Bewußtseins, indem sie den kosmischen Sinn des Lebens und die Vollkommenheit der transzendenten Einheit zu verstehen erlauben. Diese erweiterte Wahrnehmung der Wirklichkeit aufgrund der translogischen Strukturen erlaubt den Übergang des Realitätsprinzips, wo der Wille herrscht, zum Einheitsprinzip, wo die Liebe herrscht. Auf dem Höhepunkt seiner Entwicklung hat das transpersonale Selbst die Qualitäten eines Erleuchteten, nämlich Mitleid, Gleichmut und Wohlwollen im Dienste des Lebens.

Der Prozeß der Psychosynthese

In methodischer Hinsicht umfaßt der Prozeß der Psychosynthese zwei Phasen: die *personale Psychosynthese,* die die Entwicklung des personalen Ich als körperlich-seelische Einheit anstrebt, und die *transpersonale Psychosynthese,* die die Entwicklung des transpersonalen Selbst als größere körperlich-seelisch-spirituelle Einheit anstrebt.

Die personale Psychosynthese ist ein Reiseführer für die schmalen Pfade der Persönlichkeit, mit dem Ziel, die Ambivalenzen und Konflikte zwischen den instinktiven, affektiven und den beziehungsmäßigen Strebungen aufzulösen; denn diese Ambivalenzen schaffen pathologische Situationen, die den kreativen Ausdruck des

---

* Das transpersonale Selbst ist sowohl ein höheres Zentrum, das das bewußte Ich beeinflußt, als auch eine Identitätsstufe, die das bewußte Ich umfaßt und transzendiert.

Ich behindern. In dieser Phase, die einer klassischen Psychotherapie entspricht, werden die prälogischen und logischen Strukturen des unteren und des mittleren Unbewußten im Bewußtsein integriert durch eine psychotherapeutische Strategie in vier Stufen:

(1) Analyse der Elemente, aus denen sich die Persönlichkeit zusammensetzt;

(2) die Beherrschung der instinktiv-mentalen Energien durch die Technik der Disidentifikation, die eine Objektivierung und kritische Analyse umfaßt;

(3) die Transformation der negativen Energien mit spezifischen Techniken, die auf die bewußte und unbewußte Persönlichkeit einwirken; dazu gehören Techniken „physisch-kathartischer" Art, „symbolisch-projektiver" Art sowie Techniken zur „Evokation von positiven Gefühlen", die auf den Gesetzen der Bewegungskraft des Denkens basieren, welche Assagioli aus der östlichen Tradition abgeleitet hat;

(4) die Konstruktion eines vereinigenden Zentrums oder eines „idealen Modells", um das herum sich die fehlenden Qualitäten entwickeln.

Die transpersonale Psychosynthese entwickelt die latenten Kräfte der intuitiven Psyche und die höheren Qualitäten des Geistes bis zu einer Verwirklichung des Selbst, durch die die Einheit zwischen dem individuellen und dem universalen Geist enthüllt wird. Die Techniken der transpersonalen Entwicklung implizieren Methoden der Reinigung und der Meditation. Im Hinblick auf die Meditationstechniken sind für Assagioli drei Formen von Bedeutung:

- die „reflexive Meditation" als Modalität zur Entwicklung der „synthetischen" Strukturen der Intelligenz;
- die „kreative Meditation" als Modalität zur Entwicklung der spirituellen Eigenschaften und Werte durch die Bewegungskraft des Denkens;
- die „rezeptive Meditation" als Modalität der Aufmerksamkeit und des psychischen Schweigens zur Entwicklung der Intuition und der Integration des höheren Unbewußten.

Indem Assagioli ein allgemeines Verfahren zur psychischen Gesundheit entwickelt, das sowohl valide psychotherapeutische Techniken als auch eine Modalität zur Entwicklung der menschlichen Potentiale bis zu den spirituellen Höhen enthält, bietet er mit seiner Psychosynthese ein sowohl therapeutisches als auch weisheitliches Modell. Er möchte damit eine „holistische" Disziplin begründen, die in den verschiedenen Lebensbereichen angewandt werden kann (z.B. Psychotherapie, Erziehung, Sozialwissenschaften) und die die menschlichen Potentiale zum Zwecke der Gesundheit ebenso wie für eine weltweite Kooperation nutzen soll.

Die Theorie und der Prozeß der Psychosynthese beinhalten den Sinn der Einheit – das ist das Ziel, zu dem die Genesung und die Persönlichkeitsentwicklung hinstreben. Das Ziel der Einheit, wie es von der heiligen Wissenschaft aller Zeiten hervorgehoben wird, ist der Zustand einer vollkommenen Harmonie mit dem Leben und verursacht eine radikale Veränderung des Paradigmas von Gesundheit, indem es das Wachstum der Persönlichkeit als Synthese der verschiedenen Aspekte der individuellen, kollektiven und kosmischen Existenz verstehen läßt.

Nach Assagioli wird diese Einheit erreicht im Stadium des transpersonalen Selbst durch die Entwicklung der intuitiven Wahrnehmung, welche die Erfahrung der Nicht-Dualität als tiefe Grundlage des Lebens ermöglicht. Diese Erfahrung macht den Menschen zu einem Bruder unter Brüdern im großen Ozean des Lebens. Indem Assagioli die Beziehungen zwischen Gesundheit, Entwicklung und Bewußtsein erläutert, greift er die Theorien der östlichen Tradition auf, die allerdings auch im Westen in neueren wissenschaftlichen Theorien zum Ausdruck kommen. *Albert Einstein* sagt:

„Jeder Mensch ist Teil einer Ganzheit, genannt Universum, ein Teil, der durch Zeit und Raum begrenzt ist. Er erforscht sich selbst, seine Gedanken und seine Gefühle als etwas, das vom Rest getrennt ist, eine Art optische Täuschung des Bewußtseins. Diese Täuschung ist eine Art Gefängnis für uns, das uns auf unsere persönlichen Wünsche und das Gefühl für die wenigen Menschen in unserer Nähe einschränkt. Unsere Aufgabe muß sein, uns selbst aus diesem Gefängnis zu befreien durch die Ausweitung unseres Wissenshorizontes, bis er alle lebenden Kreaturen und die Ganzheit der Natur in ihrer Schönheit umfaßt."

Übersetzung aus dem Italienischen von Rosalba Maccerrone und Christoph J. Schmidt.

Literatur

Assagioli, R., Psicosintesi, Ediz. Mediterranee, Roma 1971; dt.: Handbuch der Psychosynthesis, Aurum, Freiburg i.Br. 1978.
–, Principi e metodi della psichosintesi terapeutica, Astrolabio, Roma 1973.
–, L'atto di volontà, Astrolabio, Roma 1977; dt.: Die Schulung des Willens, Junfermann, Paderborn 1982.
–, Lo sviluppo transpersonale, Astrolabio, Roma 1987.
Boggio Gilot, L., Uomo moderno e nevrosi, Ediz. Paoline, Roma 1980.
–, Psicosintesi e meditazione, Ediz. Mediterranee, Roma 1983.
–, Forma e sviluppo della coscienza, Ediz. Asram Vidya, Roma 1987.
Ferrucci, P., Crescere, Astrolabio, Roma 1980.

Der transpersonale Aspekt im „Erfahrbaren Atem"

Helge und Veronika Langguth

In der Bewußtseinsentwicklung des Menschen nimmt der Atem eine zentrale und hervorragende Stellung ein. Der Grund dafür liegt darin, daß das gesamte Atemgeschehen im Menschen auf das Engste verknüpft ist mit den verschiedenen Teilen seines Gehirns sowie seines Nerven-, Hormonal- und Immunsystems. Kein anderes Körpersystem ist so innig verbunden mit allen anderen Regelkreisen wie das der Atmung. Aus diesem Grunde reagiert der Atem unmittelbar auf jede Veränderung, sei sie physischer oder psychischer Natur. Wird es im Krimi spannend, stockt uns der Atem, und anschließend atmen wir befreit auf, wenn...

Atem bedeutet *Leben*. Atem ist *mehr* als nur der funktionale Austausch lebensnotwendiger Stoffe. Durch ihn tritt der Mensch in Verbindung zu seiner Umwelt wie auch zu seiner Innenwelt. Im Griechischen steht der Begriff *„pneuma"* sowohl für den Atem als auch für Geist und Seele. Auch der althebräische Ausdruck *„ruach"* meint *Wind, Atem, Hauch, Geist* und *Gott*. Gott hauchte dem Erdenkloß seinen „lebendigen Odem in seine Nase. Und also war der Mensch eine lebendige Seele" (Gen. 2,7).

Atem ermöglicht somit auch Bewußtsein, bewußtes Sein. In allen Hochkulturen pflegte man den Atem als Träger der Lebens- und Bewußtseinskraft, doch wurden Atemübungen nur geheim an geeignete Menschen weitergegeben. Man wußte, daß die dem Atem innewohnenden kosmischen Kräfte den Menschen nur dann zum bewußten Sein, zum Selbst, führen konnten, wenn er bereit war, sich von der Umklammerung seines vordergründigen Ichs zu befreien. Eben zu dieser Befreiung diente neben anderen Mitteln und Übungen der Atem selbst als Instrument. In den Upanishaden heißt es: „Und Indra sprach: Ich bin der Lebensatem; als das Bewußtsein-Selbst, als Leben, als Unsterbliches verehr' mich. Der Atem ist Leben und das Leben ist Atem..." (*Kaush*, Up. 7,15).

Bei solch intensiver Wechselwirkung zwischen Atem, Körper und den verschiedenen Bewußtseinsebenen ist es nicht verwunderlich, daß sich mehrere Methoden entwickelt haben, mit dem Atem umzugehen und auch die Ziele, die damit erreicht werden sollen, sind vielfältig. Dabei glaubte man bei der therapeutischen Arbeit mit dem Atem lange, daß es grundsätzlich nur zwei Möglichkeiten gäbe, mit ihm umzugehen: entweder ließ man ihn vollkommen unbewußt oder er wurde durch Vorstellungen geführt und willentlich eingesetzt („Atemtechniken").

Im ersten Fall (unbewußter Atem) blieb die Verantwortung für das Therapiegeschehen vollkommen beim Atemtherapeuten. Im zweiten Fall (durch Vorstellungen geführter Atem) kann der Mensch ebensowenig *selbst-bewußt* zur ursprünglichen Ausgangslage seiner physio-psychischen Ganzheit vordringen, denn Wille und Vor-Stellung stehen dazwischen. Für Menschen, die *selbstverantwortlich* ihren Weg über die *individuelle Urbewegung ihres Atems* gehen wollen und darüber „Sich-Selbst" finden wollen, sind diese Arbeitsweisen deshalb nicht angemessen.

Eine dritte Atemweise wurde von *Cornelius Veening* entwickelt und von *Ilse Middendorf* zu einem Lehrsystem ausgebaut. Sie gab dieser Atemform den Namen „Erfahrbarer Atem". Dieser arbeitet weder mit dem unbewußt laufenden, noch mit dem willentlich eingesetzten oder durch Vorstellungen beeinflußten Atem, sondern mit dem frei zugelassenen individuellen Atem. Er kann als Bindeglied zwischen unseren verschiedenen Wesensteilen (siehe auch Skizze am Ende) erfahren werden. Mit ihm können wir mit allen Teilen unseres Wesens, mit einem transpersonalen Bewußtsein, letztlich sogar mit unserer Seele Kontakt aufnehmen. Dies gelingt jedoch nur, wenn er wirklich frei fließen kann und wir ihn zulassen können, ohne uns mit Verstand, Vorstellung oder Willen einzumischen oder ohne ihn ins Unbewußte abgleiten zu lassen. Durch *Hingabe* und *Achtsamkeit* wird über ihn eine körperliche *Empfindungsfähigkeit* ausgebildet, die sich zu einem Empfindungsbewußtsein ausweiten kann – der Körper wird zum Leib, der Geist in das Geschehen integriert. Das seelische Wesen wächst im Inneren, so daß wir zur Ganzheit werden, die das physische wie psychische Wesen umfaßt.

Am „Leitseil des Atems" (Ilse Middendorf) kommen die Gedanken und Gefühle des äußeren Wesens immer mehr zum Schweigen, so daß mehr Raum geschaffen wird für die Schwingungen des inneren Wesens. Die Gefühle des inneren Wesens können so frei fließen. Sie beleben uns, erheben unser Bewußtsein, erweitern unsere Sinne und öffnen uns der Intuition. Das äußere Wesen wird dann transparenter für das Innere. Wir leben lebendiger von innen her. Die *feinstoffliche Lebensenergie* hebt uns auf eine höhere Ebene des Bewußtseins und der (grobstoffliche) Körper muß nicht mehr vor Angst zittern, braucht sich nicht in depressiven Gefühlen zusammenzukrümmen und wird nicht mehr unter der Last von Kummer und Sorgen zu Boden gedrückt. Der Körper kann mit seinen Energien besser arbeiten. Im Anschluß an das innere Wesen ordnet sich alles neu. So werden wir physisch wie psychisch durchlässiger für unsere inneren und äußeren Aufgaben und erfahren uns ganzheitlich bewußter. Wir treten freier in die Außenwelt, mit mehr Ruhe und Gelassenheit, aber auch mit mehr Tatkraft. Intuitiv erfassen wir, wann und wo wir im Leben kämpfen oder erdulden müssen, welche Taten uns und anderen auf dem Entwicklungsweg weiterhelfen.

Der frei zugelassene Atem kann also nicht nur im Körper bis in alle Organe und Teile hinein empfunden werden, sondern er vermittelt auch Informationen über das innere Geschehen und öffnet uns für transpersonale Erfahrungen des inneren Wesens. Er dient sozusagen als feines Meßinstrument innerer Veränderungen insofern, als er den Geübten z.B. Angstschwingungen bereits im feinstofflichen Bereich über die fein reagierende Atembewegung empfinden läßt. Mit Atemweisen, die die *Verwurzelung zum Boden* fördern, können wir verhindern, daß die Angst auf unseren ganzen Organismus übergreift, uns packt und unfähig für klares Handeln macht.

Sollte sich jedoch die Angst schon in einem bestimmten Körperteil, z.B. der Nacken- und Halsmuskulatur, in Form von Enge und Verkrampfung niedergelassen haben, wird der Atemfluß ebenfalls verändert. Wenn ich das spüre, kann ich über den Atem durch Anschließen an mein inneres Wesen, an meine Mitte, *feinstoffliche Energie* in den grobstofflichen Körper einströmen lassen, so daß sich die Enge und Verkrampfung der Muskulatur löst.

In Situationen, in denen ich Gefahr laufe, aus meinem harmonisch schwingenden Mittenzustand herauszufallen, spüre ich dies am Versiegen des *feinstofflichen Energiestromes* – was sich durch einen Mangel an Lebensfreude und Lebensenergie ausdrückt. In solchen Fällen kann mir mein Atem direkt Kraft und Energie vermitteln und eine eventuell getrübte Stimmlage aufhellen, vielleicht sogar auflösen. Durch den Anschluß an mein *inneres Wesen* wird den Gedanken und Gefühlen des *äußeren Wesens* allmählich die Grundlage entzogen.

Die Atemtherapie mit dem Erfahrbaren Atem nutzt die oben beschriebene Tatsache, daß zwischen dem Körper, d.h. dem körperlichen Atemvorgang (Atmung) und dem psychischen Teil von uns über den Atem direkte Verbindungen bestehen bzw. *erfahren* und *erlebt* werden können. Dadurch werden heile und heilende innere Kräfte geweckt („innerer Arzt"), die sich ausbreiten. Dies wirkt sich auch auf die Gestalt des Betreffenden aus. Eine gute Haltung, Aufrichtung und Stimme entstehen. Innere und äußere Haltung bedingen sich gegenseitig und kommen im Alltag zum Tragen.

Der Mensch entdeckt aber auch (wieder) seine großen Ziele, seine Möglichkeiten, im Alltag kreativ zu sein, freudig und selbst-bewußt leben und arbeiten zu können. Der Weg des Erfahrbaren Atems ist deshalb auch ein Entwicklungsweg zur Selbsterfahrung, Selbstentfaltung und zum transpersonalen Bewußtsein, wobei ein ganzheitlicher Mittenzustand entsteht, der Gegensätze umschließt und harmonisiert und auch die Heilung von Krankheiten ermöglicht. Krankheiten und Leiden können oft der Auslöser sein, sich der Atemtherapie zuzuwenden. Wir behandeln jedoch nie Krankheiten, sondern den *Menschen* in seiner ganzen Wesenheit, wobei wir uns immer an das Heile (*Heilige*) in ihm wenden.

Zum besseren Verständnis möchten wir einige oben verwendete Begriffe erläutern. Unsere Atemerfahrungen stimmen mit dem überein, was *C.G. Jung* über die vier Möglichkeiten der Weltbegegnung schreibt: „Die *Empfindung* sagt mir, daß da etwas ist. Das *Gefühl* sagt mir, ob es mir gefällt oder nicht. Das *Denken* sagt mir, was es ist. Die *Intuition* sagt mir, woher es kommt und wohin es geht."

Besonders wichtig ist es im Erfahrbaren Atem, die Empfindungen von den Gefühlen zu unterscheiden, arbeiten doch fast alle psychotherapeutischen Gruppen primär mit und durch die Gefühle. Teilweise werden dabei Techniken und Methoden angewendet, die starke Gefühle im Klienten auslösen, um dann mit diesen arbeiten zu können. Durch die Übungen am und mit dem Erfahrbaren Atem kann jedoch wahrgenommen werden, daß Empfindungen und Gefühle unterschiedliche Phänomene sind. Die objektiven Körperempfindungen, die noch nicht durch unsere subjektiven Gefühle interpretiert und mit „Etiketten" versehen sind, können zu einem unmittelbaren Erleben einer inneren Wahrheit sowie transpersonaler Phänomene führen und dann auch Gefühle auslösen, die nun aber dem inneren Wesen entspringen und sich wesentlich von den Gefühlen des äußeren Wesens unterscheiden. Gleichzeitig öffnen sich die Tore der Intuition, die, wie oben beschrieben, vom Denken zu unterscheiden sind. Durch das Denken kann man nämlich nicht (entgegen weitverbreiteter Ansicht) zu neuen Erkenntnissen gelangen, denn der Verstand ist einzig ein Instrument der Ordnung bzw. Einordnung. Schöpferische Fähigkeiten und Kreativität werden nicht durch den Verstand hervorgerufen.

Das oben beschriebene Empfindungsvermögen wächst am „Leitseil des Atems" zu einem komplexen Empfindungsbewußtsein heran, und der Klient erlebt, daß er sich nicht mit den neurotischen Aspekten seines Lebens in der Form der Konfrontation oder Substitution auseinandersetzen muß. Er erfährt statt dessen, wie er sich immer weniger mit ihnen identifiziert und wie sie allmählich ihre Suggestionskraft verlieren, schließlich verblassen und sogar von ihm abfallen. Das therapeutische Ziel besteht deshalb nicht darin, allein die äußere Persönlichkeit zu stärken, sondern ein harmonisches Zusammenspiel von Persönlichkeit und Selbst (inneres Wesen) zu erreichen. Dabei kann zeitweise der eine oder der andere Aspekt überwiegen. Die Integrationskräfte des Atems sind jedoch so stark, daß der Klient im Verlauf der Therapie bzw. der Arbeit mit dem Erfahrbaren Atem einen Mittenzustand erfährt, der ihn erkennen läßt, daß eine überbetonte Identifikation mit seiner äußeren Person diesen Mittenzustand stört.

Die Entscheidung liegt immer beim Klienten: Entweder er folgt der üblichen Vorstellung, die das Ziel einer Therapie darin sieht, das äußere Wesen (die Person des Vordergrundes) zu stärken, so daß der Betreffende sich harmonisch in die Gesellschaft eingliedern kann. Oder er hat den Wunsch, den Weg der Individuation zu gehen, vielleicht diesen gar zu übersteigen, um sich mit der Gesamtheit seines Selbst bewußt zu identifizieren. Im letzteren Fall gewinnt er eine Bewußtheit, die es ihm erlaubt, alte Persönlichkeitsdramen als emotionalen Ballast zu erkennen. Er lernt sich und sein Handeln zu beobachten, ohne es zu werten oder zu kommentieren und kann sich dann frei entscheiden, dieses Drama aus seinem Leben zu streichen, umzuarbeiten oder es weiter auszuleben. Diese Prozesse sind präzise und detailliert schon in den verschiedenen Yoga- und Meditationswegen des Ostens wie des Westens ausgearbeitet worden. Der Atem-Weg über den Erfahrbaren Atem ist insofern ein neuer, ein westlicher „Yoga-Weg".

Eine Hauptschwierigkeit auf der Suche nach dem Selbst bzw. einem transpersonalen Bewußtsein in uns liegt darin, daß das äußere Wesen sich im allgemeinen nicht ändern will. Zwar möchte es einerseits befreit werden von Angst, Schmerz, Leid, Krankheit usw., ist aber andererseits so sehr mit diesen Aspekten identifiziert, daß Veränderungen nicht als Ablösung empfunden werden, sondern als Verlust. Im Leiden befriedigen wir nämlich gewisse Ich-Bedürfnisse. Dieser „Geschmack am Leiden" wird in seinem ganzen Ausmaß oft erst nach langer Selbstbeobachtung erkannt. Das Leiden ist das wesentlichste Element, das geopfert werden muß, wenn wir uns auf innere Wege begeben wollen, – und es aufzugeben gehört dabei zu den schwierigsten Aufgaben.

In der Arbeit mit dem Erfahrbaren Atem erfährt und erlebt man, daß die Bedürfnisse und Meinungen des äußeren Wesens nicht alles sind. Je mehr diese Erkenntnis reift, um so einflußreicher wird das übergreifende Selbst, das innere Wesen. Die Persönlichkeit mit all ihren Wünschen, Stärken und Problemen bleibt dabei erhalten, jedoch ist sie nicht mehr allein bestimmend. Das Verlangen nach Befriedigung vitaler Bedürfnisse wie Schlaf, Essen und Gesellschaft usw. bleiben also erhalten – der zwanghafte, neurotische Charakter aber verringert sich und hört schließlich auf, bestimmend zu sein.

Die Erfahrungen mit dem Erfahrbaren Atem in seinen transpersonalen Aspekten sind sehr gut in die spirituelle Psychologie des Integralen Yogas *Sri Aurobindos* und *Der Mutter* einzuordnen – dem *Yoga der Transformation.* Innerhalb der vier westlichen Psychologien (Behaviourismus, klassische Psychoanalyse, Humanistische und Transpersonale Psychologie) lassen sich die erfahrungswissenschaftlichen Erkenntnisse über den Erfahrbaren Atem mit der sich neu entwikkelnden „Transpersonalen Psychologie" erklären.

Zu den klassischen Yogawegen besteht dabei ein wesentlicher Unterschied in der Zielsetzung: Die Meister und Yogis der alten Wege sahen im Körper ein Hindernis auf dem Wege der Befreiung und der

Vereinung mit Gott. Sie bemühten sich deshalb, sich von seinem störenden Einfluß so bald wie möglich zu lösen bzw. ihn dem Willen zu unterwerfen. Oft wurde der Körper auch völlig vernachlässigt, wie alles Materielle, das als Maya, d.h. als Täuschung angesehen wurde.

Mit dem beginnenden neuen Zeitalter wandeln sich auch diese Vorstellungen. Der *Integrale Yoga* zielt gerade auf eine Verwirklichung im (materiellen) Körper, der im Zuge der fortschreitenden Evolution transformiert werden wird. *Sri Aurobindo* (1969): „In der Vergangenheit wurde der Körper von den spirituellen Suchern eher als ein Hindernis, als etwas, was man überwinden oder ablegen müsse, angesehen, denn als ein Instrument der spirituellen Vervollkommnung und ein Bereich, in dem sich die spirituelle Wandlung abspielt. Er ist wegen der Grobheit seines Stoffes als unüberwindbares Hemmnis verworfen worden; und da die Begrenzungen des Körpers unabänderlich seien, so sei auch eine Umformung nicht möglich, und zwar deshalb nicht, weil der menschliche Körper auch im besten Falle nur von einer Lebensenergie getrieben zu sein schiene, die wiederum ihre eigenen Grenzen habe und in ihren geringeren physischen Aktivitäten noch durch vieles verschlechtert würde, was kleinlich, roh oder gar böse sei; der Körper an sich aber sei belastet mit der Trägheit und der Unbewußtheit der Materie, nur teilweise erwacht und, obwohl erregt und belebt durch Nerventätigkeit, doch unterbewußt in dem grundsätzlichen Verhalten seiner wesentlichen Zellen und Gewebe und deren geheimem Wirken. Sogar in seiner vollen Kraft und Stärke und im größten Glanze seiner Schönheit sei er immer noch nur eine Blüte des materiellen Unbewußten; das Unbewußte sei der Boden, aus dem er gewachsen sei, und der Ausdehnung seiner Kräfte und jeglichem Versuch zu einer grundlegenden Selbstregierung sei in jeder Hinsicht eine enge Grenze gezogen. Wenn aber ein göttliches Leben auf Erden möglich ist, dann muß auch dieses Über-sich-Hinausgehen möglich sein."

Die dabei zugrundeliegenden psychologisch-philosophischen Grundsätze unterscheiden sich in einem wesentlichen Punkt von den westlichen psychologischen Ansätzen: Während in der westlichen Psychologie der Begriff *Gott* nicht vorkommt und selbst bei tiefenpsychologischen Betrachtungen das Göttliche nur in Metaphern und am Rande erwähnt wird, basiert der Integrale Yoga auf dem (transpersonalen) Wissen, daß *alles* Gott ist, daß unser Tun und Handeln letztendlich von unserem seelischen Wesen mit dem *göttlichen Funken* (der Seele) bestimmt wird, das es zu entwickeln und auszuweiten gilt, und dabei, wie oben ausgeführt, immer im Kontakt mit der Materie und vor allem dem Körper steht. Das oben erwähnte innere Wesen stellt sozusagen das „äußerste Handlungsorgan" des seelischen Wesens dar. Das äußere Wesen mit seinen Gefühlen der Unruhe, Unausgeglichenheit, Sorge, Angst, Ärger, Begierde, Streit, Eifersucht, Wut, Neid usw., sowie den sich daraus ableitenden Problemen sozialen und zwischenmenschlichen Kontaktes ist also Gegenstand der westlichen Psychologien (mit Ausnahme der Transpersonalen Psychologie). Dabei gilt immer noch der Satz von *C.G. Jung*: „Was wir für eine spezifische abendländische Erfindung halten, nämlich die Psychoanalyse und die von ihr ausgehenden Anregungen, so ist sie ein Anfängerversuch im Vergleich mit dem, was im Osten alt geübte Kunst ist" (aus: Das Seelenproblem des modernen Menschen).

Das äußere Wesen glaubt, der Urheber dessen zu sein, was es denkt und fühlt, und daß Verstand und Intellekt die Evolution des Bewußtseins bewirken. Unsere Erfahrungen mit dem Atem geben uns ein ganz anderes Bild (siehe auch Skizze): Das äußere Wesen ist ein „Empfänger" mit der Freiheit, Signale des Göttlichen, die über die Seele, das seelische Wesen und das innere Wesen in das gewöhnliche Bewußtsein gelangen, zu ignorieren oder sich dafür zu öffnen. Transpersonales Bewußtsein ist deshalb (sofern nicht künstlich durch psychedelische Drogen kurzfristig erreicht) nur erweckbar, wenn das Bewußtsein für das innere Wesen wächst.

Der Weg des Erfahrbaren Atems weckt das Bewußtsein für Gefühle, die das innere „vitale" Wesen wahrnimmt, wie z.B. Gefühle unbegrenzter ruhiger Freude, großen Friedens, Gleichmut, Liebe – die nicht besitzen will und „greift" –, Weite, Gelassenheit usw. Durch das innere „mentale" Wesen strömen intuitive Gedanken und Bilder und ein höheres Wissen in uns ein und durch das innere „physische" Wesen wird unser physischer (d.h. grobstofflicher) Körper mit Lebensenergie versorgt. Öffnen wir die Tore der sieben (Haupt-) Chakren (= feinstoffliche Zentren) durch das Üben am Atem mehr, als diese gewöhnlich geöffnet sind, bekommen wir Zugang zu den ganz großen Heilungskräften, die sogar sogenannte „Wunder" be-

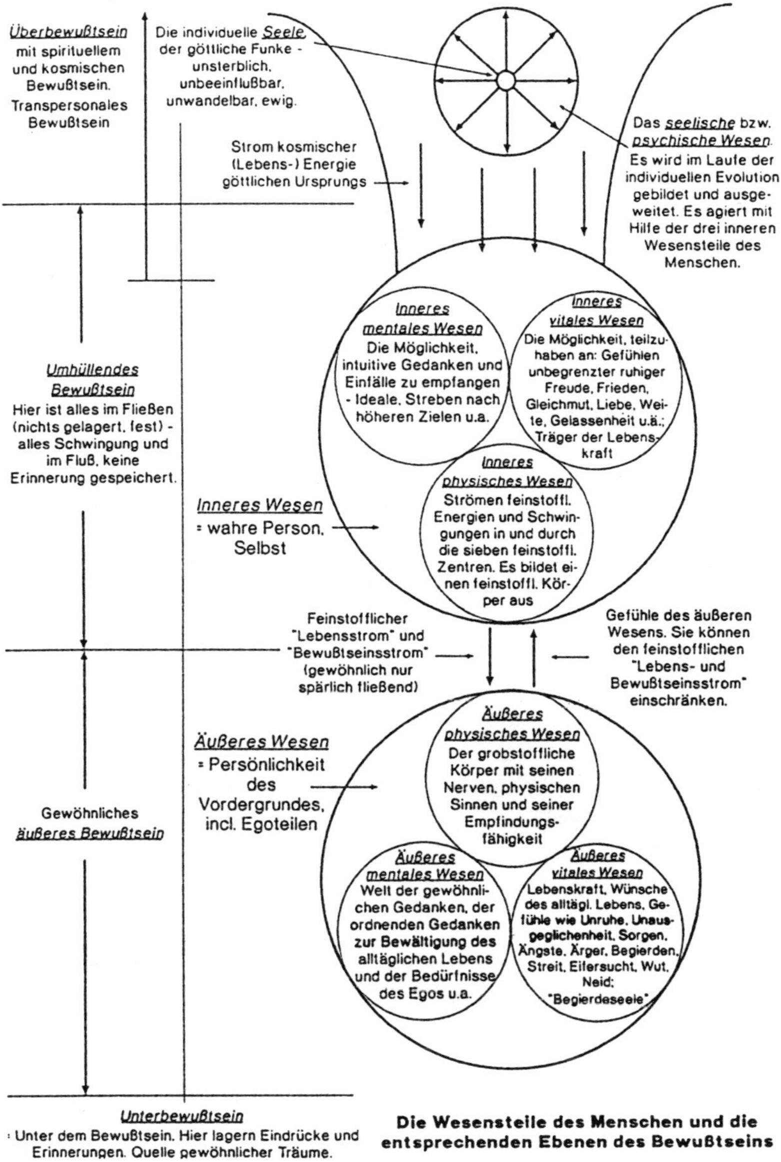

Die Wesensteile des Menschen und die entsprechenden Ebenen des Bewußtseins

wirken. Für den, der den Wirkungsverlauf wahrnehmen kann, sind dies dann natürlich keine „Wunder".

Von einigen Menschen wurden die Effekte, die beim stärkeren Fließen feinstofflicher Lebensenergien auftreten, „transpersonale Erfahrungen" genannt. Dies trifft in einem gewissen Sinne auch zu, sind diese Erfahrungen doch oft gänzlich verschieden zu denen des normalen Bewußtseins. Dies trifft auch auf Erlebnisse zu, die einem besonderen Teil der feinstofflichen Ebene, dem sog. okkulten Bereich entstammen. Begegnungen mit anderen Wesen der unterschiedlichsten Art, den Kontakten zu Verstorbenen und das Gewahrwerden eigener früherer Leben auf dieser (zeitlosen) Ebene werden oft als so großartig erlebt, daß sie als nicht zu unserer Person gehörig gedeutet werden. In einem strengeren Sinne möchten wir den Begriff „transpersonal" jedoch erst für jene Ebene des Bewußtseins gelten lassen, die wir als das „Überbewußtsein" mit „spirituellem" und „kosmischem" Bewußtsein bezeichnen, das zwar in das innere Wesen hineinwirkt, dieses aber gänzlich übersteigt. Die Seele (als göttlicher Funke) bzw. das sich in der individuellen wie kollektiven Evolution entwickelnde seelische Wesen wächst in dem Maß, wie wir unser äußeres Wesen für den Einfluß und die Lenkung durch das innere Wesen öffnen. Da in ihm im Gegensatz zum äußeren Wesen nichts festgelegt ist, können dann jederzeit Impulse oder Botschaften des seelischen Wesens strömen und uns bewußt werden.

Abschließend möchten wir darauf hinweisen, daß in diesem Artikel der transpersonale Aspekt des Erfahrbaren Atems hervorgehoben wurde. In der allgemeinen Praxis überwiegt jedoch die Zahl der Menschen, die die Kraft des Erfahrbaren Atems dafür nutzen, physisch gesund zu werden und zu bleiben und die Probleme des täglichen Lebens besser meistern zu können.

In Deutschland gibt es ca. 230 Atempädagogen / therapeuten (Stand: Anfang 1989), die in unseren beiden Ilse-Middendorf-Instituten für den Erfahrbaren Atem (Berlin und Beerfelden im Odenwald) ausgebildet wurden. Auf Anfrage senden wir Ihnen gerne die entsprechende Adressenliste zu.

Literatur

Jung, C.G.: Das Seelenproblem des modernen Menschen, Walter Verlag, Olten.
Middendorf, I.: Der Erfahrbare Atem. Eine Atemlehre, Junfermann, Paderborn 1984.
Sri Aurobindo: Die Offenbarung des Supramentalen, Sri Aurobindo Ashram, Pondicherry 1969.

Experimentelle Transpersonalität

Gerhard Crombach

Einleitung

Charles Tart ist einer der ganz wenigen Psychologen, die sowohl empirischer Forschung als auch spiritueller Bewußtseinstransformation verpflichtet sind. In der Einführung zu seinem letzten Buch schreibt er: „Es gibt ein inneres Licht, einen inneren Frieden, und wir können sie finden. Unser Geist kann tatsächlich zu einem Zustand erwachen, der das gewöhnliche Bewußtsein wie einen Schlaf erscheinen läßt. Dieses Erwachen macht den Menschen in der alltäglichen Welt handlungsfähiger, nicht handlungsunfähiger, und es ermöglicht ihm, seinen Mitmenschen mehr echte Aufmerksamkeit, mehr Fürsorge und mehr Anteilnahme entgegenzubringen. Ich habe von diesem Licht etwas erspäht, nicht nur darüber nachgedacht. Ich weiß, daß es zu einem inneren Frieden führt, der auch den äußeren Frieden in der Welt fördert" (*Tart* 1988).

Nach *Walsh* (1981) kommt nun der transpersonalen Psychologie die Aufgabe zu, innerhalb der westlichen Psychologie Praktiken, die solchem „Erwachen" dienen, zu verstehen, zu kommunizieren und zu legitimieren; und – ich wage zu ergänzen – sie auch zu kritisieren und zu optimieren. Transpersonale Psychologen seien „gnostische Vermittler", die die persönliche Selbsterfahrung der „Weisheitstradition" mit den Konzepten heutiger Psychologie so in Berührung zu bringen und so in deren Sprache zu übersetzen hätten, daß sie bei ihren jeweiligen Vertretern ein „aha"-Erlebnis auslösten. Ähnlich sieht *Wilber* (1984) die Aufgabe der transpersonalen Psychologie darin, Spiritualität für die „anderen" oder „niederen" Schulen der Psychologie *theoretisch* akzeptierbar zu machen. Sie sei selbst aber *keine Praxis*, kein echt transformativer Weg; dazu würde sie kompetente Meister empfehlen, „vielleicht buddhistische, vielleicht christliche, vielleicht hinduistische, vielleicht Meister da Free John, und so fort". Nun ist es Wilber sicher gelungen – niemand schreibt brillanter als er –, spirituelle Entwicklung mit einem spekulativ-tiefenpsychologischen Entwicklungsmodell in Einklang zu bringen (*Wilber* 1988a). Zwar wurde sein Stufenschema in der letzten Zeit öfter kritisiert (z.B. *Grof* 1985, *Washburn* 1988); dennoch bleibt es ein umfassender theoretischer Rahmen, der für viele hilfreich zwischen Vernunft und Mystik vermittelt.

Wilbers oben anklingender Respekt vor der Praxis der wahren Meister erscheint mir aber – ebenso wie manche seiner wissenschaftstheoretischen Auffassungen (*Wilber* 1988b) – problematisch. Spirituelle Lehrer betreiben solange keine „noumenologische oder gnostische Wissenschaft", bis sie nicht ihre Methoden (nach Wilber: kontemplative Injunktion, Einsicht und konsensuelle Bestätigung) *schulübergreifend* koreflektieren und den „*Grad* der spirituellen Entwicklung" (*Wilber* 1988b) auch *mehrdimensional* empirisch messen. Das abgekapselte „Guru-System" stellt da – neben finanziellen und methodischen Problemen – ein wesentliches Hindernis dar, wie *Wren-Lewis* (1988a) schreibt: „Es gibt (deswegen) wenig oder gar keine Möglichkeit, (spirituelle) Theorien und Techniken an ihren Erfahrungsergebnissen zu messen und gegen bessere einzutauschen". Wenn wir in unserer vernetzten und kulturrelativierenden Welt jeden „religiösen Provinzialismus" (*da Free* 1985) ideologisch oder willkürlich empfinden und eine individuell effektive, unserer Zeit angemessene „Mystik" entwickeln wollen, sollten wir uns auch die verhaltenswissenschaftlich-experimentalpsychologischen Methoden nutzbar machen.

John Wren-Lewis (1988a), ein Spontan-Erleuchteter (siehe unten), schreibt dazu erfrischend: „Ich glaube, die Welt bedarf dringendst einer neuen, total experimentellen Mystik, die alle traditionellen Theorien beiseitestellt und herauszufinden sucht, und zwar im Geiste der Wissenschaft statt der Religion, welche Faktoren nun wirklich zur Erleuchtung führen. Das kann nur dann gelingen, wenn diejenigen, die Erleuchtung erfahren haben, die Meisterrolle vermeiden und ihr unmittelbares Wissen offen diskutieren, auch Rückfälle und alles."

Einem Zen-Lehrer ist ja nicht unbedingt vorzuwerfen, daß er keine Statistik über die Ergebnisse seiner Schüler anfertigt. Wenn sich hingegen eine moderne transpersonale Technologie wie die „holonomische Therapie", die ja soviel Konkretes behauptet, nicht einmal um experimentelle Daten bemüht, so ist das schon enttäuschend. Dies gilt sowohl im Hinblick auf die Einschätzbarkeit dieser Methode für transpersonal Interessierte als auch für ein Akzeptiertwerden durch „nichthumanistisch" orientierte Psychologen. Das Nahziel einer wissenschaftlich fundierten Spiritualität wäre nun eine Beschreibung und Kartographie spiritueller Zustände, losgelöst von religiös-weltanschaulicher Interpretation und Erwartungshaltung sowie eine entsprechende Trennung von zweckmäßiger Übung und kulturspezifischem Ritual.

Eine spirituelle Konsumentenberatung (*Tart* 1988), d.h. eine Klärung der Frage: „Wem nützt unter welchen Umständen was zu welcher Art oder Stufe oder Variation von Erleuchtung?", wäre ein (vielleicht utopisches) Fernziel. Dazu müßten wir aber erst in der Lage sein, einen „verursachenden Mechanismus" im Sinne *Maturanas* zu formulieren, der erklärt, wann und wie ein – zunächst offenbar notwendiges – reflektierendes „Selbst" nach jahrzehntelanger Konsolidierung wieder überflüssig werden kann (*Roberts* 1984; *Chinen* 1984; *Wren-Lewis* 1988b).

Transpersonale Seinszustände

Wie können wir uns jenen Existenzweisen, die „Erwachen, Erleuchtung, Einheits-, kosmisches und objektives Bewußtsein" genannt wurden, etwas empirisch-experimenteller nähern? Zunächst möchte ich einen unesoterischen Begriff vorschlagen, der in der Allgemeinpsychologie weniger Widerstand hervorrufen könnte: „Zustände der Ganzheit". Beschreibungen eines grenzenlosen kontinuierlichen Ganzen („*Wholeness*", vgl. *Roberts* 1984; *Globus* 1984; *Courtois* 1986) sind nämlich charakteristisch für solche Erfahrungen. Da sie „nichtdualistisch" sind (also z.B. „ganz" nicht unter Ausschluß von „nichtganz"), müssen *verbale Paradoxien* und *dialektische Formulierungen* als „passend" empirisch anerkannt werden (*Wilber* 1988b). So heißt es z.B.: „Einerseits fühle ich mich unendlich weit zurück im Empfinden der Welt, andererseits fühle ich gleichzeitig das genaue Gegenteil davon; als ob sich mein Bewußtsein überhaupt nicht mehr in meinem Kopf befände, sondern draußen in den Dingen, die ich erfahre" (*Wren-Lewis* 1988b).

Eine wesentliche paradoxe Feststellung betrifft die *Gewöhnlichkeit* dieses Seinszustandes. So heißt es z.B. darüber in „A Course in Miracles" (1975): ein „Wiedererkennen und überhaupt kein Wandel", ein „Wiedererwachen des Wissens, wo du immer und was du für immer bist", eine „Reise ohne Entfernung". Es ist also gerade das Aller*nahe*liegendste, das wir übersehen. „Es war wie das Heimkommen zu etwas, das ich tief drinnen immer wußte" (*Wren-Lewis* 1988b).

Diese Ganzheit realisiert sich nun *graduell* sehr unterschiedlich. Der Philosoph *Ernst Mach* und der Dichter *Robert Musil* beschreiben flüchtige Augenblicke davon, die beide tief beeindruckt haben: „An einem heiteren Sommertage im Freien erschien mir einmal die Welt samt meinem Ich als *eine* zusammenhängende Masse von Empfindungen, nur im Ich stärker zusammenhängend" (*Mach*, zit. n. *Sommer* 1987). „Die Einzelheiten besitzen nicht mehr ihren Egoismus..., sondern sie sind geschwisterlich und im wörtlichen Sinn ‚innig' untereinander verbunden. Und... irgendwie geht alles grenzenlos in dich über" (*Musil* 1953).

Intensiver noch erscheinen *Maslows* Spitzenerlebnisse: „flüchtige Momente des Ohne-Selbst" (*Roberts* 1984), die auch in der moderneren Dichtung häufig beschrieben worden sind (z.B. von *O'Neill, Ionesco, Kronauer*). Neben der klassischen Sammlung von *Laski* (1968) gibt es auch einige erste empirische Untersuchungen (*Mathes* 1982; *Privette, Sherry* 1986; *Dittrich, Scharfetter* 1987).

In einzelnen Menschen blieb schließlich das Ganzheitserleben kein isolierter beglückender Augenblick, sondern wurde zu einem mehr oder weniger dauerhaften Seinszustand. Diese transpersonal-spirituelle Entwicklung wurde nun z.B. in verschiedene Samadhi-Stufen gegliedert, deren Gültigkeit heute in einer völlig anderen Kultur nicht mehr nachzuvollziehen ist. Wir müssen also wieder „Fakten" aus erster Hand gewinnen, in denen wir die mitbedingenden „Vorurteile" von Beobachter und Subjekt besser einkalkulieren können. Das Erleben könnte folgendermaßen präzisiert werden:

1) Rein *phänomenologische* Beschreibungen zeitgenössischer „Erwachter", die sich der heutigen Umgangssprache und der heutigen psychologischer Begriffe bedienen können. Es muß darauf geachtet werden, daß eine spirituelle Interpretation einfache Erlebnisberichte zumindest nicht in grober Weise verzerrt oder gar ersetzt (was häufig der Fall ist).

2) Strukturierte Interviews und andere psychologische *Testmethoden* in allen psychischen Dimensionen (z.B. Wahrnehmung, Gedächtnis, Denken, Gefühle, soziales Verhalten usw.).

3) Erfahrungsaustausch von ganzheitlich Erlebenden, besonders vielversprechend bei unterschiedlich spirituellem Weg, d.h. *„zustandsspezifische Ko-Reflexion"* (*Tart* 1988; *Globus* 1984).

4) Psycho*physische* und *neuro*psychologische Untersuchungen (*Fenwick* 1987).

Auf die erste Möglichkeit zurückkommend möchte ich auf die eindrucksvollen Texte von drei modernen Mystikern verweisen. Am ausführlichsten und weitgehendsten ist *Bernadette Roberts* in ihrem Buch „The experience of No-Self" (1984). In ihrer spirituellen Autobiographie beschreibt sie eine dreistufige Entfaltung des „Ohne-Selbst-Seins":

- zunächst zur seligen Einheit von allem;
- dann zur trostlosen totalen Leere;
- schließlich zum „Auge, das sich selber sieht als alles, was existiert", „zur absoluten großen Stille, die alles und überall ist, was ist".

Diese letzte Entdeckung geschah konkret folgendermaßen. Sie beobachtete Treibholz auf einem Fluß. „Grundlos und ohne Anlaß trat ein Lächeln in mein Gesicht, und im Sekundenbruchteil des Erkennens ‚sah' ich – letztendlich sah ich, und wußte, daß ich gesehen hatte. Ich wußte: das Lächeln selbst, das, was lächelte, und das Angelächelte waren Eines... Es war so äußerst einfach, so komplett einleuchtend... Es war unverständlich, warum ich es nicht schon früher gesehen hatte... Die Implikationen dieses Sehens sind gewaltig, und trotzdem können sie nicht vom Geist erfaßt werden." „Sobald wir von einem reflexiven, relativen, sichselbstbewußten Geist befreit sind, dann und nur dann können wir auf das stoßen, was *Ist*: das, was sieht, und das, was gesehen wird, und der Akt des Sehens sind *Eines*."

Roberts beschreibt ziemlich ausführlich (und das ist das Besondere) den dynamischen Einfluß des Wegfalls jeglicher Selbst-Reflexion auf viele einzelne psychologische Bereiche. So gibt es z.B. für sie am Ende der „Reise" keine *persönliche* Energie, keinen Willen, keine Gefühle mehr; wohl aber intensive Anteilnahme an allem, was im

Jetzt-Moment erscheint. Sie könne sich ihrer selbst nicht erinnern und sich selbst nicht mehr fühlen; Denken und Handeln seien unmittelbar gegenwartsbezogen und praktisch. Vorher könnten wir uns ein Leben ohne Affekte nur als inhuman, kalt, unsensibel und roboterartig vorstellen; dies treffe aber nicht zu.

Flora Courtois (1986) ist in ihrem Ganzheitserleben, das sie ohne spezielles Training erreicht hatte, besonders durch die Wahrnehmungsveränderung beeindruckt („Open Vision") – ebenso wie *Roberts* in ihrem ersten Stadium des „No-Self" („3-D-Gläser vor den Augen"). *Courtois* verliert ihre Ganzheit wieder in einem Leben der Hektik und des „Eingebildetseins", um sie schließlich im Zen zurückzugewinnen.

Die vor kurzem erschienene Beschreibung von *John Wren-Lewis* (1988a,b) ist in anderer Hinsicht sehr aufschlußreich:

- Die „grenzenlose Lebendigkeit" trat als eine bleibende Erlebnismöglichkeit nach einer fast tödlichen Morphinvergiftung auf.
- Sie war nicht vorbereitet, erwartet oder auch nur für möglich gehalten worden.
- Sie kann zeitweise „vergessen" werden.
- Sie ist mit gesteigerter Genußfähigkeit verbunden.
- Sie scheint der 1. Stufe von *Roberts* zu entsprechen und sich weiterzuentwickeln.
- Sie wird von ihm – entsprechend einer alten mystischen Tradition – sinnenfällig paradox als „leuchtende Dunkelheit", „schwarze Sonne" usw. beschrieben.

Hier ergibt sich eine interessante neuropsychologische Betrachtungsweise, die nicht reduktionistisch, sondern komplementär-korrespondierend ist. („Mentale und neuronale Begriffe beziehen sich auf eine identische Struktur in komplementären Formen", *Globus* 1984.) Wenn *Wren-Lewis* von einer „tastbaren Abwesenheit von Licht" spricht, handelt es sich dabei um eine sogenannte „komplexe Synästhesie" von Helligkeit und Körperschema (*Hunt* 1985), um ein „absolutes Funktionieren des holistischen Operators", der besonders visuelle und somästhetische Assoziationsfelder der Hirnrinde vereint (*D'Aquili* 1986). Der Psychiater *D'Aquili* meint nun, daß wir *biologisch* berufen seien, jene Ganzheit zu suchen, aus der wir einst aufgetaucht sind; jetzt aber mit dem „strahlenden Licht des voll entwickelten Bewußtseins". Er habe einige Menschen untersuchen dürfen, die die „Reise" vollendet hätten. Er versichere uns, sie seien keine Verrückten, sondern außerordentlich gut „angepaßt" und ein Segen für die Mitmenschen. Auch die oben zitierte Mystikerin *Roberts* kann uns in der Berechtigung einer biologischen Betrachtungsdimension ermutigen, wenn sie von einem „physiologischen Gegenstück" spricht und davon, daß die „Ganzheit von allem, was ist" erst realisiert werden könne, wenn der automatische Selbst-Reflexmechanismus des *Gehirns* zeitgerecht beendet worden ist. Welche Hirnmechanismen dabei den Weg freigeben müssen, ist noch völlig im dunkeln. Folgende Funktionssysteme werden diskutiert (*Coxhead* 1985; *Fenwick* 1987; *Persinger* 1983):

- rechtshirnige corticale Dominanz,
- rechtstemporale limbische Strukturen,
- holographische Funktion einer reduzierten corticalen Aktivität.

Wege zur Ganzheit

Wir können vermuten, daß es sich bei der Entwicklung eines „Selbst" um einen überlebensnotwendigen strukturbildenden Prozeß handelt, der eventuell wieder überflüssig wird (*Roberts* 1984). Übereinstimmend wurde auf die Notwendigkeit einer basalen Lebensbewältigung als Voraussetzung jeder dauerhaften „Transpersonalität" hingewiesen (*da Free* 1982). Spiritualität könne nicht Konfliktvermeidung von „niederen" Ebenen sein; deshalb stehe auch Therapie im allgemeinen vor spiritueller Praxis (*Wilber* 1988a). Man müsse erst einmal *jemand* sein, bevor man *niemand* werden könne (*Engler* 1983). Dieses permanente Hineinstürzen in die Totalität des Seins kann offenbar durch Todesnähe (*Wren-Lewis* 1988b) und Alter (*Chinen* 1984) begünstigt werden. Auch durch ein spirituelles Training wird die immer schon vorhandene Ganzheit nicht „produziert", sondern es beseitigt vielleicht Barrieren, es macht uns empfänglicher, übt unser Hinschauen und Gewahrwerden.

Walsh (1988) hat nun darauf hingewiesen, daß spirituelle Wege aus vier Elementen bestehen, die sich gegenseitig positiv verstärken und eine Entwicklungsspirale in Gang setzen können. Er nennt: ethische Grundarbeit, Aufmerksamkeitstraining, emotionale

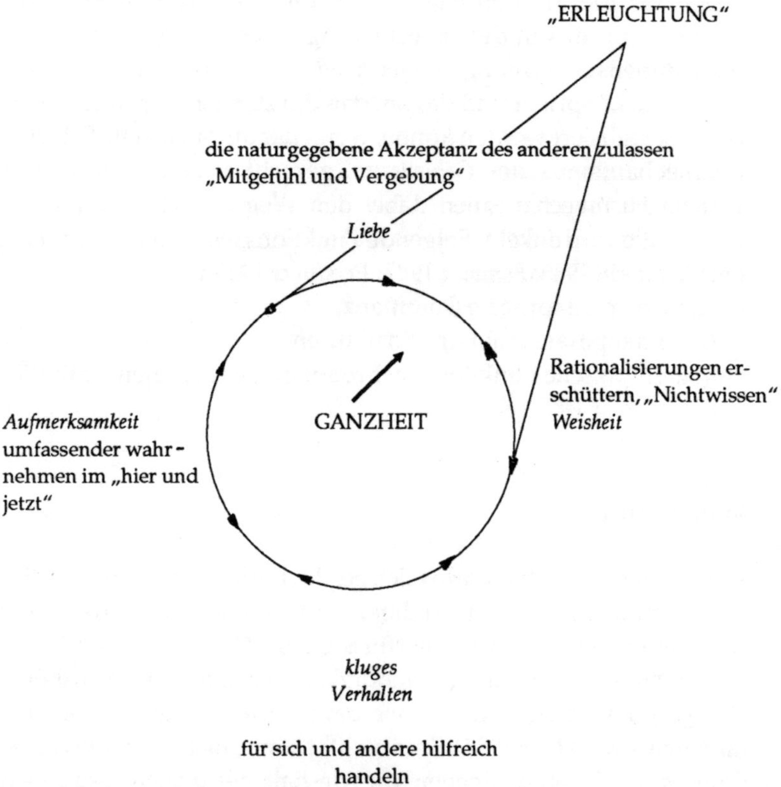

Spiralmodell der Ganzheitsentwicklung: Training in den psychologischen Grunddimensionen W a h r n e h m u n g, E m o t i o n, K o g n i t i o n u n d V e r h a l t e n verstärkt sich gegenseitig (wie Spirale auf einer Kegeloberfläche; in der Spitze absoluter Ganzheit werden die psychologischen Komponenten transzendiert).

Transformation und Kultivierung von Weisheit. In inhaltlich übereinstimmender Form, teilweise aber mit verändertem Titel habe ich diese Bereiche in einer Abbildung angeführt.

Sie entsprechen den vier psychischen Grundmodalitäten von Wahrnehmung, Affekt, Kognition und Verhalten, die auch in der empirisch orientierten kognitiven Verhaltensmodifikation den Angriffspunkt von sog. „multimodalen Therapiepaketen" oder strategischen Interventionen darstellen (*Crombach* 1988; *Dobson* 1988). Es war wiederum der Psychiater, Psychologe und spirituelle Praktikant *Roger Walsh*, der darauf hinwies, daß viele transpersonale Techniken leicht innerhalb eines verhaltenstherapeutischen Rahmens betrachtet und dementsprechend überprüft werden könnten, sofern man sich auf die größere Subtilität des zu Messenden einzulassen bereit ist (*Walsh, Vaughan* 1988). Ich stelle hier die Hypothese auf, daß eine solche multimodale spirituelle Praxis mit gezieltem individuellem Schwerpunkt (je nach persönlichen Stärken und Schwächen) wirkungsvoller ist als eine eindimensionale oder starre Vorgehensweise. Auch zahlreiche andere Autoren betonen die Notwendigkeit eines umfassenden Trainings (*Tart* 1988; *da Free* 1985; *Deikman* 1984; *Goldstein, Kornfield* 1987).

Aufmerksamkeit

Ohne spezielles Training haben wir eine geringe Kontrolle über unsere Wahrnehmung. Die Aufmerksamkeit wird vielmehr weitgehend automatisch gesteuert – entsprechend gerade „aktivierten Schemata" (*Grawe* 1987), je nach vorherrschenden Plänen, Süchten und Aversionen. „Unsere Wirklichkeit ist nicht die Welt, wie sie ist, sondern überall, an allen Ecken, Kanten und Winkeln des Sichtbaren sind uns gleichsam kleine Markierungspfeile angebracht, die ins Vergangene zurück-, ins Künftige voranweisen. Sie sagen uns, was in Rücksicht auf unser Verhalten beachtenswert ist. So wird uns der Augenblick, der innige Atemzug wertlos: Er ist bloß ein Punkt im Bogen des Plans, den wir verfolgen" (*Rosei* 1982). Und oft sind wir uns sogar dieses Plans, der unsere Wahrnehmungsmöglichkeiten so drastisch einschränkt, nicht bewußt. „Der Mensch ist eine Maschine", sagt

Gurdjieff (zit. n. *Tart* 1988) zu recht. Trotz weitgehender Konditionierung leben wir aber in der Illusion von Selbstkontrolle und Klarsicht.

Verschiedene Trainings haben nun zum Ziel, die seelischen Prozesse zu beruhigen sowie genauer, klarer und umfassender wahrnehmen zu lernen, und zwar Sinneseindrücke, Gedanken und Gefühle. Auf diese Weise können zunehmend verborgene Motivationen (Schemata, *Grawe* 1987) erkannt und bisher vermiedene schmerzliche Gefühle in die *Ganzheit* des Erlebens eingebracht werden. Die wichtigsten Übungsmethoden der Aufmerksamkeit werden unter dem Begriff „Meditation" zusammengefaßt (*Shapiro, Walsh* 1984; *West* 1987; *Goleman* 1988). Im Hinblick auf „Ganzheit" (und nicht nur Wohlbefinden in Trance) dürfte es dabei auf eine Ausgewogenheit von Fokussieren und maximalem Öffnen des Bewußtseinsfeldes ankommen („Concentrative and mindfulness meditation"). Wenn die Aufmerksamkeit oder Achtsamkeit sehr verfeinert worden ist, verschwindet der Beobachter, und es bleiben nur Moment-zu-Moment-Ereignisse und deren Bewußtheit (*Engler* 1983). Es ist hier nicht möglich, auf die Probleme der Meditationsforschung im Detail einzugehen. Zusammenfassend kann festgestellt werden, daß noch wenig methodisch befriedigende Untersuchungen und noch weniger relevante Ergebnisse vorliegen (vgl. *West* 1987). Dafür sind zunächst Schwierigkeiten des experimentellen Vorgehens verantwortlich, z.B. Kontrolle von Erwartungshaltung oder zweckmäßige und subtile Meßmittel. Das Problem liegt aber auch noch woanders, wie der Herausgeber eines hervorragenden Forschungsüberblicks feststellt: „Die Fragen, die ich mir über *meine* Meditation stellte, waren sehr verschieden von den Fragen, die wissenschaftliche Psychologen über Meditation stellen" (*West* 1987). Er weist auf die völlig fehlende Nutzung bestehender psychologischer Theorien hin, um intelligente Methodologien zu entwickeln. So wurde bisher z.B. nur die psychoanalytische Ich-Theorie bemüht (*Wilber* 1988a; *Epstein* 1988), die umfangreichen kognitiv-empirischen Arbeiten über Selbst-Konzept, Identität und Selbst-Bewußtsein aber völlig ignoriert (*Dobson* 1988; *West* 1987; *Lapsley, Power* 1988). Einen ersten „Flirt" von empirischer „Selbst"-Theorie und spiritueller Psychologie konnte ich nur bei *Susan Harter* in ihrer Untersuchung über „I-People" and „Me-People" entdecken (in *Lapsley, Power* 1988).

Eine experimentell orientierte transpersonale Psychologie sollte auch nicht übersehen, daß es Methoden des Aufmerksamkeitstrainings gibt, die nicht unter „Meditation" laufen. Ich möchte auf *Gurdjieffs* „Selbstbeobachtung" und „Selbsterinnern", auf *Whitemans* „Recollection"-Praktiken (1986) und verschiedene Körperübungen (z.B. T'ai Chi) hinweisen. Von entscheidender Bedeutung dürfte die Übertragung der Achtsamkeit aus einem spezifischen Übungskontext in den Alltag sein (d.h. Generalisierung). *Goldstein & Kornfield* (1987) empfehlen dazu wieder besondere Übungen („Reminders"). Ich möchte die Hinweise auf die Bedeutung der Aufmerksamkeitskontrolle für das Ganzheitserleben mit jenen Worten beschließen, die für den Meditationsforscher *Michael West* (1987) die Essenz seiner eigenen Meditationserfahrung widerspiegeln: „The still completeness".

Liebe

Ein Training von positiven Gefühlen der Verbundenheit ist nur auf der Basis von Achtsamkeit sinnvoll, um nicht der Gefahr von Heuchelei und Unterdrückung negativer Gefühle zu erliegen (*Tart* 1988). Das Ziel ist Ganzheit und nicht Perfektion des Gefühlsspektrums (*Walsh* 1988). Achtsamkeit benötigen wir ferner, um den anderen überhaupt als solchen wahrnehmen und akzeptieren zu lernen und nicht nur als Instrument zur Befriedigung eigener vordergründiger Bedürfnisse. Damit nähern wir uns den Wurzeln unserer biologischen Existenz, „der Liebe als biologischem Phänomen" (*Maturana* 1985). Es sind zwei Neurobiologen, die schreiben: „Wir haben nur die Welt, die wir zusammen mit anderen hervorbringen, und nur Liebe ermöglicht uns, diese Welt hervorzubringen" (*Maturana, Varela* 1987). Der Mensch sei durch Kooperation und nicht durch Konkurrenz, die Liebe negiere, entstanden. Liebe sei das biologische Bestreben, die Anwesenheit des anderen neben uns zu akzeptieren – ohne jeden Vernunftsgrund. Im Gegenteil: „Es ist mittels der Vernunft, daß wir Tyrannei, die Zerstörung der Natur und die Mißhandlung von Menschen in Verteidigung unseres materiellen und ideologischen Besitzes rechtfertigen" (*Maturana* 1985). Hier wird deutlich, daß außer Achtsamkeit auch die beiden anderen Komponenten der „Spirale" (siehe Abb.) notwendig werden, um die „natürliche" Liebe zuzulassen: kluges Verhalten und Abbau von Rationalisierungen, z.B. von eigener Besonderheit und Wichtigkeit. Gefühle sind aber auch Gewohnheiten, die eingeübt werden können, z.B. durch Phantasien und Selbstgespräche (*Dobson* 1988). Das war schon in den spirituellen Traditionen erkannt worden, die vielfältige Techniken entwickelten, um Liebe, Mitgefühl, Friede und Freude zu kultivieren. Häufig können aber intensive Gefühle zunächst nur mehr in „veränderten Bewußtseinszuständen" (*Tart* 1988) erlebt werden, die auch für die Erschütterung unserer kognitiven „Weltanschauung" wichtige Anstöße geben können. Hier ist auch Platz für eine mögliche Katalysator-Funktion von Drogen, von LSD bis Ecstasy (MDMA), denen nicht wenige das Erwachen spirituellen Interesses verdanken (*Grinspoon, Bakalar* 1983).

Als Liebe-fördernde Übungen können erwähnt werden: „Naikan" (*Reynolds* 1983), „Liebe erinnern" (*Tart* 1988), „Tong Len" (ebd.), „Metta-(Liebende-Güte)-Meditation" (*Levine* 1987) und Teile aus „A Course in Miracles" (1975). Letzterer widmet sich besonders auch negativen Gefühlen durch die Praxis des Vergebens – sich selbst und anderen gegenüber. Alle diese Strategien können, wie oben aus *Walsh* (1988) zitiert, mühelos als kognitiv-verhaltenstherapeutische aufgefaßt werden. Über ihre differentielle Wirksamkeit ist allerdings nichts bekannt.

Weisheit

„Weisheit" ist längst ein legitimes Feld empirischer Entwicklungspsychologie (*Chinen* 1984; *Hollyday, Chandler* 1986). Ohne Spur davon ist niemand für ein spirituelles Training motiviert. Es braucht etwas Einsicht in die Vergänglichkeit der Welt, in die Illusion unserer Strebungen, in die Fragwürdigkeit unseres Selbst und einen Hauch von sokratischem Nichtwissen. Eine zweite Voraussetzung liegt in einem adäquaten Verständnis von Spiritualität als einer vielleicht realistischen, auf glaubwürdigen Zeugnissen beruhenden Hoffnung auf Befreiung vom unneurotischen Leid des Menschseins. Es ist eine seltsame Ironie, daß *Albert Ellis*, der heftigste Attackierer irrationaler Einstellungen, ein Kandidat seiner eigenen „Rational-emotiven Therapie" bezüglich Meditation und Spiritualität werden könnte. Meditation faßt er nämlich als „kognitive Ablenkung" auf, vergleichbar einem Schaufensterbummel; „spirituell" ist für ihn „antiwissenschaftlich, höchst verrückt und gefährlich" (*Ellis* 1984).

Das Wesen der kognitiven Therapie besteht darin, seinen Gedanken nicht zu glauben und eine Überidentifikation damit abzubauen. Dazu ist Einsichtsmeditation ein hervorragender Einstieg, und es wurde daher auch eine Kombination beider Methoden empfohlen (*Bennett-Goleman* 1988). Wenn wir z.B. überzeugt sind, selbständige Wesen zu sein, die dringend der Abgrenzung und Verteidigung bedürfen, daß Konkurrenz naturgegeben ist usw., wird dies unsere Wahrnehmung, unser Fühlen und Handeln weiter von der Ganzheit entfernen. Schließlich werden die Erfahrungen, die wir dadurch in der Folge machen, unser Denksystem wieder bekräftigen und so fort. *Wir sind, was wir denken*, sagen Buddha und die Kognitivisten.

Ein Wandel kann auf dreierlei Weise erfolgen:

1. durch *Vorahnung und Wegweisung* mittels Studium der Weisheitsliteratur;
2. durch *Aufsprengen* und Unterminieren der rationalistischen Existenzbewältigung mittels *Koan*-Praxis; dies ist die Konzentration auf ein gedankliches „Double-Bind" (*Jichaku* 1984), eine „Meditation auf den Zweifel" (*Seung Sahn* 1984), ein radikales Gedanken-Stoppen;
3. durch *Reprogrammierung* des Verstehens, d.h. durch Umdenken mittels permanenter Wiederholung bestimmter Fragen oder Feststellungen.

Diese letzteren kognitiven Trainings sind in vielen spirituellen Schulen üblich, von *Assagiolis* „Disidentifizierung" bis zu *Ayya Khemas* fünf täglichen Betrachtungen. Zwei möchte ich besonders hervorheben: „A Course in Miracles" enthält als Selbsthilfeprogramm 365 „Ideen", eine für jeden Tag zum bedächtigen und häufigen Vorsagen; z.B. „Ich sehe nichts, wie es im Augenblick ist" (diese Tür, dieser Stift usw.) oder „Vergebung ist der Schlüssel zum Glück". *Da Free John* (1985) empfiehlt zwei, wie er sagt, komplementäre Selbst-Befragungen: „Beziehungsvermeidung?" richte sich gegen die „Selbst-Kontraktion"; die Fragen „Weiß ich, was irgend ein Ding Ist?" oder (in bezug auf jedes beliebige Ereignis) „Was Ist es?" führten zur Realisierung des „Göttlichen Nichtwissens".

Wenn der Name *da Free Johns* fällt, muß nochmals kurz die *Lehrer-Meister-Guru-Problematik* erwähnt werden, weil gerade er zu personenbezogener Kritik Anlaß gegeben hat. Die Kontroverse über die Bedeutung des Lehrers im spirituellen Prozeß bewegt sich noch weitgehend außerhalb wissenschaftlicher Kriterien (*Anthony, Ecker, Wilber* 1987; *Wren-Lewis* 1988a).

Kluges Verhalten

Kluges Handeln ist auch ethisches Handeln. Es richtet sich allerdings nicht nach einem Moralkodex. Seine der Ganzheit dienende Intention heißt: „Tu das, was dir und anderen langfristig Wohlbefinden bringt und Leiden vermindert." Reflexartiges Reagieren auf Gefühle in der Form von Sucht- und Fluchtverhalten verstärkt hingegen Gefühle und Gedanken der Abgegrenztheit. Selbst*süchtiges* Handeln führt zur Irritation, die wieder jedes Aufmerksamkeitstraining scheitern läßt. Andererseits kann uns, wie die Tradition und der Hausverstand nahelegen, ein Leben der Einfachheit (mit Zeit für Muße und Stille), des tätigen Erbarmens, des Vergebens und des wahrhaften Redens auf der Spirale zur Ganzheit weitertragen (*Goldstein, Kornfield* 1987).

Kluges Verhalten bedeutet komplementär zur „Innerlichkeit" auch politisches Engagement für gesellschaftliche Veränderung in Richtung Solidarität, Partnerschaft und Ökologie. Viele neuere Veröffentlichungen spirituell sensibler Autoren machen sehr klar, daß Spiritualität nicht „Selbst-Absorption statt sozialem Wandel" meint. (So lautet der Untertitel von *Schurs* bekannter „Bewußtseinsfalle"; vgl. dazu *Schur* 1976, *Walsh* 1986, *Spretnak* 1985, *Bermann* 1984; *Eisler* 1987). In einer vom Untergang bedrohten Welt könnte in einer „Kultur der Panik" „Erleuchtung zur öffentlichen Angelegenheit" werden (*Sloterdijk* 1989); aber hüten wir uns vor jeder Naivität angesichts der fünf Jahrtausende lang „erfolgreichen" androkratischen Machtstrukturen (*Eisler* 1987, *Pestalozzi* 1985)!

So hat uns zuletzt das Erwägen zweckmäßigen Handelns zum Kern spiritueller Praktiken zurückgeführt: „Tu es!" (*Walsh* 1981). Und die Königin der Wissenschaften wäre eine gnostisch-empirische Wissenschaft, die uns auch die Frage beantwortet: *„Was hilft tatsächlich von all dem?"*

Literatur

Anthony, Dick, Bruce Ecker, Ken Wilber (Eds.): Spiritual Choices, Paragon House Publishers, New York 1987.

Bennett-Goleman, Tara: Mindfulness Therapy, *Inquiring Mind* 5, (1988), 22.

Bermann, Morris: Wiederverzauberung der Welt, Dianus-Trikont, München 1984.

Chinen, Allan B.: Modal Logic, *Hum. Dev.* 27 (1984), 42-56.

A Course in Miracles, Foundation for Inner Peace, Farmingdale, N.Y. 1975.

Courtois, Flora: An Experience of Enlightenment, The Theosophical Publishing House, Wheaton, Il. 1986.

Coxhead, Nona: The Relevance of Bliss, Wildwood House, London 1985.

Crombach, Gerhard: Verhaltensmedizin und Verhaltenstherapie, in: *W. Wesiack* (Hrsg.): Entwicklungstendenzen in der Psychosomatischen Medizin, Springer, Berlin, Heidelberg 1988.

da Free, John: Nirvanasara, Dawn Horse Press, Clearlake, California 1982.

–, The Dawn Horse Testament, Dawn Horse Press, San Rafael 1985.

D'Aquili, Eugene G.: Myth, Ritual, and the Archetypal Hypothesis, *Zygon* 21 (1986), 141-160.

Deikman, Arthur J., in: *D.H. Shapiro, R.N. Walsh* (eds.) 1984.

Dittrich, Adolf, Christian Scharfetter: Ethnopsychotherapie, Enke, Stuttgart 1987.

Dobson, Keith S. (Ed.): Handbook of Cognitive-Behavioural Therapies, Hutchinson, London 1988.

Eisler, Riane: The Challice and the Blade, Harper & Row, San Francisco 1987.

Ellis, Albert, in: *Shapiro, Walsh* (eds.) 1984.

Engler, John H.: Vicissitudes of the Self According to Psychoanalysis and Buddhism: A Spectrum Model of Object Relations Development, *Psychoanalysis and Contemporary Thought* 6 (1983), 29-72.

Epstein, Mark: The deconstruction of the self, *Journal of Transpersonal Psychology* 20, (1988), 61-70.

Fenwick, Peter, in: *West* (Ed.) 1987.

Globus, Gordon G., in: *Shapiro, Walsh* (Eds.) 1984.

Goldstein, Joseph, Jack Kornfield: Seeking the Heart of Wisdom, Shambhala, Boston & London 1987.

Goleman, Daniel: The Meditative Mind, Tarcher, Los Angeles 1988.

Grawe, Klaus: Schema-Theorie und Heuristische Psychotherapie, *Forschungsberichte aus dem Psychologischen Institut der Universität Bern*, 1987/1.

Grinspoon, Lester, James B. Bakalar (Eds.): Psychedelic Reflections, Human Sciences Press, ew York 1983.

Grof, Stanislav: Geburt, Tod und Transzendenz, Kösel, München 1985.

Hollyday, Stephen G., Michael J. Chandler (Eds.): Wisdom- Explorations in Adult Competence, Karger, Basel 1986.

Hunt, Harry T.: Relations Between the Phenomena of Religious Mysticism (Altered States of Consciousness) and the Psychology of Thought, *Perceptual and Motor Skills* 61, (1985), 911-961.

Jichaku, Patrick u.a.: The Double Bind and Koan Zen, *Journal of Mind and Behavior* 5, (1984), 211-222.

Lapsley, Daniel K., F. Clark Power (Eds.): Self, Ego and Identity, Springer, New York 1988.

Laski, Margharita: Ecstasy, Greenwood Press, New York 1968.
Levine, Stephen: Healing into Life and Death, Anchor Press, Doubleday, New York 1987.
Mathes, Eugene W. u.a.: Peak Experience Tendencies, *Journal of Humanistic Psychology* 22, (1982), 92-108.
Maturana, Humberto: Reflexionen über Liebe. Zeitschrift für Systemische Therapie 3, (1985), 129-131.
Maturana, Humberto R., Francisco J. Varela: Der Baum der Erkenntnis, Scherz, Bern, München, Wien 1987.
Musil, Robert: Der Mann ohne Eigenschaften (1953), Rowohlt, Reinbek 1978.
Persinger, Michael A.: Religious and Mystical Experiences as Artifacts of Temporal Lobe Function: A General Hypothesis, *Perceptual and Motor Skills* 57, (1983), 1255-1262.
Pestalozzi, Hans A.: Die sanfte Verblödung, Hermes, Düsseldorf 1985.
Privette, Gayle, David Sherry: Reliability and Readability of Questionnaire – Peak Performance and Peak Experience, *Psychological Reports* 58, (1986), 491-494.
Reynolds, David K.: Naikan Psychotherapy, University of Chicago Press, Chicago 1983.
Roberts, Bernadette: The Experience of No-Self, Shambhala, Boulder & London 1984.
Rosei, Peter: Versuch, die Natur zu kritisieren, Residenz, Salzburg 1982.
Schur, Edwin: The Awareness Trap, McGraw-Hill, New York 1976.
Zen Master Seung Sahn: Interview. *The Laughing Man* 5, (1984), 45-47.
Shapiro, Deane H., Roger Walsh (Eds.): Meditation – Classic and Contemporary Perspectives, Aldine, New York 1984.
Sloterdijk, Peter: Eurotaoismus, Suhrkamp, Frankfurt 1989.
Sommer, Manfred: Evidenz im Augenblick, Suhrkamp, Frankfurt a.M. 1987.
Spretnak, Charlene: Die Grünen, Goldmann, München 1985.
Tart, Charles: Hellwach und bewußt leben, Scherz, Bern, München, Wien 1988.
Walsh, Roger: Transpersonal Psychology and Spiritual Practice, Association for Transpersonal Psychology, Summer Newsletter 1981.
–, Pre-Workshop auf der International Transpersonal Conference, Santa Rosa, California 1988.
Walsh, Roger: Überleben, Knaur, München 1986.
Walsh, Roger, Frances Vaughan (Hrsg.): Psychologie in der Wende, O.W. Barth, München 1988.
Washburn, Michael: The Ego and the Dynamic Ground, State University of New York Press, New York 1988.
West, Michael A. (Ed.): The Psychology of Meditation, Clarendon Press, Oxford 1987.
Whiteman, Michael J.H., in: *Benjamin B. Wolman, Montague Ullman* (Eds.): Handbook of States of Conciousness, Van Nostrand Reinhold, New York 1986.
Wilber, Ken: What is Transpersonal Psychology? *The Laughing Man* 5 (1984), 15-16.
–, Das Spektrum des Bewußtseins, O.W. Barth, München 1988a.
–, Die drei Augen der Erkenntnis, Kösel, München 1988b.
Wren-Lewis, John: Lotus-Feet of Clay – A Reluctant Mystic Looks at Spiritual Movements. Understanding Cults and Spiritual Movements, Del Mar Press, Del Mar, California 1988a.
–, The Darkness of God, *Journal of Humanistic Psychology* 28, (1988b), 105-122.

Prozeßorientierte Psychologie (POP) und die Arbeit mit dem „Traumkörper" als transpersonaler Weg

Ein Gespräch mit Arnold Mindell

Yoshifuku Shinichi

Y.: Wir sollten zuerst über Ihren Werdegang reden.

M.: Ich studierte zunächst Physik und machte 1963 am MIT in Boston den Abschluß in Physik und Sprachen. Dann studierte ich am C. G. Jung Institut in Zürich und wurde Lehranalytiker des Instituts. In derselben Zeit schrieb ich meine Dissertation in Psychologie. Das ist also mein akademischer Hintergrund. Anschließend arbeitete ich etwa vier bis fünf Jahre als traditioneller jungianischer Analytiker in der Schweiz. Dann begann ich, meine Arbeitsweise zu ändern.

Y.: Was war der wichtigste Wendepunkt in Ihrer Arbeit? Ihre Art der Therapie scheint sich von anderen Therapieformen sehr zu unterscheiden.

M.: Ich brauchte einfach mehr, als nur über das Unbewußte zu *reden*, und ich hatte es nicht gerne, so viel zu sitzen. Ich wollte mehr von dem *leben*, worüber ich sprach, und ich wollte mehr in Kontakt sein, nicht nur mit den Träumen, sondern auch mit dem ganzen Prozeß des Träumens und des unbewußten Flusses. Ich wollte mit den tieferen Ebenen in Berührung kommen.

Y.: Und wann begannen Sie mit dieser anderen Therapieform?

M.: Anfang der siebziger Jahre war ich oft erkältet und hatte viele körperliche Probleme. Da wurde mir bewußt, daß ich nur mit Träumen arbeiten konnte, nicht aber mit meinem Körper. Also fing ich an, mich zu ändern.

Y.: Haben Sie damals andere Therapieformen studiert, z.B. Gestalttherapie?

M.: Nein. Ich lebte damals in Zürich, und es war für mich weniges erreichbar, aber ich las alles, was ich finden konnte. Die meisten

Autoren vermittelten den Eindruck, daß Störungen krankhaft und schlecht seien. Vom jungianischen Hintergrund her hatte ich aber das Gefühl, daß sie nicht einfach pathologisch, sondern irgendwie sinnvoll sind. Es ergab keinen Sinn für mich zu meinen, daß mein Körper schlecht und meine Träume gut seien. Somit begann ich, mit der Vorstellung zu experimentieren, daß die Vorgänge im Körper nützlich und bedeutsam sind.

Y.: Und welches therapeutische System neben der Jungschen Psychologie beeinflußte Sie am meisten?

M.: Ich habe die anderen Therapieformen nicht wirklich studiert. Was mich am meisten beeinflußte in meiner eigenen Arbeit war das Studium der Menschen. Von meinem wissenschaftlichen Hintergrund hatte ich die Einstellung, daß ich die Ereignisse selbst und nicht andere Theorien studieren muß, wenn das, was ich tue, unbefriedigend ist. Also entschloß ich mich, die Menschen zu studieren, das war das Entscheidendste. Ich ging in Spitäler, saß dort und beobachtete Menschen und versuchte zu sehen, wie sie mit ihren Problemen umgingen, bewußt und unbewußt. Sie waren meine Lehrer.

Alles, was ich kann, lernte ich aus der Art und Weise, wie Leute mit ihren Körpern arbeiten, und dadurch, daß ich dem folgte, was sie taten. Mein wichtigster Lehrer war der Klient, den ich im Buch „Der Leib und die Träume" erwähnte. Er wachte gerade aus der Anästhesie nach einer Magenkrebs-Operation auf und war immer noch etwas betäubt. Ich saß an seinem Bett und fragte ihn: „Fühlen Sie sich besser?", und er sagte: „Oh, er wird immer größer." Ich sagte: „Nein, nein, sie haben den Tumor gerade herausoperiert." Und er sagte: „Nein, er wird immer größer und größer", und fing an, seinen Bauch zu vergrößern. Also sagte ich: „Seien Sie nicht verrückt, Sie werden die Fäden zerreißen. Vielleicht tun Sie das Richtige, aber denken Sie es nur, stellen Sie es sich vor." Er machte die Augen zu und rief: „Das ist ja mein Traum, den ich vor der Operation hatte, daß es eine große Explosion geben wird, die mich heilen wird." Also dachte ich, daß er entweder verrückt sein mußte oder daß etwas Komisches, vielleicht sogar etwas sehr Wichtiges passierte. Und das war der erste Hinweis, daß das, was im Körper geschieht, das gleiche ist wie das, was in den Träumen geschehen wollte. Die

Explosion in seinem Körper und in seinen Träumen versuchte diesem Menschen zu sagen: „Wach auf und explodiere!" Er war sehr introvertiert und scheu und würde nie etwas Negatives zu jemandem sagen. Also half ich ihm, wortwörtlich in seinen Beziehungen mehr zu explodieren und sich mehr auszudrücken. Und er starb nicht, sondern erholte sich, und sein Krebs tötete ihn nicht. Er lebte während mehrerer Jahre nach dieser Explosion ein lebenswertes Leben.

Damals kam ich zum ersten Mal auf den Gedanken, daß Traum- und Körperprozesse gleichzeitig geschehen wollen. Also nannte ich das Phänomen „Dreambody", Traumkörper. Aber ich sprach mit niemandem darüber. Ich dachte, wenn ich es jemandem sagen würde, würden die Leute mich für verrückt halten. Denn „alles Schlechte ist im Körper", und es könnte keine gemeinsame Richtung geben. Also sagte ich lange Zeit nichts davon. Ich studierte es wie ein Wissenschaftler, sammelte viele verschiedene Situationen, bis ich mir ganz sicher war. Meine Praxis war voll mit verschiedenen Leuten, Kindern, normalen Leuten. Und ich beobachtete diese Kinder, wie sie mit ihren Körpern umgingen, und Leute in veränderten Bewußtseinszuständen. Wenn man in einem veränderten Bewußtseinszustand ist, geht man ganz anders mit dem Körper um, als dann, wenn man ganz einfach Angst davor hat.

Y.: Im gewöhnlichen Bewußtseinszustand hat man üblicherweise Angst, aber in veränderten Bewußtseinszuständen tut man die Dinge völlig anders.

M.: Wie z.B. jemand, der Kopfweh hat. In seinem normalen Zustand geht er zu seinem Medikamentenschrank und nimmt ein Aspirin. Aber im Traum schlägt er vielleicht mit einem Stock einem Tier über den Kopf. Er selbst tut es. Er ist aus irgendeinem Grund wütend auf das Tier.

Y.: Wenn Sie sagen „Traumzustand", meinen Sie damit den veränderten Bewußtseinszustand, also nicht nur einen wirklichen Traum?

M.: Es muß nicht ein Traum sein. Der Prozeß kann sich auch in einem veränderten Bewußtseinszustand oder in veränderten Doppelsignalen zeigen. Man kann beispielsweise bei unserem Mann gerade jetzt sehen, wie er sich am Kopf kratzt oder sich ganz leicht mit der Hand auf den Kopf schlägt. Man kann diese Traumprozesse immer sehen.

Y.: Was meinen Sie mit „Doppelsignal"?

M.: Doppelsignale sind unbewußt ausgesandte Botschaften. Die primären Botschaften sind die diejenigen, die man bewußt auszusenden beabsichtigt. Die Doppelbotschaften sendet man nicht absichtlich, wie z.B. die Tonlage der Stimme, die Trockenheit der Lippen, sich kratzen... oder Körperbewegungen und -haltungen.

Y.: Könnten Sie etwas detaillierter erzählen, was im veränderten Bewußtseinszustand in Beziehung zum Körper geschieht?

M.: Im veränderten Bewußtseinszustand schaffen wir selbst die Symptome. In den normalen Zuständen sind wir Opfer der Symptome, und im veränderten Zustand kommen wir in Kontakt mit der kreativen Energie, die die Symptome hervorbringt – wie jemand, der einem Tier auf den Kopf schlägt. Vielleicht hat er Angst vor diesem spezifischen Instinkt in sich, vielleicht bellt es zu laut. Und weil er Angst vor dem lauten Bellen hat, im Traum oder in der Realität, schlägt er dem Tier auf den Kopf – und macht damit das Kopfweh. In der Prozeßorientierten Psychologie bzw. der Traumkörperarbeit versuchen wir, die Person mit dieser kreativen Energie in Kontakt zu bringen. Dann kann sie diese Energie anders bzw. vernünftiger nützen. Wir versuchen nicht, die Symptome wegzukriegen, sondern die Person mit der Symptomenergie in Kontakt zu bringen. Das ist Taoismus: Taoismus weicht der Natur nicht aus, sondern folgt ihr.

Y.: Und interpretieren oder erklären Sie die Arbeit auch?

M.: Das hängt ganz vom Patienten ab. Wissen Sie, manche Patienten haben Angst, sie könnten zuviel erfahren, oder sie wollen wissen, was etwas bedeutet. So könnte ich sagen, daß ich nicht genau weiß, was passiert, aber daß die Anima vielleicht irgendwelche ihrer Gefühle repräsentiert. Und dann beobachte ich genau die Reaktionen der Patienten. Wenn sie sagen: „Hm, hm..." und schauen mich nicht an, frage ich: „Sie glauben mir nicht ganz, nicht wahr?" Und dann sagen sie: „Nein". Dann sage ich: „Versuchen wir doch, ob Sie die Anima im eigenen Körper finden können." Und sie fragen: „Was meinen Sie damit?" und schauen mich ängstlich an. Also frage ich: „Wer schaut mich hier so ängstlich an? Fühlt es sich wie eine Frau oder ein Mann an?" Wenn der Patient ein Mann ist, ist die Angst oft als Frau repräsentiert, diejenige, die mich gerade jetzt anschaut. Das ist die Anima. Wie Sie sehen, interpretiere ich zwar, aber ich warte. Wenn jemand mehr wissen möchte, versuche ich die lebendige Realität der Traumfigur hervorzuheben (der Anima oder einer anderen). Und dann würde ich sagen: „Seien Sie jetzt ängstlich. Zeigen Sie mir, wie es ist, ängstlich zu sein." Und dann erfährt der Patient die Anima, und ich als Therapeut muß nicht interpretieren.

Y.: Das heißt, daß Sie mehr auf den Prozeß selbst konzentriert sind als auf dessen Inhalt.

M.: Mehr auf den Prozeß selbst und die persönliche Erfahrung. Wenn Leute spüren, was bewußt abläuft, muß man nicht viel interpretieren, weil sie die Dinge dadurch erkennen, daß sie sie selbst erleben.

Y.: Aber manchmal kann eine Interpretation hilfreich sein, nicht wahr?

M.: Ganz am Anfang ja, manchmal. Eine Interpretation ohne den Bezug zum Körpergeschehen zu schaffen ist nützlich, aber sie könnte noch mehr genützt werden, wenn man zeigen kann, wo das Interpretierte im Körper geschieht. Das Ziel ist Wahrnehmung und Achtsamkeit.

Y.: Und finden Sie darin auch symbolische Elemente im Sinne von C.G. Jung?

M.: Ja, wir finden ständig Symbole. Aber wir finden sie gleichzeitig mit der Erfahrung. Z.B. würde niemand nur sagen: „Ich habe eine Kreuzigungserfahrung", sondern sie auch *gleichzeitig* haben. Diese Symbole tauchen gleichzeitig mit den Prozessen auf, durch welche sie hervorgebracht werden. Sie kommen nicht unabhängig von der Erfahrung vor, außer natürlich, wenn man von Träumen spricht. In der Prozeßarbeit wird der Symbolismus als ein Kanal des Unbewußten verstanden, als visueller Kanal. Es gibt aber viele andere Kanäle, in denen Symbolismus auftritt. Die gleichen Symbole können visuell auftreten und gleichzeitig propriozeptiv gefühlt werden und auch in der Bewegung erscheinen. Dieselbe Energie hinter dem Symbol erscheint in der Bewegung, einer Körperempfindung, in einer Beziehung oder etwas Ähnlichem. Die Botschaft ist die gleiche, ihre Signale erscheinen verschieden, je nach Kanal. Wenn Sie telefonieren, hören Sie etwas, und wenn Sie einen Film anschauen, sehen Sie etwas. Aber als Person erhalten Sie dieselbe Botschaft, und die kann in vielen Kanälen auftreten. *Freud* und *Jung* dachten, die Träume seien der Königsweg zum Unbewußten. Sie hatten recht, aber es gibt noch viele andere Straßen. Und obwohl Freud und Jung von den anderen Straßen wußten, hatten sie diese noch nicht untersucht.

Y.: Sie begannen Ihre Arbeit als Einzel-Arbeit. Was hat Sie bewogen, Gruppenarbeit zu machen?

M.: Einige Patienten beklagten sich ständig über Beziehungen. Obwohl ich in der analytischen Arbeit versuche, sie dazu zu bringen, ihre äußeren Beziehungsschwierigkeiten als innere Realität zu verstehen, redeten sie immer noch von Beziehungen. Also merkte ich wie jeder normale Familientherapeut, daß es vielleicht mehr zu lernen gab, wenn die Leute wirklich zusammen da waren mit ihren „Klägern". Also begann ich mit Paaren. Beziehungen erfordern bewußte Bezogenheit, eine andere Form der Wahrnehmung. Die Leute sollten lernen, durch das Erkennen ihrer Doppelsignale in Beziehungen und durch andere Bewußtmachungsarbeit mehr über sich zu erfahren, als das alleine möglich wäre. Es ist also auch ein Teil unserer Entwicklung, zu lernen, wie man in Beziehungen selbst sein kann.

Y.: Sie denken also, daß Symptome, die im Körper auftreten, auch in Beziehungen auftreten können.

M.: Alle Symptome treten sowohl in Beziehungen als auch im Körper auf. Die schlimmsten Beziehungen sind ebenso schlimm wie die schlimmsten Körperprobleme. Also begann ich an Beziehungen zu arbeiten. Dann sah ich, daß Leute Probleme mit großen Gruppen u.ä. hatten. So fand ich heraus, daß ich auch die Beziehungen zwischen den Individuen und der Gruppe untersuchen mußte.

Y.: In der Vorlesung vor einigen Tagen sprachen Sie über globale Arbeit – ist das eine Erweiterung Ihrer individuellen Arbeit und Ihrer Gruppenarbeit?

M.: Ja. Zuerst fragte ich mich, wozu ich diese Erweiterung mache; aber dann merkte ich, daß es eigentlich gar keine Erweiterung ist, daß alles dasselbe ist, nämlich der Prozeß und immer wieder der Prozeß. Man studiert den Traumprozeß oder das Unbewußte im Individuum oder in den Beziehungen oder einfach in der Natur oder in großen Gruppen. Es ist immer wieder dasselbe, und es ist wirklich ganz einfach. Ich *mache* eigentlich nie etwas.

Y.: Einfach den Dingen freien Lauf lassen.

M.: Ja, genau.

Y.: Ich habe eigentlich keine Vorstellung von Ihrer Arbeit. Könnten Sie mir erklären, wie Sie in Workshops und Kursen arbeiten?

M.: Workshops sind für mich Trainings- und Unterrichtskurse. Es gibt viele Arten von Kursen und Seminaren, und ich gehe mit allen anders um. Es gibt Seminare über Körperprobleme, über Körper und Träume, Beziehungen, Tod und Sterben und spezielle Ausbildungsseminare. Daher kann ich diese Frage nicht so einfach beantworten. In den Meditationsseminaren und denjenigen über innere Arbeit gebe ich Werkzeuge, welche die Teilnehmer befähigen sollen, an sich selbst zu arbeiten. Die Einführungskurse beinhalten alle diese Aspekte der Psychologie.

Y.: Könnten Sie mir einige Beispiele von der Arbeit mit Körpersymptomen geben?

M.: Die meisten Kurse beginnen mit intellektueller Information am ersten Abend. Üblicherweise versuche ich am nächsten Tag, mit einzelnen vor der Gruppe zu arbeiten, wobei ich gleichzeitig einige Interventionstechniken zeige, beschreibe und diskutiere. Nachher lasse ich die Teilnehmer zu zweit oder zu dritt ausprobieren.

Y.: Wenn Sie also mit einzelnen arbeiten, beobachtet die Gruppe nur, was geschieht.

M.: Zunächst ja, etwa eine halbe Stunde lang. Sie beobachten die Person, die arbeitet, sie beobachten mich, wir besprechen die Arbeit sofort, und sie versuchen, das Geschehene anzuwenden. Und oft haben diejenigen, die vor der Gruppe arbeiten (und wir lassen einen rotierenden Bleistift entscheiden, wer drankommt, wenn es mehrere Bewerber gibt), Anliegen, die alle betreffen.

Y.: Wenn der Prozeß abgeschlossen ist, machen Sie irgendeine Art von Integration mit den Leuten?

M.: Am Ende des Kurses reden wir häufig darüber, was geschah, und versuchen so, das Geschehene zu integrieren, zu verbinden, was die einzelnen sehr, sehr früh geträumt und erlebt hatten, mit dem, was in der Zukunft geschehen wird.

Y.: Finden Sie, daß es für die Kursteilnehmer schwierig ist, ihre Prozeßarbeit später zu integrieren?

M.: Nein. Wenn ich in Gegenden bin, wo es nur wenige Prozeßtherapeuten gibt, ermutige ich die Leute, zu zweit oder zu dritt zu arbeiten und weiter zu experimentieren mit dem, was sie nach dem Seminar getan haben. Diese Leute integrieren das Material recht gut.

Y.: In ihr Alltagsleben.

M.: Ja. Aber ich ermutige die Leute nicht immer, Dinge in ihr Alltagsleben zu integrieren. Ich ermutige sie eher, das wahrzunehmen, was geschieht, als zu versuchen, unbedingt das Neugelernte zu *machen* – was nur ein neues „Programm" wäre.

Y.: Manchmal ist die Intuition wie ein abgehobener Zustand.

M.: Oder ein anderes Programm.

Y.: Es sollte sich aber natürlich entfalten, durch den Prozeß hindurch.

M.: Genau. Die Integration des Kurses bedeutet wahrzunehmen, was geschieht; es kann auch bedeuten wahrzunehmen, daß man nicht integriert – ein Paradox.

Y.: In diesem Sinne ist also das Leben ein Prozeß.

M.: Ja! Es ist sehr einfach. Das ist es, was die großen Lehrer in vielen verschiedenen Weisen immer gesagt haben. Es gibt hier nichts wirklich Neues, außer daß wir versuchen, es in die Tat umzusetzen.

Y.: Wie genau gehen Sie vor, wenn Sie einen Workshop zum Thema „Beziehungen" leiten?

M.: In der gleichen Weise. Zu Beginn gebe ich eine intellektuelle Erklärung, dann kündige ich an, daß ich noch am gleichen Tag einige spezifische Interventionen versuchen werde, und dann bitte ich ein Paar, mit mir vor der ganzen Gruppe zu arbeiten. Danach versucht jeder entweder allein oder mit der Unterstützung eines Helfers mit eben diesen Interventionen zu arbeiten.

Y.: Und wie behandeln Sie das emotionale Element in Beziehungen?

M.: Ich beobachte die Leute, wie sie mit ihren eigenen Gefühlen umgehen. Ich habe keine spezielle Methode. Aber sagen Sie ein Beispiel. Sie denken sicher an etwas Spezifisches.

Y.: Wie gehen Sie damit um, wenn eine Person in ihrer Beziehung eine starke Wut empfindet und diese Wut nun in der Sitzung mit Ihnen ausdrücken will?

M.: Da fällt mir ein Paar ein, mit dem ich vor kurzem arbeitete. Sie war sehr wütend auf ihn, während sie mit ihm sprach. Er schlief häufig mit anderen Frauen. Als sie ihre Augen sehr weit offen hatte, sagte ich zu ihr: „Öffne deine Augen noch weiter." Daraufhin öffnete sie ihre Augen noch mehr und schaute ihn (ihren Ehemann) an, woraufhin ich sie fragte: „Was genau machen deine Augen jetzt?" Und sie sagte: „Meine Augen sagen, daß ich dich hasse." So sagte ich zu ihr: „Sag das." Und sie sagte: „Ich hasse dich! Ich hasse dich!" Daraufhin machten seine Augen das gleiche, und sie schrien einander eine Minute lang an; danach senkte sich der Ton ihrer Stimmen. (Bei ihr passierte dies zuerst, während dies bei ihm noch eine Verstärkung ausgelöst hatte.) Daraufhin sagte ich: „Versucht nun, dem zu folgen, was geschieht, und bleibt nicht zu sehr in eurer Wut stecken. Folgt nun dem neuen Signal." Das neue Signal bedeutete „ruhig werden", und beide beruhigten sich und wurden dann plötzlich ganz still. Daraufhin sagte ich: „Seid jetzt ganz still." So saßen beide still da, und er begann zu weinen. Daraufhin sagte ich: „Bist du über irgend etwas traurig?" Er sagte: „Nein. Für mich bedeutet Weinen glücklich sein, da ich mit dieser Frau in Stille zusammensein kann. Bisher wußte ich nicht, daß ich das könnte." Daraufhin umarmten sie einander.

Y.: Großartig.

M.: Das alles dauerte etwa vier bis fünf Minuten.

Y.: Das war ein schneller Prozeß.

M.: Die meisten Prozesse sind sehr schnell. Sie werden dann lang und schmerzhaft, wenn die vorhandenen Signale nicht aufgenommen werden. Wenn man sie aufnimmt und ihnen folgt und man nicht in der Art und Weise hängenbleibt, wie man sich am Anfang verhalten hat, dann bleibt man weder in der Wut noch in der Trauer stecken.

Y.: Wenn man in irgend etwas steckenbleibt, hat das zur Folge, daß man den Prozeß verpaßt.

M.: Ja, man folgt nicht mehr dem, was gerade im Moment passiert.

Y.: Das ist ganz natürlich.

M.: Es gibt gar nicht so viel dazu zu tun. Der Prozeß ist selbst weise genug. Manchmal fühle ich mich schuldig, weil ich so wenig tue.

Y.: Wie würden Sie den Unterschied beschreiben zwischen Ihrer Arbeit und traditioneller jungianischer Praxis?

M.: Nun, zuerst müßte ich sagen, worin sie einander gleichen. Ich habe das Gefühl, auf *Jungs* Schultern zu stehen: Was ich tue, baut auf dem auf, was ich von meinen Lehrern gelernt habe. Jungs Glaube an die Menschen und an das Individuum sowie an das, was zu geschehen versucht, ist etwas, das ich lediglich übernommen habe. Es gibt nichts Neues in meinen Ideen, auch nichts anderes. Wenn es überhaupt einen Unterschied gibt, dann in bezug auf das Einbringen von mehr Kanälen, um mit dem Unterbewußten zu arbeiten.

Y.: Darum bezeichnen Sie Ihre Arbeit als eine „Tochter Jungscher Psychologie".

M.: Ja, in gewisser Weise ist sie nur eine Erweiterung.

Y.: In der Jungianischen Psychologie fehlen die Körperelemente und die Gruppenarbeit.

M.: Einige Jungianer ändern sich bereits. Aber traditionelle Jungianer arbeiten weder mit ihren Händen noch sonst mit dem Körper und den Erfahrungsprozessen direkt. Sie reden lieber über das Unbewußte als tatsächlich hineinzugehen. Außerdem machen sie selten Beziehungsarbeit oder gar Gruppenarbeit. Das sind andere Kanäle.

Y.: Machen Sie viele Ausbildungs–Seminare für Prozeßorientierte Psychotherapie?

M.: Ja. Es gibt ein Ausbildungszentrum in Zürich mit einigen hundert Menschen und außerdem einige Zentren in verschiedenen Teilen der USA. Portland, Hawaii, Seattle, New York, Californien, Denver, Bombay, Nairobi, London, Sydney, etc.

Y.: Was für Menschen kommen hauptsächlich als Patienten oder Teilnehmer zu Ihren Seminaren? Menschen, die an bestimmten Krankheitssymptomen leiden, oder die sich selbst entwickeln wollen?

M.: Nun, das hängt davon ab, ob es ein Körperorientiertes Seminar ist; wenn ja, dann sind es meistens Psychotherapeuten und Patienten sowie Menschen mit Körperproblemen und Körpertherapeuten, die teilnehmen. Wenn es ein Seminar zum Thema „Weltweites Bewußtsein" ist, dann sind die Teilnehmer vor allem Politiker, Anwälte und sozial aktive Leute. Zu Beziehungsseminaren kommen alle anderen auch.

Y.: Nehmen Sie auch Patienten, die an Schizophrenie leiden?

M.: Ich gebe auch Seminare zum Thema „Psychotische und extreme Bewußtseinszustände". Ich habe soeben ein Buch über Prozeßorientierte Therapie für die Psychiatrie (Die Schatten der Stadt, Junfermann 1989) veröffentlicht.

Y.: Haben Sie spezielle Prinzipien oder Techniken, um mit Schizophrenie bzw. Psychose umzugehen?

M.: Es ist der anderen Arbeit ähnlich. Wir versuchen, den ganzen Prozeß, der geschieht, herauszufinden. Stellen Sie sich zum Beispiel eine Frau vor, die immer sagt, sie sei die Jungfrau Maria, und alle Menschen würden die Jungfrau Maria schrecklich hassen. Das ist also der zweite Teil. Wir versuchen, dem Prozeß dieser verschiedenen Persönlichkeitsteile zu folgen, und wenn sie alle gleichzeitig zur Sprache gebracht und der Frau präsentiert werden, ist es sehr selten, daß jemand länger als ein bis zwei Stunden im psychotischen Zustand bleibt. Sie werden aus der Psychose herauskommen und eine Entscheidung treffen können: „Will ich zurück in die Psychose?" Einige Leute wollen in Ekstase bleiben, weil die Welt zu schmerzhaft für sie ist. Die Ethik der Prozeßarbeit zwingt niemanden, sich normal zu benehmen, nur weil alle anderen es tun. Wenn jemand an seinem Zustand sehr leidet, helfen wir ihm, in die Richtung zu gehen, in die er gehen möchte. Wir können und wollen niemandem befehlen, sich normal zu benehmen.

Y.: Ich habe das gleiche Gefühl psychotischen oder schizophrenen Menschen gegenüber. Ich habe ähnliche Situationen erlebt und sie auch entscheiden lassen.

M.: Jemand hat mir kürzlich gesagt: „Der Mond ist wunderschön. Ich möchte Ihnen für den Schnellzug zur Erde danken, weil ich schon lange nicht mehr da war. Es ist interessant hier, aber es ist kalt und schmerzhaft, und ich lebe eigentlich auf dem Mond. Ich wäre glücklich, wenn Sie mich zurückgehen lassen würden." Ich sagte ihr: „Ich werde Sie nicht zurückhalten, aber sind Sie sicher, daß es eine vernünftige Entscheidung ist? Wollen Sie es wirklich tun?" Und sie sagte: „Der Mond ist der Ort, wo ich leben kann." Was kann man da tun? „Nur los", sagte ich zu ihr. „Ich werde es Ihrer Familie erklären, so gut wie ich kann, aber Sie müssen mir helfen."

Y.: Wenn Sie also auf diese Art und Weise mit psychotischen Menschen arbeiten, was halten Sie von Medikamenten für diese Patienten?

M.: Antipsychotische Medikamente sind wichtig für Psychologen, Psychiater, die nicht direkt mit psychotischen Zuständen arbeiten können. Sie sind hilfreich, denn es ist sehr beängstigend, mit Menschen in Psychose zu arbeiten, und Medikamente schützen den Therapeuten. Aber auch manche Patienten ziehen Medikamente vor.

Y.: Meinen Sie nicht, daß Medikamente den Prozeß verlangsamen oder anhalten?

M.: Doch, der Prozeß wird verlangsamt. Aber wie gesagt, es hilft dem Therapeuten. Aber der Patient entscheidet! Ich erinnere mich, wie eine Patientin sagte, daß Gott ihr sagte, sie müsse die Medikamente nehmen. Als ich ihr sagte, es sei ihr Prozeß, Medikamente zu nehmen, erwiderte sie: „Ich will keine Medikamente nehmen. Ich will ein New-Age-Mensch sein." Und ich sagte darauf: „Aber Gott sagt, daß Sie Fleisch essen und geerdet sein müssen, also entscheiden Sie sich jetzt." So habe ich versucht, dem Prozeß zu folgen. Sie nahm also die Medikamente und begann, sich mehr mit der Realität zu befassen. Es ging nicht so sehr um die Medikamente wie um die Idee, die Scheiße dieser Welt zu essen und hier zu leben. Das war sehr wichtig für sie. Ich weiß nicht, ob die Medikamente wichtig für sie waren, es war eher die Idee, hier mit all dem Abfall und allen Schwierigkeiten zu leben. Sie mochte die Medikamente zuerst, weil Gott sie empfohlen hatte, aber später hörte sie auf, sie zu nehmen, und wurde eine reale Persönlichkeit.

Y.: Das heißt, auch wenn Patienten Medikamente nehmen, folgen Sie aus Prinzip dem natürlichen Prozeß.

M.: Ja, ich folge ihrem Körper-, Traum- und Umgebungsprozeß, so daß ich für nichts anderes einstehen muß. Ich muß kein Philosoph sein. Ich muß niemandem sagen, was zu tun ist. Aber ich fühle, daß es nützlich ist, den Signalen zu folgen. – Was haben wir denn sonst?

Y.: Wie gehen Sie mit gewalttätigen oder mit sexuellen Impulsen um, wenn sie in einer Sitzung auftauchen?

M.: Oh, nicht nur in einer Sitzung. Ich arbeite mit Mördern und schrecklichen Menschen von der Straße. Wenn ein Straßenjunge zu mir sagt: „Ich möchte jeden umbringen, der mein Territorium betritt!" sage ich: „Großartig! Aber warum wartest du, bis jemand dein Territorium betritt? Laß sie uns gleich jetzt angreifen!" Daraufhin sagt das Kind: „Was meinst du damit?" Und ich sage: „Wir sind auf unserem Weg in den Krieg." Und das Kind sagt: „Was meinst du mit ‚Krieg'?" Ich sage: „Krieg, bist du kein Rekrut oder Soldat in deiner Bande?" (Das ist nämlich die Art, wie Kinder sich in Banden in Los Angeles ausdrücken.) Ich greife also das Symbol des Soldaten auf, das gerade da ist. Und dann sage ich: „Wir werden jetzt in den Krieg gehen!" Und das Kind sagt: „Was meinst du damit?" Und ich sage: „Ich werde jetzt einen Mann aus dir machen und dir zeigen, wie man kämpft. Ich möchte, daß du dein Leben auf die Reihe bekommst. Ich möchte, daß du dein Leben für etwas opferst, das wirklich wichtig ist. Also, was ist wichtig?" Der Straßenjunge sagte: „Wirklich wichtig ist, daß jeder Mensch er selbst sein kann." Daraufhin sagte ich: „Steh jetzt gerade dafür und sei kein Feigling. Steh dafür auf gegen mich." Und das Kind stand gegen mich auf, ein dreizehn Jahre altes Kind, und sagte: „Nicht einmal du kannst mir sagen, was ich tun soll." Und ich sagte: „Sag' dir selbst, was du zu tun hast." Und das Kind sagte ohne Umschweife: „Ich will nach Japan gehen und lernen, so zu kämpfen, wie sie in Japan kämpfen." Und ich sagte: „Du bist auf deinem Weg, ein Krieger zu werden; laß uns nicht so lange warten, bis du nach Japan kommst. Ich werde dir gleich jetzt eine kleine Lektion geben, und dann werde ich dich zu Leuten hier schicken, und dann später vielleicht wirst du nach Japan gehen können." Man kann also das, was gerade geschieht, als sinnvoll betrachten, statt diese Jugendlichen ständig mit Polizeigewalt zu unterdrücken und zu verletzen. Diese Kids sind auf einem richtigen Weg, aber in der falschen Weise.

Y.: Sein Impuls ist richtig für ihn, er benutzt ihn nur falsch.

M.: Diese Kinder sind auf dem Weg der spirituellen Krieger. Sie sind auf einem transpersonalen Weg, aber niemand kommt auf diese Idee. Jedermann verlangt von ihnen, sie sollten liebevoll sein. Aber für sie ist das nicht richtig. Es geht darum, der spirituellen Qualität des Prozesses zu folgen, der da ist, sogar bei gewalttätigen Kindern. Sie finden es wirklich toll, wenn sie für etwas einstehen können und die Fahne tragen für etwas, woran sie glauben.

Y.: Wie arbeiten Sie mit Sexualität? Soweit ich das verstanden habe, berührt man im Rahmen der traditionellen Jungianischen Psychologie nicht einmal den Körper.

M.: Die Mehrzahl der „Prozeß-Leute", die tatsächlich bei der Arbeit den Patienten berühren, läßt sich nicht gleichzeitig sexuell mit ihm ein. Nicht daß ich etwas gegen Sex hätte. Wenn man jedoch mit einem Klienten die ganze Zeit nur redet, dann wird der Körper wirklich irgendwann erregt sein. Wenn wir eine solche Arbeit damit beginnen, daß wir den Körper berühren, um mehr über Körperkontakt herauszufinden, dann denken die Leute sofort: „Sex!" Das passiert bis dahin jedoch meistens nur deshalb, weil sie nicht genug Erfahrungen mit ihren Händen hatten. Wenn man jedoch wirklich viel mit seinen Händen arbeitet, wird man nicht mehr erregt. Nach einer Weile wird man nur noch durch Menschen erregt, die man liebt.

Y.: Heißt das, daß Sie nie Probleme hatten mit Patienten, die sich Ihnen während einer Sitzung sexuell näherten, oder mit eigener Erregung?

M.: Ich will Ihnen ein Beispiel erzählen: Als ich 28 Jahre alt war, noch bevor ich überhaupt mit Körperarbeit begonnen hatte, fing ich an, mit Menschen zu arbeiten. Damals wurde ich immer sexuell erregt, wenn ich eine bestimmte Patientin sah. Sie war nicht besonders hübsch. Ich weiß nicht, was es war. Ich arbeitete als traditioneller Jungianer, nur redend. Ich ging zu meinem Analytiker und sagte: „Nun, was soll ich machen mit dieser Patientin?" Und er sagte: „Wie ist das, eine Erektion zu bekommen?" Und ich sagte: „Nun, Sie sind doch auch ein Mann, warum soll ich Ihnen das sagen?" Er sagte: „Nein, sagen Sie es mir. Jeder ist anders." Er war Jungs Neffe, ein wundervoller Mann, Dr. Riklin. Und ich sagte: „Nun, also eine Erektion zu bekommen..." Und ich kicherte. „Als ich ins College ging, hatten wir einen bestimmten Ausdruck für eine Erektion (sofern wir mit einem Mädchen darüber sprachen): Ich würde gerne etwas gerade bekommen zwischen uns." Wir machten damals Witze in diesem Sinn. Daraufhin sagte er: „Gehen Sie zu Ihrer Patientin und sagen Sie ihr das." Ich sagte: „Sie müssen verrückt sein!" „Nein", sagte er, „vertrauen Sie Ihrem Unbewußten." Er war einer jener Jungianer, die wirklich ihrem Unbewußten vertrauen. Also ging ich zu meiner Klientin, setzte mich und war überhaupt nicht sexuell erregt. Statt dessen hatte ich furchtbare Angst. Während ich schwitzend vor ihr saß, sagte ich: „Sally, ich muß etwas gerade bekommen zwischen uns." Sie schaute mich sofort an, öffnete ihre Augen und sagte: „Also wissen Sie's?" Was wußte ich? Sie sagte: „Ich habe über verschiedene Erfahrungen gelogen." Nun, ich fiel vor Überraschung fast in Ohnmacht. Also forderte ich sie auf, die Wahrheit zu sagen. Und sie erzählte mir eine lange Geschichte, und das war das Ende des Gegenübertragungsproblems. Ihr Unbewußtes versuchte mich zu bewegen, offener zu ihr zu sein, und weil ich nur der Therapeut-Anfänger war, hatte ich zuviel Angst, mit Menschen direkt zu sein. Also tat es mein Penis für mich. Ich wußte einfach nicht, daß mein Penis intelligent war. Ich war nicht forsch genug.

Y.: Ich möchte nach Ihrer Einstellung zum Tod fragen. Ich denke, daß Sie keine Angst vor dem Tod haben. Meinen Sie, daß der Tod Teil eines positiven Lebensprozesses ist?

M.: Was in unmittelbarer Nähe des Todes geschieht, ist auch ein Prozeß. Leute husten und spucken, aber meine Arbeit ist in Todesnähe gleich wie mit zweiwöchigen Babies – sie folgt immer dem Prozeß. Ich denke, daß die meisten Leute in einem relativ symptomfreien Zustand sterben sollten. Sie hören einfach auf. Wenn man an todesnahen Symptomen arbeitet, passieren wunderbare Erfahrungen, ganz besonders bei komatösen Patienten. Ich schreibe darüber in meinem Buch „Coma" (Shambhala-Publ., 1989). Während die Menschen sterben, haben sie Gelegenheit, das zu erleben, was alle als Leben nach dem Tod bezeichnen. Z.B. jemand hustet und macht verschiedene andere Geräusche, und wir prozessieren es, er wird lauter und setzt sich auf im Bett, aus dem Koma und sogar aus der Morphiumüberdosis heraus. Dann fängt er an zu reden, ist liebevoll, gibt alles auf und erfährt die Zustände, die im Tibetanischen Totenbuch beschrieben sind.

Y.: Die Bardos.

M.: Das Leben danach ist schön und gut, aber Menschen erleben es jetzt, während des Sterbens. Ich denke, daß die meisten Theorien über das Leben danach Projektionen von etwas sind, das jetzt geschehen will. Ich denke es nicht, ich weiß es, weil ich es geschehen sehe, und erlebe die Leute, wie sie durch diese Erfahrungen hier durchgehen. Leute, die ihre Erfahrungen vollständig prozessieren, lächeln, machen ihre Augen zu, und ihr Körper macht die Augen nie mehr auf. Andere Leute lächeln und stehen nachher sogar mit ihren Infusionen auf und gehen aus dem Spital heraus. Eine Krankenschwester erzählte uns, daß dies häufig geschah, nachdem sie gelernt hatte, Prozeßarbeit mit komatösen Patienten zu tun.

Y.: Und wo sehen Sie POP im Zusammenhang mit der Transpersonalen Psychologie?

M.: Ich denke, POP gibt der transpersonalen Bewegung einige Werkzeuge an die Hand. Die transpersonale Bewegung heutzutage ist für mich voll von Glauben und Hoffnungen und auf der Suche nach funktionierenden Methoden, um diesen Glauben und die spirituellen Erfahrungen im Alltag verwirklichen zu können. POP macht die Dinge realisierbarer.

Y.: Sehen Sie einen Unterschied zwischen Ihrer Arbeit und spiritueller Praxis? Ich habe den Eindruck, daß Ihre Arbeit bereits spirituelle Praxis ist.

M.: Für mich ist spirituelle Praxis Aufmerksamkeit (*awareness*). Das ist spirituelle Praxis. Sie ist mitfühlend dadurch, daß sie den Menschen nicht nur verzeiht, wer sie sind, sondern auch die sogenannten dunklen Seiten als zum Weg gehörig schätzt. Die ganze Person wird angenommen. Wir sagen nicht: „Dies mußt du loslassen", wir sagen: „Halte es fest!" Und dann kann man es loslassen. Ich habe geträumt, daß Buddha Prozeßarbeit entdeckte und sagte: „Prozeßarbeit ist wie ein Schnellzug, der an den gleichen Ort hinfährt, wo ich auch hingehe." Ich weiß nicht, ob Schnellzüge notwendig sind, aber manchmal ist es schön, sich mal schnell und dann wieder langsam fortzubewegen. Beides ist in Ordnung.

Y.: Und was denken Sie von Leuten, die spirituelle Praxis ausüben? Manche neigen dazu, selbstdestruktiv zu werden. Wie die Leute, die lange Yoga machen.

M.: Die meisten Leute, die ich traf, sind daran interessiert, Yoga in ihrem Prozeß zu entdecken und nicht als Programm auszuüben. Also denke ich, daß Leute, die diese Übungen praktizieren, in Wirklichkeit dem folgen, was in ihrem Inneren geschieht, und die intensiven, spirituellen Übungen sind der einzige Weg, den sie kennen, das beste Werkzeug, das ihnen zur Verfügung steht. Wenn wir diesen Leuten mehr Werkzeuge geben, nehmen sie diese sehr schnell auf, um dem zu folgen, was sie wirklich wollen. Sie haben die richtige Absicht, aber sind gegen, statt für sich eingestellt. Sie begrüßen ihren Prozeß nicht, sondern verneinen ihn.

Y.: Ich stellte Ihnen diese Frage aus einem bestimmten Grund: Viele Leute, die an meinen Workshops teilnehmen, praktizieren in diesem Sinne, und sie sind diejenigen, denen es am schwersten fällt, sich zu öffnen.

M.: Ich verstehe, was Sie meinen. Ich empfehle solchen Leuten, sich noch mehr zu verschließen: „Sei vorsichtig mir gegenüber, ich bin der Teufel", sage ich in so einem Fall.

Y.: Genauso betrachten sie mich auch.

M.: „Ich bin der Böse! Und ich empfehle dir, einige Dinge zu erfahren, die du nicht erfahren solltest." Dann gehe ich auf ihre Seite und argumentiere gegen mich selbst und sage voller Konflikt mit mir selbst: „Arny, wer bist du? Weißt du überhaupt, was wir wirklich suchen?" Und ich helfe ihnen, den Zustand des Verschlossen-Seins auszudrücken, und gelegentlich werden sie dann sagen: „Du verstehst mich wirklich." Und dann sind wir auf dem gleichen Weg.

Y.: Meistens frage ich solche Leute: „Warum bist du gekommen?" So finden wir die beiden verschiedenen Elemente in solchen Menschen.

M.: Das ist wunderschön. Wer immer da ist – es handelt sich immer um einen Beziehungsprozeß zwischen dir und mir und uns allen. Es ist immer die gleiche Arbeit. Ich versuche nicht, Menschen zu öffnen; denn wenn sie sich verschließen, so ist dies für sie der Beginn ihres Weges.

Übersetzung aus dem Amerikanischen von Ivan Verny.

Teil IV:

Transpersonale Psychotherapie – Amerikanische Ansätze

Die umfassendere Reichweite der menschlichen Natur*

Abraham H. Maslow

Es wird immer deutlicher, daß sich eine philosophische Revolution anbahnt. Ein umfassendes System ist so rasch im Entstehen wie ein Obstbaum, der gerade beginnt, an jedem Zweig zur gleichen Zeit Früchte zu tragen. Jeder Bereich der Wissenschaft und des menschlichen Bemühens ist davon betroffen.

Während ich mich einigen die Psychologie betreffenden Aspekten dieser Revolution zuwenden werde, besteht das grundlegende Ereignis in der gleichzeitigen Entwicklung auch in anderen Bereichen. Dieser neue „Zeitgeist" humanistischer Umorientierung beeinflußt soziale Institutionen, Arbeit, Freizeit und Erziehung ebenso wie die Bereiche von Naturwissenschaft, Philosophie und Religion. In all diesen Gebieten wird ähnliche Arbeit geleistet, von Menschen, die sich nicht kennen und dennoch durch einen gemeinsamen Kern von Überzeugungen und Zielen miteinander verbunden sind.

Man kann dies eine „Humanistische Revolution" nennen, die Rückkehr zu menschlichen Bedürfnissen – neuer Mittelpunkt der Betrachtung und des wachsenden menschlichen Wissens. Alles Wissen, Erkenntnistheorie, Metaphysik, Naturwissenschaft und alle menschlichen Belange sind hier auf die menschlichen Bedürfnisse ausgerichtet und an menschlicher Erfahrung orientiert. Dies mag vielleicht selbstverständlich klingen, ist aber in Wirklichkeit ein Neubeginn, weg von dem vorherrschenden deutschen intellektuellen Stil eines *Kant, Hegel* und *Leibniz*. Ihr Vorgehen, sich vom Abstrakten und dem „a priori" zu allgemeinen Lösungen vorzuarbeiten, ist erbaulich

---

* „The farther reaches of human nature", in: JTP 1,1 (1969), S. 1-9. Hrsg. von Dr. James Fadiman, nach der Tonbandaufzeichnung eines Vortrages an der „First Unitarian Church", San Francisco, veranstaltet vom Esalen-Institut, 14. September 1967. Dieser Vortrag ist die erste öffentliche Präsentation des Entstehens der Transpersonalen Psychologie, der „vierten Kraft". Abdruck mit freundl. Genehmigung der „Zeitschrift für Transpersonale Psychologie", Freiburg.

und elegant, aber nicht vollständig und oft nicht sinnvoll. Sie leiteten bestimmte Antworten auf konkrete Fragen aus den großen abstrakten Begriffen ab, die sozusagen an erster Stelle standen. Die Gefahr, daß diese abstrakten Worte nicht aus konkreter Erfahrung hergeleitet zu sein brauchen und zu dem werden können, was ich „edelgas-gefüllte" Begriffe genannt habe. Sie schweben weg vom Erdboden und haben keine feste Verbindung damit.

In der Psychologie kommt das, was die „dritte Kraft" genannt wird, die Humanistische Psychologie, zurück auf die primäre Realität – die menschliche Erfahrung selbst – und entwickelt von dort ausgehend die Begriffe, die notwendigen Abstraktionen und die Definitionen wirklicher menschlicher Erfahrung und menschlicher Bedürfnisse, Ziele und Werte. Diese Orientierung steht in deutlichem Gegensatz zu den beiden anderen Kräften der gegenwärtigen Psychologie, der behavioristischen und psychoanalytischen (Freudschen) Richtung.

1. Behaviorismus

Die behavioristische (objektivistische, positivistische) Psychologie kann man in einfacher Weise damit beschreiben, daß sie sich nach dem Vorbild der erfolgreichen Naturwissenschaften gestaltet hat, nach der Physik, Chemie, Astronomie, Geologie usw. – im allgemeinen Wissenschaften, die sich mit Dingen befassen, mit Objekten. In der Psychologie galt das Prinzip: „Seht nur, wie erfolgreich die Physik ist. Das Beste für uns ist, die Methoden der Physik usw. nachzuahmen. Laßt uns vorgehen wie sie." Ein Ergebnis dieser unausgesprochenen Haltung war das Anhäufen einer großen Menge von Informationen, die den Menschen so erforschten, als sei er ein Objekt, ein Ding. Dieselben Vorgehensweisen, dieselben Methoden und Begriffe, dieselben Definitionen und Haltungen wurden verwendet, die man bei der Erforschung der Natur eines Metalles oder des Lichtes benutzen könnte. Dieser Wissenschaftsstil ist „mechanomorph" genannt worden. Seine gegenwärtige Popularität beruht eher auf dem Prestige der Naturwissenschaften, nach denen er sich formt, als auf den Ergebnissen, die dadurch erhalten wurden, oder den Arten von Fragen, die zu beantworten er in der Lage ist.

2. Psychoanalyse

Die andere Hauptrichtung in der Psychologie kann man als „Freudianische" bezeichnen, die auch alle Schattierungen von Modifikationen oder Erweiterungen der ursprünglichen von *Freud* vorgetragenen Ideen und Methoden einschließt. Um erneut ganz stark zu vereinfachen: diese Art Psychologie spiegelt eine weitere Grundtendenz der Naturwissenschaften, die durch die Darwinistische Revolution gekennzeichnet ist. Psychologen dieser Überzeugung behandeln den Menschen, als wäre er ein Tier, was er natürlich ist, aber als wäre er *nur* ein Tier, *nichts* weiter als ein Tier, so daß die Merkmale, die nur dem Menchen eigen sind, irgendwie nicht als angemessen „wissenschaftlich" betrachtet werden. *Freud* selbst war ausgebildet in Neurologie, vergleichender Anatomie und so weiter. Die Annahme ist, daß wissenschaftlich am Menschen vor allem das erforscht werden kann, was er mit den Tieren gemeinsam hat. Wenn er eine Eigenschaft nicht mit den Tieren gemeinsam hat, dann zählt sie nicht, wird nicht erforscht oder ist nicht wissenschaftlich. Die höheren Eigenschaften, die nur dem Menschen zu eigen sind, diese höheren Qualitäten, dieses höhere Streben, die höheren Werte, werden von der Freudschen Richtung auf offensichtlich irrationale Weise behandelt. Es besteht die Tendenz, solch eine Qualität zu nehmen – sagen wir Altruismus oder Güte –, sie zu reduzieren, um eine Erklärung auf der Ebene des Tieres daraus zu machen oder eine pessimistische Erklärung. Ich habe einen Sammelordner mit der Aufschrift: „Prokto-Psychologie", gemäß dem medizinischen Spezialbereich der Proktologie, dem Studium des Rektum (Mastdarm), des Anus usw. Es stimmt wohl, daß dies ein„Zugang" zum menschlichen Körper ist und eine Möglichkeit, sich diesem Thema zu nähern, aber es gibt, milde ausgedrückt, andere Wege.

3. Humanistische Psychologie

Die Humanistische Psychologie geht in dem Punkt mit dem Freudschen Modell einig, daß es die menschlichen Bedürfnisse als biologischen Ursprungs betrachtet. Der Hauptakzent in der Humanistischen Psychologie liegt auf den Annahmen, die „höhere Bedürfnisse" betreffen. Sie werden als biologisch begründet betrachtet, als Teil des menschlichen Wesens oder Artmerkmals. Der Begriff, den ich dafür verwende, heißt „instinktoid" und bedeutet, daß es sich nicht um einen Instinkt handelt, sondern ihm ähnelt, indem sein Ursprung genetisch ist, in einem erkennbaren Maße von Genen bestimmt wird. Die höheren menschlichen Bedürfnisse sind also biologisch, und ich spreche hier von Liebe, dem Bedürfnis nach Liebe, Freundschaft, Würde, Selbstachtung, Individualität, Selbst-Erfüllung und so weiter. Vieles weist darauf hin, daß dies eine vernünftige Hypothese ist. Dies gilt vor allem für die Bedürfnisse nach Liebe.

Vielleicht wurde die menschliche Natur nicht „für voll genommen", insofern die höheren Möglichkeiten des Menschen nicht als biologisch fundiert gesehen wurden. Das Verlangen nach Würde z.B. kann ebenso als fundamentales menschliches Recht angesehen werden, wie es ein menschliches Recht ist, genügend Kalzium oder Vitamine zu haben, um gesund zu sein. Wenn diese Bedürfnisse nicht befriedigt werden, sind Krankheiten die Folge.

4. Transhumanistische Psychologie*

Wenn diese Bedürfnisse jedoch befriedigt werden, taucht ein anderes Bild auf. Es gibt Menschen, die sich sicher und respektiert fühlen und die sich selbst respektieren. Wenn man diese Menschen im Auge hat und danach fragt, was sie motiviert, gelangt man in einen anderen Bereich, den ich „transhumanistisch" nennen: damit ist das gemeint, was die glückliche, entwickelte, sich selbst verwirklichende Person motiviert, erfreut und aktiviert. Diese Menschen sind durch etwas motiviert, das jenseits der Grundbedürfnisse liegt. Der wesentliche Punkt des Übergangs in diesen transhumanistischen Bereich ist der, wenn jemand Fragen folgender Art beantwortet: „Welches sind die Augenblicke, die dir den größten Anstoß geben, die größte Befriedigung? Welches sind die großen Momente? Was sind die belohnenden Augenblicke, die deine Arbeit und dein Leben lebenswert machen?"

---

* Der Terminus „transhumanistisch" wurde 1957 von Sir *Julian Huxley* geprägt. Seit der Zeit dieses Vortrages wurde er durch „transpersonal" ersetzt.

Die Antworten auf solche Fragen würden in Begriffen von letzten Wahrheiten gegeben. Sie sind, was *Robert Hartmann* (1967) die „intrinsischen Werte“ nannte: Wahrheit, Güte, Schönheit, Vollkommenheit, Vollendung, Einfachheit, Anmut und so weiter. Dies läuft darauf hinaus, daß die dritte Psychologie eine vierte hervorbringt, die „Transhumanistische Psychologie“, die sich mit transzendenten Erfahrungen und Werten befaßt.

Der voll entfaltete (und wirklich glückliche) Mensch, der unter den besten Bedingungen arbeitet, neigt dazu, von Werten motiviert zu werden, die sein *Selbst* transzendieren. Sie sind nicht mehr „selbstisch“ im alten Sinn des Wortes. Schönheit ist nicht innerhalb der Grenzen der eigenen Haut, noch Gerechtigkeit oder Ordnung. Man kann diese Bedürfnisse kaum als selbstisch in dem Sinne auffassen, wie z. B. meinen Wunsch nach Nahrung. Meine Befriedigung beim Erreichen oder Zulassen von Gerechtigkeit ist nicht im Bereich meiner eigenen Haut angesiedelt, sie folgt auch nicht dem Lauf meiner Arterien. Sie ist sowohl außen als auch innen: deshalb hat sie die geographische Begrenzung des Selbst überschritten. So beginnt man, von Transhumanistischer Psychologie zu sprechen.

Es ist wichtig, in diesem Zusammenhang einen Punkt zu berücksichtigen. Ich spreche als Wissenschaftler. Was ich gerade geäußert habe, sind Aussagen, die von jedem, der daran interessiert ist, bestätigt oder verworfen werden können.

Es kann überprüft, verifiziert werden. Auf einer anderen Ebene jedoch anerkenne ich die gesamte moderne Geschichte der Naturwissenschaft nicht, die schon gleich von Anfang an die Notwendigkeit behauptete, wertfrei und wertneutral zu sein, d. h. Werte zurückzuweisen. Dies war ein durchaus korrektes Vorgehen – die Welt der Objekte und der Dinge *ist* in gewissem Sinne wertfrei. Menschen jedoch sind *nicht* wertfrei: sie leben durch und für Werte. Dies kann man als ein Zurückweisen des Modells der mechanomorphen Wissenschaft betrachten. Es ist auch ein Ablehnen der Tendenz, zu technologisieren, etwas wertfrei – zu einer rein technischen Angelegenheit – zu machen. Diese Tendenz greift bereits in der Erziehung um sich, in der Krankenpflege, der Sozialarbeit und anderen Berufen (*Maslow* 1966).

Um nur ein Beispiel zu geben: In der Abteilung für Sozialarbeit auf meinem Campus (Universitätsgelände) bemüht sich jeder darum, die Dinge besser zu machen, effektiver zu sein, fähiger und fachkundiger.

Dem Lehrkörper gehört jedoch kein Sozialphilosoph an. Jedesmal, wenn ich bei meinen Freunden an dieser Schule die Frage anschneide: „Was ist eine gute Gesellschaft?", wechseln sie das Thema. Im vergangenen Semester hielt ich ein Seminar über „Utopische Sozialpsychologie". Nicht ein einziger Sozialarbeiter besuchte es. Das erinnert mich erneut an die Geschichte von dem Testpiloten, der funkte: „Ich habe die Orientierung verloren, aber ich fliege Rekordzeit."

Ein anderes Merkmal dieser neuen Entwicklung ist eine neue Sakralisierung (Heiligung) und Spiritualisierung. Wertfreie Wissenschaft wirkt entheiligend; sie macht Dinge neutral und positivistisch. Sie nimmt auf, was aufgenommen werden kann, Daten, die den Sinnen zugänglich sind. Beim Transhumanismus handelt es sich um etwas Neues. Wenn wir die Tür zu den Werten und Erfahrungen von Werten öffnen, zu Gipfel- oder transzendenten Erlebnissen, öffnet sich der Forschung ein völlig neuer Bereich von Möglichkeiten. Es zeigt sich, daß die Berichte von Menschen, die Gipfelerlebnisse hatten, häufig Parallelen zu den Berichten der großen Mystiker zeigen. Religiöse Mystiker z. B. sprechen von „vereinigendem Bewußtsein". Sie benutzen Worte, die für eine wertfreie Wissenschaft aus dem wissenschaftlichen Zuständigkeitsbereich ausgeschlossen wurden, als nicht wissenschaftlich, was (ohne daß es explizit ausgesprochen wird) soviel bedeutet wie „nicht wirkliches Wissen". Diese Worte beschreiben Gefühle, Wünsche, Bedürfnisse, Seinszustände, wechselnde Formen des Wissens, aber sie sind keine wirklichen Tatsachen für die wertfreie Wissenschaft – deshalb ihr Ausschluß.

Es sollte deutlich sein, daß sich diese Fragestellung zuerst aus einer Wert-Orientierung ergeben hat. Die sich selbst verwirklichenden Menschen, von denen ich spreche, sind sehr gesunde Menschen, psychiatrisch und psychologisch gesund. Sie könnten als ein überdurchschnittlicher Ausschnitt der Bevölkerung bezeichnet werden. Ich und andere haben also nicht die gesamte menschliche Spezies betrachtet im herkömmlichen statistischen Sinn, nicht den Durchschnitt der Spezies, sondern eine ausgewählte Stichprobe, d. h. die kreativsten, begabtesten oder vielleicht intelligentesten, die wir finden konnten. Dies ist eine statistische Vorgehensweise, aber eine ungewöhnliche, die einer biologischen Metapher folgt, die ich inzwischen „Wachstums-Gipfel-Statistik" nenne.

Der Wachstumsgipfel ist der Ort, wo alle Aktivität stattfindet, wo alle Chromosome sich teilen, alle Wachstumsprozesse am lebendigsten und aktivsten sind. Was ich als Technik angewendet habe, ist, die besten Exemplare herauszunehmen statt eine Stichprobe aus der Gesamtbevölkerung auszuwählen. Dies kann gerechtfertigt werden ganz unabhängig von den aufregenden Dingen, die wir beim Anwenden dieser Technik gelernt haben.

Nehmen wir einmal an, daß ein Goldmedaillengewinner bei den Olympischen Spielen die Grenze der menschlichen Fähigkeiten in diesem Bereich für jedes Neugeborene in der Welt darstellt. Als ich ein Jugendlicher war und versuchte, bei Läufermannschaften mitzumachen, war es menschlich unmöglich, hundert Yard (91,4 m) in weniger als 10 Sekunden zu laufen, wie es menschlich unmöglich war, eine Meile (1,6 km) in weniger als 4 Minuten zu laufen. Bei jedem dieser Ergebnisse wurde das menschlich Unmögliche möglich, weil jemand es vollbrachte. Jedesmal, wenn jemand die Grenzen überschritt, wurden die Möglichkeiten und der Horizont erweitert, die „Decke" für jedes Neugeborene erhöht. Sie wurden zu Möglichkeiten für jeden Menschen.

Genauso wenden wir Techniken an, um die in ihrer menschlichen Entwicklung am weitesten fortgeschrittenen Personen, die wir finden können, auszusuchen, in der Annahme, daß diese Menschen das sind, wohin sich die gesamte Menschheit entwickeln kann, wenn sie sich nur entfalten kann, wenn die Bedingungen gut sind und der Weg nicht versperrt wird. Dies ist keine Durchschnitts-Stichprobe, es ist eine „Wachstums-Gipfel-Stichprobe", die besten des obersten einen Prozents.

Wir gehen hier mit einem neuen Menschenbild um. Das ist äußerst wichtig, denn hieraus entwickelt sich alles andere. Die gesamte menschliche Arbeit, alle Institutionen, einschließlich der Wissenschaft – auch die Naturwissenschaften, Mathematik und Physik sind menschliche Institutionen – können modifiziert werden. Das Menschenbild erweitert sich, es gibt mehr Möglichkeiten.

Wir haben mit einer gesteigerten Bewußtheit gegenüber zwischenmenschlichen Beziehungen zu tun. Dies hat bereits zu einem umfassenderen Begriff der menschlichen Liebe geführt. Es gibt eine

Hierarchie von Liebesqualitäten. Liebe auf der höchsten Ebene, die ich beschrieben habe, ist die Liebe zum *Sein* des anderen Menschen, etwas, das weit über ein gegenseitiges Befriedigen von Bedürfnissen hinausgeht. Diese Seins-Liebe ist eine höhere Vorstellung von dem, was dem Menschen möglich ist, etwas, das nicht notwendigerweise in großem Umfang vorhanden ist, sondern was ein Potential des Menschen darstellt, eine Entwicklungsmöglichkeit.

Dies gilt auch für die Sexualität. Sie kann auf ihren höheren Ebenen, besonders in einer Liebesbeziehung, als Auslöser von Gipfel-Erlebnissen, von mystischen, vereinigenden Erfahrungen gesehen werden, kurz, als eines der Tore zum Himmel. Dies eröffnet der Wissenschaft einen Forschungsbereich, denn wenn man tatsächlich das Sexualleben der meisten Menschen untersucht, wenn man eine Stichprobe aus der gesamten Bevölkerung nimmt, wird man finden, daß 99 % der Menschen nicht wirklich wissen, welche Möglichkeiten Sexualität in sich birgt. Sie wissen nicht, wie hoch Empfindungen sein können.

Auch die Konzeption der Freundschaft ist hierarchisch. Es gibt höhere Ebenen der Freundschaft, die zugänglich sind. Wenn wir genau betrachten, was Freundschaft bedeuten kann, was sie unter den günstigsten Bedingungen sein kann, dann stellt das, was sie oft tatsächlich ist, nur einen grausamen und kalten Ersatz dar. Es gibt die Vision einer höheren Art von authentischer Freundschaft, die einen wiederum zum Forschen anregen kann, zu therapeutischer Arbeit, um vielleicht zu versuchen, sie mehr ins Sein zu bringen. Dies gilt auch für die Familie, für die Lehrer-Schüler-Beziehung, für Industrie, Management, Führungspositionen usw.

Die oben erwähnten Beispiele gehören zu den höheren Konzeptionen, die aus der humanistischen und transhumanistischen Psychologie hervorgehen. Die Zukunft, so unsicher wie eh und je, erscheint vielversprechender, als sie es seit Generationen war.

Ich sollte das Menschenbild vom Bild der Zivilisation trennen. Zivilisation und ihre Interessen wurden bisher als notwendigerweise in Gegensatz zu den individuellen Interessen stehend gesehen. Was auch immer gut für den einzelnen ist, ist schlecht für die Zivilisation. Wenn der einzelne also selbstsüchtig wäre, wenn er sich gehen ließe, impulsiv wäre, sich nicht kontrollierte, würde das den Untergang der Gesellschaft bedeuten. Dies war Teil des Freudschen Konzeptes.

Jetzt steht uns eine neue Auffassung zur Verfügung, die weitergehenden Möglichkeiten einer gesunden Gesellschaft. Es stehen jetzt Instrumente zur Verfügung, Gesellschaften zu beurteilen und zu vergleichen. Eine Gesellschaft kann als besser als eine andere eingeschätzt werden, als gesünder oder im Besitz von mehr „wachstumsförderndem Potential". Wir können über den Wert der Gesellschaft sprechen oder über ihre Funktion, d. h. die höchste Annäherung an das Erfülltsein der Menschen in der Gesellschaft.

Dieser Standpunkt bringt auch einen anderen Begriff von Realität und eine veränderte Vorstellung von Objektivität hervor. Es wird deutlicher, daß es eine höhere Vorstellung von Objektivität gibt als diejenige, die wir kennen.

Der Begriff der Objektivität, den der Wissenschaftler heute hat, kann als „Zuschauer-Objektivität" bezeichnet werden, nicht anteilnehmend, neutral gegenüber dem Gegenstand der Betrachtung. Es bedeutet diesem Wissenschaftler nichts, wer gewinnt oder verliert. Aus dem Studium der Seins-Liebe-Beziehung ergibt sich der Hinweis, daß man einem Problem mit Seins-Liebe zugewandt sein kann – und nicht notwendigerweise nur menschlichen Wesen gegenüber. Es ist möglich, genug Seins-Liebe für einen Menschen, z. B. für dein Kind, aufzubringen, so daß es möglich wird, es in Ruhe zu lassen (eine große Leistung). Es ist möglich, es im taoistischen Sinne für sich zu lassen, denn du liebst dieses Kind so sehr, wie es ist, so daß du dich einfach daran erfreust, wie es aufwächst. Das gleiche kann man von Bäumen sagen oder von Tieren oder wovon auch immer. Es zeigt sich, daß es möglich ist, objektiv zu werden, losgelöst, nicht-einmischend, nicht-eingreifend und fähig, etwas bei sich zu lassen, es sich selbst sein zu lassen. Allmählich scheint mir, daß aus einem solchen Geist heraus die genaueste Wahrnehmung kommen kann.

Das Gegenteil dieser in Ruhe lassenden Wahrnehmung ist nämlich die selektive Wahrnehmung : „Kann ich es gebrauchen? Ist es gut oder schlecht für mich? Kann ich davon profitieren? Bedroht es mich, ist es gefährlich für mich? Kann ich es essen?" Dies bedeutet stets eine notwendigerweise abstrakte Betrachtungsweise, nicht die Ganzheit eines Gegenstandes zu sehen, eines Phänomens, einer Situation. Es bedeutet z. B., nur zu sehen, ob etwas eßbar ist oder nicht, also nur einen Teilaspekt zu sehen, damit ungenau wahrzunehmen. Nicht-einmischende Objektivität mit Seins-Liebe verbunden abstrahiert weniger und kann daher mehr von der gesamten Wahrheit erfassen.

Eine Bemerkung zur Religion. Dies eine Beispiel mag für viele in den Bereichen stehen, die ich kritisieren könnte wegen ihres Technologisierens oder Professionalisierens. Wenn man sich (wie ich es getan habe) auf die Gipfelerlebnisse konzentriert und damit fast alle Merkmale findet, die traditionell den universellen religiösen Erfahrungen zugeordnet werden (unabhängig vom Ort und Glaubensbekenntnis), dann kann man vom Wiedererleben des Religiösen und vom Heiligen des gesamten Lebens sprechen. Ich kann berichten, daß diese Erfahrungen zu jeder Zeit, an jedem Ort und praktisch bei jedem Menschen auftreten können. Diese Anhäufung von Daten widerspricht dem Professionalisieren oder Spezialisieren, das in der formalen Religion stattgefunden hat – dem Spezialisieren des Tages, des Gebäudes, der Person, selbst der Worte – mit der Absicht, spontane religiöse Empfindungen hervorzurufen. Bezeichnenderweise gibt es heilige Stätten oder solche Orte, wo beim Überschreiten der Schwelle von dir erwartet wird, daß du jenes religiöse Gefühl empfindest und es hast, bis du wieder hinausgehst. Dann fällt es von dir ab, du hast kein religiöses Gefühl mehr bis zum nächsten Mal oder beim nächsten Gebäude.

Auf die zeitgenössische Erziehung trifft zum großen Teil dasselbe Argument zu. Humanistische Erziehung bedeutet, das ganze Leben zu einem Erziehungsprozeß zu machen, statt daß die Erziehung in einem bestimmten Gebäude stattfindet und nicht außerhalb. Wenn der Lehrerstreik in New York lange genug gedauert hätte, hätten wir vielleicht sehr viel über wirkliche Erziehung erfahren. Es fing damit an, daß Mütter und Leute aus der Nachbarschaft und alle möglichen Nicht-Experten in die Schule kamen. Dieses Experiment konnte sich aber nicht voll entfalten, bevor die Experten wieder die Kontrolle übernahmen. Jetzt sind die Belange der Erziehung wieder in fester Hand und werden in Benotungs-Scheibchen aufgeteilt, wie die Stücke einer Mandarine, die irgendwie alle gleich sind und voneinander getrennt.

Der Punkt, auf den ich zusteuere, ist, daß das *gesamte* Leben durchdrungen werden kann von Religion, Erziehung, Wissenschaft, Ästhetik und Philosophie, wenn wir uns an letzten Werten orientieren statt an Expertentum oder statt uns von der Technologie in die Falle locken oder von Experten demütigen zu lassen. Dasselbe gilt für die therapeutische Erfahrung und für den Bereich der Therapie, der das persönliche Wachstum fördert. Auch dies kann das gesamte Leben ausfüllen. Das ganze Leben oder jeder Teil des Lebens kann geheiligt werden.

Ist dies optimistisch oder idealistisch? Die Antwort ist, daß es weder optimistisch noch pessimistisch ist. Unsere Aufgabe als empirisch denkende Menschen ist es, realistisch zu sein, gute Berichterstatter und Beobachter dessen zu sein, was sich wirklich zuträgt. All die Möglichkeiten, die ich hier angeschnitten habe, sind tatsächlich vorhanden. Es sind Möglichkeiten, die an dem Bruchteil eines Prozents der Bevölkerung beschrieben wurden. Man kann von dem gesündesten oder kreativsten einen Prozent sprechen.

Dies sind realistische Feststellungen; sie können überprüft werden. Man könnte auch jede dieser Feststellungen unter statistischem Gesichtspunkt betrachten, um über den Grad an Verläßlichkeit (Reliabilität) zu spreche: „Wie verläßlich ist das? Wie sicher sind wir, daß es sich so verhält? Was bedeutet das in bezug auf die Wachstums-Gipfel-Statistik, die ich erwähnt habe? Wird es tatsächlich eintreten?" Die Antwort ist, soweit ich es feststellen kann, daß dies nicht notwendigerweise oder unausweichlich so eintreten wird. Die Bomben und Kontrollknöpfe, die von Menschen kontrolliert werden, warten noch immer. Es ist möglich, daß sie uns alle auslöschen – vielleicht aber auch nicht. Wenn wir eine wissenschaftliche Vision haben (d. h. die empirische Vision von dem, was ein Mensch in Wirklichkeit ist und was deshalb verwirklicht werden kann), wenn wir erkennen können, daß dies nicht Luftschlösser sind, sondern klare Möglichkeiten, dann wird diese Erkenntnis alles in den Bereich der menschlichen Aktivität bringen. Für mich bedeutet dies alles, daß es wissenschaftliche Rechtfertigung für vieles gibt, auf das wir in uns und für die ganze Menschheit hoffen.

Literatur

Hartman, Robert S., The structure of value, Carbondale, Ill. : S. Ill. Univ. Press 1967.

Maslow, Abraham H., The psychology of science : A reconnaissance, New York : Harper & Row 1966; dt.: Die Psychologie der Wissenschaft. Neue Wege der Wahrnehmung und des Denkens, München: Goldmann 1977 (Goldmann Sachbuch 11 131).

Psychedelische Therapie und Holonomische Integration

Folgerungen aus der modernen Bewußtseins-Forschung für die Transpersonale Psychologie

Stanislav Grof

Dieser Beitrag beruht auf den Beobachtungen von nahezu 30 Jahren systematischer Erforschung der therapeutischen Bedeutung außergewöhnlicher Bewußtseinszustände, die durch psychedelische Substanzen oder verschiedene nicht-pharmakologische Techniken ausgelöst werden. In den ersten 20 Jahren ging es um die klinische Anwendung von psychedelischen Drogen, und während der letzten 10 Jahre wurde mit Alternativen ohne die Verwendung von Drogen experimentiert.

Im Laufe des letzten Jahrzehnts haben meine Frau Christina und ich eine Technik entwickelt, die wir als *holonomische Integration* oder *holotropische Therapie* bezeichnen. Dabei handelt es sich um eine Kombination aus kontrolliertem Atem, evokativer Musik, fokussierter Körperarbeit und Mandalazeichnen. Mit Hilfe dieses Ansatzes kann das gleiche Erfahrungs-Spektrum hervorgerufen werden, das für psychedelische Sitzungen typisch ist.

An den Forschungsprogrammen über psychedelische Drogen waren ganz unterschiedliche Versuchspersonen beteiligt: „normale Freiwillige", psychiatrische Patienten sowie eine Gruppe von sterbenden Menschen, die an Krebs erkrankt waren. Zu der Gruppe der Nicht-Patienten gehörten klinische Psychiater und Psychologen, Wissenschaftler, Künstler, Philosophen, Theologen, Studenten und psychiatrische Krankenschwestern. Unter den Patienten mit psychischen Störungen waren Neurotiker, Drogenabhängige, sexuell Abweichende, psychosomatisch Erkrankte, Borderline-Kranke und Schizophrene. Die beiden grundlegenden Ansätze dieser Arbeit habe ich bereits in anderen Veröffentlichungen ausführlich beschrieben (*Grof* 1976,1980). In der ersten Zeit meiner psychedelischen Forschungsarbeit am Psychiatrischen Forschungszentrum Prag und an einigen anderen tschechischen Fakultäten arbeitete ich mit dem psycholytischen Ansatz, wobei im Rahmen einer psychoanalytisch orientierten Psychotherapie in einer Abfolge von 15 bis 100 Sitzungen mittlere Dosierungen von LSD (50-200 mcg) verwendet wurden.

Nachdem ich 1967 in die USA gekommen war, arbeitete ich mit der psychedelischen Technik, wobei in einer kleinen Anzahl von Sitzungen hohe Dosierungen von LSD (300-500mcg) verwendet wurden. Das Ziel ist hierbei nicht mehr – wie in der psycholytischen Therapie – die graduelle Erforschung einzelner Schichten des individuellen Unbewußten, sondern die Ermöglichung tiefwirkender Transformations-Erfahrungen, die von transzendenter Natur sind. Zu diesem Zweck benötigt man höhere Dosierungen der Droge, die Sitzung spielt sich ganz „im Innern" ab und wird begleitet von Stereomusik. Die Informationen, auf die ich mich hier beziehe, stammen aus über 3000 psychedelischen Sitzungen, die von mir persönlich geleitet wurden, und aus Berichten von über 2000 psychedelischen Sitzungen, die von Kollegen in der Tschechoslowakei und den USA angeleitet wurden.

Ich begann meine psychotherapeutische Arbeit mit LSD als überzeugter Freudianer – begeistert von der scheinbaren Erklärungskraft der Psychoanalyse, aber verwirrt und enttäuscht über ihre therapeutische Wirkungslosigkeit. Angespornt zu dieser Forschung wurde ich von der Tatsache, daß ich als Freiwilliger an einem klinischen LSD-Programm teilnahm und eine intensive Begegnung mit meinem eigenen Unbewußten erlebte. Dies ließ mich vermuten, daß der Einsatz von LSD als Katalysator den therapeutischen Prozeß beschleunigen und vertiefen könnte, was die schmerzliche Kluft zwischen Theorie und Praxis der Freudschen Psychoanalyse schließen würde.

Als ich dann begann, LSD als therapeutisches Werkzeug einzusetzen, wurde mir klar, daß nicht nur die Praxis, sondern auch die Theorie der Psychoanalyse einer drastischen Überprüfung bedurften. Ohne irgendeine Programmierung (und gegen meinen Willen) gingen Patienten dazu über, die biographischen Bereiche zu überschreiten und in Schichten der Seele einzudringen, die bisher von der Psychoanalyse und der akademischen Wissenschaft nicht erfaßt waren. Die wichtigsten therapeutischen Veränderungen ergaben sich nicht aus der Arbeit mit Kindheitstraumata, sondern stellten sich ein als Folge intensiver transbiographischer Erfahrungen. Der Großteil der Psychiatrie hätte diese Erfahrungen als Symptom von Geisteskrankheit gedeutet und versucht, sie mit allen Mitteln zu unterdrükken.

Da bei dieser Art Forschung eine starke „bewußtseinsverändernde“ Droge verwendet wird, stellt sich natürlich die Frage, bis zu welchem Grad sie legitimerweise als Datenquelle für eine psychologische Theorie fungieren kann. Unter Professionellen gab es die Neigung, LSD-Zustände mit dem Begriff der „toxischen Psychose“ zu beschreiben und die durch die Droge eingeleiteten Erfahrungen als chemisch hergestellte Phantasmagorien zu kennzeichnen, die wenig darüber aussagen, wie das Bewußtsein unter gewöhnlichen Umständen funktioniert. Die systematischen klinischen Forschungen haben jedoch gezeigt, daß manpsychedelische Drogen am besten als unspezifische Verstärker geistiger Prozesse verstehen kann. Sie stellen die durch sie eingeleiteten Erfahrungen nicht her, sondern aktivieren nur tiefe Schichten des Unbewußten, so daß sie dem Bewußtsein zugänglich werden. Das bedeutet, daß die aufgrund psychedelischer Sitzungen gewonnenen Beobachtungen auch darüber hinaus Gültigkeit für das Verständnis der menschlichen Psyche haben.

Wir konnten dies durch unsere Arbeit mit der holotropischen Therapie bestätigen. Hierin wurde es möglich, ohne Verwendung pharmakologischer Mittel Phänomene hervorzurufen, die von denen psychedelischer Zustände oft nicht zu unterscheiden waren. Wir arbeiteten dabei mit einfachen Mitteln wie der Intensivierung des Atems, dem Einsatz von evokativer Musik und bestimmten Techniken der Körperarbeit, auf die ich später noch eingehen will. Daß die hier diskutierten Phänomene durch etwas so Physiologisches wie die Hyperventilation ausgelöst werden, zeigt, daß sich in ihnen ursprüngliche Eigenschaften der Psyche widerspiegeln.

Die Prinzipien der holotropischen Therapie sind ganz einfach: Der Klient wird gebeten, sich zurückzulehnen, die Augen zu schließen und die Aufmerksamkeit auf seinen Atem und seine Körperempfindungen zu richten. Dann bittet man ihn, den Atem zu beschleunigen und zu intensivieren. Während der einleitenden psychologischen Vorbereitung wird der Klient dazu ermutigt, auf jegliche analytische Tätigkeit zu verzichten und die aufkommenden Erfahrungen vertrauensvoll und urteilslos anzunehmen. Es wird ihm auch empfohlen, sich sämtlicher abreagierender Techniken zu enthalten und in die Erfahrung nicht verändernd oder beeinflussend einzugreifen. Die Grundhaltung bei solchen Sitzungen sollte der der buddhistischen Meditation nahekommen: die auftauchenden Erfahrungen beobachten, zur Kenntnis nehmen und sie loslassen.

Nach einiger Zeit, die von Person zu Person verschieden ist, beginnt man stereotype Formen muskulärer Panzerung wahrzunehmen sowie starke Emotionen zu empfinden. Wenn man dem Atemmuster weiterfolgt, dann baut sich die physische und emotionale Spannung so weit auf, bis sie in spontane Auflösung und Befreiung übergeht. Die physischen Spannungen erscheinen meist an den Stellen im Körper, an denen das indische Kundalini-Yoga-System die Zentren psychischer Energie (Chakras) ortet. Sie treten auf in Form eines Reifens, der sich um Stirn und Augen spannt, oder sogar als Schmerz in diesem Bereich, als Zuschnürung der Kehle und als Kiefersperre, als fester Gürtel um Brust, Bauch oder Unterleib. Ähnliche Spannungen können sich auch in den Händen und Füßen, im Nakken, in den Schultern und im Bereich der Taille ergeben. Dies ist eine statistische Beschreibung und soll nur eine Übersicht vermitteln, und niemand weist alle hier beschriebenen Phänomene auf: jeder Mensch hat ein individuelles Spannungsmuster, in welchem manche Bereiche vielleicht dramatisch vertreten sind, andere wiederum gar nicht.

In der traditionellen Psychiatrie, beeinflußt vom medizinischen Modell, sah man die Reaktion auf Hyperventilation, vor allem die berühmten „Karpopedal-Krämpfe" (das sind Zusammenziehungen der Hand- und Fußmuskulatur), als eindeutig physiologische Folge des schnellen und intensiven Atems. Man nannte es das „Hyperventilations-Syndrom", stellte es als eine alarmierende Angelegenheit dar und behandelte es dementsprechend mit Tranquilizern oder Kalziumspritzen. Patienten, bei denen so etwas auftrat (neurotischen, besonders hysterischen Patienten), legte man in einem solchen Fall eine Papiertüte übers Gesicht.

Der Einsatz der Hyperventilation im Rahmen von Therapie und Selbsterfahrung zeigt, daß diese Anschauung irrig ist. In allen Gruppen, mit denen wir gearbeitet haben, befanden sich Menschen, die auf die Hyperventilation mit progressiver Entspannung, einem

Gefühl von Weite und mit Visionen von Licht und überirdischer Schönheit reagierten. Sie beschlossen ihre Sitzungen mit tiefen, transzendentalen Erfahrungen einer kosmischen Einheit. Wenn sich bei Klienten physische Spannungen und schwierige Emotionen entwickelten, kam es schließlich bei fortgesetztem Atmen ebenfalls zu einem Zustand der Lösung und anschließender tiefer Entspannung, begleitet von einem Gefühl des Friedens und der inneren Ruhe. Oftmals führt eine solche Sitzung zu einer mystischen Erfahrung, die für das Individuum von dauerhaftem Nutzen und persönlicher Bedeutung ist. So gerät bei einigen neurotischen Patienten die routinemäßig repressive Vorgehensweise der traditionellen Psychiatrie gegen gelegentlich auftretende Hyperventilationen ironischerweise in Konflikt mit einem potentiellen therapeutischen Prozeß.

Während sich im Verlauf der Hyperventilation physische und psychische Spannungen aufbauen und lösen, kann man vielerlei intensive Erfahrungen machen, die später noch ausführlich beschrieben werden. Man kann wichtige Begebenheiten seiner Lebensgeschichte wiedererleben: Episoden aus dem Säuglingsalter, der frühen Kindheit oder dem Erwachsenenleben; es kann zur Erinnerung an die eigene Geburt kommen, zur Begegnung mit dem Tod und zu verschiedenartigen Formen transpersonaler Erfahrungen.

In der holotropischen Therapie wird die Wirkung der Hyperventilation noch verstärkt durch den Einsatz von evokativer Musik oder von Klängen, die von verschiedenen Kulturen speziell zum Zweck der Bewußtseinserweiterung geschaffen wurden. Eine weitere Intensivierung der Wirkung erreicht man durch Gruppen-Settings, wobei die Teilnehmer abwechselnd innere Erfahrungen machen und unter der Supervision des Therapeuten sind.

Im Idealfall führt das aktive Atmen von selbst zur Auflösung all dessen, was beim vorangegangenen Prozeß freigesetzt und ins Bewußtsein gebracht wurde. Wenn die Person am Ende mit Spannungen und unerfreulichen Gefühlen zurückbleibt, läßt sich deren Auflösung durch fokussierte Körperarbeit herbeiführen – eine Technik, die ich ursprünglich für die Abschlußperioden von psychedelischen Sitzungen entwickelt habe. Das Grundprinzip hierbei ist, den Menschen zu ermutigen, sich voll den auftauchenden Emotionen, Empfindungen und Körper-Energieströmen hinzugeben und dabei geeignete Wege zu suchen, diese durch Laute, Grimassen, Haltungen oder Bewegungen zum Ausdruck zu bringen – jedoch ohne die Erfahrung dabei zu beurteilen oder zu analysieren. Diese Übungen sollen es einem ermöglichen, dem eigenen Energiefluß zu folgen und ihn zu vollem Ausdruck zu bringen. Die Arbeit wird so lange fortgeführt, bis ein Zustand von Lösung und Entspannung erreicht ist.

Aus der intensiven Tiefen-Erfahrungs-Arbeit mit psychedelischen Drogen und holotropischer Therapie haben sich für Psychologie, Psychopathologie und Psychotherapie neue Einsichten ergeben, die sich unter folgenden Aspekten einteilen lassen:

1. die Dimensionen der Psyche und die Topographie des inneren Raumes,
2. die Architektur der Psychopathologie,
3. effektive Mechanismen für Therapie und Persönlichkeits-Veränderungen,
4. Strategie für Therapie und Selbst-Erfahrung,
5. die Beziehung zwischen Bewußtsein und Materie und die Natur der Wirklichkeit.

1. Dimensionen des Bewußtseins: eine neue Topographie der menschlichen Psyche

Eine der wichtigsten Folgerungen aus der psychedelischen Forschung und der holotropischen Therapie für Psychiatrie und Psychotherapie war die Entwicklung eines neuen Bildes von der menschlichen Psyche. Wenngleich ich mich primär auf durch eigene Forschung gewonnene Daten stütze, lassen sich doch Schlußfolgerungen auch in anderen humanwissenschaftlichen Bereichen anwenden, deren Beobachtungen sich mit einer mechanistischen Weltanschauung nicht vereinbaren lassen, wie z.B. in der Jungschen Psychologie, Anthropologie, Parapsychologie, der Bewußtseinsforschung in Laboratorien und Thanatologie (vgl. *Grof* 1984).

Eine umfassende Erörterung dieser neuen Topographie der Psyche, wie sie sich aus der Tiefen-Erfahrungs-Arbeit ergibt, würde den Rahmen dieses Aufsatzes überschreiten (ich habe sie anderenorts bereits ausführlich dargestellt, vgl. *Grof* 1976). Hier möchte ich nur ihre Grundzüge aufzeigen und dabei ihre Bedeutung für das Verständnis von Psychopathologie und Psychotherapie besonders hervorheben. Die neue Topographie der Psyche umfaßt außer der traditionellen biographischen Erinnerungsschicht den perinatalen Bereich, in dem es um Geburt und Tod geht, sowie den transpersonalen Bereich, zu dem alle die Erfahrungen gehören, die man traditionell als religiös, spirituell, okkult oder mystisch bezeichnet.

Weil das Unbewußte vielschichtig und mehrdimensional holographisch angelegt ist, stellt es ein in sich unteilbares Erfahrungs-Kontinuum dar. Jeder Versuch einer klaren Grenzziehung und linearen Beschreibung, wie sie zu didaktischen Zwecken notwendig ist, birgt somit einen gewissen Grad an Künstlichkeit und falscher Vereinfachung.

Die Barriere der Sinne und die biographische Erinnerungs-Schicht

An allen Techniken, durch die ein erfahrungsgemäßer Zugang zum Unbewußten eröffnet werden soll, werden zunächst die Sinnesorgane aktiviert. Deshalb beginnt für viele Menschen die tiefere Selbsterfahrung mit unspezifischen Sinnes-Eindrücken, wie z.B. Visionen von Farben und geometrischen Mustern, Hören von klingenden oder summenden Geräuschen, Empfindungen in verschiedenen Körperteilen, Geschmackseindrücke und Gerüche. Diese sind mehr oder weniger abstrakt ohne einen tieferen symbolischen Sinn, und haben wenig Bedeutung für die Selbsterfahrung und das Selbstverständnis des Individuums. Sie bilden so etwas wie eine Barriere der Sinne, die man überschreiten muß, bevor man die Reise in die eigene Psyche antreten kann.

Beim Fortgang des Prozesses ist die nächste zugängliche Ebene die biographische Erinnerungsschicht der Psyche und das persönliche Unbewußte. Wenngleich die zu dieser Kategorie gehörenden Phänomene auch von großem theoretischen und praktischen Wert sind, ist es doch nicht notwendig, viel Zeit mit ihrer Beschreibung zuzubringen. Der Grund dafür liegt darin, daß die meisten traditionellen psychotherapeutischen Ansätze auf diese Ebene beschränkt bleiben. Es gibt unermeßlich viel Literatur über die einzelnen Nuancen der Psychodynamik in der persönlichen Lebensgeschichte. Unglücklicherweise widersprechen sich die einzelnen Schulen und stimmen nicht darin überein, welches die wichtigsten Faktoren der Psyche sind, warum sich psychische Leiden entwickeln und wie eine wirksame Psychotherapie geleistet werden kann.

Erfahrungen dieser Kategorie beziehen sich auf bedeutsame biographische Ereignisse und Lebensumstände eines Individuums vom Augenblick der Geburt bis zur Gegenwart. Auf dieser Ebene der Selbsterfahrung können alle ungelösten Konflikte oder unterdrückten, nicht verarbeiteten Erinnerungen sowie jede unvollendete psychische Gestalt im Leben eines Menschen aus dem Unbewußten aufsteigen, um zum Inhalt bewußter Erfahrung zu werden.

Im wesentlichen stimmt das bei dieser Arbeit auftauchende Material überein mit der Theorie Freuds oder einer seiner Nachfolger. Es gibt jedoch zwei grundlegende Unterschiede: In der Tiefen-Psychotherapie wird das biographische Material nicht erinnert oder rekonstruiert – es kann tatsächlich wiedererlebt werden. Dies umfaßt nicht nur Emotionen, sondern auch körperliche Empfindungen, visuelle und andere Sinneseindrücke. Eine solche Form des Wiedererlebens ist charakteristisch für die vollständige Altersregression bis zum Entwicklungsstand des betreffenden Ereignisses.

Ein weiterer wichtiger Unterschied zwischen verbaler und Erfahrungs-Psychotherapie liegt in der Bedeutung, die die letztere der körperlichen Traumatisierung in der persönlichen Geschichte zuweist. Traditionelle Psychiatrie, Psychologie und Psychotherapie betonen ausschließlich die psychischen Traumata. Körperliche Traumata werden nicht als Faktoren begriffen, die die psychische Entwicklung eines Menschen direkt beeinflussen und mitbestimmend sind bei der Psychogenese emotionaler und psychosomatischer Störungen.

Hierin liegt ein scharfer Gegensatz zu den Beobachtungen der Tiefenerfahrungs-Arbeit, wo Erinnerungen an körperliche Traumata von außerordentlicher Bedeutung sind. Bei der Arbeit mit psychedelischen Substanzen, holotropischer Therapie und ähnlichen Methoden werden häufig Situationen wiedererlebt, in denen jemand lebensgefährlich erkrankt oder verletzt war, operiert wurde oder dem Ertrinken nahe war. Solche Situationen, in denen das Leben und die Integrität des Organismus bedroht wurden, scheinen viel schwerer zu wiegen als die gewöhnlichen Psycho-Traumata. Die aus solchen

Erfahrungen übrigbleibenden Emotionen und Körperempfindungen spielen bei der Entwicklung vieler psychopathologischer Formen eine wichtige Rolle, was die akademische Wissenschaft noch nicht erkannt hat.

Die Erfahrungen körperlicher Traumata stellen einen natürlichen Übergang von der biographischen Ebene zur darauffolgenden dar, deren Hauptelemente die Zwillingsphänomene Geburt und Tod sind. Da sie Ereignisse aus dem postnatalen Leben des Individuums umfassen, sind sie ihrer Natur nach biographisch. Aber ihre Eigenschaft, extreme Schmerzen zu verursachen und den Menschen nahe an den Tod heranzuführen, verbindet sie mit dem Geburtstrauma. Erinnerungen an Krankheit und Traumata, mit denen eine Behinderung des Atems verbunden war, sind dabei von besonderer Bedeutung (z.B.Lungenentzündung, Diphtherie, Keuchhusten oder Situationen des Beinahe-Ertrinkens).

Begegnung mit Geburt und Tod: Die Dynamik der grundlegenden perinatalen „Matrizen"

Die Erfahrungen dieser psychischen Ebene kreisen um physischen und emotionalen Schmerz, Krankheit und Altersschwäche, um Altwerden, Sterben und Tod. Der Mensch wird sich des Todes bewußt – dies zeigt sich in den eschatologischen Vorstellungsinhalten, in Visionen von sterbenden Menschen und Tieren, verfallenden Leichen und Kadavern, Visionen von Skeletten und Friedhöfen, ebenso aber in tiefen Erlebnissen des Sterbens und in Begegnungen mit dem Tod, die sehr reale biologische und emotionale Begleitumstände aufweisen.

Die intensive Begegnung mit dem Tod, die diese Erfahrungsebene kennzeichnet, ist meist eng verwoben mit Phänomenen, die den Vorgang der biologischen Geburt betreffen. Der Agonie und dem Tod ins Auge blickend, erleben sich viele Menschen gleichzeitig im Kampf um das Geborenwerden. Vieles von dem, was sich dabei in Physiologie und Verhalten manifestiert, kann als Begleiterscheinung einer Geburt gedeutet werden. Es geschieht dabei häufig, daß sich das Individuum mit einem Fötus identifiziert und verschiedene Aspekte der eigenen biologischen Geburt (mit spezifischen und nachprüfbaren Einzelheiten) wiedererlebt. Das Element des Todes kommt mit hinein, wenn man sich zugleich mit dem Geburtserleben (oder abwechselnd damit) als kranken, alternden oder sterbenden Menschen erfährt. Es ist nicht möglich, das gesamte Spektrum dieser Erfahrungen nur auf ein Wiedererleben der biologischen Geburt zu reduzieren, dennoch scheint das Geburtstrauma ein Kernstück des Erfahrungsprozesses auf dieser Ebene darzustellen. Deshalb bezeichne ich diese Ebene des Unbewußten als perinatal.

Der Begriff *„perinatal"* wird normalerweise in der Medizin verwendet, um Prozesse zu beschreiben, die der Geburt unmittelbar vorangehen, mit ihr verbunden sind oder ihr unmittelbar folgen; hier soll die Bezeichnung „perinatal" nicht im traditionellen Sinn der Geburtshilfe gebraucht werden, sondern auf Geburtserfahrungen bezogen werden. Zwischen der biologischen Geburt und der beschriebenen perinatalen Erfahrung gibt es eine tiefgehende und spezifische Verbindung. Deswegen ist es möglich, die klinischen Stadien der Entbindung für die Konstruktion eines Modells zu benutzen, das uns helfen soll, die Dynamik der perinatalen Ebene des Unbewußten zu verstehen und sogar bestimmte Voraussetzungen zu treffen über den Prozeß von Tod und Wiedergeburt bei verschiedenen Menschen.

Die perinatale Ebene des Unbewußten reflektiert in komplexer Weise die Erfahrungen von Tod und Wiedergeburt. Die einzelnen Sequenzen, die mit den verschiedenen Stadien der biologischen Geburt korrespondieren, sind verbunden mit den verschiedensten transpersonalen Erfahrungen mythologischer, mystischer, archetypischer, historischer, sozio-politischer, anthropologischer oder phylogenetischer Natur. Sie erscheinen in fünf charakteristischen Erfahrungs-Mustern oder -Konstellationen, die man in Beziehung setzen kann zu den einzelnen Stadien der klinischen Geburt.

(1) Die Erfahrung kosmischer Einheit: das amniotische Universum

Diese wichtige perinatale Erfahrung bezieht sich auf das anfängliche Einssein mit der Mutter, auf den ursprünglichen Zustand intrauteriner Existenz, während der Mutter und Kind eine symbiotische Einheit bilden. Wenn keine schädlichen Einflüsse dazwischenkommen, können die Bedingungen für das Kind nahezu optimal sein und vollkommene Sicherheit sowie andauernde Befriedigung sämtlicher Bedürfnisse gewähren. Grundmerkmale dieser Erfahrung sind: Überschreitung der Subjekt-Objekt-Dichotomie, starke positive Gefühle (von Frieden, Heiterkeit, Ruhe und ozeanischer Ekstase), sakrale Gefühle, das Überwinden von Raum und Zeit und reiche Einsichten von kosmischer Relevanz. Der spezifische Inhalt solcher Erfahrungen läßt sich aus Situationen ableiten, die gleichfalls ohne Grenzen oder Hindernisse sind, wie z.B. der Identifizierung mit dem Ozean und den Lebensformen des Wassers oder gar mit dem Weltraum. Zu dieser Kategorie gehören auch Bilder der Natur im positiven Sinne („Mutter Natur") und archetypische Visionen von Himmel und Paradies. Es ist wichtig darauf hinzuweisen, daß nur Episoden ungestörten embryonalen Lebens von solcherlei Erfahrungen begleitet sind. Störungen während der intrauterinen Existenz gehen einher mit Bildern von Unterwasser-Gefahren, unwirtlicher Natur, Verschmutzung und heimtückischen Dämonen.

(2) Das Erlebnis kosmischen Verschlungenwerdens

Dieses Erfahrungsmuster scheint der Einleitung der Entbindung zu entsprechen, wodurch die anfängliche Harmonie unterbrochen wird. Zunächst geschieht dies als Folge alarmierender chemischer Signale, später dann als Folge mechanischer Kontraktionen der Gebärmutter-Muskulatur. Diese Situation wird subjektiv als außerordentliche lebensgefährliche Bedrohung empfunden. Überwältigende Gefühle frei-flottierender Angst führen zu paranoider Ideenbildung und Wahrnehmung. Die Intensivierung dieses Zustandes resultiert oftmals in der Erfahrung eines gewaltigen Wirbels oder Sogs, der das Subjekt und seine Welt unaufhaltsam in sich hineinzieht. Eine häufig auftretende Variante des Themas bildet die Erfahrung des Verschlungenwerdens durch ein archetypisches Tier – von einem Oktopus umfangen oder von einer gigantischen Mutter-Spinne umgarnt zu werden. Eine weniger dramatische Form der gleichen Erfahrung ist das Thema des Abstiegs in die Unterwelt und die Begegnung mit dämonischen Wesen.

(3) Die Erfahrung von Ausweglosigkeit oder Hölle

Diese Erfahrung stellt eine logische Entsprechung zur voll entwickelten ersten klinischen Geburtsphase dar. Zu dieser Zeit wird der

Fötus in periodischen Abständen durch Gebärmutterkrämpfe eingeengt, während der Gebärmuttermund noch verschlossen und der Weg hinaus noch nicht frei ist. Das Subjekt fühlt sich steckengeblieben, eingesperrt und gefangen in einer klaustrophobischen, alptraumhaften Welt und verliert jeden Kontakt mit der linearen Zeit. Die Situation fühlt sich ganz und gar unerträglich, endlos und hoffnungslos an. Es erscheint deshalb logisch, daß die darin verstrickten Menschen sich in ihrer Erfahrung oft mit Gefangenen in Kerkern oder Konzentrationslagern identifizieren oder auch mit Opfern der Inquisition, den Insassen eines Irrenhauses, den Sündern in der Hölle bzw. mit archetypischen Figuren, die ewige Verdammnis verkörpern. Während dieser tiefen existentiellen Krise, die mit dem oben beschriebenen Zustand einhergeht, stellt sich die Existenz als sinnlose Farce oder absurdes Theaterstück dar.

(4) Die Erfahrung des Kampfes um Tod und Wiedergeburt

Viele wichtige Aspekte dieser Erfahrungs-Matrix lassen sich aus ihrer Beziehung zur 2. klinischen Phase der Geburt verstehen. Während dieser Phase dauern die Uterus-Kontraktionen an, aber der Gebärmuttermund hat sich nun geweitet und ermöglicht ein langsames Vorwärtsschieben des Fötus durch den Geburtskanal. Hiermit verbunden sind heftige Kämpfe ums Überleben, ein vernichtend starker mechanischer Druck und oft hochgradiger Sauerstoffmangel bis hin zum Ersticken. In der Schlußphase der Entbindung kommt der Fötus eng in Kontakt mit Blut, Schleim, Urin und Fäkalien. Dieses Erfahrungsmuster ist besonders reich und vielfältig. Neben dem realistischen Wiedererleben einzelner Aspekte des Kampfes im Geburts-Kanal umfaßt es vielfältige Phänomene, die in typischen thematischen Sequenzen ablaufen. Zwischen diesen und den einzelnen anatomischen, physiologischen und biochemischen Aspekten des Geburtsvorgangs gibt es eine Verbindung von großer Überzeugungskraft. Als wichtigste Motive treten auf: titanische Schlachten, sadomasochistische Erfahrungen, intensive sexuelle Erregung, dämonische Episoden und die Begegnung mit dem Feuer. All dies taucht im Zusammenhang mit dem Kampf um Tod und Wiedergeburt auf. Die für diesen Bereich typischen Bilder enthalten mythologische Schlachten von riesigem Ausmaß, mit Engeln und Dämonen,

Göttern und Titanen, dem Wüten der Elemente, blutigen Revolutions- und Kriegsszenen, Bilder von Pornographie und abweichender Sexualität, Gewalt, satanischen Orgien, Hexensabbate, Kreuzigung und rituellen Opferungen.

(5) Die Erfahrung von Tod und Wiedergeburt

Diese perinatale Matrix ist sinngemäß mit dem dritten klinischen Stadium der Entbindung verknüpft – mit der tatsächlichen Geburt des Kindes. In diesem Stadium kommt der schmerzvolle Vorgang des Geburtskampfes an sein Ende – die Vorwärtsbewegung durch den Geburtskanal wird auf einen Höhepunkt getrieben, und die extreme Anspannung, der Schmerz und die sexuelle Erregung, die sich aufgestaut haben, gehen über in plötzliche Erleichterung und Entspannung. Nach der Abtrennung der Nabelschnur ist die physische Trennung von der Mutter vollzogen, und das Kind beginnt eine neue Existenz als ein anatomisch unabhängiges Individuum. Wie auch bei den anderen Matrizen stellen einige der hier auftauchenden Erfahrungen eine akkurate Wiederholung der wirklichen biologischen Geburtsereignisse und bestimmter Eingriffe während der Entbindung dar. Das symbolische Gegenstück zum letzten Entbindungsstadium bildet die Erfahrung von Tod und Wiedergeburt.

Obwohl es nur noch ein Schritt hin zur großen Befreiung ist wird diese Phase als enorme Katastrophe erlebt. Oft führt man einen erbitterten Kampf, um die Erfahrung anzuhalten. Wenn die Erfahrung weiter zugelassen wird, gelangt man zu einem Gefühl der Vernichtung auf allen erdenklichen Ebenen: von physischer Zerstörung, emotionalem Zusammenbruch, intellektueller Niederlage, moralischem Versagen, absoluter Verdammung. Diese Erfahrung des „Ich-Todes" führt zur erbarmungslosen Auslöschung aller früheren Bezugspunkte im Leben eines Menschen.

Auf die Erfahrung der totalen Vernichtung, des „Aufschlagens auf dem kosmischen Grund", folgen Visionen von blendend weißem oder goldenem Licht von übernatürlicher Strahlkraft und Schönheit. Diese können einhergehen mit wunderbaren Offenbarungen archetypischer göttlicher Wesen, Regenbogenlichtern und Pfauenmustern. Man erlebt ein tiefes Gefühl emotionaler und geistiger Befreiung, Sühne und Erlösung – befreit von Angst, Depression und

Schuld, gereinigt und entlastet. Dies ist verbunden mit einer Flut von positiven Emotionen sich selbst, den anderen und der gesamten Existenz gegenüber. Die Welt erscheint als ein schöner und sicherer Platz, und die Freude am Leben nimmt deutlich zu.

Reisen jenseits des Gehirns: transpersonale Dimensionen der Psyche

Die Erfahrung von Tod und Wiedergeburt kann das Tor zum transbiographischen Bereich der menschlichen Psyche öffnen, der am besten „transpersonal" genannt wird. Die perinatale Ebene des Unbewußten bildet ein Zwischenglied zwischen dem biographischen und dem transpersonalen Bereich, dem individuellen und dem kollektiven Unbewußten. In den meisten Fällen gehen solchen transpersonalen Erfahrungen dramatische Begegnungen mit Geburt und Tod voran. Es gibt jedoch auch andere Fälle: manchmal ist ein erfahrungsmäßiger Zugang zu transpersonalen Elementen und Themen auch direkt zu erlangen, ohne vorherige Konfrontation mit der perinatalen Ebene.

Der gemeinsame Nenner dieser Phänomene ist das Gefühl, daß das Bewußtsein sich über die Ich-Grenzen hinaus erweitert und die Grenzen von Zeit und Raum überschritten hat. In gewöhnlichen bzw. „normalen" Bewußtseinszuständen erfahren wir uns als innerhalb der Grenzen des physischen Körpers (Körperbildes). Wir nehmen unsere Umgebung nur innerhalb der physisch und physiologisch bestimmten Reichweite unserer Sinnesorgane wahr.

Sowohl die innere als auch die äußere Wahrnehmung (Interoception und Exteroception) sind normalerweise durch zeitliche und räumliche Grenzen beschränkt. Unter normalen Bedingungen können wir nur die Ereignisse des gegenwärtigen Moments und der unmittelbaren Umgebung voll und mit all unseren Sinnen aufnehmen. Wir sind zwar in der Lage, die Vergangenheit zurückzurufen und zukünftige Ereignisse zu antizipieren oder uns Phantasien darüber zu bilden, der direkten Erfahrung jedoch sind Vergangenheit und Zukunft unzugänglich. In transpersonalen Erfahrungen, wie sie in psychedelischen Sitzungen, in Selbsterfahrung durch andere Techniken oder aber spontan auftreten, werden eine oder mehrere dieser Grenzen überschritten. Erfahrungen dieser Art lassen sich in drei Kategorien unterteilen: Einige beinhalten die Überschreitung linearer Zeit: sie werden als historische Regression und Erforschung der eigenen biologischen, kulturellen und spirituellen Vergangenheit erlebt oder als geschichtlicher Vorgriff in die Zukunft. Zu der zweiten Kategorie gehören Erfahrungen, die durch das Transzendieren der herkömmlichen Raum-Grenzen gekennzeichnet sind. Zur dritten Gruppe gehört die erfahrungsmäßige Erforschung von Bereichen, die in der westlichen Kultur nicht zur objektiven Realität gezählt werden.

Viele Menschen erfahren in außergewöhnlichen Bewußtseinszuständen ganz konkrete und realistische Episoden, die sie als fötale und embryonale Erinnerungen identifizieren. Es ist unter diesen Umständen nicht ungewöhnlich (auf der Ebene zellularen Bewußtseins), sich voll mit dem Samen und dem Ei zur Zeit der Empfängnis zu identifizieren. Manchmal reicht die historische Regression noch weiter zurück, und man hat ein überzeugendes Gefühl, Erinnerungen aus dem Leben seiner Vorfahren wiederzuerleben oder sogar aus den Erinnerungsvorräten des rassischen oder kollektiven Unbewußten zu schöpfen. Gelegentlich berichten Personen von Erfahrungen, worin sie sich mit verschiedenen tierischen Vorfahren der evolutionären Ahnentafel identifizieren, oder haben ein deutliches Gefühl, dramatische Episoden aus einer früheren Inkarnation wiederzuerleben.

Transpersonale Erfahrungen mit einer Transzendierung von räumlichen Grenzen legen nahe, daß die Grenzen zwischen dem Individuum und dem Rest des Universums nicht feststehen und nicht absolut sind. Es ist unter besonderen Umständen möglich, sich mit jedem Ding im Universum zu identifizieren, sogar mit dem Kosmos selbst. Zu diesem Bereich gehört die Erfahrung, mit einer anderen Person in einen Zustand dualer Einheit zu verschmelzen oder die Identität eines anderen anzunehmen, sich in das Bewußtsein einer bestimmten Gruppe von Menschen einzustimmen oder das eigene Bewußtsein bis zu einem solchen Grad auszudehnen, daß es die ganze Menschheit umfaßt. In gleicher Weise kann man die Grenzen der spezifisch menschlichen Erfahrung überschreiten und sich mit dem Bewußtsein von Tieren, Pflanzen oder sogar anorganischen

Dingen und Vorgängen identifizieren. Im Extremfall ist es möglich, das Bewußtsein der gesamten Biosphäre zu erfahren sowie das Bewußtsein dieses Planeten oder des ganzen materiellen Universums.

In vielen transpersonalen Erfahrungen scheint die Ausweitung des Bewußtseins die phänomenale Welt zu überschreiten – das Raum-Zeit-Kontinuum, wie wir es in unserem Alltagsleben wahrnehmen. Hierhinein gehören die zahlreichen Visionen archetypischer Gestalten und Themen, die Begegnungen mit Göttern und Dämonen verschiedener Kulturen und komplexe mythologische Abfolgen. Verbreitet sind auch Berichte über die Erscheinung von Geistern und Verstorbenen, übermenschlichen Wesenheiten und den Bewohnern anderer Universen.

Zur gleichen Kategorie gehören z.B. auch Phänomene wie: Visionen abstrakter archetypischer Muster, das intuitive Verstehen universaler Symbole (Kreuz, Ankh, Yin-Yang, Swastika, Pentagramm oder Hexagramm), die Erfahrung der Meridiane, des Ki-Energieflusses, von dem die chinesische Philosophie und Medizin berichten, oder das Erwecken der Schlangenkraft (Kundalini) und die Aktivierung der verschiedenen Zentren psychischer Energie (Chakras). Am Punkt seiner höchsten Ausdehnung kann das persönliche Unbewußte einswerden mit dem kosmischen oder universalen Bewußtsein. Die letzte aller Erfahrungen ist die Identifikation mit der suprakosmischen oder metakosmischen Leere, jener geheimnisvollen uranfänglichen Leere, die ihrer selbst bewußt ist und alles Existierende in keimhafter, potentieller Form in sich birgt.

Transpersonale Erfahrungen weisen einige denkwürdige Charakteristika auf, durch die die grundlegenden Annahmen materialistischer Wissenschaft und mechanistischer Weltanschauung zunichte gemacht werden: Forscher, die sich ernsthaft bemüht haben, diese faszinierenden Phänomene zu erforschen und/oder zu erfahren, müssen erkennen, wie oberflächlich und unangemessen die Versuche der traditionellen Psychiatrie sind, diese Dinge als irrelevante Produkte der Imagination oder als irrige Phantasmagorien abzutun, die durch pathologische Prozesse im Gehirn entstünden. Wer den transpersonalen Bereich der Psyche unvoreingenommen studiert, gelangt zu dem Schluß, daß die darin enthaltenen Beobachtungen eine kritische Herausforderung des Newton-Kartesianischen Paradigmas westlicher Wissenschaft darstellen.

Obwohl transpersonale Erfahrungen im Prozeß tiefer individueller Selbsterforschung auftreten, ist es nicht möglich, sie einfach als innerpsychische Phänomene im konventionellen Sinn zu interpretieren. Einerseits formen sie ein ununterbrochenes Erfahrungskontinuum mit Erfahrungen aus der biographischen Erinnerungsschicht und der perinatalen Schicht. Andererseits scheinen sie – ohne die Vermittlung der Sinnesorgane – Informationsquellen anzuzapfen, die ganz klar außerhalb der konventionell definierten Reichweite des Individuums liegen. Menschen, die Episoden aus ihrem embryonalen Leben oder den Moment ihrer Empfängnis erlebten oder gar in das zelluläre, das Gewebe- oder Organ-Bewußtsein vordrangen, geben uns Berichte, die reich an medizinisch korrekten Einsichten in die anatomischen, physiologischen und biochemischen Aspekte der dazugehörigen Prozesse sind. In gleicher Weise bringen die Ur-Erfahrungen, die kollektiven Erinnerungen im Jungschen Sinne sowie auch die Erinnerungen aus früheren Inkarnationen häufig bestimmte Einzelheiten ans Tageslicht über Architektur, Kostüme, Wappen, Kunst, soziale Struktur und religiöse Praktiken der jeweiligen Kultur und Zeitepoche, manchmal sogar ganz konkrete historische Ereignisse.

Die Personen, die derartige phylogenetische Erfahrungen gemacht haben oder Identifikationen mit anderen existierenden Lebensformen erlebten, fanden dies nicht nur außergewöhnlich überzeugend und authentisch, sie erhielten in diesem Prozeß auch bemerkenswerte Erkenntnisse bezüglich Tier-Psychologie, -Ethologie, besonderer Gewohnheiten oder ungewöhnlicher Fortpflanzungszyklen. An manchen Stellen wurden diese Erkenntnisse begleitet von archaischen Muskel-Innervationen, die für Menschen untypisch sind, oder sogar durch so komplexe Darbietungen wie das Vorführen eines Braut-Tanzes. Andere, die die bewußte Identifikation mit Pflanzen oder Teilen von Pflanzen erlebten, erzählen gelegentlich von besonderen Einblicken in botanische Prozesse wie dem Keimen von Samen, der Photosynthese in Blättern, der Rolle der Auxine beim Pflanzenwachstum, dem Austausch von Wasser und Mineralien im Wurzelsystem oder der Pollen-Befruchtung. Häufig kommt es auch zu einem Gefühl der bewußten Identifikation mit unbelebter Materie oder anorganischen Prozessen – wie dem Wasser im Meer, dem Feuer, dem Blitz, vulkanischen Aktivitäten, einem Tornado, Gold,

Diamanten, Granit und schließlich sogar Sternen, Galaxien, Atomen und Molekülen.

Es gibt noch eine weitere interessante Gruppe transpersonaler Phänomene, die auch bestätigt und experimentell erforscht werden können. Dazu gehören Telepathie, mediale Diagnostik, Hellsichtigkeit, Hellhörigkeit, Präkognition, Psychometrie, Erfahrungen außerhalb des Körpers, Astralreisen und andere Phänomene außersinnlicher Wahrnehmung. Dies ist die einzige Gruppe transpersonaler Phänomene, die man in der Vergangenheit gelegentlich in akademischen Kreisen diskutiert hat, leider jedoch mit stark negativer Voreingenommenheit.

Aus einer solchen umfassenderen Perspektive gibt es keinen Grund, die sogenannten paranormalen Phänomene als eine spezielle Kategorie auszusondern. Da man durch viele andere Formen transpersonaler Erfahrung mittels übersinnlicher Kanäle Zugang zu neuer Information über das Universum erlangt, läßt sich zwischen Psychologie und Parapsychologie keine klare Grenze ziehen. Eine solche Grenzziehung wird auch nebensächlich, sobald die Existenz eines transpersonalen Bereichs erkannt und anerkannt ist.

Transpersonale Erfahrungen nehmen in der Topographie der menschlichen Psyche einen besonderen Platz ein. Die analytische Erinnerungsschicht der Psyche und das persönliche Unbewußte sind ihrer Natur nach biographisch. Die perinatale Dynamik scheint so etwas wie einen Einschnitt oder eine Grenze zwischen dem Personalen und dem Transpersonalen zu sein: dies zeigt sich in seiner tiefen Verbindung mit Geburt und Tod – dem Anfang und Ende der menschlichen individuellen Existenz. Die transpersonalen Phänomene enthüllen Verbindungen zwischen Individuum und Kosmos, die zur Zeit noch jenseits unseres Verständnishorizontes liegen. Alles, was sich darüber aussagen läßt, ist, daß es an irgendeinem Punkt während der perinatalen Entfaltung zu einem fremdartigen, qualitativen Sprung kommt – zu einem Übergang von der tiefen Selbsterfahrung des individuellen Unbewußten zum Abenteuer kosmischen Ausmaßes, wo etwas zutage tritt, was wir am besten „kosmisches Bewußtsein" oder „Überbewußtsein" nennen.

Die oben beschriebene erweiterte Topographie ist von entscheidender Bedeutung für jede ernsthafte Annäherung an Phänomene wie psychedelische Zustände, Schamanismus, Religion, Mystik,

Übergangsriten, Mythologie, Parapsychologie, Thanatologie und Psychose. Dies ist nicht nur eine Angelegenheit von akademischem Interesse. Wie ich im folgenden zeigen werde, beinhaltet es tiefe und revolutionäre Konsequenzen für das Verständnis der Psychopathologie und eröffnet neuartige therapeutische Möglichkeiten, von denen die traditionelle Psychiatrie nicht zu träumen wagte.

2. Architektur psychischer Störungen

Die Beobachtungen aus der LSD-Psychotherapie und der holotropischen Therapie warfen ein neues Licht auf die zwischen den konkurrierenden Schulen der Tiefenpsychologie stattfindenden Kontroversen über die psychodynamischen Kräfte, die den verschiedenen Formen psychischer und psychosomatischer Störungen zugrunde liegen. Die schnelle und einfache Entfaltung des therapeutischen Prozesses (die für die beiden neuen Psychotherapieformen charakteristisch ist) reduziert Programmierung, Einschränkungen und Entstellungen, wie sie selbst in den indirektesten Formen der verbalen Psychotherapie vorkommen, auf ein Minimum. Das psychische Material, das unter solchen Umständen ans Licht kommt, bietet ein ursprünglicheres Bild der den Symptomen zugrundeliegenden Kräfte-Konstellationen. Häufig entwickelt es sich völlig überraschend für den Therapeuten und folgt ganz und gar nicht seinen Vorstellungen.

Im allgemeinen stellt sich die Architektur der Psychopathologie, die sich in der Erfahrungs-Arbeit manifestiert, viel komplexer und komplizierter dar, als die gängigen Persönlichkeitstheorien es uns glauben machen wollen. Wenn wir die neuesten Beobachtungen zugrunde legen, lassen sich nur wenig emotionale und psychosomatische Syndrome allein aus der Dynamik des persönlichen Unbewußten erklären. Viele klinische Probleme haben ihre Wurzel in der perinatalen Ebene des Unbewußten. Sie haben einen starken Bezug zum Geburts-Trauma und zur Todesangst – ihre Auflösung erfordert eine erfahrungsmäßige Konfrontation mit dem Prozeß von Tod und Wiedergeburt.

In vielen Fällen reicht die dynamische Geometrie der psychischen, psychosomatischen und interpersonalen Probleme noch weiter – diese wurzeln tief in verschiedenen transpersonalen Grundmustern.

Oft weisen psychopathologische Syndrome eine komplexe dynamische Struktur auf und haben eine Beziehung zu sämtlichen psychischen Ebenen: der biographischen, der perinatalen und der transpersonalen. Um mit Problemen dieser Art sinnvoll umzugehen, muß der Therapeut darauf eingestellt sein, Material all dieser Schichten anzuerkennen und zu verarbeiten. Das verlangt von ihm eine große Flexibilität und das Aufgeben orthodoxer Vorstellungen. Psychotherapeutische Schulen, die die transbiographischen Quellen der Psychopathologie nicht anerkennen, besitzen hinsichtlich der oben genannten Fakten nur sehr oberflächliche und inadäquate Modelle der Psyche. Da sie nicht auf die machtvollen Heilungsmechanismen und die Persönlichkeitstransformation der perinatalen und transpersonalen Ebenen zurückgreifen, sind sie in ihrer therapeutischen Wirksamkeit ernstlich begrenzt.

3. Effektive Mechanismen für Therapie und Persönlichkeitsveränderungen

Nach dem Ansatz der traditionellen psychotherapeutischen Schulen liegt der Ursprung aller psychischen, psychosomatischen und transpersonalen Probleme in postnatalen biographischen Ereignissen. Daraus folgt, daß man verschiedene therapeutische Verfahren, die mit biographischem Material operieren, als adäquaten Ansatz nimmt, um mit diesen Problemen fertig zu werden. In diesem Zusammenhang verlassen sich die Therapeuten gerne auf die Methode der freien Assoziation, das Einzelgespräch und andere vorwiegend verbale Verfahren. So kann es vorkommen, daß nach Jahren psychotherapeutischer Arbeit die Klienten wohl fähig sind, ihre Probleme in Begriffen postnataler Dynamik ausführlich zu erklären, während sie gleichzeitig nur minimale therapeutische Veränderungen aufweisen.

Die erlebnisorientierte Arbeit zeigt, daß die dynamische Struktur der psychogenetischen Symptome ein mächtiges Potential an psychischen und physischen Energien birgt. Angesichts dieser Tatsache ist der Versuch, sie mit verbalen Mitteln zu beeinflussen, recht problematisch. Es erfordert ein therapeutisches Setting, das die unmittelbare Erfahrung zuläßt und fördert, denn nur so lassen sich bemerkbare Resultate in einer vernünftigen Zeitspanne erreichen. Dazu kommt, daß aufgrund der vielschichtigen Natur psychogenetischer Symptome im konzeptionellen Rahmen des Therapeuten die perinatale und transpersonale Ebene nicht fehlen darf, um die therapeutische Arbeit voll wirksam werden zu lassen.

Solange sich der Prozeß der erlebnisorientierten Therapie lediglich auf die biographische Ebene konzentriert, sind die therapeutischen Resultate sehr begrenzt, außer wenn das betreffende Material unerledigte Gestalten aus schweren physischen Traumata enthält. Die Sofort- und Langzeitwirkungen einer vertieften Selbsterfahrung sind noch dramatischer, wenn diese Erlebnisse von Geburt und Tod einschließt. Klaustrophobien sowie andere Formen von Angstzuständen, Depressionen, Selbstmordtendenzen, Alkoholismus, Abhängigkeit und Narkotika, Asthma, Migräne, sadomasochistische Neigungen sowie viele andere Probleme sind durch Erfahrungen perinataler Natur nachhaltig zu beeinflussen. Jedoch in Fällen, wo die Wurzeln des Problems noch tiefer bis in die transpersonale Ebene reichen, läßt sich keine endgültige Lösung erreichen, wenn der Klient sich nicht selbst erlaubt, mit dem entsprechenden Aspekt transpersonaler Erfahrung in Kontakt zu kommen. Dies kann eine intensive Erfahrung aus einer vergangenen Inkarnation sein oder die Identifikation mit einem Tier, einer archetypischen Gestalt oder einem mythologischen Motiv, einem Motiv des kollektiven Unbewußten und vieles andere mehr. Offenheit und Vertrauen in den Prozeß gehören zu den wichtigsten Voraussetzungen einer erfolgreichen Therapie – sowohl von seiten des Therapeuten wie auch von seiten des Klienten.

4. Allgemeine Strategie der Psychotherapie und der Selbst-Erforschung

Die verschiedenen Schulen der Psychotherapie unterscheiden sich weitgehend in ihrem Verständnis von der Natur und Funktionsweise der menschlichen Psyche, in der Interpretation des Ursprungs und der Dynamik psychogenetischer Symptome und nicht zuletzt in den Anweisungen für Strategie und Technik der Psychotherapie. Dieser grundlegende Mangel an Übereinstimmung in den grundsätzlichen Fragen ist mit ein Grund dafür, warum man der Psychotherapie so oft den Status eines wissenschaftlichen Verfahrens abgesprochen hat.

Die aus der Erfahrungs-Arbeit stammenden Beobachtungen stimmen überein mit dem von *C. G. Jung* erstmals entwickelten Konzept: Die menschliche Psyche verfügt über ein machtvolles Selbstheilungs-Potential. Quelle der Selbstheilungs-Kräfte ist das kollektive Unbewußte. Es ist deshalb nicht die Aufgabe des Therapeuten, das Problem des Klienten rational zu verstehen und eine bestimmte Technik darauf anzuwenden, um die Situation nach einem vorgeformten Plan zu ändern. Er soll nur dem Klienten den Zugang zu den tieferen Schichten der Psyche ermöglichen. Dann kann Heilung sich aus dem dialektischen Wechselspiel zwischen individuellem Bewußtsein und persönlichem sowie kollektivem Unbewußten entwickeln.

Eine auf den Beobachtungen moderner Bewußtseinsforschung beruhende psychotherapeutische Technik benutzt die unmittelbare Erfahrung als wichtigstes Werkzeug für Veränderungen. Verbale Ansätze gibt es nur zur Vorbereitung und zur Nachbereitung der Sitzung, um die Integration des dort Erfahrenen zu erleichtern. Der Therapeut schafft den unterstützenden Rahmen, er stellt eine gute Arbeitsbeziehung zum Klienten her und bietet eine Technik an, mit der sich das Unbewußte aktivieren läßt – wie z.B. Atmen, Musik, Meditation oder eine psychedelische Droge. Unter diesen Bedingungen können existierende Symptome verstärkt und bisher latente Symptome bewußt werden. Aufgabe des Therapeuten ist es, die stattfindende Erfahrung bedingungslos zu fördern und zu unterstützen – voller Vertrauen in die Autonomie und Spontaneität des Heilungsprozesses. Die Symptome sind nichts anderes als blockierte Energie und letztlich verdichtete Erfahrung. Sie sind ebenso sehr ein Problem, wie sie eine Möglichkeit darstellen.

Wird die Energie freigesetzt, dann wird das Symptom transformiert in eine bewußte Erfahrung und auf diese Weise verarbeitet. Wichtig ist, daß der Therapeut die elementare Entfaltung des Prozesses unterstützt, ohne einzugreifen oder darin verwickelt zu sein, ganz unabhängig davon, ob die Erfahrung biographischer, perinataler oder transpersonaler Natur ist. Diese bedingungslose Unterstützung muß anhalten, auch wenn der Therapeut nicht mehr versteht, was abläuft, oder wenn der Prozeß eine Form annimmt, die er nie zuvor gesehen hat. Anstatt das auftauchende Material in Begriffen eines geschlossenen theoretischen Systems zu interpretieren, wie es in der Psychoanalyse und in verwandten Ansätzen üblich ist, wird so der Therapeut zu einem Mit-Abenteurer, der in jeder Sitzung Neues lernt.

5. Ein neues Bild der Wirklichkeit und der menschlichen Natur

Viele Beobachtungen aus der holotropischen und psychedelischen Therapie sind unvereinbar mit dem kartesianisch-newtonschen Paradigma der Wissenschaft und stellen das mechanistische Denken ernsthaft in Frage. Vor allem transpersonale Erfahrungen mitsamt ihrer Dynamik weisen auf die dringende Notwendigkeit hin, das Modell des Universums, wie es von der klassischen Wissenschaft entworfen wurde, einer gründlichen Korrektur zu unterziehen. Es ist nicht länger möglich, das Bewußtsein als ein Unterphänomen der Materie und als Nebenprodukt der physiologischen Prozesse im Gehirn zu betrachten. Vom Gesichtspunkt der neugewonnenen Daten her erscheint das Bewußtsein als primäre Eigenschaft der Existenz und ist in die Struktur der phänomenalen Welt hineingewoben. Anstatt ein Produkt der biographischen Geschichte eines Individuums zu sein, erweist sich hier die menschliche Psyche als etwas, das dem gesamten Universum und der Existenz als Ganzem vergleichbar ist. Die Existenz und die Natur transpersonaler Erfahrungen verstoßen gegen einige Grundlagen der mechanistischen Wissenschaft, indem sie so scheinbar absurde Vorstellungen umfassen wie die Relativität, die beliebige Natur physischer Grenzen, nichtlokale Verbindungen innerhalb des Universums, Kommunikation über unbekannte Medien und Kanäle, Erinnerungen ohne materielles Substrat, Nicht-Linearität von Zeit oder gar die Vorstellung, daß unser Bewußtsein mit dem aller lebenden Organismen (einschließlich der niederen Tierarten, Pflanzen, Einzeller und Viren) sowie der anorganischen Materie verknüpft ist.

Viele transpersonale Erfahrungen beziehen sich auf Ereignisse im Mikro- oder Makrokosmos (Bereiche, die den menschlichen Sinnen nicht unmittelbar zugänglich sind) oder auf Ereignisse aus Zeitepochen, die historisch vor dem Ursprung des Sonnensystems anzusiedeln sind, Zeiten vor der Bildung des Planeten Erde, vor dem Auftauchen lebender Organismen und der Entwicklung eines zentralen Nervensystems sowie dem Erscheinen des Homo sapiens. Dies zeigt ganz klar,daß auf noch ungeklärte Weise jeder Mensch die Information über das gesamte Universum oder die gesamte Existenz besitzt und potentiell erfahrungsmäßigen Zugang zu allen seinen Teilen hat und in einem gewissen Sinn selbst das kosmische Netzwerk ist, während er gleichzeitig nur ein winziger Bruchteil davon, eine getrennte und unbedeutende biologische Einheit ist.

Während die hier beschriebenen Beobachtungen mit der mechanistischen Wissenschaft schwer zu vereinbaren sind, lassen sie sich leicht einfügen in die revolutionäre Entwicklung verschiedener wissenschaftlicher Disziplinen, auf die wir uns als auf das „neue Paradigma" bezogen haben. Unter den Disziplinen und Konzepten, die besonders zu dieser drastischen Veränderung wissenschaftlicher Weltanschauung beigetragen haben, befinden sich Quantenphysik und Relativitätstheorie (vgl. *Capra* 1975), *David Bohm*s (1980) Theorie der Holobewegung, *Karl Pribrams* (1971) holographisches Modell des Gehirns, die Kybernetik und die Systemtheorie, *Sheldrake*s (1981) Theorie von der morphischen Resonanz, *Prigogine*s (1980, 1984) Studien über die Auflösung von Strukturen und Ordnungen durch Fluktuation sowie *Arthur Young*s (1976) Prozeßtheorie.

Dies legt nahe, daß die moderne Bewußtseinsforschung sich aus der Zwangsjacke mechanistischer Wissenschaft befreien sollte, die in der Vergangenheit ein ernsthaftes Hindernis dargestellt hat, und daß sie vertrauensvoll der Logik ihrer eigenen Entdeckungen folgen kann. Es ist bereits deutlich sichtbar, daß ihre Entdeckungen einen unabhängigen und bedeutenden Beitrag zum „neuen Paradigma" und zu einer neuen wissenschaftlichen Weltsicht der Zukunft leisten werden.

Aus dem Amerikanischen übersetzt von Eva Ploes.

Literatur

Bateson, G., Mind and Nature: A Necessary Unity, E. P. Dutton, New York 1979; dt.: Geist und Natur. Eine notwendige Einheit, Suhrkamp, Frankfurt/M. 1982.

Bohm, D., Wholeness and the Implicate Order, Routledge and Kegan Paul, London 1980.

Capra, F., The Tao of Physics, Shambala Publications, Berkeley 1975; dt.: 9. Aufl. unter dem Titel: Das Tao der Physik. Die Konvergenz von westlicher Wissenschaft und östlicher Weisheit, Scherz/ O.W. Barth, Bern, München, Wien 1984.

Grof, S., Realms of the Human Unconscious: Observations from LSD Research, E. P.Dutton, New York 1976 dt.: Topographie des Unbewußten: LSD im Dienst der tiefenpsychologischen Forschung, Klett-Cotta, Stuttgart 1978.

–, LSD Psychotherapy, Hunter House, Pomona, ca. 1980; dt.: LSD-Psychotherapie, Klett-Cotta, Stuttgart 1983.

–, Beyond the Brain. Birth, Death and Transcendence in Psychiatry, The State University of New York Press, Albany, N.Y. 1985; dt.: Geburt, Tod und Transzendenz. Neue Dimensionen in der Psychologie, Kösel, München 1985.

Grof, S. und C., Jenseits des Todes. An den Toren des Bewußtseins, Kösel, München1984.

Jantsch, E., The Self-Organizing Universe, Pergamon Press, New York 1980; dt.: Die Selbstorganisation des menschlichen Universums. Vom Urknall zum menschlichen Geist, Hanser, München, Wien 1979.

Jung, C. G., Gesammelte Werke, Walter-Verlag, Olten und Freiburg 1958-1981.

Kuhn, T., The Structure of Scientific Revolutions, University of Chicago Press, Chicago 1962; dt.: Die Struktur wissenschaftlicher Revolutionen, Suhrkamp, Frankfurt/M. 1975.

Pribram, K., Languages of the Brain, Prentice-Hall, Englewood Cliffs, New York 1971.

Prigogine, J., From Being to Becoming: Time and Complexity in the Physical Sciences, W.H. Freeman & Co., San Francisco 1980; dt.: Vom Sein zum Werden. Zeit und Komplexität in den Naturwissenschaften, Piper, München/Zürich 1982.

Prigogine, J., Stengers, J., Order Out of Chaos: Man's New Dialogue with Nature, Bantam Books, New York 1984.

Sheldrake, R., A New Science of Life: The Hypothesis of Formative Causation, J. P.Tarcher, Los Angeles 1981.

Young, A., The Reflexive Universe: Evolution of Consciousness, Delacorte Press, New York 1976.

Transpersonale Psychotherapie

Frances Vaughan

„Psychotherapie ist die Kunst, die Wissenschaft und die Praxis des Studiums der Natur des Bewußtseins und dessen, wodurch es behindert oder gefördert werden kann" (*Bugental* 1978).

Die transpersonale Psychotherapie ist als eine Richtung in Erscheinung getreten, die sich insbesondere, aber nicht ausschließlich, den höheren Ebenen des Bewußtseinsspektrums zuwendet (*Wilber* 1977). Ursprünglich eher aus einem humanistisch-existentiellen Wachstumsmodell entstanden als aus einem medizinischen Therapiemodell, versucht die transpersonale Orientierung, jene Aspekte der traditionellen psychotherapeutischen Praxis zu integrieren, die zu einem tieferen Verstehen spiritueller Erfahrungsdimensionen beitragen können. Sie kann als ein Bestreben mit offener Zielsetzung betrachtet werden, welches die Absicht verfolgt, die menschliche Entwicklung hinzuführen zu Ganzheit und erweiterter Bewußtheit (*awareness*) jenseits der Grenzen, die den meisten herkömmlichen westlichen Modellen mentaler Gesundheit impliziert sind. Sie betont die im Verlauf des Wachstumsprozesses zentrale Bedeutung der Selbst-Wahrnehmung (*self-awareness*).

Aus transpersonaler Sicht erweitert sich im Verlauf der menschlichen Entwicklung mit dem Heranreifen des Menschen auch sein Selbstgefühl (*Wilber* 1980). Das Selbstgefühl, ursprünglich ausschließlich mit dem Körper identifiziert, entfaltet sich und umfaßt nun die Identifikation mit dem verbalen Ich-Bewußtsein und seinen sozialen Rollen. In der Folge taucht das unabhängige, existentielle Selbst als gesundes Selbstkonzept auf, beruhend auf der Integration von Leib und Seele und auf organismischer Ganzheit. Die Selbstbeobachtung auf dieser Stufe unterscheidet den inneren Zeugen von den Bewußtseinsinhalten, nämlich Gedanken, Gefühlen und Empfindungen.

Neuere Untersuchungen über höhere Bewußtseinszustände (*Walsh, Vaughan* 1989; *Walsh, Shapiro* 1983) weisen darauf hin, daß die

Disidentifikation von egozentrischen Selbstkonzepten zu einem umfassenderen Selbstgefühl führt, welches als transpersonales Selbst bezeichnet werden kann.

Die transpersonale Identität erweitert das Selbstgefühl und schließt höhere Bewußtseinszustände mit ein, die man zuerst in transpersonalen Gipfelerfahrungen oder in tiefer Meditation plötzlich aufblitzen sehen mag. Höhere Zustände lassen sich definieren als solche Zustände, die alle Fähigkeiten des normalen Wachzustandes und noch weitere mit einbeziehen. Aus transpersonaler Sicht ist unser normaler Wachzustand des Bewußtseins gewöhnlich defensiv eingeengt und deutlich unter dem, was er optimal sein könnte (*Walsh, Vaughan* 1983).

Um zu vermeiden, daß transpersonale Identität mit undifferenzierten, vor-ichhaften Bewußtseinszuständen verwechselt wird, muß eine Unterscheidung zwischen prä- und transpersonalen Zuständen getroffen werden (*Wilber* 1982). Über das Ego hinauszuwachsen bedeutet nicht Regression auf ein infantiles, ozeanisches Eins-sein. Eine psychoanalytische Theorie, die alle Nicht-Ich-Zustände mit präpersonalen Zuständen gleichsetzt, unterstellt fälschlicherweise, daß alles Nicht-Ichhafte regressiv sei (*Deikman* 1977). Dieses Mißverständnis ist verwirrend und kann zu Hoffnungslosigkeit und Depression auf existentieller Ebene beitragen. Es ist wesentlich, den Zusammenbruch des ich-haften Selbstkonzepts von einem Durchbruch zu einem erweiterten, umfassenderen Selbstgefühl zu unterscheiden. Wenn die transpersonale Identität klar von präpersonalen Zuständen abgegrenzt wird, läßt dies die gesunde Integration einer ganzen Reihe von Zuständen zu, welche die existentielle und ichhafte Identität transzendieren.

Ein transpersonaler Therapeut kann herkömmliche therapeutische Techniken zur Schulung der Awareness ebenso anwenden wie innovative Methoden, die ihren Ursprung in östlichen Bewußtseinsdisziplinen haben. Diese Methoden können Meditation, Atmen und andere Übungen zur Vertiefung der Selbsterkenntnis und zur Aufmerksamkeitsschulung einbeziehen. Transpersonale Psychotherapie läßt sich jedoch nicht ausschließlich durch Techniken bestimmen. Die Überzeugungen und Einstellungen des Therapeuten, die den therapeutischen *Kontext* bilden, sind ebenso wichtig wie *Prozeß* und *Inhalt* von therapeutischen Sitzungen (*Vaughan* 1979).

Kontext

Ein transpersonaler Kontext setzt gewisse Wertvorstellungen und Einstellungen voraus, welche die Befähigung zu einer das ganze Leben andauernden psychischen Entwicklung bestärken. Impulse zu spirituellem Wachstum gelten als grundlegend für die Erlangung von Ganzheit. Außer der Befriedigung physiologischer und emotionaler Grundbedürfnisse muß der in allen seinen Funktionen gesunde Mensch auch seine höheren Bedürfnisse nach Selbstverwirklichung und Selbsttranszendierung befriedigen (*Maslow* 1969). Daher sind Überzeugungen und Vermutungen über die eigene Identität und das Selbstkonzept entscheidende Fragestellungen in einem transpersonalen Ansatz.

Aus transpersonaler Perspektive besitzt die Psyche die Fähigkeit zur Selbstheilung. Eines der Therapieziele besteht darin, den Klienten zu befähigen, sich des kontinuierlichen Wachstums- und Entwicklungsprozesses bewußt zu werden und die Verantwortung für die Wahrung des Gleichgewichts zwischen innerer und äußerer Entwicklung, zwischen Denken und Fühlen und anderen Polaritäten zu übernehmen. Dies bedeutet, Selbstvertrauen zu entwickeln, um seinen physischen, emotionalen, mentalen und spirituellen Bedürfnissen angemessen zu begegnen.

Die transpersonale Psychotherapie setzt sich nicht für bestimmte religiöse Überzeugungen ein, vielmehr hebt sie hervor, wie wichtig es ist, Überzeugungen in Frage zu stellen und deren fundamentale Rolle bei der Gestaltung von Erfahrungen zu erkennen. Indem der transpersonale Ansatz Umwelteinflüsse ebenso anerkennt wie innerpsychische Faktoren, die an der Entstehung pathologischer Erscheinungen mitwirken, fördert er die persönliche Verantwortungsbereitschaft für die Gestaltung der Umwelt und erkennt so die Möglichkeit, frühe Konditionierungen zu transzendieren und Befreiung zu erlangen. Wenn begriffen wird, daß beschränkende Überzeugungen subjektiv sind, kann der Prozeß der Heilung psychischer Konflikte beschleunigt werden. Während beschränkende Überzeugungen die Bewußtheit einengen, birgt ein Kontext, der ein psychologisches Erforschen begünstigt und spirituelle Erfahrungen miteinbezieht, die Möglichkeit zur Vertiefung der Selbsterkenntnis und zur Steigerung des Wohlbefindens.

Prozeß

Im Prozeß der Selbstheilung und des persönlichen Wachstums neigt die betreffende Person dazu, ihre Haltung, andere zu beschuldigen oder sich selbst als Opfer zu fühlen, zu verändern zugunsten einer größeren Selbstbestimmung, Verantwortungsbereitschaft und kreativen Teilnahme am Leben. Dazu kann auch gehören, die Verantwortung für Gedanken und Gefühle ebenso wie für Verhaltensweisen zu übernehmen. Die Erkenntnis, daß wir alle Gefangene unseres Verstandes sind, wurde als der erste Schritt auf der Reise zur Freiheit bezeichnet (*Ram Dass* 1975). In spirituellen Disziplinen mag der Verstand geschult und unter Kontrolle gebracht werden. Im Rahmen der Psychotherapie übt man eher zu beobachten als zu kontrollieren; dennoch ist die Fähigkeit, konzentrierte Aufmerksamkeit und einen ruhigen Verstand zu wahren, eine wertvolle Kraft in der spirituellen als auch psychologischen Praxis und kann mit psychischem Wohlbefinden übereinstimmen.

Meditation als spirituelle Disziplin geht weit über ein Verstandestraining hinaus. Als innerpsychisches Werkzeug zur Schulung der Awareness kann sie jedoch eine wertvolle Ergänzung zur Therapie sein. Außer auf eine sofortige Streßreduzierung, wie sie von physiologischen Messungen nachgewiesen wird (*Shapiro, Walsh* 1984), kann Meditation sich auf Persönlichkeitsmerkmale auswirken und Charakterzüge verändern (*Carrington* 1982). Eine regelmäßige Meditationspraxis kann auch zu schärfer werdender Wachsamkeit und erhöhter Produktivität, Kreativität, Selbstvertrauen und Spontaneität beitragen. Sie steht auch im Zusammenhang mit einer Verringerung von Ärger, Ängstlichkeit, Selbstverurteilung und Suchterscheinungen. Am besten kann Meditation von Menschen genutzt werden, die relativ gesund sind, denn ein regelmäßiges Üben erfordert Selbstdisziplin. Außerdem muß der Therapeut selbst auch Meditierender sein, um die Übungen mit Verständnis und Einfühlungsvermögen leiten zu können.

Für den Therapeuten ist die Meditationspraxis verknüpft mit einer erhöhten Fähigkeit zu Empathie (*Lesh* 1970), wachsender Awareness und Akzeptanz subtiler Wahrnehmungen, steigender Sensibilität für non-verbale Kommunikationsprozesse, steigender Toleranz gegenüber Negativismen, verstärktem Konzentrationsvermögen und einer erhöhten Fähigkeit zu gleichschwebender Aufmerksamkeit (*Carrington* 1982). Als grundlegendes Werkzeug zur Bewußtseinsentwicklung ist die Meditation eine geeignete Übung in der transpersonalen Psychotherapie.

In der transpersonalen Psychotherapie ist das Bewußtsein sowohl Objekt als auch Instrument des Wandels. Deshalb ist die Palette von Bewußtseinszuständen, die dem Therapeuten zugänglich sind, ein entscheidender Faktor. Innerhalb der therapeutischen Beziehung schließt sich der Klient mit dem Therapeuten zusammen, um Heilung zu erlangen und zu höheren Bewußtseinsebenen zu erwachen.

Ein Therapeut, der sich auf die spirituelle Praxis einläßt, wird ohne Zweifel deren Wirkung auf persönliche als auch therapeutische Beziehungen bemerken. Jede Praxis, die der Steigerung der Awareness dient, birgt in sich das Potential zur Steigerung kommunikativer Fertigkeiten, wenn sie bewußt angewendet wird. Ebenso verbessert die Aufmerksamkeitsschulung die Klarheit im Kommunikationsprozeß. Bei der Leitung des Prozesses der Integration transpersonaler Erfahrungen und spiritueller Praxis mit dem täglichen Leben ist der Therapeut notwendigerweise stark auf seine persönlichen Erfahrungen angewiesen.

Inhalt

Ein Therapeut, der spürt, wie Bewußtseinszustände auf die Therapie einwirken, wird seine Aufmerksamkeit wahrscheinlich auf die subtilen Einstellungsveränderungen richten, die unbemerkt bleiben könnten, wenn ihnen nicht besondere Aufmerksamkeit zukommt. Die relative Bedeutung von Ich-Idealen, die Vergänglichkeit unserer Existenz und die heilenden Potentiale der Selbst-Awareness rücken in den Mittelpunkt, wenn Ergebnisse der Therapie nicht mit persönlichen Bewertungen als Erfolg oder Mißerfolg oder als Erreichen vorgefaßter Resultate erfaßt werden.

Dem Klienten mag bei der Lösung von Problemen auf der Ego-Ebene geholfen werden, aber die ausschließliche Aufmerksamkeit auf eher oberflächliche Fragestellungen kann ihm einen schlechten Dienst erweisen, wenn sie ihn daran hindert, sich tieferliegenden Fragen zu stellen, die zu Transzendierung und Befreiung führen könnten. Zum Beispiel mag jemand, der in der Therapie auf transpersonalen Ebenen zu arbeiten bereit ist, es vorziehen, sich eher auf die Disidentifikation von sozialen Rollen zu konzentrieren als auf die Verbesserung seiner persönlichen Fähigkeiten. Die Selbstachtung kann größer werden, wenn man Prätentionen aufgibt (*James* 1890), und sogar die Konzentration auf sich selbst kann transzendiert werden.

Die Effektivität einer bestimmten Therapieform kann nicht unabhängig von Wertvorstellungen und Auffassungen von psychischer Gesundheit beurteilt werden. Zwar stehen Meßskalen zur Auswertung persönlicher Fähigkeiten zur Verfügung, aber wie *Allport* schrieb: „Über die Psychologie der Befreiung haben wir nichts" (zit. in: *Walsh, Vaughan* 1980).

Wenn die Therapie als ein Prozeß betrachtet wird, der spirituelles Erwachen fördern kann, impliziert dies die Möglichkeit eines neuen Identitätsgefühls und eines neuen Weltbildes. Es wird keine spezifische Zielsetzung verfolgt, denn die Ebene des Erwachens wird bestimmt durch die Bereitschaft und Bereitwilligkeit des Klienten, sich durch Widerstände hindurchzuarbeiten und einengende Überzeugungen loszulassen. Wenn die illusorische Natur begrenzter Wahrnehmungen erkannt wird, wird man erwachen wie aus einem Traum.

Die intensive Erforschung symbolischer Dimensionen kann zu dramatischen Erwachens-Erfahrungen führen, wie sie *Stanislav Grof* (1975) als Wiedergeburts-Erfahrungen beschrieben hat. Andererseits kann das Erwachen eher graduell als plötzlich eintreten und als überhaupt nicht dramatisch erscheinen. Manchmal tragen die durch die Psychotherapie gewonnenen Einsichten erst lange nach Beendigung der Therapie Früchte. Daher wird ein transpersonaler Therapeut wahrscheinlich weniger versuchen, Ergebnisse in inhaltlichen Kategorien zu messen, und sich statt dessen mehr auf den therapeutischen Prozeß, wie dieser sich vertieft und entfaltet, konzentrieren.

Die inhaltliche Erörterung irgendeines Problems kann dem Therapeuten Hinweise auf das Selbstbild und den Lebensstil des Klienten geben. Je mehr man es wagen will, sich dem Therapeuten zu offenbaren, desto mehr wird der Prozeß des Erwachens beschleunigt. Während der Therapeut zuhört, kann der Klient seine Erfahrungen neu betrachten im Lichte unvoreingenommener, empathischer, nicht urteilender Awareness. Dabei können ihm ungelöste innerpsychische und zwischenmenschliche Konflikte deutlich bewußt werden.

Im Rahmen der therapeutischen Beziehung kann eine Person sich auf die Herausforderung einlassen, ihre Selbst-Awareness in einem sicheren und unterstützenden Kontext, der eine Selbsttäuschung verhindern kann, zu erweitern. Der Therapeut kann jede therapeutische Methode oder Technik einsetzen, die er für eine bestimmte Person zu einem bestimmten Zeitpunkt für geeignet hält. Diejenigen, die sich auf ein Hervorholen des innerpsychischen Lebens zu bewußter Wahrnehmung konzentrieren, können Techniken anwenden wie z.B. Traumarbeit, inneren Dialog, Imagination, sokratische Konfrontation bei einer Haltung von voraussetzungsloser Liebe und unterstützender Wertschätzung.

Ein evolutionäres Prozeßmodell

Die Entfaltung des Bewußtseins kann auf jeder Stufe des Spektrums ein Prozeß der Differenzierung, Transzendierung und Integration sein, der damit beginnt, Probleme, Konflikte, Polaritäten, Empfindungen, Gefühle, Gedanken und innere Bilder mit rücksichtsloser Ehrlichkeit zu identifizieren. Häufig ist damit ein Ordnen des Durcheinanders verworrener Gedanken und verschwommener Gefühle, die Probleme zu verursachen scheinen, verbunden. In diesem Kontext ist Transzendenz ein Prozeß der Disidentifikation, der auf den der Differenzierung und Identifizierung folgt. Er beinhaltet die Disidentifikation von verschiedenen Anteilen des Selbst, welche die Awareness zu dominieren suchen. Die nachfolgende Integration auf einer neuen, umfassenderen Organisationsebene kann ein erweitertes Freiheitsgefühl und eine neue Fähigkeit des Umgangs mit zuvor einschränkenden Identifikationsabläufen zur Folge haben.

Differenzierung

Die Anfangsstufe der Differenzierung ist vergleichbar mit dem, was in der Jungschen Terminologie als analytische Stufe bezeichnet wird. Es geht dabei vor allem um ein „Bekenntnis“ und um die Aufhellung der Bekenntnisinhalte, was zu einem besseren Verstehen psychischer Prozesse führt (*Stein* 1982). Mit subjektiven Erfahrungen ehrlich umgehen zu lernen ist ein wichtiger erster Schritt zur Erweiterung der Awareness. Er bedeutet, sich den Abwehr- und Vortäuschungsmechanismen zu stellen, die ein idealisiertes Selbstbild scheinbar schützen. Dabei können schmerzhafte Erinnerungen und eine emotionale Katharsis ebenso wie neue Einsichten in neurotische Gedanken- und Verhaltensmuster zum Vorschein kommen.

Der Prozeß des Erwachens läßt sich charakterisieren durch Bewußtwerden und Verstehen. Wer therapeutische Hilfe sucht in der Absicht, ein Problem zu lösen oder ein Symptom zu lindern, wird wahrscheinlich entdecken, daß ein Problem außerhalb seines Kontexts nicht erfolgreich behandelt werden kann. Eine Heilung bzw. dauerhafte Veränderung hängt davon ab, daß jedes Problem als integraler Teil des Ganzen gesehen wird, als erkennbare Manifestation eines komplexen Gefüges physischer, emotionaler, mentaler und spiritueller Faktoren.

Der Prozeß der Differenzierung verlangt es, mit dem Körper, den Gefühlen, Gedanken und tiefen Intuitionen, die die Entscheidungen beeinflussen, in Berührung zu kommen. Im wesentlichen geht es in diesem Prozeß darum, sich seiner selbst bewußt zu werden, sich seine Empfindungen, Emotionen und Gedanken zu eigen zu machen und Verantwortung für sie zu übernehmen. Wünschenswert ist eine Atmosphäre der Selbst-Akzeptanz. Das Bekennen negativer Gefühle und Gedanken und sozial inakzeptabler Impulse verlangt eine Bereitwilligkeit, Vortäuschungen zu entschleiern, sie aufzugeben und den Schatten anzuerkennen und zuzugeben, der eine Konstellation derjenigen Aspekte der Psyche ist, vor denen man selbst sich fürchtet und die man deswegen auf andere projiziert.

Die Kultivierung einer rezeptiven Haltung des Therapeuten und des Klienten gleichermaßen ermutigt auf dieser Stufe ein freies Fließen von Bewußtem und Unbewußtem. Das Selbst kann in bezug auf andere, auf die Welt und in bezug auf andere Bewußtseinszustände wie Träume, Phantasien und Intuitionen, die unabhängigen Ursprungs zu sein scheinen, wahrgenommen werden. Dem Prozeß auf dieser Stufe zu vertrauen, bedeutet, darauf zu vertrauen, daß die Psyche des Klienten weiß, was sie zur Wiederherstellung ihrer inneren Balance und Ganzheit braucht, und daß sie die Informationen liefern wird, die den Therapeuten befähigen, angemessen zu intervenieren.

Eine Aufgabe des Therapeuten besteht darin, einem auf transpersonaler Ebene arbeitenden Klienten zu helfen, zwischen zuverlässiger innerer Führung und dem beunruhigenden Werben falscher Lehrer, innerer und äußerer, zu unterscheiden. Zuerst muß der Klient lernen, mit sich in Einklang zu sein und seiner eigenen inneren Erfahrung zu lauschen. Dazu kann auch gehören, daß er lernt, seinen Verstand zum Schweigen zu bringen, seinen wirklichen Gefühlen ehrlich Ausdruck zu verleihen und mit seinen Bedürfnissen positiv übereinzustimmen.

In einem zweiten Schritt lernt der Klient, darauf zu vertrauen, daß intuitive Entscheidungen in einer Absicht getroffen werden können, die man manchmal erst später versteht. Je mehr die Verantwortung für Entscheidungen übernommen wird, desto weniger konzentriert sich der Prozeß auf das Erkennen und Lösen von Problemen und desto mehr auf die zwischenmenschliche Dynamik des Selbst als Subjekt statt als Objekt und schreitet somit zur zweiten Stufe der Transzendenz oder Disidentifikation fort.

Transzendenz

Transzendenz heißt in diesem Zusammenhang, daß die Identifikation mit einem bestimmten Selbstkonzept oder Bewußtseinsinhalt zugunsten einer weiteren, komplexeren Organisationsstruktur aufgegeben wird. Frühere Identifikationen werden nicht verworfen, sondern in eine weitere Sichtweise aufgenommen. Auf höheren Ebenen kann dieser Prozeß der Disidentifikation ein Transzendieren der ichhaften Identität sein, definiert durch Besitztum, soziale Rollen, Beziehungen oder Leistungen, wie auch ein Erwachen zu einem transpersonalen Selbstgefühl, welches diese Definitionen einbezieht, aber keiner ausschließlich verhaftet ist.

Wenn die Identität nicht mehr aus einem als Objekt definierten Selbst abgeleitet wird, kann das wesenhafte Nicht-Sein (*no-thingness*) des Selbst als Zeuge oder Beobachter erkannt werden. Meist ist diese Erkenntnis mit einer Verringerung des Narzißmus verbunden, nämlich einem abgeschwächten Interesse am Selbstbild. Bleibt dieser Prozeß unvollendet, so kann andererseits ichhafte Befriedigung auf subtileren Identifikationsebenen gesucht werden, beispielsweise im Hervorkehren übersinnlicher Fähigkeiten. Der Disidentifikationsprozeß bringt eine unumgängliche Konfrontation mit existentieller Schuld und Angst angesichts von Tod und Isolation mit sich. Manchmal kann eine enge Begegnung mit dem Tod diese Stufe psychischen Wachstums plötzlich herbeiführen.

Um in diesem Prozeß mit Menschen zu arbeiten, kann der Therapeut nicht mehr lediglich als Lehrer der Selbst-Awareness fungieren. Er wird zum Vermittler und Deuter der manchmal überwältigenden Wirklichkeiten der Existenz, denen man ohne Selbsttäuschung entgegentreten muß. Diese Konfrontation kann gleichermaßen erschreckend und befreiend sein. Die begrenzten Ziele der Problemlösung und Selbst-Akzeptanz können vertiefende Erfahrungen auf dieser Stufe beeinträchtigen.

Die Intensivierung des existentiellen Dilemmas ist nicht das Ergebnis einer bestimmten Technik, sondern eine kontinuierliche Erweiterung der direkten Erfahrung dessen, wer und was jeder wirklich ist. Die Zentrierung auf das Sein, im Gegensatz zum Tun, trägt zu zunehmender Loslösung von spezifischen Zielvorstellungen und Resultaten bei. Hier sind jene spirituellen Lehren, die auf das Festhalten und Anhaften als Quelle allen Leidens hinweisen, von Bedeutung. Die Disidentifikation vom Ego kann nicht auf Befehl bewirkt werden, aber sie kann durch strukturierte Übungen zur Erweckung eines transpersonalen Identitätsgefühls, unabhängig von wechselnden Emotionen, Gedanken, Rollen, Bildern und Eigenschaften, gefördert werden.

Integration

Das Erwachen zu höheren, umfassenderen Ebenen der Identität ist ein Integrationsprozeß. Höhere Stufen der Integration können sich im Auftauchen von Weisheit zeigen, als Fähigkeit, Gegensätze zu umfassen und mit ihnen zu spielen. Dies impliziert wachsende Ambiguitätstoleranz und eine Wertschätzung der paradoxen Natur der Selbstverwirklichung und -transzendierung. Ein weiser Therapeut lernt in der Psychotherapie, die Gegensätze des Loslösens und der Beteiligung im Gleichgewicht zu halten. Indem er aufrichtig besorgt und voll gegenwärtig ist, möglichst mit klarem Verstand, bleibt er losgelöst von bestimmten Tagesereignissen oder bestimmten Erfolgen.

Ein erfolgreiches Therapieergebnis beinhaltet die harmonische Integration der inneren Erfahrung und des äußeren Ausdrucks. Techniken wie Meditation, Traumarbeit und gelenkte Imagination, die zur Förderung der Selbst-Awareness eingesetzt werden, sind keine Ziele an sich. In der Therapie wie in der Meditation besteht die Funktion der Form darin, den Geist über die Form hinauszutragen; deshalb können Selbstkonzepte aus der Perspektive der Transzendenz erkundet werden. Die Symbolisierung von Erfahrungen kann zu einem Gefühl für den Lebenssinn beitragen; sie kann aber auch ein Vehikel zur Vertiefung der direkten Erfahrung transzendentaler Wirklichkeit werden. Bewußtseinsinhalte, welche auch immer, müssen jedoch von bestimmten Bewußtseinsstufen oder dem Bewußtsein per se unterschieden werden.

Der Prozeß der Differenzierung, Transzendierung und Integration übt auf jeder Ebene des Spektrums eine potentiell heilende Wirkung aus; sich dieses Prozesses gewahr zu sein trägt zu seiner Wirksamkeit bei. Man sollte aber nicht vergessen, daß psychisches und spirituelles Wachstum nicht in einer regelmäßigen, linearen Progression verläuft, die leicht in klare Stufen oder Kategorien einteilbar wäre. Die Arbeit kann auf mehreren Ebenen gleichzeitig voranschreiten, und eine Ebene kann noch unvollständig sein, wenn eine andere beginnt. Nur wenn man bedenkt, daß die Erlangung von Ganzheit Awareness auf allen Ebenen verlangt, kann dies zu einer gesunden Integration beitragen.

Wie man ein transpersonaler Therapeut wird

Wenn ein Therapeut sich mit transpersonal deklariert, so könnte man annehmen, daß er dadurch die Gültigkeit und Bedeutung spirituellen Suchens bekräftigt und die Integration von Geist, Verstand, Emotionen und Körper unterstützt. Man könnte weiterhin annehmen, daß er gewisse bedeutungsvolle Erfahrungen gemacht hat, die ihm seine transpersonale Sichtweise bestätigten. Von einem Therapeuten, der auf dieser Ebene arbeitet, kann man auch annehmen, daß er auf seinem Weg ist, ganz gleichgültig, ob er formal einer Religion zugehört oder nicht (*Sutich* 1973). Wenn ein Therapeut im Wesen des Menschen ein eigentlich göttliches oder transzendentes Sein wahrnimmt, kann die Psychotherapie ein Prozeß des Erwachens zu diesen universalen Dimensionen des Selbst werden.

Erwacht ein Mensch zu transpersonalen Bewußtseinsdimensionen, kann er das Leben aus einer grundlegend anderen Perspektive sehen. Spirituelle Fragestellungen, die in medizinischen Therapiemodellen unterdrückt oder ignoriert zu werden drohen, streben nun in den Vordergrund. Therapeuten, die ihre eigenen spirituellen Impulse bisher unterdrückt haben, werden wahrscheinlich feststellen, daß sie sich erst mit ihrer eigenen Bewußseinsentwicklung befassen müssen, bevor sie anderen in diesem Bereich helfen können. Je bewußter der Therapeut ist, je mehr er in seiner Entwicklung fortgeschritten ist, desto tiefer kann sich der Klient in den therapeutischen Prozeß einlassen.

Ebenso wie der Therapeut eine Verantwortung dafür trägt, persönliche Vorurteile zu erkennen, ist es für ihn auch wichtig, die Entwicklung des Bewußtseins auf höheren Ebenen zu erforschen, um sich seiner Vorurteile in metaphysischen Glaubenshaltungen bewußt zu werden. Solche Glaubenshaltungen formen nicht nur subjektive Wahrnehmungen und Deutungen, sie werden auch mehr oder weniger subtil auf den Klienten übertragen. Die kontinuierliche Aufgabe des Therapeuten besteht darin, sich jener Glaubenshaltungen, die der Awareness und Transzendierung Grenzen setzen, gewahr zu sein.

Bei der Auswahl eines Therapeuten sollte man sich vergegenwärtigen, daß der Anspruch auf eine transpersonale Orientierung überhaupt nichts aussagt über die Persönlichkeit, die Kompetenz und den Bewußtseinszustand des Therapeuten, der diesen Anspruch erhebt. Letzten Endes muß der Klient seine persönliche Urteilskraft, sein Wahrnehmungsvermögen und seine Intuition einsetzen, um einen Therapeuten zu wählen, der ihn bei der kontinuierlichen Arbeit am Prozeß der Befreiung und des Erwachens begleitet.

Literatur

Allport, G., zit. in: *Walsh, R., Vaughan, F.*, Beyond Ego, Los Angeles 1980.

Assagioli, R., Psychosynthesis, Hobbs Dorman, N.Y., 1965; dt.: Handbuch der Psychosynthesis, Aurum, Freiburg 1978.

Bugental, J., Psychotherapy and Process, Fundamentals of an Existential-Humanistic Approach, Addison Wesley, Reading, MS, 1978.

Carrington, P., Meditation Techniques in Clinical Practice, in: *Abt, L., Suart, I.* (Hg.), The Newer Therapies, van Nostrand Reinhold, N.Y. 1982.

Deikman, A., Comments on the GAP Report on Mysticism, *Journal of Nervous and Mental Diseases*, 165 (1977), S. 213-217.

Grof, S., Realms of the Human Unconscious, Viking, N.Y. 1975; dt.: Topographie des Unbewußten, Klett-Cotta, Stuttgart 1978.

James, W., The Principles of Psychology, Henry Holt, N.Y. 1980, (unveränderte Neuauflage, Dover 1950).

Lesh, T., Zen Meditation and the Development of Emphaty in Counselors, *Journal of Humanistic Psychology*, 10(1) (1970), S. 39-74.

Maslow, A., The Farther Reaches of Human Nature, *Journal of Transpersonal Psychology* 1 (1969), S. 1-9; dt.: Die umfassendere Reichweite der menschlichen Natur, *Integrative Therapie* 10 (1984), S. 200-208, und in diesem Buch.

Ram Dass, Association for Transpersonal Psychology Newsletter, Winter 1975, S. 9.

Shapiro, D., Walsh, R., Meditation: Classical and Contemporary Perspektives, Aldine, N.Y. 1984.

Stein, M., (Hg.) Jungian Analysis, Open Court, La Salle, 1982.

Sutich, A., Transpersonal Therapy, *Journal of Transpersonal Psychology*, 5 (1) (1973), S. 1-6.

Vaughan, F., Transpersonal Psychotherapy: Context, Content and Process, *Journal of Transpersonal Psychologie*, 11(2) (1979), S. 101-111.

Walsh, R., Shapiro, D. (Hg.), Beyond Health and Normality, van Nostrand, N.Y. 1983.

Walsh, R. Vaughan, F., Beyond Ego: Transpersonal Dimensions in Psychology, J.P . Tarcher, Los Angeles 1980 dt.: Psychologie in der Wende, Scherz, Bern-München/Wien/1985.

Walsh, R., Vaughan, F., Toward an Integrative Psychology of Wellbeing, in: *Walsh, R., Shapiro, D.* (Hg.), Beyond Health and Normality, N.Y. 1983.

Wilber, K., The Spectrum of Consciousness, Theosophical Publishing House, Wheaton, Ill., 1977; dt.: Das Spektrum des Bewußtseins. Ein metapsychologisches Modell des Bewußtseins und der Disziplinen, die es erforschen, Scherz, Bern/München/Wien 1987.

Wilber, K., The Atman Project, Theosophical Publishing House, Wheaton, Ill., 1980; dt.: Das Atman-Projekt. Der Mensch in transpersonaler Sicht. Junfermann, Paderborn 1989.

Wilber, K., Eye to Eye, Doubleday, Garden City, N.Y. 1982. dt.: Die drei Augen der Erkenntnis. Kösel, München 1988.

Übersetzung aus dem Amerikanischen von Doris Hegemann.

Zehn klassische Metaphern für die Transformation des Selbst*

Ralph Metzner

Nach der Auffassung vieler Philosophen, Sozialwissenschaftler, Zukunftsforscher etc. leben wir nicht nur in einer Zeit wachsender Veränderung, sondern die Natur des sozialen Veränderungsprozesses selbst ändert sich. Grundlegende Auffassungen von der Welt, Paradigmen der Realität, Bilder vom Menschen werden in Frage gestellt (*Toffler* 1970; *Markley u.a.* 1974).

Die Veränderungen können sogar noch tiefer gehen: Es gibt von einigen Seiten Hinweise darauf, daß die Menschheit als Ganzes, die Spezies des Homo Sapiens, eine kollektive Transformation erlebt (*Teilhard de Chardin* 1961; *Young* 1976). Für diese Art evolutionärer Veränderung gibt es in unserer Erfahrung keine Vorläufer. Das, was wir unter Evolution verstehen, verändert sich. In den Worten von *Sri Aurobindo*:

„In den bisherigen Evolutionsstufen richtete sich die Anstrengung der Natur auf die Veränderung der physischen Ausstattung, weil es nur so eine Veränderung des Bewußtseins geben konnte... Aber beim Menschen ist auch das Umgekehrte möglich, ja sogar unvermeidlich. Denn durch sein Bewußtsein, durch dessen Transmutation und nicht mehr durch neue körperliche Organismen... kann und muß die Evolution erreicht werden" (*Satprem* 1968).

Die Evolution der Gesellschaft oder der Menschheit ist weitgehend in der Evolution des Individuums verankert und von ihr abhängig. Hier konvergieren Grenzgebiete des wissenschaftlichen Denkens mit alten östlichen und esoterischen Lehren (*Ouspensky* 1949; *Satprem* 1968). Für diese Philosophien sind Transzendenz und Transformation des Selbst essentielle Merkmale des menschlichen Lebens auf der Erde, und sie sind der Schlüssel zu seiner Teilhabe

* Überarbeitete Fassung eines Vortrags auf der 5. Internationalen Konferenz für Transpersonale Psychologie, Boston, Mass., November 1979.

am evolutionären Muster des Lebens und der Natur als ganzem System.

Zwar sehen manche Menschen der Aussicht auf eine Transformation des Bewußtseins freudig und gespannt entgegen, aber für die meisten bringt der Gedanke an Veränderung Angst mit sich. Und die *Erfahrung* der Veränderung, vor allem, wenn es um Veränderung des Selbst oder der Identität geht, provoziert Angst vor dem Unbekannten, dem Neuen, dem Fremden.

Wie kann man diese Evolution des Bewußtseins, in der sich viele Menschen befinden, in psychologische Begriffe fassen? Man könnte von mentalen, kognitiven Veränderungen sprechen, von neuen Wegen des Denkens oder des Gebrauchs des Verstandes, von einer Art Metánoia*; auf diese Art der Veränderung zielt das indische *Jnana Yoga* (Weisheits-Yoga). Man könnte auch von der Transformation der Gefühle, der Veränderung des Herzens, von Reue, Hingabe oder reiner Frömmigkeit sprechen, auf die *Bhakti* oder andere Wege des Herzens abzielen. Auch die Transformation der Wahrnehmung ist ausführlich beschrieben worden: Die Entwicklung erhöhter Sinnesbewußtheit, übersinnlicher Wahrnehmung, z.B. „Hellsehen" neuer Wege, die Welt zu „sehen".

Auf der Ebene des Körpers und des körperlichen Verhaltens suchen wir nach Anzeichen für Verhaltensänderungen: nach der Transformation der Funktion. In der christlichen Religion vollbringen Heilige „Wunder", in der Yogatradition wird von den Meistern behauptet, sie hätten „Kräfte" (Siddhis): übernormale psychische Fähigkeiten wie Levitation oder Heilung durch Berühren. Neuere Forschungen behaupten, Spitzenathleten könnten durch Konzentrationstraining paranormale perzeptive und physische Fähigkeiten erreichen (*Murphy, White* 1978).

Versuche, den Prozeß der Transformation des Bewußtseins in abstrakten, psychologischen Begriffen zu beschreiben, sind vergleichsweise neu. In der mystischen und religiösen Literatur des Ostens und des Westens und in den geheimen, mündlich überlieferten Traditionen der esoterischen spirituellen Schulen der Vergangenheit hat man sich auf Mythen, Gleichnisse, Parabeln, Symbole und Metaphern

---

* *Metánoia* (griech.) = Sinnesänderung, Reue, Buße (Anm. d. Übers.).

verlassen, um diesen seltsamen Prozeß zu beschreiben, der *uns*, unser *Selbst* verändert. Denn das ist das Problem: Wie *können* wir von Veränderungen wissen oder sie beschreiben, die wir noch nicht erlebt haben; Veränderungen, die uns – darüber besteht generell Einigkeit – über den Bereich der alltäglichen Realität hinaustragen, für den unsere Worte und Begriffe geschaffen sind. Wahrscheinlich können wir uns wirklich nur auf die Berichte derjenigen verlassen, die vorangegangen sind, neue Bereiche entdeckt haben, mehr gesehen und verstanden haben und dann zurückkommen und sagen: „Es ist *wie...*", „Es ist, *als ob...*"

Eine der beliebtesten Allegorien antiker Dichter und Philosophen für die Transformation des Menschen ist die *Metamorphose* der Raupe zum Schmetterling. Ägypter und Griechen hielten die Seele für ein geflügeltes Wesen mit Schmetterlingsflügeln und einem Menschenkopf (das *Ba* der Ägypter). Es ist zu fragen, was dieses Symbol bedeutet. Bezieht es sich ausschließlich auf den Prozeß des Sterbens, in dem ein geflügeltes Wesen sich aus dem larvenähnlichen Körper befreit? Oder weist es auf die Möglichkeit einer Transformation *im Leben* hin? Erlebt ein so verwandelter Mensch eine Veränderung des Körpers, seiner Funktion, oder liegt die Transformation hauptsächlich in der Weltsicht, der Wahrnehmung?

Mit den Jungianern können wir die Stufen der Metamorphose durchlaufen und sie auf den Menschen anwenden: Same/Ei korrespondieren mit dem ursprünglichen Zustand unbewußter Einheit, die Larve mit dem Zustand der Trennung, des körperverhafteten Ichbewußtseins, die Puppe mit dem Zwischenstadium der Inkubation und des Wachstums und die *Imago* mit dem voll entfalteten Wesen, das fliegen, d.h. sich in anderen Dimensionen bewegen kann.

In *Jung*s Denken verweisen Symbole auf das Unbekannte, ja man könnte nach den üblichen Kriterien rationalen Wissens sagen, auf das Unerkennbare. Das Unbewußte spricht in Symbolen und Analogien zum Bewußtsein, das kollektive Unbewußte, die uralte Fundgrube akkumulierter Weisheit der menschlichen Species, spricht in Geschichten und Gleichnissen zum personalen Bewußtsein, das Höhere Selbst spricht zum Selbst der *Ich-Person* in der Sprache der Mythen und Metaphern. Dieser große Geist (oder *Atman*) hat Zugang zu den verschütteten Schichten der Psyche, wo er die schlummernden Erinnerungen lange vergangener Erfahrungen weckt; da er außerhalb der Zeit ist, kann er uns Botschaften aus der Zukunft, Ausblicke von Stationen des eigenen Lebensweges und sogar von möglichen anderen Wegen, die nicht eingeschlagen wurden, vermitteln, wie die Seth-Bücher so überzeugend darstellen (*Roberts* 1974).

In diesem Sinne werden im folgenden zehn klassische Metaphern für die Transformation menschlichen Bewußtseins beschrieben. Obwohl über jede einzelne ganze Bücher geschrieben werden könnten (und auch geschrieben worden sind), ist ein stark verkürzter Überblick über diese verschiedenen Analogien für das möglicherweise zentrale Geheimnis des menschlichen Lebens trotzdem sinnvoll.

1. Vom Traumschlaf zum Erwachen

Diese Metapher findet sich in verschiedenen Traditionen primordialer Weisheit. Im Vergleich zu dem (erstrebenswerten und erreichbaren) transformierten wachen Bewußtsein ist unser Alltagsbewußtsein wie der Traum des Schlafenden. Christliche und jüdische Gnostiker, Sufis und Buddhisten haben sich ausführlich mit dieser Analogie befaßt. „Buddha" bedeutet wörtlich übersetzt „der Erwachte". In der Literatur finden sich zahlreiche Varianten dieses Themas, wie z.B. bei *Wordsworth*: „Unsere Geburt ist nur ein Schlafen und ein Vergessen", oder bei *Shakespeare*: „Wir sind ein Stoff, aus dem auch Träume sind"; und auch Märchen, z.B. „Dornröschen", können durchaus als symbolische Version dieser alten Lehre verstanden werden.

In neuerer Zeit hat vor allem *Gurdjieff* auf die mechanische, somnambulistische Qualität unseres Alltagsbewußtseins hingewiesen: Wir denken und handeln nicht, *es* denkt, *es* handelt. Wir haben keine Bewußtheit von unseren mentalen Prozessen, sie fließen einfach dahin und folgen den automatischen Spuren gewohnter Konditionierung. Wir *denken*, wir seien wach, aber in Wirklichkeit schlafen wir und träumen nur, daß wir wach sind. Objektives Bewußtsein, das durch systematische, nicht nachlassende Selbstbeobachtung und Selbsterinnerung entsteht, ist ein Zustand, der sich zu unserem alltäglichen Bewußtsein verhält wie dieses zum Traumschlaf. Wenn wir aus einem Traum erwachen, erweitert sich unsere Bewußtheit und umfaßt vieles, was vorher ausgeschlossen war (der Raum, in dem wir schlafen, unser Leib, die Umgebung, andere Bereiche unseres Bewußtseinsfeldes), und genauso nehmen wir vorher ausgeschlossene Elemente unseres Bewußtseins wahr, wenn wir zur objektiven Bewußtheit erwachen.

Der Prozeß des Erwachens zu einer umfassenderen Realität beginnt manchen Beschreibungen nach abrupt, wie in *Satori*-Momenten; plötzlich öffnet sich das Auge der Bewußtheit. Andere Beschreibungen sprechen von einem langen, schrittweisen Prozeß, immer wieder unterbrochen von regressiven Perioden des Zurückfallens in den Schlaf, des Versinkens in *letales* Vergessen (*Lethe* ist in der griechischen Mythologie der Unterweltstrom des Vergessens). Jesus hat im Garten Gethsemane wiederholt die Jünger aufgefordert, mit ihm und für ihn wach zu bleiben, und immer wieder waren sie unfähig dazu.

„Wenn das Auge nie schläft, hören alle Träume von selbst auf." (3. *Zen-Patriarch*)

Nach und nach lernen wir, längere Perioden der Wachheit aufrechtzuerhalten. Tibetanische Traumyogis lehren im Rahmen der Yogatechniken zum Wecken des Bewußtseins und zur Aufrechterhaltung des erwachten Bewußtseinszustandes Übungen, die erstens dazu dienen, in Zeiten des Schlafens und Träumens bewußter und klarer zu werden, und zweitens die Ähnlichkeit des alltäglichen, „wachen" Bewußtseins mit dem Traumzustand zu verdeutlichen.

„Man sollte alle Dinge wie Bilder in einem Traum betrachten." (*Prajnaparamita Sutra*)

2. Von der Illusion zur Erkenntnis

Die alte Vorstellung vom Alltagsbewußtsein als Schattenspiel von Illusionen und Bildern und von der Transformation des Bewußtseins als Transzendierung oder Auflösung dieses Illusionsgespinstes ist der Traumschlaf-Metapher in vieler Hinsicht ähnlich. Indische Metaphysiker lehren seit langem, daß die Welt, wie wir sie wahrnehmen, „Maya" ist, ein Wort, das dem Wortstamm von „zeigen", „vorführen", „Anschein" nahesteht. *Maya* wird oft mit „Schleiern" verglichen, die sich zwischen unsere Wahrnehmungsorgane und die Wirklichkeit schieben, so daß wir nur die Oberfläche, den äußeren Schein wahrnehmen können. *William Blake* hat von der mystischen Vision geschrieben, die möglich ist: „Wenn die Pforten der Wahrnehmung gereinigt sind, wird dem Menschen alles so erscheinen, wie es ist – unendlich."

Die Erfahrung von „Reinigung der Pforten der Wahrnehmung" oder des Zerreißens des „Schleiers der Illusionen" wird oft von Testteilnehmern der psychedelischen Forschung beschrieben: Manche beschreiben, wie sie Schleier, Tücher oder Trennwände buchstäblich Schicht für Schicht entfernen, was von einem wachsenden Gefühl größerer Realität, erhöhter Dynamik und Numinosität des Gesehenen begleitet wird (*Huxley* 1954). Die Funktion des „Hellsehens" („Hellsehen" wird hier im Sinne der esoterischen Literatur verstanden und nicht im begrenzteren Verständnis der experimentellen Parapsychologie) ist ein „klares Sehen", mit dem verglichen gewöhnliches Sehen trübe, bewölkt oder verschleiert ist. Man sieht und spürt, daß alle Objekte innerhalb eines kontinuierlichen, schimmernden, tanzenden Energiefeldes in Bewegung existieren, unendlich und allgegenwärtig.

Die Forschung über durch Hypnose und psychedelische Drogen veränderte Bewußtseinszustände (*Aaronson* 1967) hat gezeigt, daß erweiterte, ekstatischere Bewußtheit mit größerer Tiefenwahrnehmung, Dimensionalität und Bewegung einhergeht, während bei beschränkten, depressiven und psychotischen Zuständen die Wahrnehmung flacher (wie bei einem Bild oder einem Schatten) und relativ statisch ist.

Aber die umfassendste Bewußtseinstransformation vollzieht sich, wenn sich die Selbstwahrnehmung wandelt: von illusorischen Selbstbildern und Selbstkonzepten hin zur „Selbsterkenntnis". Dann wird das Selbst als Quelle und Zentrum der ganzen Erfahrung, der ganzen Welt gesehen und erlebt. Dies ist der Kern der buddhistischen Lehre des Nicht-Selbst: die Erkenntnis der Scheinhaftigkeit unserer Bilder und Konzepte vom Selbst.

„Wir sehen jetzt durch einen Spiegel in einem dunklen Wort; dann aber von Angesicht zu Angesicht. Jetzt erkenne ich's stückweise; dann aber werde ich erkennen gleich wie ich erkannt bin." (*Paulus*, 1. Kor 13,12 – Lutherübersetzung)

3. Von der Dunkelheit zum Licht

Die mystische Literatur in Ost und West ist voller Beschreibungen der Erfahrung des Lichts. In den zwei bereits beschriebenen Prozessen ist dies implizit vorhanden: Man erwacht durch mehr Licht, und auch die Reinigung der Pforten der Wahrnehmung bedarf des Lichts. Erleuchtung, das betonen die Mystiker, ist nicht einfach ein symbolischer Prozeß, in dem man größeres Wissen erlangt, wie es der fälschlich „Aufklärung"* genannte historische Zeitraum verstand, sondern eher die Erfahrung der eigenen inneren Existenz (oder des Selbst) als Wesen des Lichts. Nach den Upanishaden ist *Atman* ein „Licht im Herzen" (*Antarjyotih*). Ein apokryphes Jesus-Wort lautet: „In einem Menschen des Lichtes ist Licht, und sein Licht erleuchtet die ganze Welt" (*Thomasevangelium*). Dieses Licht soll buchstäblich von der Person des Erleuchteten ausstrahlen. Ramakrishnas Schüler haben beobachtet, daß sein Körper im Zustand des *Samadhi* strahlend und leuchtend wurde. Der Heiligenschein in der christlichen und in der asiatischen religiösen Kunst ist neben dem symbolischen Charakter auch als Darstellung eines wahrgenommenen Energiephänomens zu verstehen.

„Wenn Wissen vorhanden ist, scheint das Licht durch die Öffnungen des Körpers."
(*Bhagavadgita*)

Dieses innere Licht, das einhergeht mit einer völligen Verschmelzung von Verständnis, Wahrnehmung und Gefühl, hat nichts mit „bunten Lichtern" oder Visionen zu tun. Im buddhistischen Tibetanischen Totenbuch wird genau unterschieden zwischen dem „klaren Licht", das Einsicht, Verständnis und Verschmelzung mit den göttlichen Personifizierungen (Buddhas) auf den verschiedenen Ebenen begleitet, und dem „trüben Licht", das den Eingeweihten fasziniert und in die verschiedenen *samsarischen* Bereiche der irdischen Existenz lockt. Visionen und Lichter können Bilder und Illusionen sein, das Spiel des *Maya*, aber die Lichtquelle, von denen sie Schatten und Abglanz sind, ist die klare Strahlung des Geistes.

„Die Sonne des einen, den ich liebe, ist in der Nacht aufgegangen, strahlend, und es wird keinen Untergang mehr geben...
Ich habe meinen Herrn mit den Augen des Herzens gesehen, und ich sagte:
„Wer bist du?" und er sagte: „Dein Selbst".
(*Hallaj*)

---

* „Aufklärung" und „Erleuchtung" werden im Englischen durch dasselbe Wort (*enlightenment*) wiedergegeben (Anm. d. Übers.).

Um die Erleuchtung des Bewußtseins und des Körpers zu erreichen, haben Yogis und Meister meditative Techniken zur Kanalisierung und Lenkung der inneren Lichtenergie benutzt. Im chinesischen Taoismus spricht man von der „Zirkulation des Lichts", im indischen Yoga von feurigem *Prana*, im tibetanischen Vajrayana Buddhismus von der inneren Wärme oder *Dumo*, in der polynesischen Kahuna-Religion von *Mana*, in der europäischen Alchemie vom Feuer der Läuterung (*Metzner* 1979).

4. Von der Gefangenschaft zur Befreiung

Es gibt vielfältige Varianten des Motivs der Erlösung oder Befreiung (*Moksha*) in der mythischen und mystischen Weltliteratur. *Plato*s Metapher des in der Höhle angeketteten Gefangenen ist ein bekanntes Beispiel (das „Höhlengleichnis" in Platos „Politeia"). In der ägyptischen Mythologie wird Osiris von seinem „dunklen Bruder" Seth in eine hölzerne Truhe eingeschlossen. Diese Truhe mit dem göttlichen Osiris (Symbol für das Selbst) wird zunächst Teil eines Baumes, dann eines Gebäudes. Der Geist ist in der Materie eingeschlossen und muß befreit werden. In der skandinavischen, vorchristlichen Mythologie erhängt sich Odin an der Weltesche Yggdrasil, um Wissen zu erlangen. Das esoterische Christentum betrachtet Christus am Kreuz als Symbol des Geistes, der den zwei Kreuzbalken (Raum und Zeit) der materiellen Welt verhaftet oder an sie gebunden ist. Die Gnostiker mit ihrem Mutter-Göttin-Prinzip lehrten, daß Sophia, die göttliche Weisheit, in der Materie, der *prima materia*, gefangen ist und durch die Geschicklichkeit und das Wissen des ergebenen Meisters der *Gnosis* befreit werden muß (*Lacarriere* 1977).

Man muß nicht lange suchen, um Beweise für die „Gebundenheit" des menschlichen Alltagsbewußtseins zu finden. Die Erfahrung, eingesperrt zu sein, in der Falle zu stecken, gebunden oder „aufgehängt" zu sein, ist kulturübergreifend und historisch ausführlich belegt. Der Prozeß der Persönlichkeitsentwicklung und kulturellen Anpassung wird weitgehend als zunehmende Einkapselung in fixierte Konzepte und Weltsichten gesehen und erlebt. Der extreme Zustand „auswegloser" Gefangenschaft wird in der psychedelischen Forschung mit der Erinnerungsspur einer bestimmten Phase des Geburtsprozesses in Verbindung gebracht (*Grof* 1976). Angst und andere negative Gefühle bewirken eine Erstarrung der fließenden Prozesse der Bewußtheit zu fester Routine. Das mittelalterliche Tarot zeigt den „Gehängten" als symbolisches Portrait dieses Zustands der verzerrten, begrenzten, auf den Kopf gestellten Selbstbewußtheit.

Die Mythologien der Antike haben das Thema Strafe und Verantwortung subtil variiert: Osiris wird mit List in die Truhe gelockt, aber er gibt gutmütig seine Einwilligung; Odins Opfer ist ganz und gar freiwillig, Christus soll die Kreuzigung freiwillig angenommen haben, obwohl in zwei Evangelien (Mk 15,34; Mt 27,46) ein Moment der Verzweiflung, des Gefühls, ungerecht behandelt worden zu sein, beschrieben wird („Mein Gott, warum hast du mich verlassen?"). Prometheus, der der Menschheit das Feuer bringt und dann an einen Felsen gekettet wird, befindet sich zunächst in einem Zustand von Strafe und unfreiwilliger Gebundenheit. Aber die Auflösung der Geschichte, in der ein unsterbliches Wesen seinen Platz übernimmt, zeigt den notwendigen Wandel der Einstellungen.

Die Frage, ob die Befreiung von der Bindung durch die materielle Welt passiv oder aktiv geschieht, wird verschieden beantwortet. Manche religiösen Traditionen betonen die Rolle der göttlichen Gnade bei der Erlösung des Menschen: man muß sich nur ergeben und glauben. Für andere, z.B. Gnostiker, Alchemisten und Tantriker, ist die aktive Arbeit an der Transmutation wichtig: der Geist muß aus der Materie befreit werden (analog zur Scheidung kostbarer Metalle vom Erz); es bedarf aktiver Yogaübungen, um die Knoten des Karmas zu lösen, die uns gebunden halten.

5. Von der Zerstückelung zur Ganzheit

In Mythologie und Symbolismus scheint das Leben des Menschen häufig fragmentiert, zerstreut, aufgelöst, und es gilt, Möglichkeiten für Einheit, Sammlung und Ganzheit zu finden. Damit verbunden ist der Prozeß des Heilens: Gesundheit und Ganzheit sind verwandte Konzepte. Krankheit, ob physisch oder psychisch, wird oft als Auflösung, Fragmentierung, fehlende Übereinstimmung zwischen verschiedenen Organsystemen oder als mangelnde Wechselbeziehung zwischen verschiedenen Teilen der Psyche verstanden. Die Schizophrenie ist vielleicht nur die extreme Manifestation der fragmentarischen Bedingungen des menschlichen Bewußtseins, des Fehlens eines gemeinsamen, strukturierenden Zentrums. Ausdrücke wie „sich zerrissen fühlen", „erschüttert sein" oder „mir bricht das Herz" verweisen auf einen solchen Zustand.

Osiris wird nach seiner Befreiung aus der hölzernen Truhe wieder eingefangen, in Stücke geschnitten und zerstreut. Später wird er mit Hilfe des weiblichen Prinzips wieder zusammengesetzt, er wird integriert, seine Struktur und Funktion synchronisiert. Dies ist der Prozeß der „Neugliederung" oder „Erinnerung" (*re-membering*) des Selbst (Osiris). Selbst-Erinnerung ist der zentrale Prozeß oder die zentrale Technik in der Lehre von *Gurdjieff*; Sammlung ist ein Grundkonzept in den mystischen christlichen Lehren. Wir sammeln uns, unser verstreutes Selbst, wir gliedern unsere Verbindung mit der Primärquelle „Selbst" neu, wir reparieren, was manche Jungianer die „Ich-Selbst-Achse" nennen (*Edinger* 1972).

„Wenn die zehntausend Dinge in ihrem Einssein betrachtet werden, kehren wir zum Ursprung zurück und bleiben, wie wir schon immer waren." (3. *Zen-Patriarch*)

Das Motiv des Zerstreuens und der Zergliederung verbindet sich auch mit anderen wichtigen Mythen, in denen eine fast tödliche Wunde geheilt werden muß. Amfortas, der Gralskönig, wird am Schenkel verwundet, mit dem Ergebnis, daß das ganze Königreich wüst und unfruchtbar wird. Nach dem alten Fluch, der auf ihm liegt, kann die Wunde nur heilen, wenn ein reiner Ritter den Gral findet und sich dessen Bedeutung unterwirft. Erst dann wird auch das Land wieder fruchtbar. Der Gral (die Schale, in der Christi Blut aufgefangen wurde) symbolisiert hier die Quelle von Heilung und geistiger Nahrung. Wird also die Verbindung zum Lebensblut des Geistes hergestellt, heilt die Wunde, wird das Land wieder fruchtbar, gliedert sich das Selbst neu.

„Der Schatz des Himmelreichs ist verborgen durch die Zeit und die Vielheit ... und durch die Natur der Geschöpfe. Aber in dem Maße, wie die Seele sich von der Vielheit trennt, entdeckt sie in sich selbst das Himmelreich." (*Meister Eckhart*)

6. Von der Trennung zum Einssein

Die Entwicklung von der Vielzahl und Zerstreuung hin zur Ganzheit korrespondiert mit der evolutionären Bewegung von einem gespaltenen, schizoiden Bewußtseinszustand zu einem vereinheitlichten Zustand. Dies ist das klassische Thema des „In-eins-sein". Bei den Griechen gab es die Vorstellung der „monachoi", der „Einzelnen" oder „vereinten Einzelnen", auf die sich das folgende Zitat bezieht:

„Wenn ein Mensch eins ist, so ist er voll des Lichts; aber wenn er geteilt ist, so ist er voll der Dunkelheit." (*Thomasevangelium*)

Der Prozeß der Heilung des gespaltenen Bewußtseins, der Verschmelzung und Integration der Psyche, der „coincidentia oppositorum" (*Nikolaus von Kues*) hat im wesentlichen drei Aspekte: die Spaltung von männlich und weiblich, Gut und Böse, Mensch und Kreatur. Die reiche mythische und symbolische Überlieferung zu jedem dieser Bereiche kann hier nur kurz gestreift werden.

Das Alltagsbewußtsein ist entlang polarisierter Gegensätze von männlich und weiblich, expressiv und rezeptiv, dynamisch und magnetisch konditioniert, die unterschiedlich entwickelt, voneinander getrennt und abgespalten sein oder auch in Konflikt miteinander liegen können. Die psychisch-spirituelle Entwicklung des Bewußtseins schließt eine Versöhnung dieser Gegensätze ein, das androgyne Bündnis des Ichs mit Anima oder Animus, von Sol und Luna in der alchemistischen *Konjunktion*, Siva und Sakti im tantrischen Yoga, Yin und Yang im taoistischen Mystizismus (*Singer* 1977).

„Wenn du das Männliche und das Weibliche in eins setzt, so daß das Männliche nicht männlich und das Weibliche nicht weiblich ist, ...dann wirst du in das Himmelreich eingehen." (*Thomasevangelium*)

Die Versöhnung mit der eigenen dunklen, bösen oder negativen Seite ist ein anderer wichtiger Aspekt des Ausgleichs der Gegensätze. Der Kampf gegen und das Arrangement mit dem Schatten, der dunklen Seite unseres Wesens, hat sich in der mythischen wie poetischen Weltliteratur auf zahllose Weise niedergeschlagen. Auf der kosmischen Ebene gibt es die Kämpfe zwischen Göttern und Dämonen: der Wettkampf zwischen Ormuzd und Ahriman, Jahwe und Satan, Osiris und Seth, Quetzalcoatl und Tezcatlipoca. Auf der mikrokosmischen Ebene des Menschen bzw. des Helden, gibt es zahlreiche Geschichten von Eifersucht, Neid und Konkurrenz zwischen Brüdern oder Gegnern: Rama und Ravana, Abel und Kain, Joseph und seine Brüder usw. In der neuen Literatur ist die Beziehung zwischen Faust und Mephistopheles („der Geist, der stets verneint") eine lebendige Darstellung dieses uralten Kampfes.

Oft wird der Kampf mit dem Schatten / Gegner als einer zwischen Mensch und Monster, d.h. einer ins Abscheuliche überzeichneten und verzerrten Tiergestalt, dargestellt, wie z.B. in den Geschichten von Herkules mit der Hydra und Theseus mit dem Minotaurus oder in den zahlreichen Drachentötermythen. Solche Geschichten kann man als Symbole für den Prozeß der Überwindung der monströsen Aspekte unserer Natur sehen, als Teil des Kampfes mit dem Schatten. Aber sie sind auch Teil des umfassenderen und sehr weit verbreiteten *Mythos* der Bewältigung der animalischen Natur des Menschen, der Erbschaft unserer biologisch-evolutionären Vergangenheit.

„Die fortgesetzte Existenz des Tieres selbst in unserer Natur ist notwendig, um die Kontinuität des evolutionären Prozesses in seiner Ganzheit zu bewahren; sie ist notwendig als lebendiges Vehikel des im materiellen Universum auftauchenden Gottes."
(*Aurobindo*)

Zwar zeigt ein Großteil der Mythologie unsere Beziehung zum Tier als eine von Kampf und tödlichem Wettstreit, doch gibt es auch die schamanische Traditionslinie, in der das Tier seine Kraft und seines Wissens wegen geehrt wird. Der Held *zähmt* dabei das Tier durch Liebe, anstatt es durch Macht zu besiegen. Die Tarotkarte „Stärke" zeigt so einen sanften Kontakt zwischen Löwen und Menschen. Der babylonische Held Gilgamesch macht sich die wilde und haarige Kreatur Enkidu zum brüderlichen Freund. In der älteren alttestamentlichen Schöpfungsgeschichte (Gen 2-3) ist die Schlange Verführerin und Betrügerin, doch gibt es Anzeichen dafür, daß es sich dabei um die nachträgliche Interpretation einer sehr viel älteren Tradition handelt, die im Nahen Osten weit verbreitet war: In dieser Tradition war die Schlange die Initiatorin von Wissen, die dem Menschen die Frucht vom Baume der Erkenntnis gab („ihr werdet wissen, was gut und böse ist", Gen 3,5), d.h. sie wies den Weg zu einem Verständnis der Evolution (*Stone* 1976). Jesus verwies auf diesen Aspekt unserer Reptilienerbschaft, als er seine Jünger ermahnte: „Seid klug wie die Schlangen und ohne Falsch wie die Tauben" (Mt 10,16).

7. Reise und Ankunft

Daß der stets in Veränderung begriffene Fluß des Lebens als Reise oder Weg erfahren wird, gilt wohl universell; und so ist das zentrale Motiv für die Veränderung des Bewußtseins in vielen der großen mythischen Traditionen die Reise – eine Reise in ein anderes Land, über einen Fluß hinweg, einen Berg hinauf, durch die Wildnis, in die Tiefen der Erde oder des Ozeans. Eine der Bedeutungen von „Tao" ist „der Weg" oder „der Pfad". Die drei großen Ströme der buddhistischen Lehre heißen *Yanas*, „Fahrzeuge", mit deren Hilfe man das andere Ufer erreichen, den Ozean des *Samsara* überqueren kann.

Wenn man es unternimmt, die Bedeutung seiner Existenz zu entdecken, den wahren Kern seines Wesens zu finden, ob allein oder unter der Führung eines Gurus, dann *ist* das wie der Beginn einer Reise, einer Reise in die unbekannte innere Landschaft, weg von den gesicherten Umrissen der konventionellen sozialen Welt. *Joseph Campbell* (1956) hat in seinem Klassiker „Der Heros in tausend Gestalten" einige der hervorstechendsten Züge dieser großen Reise dargestellt, wie sie in den Mythen der Welt beschrieben wird. Die kummervolle Suche von Demeter oder Ishtar verwandelt die Erde in eine unfruchtbare Wüste. Die Gralsritter durchqueren auf der Suche nach der geheimnisvollen Schale ihrer Vision das graue Land, die Wüste, die durch die Wunde des Fischerkönigs entstanden ist. Jesus mußte 40 Tage in die Wüste gehen, um sich den Versuchungen seines Schattens/Gegners zu stellen, so wie die Israeliten 40 Jahre lang, geführt von Moses, durch die Wüste mußten, nachdem sie die sichere, vertraute Welt ihrer Sklaverei in Ägypten verlassen hatten. Die Wanderung durch Wüste oder Steppe ist ein treffendes Symbol für die existentielle Verzweiflung des Menschen, für die Sinnsuche in einer Welt, die des Lebens und des Gefühls beraubt ist. Wasser ist das große Symbol für emotionale und spirituelle Nahrung, und das wüste Land ist ein Zustand von emotional-spiritueller Leere und Mangel, Sehnsucht und Leid.

Und eben *in* der Wüste, oder durch ihre Überwindung, findet der suchende Held schließlich, was er oder sie sucht. Ishtar und Demeter steigen in die Tiefen der Erde und bringen ihre verlorene Liebe zurück. Der reine Ritter Parzival („Er, der das Tal durchdringt") findet schließlich die Gralsburg. Seit unvordenklichen Zeiten sind Schamanenschüler und amerikanische Indianer in die Wüste oder die Wildnis gegangen, um die entsprechende Vision und die Verbündeten bei der Suche zu finden. Die Einsiedler des frühen Christentums, wie z.B. der heilige Antonius, zogen sich in die Wüste zurück, um sich mit den Tiefen ihres Unbewußten zu konfrontieren und sie auszuloten. Die Israeliten erhielten schließlich *Manna* vom Himmel; spirituelle Nahrung wurde zu physischer Nahrung, und sie wurden gerettet. Wüste oder Wildnis sind gerade wegen der Dürre und schrecklichen Isolation eine Umgebung, die Visionen hervorruft, ähnlich wie die von allen Sinnesreizen befreiten Kammern, die bei den Probanden zeitgenössischer Experimente Visionen und Halluzinationen hervorrufen und tiefe Meditation fördern.

8. Aus der Fremde in die Heimat

Eine der universellsten und überraschendsten Erfahrungen in allen Berichten über mystisches oder kosmisches Bewußtsein (unabhängig, ob durch psychedelische Drogen hervorgerufen oder nicht) ist die Erfahrung der „Heimkehr". In dem biblischen Gleichnis vom verlorenen Sohn (Lk 15,11-32) verläßt der Sohn die Eltern, geht in ein fremdes Land, verliert sein Ziel aus den Augen, ißt mit den Schweinen auf dem Feld; er kehrt zurück und ist überrascht von dem großzügigen, verzeihenden Willkommen, das ihm entgegengebracht wird.

Das Gefühl, am falschen Platz zu sein, einen Fehler gemacht zu haben, ein Fremder zu sein, ist im kollektiven Bewußtsein der Menschheit weit verbreitet. Die Steigerung dieses Bewußtseins zeigt sich in dem schmerzhaften Gefühl von Entfremdung, das viele Neurotiker und Psychotiker erleben. Andere haben dieses Gefühl verdrängt oder vergessen.

Vielleicht ist das Gefühl, einen paradiesischen Zustand unschuldigen Glücks verlassen zu haben oder aus ihm vertrieben worden zu sein, an die Erinnerung an den intrauterinären Zustand ozeanischer Einheit mit der Mutter geknüpft. Unter dem Einfluß psychedelischer Drogen gibt es häufig Erfahrungen, die Erinnerungen an einen solchen Zustand und die nachfolgende, abrupte und manchmal gewalttätige Austreibung durch den Geburtskanal zu sein scheinen (*Grof* 1976). Oft werden solche Erinnerungen von mythischen, transpersonalen Erfahrungen des Paradieses, wie es in den verschiedenen Traditionen beschrieben ist, und der Vertreibung aus dem Paradies oder dem Sündenfall begleitet (vgl. Gen 2-3).

Aus diesem Gefühl, *von einem anderen Ort zu kommen*, zu dem wir zurückkehren müssen, erklärt sich m.E. die Popularität der Science-fiction-Literatur, die dieses Thema aufgreift. *Robert Heinleins* Klassiker, „Fremder in einem fremden Land", war in den sechziger Jahren fast schon ein Kultbuch.

Lix Hixon (1978) hat Schriften der östlichen und westlichen Religionen zu diesem Thema gesammelt. Der notwendige erste Schritt zur Heimkehr besteht darin, sich die Bedingungen von Exil und Entfremdung, denen wir unterworfen sind, bewußt zu machen. Wir spüren also paradoxerweise unsere Entfremdung um so stärker, je näher wir der Quelle unseres Ursprungs kommen.

„Wenn du verstehst, gehörst du zur Familie.
Wenn du nicht verstehst, bist du ein Fremder.
Die, die nicht verstehen, gehören zur Familie,
und wenn sie verstehen, sind sie Fremde." (*Zen-Meister Mu-mon*)

9. Vom Samen zum blühenden Baum

Die Entfaltung des menschlichen Potentials vom gegenwärtigen, alltäglichen Bewußtseinszustand zur vollen Entfaltung des Möglichen ist oft mit dem Wachsen und Blühen eines Baumes verglichen worden.

„Der Same Gottes ist in uns ... er wird treiben und zu Gott wachsen, dessen Same er ist; also wird seine Frucht Gott-Natur sein. Birnensamen wachsen zu Birnbäumen, Nußsamen wachsen zu Nußbäumen und Gottessamen zu Gott." (*Meister Eckhart*)

In der indischen Yoga-Philosophie ist *Merudanda* (der „Stab des Meru") die Weltachse und gleichzeitig die individuelle menschliche Achse, *Sushumna*, an deren Basis *Muladhara*, das „Wurzelchakra", liegt. Der kabbalistische Baum des Lebens mit seinen drei Achsen (Mitte, links und rechts) ist eine Landkarte des Emanationsprozesses makrokosmischer Energien aus der göttlichen Quelle und gleichzeitig die Karte der psycho-physischen Energiezentren des Menschen. Im ägyptischen Mythos ist *Djed* oder die Säule des Osiris gleichzeitig Baum und Rückgrat und stellt innerhalb des Menschen die Verbindung zwischen Himmel und Erde, Selbst und Ich, Geist und Persönlichkeit her (*Schwaller de Lubicz* 1978). „Die Djed-Säule begradigen" hieß, diese Achse wieder zu aktivieren. Der Baum liefert den

Rahmen für die auf- und absteigenden Prozesse der Energietransformation, an denen wir als Menschen beteiligt sind.

Das Baumsymbol weist in eine etwas andere Richtung, wenn wir es nicht als Verbindung zwischen Himmel und Erde (dem spirituellen und dem materiellen Bereich) sehen, sondern als Ausdehnung in der Zeit, als Muster der individuellen Lebensentwicklung benutzen, etwa so, wie wir das Diagramm eines Baumes als „Stammbaum" verwenden, um die Evolution der verschiedenen Arten zu illustrieren. Aus dieser Perspektive betrachtet sind unsere „Wurzeln" die von den Vorfahren, menschlichen wie vormenschlichen, ererbten Neigungen, der Stamm ist die Hauptachse des Wachstums unseres Lebens in der Zeit, die „Zweige" sind die Charakterzüge, Eigenschaften und Fähigkeiten, mit denen wir uns erweitern und *verzweigen,* und die „Früchte" die Ergebnisse unserer Kreativität, Samen, eingekleidet in das nährende Fleisch unserer individuellen Energien. Das sind die „Früchte unserer Taten", an denen wir erkannt werden (Mt 7,16). Was im folgenden Zitat vom Künstler gesagt wird, gilt für alle Menschen:

„Der Künstler sammelt wie der Stamm eines Baumes, was aus der Tiefe aufsteigt, und gibt es weiter... er fungiert als Mittelsmann. Seine Position ist bescheiden." (*Paul Klee*)

10. Vom Tod zur Wiedergeburt

Die wohl profundeste Analogie für die radikale Transformation, die dem menschlichen Bewußtsein möglich ist, ist die von Sterben und Wiedergeburt. Unter dem Einfluß von psychedelischen Drogen oder bei spontanen mystischen Erfahrungen *fühlen und spüren* Menschen oft, wie sie sterben und wiedergeboren werden.

Wir beschäftigen uns hier mit einer relativ abrupten Unterbrechung im individuellen Bewußtseinsstrom: das Gefühl, daß die *Person,* die man ist, gestorben ist, daß die Ich-Identität, die bis zu diesem Augenblick existiert hat, beendet ist. Das ist eine sehr radikale und umfassende Veränderung. Eine solche Erfahrung müßte eine fundamental neue und andere Perspektive und Haltung dem Leben gegenüber und dem frischen und unschuldigen Blick eines Kindes hervorbringen. Das „Sterben" in dieser Weise ist ein bewußtes und absichtliches Sterben. Es ist ein entschlossenes Zurückziehen der Ich-Identifikation mit unseren gewohnten Gedanken, Gefühlen, Wahrnehmungen und Verhaltensweisen, damit die Persönlichkeit zum lebendigen Träger des Geistes werden kann.

„Es wird gesät ein natürlicher Leib, es wird auferweckt ein geistiger Leib".
(*Paulus*, 1Kor 15,44)

Viele geistige Lehrer sind der Ansicht, man müsse eine kontinuierliche Bewußtheit vom und eine bewußte Absicht zum Tode üben. Dabei handelt es sich nicht um einen morbiden Umgang mit der Sterblichkeit, sondern um ein Mittel, eine bewußte Verbindung zu der unsterblichen Kontinuität unseres Wesens aufrecht zu halten.

„Während du lebst, sei ein Toter, gänzlich tot;
Was du dann nach deinem Belieben tust, ist immer gut." (*Zen-Meister Bunan*)

Aus einer etwas anderen Perspektive heraus können wir sagen, daß Teile unseres Wesens beständig sterben. Die Lehre der Transformation heißt, daß wir diese toten oder sterbenden Aspekte unseres Selbst annehmen, sie bewußt einbeziehen, assimilieren müssen, damit sie Teil der regenerativen Ganzheit unseres Wesens werden. So betrachtet, ist der Prozeß von Sterben und Wiedergeburt eine kontinuierliche Erneuerung, eine allmähliche Reduktion und Eliminierung der toten und sterbenden Elemente und ihre Ersetzung durch neues Leben.

„So sollst du dich nähren vom Tod, der sich von Menschen nährt.
Und wenn der Tod einst tot ist, gibt es kein Sterben mehr." (*Shakespeare*, Sonnett 146)

In jeder dieser beschreibenden Metaphern (Erwachen, Erkennen, Erleuchtung, Befreiung, Neugliederung, Einssein, Ankommen, Wiederkehren, Entfaltung oder Wiedergeburt) gibt es übereinstimmende Motive und Züge. Es gibt immer eine Veränderung in der Bewußtheit vom Zustand des Alltagsbewußtseins und vom gewohnten Identitätsgefühl: manchmal plötzlich und abrupt, manchmal allmählich und stufenweise.

Die beschriebenen Konzepte sind von der einen oder anderen Kultur besonders herausgehoben worden, verschiedene Lehrer haben sich auf einzelne Aspekte des Veränderungsprozesses konzentriert, auf die diese Symbole verweisen. Wer sein Bewußtsein und seine Identität zu verändern sucht, wird auf die Metapher reagieren, die seiner Erfahrung am nächsten steht. So gibt die tätsächliche Erfahrung personaler Transformation in all ihrem Nuancenreichtum den begrifflichen und symbolischen Formeln, die seit langer Zeit Wegweiser der Großen Reise und Handwerkszeug für die Große Arbeit sind, Tiefe und Bedeutung.

Übersetzung aus dem Amerikanischen von Irmgard Hölscher.

Literatur

Aaronson, B., Mystic and Schizophreniform States and the Experience of Depth, *Journal for Scientific Study of Religion*, 1967, VI (2), 246-52.

Campbell, J., The Hero with a Thousand Faces, Meridian, Cleveland 1956, dt.: Der Heros in tausend Gestalten, Suhrkamp, Frankfurt/M. 1978.

Edinger, E., Ego and Archetype, Putnam, New York 1972.

Grof, S., Realms of the Human Unconscious, Dutton, New York 1976; dt.: Topographie des Unbewußten, Klett-Cotta, Stuttgart 1978.

Hixon, L., Coming home, Doubleday/Anchor, Garden City, N.Y. 1978.

Huxley, A., The Doors of Perception, Chatto & Windus, London 1954; dt.: Die Pforten der Wahrnehmung, Piper, München 1981.

Lacarriere, J., The Gnostics, Dutton, New York 1977.

Markley, O.W. et al., Changing Images of Man. Report CSSP-RR-4, Stanford Research Institute, Menlo Park, Cal. 1974.

Metzner, R., Know your type: Maps of Identity, Doubleday/Anchor, Garden City, N.Y. 1979.

Metzner, R.: Opening to Inner Light, Taroher Inc. Los Angeles 1986, dt: Hineingehen: Wegmarken für die Transformation, Bauer, Freiburg 1987.

Murphy, M., White, Rhea A., The Psychic Side of Sports, Addison-Wesley, Reading, Mass. 1978, dt.: PSi im Sport, Hugendubel, München 1983.

Ouspensky, P.D., In Search of the Miraculous, Harcourt, Brace & World, New York 1949; dt.: Auf der Suche nach dem Wunderbaren, Barth, München 1982.

Roberts, J., The Nature of Personal Reality: A seth book, Prentice-Hall, Englewood Cliffs, N.J. 1974.

Satprem, Sri Aurobindo or The Adventure of Consciousness, Harper & Row, New York 1968; dt.: Sri Aurobindo oder das Abenteuer des Bewußtseins, Barth, Bern, München, Wien 1976.

Schwaller De Lubicz, I., Her-Bak Egyptian Initiate, Inner Traditions International, New York 1978.

Singer, J., Androgyny: Toward a New Theory of Sexuality, Doubleday/Anchor, Garden City, N.Y. 1977.

Stone, M., When God was Woman, Harcourt Brace, New York 1976.

Teilhard de Chardin, Der Mensch im Kosmos, Beck, München 1981.

Toffler, A., Future Shock. Random House, New York 1970, dt.: Der Zukunftsschock, Droemer-Knaur, München, Zürich 1974.

Young, A., The Reflexive Universe, Delacorte Press/Seymour Lawrence 1976.

Verheißungen und Fallgruben auf dem spirituellen Weg*

Ram Dass

Heute abend möchte ich vor allem über die spirituelle Arbeit in den Vereinigten Staaten reden, denn dieser Bereich ist mir in all den Jahren am deutlichsten einsehbar gewesen, wenn ich auch in letzter Zeit mehr und mehr im Ausland, in Europa und Australien lehre. Gewiß, der Mystizismus in den Vereinigten Staaten hat Tradition: Da waren *Emerson* und *Thoreau, Whitman* und andere. Aber erst in den sechziger Jahren erlebte das spirituelle Bewußtsein bei uns ein spektakuläres Erwachen. Was in den sechziger Jahren passierte, war eine ungemein große Wandlung in der Auffassung von Wirklichkeit, ein Verschieben von der sogenannten absoluten Realität zu der Erkenntnis, daß das, was wir persönlich als wirklich ansehen, was unser Denken aufnimmt, nur *eine* der möglichen Wirklichkeiten ist und daß noch andere Arten von Wirklichkeit existieren. *William James* hat dies natürlich schon vor geraumer Zeit formuliert: „Unser normales Alltagsbewußtsein ist nur *eine* Art von Bewußtsein, und viele andere Arten von Bewußtsein umgeben es, nur durch einen dünnen Schleier verborgen. Möglicherweise verbringen wir unser ganzes Leben, ohne jemals von ihrer Existenz zu erfahren. Gebrauchen wir aber den richtigen Stimulus, so können wir sie in ihrer ganzen Vielzahl entdecken."

Bis zu den sechziger Jahren waren in unserer Kultur die organisierten, traditionellen Religionen Hauptträger der spirituellen Wahrheit. Sie achteten vor allem auf das Einhalten ethischer Normen und motivierten die Menschen durch Furcht und verinnerlichtes Über-Ich zu ethisch richtigem Verhalten. Der einzelne war auf den Priester angewiesen, der zwischen ihm und Gott vermittelte. Es gab also eine Priesterklasse. Was nun in den sechziger Jahren, anfänglich

---

* Vortrag auf der Konferenz der International Transpersonal Association in Santa Rosa, Kalifornien, Herbst 1988.

durch psychedelische Drogen, passierte, ließ dieses ganze System auseinanderbrechen, denn die Beziehung zu Gott wurde wieder zu einer sehr direkten und persönlichen Erfahrung des einzelnen. Gewiß, bei den Quäkern und in anderen Traditionen war dies schon immer der Fall gewesen; was aber die etablierte Religion in unserer Kultur betrifft, so war dies ein völlig neues Konzept, eher ein spirituelles als ein formell religiöses Konzept. Bis zu diesem Zeitpunkt war in unserer Kultur die mystische Erfahrung weithin geleugnet oder als irrelevant abgetan worden. Ich selbst war ja Sozialwissenschaftler, und auch ich stand dieser Sache höchst ablehnend gegenüber, ich begegnete ihr mit geradezu zynischer Verachtung und wollte solches „Zeug" nicht einmal lesen! *Rilke* hat einmal etwas gesagt, was sehr gut zu dieser Zeit paßt: „Der einzige Mut, der von uns gefordert wird, ist der Mut für das Seltsamste, Ungewöhnlichste, Unerklärlichste, das uns begegnen könnte. Daß die Menschheit in dieser Hinsicht feige gewesen ist, hat dem Leben unendlichen Schaden zugefügt. Die Erfahrungen, die man Visionen nennt, die ganze Welt der Geister, der Tod – all diese Dinge, die so eng mit uns verbunden sind, sind durch das tägliche Abwehren so sehr aus unserem Leben verdrängt worden, daß die Sinne, mit denen wir sie hätten begreifen können, verkümmert sind – von Gott ganz zu schweigen."

In den sechziger Jahren jedoch änderte sich dies. Die meisten von uns entdeckten einen Teil von sich selbst, den sie nie zuvor wahrgenommen hatten. Wir erfuhren einen Teil unseres Seins, das nicht vom Universum getrennt war, und wir erkannten, wie sehr unser Verhalten auf dem Verlangen basierte, den aus jenem Getrenntsein entspringenden Schmerz zu lindern. Es war für viele von uns das erste Mal, daß wir aus jenem Getrenntsein ausbrachen, in dem wir unser bisheriges Leben zugebracht hatten, und wir begannen, die Heilkraft unseres intuitiven, mitfühlenden Herzens zu erkennen, eine Heilkraft, die einfach verschwunden gewesen war unter den Schleiern unseres denkenden Geistes und den von ihm erschaffenen Konstruktionen darüber, wer *wir* sind und wer die *anderen* sind. In anderen Worten: Wir überwanden den Dualismus und erfuhren das Einssein unseres Wesens mit allen Dingen, und wir erlebten Glückseligkeit, Entzücken und alle möglichen wunderbaren Gefühle. Dieser warme Glanz hielt bis in die Mitte der sechziger Jahre an.

Dann kam 1967 der „Sommer der Liebe", und die Stimmung schlug um.

Sehr interessant ist aber, wie weitverbreitet und akzeptiert die damals neuen Gedanken mittlerweile sind, wie sehr sie Allgemeingut geworden sind. Hielt ich in jener Zeit einen Vortrag, so waren meine Zuhörer in der Regel zwischen fünfzehn und fünfundzwanzig Jahre alt – sie waren in jener Zeit die Entdecker, auf der Suche nach Neuland. Unsere Zusammenkünfte hatten den Charakter einer Expeditionsvorbereitung; wir waren wie Entdeckungsreisende, die ihre Landkarten verglichen, mögliche Reiserouten erwogen und über das zu erkundende Terrain sprachen. Fünfundzwanzig Jahre später nun, wenn ich beispielsweise in Iowa spreche, vor etwa 1500 Menschen, und ich in etwa dasselbe erzähle wie damals (was mir vielleicht nicht gerade zur Ehre gereicht), so würde ich wohl behaupten, daß bestimmt siebzig bis achtzig Prozent der Zuhörer nie Hasch geraucht, psychedelische Drogen genommen oder etwas über östliche Mystik gelesen haben. Und doch begreifen sie alle – woher können sie *wissen*, woher? Der Grund liegt natürlich darin, daß sich inzwischen die Werte verschoben haben, die beschränkte, enge Sicht der Wirklichkeit sich zu einer relativen Wirklichkeitssicht gewandelt hat, von der bei genauem Hinsehen alle Institutionen und Strukturen berührt worden sind. All dies hat Eingang gefunden in die vorherrschende kulturelle Strömung, so daß man heutzutage in bezug auf das Bild der Wirklichkeit viel mehr Wahlmöglichkeiten hat als zu der Zeit meines Studiums. Das spiegelt sich auch in der Ausbreitung aller möglichen neuen Bildungseinrichtungen.

Um zu verstehen, was damals mit uns vor sich ging, suchten wir nach Orientierungshilfen, nach Landkarten gewissermaßen. Das Beste, was uns auf dem Gebiet seinerzeit verfügbar und auch ziemlich mühelos zugänglich war, basierte auf dem Wissen des Ostens: Wegbeschreibungen aus dem Buddhismus, dem Hinduismus und anderen fernöstlichen Traditionen. Bei den meisten Religionen des Mittleren Ostens waren Hinweise auf die direkte mystische Erfahrung und ihre Beschreibung streng gehütet, weil sie eher Bestandteil der esoterischen als der exoterischen Religion sind. Die Kabbalah, der Chassidismus und auch der Sufismus waren lange nicht so bekannt wie heute. Und so wandten wir uns in jener ersten Zeit dem Tibetanischen Totenbuch zu, den Upanishaden, der Bhagavadgita und ähnlichen Schriften. Worauf wir dabei stießen (und diese Erfahrung teilten viele von uns, auch die Beatles und die Rolling Stones), war, daß jeder die Erfahrung anders erlebte und interpretierte. Daher suchte jeder nach Methoden, die diese Erfahrung integrieren halfen.

In den frühen Sechzigern war dies alles noch ganz schön dramatisch. Ich erinnere mich zum Beispiel daran, daß *Tim Leary* und ich an der Wand unseres Zimmers eine Tabelle hängen hatten, eine ansteigende Kurve, die in graphischer Form darstellte, wie *schnell* jedermann Erleuchtung erlangen könnte – was unter anderem beinhaltete, dem Trinkwasser LSD zuzusetzen. Das war das Spektakulärste, was uns dazu einfiel! Uns schien die gemachte Erfahrung so zwingend, so unabänderlich, so kraftgeladen, daß jemand, der sie einmal gemacht hatte, nicht mehr zurück konnte. Wir taten uns mehr und mehr mit Menschen zusammen, die wie wir diese Erfahrung gemacht hatten, und ziemlich bald wurde das Ganze in Harvard zu einem Kult. Zwischen uns und jenen, die unsere Erfahrung nicht teilten konnten, gab es keine Verständigungsmöglichkeit mehr: Sie *wußten* einfach nicht! So entstand bald eine unüberbrückbare Kluft, ein tiefer Riß mitten durch unsere eigene Fakultät.

Die ziemlich naive Vorstellung, daß sich nun alles sehr schnell weiterentwickeln würde, lief zwar allem zuwider, was wir gelesen hatten. Aber wir waren überzeugt, daß wir einen neuen Weg gefunden hatten und daß wir mit Hilfe psychedelischer Drogen das Ziel schneller erreichen konnten, als es Hindus oder Buddhisten gelungen war. Buddha schilderte einmal, als er über Reinkarnation sprach, sehr anschaulich, wie lange wir schon auf der Reise sind. Sie kennen vielleicht das Bild von dem Berg und dem Vogel? Er sagte: „Stellt euch einen Berg vor, einen Berg aus massivem Granit, sechs Meilen lang, sechs Meilen breit, sechs Meilen hoch. Alle hundert Jahre einmal fliegt ein Vogel mit einem seidenen Schal im Schnabel über den Berg, und der Schal streift den Berg. Die Zeitspanne, die notwendig ist, um so den Berg abzutragen, ist die Zeitspanne, in der ihr schon unterwegs seid, wiedergeboren werdet." So schaut man sich dann dieses Leben an, und es dauert noch nicht einmal ein kurzes Augenzwinkern lang – ein Leben, und wieder eins, und wieder... jedesmal eine neue Geburt. Und bei einer *solchen* zeitlichen Perspektive nehmen wir die Tabelle mit der Kurve doch lieber von der Wand herunter und sehen die Sache etwas entspannter.

Und doch – die meisten spirituellen Bücher drängen uns zugleich zur Eile. Buddha sagt: „Bemüh' dich, so sehr du irgend kannst. Dies ist eine kostbare Geburt. Ein menschliches Leben ist eine ungemein kostbare Erfahrung, arbeite daran, so hart du kannst." Dies ist natürlich genau, was der auf Leistung versessene westliche Mensch gerne hört! *Kabir* sagt: „Freund, hoffe auf das Beste, während du am Leben bist. Stürz' dich in die Erfahrung hinein, so lange du lebendig bist. Was wir Errettung nennen, gehört in die Zeit *vor* dem Tod – wenn du die Fesseln nicht zu Lebzeiten abschüttelst, glaubst du, dein Geist wird es *nach* dem Tod für dich tun? Die Vorstellung, daß die Seele in die Ekstase eingeht, nur weil der Körper zerfällt, ist pure Phantasie. Was du *jetzt* findest, besitzt du auch dann. Wenn du jetzt nichts findest, endest du einfach in einem Apartment in der Stadt der Toten. Wenn du dich aber *jetzt* in Liebe mit dem Göttlichen vereinigst, so wird sich im nächsten Leben auf deinem Gesicht befriedigtes Verlangen malen. Stürz' dich also in die Wahrheit. Finde heraus, wer der Lehrer ist. Glaube an den Großen Laut."

Wir spürten also das starke Verlangen, voranzukommen, und so gingen wir daran, aus der ganzen spirituellen Reise einen Leistungskurs zu machen. Da ist diese schöne Geschichte von dem Jungen, der zu einem Zenmeister geht und zu ihm sagt: „Meister, ich weiß, Ihr habt viele Schüler. Wenn ich aber härter als sie alle zusammen studierte, wie lange würde es dauern, bis ich Erleuchtung erlange?" Der Meister antwortet: „Zehn Jahre." Der Junge fährt fort: „Wenn ich aber Tag und Nacht arbeite und meine Anstrengungen noch verdoppele, wie lange wird es dann dauern?" „Zwanzig Jahre", sagt der Meister. „Und wie wäre es bei noch größerer Anstrengung und noch härterem Bemühen?" beharrt der Junge. „Dreißig Jahre", ist die Antwort des Meisters. „Warum bloß fügst du immer mehr Jahre hinzu", fragt der Junge nun schon ziemlich verzweifelt. Und der Meister gibt zur Antwort: „Ganz einfach. Weil du ein Auge auf das Ziel gerichtet hast, bleibt dir nur ein Auge für die Arbeit, und dadurch wirst du so viel langsamer vorankommen."

In dieser mißlichen Lage steckten auch wir damals gewissermaßen: Wir waren so sehr auf das *Ziel* selbst erpicht, daß wir uns viel weniger Zeit nahmen, um uns in Übungen zu vertiefen, die notwendig sind, es zu erreichen. Aber mittlerweile sind wir gewachsen, so weit, daß wir Geduld gelernt und mit dem Zählen aufgehört haben.

Dies ist für ein westliches Bewußtsein schon ein großer Schritt voran! Ich mache meine spirituellen Übungen, weil ich eben meine spirituellen Übungen mache, und was geschehen soll, wird geschehen. Jetzt oder zehntausend Geburten später – das kümmert mich wenig. Denn, was macht es für einen Unterschied? Was sonst sollte ich tun? Ich kann mit den Übungen sowieso nicht aufhören, deswegen ist die Frage bedeutungslos für mich.

Achten Sie aber darauf, daß Sie sich nicht zu sehr von Ihren Erwartungen über die eine oder andere Übung einfangen lassen. Es gibt da eine nette Geschichte über Nasruddin, den Sufi-Mystiker, eine Art Landstreicher und ziemlich fauler Bruder. Die Geschichte handelt von einem Topf. Nasruddin bittet seinen Nachbarn, ihm einen großen irdenen Kochtopf zu leihen. Der Nachbar antwortet: „Nasruddin, du weißt selbst, wie unzuverlässig du bist, und ich hänge wirklich sehr an meinem großen Topf. Ich kann ihn dir nicht geben." Nasruddin: „Meine ganze Familie kommt heute zum Essen, ich brauche ihn unbedingt. Ich werde ihn dir bestimmt morgen zurückbringen." Murrend gibt ihm schließlich der Nachbar den Topf mit, Nasruddin trägt ihn dankbar heim. Am nächsten Tag steht Nasruddin wie versprochen mit dem Topf vor der Tür. „Wie wunderbar, Nasruddin", ruft der Nachbar aus, nimmt den Topf entgegen und findet in dem großen Topf einen kleinen Topf. „Oh, was ist das?" fragt er. Nasruddin sagt: „Der große Topf hat ein Kind bekommen!" Der Nachbar ist natürlich ganz entzückt darüber, und als Nasruddin in der nächsten Woche wiederkommt, um den Topf für ein großes Essen auszuleihen, gibt der Nachbar ihm den Topf bereitwillig mit. Nasruddin nimmt ihn. Am nächsten Tag: kein Nasruddin, auch am Tag darauf immer noch kein Nasruddin. Schließlich geht der Nachbar zu Nasruddin hinüber und fragt nach seinem Topf. Nasruddin gibt ihm die Antwort: „Dein Topf ist gestorben!"

Anfang der sechziger Jahre kamen mehr und mehr spirituelle Lehrer des Ostens in die Vereinigten Staaten. Ich erinnere mich, wie ich mich in der Begleitung von *Sufi Sam* zum *Avalon Ballroom* in San Francisco aufmachte, um *A.C. Bhaktivedanta* zu sehen, der dort von *Allen Ginsburg* vorgestellt wurde und sein eigenartiges Hare-Krishna-Chanting anstimmte; die Beatles trafen mit Maharishi Mahesh zusammen. Einmal ging ich selbst als Sprecher einer Hippie-Gruppe aus Height-Ashbury zu den Stammesältesten der Hopi-Indianer, um ein Hopi-Hippie-Treffen im Grand Canyon vorzubereiten. Wir verehrten die Hopies damals als unsere Ältesten. Ich glaube, von uns verehrt zu werden, gefiel ihnen überhaupt nicht, denn bei diesem Treffen im Grand Canyon machten wir schreckliche Fehler: Wir gaben den Kindern Federn, und manche von uns liebten sich am Brunnen – wir wußten einfach nicht, wie man die Gebräuche einer solchen alten Tradition gebührend respektiert. Respekt ist wohl etwas, das wir dann im Laufe der Jahre im Umgang mit östlichen Traditionen gelernt haben.

Das Problem für uns war natürlich, wieviel wir von einer gewachsenen Tradition übernahmen und inwieweit wir sie abwandelten. Die Sache hatte folgenden Haken: Wollte man sie abwandeln, so mußte dies von innen heraus geschehen – eine gewachsene Tradition läßt sich nicht von außen her modifizieren. Was im Westen vielerorts gemacht wurde, war beispielsweise, eine Überlieferung des Mahayana-Buddhismus zu nehmen und zu sagen: „Ja, das mag für einen tibetanischen Buddhisten vielleicht schön und gut sein, aber was für *uns* eigentlich richtig wäre, müßte so und so aussehen." Und dies, ehe man überhaupt in das innerste Wesen dieser Praktiken vorgedrungen war.

C.G. Jung sagt über *Richard Wilhelm* in seinem Vorwort zum I Ging, er sei ein gnostischer Mittler und habe sich das chinesische Wesen einverleibt, bis es ihm schließlich in Fleisch und Blut übergegangen sei und er sogar auf diese Weise träumte – und *dann* erst übermittelte er es seiner eigenen Kultur.

Wir selbst waren so darauf versessen, voranzukommen, daß wir einer Reihe von Überlieferungen wirklich Gewalt antaten. Wir holten sie wohl aus dem Osten zu uns, wandelten sie aber immer wieder entsprechend unseren eigenen Bedürfnissen und Gegebenheiten ab. Natürlich haben wir hier im Westen einen im Vergleich zum Osten viel stärker ausgeprägten Persönlichkeitskult; wir richten unser Augenmerk in weit größerem Maße auf die Frage: „Was will ich, was begehre ich, was brauche ich?" Dies trifft für die Kulturen des Ostens nicht so sehr zu – möglicherweise wird es dort auch nur mehr unterdrückt; es steht jedenfalls dort nicht im Mittelpunkt. Viele der spirituellen Praktiken sind nicht auf die Persönlichkeit ausgerichtet und sind daher nicht ohne weiteres auf den Westen zu übertragen. Damals habe ich das noch nicht verstanden.

Ich erinnere mich an eine Fernsehsendung, die ich mit *Trungpa Rimpoche* machte. Wir sprachen über das Nicht-Verhaftetsein, jene so erstrebenswerte geistige Qualität, und ich sagte zu ihm: „Wenn Sie so frei sind von allen Verhaftungen, warum geben Sie dann nicht Ihre überlieferte Tradition auf?" Und er antwortete: „Ich hafte an nichts außer an meiner Tradition." „Dann haben Sie da aber ein Problem", sagte ich darauf, voll von plumpem Unverständnis für die Tatsache, daß man mit seiner tradierten Methode wie in einer Liebesbeziehung auf das innigste verbunden ist: Anfangs nähert man sich wohl einer Methode mehr oder weniger dilettantisch, aber das weitere Eindringen wird doch immer intensiver. Und wenn man auf der anderen Seite wieder herauskommt, dann benutzt man sie wohl weiter, man hält sie in Ehren – aber man ist nicht mehr an sie gebunden, weil man einfach zum *Träger* dieser Überlieferung geworden ist. Das hatte ich damals noch nicht begriffen.

Damals drehte sich für uns alles um unser frisch entdecktes spirituelles Erwachen und all die verschiedenen uns bekannten Wege, „high" zu sein. Es bildeten sich Gruppierungen: Für manche von uns stand im Mittelpunkt die sexuelle Befreiung, für andere waren es Drogen, Chants oder die Meditation, und wir hatten für unsere Zusammenkünfte wunderbare östliche Bezeichnungen, *Satsang* oder *Sanga* beispielsweise. Das Problem dabei war, daß diese Gruppierungen und die Atmosphäre der Zusammenkünfte sich im Laufe der Zeit veränderten. Aus der anfänglichen Frische, Reinheit und Freudigkeit wurde ein Sich-Abgrenzen, etwas Elitäres, ein Schielen darauf, wer zu der Gruppierung gehörte und wer nicht; und aus dem Anspruch, den „einzig richtigen Weg" zu kennen, erwuchs mancherlei Gewaltsamkeit, die etliche von uns zu spüren bekamen. Zu dem, was in dieser Zeit vor sich ging, fällt mir die Geschichte von Gott und Satan ein, die zusammen eine Straße hinuntergehen. Der Herr beugt sich nieder und hebt etwas auf. Er betrachtet den leuchtenden Gegenstand in Seiner Hand. Satan fragt neugierig: „Was ist das?" Der Herr antwortet: „Dies ist die Wahrheit!" Satan streckt die Hand aus und sagt: „Gib sie mir, ich werde sie für dich organisieren." Ungefähr so erschien uns die in den siebziger Jahren aufkommende Veränderung; die Bewegung fing an, institutionalisiert und strukturiert zu werden. Sie wurde ein Trend, es war „in", zu einer der großen spirituellen Gruppierungen zu gehören.

Ein heikler Punkt in dieser Zeit war die Tatsache, daß die in die Staaten kommenden östlichen Lehrer überwiegend streng asketischen Traditionen angehörten und ganz und gar nicht auf westliche Frauen vorbereitet waren. Diese waren mitten in ihrer sexuellen Befreiung, erprobten ihre im Feminismus neu gewonnene Freiheit auf allen Bereichen... Die östlichen Lehrer waren dem überhaupt nicht gewachsen, sie waren absolut verwundbar und fielen um wie die Fliegen. Diese Leute waren ja Lehrer, keine Gurus. Ein Guru ist fertig. Ob Höhle oder Stadt, das spielt für den Guru überhaupt keine Rolle mehr, für den Lehrer aber ist es ein himmelweiter Unterschied. Ein Lehrer *weist* den Weg, ein Guru dagegen *ist* der Weg. Es ist einfach eine ganz andere Qualität! Der Guru zeigt dir wie in einem Spiegel, wo du *nicht* bist – das ist eigentlich alles, was er tut.

Wir aber bastelten an dem Konzept des Guru herum, verdrehten es, um im psychodynamischen Sinne daraus ein Konzept des „gütigen Vaters" zu machen. Wir wollten, daß der Guru es „für uns tut", während es sich in Wirklichkeit so verhält, daß der Guru einfach *ist*, wie ein Baum oder ein Fluß. Und je nach unserer eigenen karmischen Disposition und Bereitschaft tun wir es für uns selbst – in seiner Anwesenheit. Der Guru ist eine Präsenz, die uns dies möglich macht, eine Präsenz, die uns nicht einfängt und festhält. Nur wir selbst fangen uns vielleicht ein.

Was sich damals in bezug auf die Lehrer und ihr Verhalten also abspielte, war, daß wir unseren wertenden Geist mit ins Spiel brachten. Von überall her wurden mir Klatschgeschichten über den einen oder anderen spirituellen Lehrer zugetragen, und jedermann schien sich emsig den Kopf darüber zu zerbrechen, ob er es wirklich riskieren konnte, von jemandem eine Lehre anzunehmen, der selbst „unrein" war. Man ging geradezu auf Jagd nach solchen „Unreinheiten", mit der Behauptung, sich davor schützen zu müssen. Dem lag aber eine völlig falsche Vorstellung davon zugrunde, was „Hingabe" eigentlich bedeutet. Man gibt sich ja nicht dem Lehrer als Person hin – es ist in Wirklichkeit die *Wahrheit*, der man sich unterwirft. *Ramana Maharshi* sagt: „Gott, Guru und das Selbst sind eins." Es ist also unsere höhere Wahrheit und Weisheit in dem Guru, der wir uns anheimgeben. Die Frage der Hingabe ist für uns schon ein ganz zentrales Thema, schon seit Jahren, und deswegen lassen Sie mich dazu noch ein paar Dinge sagen.

Für uns im Westen ist Hingabe, Aufgabe ein Wort mit höchst unangenehmem Beigeschmack; man verknüpft damit immer so scheußliche Dinge wie das politische „Ich nehme Ihre Kapitulation an“, vor dem Stärkeren wehrlos den Nacken als Zeichen der Unterwerfung entblößen und ähnliches. Es hat uns größte Mühe gekostet, die Tatsache zu begreifen und zu akzeptieren, daß die Aufgabe des Selbst ein essentieller Bestandteil des spirituellen Weges ist. Ich werde später noch näher darauf eingehen.

Als wir dann mehr und mehr über andere Traditionen erfuhren, kamen wir zu folgender Einsicht: Wenn wir das, was uns vor allem durch psychedelische Drogen als Erfahrung zuteil geworden war, mit Hilfe anderer Methoden stabilisieren und in unser Leben integrieren wollten, so mußten wir zuerst einmal eine Menge Reinigungsarbeit leisten. Zuvor hatten wir darüber die Nase gerümpft ... „Die Zehn Gebote, wer kümmert sich schon groß darum? Das sind alles alte Kamellen, gut vielleicht für die Moralisten. *Wir* können *alles* haben, was wir wollen!“ Dann erkannten wir aber allmählich, daß man damit aufhören muß, Karma zu erzeugen, daß man es schaffen muß, high zu werden, ohne herunterzukommen. Das war die interessante Frage – wie schafft man das? Wie wird man high und *bleibt es*? So formulierten wir damals – heute würden wir es anders ausdrücken.

Daraus entstand eine Hinwendung zu asketischen Praktiken, zur Entsagung, zur Abkehr vom Weltlichen, weil man die irdische Ebene als Illusion sah, die nur Kummer und Sorgen schafft – das beste schien also, abzuheben, wirklich high zu werden, in eine Art rosenfarbenes Traumland zu gelangen, an den Ort, wo alles göttlich ist. Dies ist ein ziemlicher Irrtum, dem wir übrigens fast alle verfielen. Man hatte die Vorstellung, daß man durch Entsagung und Enthaltsamkeit, viel reiner werden würde und tiefere Erfahrungen machen könnte. Bei vielen Leuten war es wohl so, anderen aber stieg ihre Enthaltsamkeit zu Kopf und machte sie nur begehrlich. Die Entsagung wurde wieder nur als eine Leistung betrachtet, mit der man sich schmücken konnte. *Meister Eckhart* sagt: „Wir sollen Tugend ausüben, nicht sie besitzen.“ Und darum ging es; wir versuchten, sie zu besitzen und sie uns wie eine Auszeichnung ans Revers zu stecken, damit jedem klar wurde, wie rein wir waren! Aber nur ein kleines bißchen Shila oder Yama, oder welche Reinigungsrituale auch immer man befolgte – und sei es auch das Bemühen, kein Leiden zu verursachen, nicht zu töten, zu stehlen, Ehebruch zu begehen, kurz, anderen möglichst wenig Kummer und Sorgen zu bereiten –, schon das hatte eine Wirkung auf uns, und wir hatten in zunehmendem Maße spirituelle Erfahrungen.

Dies führte zu einer Zeit von geradezu unglaublichem *spirituellem Materialismus*: Jedermann war in Entzücken und Glückseligkeit, hatte tiefe Erlebnisse, manche sahen leuchtende Kugeln, die von oben herabkamen, um mit ihnen zu sprechen – solche Erfahrungen machten wir *tatsächlich*! Es waren tolle Zeiten. Interessant war aber, wie wir darauf reagierten, denn wir verliebten uns total in all diese Erscheinungen, die als Resultat unserer spirituellen Praktiken, der Meditation und Reinigung, auftraten: Wir waren leichte Beute für den spirituellen Materialismus. Hatten wir einen Ford in der Garage, so hatten wir in unserem Schlafzimmer mindestens ein Astralwesen! Alle Traditionen warnen uns davor, beispielsweise sagt der Buddhismus: „Bleibt nicht stecken in den Trancezuständen, laßt euch davon nicht einfangen. Beobachtet die Erfahrungen, nickt ihnen zu, und geht weiter. Bleibt nicht stecken!“ Aber sie waren einfach zu verlokkend, als daß man sie so ohne weiteres aufgeben konnte – und das sind sie auch heute noch! Es ist nicht einfach zu begreifen, daß die spirituelle Freiheit etwas ganz Einfaches ist, etwas ganz Gewöhnliches, überhaupt nichts Besonderes, und das ist gerade das Kostbare daran! Und *wir* versuchen immer, sie zu etwas Besonderem zu machen...

Mit all diesen Kräften wächst uns auch eine ungeheure Energie zu. Denn: Wenn Sie meditieren und Ihren Geist selbst eine kurze Zeitspanne lang zur Ruhe bringen, ihn durch Meditation, Chanting oder ähnliches auch nur ein kleines bißchen stillen, so sammeln und zentrieren Sie die große Menge von Energie, die unser affenähnlicher Geist ansonsten mit seinem Denken hierhin und dorthin verstreut. Sie beginnen, sich in Einklang mit anderen Ebenen der Wirklichkeit zu bringen, welche unglaubliche Energie enthalten. Es ist so, als steckten Sie Ihren Toaster in eine Steckdose für 220 statt 110 Volt...!

Mehr und mehr Leute machten und machen noch immer unglaubliche Erfahrungen mit Shakti oder Kundalini. Als mir das zum ersten Mal passierte, fühlte es sich an wie tausend Schlangen, die meine Wirbelsäule hinaufkrochen. Als die Energie mein zweites Chakra erreichte, ejakulierte ich automatisch, dann stieg sie höher, und ich bekam wirklich Angst, schreckliche Angst, denn niemals hätte ich etwas so Ungeheuerliches erwartet. Ich bekomme häufig über das *Spiritual Emergency Network* (eine ganz wunderbare Organisation übrigens, die phantastische Arbeit leistet) Anrufe von Leuten, die Kundalini-Erlebnisse haben. Neulich rief mich eine Therapeutin aus Berkeley an und erzählte ganz beunruhigt, mit ihr gingen merkwürdige Dinge vor – sie führe sechs Stunden Rad, ohne zu ermüden, sie könne nicht schlafen, bräche bei den unpassendsten Gelegenheiten in Tränen aus. Sie glaubte, sie würde verrückt! Ich beruhigte sie: „Na, dann will ich Ihnen mal eine Liste weiterer Symptome vorlesen, die Aufstellung können Sie übrigens als Fotokopie haben –", sie unterbrach mich: „Oh, und ich dachte, nur ich würde solche Erfahrungen machen!" „Nein", antwortete ich ihr, „Swami Muktananda hat sie schon vor einer ganzen Weile publiziert! Es ist bloß Mutter Kundalini, die hier am Werk ist, also machen Sie sich keine Sorgen, es wird vorübergehen. Atmen Sie durch Ihr Herz, bleiben Sie sanft, nehmen Sie es ein bißchen locker..."

Diese Phänomene versetzten uns nicht nur in Angst und Schrekken, sie faszinierten uns auch, wir verliebten uns geradezu in sie. Wir hielten auf unserem Weg inne, um den Duft dieser seltsamen Blüten zu riechen, und wurden unglaublich high. Aber viele nahmen ihr Ego mit, interpretierten das Ganze als „dies ist *meine* Kraft", sie gerieten auf einen Erlösertrip und wollten jedermann davon überzeugen, daß *sie* der Messias wären. Ich erinnere mich an eine Szene, als man meinen Bruder in eine psychiatrische Klinik eingeliefert hatte, weil er glaubte, er sei Christus. Als ich ihn dort besuchte, blieb der Psychiater mit im Raum, denn er hatte meinem Bruder nicht gestattet, Besuch zu empfangen, ohne daß er dabei war. Ich kam also daher, in einem langen Gewand, mit Bart und Holzperlenkette, und mein Bruder trug einen dunkelblauen Anzug mit Schlips – er war hinter Schloß und Riegel, *ich* aber lief frei herum. Die Komik an dieser Tatsache entging keinem von uns Dreien. Manche von uns verloren auf der Alltagsebene einfach den Boden unter den Füßen. (Hier bot dann das *Spiritual Emergency Network* Beistand und Hilfe.) In Indien oder anderen Kulturen ist dieser Zustand den Menschen vertraut, man nennt ihn „Gottberauschung". Einem Gottberauschten soll man, wie *Meher Baba* sagt, dienen und helfen. *Anandamayi Ma,* diese große

Heilige aus Bengalen, war eine höchst würdevolle Frau – aber sie verbrachte zwei ganze Jahre damit, vor ihrem Haus radzuschlagen, den Sari abzuwerfen und ähnliches. Bei uns würde man das sicher nur geringschätzig als Exhibitionismus abtun, in der indischen Kultur indes reagiert man auf jemand, der in einen solchen Zustand gerät, mit „oh, da ist ein Gottberauschter, wir müssen auf ihn achtgeben, wir wollen ihn in einen Tempel bringen!" In jenen Jahren gab es in unserer Kultur noch keinen Beistand, kein „Hilfssystem" für diese Übergangsphase, in der manch einer von uns transformationsbedingt den Boden unter den Füßen verlor – eine Erfahrung, die man eben manchmal durchlaufen muß, durch die man hindurchgeht, um danach wieder auf festen Grund zu gelangen.

In der Anfangszeit ging es vor allem darum, die Leute aus sich herauszuholen, sie zu bewegen, ihren denkenden Verstand loszulassen, ihre Schwere aufzugeben. Und dann rieb man sich die Augen, weil sie schlichtweg abhoben. Der Hälfte meiner Zuhörer würde ich auch heute noch sagen: „Hei, kommt, hebt ein bißchen ab, nehmt es nicht zu verbissen, es ist okay, wenn ihr das Leben lockerer angeht!" Der anderen Hälfte jedoch würde ich zurufen: „Los, werdet mal aktiv, kümmert euch um die Alltagsdinge, sucht euch endlich einen Job, um Himmels willen!"

Wenn man mit den spirituellen Übungen einigermaßen klarkommt, dem transformativen Erleben aber noch nicht mit ausreichender innerer Festigkeit begegnen kann, dann ist der Glaube noch unsicher und schwankend – und auf diesem Boden wächst und gedeiht der Fanatismus. Den meisten Devotees in der spirituellen Szene ergeht das so, sie werden in dem Punkt ziemlich schlimm. Wenn Sie jedoch einem Meister begegnen, einem Zen-Meister, einem hinduistischen oder buddhistischen Meister, einem Meister der Sufis oder der nordamerikanischen Indianer, werden Sie in ihm stets den *Menschen* spüren und erkennen! Er sitzt nicht weise da und sagt: „Du folgst nicht *meinem* Weg, also bist du weniger wert", aber für gewöhnlich tun das seine Anhänger. Sie sind noch nicht tief genug in ihrem Glauben verwurzelt. Sie haben die Methode noch nicht durchlaufen.

Mit einer Methode nämlich verhält es sich so: Sie müssen sich absolut von ihr einfangen lassen. Wenn Sie versuchen, sich dilettantisch durch sie hindurchzumogeln, dann funktioniert sie nicht. Sie müssen „Meditierender" werden. Aber wenn Sie am Ende immer noch Meditierender sind, sind Sie verloren. Das Ziel ist Befreiung, Befreiung auch von der Methode. *Ramakrishna* ist ein herrliches Beispiel. Er begann mit der Kali-Verehrung, und nachdem er damit fertig war, studierte er all die anderen Methoden. Es ist ja so: Haben Sie erst einmal Ihre Methode ganz durchlaufen, dann führen alle anderen Methoden zum gleichen Ziel. Die Leute fragen mich oft: „Wie geht das zusammen – Sie machen buddhistische Meditation, Sie haben einen Hindu als Guru und sind selbst Jude?" Worauf ich ihnen antworte: „Ich habe da überhaupt kein Problem, Sie vielleicht? Mir scheint das völlig in Ordnung. Es gibt nur *einen* Gott, und der Eine hat keinen Namen, es gibt also keine Form." Wir gingen sehr selbstgerecht mit dem spirituellen Weg um. Mit meiner eigenen Selbstgerechtigkeit hat mir *Trungpa Rimpoche* am meisten weitergeholfen. Er ist ein Spitzbube. Nach dem Spitzbübischen müssen Sie bei einem guten Lehrer immer Ausschau halten; man darf es nicht mit Gaunerei verwechseln. Ich erinnere mich noch gut an den ersten Sommer, in dem ich am *Naropa Institute* lehrte. Ich hatte ziemlich große Schwierigkeiten mit Trungpa Rimpoche. Seine Schüler waren meistens betrunken, spielten Karten, aßen Fleisch. Und ich dachte: „Was ist das bloß für ein spiritueller Lehrer?"

Sie können mein Dilemma sicher verstehen, ich kam ja aus einer asketischen hinduistischen Richtung. Ein Hindu hat immer Angst davor, abzustürzen, und das beste scheint ihm daher, alles sauber voneinander getrennt zu halten. Also, hier war Trungpa Rimpoche und führte seine Schüler, wie mir schien, geradewegs auf den Weg zur Hölle. Und ich saß da und verurteilte! Als ich dieselben Schüler nach einigen Jahren wiedersah, waren sie tief in die schwersten spirituellen Praktiken vorgedrungen. Er hatte sie durch ihre Obsessionen hindurchgeführt. Er hatte keine Angst davor. In den meisten anderen Traditionen fürchtet man, daß die Schüler unterwegs verloren gehen. Tantrische Lehrer fürchten das nicht, sie sind sehr aufregend und sehr furchteinflößend. Man weiß nie genau, ob der Lehrer selbst festhängt, oder ob er ein exquisiter Lehrer ist. Und es gibt keine Möglichkeit, das herauszufinden! So werden wir beispielsweise nie wissen, ob die zweiundneunzig Rolls-Royce von Rajneesh nur ein Trick sind, oder ob dieser Mann festhängt. Das einzige, was Sie wissen können, ist: Wollen Sie frei werden, so benutzen Sie Ihre

Lehrer zu diesem Zweck, so intensiv Sie irgend können, und überlassen Sie *ihnen* das Lösen ihrer karmischen Probleme! Und das ist das Geheimnis, das man schließlich über die Lehrer herausfindet.

Man nannte uns damals auch die „Ich-Generation". Der Grund dafür war der Narzißmus: Wir hatten – und haben auch heute noch – eine innere Arbeit zu verrichten, eine Arbeit, die uns unsere Rolle in der Gesellschaft in gewisser Weise vernachlässigen ließ. Wir nahmen weniger Anteil an politischen Ereignissen, und es kam in diesem Punkt zu einer metaphysischen Konfusion, wie sie sich ähnlich beispielsweise im Unterschied zwischen dem Theravada-Buddhismus und dem Mahayana-Buddhismus findet. Stark vereinfacht könnte man sagen, ein Theravada-Buddhist würde sich so ausdrücken: „Schau, mein Ziel ist es, *meine* Erleuchtung zu erlangen. Wenn ich dann erleuchtet bin, existiert sowieso nichts mehr, und das löst das ganze Problem." Der Mahayana-Buddhist sagt: „Niemand schafft es, solange es nicht alle schaffen. So kann ich also ebensogut den Boddhisattva-Schwur ablegen und bleiben und allen anderen bei ihrer Befreiung helfen, denn ich kann ja nirgends hin, bis auch *sie* es geschafft haben und befreit sind." Zugegeben, das ist kraß vereinfacht, aber es betraf uns damals. Viele sagten: „Ich muß an *mir selbst* arbeiten, um befreit zu werden", und andere sagten: „Ich muß mit allen anderen zusammen arbeiten und ihnen bei der Befreiung helfen, wir müssen ja alle gemeinsam frei werden." Ein Teil der Anti-Vietnam-Bewegung ging auf dieses „Wir müssen alle zusammen arbeiten" zurück, und das Sich-nach-innen-Wenden der anderen, die sich aus politischen Aktionen heraushielten, basierte auf dem „Ich selbst muß frei werden." Als Argument könnte dafür auch ins Feld geführt werden, daß sonst durch die Verhaftungen des eigenen Bewußtseins nur neues Leiden erschaffen würde, wenn ich für jemand anderen etwas tue.

Erkennt man erst einmal, daß Erleuchtung nicht übermorgen stattfindet, bringt man seinen Geist zur Ruhe, so wachsen Kräfte. Sie heißen Siddhis und sind ganz tückische Fallstricke auf dem spirituellen Weg, denn man neigt dazu, sie dazu zu verwenden, Gutes zu tun. Aber das Spiel läuft total anders als wir denken. Lassen Sie mich Ihnen ein Beispiel erzählen: Ich war bei *Sadji Sai Baba*, dem südindischen Wundermann, einem prachtvollen Kerl. Eines Tages sagte er zu mir: „Ram Dass, laß mich dir etwas schenken!" Ich antwortete:

„Nein danke, Baba, ich brauche nichts." „Doch, doch", beharrte er und streckte seine Hand aus. Ich ging ganz dicht heran, denn ich wußte ja, was er so alles machte, und heftete den Blick unverwandt auf seine Hand. „Er kann ja vielleicht doch zaubern", dachte ich und nahm mir vor, die Augen auch nicht den kleinsten Moment abzuwenden. Ich starrte also wie gebannt auf seine Hand. Es erschien dort ein bläuliches Licht, das sich in eine Art Medaillon verwandelte, welches er mir überreichte. Es war kalt, es war schlecht gemacht und sehr kitschig, eine Darstellung von ihm mit einem Stern in einem Kreis, und ich dachte bei mir: „Mein Gott, *wenn* er schon etwas herbeizaubern kann, dann sollte es wenigstens etwas Schönes sein, ein Kristall oder so!" Zu einem der Swamis, die in der Nähe standen, sagte ich dann: „Es ist ja ganz wunderbar, daß er solche Sachen produziert!" „Ach", war die Antwort, „er stellt sie gar nicht selbst her, er hat davon einen kleinen Vorrat gelagert und bewegt sie nur mit seinem Geist!" „Oooh", sagte ich, „wenn das *alles* ist, was er tut – wer zum Teufel will denn dann sowas überhaupt?"

Wenn man nun solche Kräfte bekommt, zum Beispiel die Kraft, ruhig genug zu bleiben, um zu hören, was in einer Situation wirklich vorgeht, für das Geschehende empfänglich zu werden, anstatt sofort darauf zu reagieren, dann will man immer mehr von dieser Kraft. Vor einigen Jahren hatte ich ein lustiges Erlebnis. In einer Fußgängerzone auf Hawaii war eine neue Honda aufgestellt. Es lief ein Wettbewerb: Wer am längsten seine Hand auf der Honda lassen kann, dem soll sie gehören. Drei Leute waren übriggeblieben, sie standen da nun schon ganze fünf Tage und hielten ihre Hand auf der Honda! „Wie macht ihr das bloß?" fragte ich sie. „Ich bin Buddhist", sagte der erste, „ich bin nur ein Devotee, ein Hindu", sagte der zweite, und die dritte Person, eine Frau: „Ich bin christliche Fundamentalistin." Mir wurde klar, daß jeder von ihnen die Honda allein durch seine spirituellen Kräfte gewinnen konnte.

Man nimmt also das, was einem zugewachsen ist, und benutzt es. Vielleicht ist es eine ganz interessante Frage, ob auch ich zu diesen Leuten gehöre – denn anstatt daß ich in diesem Augenblick in einem Kloster sitze, um mit der inneren Arbeit voranzukommen, bin ich hier draußen und lehre! Bin ich ein Drückeberger? Ist es mein Dharma? Ich könnte natürlich sagen, es ist mein Karma, mein Dharma – was auch immer: Ich weiß es einfach nicht! Ich weiß nicht, wieweit wir im Westen überhaupt für die Art von Disziplin bereit sind, die notwendig ist für die Art der uns angebotenen spirituellen Praktiken.

Vor drei Jahren ging ich für eine mehrmonatige Meditationszeit unter Anleitung von *Saida Upandita*, meinem Meditationsmeister, in ein Kloster in Burma. Es war eine ganz strenge Meditationspraktik: Man stand um drei Uhr in der Frühe auf und meditierte bis elf Uhr nachts. In der Zelle übte man sich im Gehen und Sitzen, man sah den Lehrer fünf Minuten am Tag, ansonsten war man ganz allein. Man las nicht, man schrieb nicht, man tat überhaupt nichts anderes als Gehen und Sitzen. Es wurde bald ganz schön schwierig... mit seinen sexuellen Phantasien und all dem Zeug ist man schon in den ersten drei Tagen durch, und man hat schließlich noch zwei Monate vor sich! Eines Tages bekam ich ein Telegramm, in welchem stand, daß meine Stiefmutter Krebs hatte und operiert werden sollte. Ich hatte nicht einmal gewußt, daß sie an Krebs litt. Mein Vater war auch ziemlich alt, und ich dachte, sie würden jetzt gewiß meine Hilfe brauchen. Ich ging also zu meinem Lehrer und zeigte ihm das Telegramm. Er sagte: „Du machst so gute spirituelle Fortschritte, reise nicht ab. Wärst du ein Burmese, so würde ich es dir schlicht verbieten, aber ich fühle, daß ich dazu nicht das Recht und die Macht habe, weil du aus einer anderen Kultur bist." Ich ging in mich und erkannte, daß mein Karma als Mitglied einer jüdischen Familie in Boston nicht das eines Sadhu ist, der seiner Familie entsagt hatte. Ich mußte einfach gehen, weil es Teil *meiner* Bestimmung war. In dem Moment sagte er zu mir: „Wenn du deinen Weg fortsetzt, wirst du *vielen* Menschen in ihrem Leiden helfen, gehst du aber zurück, wirst du nur einigen wenigen helfen." Ich antwortete: „Es tut mir leid – ich *muß* gehen!" Wir beide sahen die schmerzliche Brisanz der Situation sehr wohl.

Man kommt an einen Punkt, wo man erkennt, daß man auf dem spirituellen Pfad in *dem* Tempo vorwärtskommt, das in unseren eigenen karmischen Gegebenheiten begründet ist – nicht in dem, was jemand von außen für uns bewirkt. Man kann nicht schneller voran als es einem gegeben ist, kann nichts übereilen, man kann die Gottgefälligkeit nicht herbeizaubern – sonst schlägt sie gegen uns selbst zurück und trifft uns direkt am Kopf! Man wird wohl enorm high, aber man wird fallen. Und eine Reihe von Leuten fallen so auch vom Weg ab, zumindest sagen sie das. Treffe ich jemand wieder, der noch vor einem Jahr mit seligem Lächeln auf dem Gesicht tanzte und an spirituellen Übungen teilnahm, so sitzt er vielleicht heute bei einem Whiskey in der Bar und sagt mit wegwerfender Geste: „Ach, das war ja alles Mist damals..." oder: „Ich bin vom spirituellen Weg abgekommen." „Nein", erwidere ich ihm, „das stimmt nicht. Die Unreinheiten, mit denen du deinen Weg begonnen hast, üben lediglich ihre karmische Wirkung aus. Das gehört alles zum Weg. Wenn das Erwachen in dir erst einmal begonnen hat, so *kannst* du gar nicht vom Weg abkommen. Das geht gar nicht! *Wohin* solltest du denn abkommen? Willst du dir selber etwa vormachen, daß es nie gewesen ist? Du kannst es vergessen – aber es ist *in dir*, es ist dir immer auf den Fersen und holt dich ein. Also reg' dich nicht auf, es ist in Ordnung, sei ruhig weltlich." Und oftmals schubse ich die Leute geradezu in das Weltliche: „Los, geh' hin, hab' mehr Sex, nimm mehr Drogen, mach' mehr Geld, mach' es so lange, bis du damit durch bist. Sei nicht zu schnell damit fertig, denn hörst du zu früh auf, wirst du bloß begierig bleiben!"

Eine unserer großen Erwartungen damals ging dahin, daß wir annahmen, der spirituelle Weg würde uns psychisch gesund machen. Ich bin ausgebildeter Psychologe, ich habe jahrelang Analyse gemacht, ich habe sechs Jahre lang intensiv Drogen genommen. Ich habe einen Guru, ich habe seit 1970 regelmäßig meditiert, ich habe Yoga unterrichtet. Ich habe den Sufismus studiert und auch viele Arten des Buddhismus. In der gesamten Zeit bin ich nicht eine einzige meiner Neurosen losgeworden! Das einzige, was sich geändert hat: Während es zuvor jene riesigen Monster waren, die da ständig auf der Lauer lagen, um Besitz von mir zu ergreifen, kommen sie heute nur noch ziemlich trottelig daher – „oh, sexuelle Perversion, da bist ja, habe dich schon tagelang nicht mehr gesehen, komm und laß uns ein Täßchen Kaffee zusammen trinken!"

Für mich ist dies das Resultat des spirituellen Weges. Es ist für mich jetzt so, daß ich in einen anderen Zusammenhang eingebettet bin, wodurch ich sehr viel weniger mit meinen eigenen Neurosen, mit meinen eigenen Begierden identifiziert bin. Wie sich herausgestellt hat, ist es gleichermaßen interessant, etwas zu bekommen wie es nicht zu bekommen. Haben Sie das jemals bei sich beobachtet? „Oh, wie ich dich brauche!" – „Du kriegst mich aber nicht!" Und da geht's los, von diesem Punkt an beginnen wir zu wachsen, so verrückt es auch klingt, wenn wir erst erkennen, daß Leiden Gnade ist. Und wir können es einfach kaum glauben, was dann passiert, meinen, wir haben doch irgendwie gemogelt...?!

Unterwegs auf dem spirituellen Weg fangen die gewohnten Dinge des Lebens an, uns zu langweilen. *Ouspensky* sagt: „Unsere Freunde finden uns immer langweiliger." *Gurdjieff* sagt: „Das ist erst der Anfang, es kommt noch schlimmer. Du hast mit dem Sterben gerade erst begonnen. Es ist noch ein langer Weg, bis der Tod vollzogen ist, aber immerhin fällt schon eine ganze Menge Dummheit von dir ab. Du kannst dich selbst nicht mehr so gut belügen wie früher. Du hast jetzt von der Wahrheit gekostet." Und genauso spielt es sich ab. Man verliert eine Menge Freunde, die Freunde wechseln. Man wächst in unterschiedlichem Tempo, was besonders bei geliebten Menschen, zum Beispiel unserem Ehepartner, sehr schmerzlich ist – und andere wiederum wachsen mit uns, im gleichen Tempo. Dies zählt zu den großen Tücken des Weges; es ist etwas ungemein Schmerzhaftes, dieser Übergang vom „Bis daß der Tod uns scheidet" zum „Wir bleiben zusammen, solange in unserer Beziehung ein von Liebe getragenes Miteinanderwachsen lebendig ist." Ein ganz komplexes Thema, auf das ich an dieser Stelle nicht weiter eingehen kann. Viele von uns kamen und kommen an diesen Punkt. Sie erleben es am eigenen Leib, auch die Schuldgefühle darüber, Freundschaften hinter sich zu lassen und zu erkennen, daß man eine neue Art von Beziehung braucht.

Wenn sich dies auf dem Weg intensiviert, wenn die Dinge, mit denen wir unsere Existenz im Hinblick auf Leistung gerechtfertigt hatten, zunehmend an Bedeutung verlieren, wenn uns selbst das Gewinnen nicht eigentlich mehr ein Gewinn ist, dann haben wir angefangen, die dunkle Nacht der Seele zu erfahren, die Verzweiflung, die einsetzt, wenn Weltliches wegzufallen beginnt. Aber niemals sind wir dem Licht näher als in der tiefsten Dunkelheit. Das Ego baut in seiner gesamten Struktur auf unserem Getrenntsein auf, auf unseren Bedürfnissen und Begierden, um uns in deren Befriedigung vermeintliches Glück und Geborgenheit empfinden zu lassen. Und was dann abläuft, drückt *Trungpa Rimpoche* auf seine spitzbübische Weise so aus: „Erleuchtung ist für das Ego die letzte große Enttäuschung." Und hier kamen viele von uns in eine mißliche Lage: Wir mußten die Tatsache erkennen, daß unsere spirituelle Reise nach völlig anderen Regeln abläuft, als wir anfangs dachten. Der von uns eingeschlagene Weg entpuppte sich als etwas ganz anderes! Dies zu akzeptieren und den Übergang zu wagen, ist sehr schwer.

Viele Menschen wollen es einfach nicht. Sie möchten aus ihrer spirituellen Arbeit Kraft schöpfen und damit ihr Leben verschönern. Das ist großartig, ich respektiere es – aber es ist genau der Punkt, wo sie festsitzen. Es ist nicht Befreiung, es ist nicht, was der spirituelle Weg vom Potential her zu bieten hat. Er bietet Befreiung. Befreiung jedoch fordert völlige Selbst-Aufgabe, Aufgabe der Vorstellung dessen, was ich bin, was ich tue – für was *ist*! Und es ist so unglaublich, wenn wir erst einmal verstehen, wie machtvoll dieser Sterbevorgang ist, in dem das Ego für das Selbst sterben muß! Eine Art Tod jedoch ist immer und unausweichlich damit verbunden, und man wird von Trauer ergriffen. Es ist ein großer Kummer, wenn das, wofür man sich stets gehalten hat, zu verschwinden beginnt.

Kalu Rimpoche, ein ganz wunderbarer Mensch übrigens, sagt: „Wir leben in Illusion, in der Erscheinung der Dinge. Aber es gibt eine Wirklichkeit. Wir *sind* diese Wirklichkeit. Wenn wir dies erkennen, begreifen wir, daß wir *nichts* sind, und indem wir nichts sind, sind wir *alles*. Und das ist schon alles!" Wir erkennen, daß wir nichts sind, nichts Besonderes mehr, einfach ein Teil des Ganzen, und daher als Nichts Teil von Allem. In dem Augenblick, wo wir unser Besonders-Sein aufgeben, werden wir Teil aller Dinge. Dann sind wir in Harmonie, im Tao, im Lauf der Dinge, im Augenblick – aber wir sind nicht länger Jemand, einfach *Teil*. Auch dies hier, Sie zuhörend, ich sprechend, ist nur eine Erscheinung, eine Illusion. Es spielt sich nur in unserem Geist ab. Dahinter steht bloß: Hier sind *wir*. Nur das. Ganz einfach. Nichts Besonderes. Die Sache klingt einfach zu verrückt. Wir wollen gar nicht hören, wie verrückt! Ich möchte Ihnen dazu die Schriften des dritten Zen-Patriarchen zitieren, es ist ein schmales Büchlein von etwa zehn Seiten. Hier also nur die allererste Zeile: „Der Große Weg ist nicht schwierig für jene, die keine Vorlieben hegen. Wenn Liebe und Haß fehlen, wird alles klar und unverhüllt. Die kleinste Unterscheidung jedoch, und Himmel und Erde rücken unendlich weit auseinander." Dies ist höchst interessant, denn es heißt ja nicht: „Habe keine Vorlieben" – natürlich hat man die – sondern, soweit ich es verstehe: „Hafte nicht an deinen Vorlieben!" Wenn man also *nicht* bekommt, was man will, bekommt man es eben nicht, na und? Denn das Interessante ist ja eigentlich der transformative Prozeß, daß man eben *nicht* immer bekommt, was man will.

Mahatma Gandhi, einer meiner großen Lehrer, hat gesagt: „Gott verlangt nichts Geringeres als totale Selbst-Aufgabe als Preis für die einzige Freiheit, die es wirklich zu erlangen lohnt. Wer sein Ego verliert, der findet sich unversehens im Dienst an allem, was da lebt, und es wird ihm Freude und Entzücken sein. Er wird zu einem neuen Menschen und wird nie müde werden, sein Leben in den Dienst an Gottes Schöpfung zu stellen."

Eine Eigenschaft, die wir auf dem Weg entwickeln, ist die Fähigkeit, *Zeuge* der Erscheinungen zu sein, in Ruhe zu beobachten, auch unsere eigenen Gefühle, unser Verhalten, unsere Reaktionen. Das ist faszinierend, und je intensiver man diese Fähigkeit zu kultivieren lernt, um so stärker hat man die Empfindung, auf zwei verschiedenen Ebenen zu leben. Da ist zum einen die Ebene des Zeugen, zum anderen die Ebene der Begierden, Ängste, Gefühle, Aktion und Reaktion usw. Dies ist eine weitere Stufe unseres Entwicklungsprozesses, und auch sie verleiht uns große Kräfte. Auf einer weiteren Stufe dann geht es wieder um die Aufgabe des Selbst, um Hingabe.

Wenn der Geist in sich hineinzublicken gelernt hat, endet der ständige Streit von diskursivem und begrifflichem Denken, und man erlangt höchste Erleuchtung. Wenn also der Zeuge gelernt hat, den Blick nach innen auf sich selbst zu richten, wenn also sozusagen der Beobachter den Beobachtenden beobachtet (wie bei der Koan-Technik im Zen), dann geht man hinein und hindurch und gelangt zu einem Bewußtsein, wo alles einfach *ist*. Man ist nicht länger damit beschäftigt, mit dem *einen* Teil des Geistes einen zweiten zu beobachten, sondern man *ist* einfach. Alles wird schließlich wieder ganz *einfach*! Ich selbst mache zur Zeit die höchst merkwürdige Erfahrung, daß in den vielen Briefen, die ich bekomme, sehr oft zu lesen ist: „Vielen Dank, daß Sie so *menschlich* sind" – und dabei verbringe ich die letzten fünfundzwanzig Jahre meines Lebens eigentlich in dem Bemühen, *göttlich* zu werden!!

Eine der tückischsten Fallen, die wir im Westen auf unserem Wege antreffen, ist unsere Intelligenz, unser Denken. Wir wollen wissen, daß wir wissen. Und mit der Befreiung verhält es sich so: Sie können weise sein, oder Sie können Wissen besitzen. Sie können aber nicht die Weisheit besitzen, sondern nur weise *sein*. Zur Weisheit gehört Einfachheit. Wenn mein Guru mich heruntermachen wollte, sagte er zu mir: „Du bist schlau." Wollte er mich loben, sagte er: „Du bist einfach." Ich glaube, *Yogananda* war es, der gesagt hat: „Der Intellekt ist ein wunderbarer Diener, aber ein schrecklicher Herr." Der Intellekt ist das Machtinstrument unserer Getrenntheit, das intuitive, mitfühlende Herz jedoch das Tor zur Einheit. Der Dialog zwischen beiden ist in unserer Kultur aus der Balance geraten, so daß wir in unsere intellektuellen Kräfte verliebt sind, und diese erweisen uns den Dienst, uns als getrennte, abgegrenzte Wesen zu „schützen". Dem Intellekt scheint es also, daß das Herz zu milde ist. Er sieht es als Bedrohung an, wenn man beispielsweise, vom Anblick eines Armen auf der Straße angerührt, intuitiv den eigenen Mantel wegschenken will – dann mischt er sich ein: „Das ist doch alles dummes Zeug, denk doch mal an morgen!"

Eigentlich ist das Höchste, was der spirituelle Weg für uns bereit hält, die Chance, in die uns angeborene, mitfühlende Natur unseres eigenen Herzens zurückzukehren, in unsere intuitive Weisheit, ins Gleichgewicht – so daß wir den Intellekt, wenn nötig, als vorzüglichen Diener benutzen können, ohne uns aber von ihm beherrschen zu lassen. Dann wird unser denkender Verstand uns auch nicht länger gefangenhalten. Dafür zu arbeiten, lohnt sich sehr wohl, wie mir scheint.

Jeder von uns muß sich selbst treu bleiben, er muß herausfinden, was sein eigener Weg ist – sonst holt es Sie von hinten ein und trifft Sie in den Rücken! Sie müssen sich selbst treu bleiben. Vielleicht sagt jemand unter Ihnen: „Ja, wenn ich keine Kinder hätte, *dann* könnte ich meditieren." Ihre Kinder *sind* Ihr Weg! Für manche ist Dienen ihr Weg, für andere ihre Ehe – das Yoga der Beziehungen ist exquisites Yoga! Es darf aber nicht nachlässig geschehen, ich meine echte Disziplin und auch Techniken. Meditation ist eine wundervolle Grundlage, auch dienende Praktiken sind enorm hilfreich, ebenso wie metaphysische Studien, die Worte von heiligen Männern und Frauen eine unglaubliche Hilfe sind.

Wir haben die Chance, die Wahrheit zu werden, nach der wir uns sehnen. Eines von *Gandhi*s stärksten Worten, die mich die ganze Zeit leiten, stammen aus folgender Begebenheit: Gandhi unternahm eine Zugreise, auf einem Bahnhof stürzte kurz vor der Weiterfahrt noch ein Reporter zu ihm ins Abteil und bat: „Mahatmaji, gib mir doch eine Botschaft mit für die Leute in meinem Dorf!" Schnell kritzelte Gandhi etwas auf einen Zettel und gab ihn dem Reporter. Auf dem Zettel stand: „Mein Leben ist meine Botschaft." Und der heilige *Franziskus* sagte: „Es ist nicht der Mühe wert, hinzugehen und zu predigen, wenn nicht das Gehen unser Predigen ist."

Wir müssen unsere Spiritualität in unser alltägliches Leben integrieren, die Freude, die Ehrfurcht und die Fähigkeit, dem Leiden ins Angesicht zu schauen und es innig in die Arme zu schließen, ohne den Blick auch nur einen Moment abzuwenden. Wenn ich mit einem Aids-Patienten arbeite, und ich halte ihn im Arm, und mir bricht schier das Herz, weil ich diesen Menschen liebe und er so furchtbar leiden muß, mit Fissuren im Rektum, mit der sozialen Ächtung und all dem Mist – ich kann damit nicht fertigwerden, ich weine mit ihm – und doch, gleichzeitig ist in mir diese tiefe Freude, diese Gelassenheit. Der Widerspruch ist gewaltig, ist nur schwer zu verkraften, aber es ist wohl das, was wirkliches Helfen eigentlich beinhaltet. Denn tut man nichts anderes, als sich auch in das Leiden zu verstricken, dann schaufelt man nur das Loch für den anderen tiefer.

Letztlich arbeiten Sie spirituell an sich selbst auch als ein Opfer für Ihre Mitmenschen, denn solange Sie in sich noch nicht diese Qualität von Frieden, von Gelassenheit, von Liebe und Freude, Präsenz, Aufrichtigkeit und Wahrheit kultiviert haben, werden alle Ihre Handlungen von Ihrem Verhaftetsein gefärbt bleiben. Sie können mit dem Handeln natürlich nicht warten, bis Sie erleuchtet sind – gebrauchen Sie also Ihre Handlungen als einen Weg, um an sich zu arbeiten!

Für mich ist mein gesamtes Leben, jede Erfahrung, die ich mache, *mein Weg*. Wie Immanuel, mein geistiger Freund, mir sagte: „Ram Dass, warum wählst du als Gegenstand deines Studiums nicht *Das Bemühen, menschlich zu sein*?" Es ist ein wunderbarer Stoff, und ich lade Sie ein, sich wie ich für dieses Fach zu immatrikulieren!

Aus dem Amerikanischen von Karin Vial.

Die Entwicklung des Bewußtseins und ihre Störungen

Ken Wilber

A. Das Spektrum der Entwicklung

In einer Reihe von Publikationen habe ich versucht (*Wilber* 1977; 1979; 1980a; 1981b; 1983), ein Gesamt- oder das ganze Spektrum umfassendes Modell der Psychologie zu entwickeln, eines, das entwicklungsbezogen, strukturell, hierarchisch und systemorientiert ist und östliche und westliche Schulen gleichermaßen berücksichtigt. Hinsichtlich der Psychopathologie bin ich zu dem Schluß gelangt, daß das Spektrum des Bewußtseins auch ein Spektrum (möglicher) Pathologie ist. Wenn das Bewußtsein sich durch eine Reihe von Stadien entwickelt, dann müßte sich ein Entwicklungs„schaden" in einem bestimmten Stadium als besondere Art von Psychopathologie manifestieren, und ein Verständnis der entwicklungsbezogenen Natur des Bewußtseins – seiner Strukturen, Stadien und Dynamik – wäre unentbehrlich sowohl für die Diagnose als auch für die Behandlung.

Diese Darlegung bietet daher eine knappe Zusammenfassung meiner früheren Arbeit auf diesem Gebiet und der gegenwärtig entstehenden (*System, Self and Structure*). Das ist ein etwas gewagtes Unternehmen, weil große Mengen von Material zu ziemlich verallgemeinernden und manchmal allzu vereinfachenden Aussagen verdichtet werden müssen. Innerhalb dieser Grenzen jedoch ist das Folgende ein kurzer Überblick über diese Forschung und Theorie. Leser, die an einer eingehenderen Darlegung interessiert sind, möchten sich vielleicht auch mit meinen anderen Werken beschäftigen.

Diese Darlegung spiegelt meine wachsende Überzeugung wider, daß die Entwicklungstheorie aus den Beiträgen sowohl der konventionellen psychodynamischen Konzepte als auch aus den transpersonalen Ansätzen Nutzen ziehen kann. Verbindungen zwischen scheinbar so divergierenden Orientierungen könnten sich heute aufgrund der jüngeren Arbeiten auf beiden Gebieten als produktiv erweisen. Tatsächlich erfordert ein angemessenes Erfassen des vollen Spektrums menschlicher Fähigkeiten, von den niedrigsten bis zu den höchsten, möglicherweise eine kombinierte und integrierte Konzeption – eine nicht weniger umfassende als das hier umrissene Modell.

Erster Teil: Das Spektrum des Bewußtseins

In dem Modell der psychologischen Entwicklung, das ich vorgeschlagen habe, sind die Strukturen oder Formationen der Psyche in zwei allgemeine Arten unterteilt: die Basisstrukturen und die Übergangsstrukturen (die beide zahlreiche verschiedene Entwicklungslinien umfassen). Die *Basisstrukturen* sind jene Strukturen, die, sobald sie in der Entwicklung aufgetaucht sind, dazu neigen, als relativ autonome Einheiten oder Untereinheiten im Laufe der darauffolgenden Entwicklung bestehen zu bleiben (ähnlich wie *Koestlers* „Holone"). *Übergangsstrukturen* dagegen sind phasenspezifische und zeitweilige Strukturen, die durch darauffolgende Phasen der Entwicklung mehr oder weniger vollständig ersetzt werden. Wo also bestimmte Basisstrukturen in der darauffolgenden Entwicklung subsumiert, eingeschlossen oder untergeordnet werden, werden bestimmte Übergangsstrukturen durch die darauffolgende Entwicklung negiert, aufgelöst oder ersetzt (unten werde ich dafür einige Beispiele anführen). Gehandhabt werden diese strukturellen Entwicklungen vom Selbst (oder Selbstsystem), dem Sitz von Identifikation, Wollen, Abwehr, Organisation und „geistigem Stoffwechsel" („Verdauen" von Erfahrung auf jeder Ebene von strukturellem Wachstum und Entwicklung).

Diese drei Komponenten – 1) die Basisstrukturen, 2) die Übergangsstrukturen und 3) das Selbstsystem – sind entscheidend wichtig für das Spektrum-Modell von Entwicklung und Pathologie; daher werde ich jede kurz diskutieren.

Die Basisstrukturen

Das bemerkenswerteste Merkmal einer Basisstruktur oder Bewußtseinsebene ist, daß sie, sobald sie in der menschlichen Entwicklung einmal aufgetaucht ist, die Tendenz hat, im Leben des Individuums während der darauffolgenden Entwicklung *bestehen zu bleiben*. Selbst wenn sie schließlich durch die Bewegung des Selbst zu höheren Basisstrukturen transzendiert, subsumiert und untergeordnet wird, behält sie dennoch eine relative Autonomie und funktionelle Unabhängigkeit.

Die Basisstrukturen des Bewußtseins sind in der Tat das, was als „Große Kette des Seins" (*Smith* 1976) bekannt ist. Einige Versionen der Großen Kette nennen nur zwei Ebenen (Materie und GEIST); andere nennen drei (Materie, Vernunft und GEIST); wieder andere vier oder fünf (Materie, Körper, Vernunft, Seele und GEIST). Manche sind hochkompliziert und nennen buchstäblich Dutzende von Basisstrukturen des Gesamtspektrums.

In „System, Self and Structure" (und weniger präzise in „Atman Project" und „Eye to Eye") habe ich mehrere Dutzend Basisstrukturen herausgearbeitet, die gegenwärtig wirklich kulturübergreifend und universal zu sein scheinen. Das war möglich durch einen sorgfältigen Vergleich und die Analyse der meisten wesentlichen psychologischen und religiösen Schulen des Westens und des Ostens. Die *strukturellen* Modelle von *Freud, Jung, Piaget, Arieti, Werner* und anderen wurden den strukturellen Modellen gegenübergestellt und verglichen, die in den psychologischen Systemen der großen kontemplativen Traditionen der Menschheit enthalten sind (Mahāyāna, Vedānta, Sufi, Kabbalah, christliche Mystik, Platonismus, Aurobindo, Da Free John etc.). Aus diesen strukturellen Vergleichen wurde eine Hauptschablone konstruiert, bei der jede Tradition (östlich und westlich) die „Lücken" ausfüllt, die die anderen anscheinend offengelassen haben.

Diese Hauptschablone enthält, wie ich schon sagte, mehrere Dutzend Basisstrukturen, sie sowohl die konventionelle als auch die kontemplative Entwicklung umspannen. Für die vorliegende Darstellung habe ich die neun ausgewählt, die als die zentralsten und funktionell dominantesten erscheinen. Diese sind in Abbildung 1 dargestellt. In Tabelle zwei habe ich einige Korrelationen (mit *Aurobindo*, der Yoga-Psychologie, dem Mahāyāna und der Kabbalah) dargestellt, um einen Eindruck von der augenscheinlichen Universalität dieser wichtigsten Basisstrukturen zu vermitteln („Atman Project" führt ähnliche Korrelationen zwischen mehr als zwei

Dutzend östlichen und westlichen Systemen an, und diese werden in „System, Self and Structure" erheblich verfeinert).

Die in Abbildung 1 gezeigten Basisstrukturen der Bewußtseinsentwicklung können sehr kurz (und stark vereinfachend) wie folgt umrissen werden (in aufsteigender Reihenfolge):

(1) *Sensoriphysisch*: Die Bereiche von Materie, Empfindung und Wahrnehmung (die ersten drei buddhistischen Skandhas); *Piaget*s sensomotorische Ebene, *Aurobindo*s physisch-sensorische, etc.

(2) *Phantasmisch-emotional*: Die emotional-sexuelle Ebene (die Hülle der Bioenergie, *élan vital*, Libido oder Prāna; das vierte buddhistische Skandha, das Prānamaya-kosha im Vedānta etc.) und die phantasmische Ebene (*Arieti*s [1967] Ausdruck für den niedrigeren

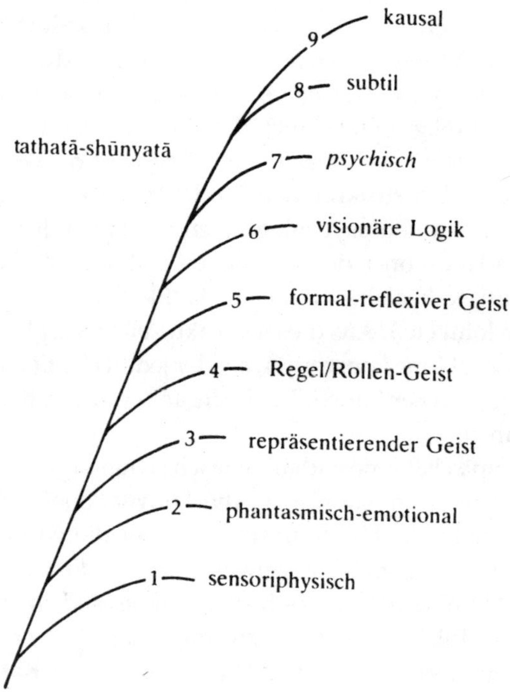

Abbildung 1: Die Basisstrukturen des Bewußtseins

oder *bildlichen* Verstand, die einfachste Form geistigen „Abbildens", die nur Bilder benutzt).

(3) *Repräsentierender Geist*: Eine andere Bezeichnung für *Piaget*s präoperationales Denken („präop"). Der repräsentierende Geist entwickelt sich in zwei Stadien – dem der Symbole (2 – 4 Jahre) und dem der Konzepte (4 – 7 Jahre) (*Arieti* 1967; *Piaget* 1977). Ein Symbol geht über ein einfaches Bild (phantasmischer Verstand) in der wesentlichen Hinsicht hinaus: Eine Vorstellung repräsentiert ein Objekt bildhaft, während ein Symbol es nicht-bildhaft oder verbal repräsentieren kann. So sieht beispielsweise die geistige Vorstellung von einem Baum mehr oder weniger wie ein realer Baum aus, während das Wortsymbol B-a-u-m überhaupt nicht wie ein Baum aussieht. Symbolische Repräsentation ist eine höhere, schwierigere und ausgefeiltere kognitive Operation.

Ein *Konzept* ist ein Symbol, das nicht einfach ein Objekt oder einen Akt repräsentiert, sondern eine *Klasse* von Objekten oder Akten – eine noch schwierigere kognitive Aufgabe. Ein Symbol bezeichnet *eine* Sache, ein Konzept schließt *mehrere* ein. Doch ganz gleich, wie fortgeschritten der repräsentierende Geist seinem phantasmatischen Vorgänger gegenüber ist, eines seiner auffallendsten Merkmale besteht darin, daß er *nicht mühelos die Rolle des anderen übernehmen* kann. Er ist, wie *Piaget* sagen würde, noch sehr egozentrisch. Dies ist *Aurobindo*s „Willens-Geist" oder dem dritten Chakra in der Yoga-Psychologie sehr ähnlich.

(4) *Regel/Rollen-Geist*: Dies ist beispielsweise *Piaget*s konkret-operationales Denken („konop"). Der Regel/Rollen-Geist kann im Gegensatz zu seinem Vorgänger, dem repräsentierenden Geist, anfangen, die Rolle anderer zu übernehmen. Es ist auch die erste Struktur, die eindeutig *Regel*-Operationen vornehmen kann wie Multiplikation, Division, Klasseneinteilung, Hierarchisierung etc. (*Flavell* 1970; *Piaget* 1977). Aurobindo beschreibt diese Struktur als den Geist, der sensorische oder konkrete Objekte verarbeitet – ganz ähnlich wie *Piaget*.

(5) *Formal-reflexiver Geist*: Dies ist im wesentlichen *Piaget*s formal operationales Denken („formop"). Es ist die erste Struktur, die nicht nur über die Welt denken kann, sondern auch über das Denken; daher ist es die erste Struktur, die eindeutig selbst-reflexiv und introspektiv ist (obwohl das in rudimentärer Form schon mit dem

Tabelle 2 Korrelation der Basisstrukturen des Bewußtseins in vier Systemen

Basisstrukturen	Aurobindo	Mahāyāna	Yoga-Chakras	Kabbalah
sensoriphysisch	physisch unterbewußt	5 vijñānas (die fünf Sinne)	1. physische Welt und Instinkte; Hunger/Durst	Malkuth
phantasmisch-emotional	vital-emotional		2. emotional-sexuelle Ebene	Yesod
repräsentierender Geist	Willens-Geist (niedrigere Konzepte; vgl. «präop»)		3. intentionaler Geist; Macht	
Regel/Rollen-Geist	Sinnen-Geist (auf konkreter Basis; vgl. «konop»)	Manovijñāna (der grobe oder konkret reflektierende Geist; koordiniert Sinne)	4. Gemeinschaftsgeist; Liebe	Hod/Netzach
formal-reflexiver Geist	Vernunft-Geist (ohne konkrete Basis; vgl. «formop»)			
visionäre Logik	Höherer Geist (Massennetzwerk; Ideation/Vision	Manas (der höhere Geist; Mittler zw. indiv. Geist u. Ālaya-vijñāna o. kollektiv. Geist	5. rational-verbaler Geist; Kommunikation	Tipareth
psychisch	erleuchteter Geist		6. Ājñā; drittes Auge; *psychische* Kognitionen	
subtil	intuitiver Geist	gefärbtes Ālaya-vijñāna (kollektiv-archetypischer Geist; Vāsanā [karmische «Samen»]	7. Sahasrāra; Krone; Beginn höherer «Chakras» jenseits u. innerhalb von Sahasrāra	Geburah/Chesed Binah/Chokmah
kausal	Übergeist	Reines Ālaya-vijñāna	Shiva/Paramātman	Kether
absolut	Supergeist			

Regel/Rollen-Geist beginnt). Es ist auch die erste Struktur, die zu hypothetisch-deduktivem oder propositionalem Überlegen fähig ist („wenn a, dann b“), was ihr unter anderem wirklich pluralistische und universalere Ansichten ermöglicht (*Flavell* 1970; *Piaget* 1977; *Wilber* 1982). *Aurobindo* bezeichnet diese Ebene als „logischen Geist“, einen Geist, der nicht an sensorische oder konkrete Objekte gebunden ist, sondern statt dessen *Beziehungen* (die keine „Dinge“ sind) einschätzt und verarbeitet.

(6) *Visionäre Logik*: Zahlreiche Psychologen (z.B. *Bruner, Flavell, Arieti*) haben darauf hingewiesen, daß vieles für eine kognitive Struktur spricht, die über Piagets „formal-operationale“ hinausgeht oder höher steht. Sie wurde als „dialektisch“, „integrativ“, „kreativ synthetisch“ und dergleichen bezeichnet. Ich bevorzuge den Begriff „visionäre Logik“. Auf jeden Fall sieht es so aus, daß der formale Verstand Beziehungen herstellt, visionäre Logik dagegen ganze *Netzwerke* solcher Beziehungen (d.h., wie „Formop“ „Konop“ verarbeitet, so verarbeitet visionäre Logik Formop). Diese Vision oder panoramische Logik schätzt ein Massennetzwerk von Ideen und deren gegenseitige Beeinflussung und Beziehung ein. Daher ist sie der Beginn einer wirklich höherrangigen synthetisierenden Fähigkeit, der Herstellung von Verbindungen, des In-Beziehung-Setzens von Wahrheiten, der Koordination von Ideen und Integration von Konzepten.

Interessanterweise ist dies fast genau das, was *Aurobindo* als „Höheren Geist“ bezeichnete, der sich „frei in einzelnen Ideen äußern kann, doch seine charakteristischste Bewegung ist eine Massenideation, ein System oder eine Totalität von Wahrheitssehen auf einen einzigen Blick; die Beziehungen von Idee zu Idee, von Wahrheit zu Wahrheit, selbst gesehen in einem integralen Ganzen“. Das ist natürlich eine höchst *integrative* Struktur; meiner Meinung nach ist sie tatsächlich die höchste integrative Struktur im *personalen* Bereich; jenseits davon liegen transpersonale Entwicklungen.

(7) *Psychisch*: Die psychische Ebene kann man sich als Kulmination der visionären Logik und visionärer Einsicht denken; am besten wird sie vielleicht durch das sechste Chakra repräsentiert, das „Dritte Auge“, das den Beginn oder die Eröffnung der transzendenten, transpersonalen oder kontemplativem Entwicklung kennzeichnen soll: Die kognitiven oder wahrnehmenden Fähigkeiten werden of-

fensichtlich so pluralistisch und universal, daß sie anfangen, über alle engen persönlichen oder individuellen Perspektiven und Anliegen „hinauszureichen". Den meisten kontemplativen Traditionen zufolge *beginnt* ein Individuum auf dieser Ebene, die kognitiven und wahrnehmenden Fähigkeiten des Geistes sehr subtil zu untersuchen und sie in diesem Maße auch zu *transzendieren*. Das ist *Aurobindo*s „erleuchteter Geist" und die „vorbereitenden Stadien" der Meditation im Hinduismus und Buddhismus. Bei *Aurobindo* heißt es:

> Die wahrnehmende Kraft der inneren [psychischen] Schau ist größer und direkter als die wahrnehmende Kraft des Denkens. Wie der höhere Geist [die visionäre Logik] eine größere Bewußtheit mit sich bringt als die Idee und ihre Wahrheitsmacht [„Formop"], so bringt der erleuchtete Geist [psychische Ebene] eine noch größere Bewußtheit durch eine Wahrheitssicht und ein Wahrheitslicht und seine sehende und erfassende Kraft; er erleuchtet den logischen Geist mit einer direkten inneren Vision und Inspiration; er kann einen genaueren und kühneren offenbarenden Entwurf, ein größeres Erfassen und eine größere Totalitätsmacht verkörpern, als das begriffliche Denken zu handhaben vermag.

(8) *Subtil*: Die subtile oder feinstoffliche Ebene soll der Sitz wirklicher Archetypen, platonischer Formen, subtiler Klänge und auditiver Erleuchtungen (*nāda, shabd*) und transzendenter Einsicht und Absorption sein (*Aurobindo; Da Free John* 1977; *Evans-Wentz* 1971; *Guénon* 1945; *Rieker* 1971). Einige Traditionen, wie Hinduismus und Gnostizismus, behaupten, daß das direkte phänomenologische Erfassen diese Ebene als den Sitz der personalen Formen der Gottheit enthüllt (Ishtadeva im Hinduismus, Yidam im Mahāyāna, Demiurg im Gnostizismus etc.). Erkannt wird das in einem im Hinduismus als Savikalpa-samādhi bezeichneten Zustand (*Blofeld* 1970; *Hixon* 1978; *Jonas* 1958). Im Theravāda-Buddhismus ist dies der Bereich der vier „Jhānas mit Form" oder der vier Stadien konzentrativer Meditation mit der man Zugang zu archetypischen „Erleuchtungsebenen" oder in „Brahmā-Bereiche" erhält. In der Vipassana-Meditation ist dies das Stadium des Pseudonirvāna, der Bereich von Erleuchtung und Entzücken und beginnender transzendenter Einsicht (*Goleman* 1977; *Nyanamoli* 1976). Bei *Aurobindo* ist es der „intuitive Geist"; in der Kabbalah sind es Geburah und Chesed, und so weiter. (Meine Gründe für die Schlußfolgerung, daß allen diesen Phänomen die gleiche *Tiefenstruktur* von Bewußtsein auf subtiler Ebene gemeinsam ist, werden in „Eye to Eye" angeführt [*Wilber* 1982]).

(9) *Kausal*: Die kausale Ebene soll die unmanifestierte Quelle oder der transzendente Boden aller niederen Strukturen sein; der Abgrund (Gnostizismus), die Leere (Mahāyāna), das Formlose (Vedānta) (*Chang* 1974; *Deutsche* 1969; *Jonas* 1958; *Luk* 1962). Sie wird in einem Bewußtseinszustand erkannt, der bezeichnet wird als: Nirvikalpa-samādhi (Hinduismus); Jñāna-samādhi (Vedānta); achtes von zehn Ochsenbildern (Zen); siebtes und achtes Jhāna (Stufen der Versunkenheit); Stadium müheloser Einsicht, die in Nirvāna gipfelt (Vipassana); Aurobindos „Übergeist" (*Da Free John* 1977; *Goleman* 1977; *Guénon* 1945; *Kapleau* 1965; *Taimni* 1975). An anderer Stelle wird dieses Stadium auch als universales und formloses Selbst beschrieben (Atman), das allen Wesen gemeinsam ist (*Hume* 1974; *Schuon* 1975).

Aurobindo: „Wenn der Übergeist herabsteigt, wird die Vorherrschaft des zentralisierenden Ich-Sinnes völlig untergeordnet; der Ich-Sinn verliert sich in der Größe des Seins und geht schließlich unter; eine breite kosmische Wahrnehmung und das Gefühl eines grenzenlosen, universalen Selbst ersetzen sie ... ein uneingeschränktes Bewußtsein der Einheit, das alles durchdringt ... ein Wesen, das in seiner Essenz eins ist mit dem Höchsten Selbst."

(10) *Absolut*: Wenn das Bewußtsein den Zustand des Erlöschens oder der kausalen Absorption ohne Manifestation voll durchlaufen hat, soll es endlich wieder zu seiner ursprünglichen und ewigen Wohnstätte als absoluter Geist erwachen, strahlend und alles durchdringend, eins und vieles, einziges und alles – die vollständige Integration und Identität manifester Form mit dem unmanifestierten Formlosen. Das ist der klassische Sahaj-samādhi; der Zustand von Turiya (und Turiyatita), absolutes und eigenschaftsloses Bewußtsein-an-sich, Aurobindos „Supergeist", der „Eine Geist" des Zen, Brahman-Atman, der *Svabhavikakaya* (*Chang* 1974; *Da Free John* 1978; *Hixon* 1978; *Kapleau* 1965; *Mukerjee* 1971). Strenggenommen ist das Absolute nicht eine Ebene unter anderen, sondern die Realität, Bedingung oder Soheit aller Ebenen. Analog stellt das weiße Papier, auf dem Abbildung 1 gedruckt ist, diesen Grund der Leere-Soheit dar.

Ich möchte noch einige zusätzliche Bemerkungen zu diesen Ebenen machen, vor allem zu den höheren oder transpersonalen Stadien (7 bis 10). In „System, Self and Structure" stelle ich sieben transpersonale Stadien vor (das niedere und das hohe psychische, niedere und hohe subtile, niedere und hohe kausale und das absolute), jedes unterteilt in drei Unterstadien (beginnend oder vorbereitend, Zugang oder Übung und Kulmination oder Meisterschaft), was zusammen einundzwanzig kontemplative Stadien ergibt (ähnlich gibt es mehrere Dutzend niedrigere und Zwischenstadien und Unterstadien, die hier zu sechs größeren Ebenen zusammengefaßt sind).

Ich glaube jedoch, daß die neun in Abbildung 1 dargestellten Hauptebenen *in der Entwicklung funktionell dominant* sind und daß ein angemessener und einigermaßen genauer Bericht über die Entwicklung sich anhand eben dieser neun allgemeinen Ebenen geben läßt – mit anderen Worten, ihre Auswahl ist nicht ganz willkürlich. (In der *Philosophia perennis* findet eine solche „funktionelle Kondensation" beträchtliche Unterstützung; der Vedānta beispielsweise behauptet, daß die vielen Dutzend Stadien der Geamtentwicklung funktionell und strukturell von nur fünf Hauptebenen dominiert werden, und diese wiederum werden in nur drei Hauptzuständen kondensiert und manifestiert – grob, subtil und kausal. Eine leicht erweiterte Version dieser Sichtweise vertrete ich hier.)

Willkürlicher jedoch ist meine spezielle Wortwahl und Beschreibung der wichtigsten Stadien selbst, vor allem der höheren oder transpersonalen. Präzisere Beschreibungen und Erklärungen dieser Stadien finden sich in „System, Self and Structure". Ich möchte nur darauf hinweisen, daß meine kontemplative Kartographie und die *Browns* (1986) im wesentlichen übereinstimmen, was die Schlußfolgerung der zunehmenden Forschungsarbeit auf diesem Gebiet bestätigt, daß „bei genauer Untersuchung der klassischen Texte die Abfolge der Erfahrungen, die innerhalb der Traditionen der konzentrativen Meditation berichtet werden, und die Veränderungen, von denen innerhalb der Achtsamkeitsschulen berichtet wird, sich von einem Meditationssystem zum anderen *nicht* sonderlich unterscheiden. Obwohl es merkliche Unterschiede im Fortschreiten der Meditationserfahrung gab, wiesen die phänomenologischen Berichte selbst eine sehr ähnliche zugrunde liegende psychologische Organisation auf, wenn sie längsschnittmäßig analysiert wurden (d.h. anhand der Progression der Erfahrungen, die von Anfang bis Ende eines meditativen Weges stattfinden) (*Maliszewski* et al. 1981). Diese Ähnlichkeiten – das, was ich „Tiefenstrukturen" nenne im Gegensatz zu „Oberflächenstrukturen" – werden hier zusammengefaßt und als vier wichtigste transpersonale Stadien dargestellt – psychisch, subtil, kausal und absolut.

Die Übergangsstadien (oder Selbststadien)

Übergangsstrukturen sind diejenigen, die in die darauffolgende Entwicklung nicht eingeschlossen und subsumiert werden, sondern statt dessen eher negiert, aufgelöst oder durch die folgende Entwicklung *ersetzt*. Nehmen Sie zum Beispiel die Arbeiten von *Piaget* und *Kohlberg*. Piagets kognitive Strukturen sind größtenteils *Basis*strukturen (sensorimotorisch ist Ebene 1-2, präoperational ist 3, konkret operational ist 4 und formal operational ist 5). Sobald diese Ebenen einmal da sind, bleiben sie während der darauffolgenden Entwicklung bestehen; tatsächlich wird in *Piaget*s Systems jede Ebene Operand oder „Objekt" der nächsthöheren Ebene. So hat eine Person etwa auf der Basisebene 5 *gleichzeitig* Zugang zu den Ebenen 1 bis 4 und kann diese verwenden; sie sind alle noch vorhanden und erfüllen alle ihre notwendigen und angemessenen Aufgaben und Funktionen.

*Kohlberg*s „moralische Stadien" dagegen sind phasenspezifische *Übergangs*strukturen; jemand etwa im moralischen Stadium 3 handelt nicht gleichzeitig auch aus Stadium 1 heraus. Stadium 3 hat Stadium 2 *ersetzt*, das seinerseits Stadium 1 ersetzte, und so fort. Obwohl die moralischen Übergangsstrukturen von den kognitiven Basisstrukturen abhängen oder auf ihnen *beruhen* (wie sowohl *Piaget* als auch *Kohlberg* gezeigt haben), beziehen sich beide ansonsten auf verschiedene Arten von Strukturen (d.h. Basisstrukturen und Übergangsstrukturen).

Eine einfache Metapher ist vielleicht nützlich, um diese Unterscheidung zu erklären. Die Basisstrukturen sind wie eine Leiter; jede ihrer Sprossen ist eine Ebene in der Großen Kette des Seins. Das Selbst (oder das Selbstsystem) ist derjenige, der die Leiter erklettert. Auf jeder Sprosse dieser Leiter hat das Selbst eine andere Sicht oder Perspektive auf die Realität, ein anderes Identitätsgefühl, eine andere Art von Moral, eine andere Gruppe von Selbstbedürfnissen und so weiter. Diese Veränderungen im Selbstgefühl und seiner Realität, die sich von Ebene zu Ebene verschieben, werden als Übergangsstrukturen bezeichnet oder, häufiger, als *Selbststadien* (da diese Übergänge eng mit dem Selbst und seinem Realitätsgefühl verbunden sind).

Wenn das Selbst so etwa von Sprosse 4 auf Sprosse 5 steigt, dann wird seine eingeschränkte Sicht auf Sprosse 4 durch eine neue Perspektive auf Sprosse 5 *ersetzt*. Sprosse 4 selbst *bleibt bestehen*, nicht aber die Einschränkungen ihrer Perspektive. Das ist der Grund, warum die Basisstrukturen des Bewußtseins mehr oder weniger *dauerhafte* Strukturen sind, die Selbststadien dagegen nur Übergangs-, zeitweilige oder phasenspezifische Strukturen. Jede Basisstruktur *unterstützt* also verschiedene phasenspezifische Übergangsstrukturen oder Selbststadien wie etwa verschiedene Selbstbedürfnisse (von *Maslow* untersucht), verschiedene Selbstidentitäten (von *Loevinger* untersucht) und verschiedene Gruppen von moralischen Reaktionen (von *Kohlberg* untersucht). In Tabelle 3 habe ich die Basisstrukturen des Bewußtseins mit einigen ihrer korrelativen (und vorübergehenden) Selbstbedürfnisse, Selbstidentitäten und Selbstmoralitäten auf der Basis der Arbeiten von *Maslow*, *Loevinger* und *Kohlberg* angeführt.

Wenn das Selbst beispielsweise mit der Regel/Rollen-Ebene identifiziert ist, dann richtet sich sein Selbstbedürfnis auf Zugehörigkeit, sein Selbstgefühl ist konformistisch, sein moralisches Gefühl ist konventionell; wenn (und falls) es sich schließlich mit der formal-reflexiven Ebene *identifiziert*, richtet sich sein Selbstbedürfnis auf Selbstwertgefühl, sein Selbstgefühl ist individualistisch, sein moralisches Gefühl postkonventionell und so fort.

(*System, Self and Structure* legt ähnliche Korrelationen vor mit den Arbeiten von *Fowler*, *Erikson*, *Broughton*, *Selman*, *Graves*, *Peck* und anderen. Für diese Darlegung habe ich *Maslow*, *Loevinger* und *Kohlberg* als Beispiel gewählt, und zwar einfach deshalb, weil ihre Arbeiten wahrscheinlich am bekanntesten sind (für die mögliche Beziehung dieser verschiedenen Aspekte der Selbststadien zueinander siehe *Loevinger* 1976). Beachten Sie, daß die Skalen *Kohlberg*s und *Loevinger*s um Ebene 5 oder 6 herum „auslaufen", was widerspiegelt, daß die meisten koventionellen Forscher die transpersonalen Stadien der Selbstentwicklung vernachlässigen.)

Das Selbstsystem

Bisher haben wir kurz die grundlegenden Sprossen oder Ebenen auf der Gesamtleiter der Entwicklung und die Übergangsstadien (oder Selbststadien) untersucht, die auftreten, wenn das Selbst im Laufe seines eigenen Wachstums diese Sprossen „erklettert" oder sich fortentwickelt. Wir wenden uns nun dem Kletterer selbst zu: dem Selbst (oder der Selbststruktur oder dem Selbstsystem). Unter Heranziehung der Forschungsarbeiten verschiedener Theoretiker und Kliniker habe ich postuliert, daß das Selbstsystem die folgenden grundlegenden Charakteristika besitzt:

(1) *Identifikation*: Das Selbst ist der Sitz der Identifikation, der Sitz dessen, was das Selbst „Ich/mich" nennt im Gegensatz zum „Nicht-

Tabelle 3 Korrelation von Basisstrukturen des Bewußtseins mit drei Aspekten von Selbst-Stadien

Basisstruktur	Maslow (Selbstbedürfnisse)	Loevinger (Selbstgefühl)		Kohlberg (moralischer Sinn)
sensoriphysisch		autistisch		
	(physiologisch)	symbiotisch	(prämoralisch)	
phantasmisch-emotional		beginnend impulsiv		0. magischer Wunsch
repräsentierender Geist	Sicherheit	impulsiv	I. präkonventionell	1. Strafe/Gehorsam
		Selbst-schützend		2. naiver Hedonismus
Regel/Rollen-Geist	Zugehörigkeit	konformistisch	II. konventionell	3. Billigung anderer
		gewissenhaft-konformistisch		4. Recht u. Ordnung
formal-reflexiver Geist	Selbstwertgefühl	gewissenhaft	III. postkonventionell	5. individuelle Rechte
		individualistisch		6. individuelle Gewissensprinzipien
visionäre Logik	Selbstverwirklichung	autonom		
		integriert		
psychisch	Selbsttranszendenz			
subtil	Selbsttranszendenz			
kausal	Selbsttranszendenz			Kohlberg hat kürzlich ein höheres, 7. Stadium vorgeschlagen 7. universal-spirituell

Ich". Manchmal unterteile ich das vollständige oder totale Selbstsystem (das, was Freud als „Gesamt-Ich" bezeichnete) in das *zentrale* oder *unmittelbare* Selbst (das als „Ich" erlebt wird) und das *distale* Selbst (das als „mich" erlebt wird); ersteres ist das subjektive Selbst, letzteres das objektive Selbst, wenn auch beide phänomenologisch als Gesamt-Ich empfunden werden.

(2) *Organisation*: Wie in der scholastischen Philosophie ist das Selbst das, was dem Geist Einheit gibt (oder zu geben versucht); dies ist fast identisch mit dem modernen psychoanalytischen Konzept des Selbst als dem „Prozeß der Organisation": „Das Selbst ist keine bloße Synthese der zugrundeliegenden psychischen Teile oder Substrukturen, sondern ein *unabhängiges organisierendes* Prinzip, ein ‚Bezugsrahmen', an dem die Aktivitäten oder Zustände dieser Substrukturen zu messen sind" (*Brandt* 1980).

(3) *Wille*: Das Selbst ist der Sitz der freien Wahl, die jedoch nur innerhalb der von den Basisstrukturen seiner gegenwärtigen Anpassungsebene gesetzten Grenzen frei ist (z.B. ist das Selbst auf Sprosse 3 oder das präoperationale Selbst nicht frei, Hypothesen zu bilden, die erst auf Sprosse 5 oder beim formal-operationalen Denken auftreten).

(4) *Abwehr*: Das Selbst ist der Sitz der Abwehrmechanismen (die sich hierarchisch von Ebene zu Ebene der Basisstrukturen entwikkeln und verändern); Abwehrmechanismen gelten im allgemeinen als normale, notwendige und phasengerechte Funktionen; wenn sie jedoch zu wenig oder zu stark benutzt werden, werden sie pathologisch.

(5) *Metabolismus*: Eine der zentralen Aufgaben des Selbst ist die „Verdauung" oder Verarbeitung der Erfahrungen, die es auf jeder Entwicklungsebene macht. „Die Grundannahme der Entwicklungstheorie lautet, daß Erfahrung ‚verdaut' werden muß, um Struktur zu werden." Theoretiker der Objektbeziehungen wie *Guntrip* (1971) sprechen von Pathologie als von einem „fehlgeschlagenen Stoffwechsel" – dem Selbst gelingt es nicht, signifikante vergangene Erfahrungen zu verdauen und zu assimilieren, und diese bleiben wie ein Stück unverdauter Nahrung im Selbstsystem und erzeugen eine psychologische Verdauungsstörung (Pathologie). Die Basisstrukturen des Bewußtseins können in der Tat als *Nahrungsebenen* begriffen werden – physische Nahrung, emotionale Nahrung, geistige

Nahrung, spirituelle Nahrung. Diese Nahrungsebenen sind, wie wir sehen werden, in Wirklichkeit Ebenen von Objektbeziehungen, und wie das Selbst mit diesen „Nahrungsobjekten" („Selbstobjekten") umgeht, ist ein zentraler Faktor in der Psychopathologie.

(6) *Steuerung*: Auf jeder Sprosse der Entwicklungsleiter (außer an den beiden Endpunkten) ist das Selbst mehreren verschiedenen „direktionalen Anziehungskräften" ausgesetzt. Einerseits kann es sich (innerhalb gewisser Grenzen) dafür entscheiden, auf seiner gegenwärtigen Entwicklungsebene zu verbleiben, oder es kann sich dafür entscheiden, seine gegenwärtige Ebene zugunsten einer anderen aufzugeben. Falls es seine gegenwärtige Ebene aufgibt, kann es sich in der Hierarchie der Basisstrukturen aufwärts oder abwärts bewegen. *Auf* einer gegebenen Ebene ist das Selbst dann mit Bewahrung versus Negation, Festhalten versus Loslassen, Leben auf dieser Ebene versus Sterben für diese Ebene, Identifikation versus Entidentifikation konfrontiert. *Zwischen* den Ebenen steht das Selbst vor Abstieg versus Aufstieg, Fortschritt versus Regression, Aufwärtssteigen in der Hierarchie zu Ebenen wachsender Strukturierung, wachsender Differenzierung/Integration, oder Abwärtssteigen zu weniger organisierten, weniger differenzierten und integrierten Strukturen. Diese vier „Triebe" sind in Abbildung 2 dargestellt.

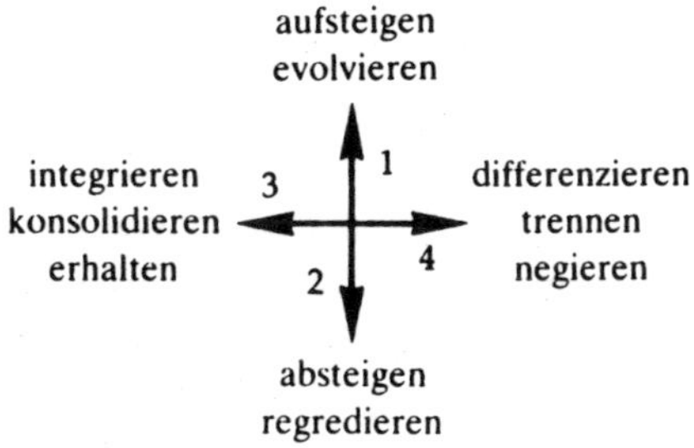

Abbildung 2: Vier „Triebe", die die Selbststadien beeinflussen

Zusammenfassung der Gesamtentwicklung

Wir können jetzt die Form der Gesamtentwicklung wie folgt zusammenfassen: Wenn die Basisstrukturen chronologisch aufzutauchen und sich zu entwickeln beginnen, kann das Selbst sich mit ihnen *identifizieren* (der Reihe nach ein physisches Selbst, ein emotional-körperliches Selbst, ein geistiges Selbst und so fort werden). Sobald es einmal mit einer bestimmten Basisstruktur zentral identifiziert ist, sucht das Selbst oder der Selbsterhaltungstrieb den sich daraus ergebenden Gesamtkomplex zu konsolidieren, integrieren und organisieren. Diese anfängliche Identifikation mit einer bestimmten Basisstruktur ist normal, notwendig und phasengerecht, und sie läßt das jeweilige Selbststadium entstehen (impulsiv, konformistisch, individualistisch etc.), das mit dieser Basisstruktur verbunden ist oder von ihr unterstützt wird (Korrelationen siehe auf Tafel 3).

Wenn das zentrale Selbst jedoch in der Hierarchie der Entwicklung von Basisstrukturen aufwärts steigen soll – wenn es wachsen soll –, dann muß es schließlich seine *ausschließliche* Identifikation mit seiner gegenwärtigen Basissprosse aufgeben oder negieren, um sich mit der nächsthöheren Sprosse auf der Entwicklungsleiter zu identifizieren. Es muß den „Tod", die Negation oder das Aufgeben der niedrigeren Ebene akzeptieren – es muß sich des-identifizieren oder von der exklusiven Bindung an diese Ebene ablassen –, um zur größeren Einheit, Differenzierung und Integration der nächsthöheren Basisebene aufzusteigen.

Sobald es sich mit der neuen und höheren Basisstruktur identifiziert hat, tritt ein neues und phasenspezifisches Selbststadium ein: ein neues Selbstgefühl mit neuen Selbstbedürfnissen, neuen moralischen Sensibilitäten, neuen Objektbeziehungen, neuen Formen von Leben, neuen Formen von Tod, neuen Formen von zu verarbeitender „Nahrung" und so weiter. Das niedrigere Selbststadium wird (wenn keine Fixierung stört) aufgegeben und negiert, doch die niedrigere Basisstruktur bleibt als notwendige Sprosse in der Bewußtseinsleiter bestehen und muß daher in das insgesamt neu zusammengesetzte Individuum *integriert* werden. Sobald es einmal auf einer neuen und höheren Ebene angelangt ist, sucht das Selbst *diese* Ebene zu konsolidieren, verstärken und erhalten, bis es erneut stark genug ist, diese Ebene aufzugeben, sie zu *transzendieren* (loszulassen oder zu negieren) und so auf die nächste Sprosse der Entwicklungsleiter zu steigen. Daher haben sowohl Erhaltung als auch Negation (oder Leben und Tod) augenscheinlich wichtige phasenspezifische Aufgaben zu erfüllen.

Es ist faszinierend zu sehen, daß die moderne psychoanalytische Ichpsychologie zu einer fast identischen Sichtweise gelangt ist. Die Theorie des dualen Triebes hat sich tatsächlich zu einer Theorie entwickelt, die *Eros* als integrierende, konsolidierende, zusammenziehende oder erhaltende Kraft sieht und die Aggression (*Thanatos*) als differenzierende, trennende, auflösende oder negierende Kraft – die beide für die Gesamtentwicklung phasenspezifisch angemessen sind. Diese Sichtweise begann 1938 mit *Freud*s Neuformulierung:

> Das Ziel des ersten [*des Erhaltungstriebes*] ist, immer größere Einheiten herzustellen und so zu erhalten, also Bindung, das Ziel des anderen [*Negation*] im Gegenteil, Zusammenhänge aufzulösen und so die Dinge zu zerstören [*sie aufzulösen oder zu negieren*]. (GW, 17:71)

Heinz Hartmann (1958) unternahm den nächsten Schritt:

> Differenzierung [*Trennung-Negation*] muß zusammen mit Synthese [*Integration-Erhaltung*] als wichtige Funktion des Ich angesehen werden. Da wir die synthetische Funktion des Ich auf irgendeine Weise mit der Libido in Verbindung bringen, ist die Annahme einer analogen Beziehung zwischen Differenzierung und Destruktion plausibel, insbesondere seit Freuds neueren Bemerkungen zur Rolle der freien Aggression im psychischen Leben.

Blanck & Blanck fassen die neueste Auffassung zusammen: „Die Libido strebt nach Bindung, während die Aggression Trennung und Individuation anstrebt und aufrechterhalten will." Aggression und Negation müssen mit anderen Worten nicht mehr als nur oder vorwiegend feindselig oder destruktiv betrachtet werden. *Erikson* schlug den Begriff „Aggressivität" vor zur Bezeichnung „jener Aspekte des aggressiven Triebes, die eher wachstumsfördernd und selbstbehauptend sind als feindselig und destruktiv" (in: *Blanck & Blanck* 1974). Mit anderen Worten, es gibt ebenso „gesunde Aggression" wie „krankhafte Aggression", genau, wie es „gesunde Selbsterhaltung" ebenso wie „krankhafte Selbsterhaltung" gibt.

Man kann also den Schluß ziehen, daß sowohl Erhaltung als auch Negation wichtigen phasenspezifischen Aufgaben dienen und *daß sich Pathologie zu entwickeln scheint, wenn eine (oder beide) dieser Aufga-*

ben fehlgesteuert wird. „Gesunde" oder „normale" Erhaltung tritt auf, wenn die Identifikationen und Objektbeziehungen einer bestimmten Ebene errichtet, konsolidiert und integriert werden („neutralisierte Libido errichtet Objektbeziehungen", *Blanck & Blanck* 1974). Krankhafte Erhaltung dagegen tritt auf, wenn die einst angemessenen Identifikationen und Objektbeziehungen einer bestimmten Ebene nicht aufgegeben werden, um neueren und höheren Platz zu machen. Mit anderen Worten, krankhafte Erhaltung ist nichts anderes als *Fixierung.*

Die gesunde oder normale Negation hat mehrere wichtige Funktionen. *Horizontal* hilft sie, Selbst- und Objektrepräsentationen zu differenzieren („neutralisierte Aggression speist den Entwicklungsschub in Richtung auf Trennung und Individuation", *Blanck & Blanck* 1974); *vertikal* trägt sie zur Desidentifikation, Differenzierung, Trennung oder Transzendenz einer niedrigeren Ebene zugunsten einer höheren bei. Krankhafte Negation dagegen ist eine Differenzierung oder Desidentifikation von einer Komponente, ehe diese angemessen integriert, verdaut und assimiliert wurde. Die Komponente wird einfach von der Persönlichkeit abgespalten. Mit anderen Worten, krankhafte Negation ist einfach *Verdrängung* (oder Dissoziation, Abspaltung etc., je nach der strukturellen Organisationsebene des Abwehrmechanismus selbst).

Dies also war eine kurze Zusammenfassung des Spektrum-Modells – seiner Basisstrukturen, des Selbstsystems, der Selbststadien und der Verdrängung/Fixierung. Jetzt können wir unsere Aufmerksamkeit einer ähnlichen Zusammenfassung der jüngeren Entwicklungen in der psychoanalytischen Ichpsychologie zuwenden.

Zweiter Teil: Der konventionelle Hintergrund

In diesem Abschnitt werde ich einen kurzen Überblick über einige der neuen Entwicklungen in der konventionellen Psychologie und Psychiatrie geben, insbesondere jener Schulen, die als Theorie der Objektbeziehungen, Selbstpsychologie und psychoanalytische Ichpsychologie bekannt sind. Denn auch diese Schulen haben sich zunehmend eine *Entwicklungs*perspektive zu eigen gemacht, und ich werde einen kurzen Überblick über die verschiedenen Stadien der

Selbstentwicklung geben, wie sie sie konzipieren. Da diese Schulen sich *besonders für Psychopathologie und deren Behandlung* interessieren, werden wir uns auch intensiver auf die Pathologie und ihre Genese konzentrieren.

Gegen Ende dieses Teils werde ich beginnen aufzuzeigen, wie diese konventionellen Stadien in das im 1. Teil umrissene Gesamtspektrum der Entwicklung passen. Vielleicht aber können wir schon jetzt soviel sagen: Diese konventionellen Schulen stimmen allgemein darin überein, daß es drei große Ebenen oder Stadien der Selbstentwicklung im präpersonalen Bereich gibt (d.h. bis zur und einschließlich der ödipalen Phase etwa um das Alter von 5-7 Jahren herum). Ich werde zu zeigen versuchen, daß diese drei allgemeinen Stadien auftreten, wenn das Selbst mit den ersten drei Basissprossen der Entwicklung befaßt ist (wie in Abbildung 1 gezeigt). Die konventionelle Psychologie und Psychiatrie haben diese drei allgemeinen Stadien (und ihre zahlreichen Unterstadien) sehr detailliert untersucht und auch zu zeigen versucht, daß eine Entwicklungs„schädigung" in einem bestimmten Stadium die Tendenz hat, zu einer bestimmten Art von Psychopathologie zu führen. Ich werde versuchen, diese Forschungsarbeiten zusammenzufassen, und sie dann explizit in dem in Teil I umrissenen Spektrum-Modell unterbringen.

Die entwicklungsbezogenen Dimensionen der Psychopathologie

In den letzten beiden Jahrzehnten ist eine Explosion von Theoriebildung und Forschung in der konventionellen psychoanalytischen Psychiatrie erfolgt, im wesentlichen in der Umgebung dreier eng verwandter Schulen, die allgemein als psychoanalytische Entwicklungspsychologie (*Mahler* 1975; *Kernberg* 1975; *Blanck & Blanck* 1979), Theorie der Objektbeziehungen (*Fairbairn* 1954; *Winnicott* 1965; *Guntrip* 1971) und Selbstpsychologie (*Kohut* 1971) bekannt sind. Die Erregung, die diese Schulen ausgelöst, und das Interesse, das sie geweckt haben, werden in Kommentaren sichtbar wie dem, in jüngerer Zeit sei „ein Quantensprung im Verständnis von Psychopathologie" (*Masterson* 1981) erfolgt; diese Fortschritte stellen „die vielleicht wichtigste Entdeckung in der Erforschung von Persönlichkeitsproblemen in diesem Jahrhundert" dar (*Guntrip* 1971). Einige dieser Entdeckungen sind in der Tat monumental und werden vielleicht zu unentbehrlichen Elementen jeder umfassenden Psychologie werden – einschließlich der transpersonalen Psychologie. Wenn man sie jedoch allein und für sich betrachtet, besitzen sie gewisse ernsthafte Beschränkungen und Verzerrungen, und es wäre unklug, darauf eine *umfassende* Entwicklungspsychologie aufzubauen. Das Folgende ist also ein Versuch, die wichtigen Aspekte dieser jüngeren Entwicklungen und auch ihrer augenscheinlichen Grenzen und sogar Verworrenheiten zu umreißen.

Der größte Durchbruch, wenn ich mich einmal so ausdrücken darf, ist bei der klinischen Untersuchung und Behandlung sogenannter Borderline- und narzißtischer Störungen erfolgt. Diese Störungen unterscheiden sich von den klassischen Psychoneurosen (Hysterie, Zwangsneurosen, Angstneurosen etc.). Der Hauptunterschied zwischen den Psychoneurosen und den Borderline- und narzißtischen Störungen liegt darin, daß bei den Psychoneurosen eine Art von Konflikt oder Verdrängung *innerhalb* der Selbststruktur besteht (das Ich *verdrängt* beispielsweise einen Esimpuls), wohingegen bei den Borderline- und narzißtischen Zuständen zu wenig Selbststruktur vorhanden ist, um Verdrängung zu bewirken. Im Gegenteil, die Selbststruktur (oder das Selbstsystem) ist so schwach, so unterentwickelt, so fließend, daß das Selbst von Weltuntergangs- oder Vernichtungsängsten überschwemmt wird; oder aber es behandelt Objekte und Personen als bloße Ausdehnungen seines eigenen, grandiosen, mit der Welt verschmolzenen Selbst. Der Begriff *„borderline"* bedeutet wörtlich, daß das Syndrom auf der Grenze zwischen Neurosen und Psychosen steht; es gibt also ein Gesamtkontinuum von zunehmender Schwere: neurotisch, borderline-neurotisch, borderline, borderline-psychotisch, psychotisch (*Blanck & Blanck* 1979; *Gedo* 1979; *Tolpin* 1971).

Traditionell wurde angenommen, die Borderline- und narzißtischen Syndrome seien mit den Standardtechniken der Psychoanalyse oder Psychotherapie nicht zu behandeln. Ein Teil des jüngsten „Quantensprunges" jedoch war die Entwicklung von Behandlungsmodalitäten, die sich bei den Borderline- und narzißtischen Zuständen als überraschend wirksam erwiesen haben. Diese Behandlungsmodalitäten gingen aus drei eng miteinander verwandten Forschungsbahnen hervor: (1) einer detaillierten klinischen Beschreibung der „archaischen Übertragungen" von Borderline- und narzißtischen Patienten (vor allem durch *Kohut* 1971); (2) ausgefeilten theoretischen Neuformulierungen der frühen Stadien (0-3 Jahre) der Entwicklung und der daraus folgenden Auffassung von Pathologie als Entwicklungsstillstand oder -verzerrung auf verschiedenen Ebenen struktureller Organisation (*Spitz* 1965; *Jacobson* 1964; *Mahler* 1975; *Kernberg* 1976; *Masterson* 1981; *Blanck & Blanck* 1974); und (3) extrem detaillierter Beobachtung und Beschreibung der frühesten Jahre der kindlichen Entwicklung (und hier wird die Arbeit von Margaret Mahler als bahnbrechend anerkannt).

Weil die Forschungsarbeiten von *Mahler* und ihren Kollegen so entscheidend wichtig waren – nicht nur zur Förderung unseres Verständnisses für die frühesten Stadien der Selbstentwicklung, sondern auch zur Erhellung der Ätiologie der Borderline- und narzißtischen Syndrome –, ist hier ein kurzer Überblick über ihre Schlüsselentdeckungen nützlich.

Kleinkindliche Entwicklung: Das Werk von Margaret Mahler

In fast zwei Jahrzehnten klinischer Forschung, die man nur als brillant bezeichnen kann, gelangte Mahler zu dem Schluß, daß die Entwicklung der Selbststruktur bei Kleinkindern (0 bis 3 Jahre) im allgemeinen in drei Phasen verläuft: der autistischen, der symbiotischen und der von Trennung/Individuation. Letztere ist in vier Unterphasen unterteilt: Differenzierung, Übung, Wiederannäherung und Konsolidierung. Insgesamt ergibt das sechs Stadien. In chronologischer Reihenfolge sind das (alle folgenden Zitate stammen aus *Mahler* 1975):

(1) *Autistische Phase* (0-1. Monat): „In den ersten Wochen des extrauterinen Lebens erscheint das Neugeborene wie ein fast rein biologischer Organismus, da seine Instinktreaktionen auf Reize reflexiv und thalamisch sind. In dieser Phase können wir nur von primitiven, unintegrierten Ichapparaten und rein somatischen Abwehrmechanismen sprechen, die aus Überflutungs- und Abfuhrreaktionen bestehen, deren Ziel die Aufrechterhaltung des homöostatischen Gleichgewichts ist. Die Libidoposition ist vorwiegend eine viszerale ohne Unterscheidung zwischen Innen und Außen." *Mahler* bezeichnet das als „geschlossenes monadisches System" oder „primäre undifferenzierte Matrix".

(2) *Symbiotische Phase* (1.-5. Monat): „Vom zweiten Monat an verhält sich der Säugling und funktioniert, als seien er und seine Mutter ein allmächtiges System – eine duale Einheit innerhalb einer gemeinsamen Grenze". Dies ist „ein Zustand der Unterscheidungslosigkeit, der Verschmelzung mit der Mutter, bei der das ‚Ich' noch nicht vom ‚Nicht-Ich' unterschieden wird und Innen und Außen erst allmählich als verschieden empfunden werden." In diesem Stadium verhält sich der Säugling, als könne er nicht einmal seinen sensoriphysischen Körper von dem der Mutter und der weiteren Umgebung unterscheiden. „Das wesentliche Merkmal der Symbiose ist die somatopsychische omnipotente Verschmelzung mit der Repräsentation der Mutter und insbesondere der Wahn einer gemeinsamen Grenze zwischen zwei physisch getrennten Individuen."

(3) *Differenzierungsunterphase* (5.-9. Monat): Dieses Stadium ist durch das gekennzeichnet, was *Mahler* als „Schlüpfen" bezeichnet: das sensoriphysische Körperselbst des Kindes schlüpft oder erwacht aus seiner vorherigen symbiotischen, verschmolzenen oder dualen Einheit mit der Mutter und der sensoriphysischen Umwelt. In diesem Stadium „unternehmen alle gesunden Säuglinge ihre ersten, versuchsweisen Schritte in Richtung auf ein Ausbrechen im *körperlichen Sinne* aus ihrer bis dahin völlig passiven Schoßkindschaft... Es gibt deutliche Anzeichen dafür, daß das Baby beginnt, seinen eigenen Körper von dem der Mutter zu unterscheiden."

Beachten Sie, daß diese spezielle Unterscheidung im wesentlichen die des sensoriphysischen Körperselbst von seiner Umgebung ist, weil der Geist des Säuglings (die neu auftauchende phantasmische oder Bildebene) und seine Gefühle (die emotional-sexuelle Ebene) noch *nicht* von ihrer Umgebung unterschieden werden. Das Baby existiert als ein deutlich unterschiedenes sensoriphysisches Körperselbst, aber nicht als deutlich unterschiedenes phantasmisch-emotionales Selbst, weil seine emotionalen Selbst- und Objektbilder noch immer verschmolzen sind. Wie wir sehen werden, tritt diese „psychologische Geburt" oder die Trennung/Differenzierung erst in der Unterphase der Wiederannäherung ein.

(4) *Übungsunterphase* (9.-15. Monat): Das Stadium ist bedeutsam, weil es den Gipfel des grandios-exhibitionistischen Narzißmus zu markieren scheint, in dem dem Krabbelkind die Welt gehört. „Die libidinöse Besetzung verschiebt sich beträchtlich und tritt in den

Dienst des rasch wachsenden autonomen Ich und seiner Funktionen, und das Kind scheint berauscht von seinen eigenen Fähigkeiten und der Größe seiner eigenen Welt. Der Narzißmus ist auf dem Höhepunkt. Es ist begeistert von seinen eigenen Möglichkeiten, ständig entzückt von den Entdeckungen, die es in seiner sich ausdehnenden Welt macht, und quasi verliebt in die Welt und seine eigene Größe und Allmacht." *Blanck & Blanck* (1979) zufolge fährt das Selbst in diesem Stadium fort, „durch magische Absorption der größeren Welt in sein eigenes Bild Wert anzusammeln". Technisch ausgedrückt sind Selbst- und Objektrepräsentationen noch immer eine verschmolzene Einheit.

(5) *Unterphase der Wiederannäherung* (15.-24. Monat): Dieses Stadium ist nach Mahlers Auffassung entscheidend für die zukünftige Entwicklung, denn in diesem Stadium tritt die erste wichtige Unterscheidung zwischen Selbst- und Objektrepräsentation auf. Das bedeutet, daß endlich ein *getrenntes und deutlich unterschiedenes phantasmisch-emotionales Selbst* aufgetaucht ist und sich klar von seinem emotional-libidinösen Objektrepräsentationen differenziert hat. Mit anderen Worten, dies ist „die psychologische Geburt des menschlichen Säuglings". Um das im Rahmen der Basisstrukturen begrifflich zu fassen: Zuerst erfolgt die einfache Geburt; dann das „Schlüpfen" oder die Geburt eines deutlich unterschiedenen sensorisch-perzeptuellen Körperselbst; dann die Wiederannäherungskrise oder die Geburt eines deutlich unterschiedenen phantasmisch-emotionalen oder „psychologischen" Selbst.

Gleichzeitig mit dieser Geburt erfolgen ein deutlicher Verlust der grandios-allmächtigen, narzißtischen, verschmolzenen Selbst-und-Objekt-Einheiten des vorherigen (Übungs-)Stadiums sowie eine damit einhergehende Anfälligkeit für verstärkte Trennungsangst und Verlassenheitsdepression. „Die narzißtische Inflation der Übungsunterphase wird allmählich durch eine wachsende Erkenntnis [phantasmisch-emotionaler] Getrenntheit und damit Verwundbarkeit ersetzt. Sie kulminiert in einer mehr oder weniger vorübergehenden Wiederannäherungskrise, die von großer entwicklungsmäßiger Bedeutung ist", denn das Kleinkind „muß nach und nach und unter Schmerzen den Wahn seiner eigenen Größe aufgeben". Weil es jetzt ein separates Selbst gibt, gibt es auch einen separaten anderen – die Welt gehört nicht länger ihm. Die Forscher drücken das gern so aus, daß in diesem Stadium ‚das Paradies verlorengeht'. Doch obwohl jetzt phantasmisch-emotionaler Körper und Geist des Kleinkindes vom „anderen" unterschieden sind, sind sein Körper und Geist selbst noch nicht differenziert; sie sind noch immer verschmolzen. Wie wir sehen werden, differenzieren sich Geist und Körper innerhalb des separaten Organismus erst in der ödipalen Phase.

(6) *Konsolidierung und emotionale Objektkonstanz* (24.-36. Monat): Diese abschließende Unterphase ist die Konsolidierung des Prozesses von Trennung und Individuation und das Erreichen der „emotional-libidinösen Objektkonstanz". Normalerweise ist sie gekennzeichnet durch 1) eine klare und relativ dauerhafte Unterscheidung von Selbst- und Objektrepräsentationen; 2) die Integration von partiellen Selbstbildern in eine gesamte Selbstrepräsentation (die sowohl „böse" als auch „gute" Aspekte des Selbst umfaßt); und 3) die Integration von partiellen Objektvorstellungen in ganze Objektrepräsentationen (die sowohl „gute" als auch „böse" Aspekte der libidinös-emotionalen Objekte umfassen).

Dies also sind die sechs normalen Stadien der psychologischen Geburt des menschlichen Kleinkindes, wie *Mahler* sie darstellt.

Der Drehpunkt der Entwicklung: Das Werk von Blanck & Blanck

Mahler hat umfassende klinische Nachweise dafür vorgelegt (1975), daß die infantile Psychose ihren wesentlichen ätiologischen Faktor in einer „Schädigung" der Entwicklung in den autistisch-symbiotischen Phasen hat (das Kind „schlüpft" nicht oder taucht nicht als separates sensoriphysisches Selbst auf, sondern verbleibt vielmehr in dem „geschlossenen monadischen System" der autistischen Phase oder verweilt in der „allmächtigen dualen Einheit" der symbiotischen Phase).

Mahler glaubt allerdings, daß die Borderline-Syndrome ihre Hauptätiologie in einer Schädigung der Unterphase der Wiederannäherung haben. Es gelingt der Selbststruktur nicht, sich klar von der grandios-allmächtigen, verschmolzenen Einheit der vorherigen symbiotischen und Übungs-Unterphase zu differenzieren und zu trennen; dieser Entwicklungsstillstand oder diese Schädigung bei der Selbststrukturierung läßt die Grenze zu emotionalem Absturz,

Überflutung, Verschmelzungspanik oder Selbst-und-Objekt-Grandiosität offen. Weil Defekte in der Selbststrukturierung auf dieser primitiven Organisationsebene vorliegen, hat das Borderline-Individuum keinen Zugang zu höheren oder neurotischen Abwehrmechanismen (Verdrängung, Rationalisierung, Verschiebung), sondern muß statt dessen auf die primitiven oder weniger-als-neurotischen Abwehrmechanismen zurückgreifen (insbesondere Abspaltung, Leugnung, Introjektion und Projektion).

Andererseits geben *Blanck & Blanck* (1975) folgende Zusammenfassung: „Wenn die symbiotische Phase und die Unterphasen von Trennung und Individuation angemessen durchlebt werden, erreicht das Kind den Punkt wahrer Identität – den der Differenzierung zwischen Selbst- und Objektrepräsentationen – sowie die Fähigkeit, die Objektrepräsentationen unabhängig vom Bedürfniszustand aufrechtzuerhalten [dies ist die Definition von ‚emotionaler Objektkonstanz']. Der Strukturierungsprozeß schreitet weiter voran zur Normalität oder schlimmstenfalls zur Neurose; Borderline-Pathologie wird vermieden." Wenn dieses Stadium der Trennung/Individuation erreicht und gelöst wird, ist die Selbststruktur danach stark und individuiert genug, um zur Schaffung einer Neurose *fähig zu sein;* der Eintritt in die ödipale Phase ist möglich, und diese kann entweder angemessen gelöst werden (Normalität) oder fehlgeleitet werden (Psychoneurosen). Wenn dagegen diese Trennungs- und Individuationsphase nicht angemessen gelöst wird, bleibt das individuelle Selbst „weniger-als-neurotisch strukturiert" oder in einem Borderline-Zustand. Diese Trennungs- und Individuationsphase im allgemeinen (und die Unterphase der Wiederannäherung im besonderen) ist so zentral, daß Blanck & Blanck sie als „Drehpunkt der Entwicklung" bezeichnen und mit einem Diagramm (das sie „Selbst-Objekt-Differenzierung" nennen) wie in Abbildung 3 darstellen.

Dieses Diagramm repräsentiert in der Tat die wichtigen Entdekkungen des jüngsten „Quantensprunges" in der Theorie von Ich und Objektbeziehungen. Es kann jedoch weiter verfeinert werden, wenn man nicht nur die Trennung und Individuation des phantasmisch-emotionalen Selbst einbezieht, sondern auch die *vorherige* Differenzierung oder das „Schlüpfen" des sensoriphysischen Körperselbst. Blanck & Blanck weisen (wie übrigens die meisten Entwicklungsforscher) nicht nachdrücklich genug darauf hin, daß es sich dabei um zwei *qualitativ verschiedene* Ebenen der Differenzierung handelt und diese daher nicht als ein Kontinuum abgebildet werden sollten, wie *Blanck & Blanck* das tun, sondern als zwei deutlich unterschiedene Kontinuen, wie in Abbildung 4 gezeigt. Führt der zweite Drehpunkt zu *emotionaler* Objektkonstanz, so führt der erste zu *physischer* Objektkonstanz.

Der erste Drehpunkt (autistische, symbiotische und Differenzierungs-Unterphase) ist das Stadium des „Schlüpfens", in dem das Selbstsystem mit dem Auftauchen der physischen und sensorisch-perzeptuellen Basisstrukturen der Existenz umgehen muß. Falls dies fehlschlägt, bleibt das Selbst in seinem eigenen, autistisch-symbiotischen Umkreis eingeschlossen, in den schlimmsten Fällen nicht einmal fähig, sein sensoriphysisches Selbst von der sensoriphysischen Umgebung zu differenzieren (autistische und symbiotische Psychosen). Infolgedessen kann es nicht zum zweiten wichtigen Drehpunkt voranschreiten, dem der phantasmisch-emotionalen Trennung und Individuation.

Wenn er diesen ersten Drehpunkt angemessen bewältigt, ist der sensoriphysische Organismus jedoch ausreichend von der sensoriphysischen Umwelt differenziert. An diesem Punkt tritt das Selbst in den zweiten Drehpunkt der Entwicklung ein, an dem es mit dem Auftauchen und Wachstum der nächsten wichtigen Basisstrukturen der Existenz umgehen muß, der emotionalen und der phantasmischen. Dies schließt eine Differenzierung nicht zwischen dem Organismus und der Umgebung, sondern innerhalb des Organismus selbst ein – nämlich eine Unterscheidung verinnerlichter Selbstvorstellung von verinnerlichten Objektvorstellungen. Dies wird in Abbildung 4 dadurch dargestellt, daß der zweite Drehpunkt sich am linken Rand des ersten Drehpunktes befindet, wie der Pfeil anzeigt. Der Pfeil weist auch darauf hin, daß an diesem Punkt ein allgemeines *Auftauchen* der nächsten, neuen und höheren Basisstrukturen der Existenz erfolgt, in diesem Falle der phantasmisch-emotionalen. Eben dieses Auftauchen führt zu einem neuen und höheren Verschmelzungszustand, der seinerseits auf einer neuen und höheren Ebene der Selbststrukturierung (in diesem Fall am zweiten Drehpunkt) getrennt und differenziert werden muß. Die Arbeit von *Edith Jacobson* (1964) sowie von *Mahler* (1972) und *Spitz* (1965) stützt diese Interpretation. Wie *Abend* (1983) es ausdrückte:

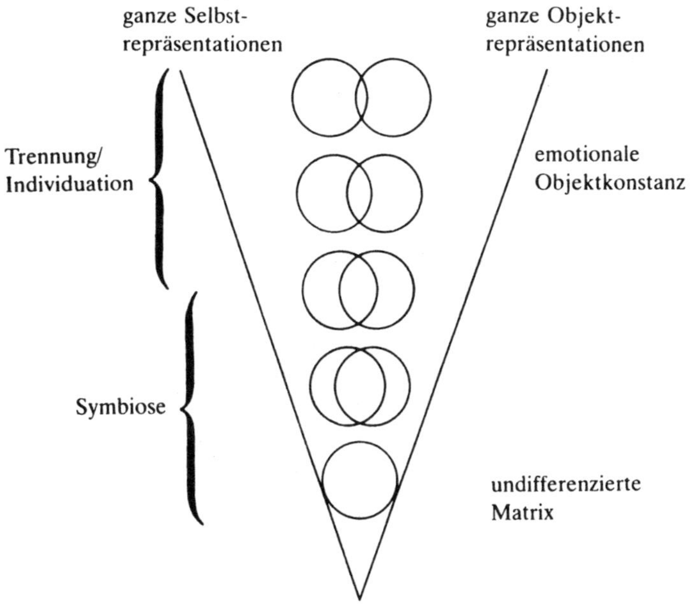

Abbildung 3: „Selbst-Objekt-Differenzierung" nach der Darstellung von *Blanck & Blanck*, 1979

> „Jacobsons Werk betonte, daß es im [frühesten oder autistisch-symbiotischen] Stadium keine klare Differenzierung zwischen [dem Säugling] als getrennter [körperlicher] Einheit und der Außenwelt gibt. Ihm ist vielleicht noch nicht bewußt, daß seine eigenen Spannungszustände von seinem eigenen Körper herrühren oder daß seine Befriedigungen und die Verringerung psychologischer Spannung ihm von jemand anderem als ihm selbst gewährt werden [am ersten Drehpunkt]. Allmählich jedoch muß ein Aufbau *mentaler* [phantasmischer] *Bilder* vom Selbst und der Außenwelt erfolgen [Auftauchen des zweiten Drehpunkts], zusammen mit *sensorischen* Wahrnehmungen des Selbsts und der anderen [erster Drehpunkt]. Dieses spätere Stadium [d.h. der zweite Drehpunkt] aber ist eines, in dem die Selbstrepräsentation und die Objektrepräsentation infolge projektiver und introjektiver Mechanismen verzerrt [verschmolzen] werden können."

Mit anderen Worten, dieser zweite Drehpunkt schließt einen neuen, höheren und qualitativ anderen Verschmelzungszustand (phantasmisch-emotional) ein als den ersten (sensorisch-perzeptuell) und muß mittels eines neuen, höheren und qualitativ anderen Prozesses von Trennung und Differenzierung gehandhabt werden.

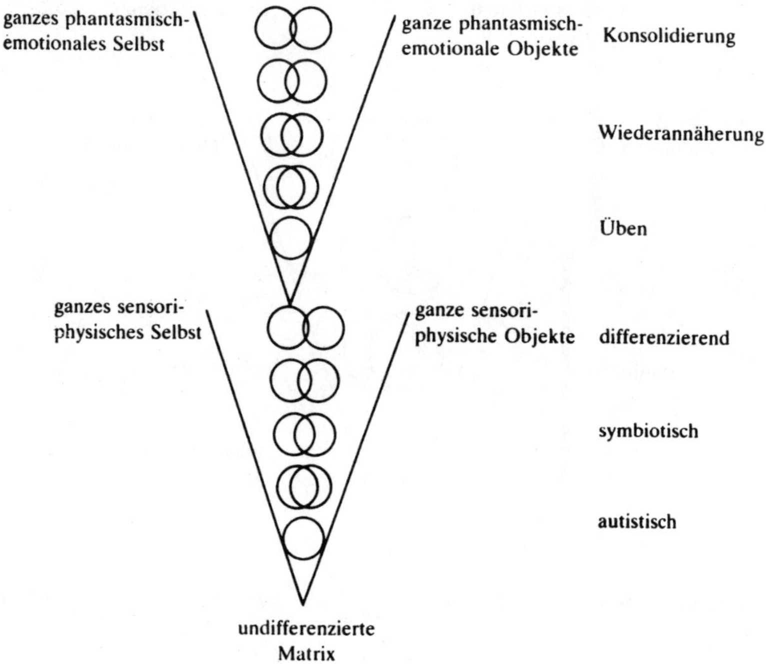

Abbildung 4: Selbst-Differenzierung am ersten und am zweiten Drehpunkt

Zum Schluß noch eine Bemerkung über den Unterschied zwischen *physischer* Objektkonstanz (erster Drehpunkt) und *emotionaler* Objektkonstanz (zweiter Drehpunkt). *Mahler* (1975) selbst akzeptiert diese Unterscheidung und weist darauf hin, daß physische „Objektpermanenz in Piagets Sinn eine notwendige, aber nicht hinreichende Vorbedingung für die Herstellung libidinöser Objektkonstanz" ist. Dieser Unterschied ist in der tatsächlichen chronologischen Entwicklung dramatisch sichtbar: Physische Objektkonstanz wird, wie *Piaget* (1977) gezeigt hat, etwa mit 18 Monaten erreicht, während die emotionale Objektkonstanz *Mahler* zufolge selten vor dem Alter von sechsunddreißig Monaten erreicht wird. Dies sind eindeutig zwei verschiedene Stadien der Strukturierung.

Das Spektrum der Entwicklungsdrehpunkte

Wir kommen jetzt zu einer entscheidenden Frage: Gibt es noch irgendwelche anderen wichtigen Drehpunkte oder kritische Knotenpunkte von Selbststrukturierung und Selbstdifferenzierung? An diesem Punkt werden die meisten Objektbeziehungstheorien vage und zweideutig. Einige scheinen darauf hinzuweisen, daß die wesentliche Selbstentwicklung im Alter von sechsunddreißig Monaten buchstäblich abgeschlossen ist. Andere schenken höheren Entwicklungsdrehpunkten nur wenig Beachtung: „Mit dem angemessenen Erreichen der psychologischen Geburt im Alter von ungefähr drei Jahren ist das Kind ‚auf dem Weg zu [emotionaler] Objektkonstanz'. Dies ist zwar ein weiterer Beginn und nicht das Ende , doch ... die erste Runde ist entscheidend dafür, wie sicher die folgenden Runden sein werden. Blos [1962] meint, eine zweite, größere Entwicklung erfolge in der Adoleszenz. Wir nehmen an, daß die Ehe eine weitere ‚Runde' bilden kann" (*Blanck & Blanck* 1979).

Diese theoretische Unklarheit darüber, was genau eine „Runde" (oder einen Drehpunkt) der Selbstentwicklung ausmacht, hat die Theorie der Objektbeziehungen von ihren Anfängen an verfolgt. In Hinsicht auf die Entwicklung als Ganzes ist es auch sehr einschränkend, wenn man „Trennung/Individuation" als das definiert, was speziell während der Unterphasen von Wiederannäherung und Konsolidierung erfolgt, und unter vagen Hinweisen auf Adoleszenz und Heirat sagt, es werde während „mehrerer, vielleicht unendlich vieler Runden im Leben fortgesetzt" (*Blanck & Blanck* 1979).

Die psychoanalytischen Theoretiker der Objektbeziehungen scheinen sich so sehr auf die *besondere* Form konzentriert zu haben, die der Trennungs- und Differenzierungsprozeß in den Unterphasen der Wiederannäherung und Konsolidierung annimmt, daß sie wohl nicht auf den Gedanken gekommen sind, daß die Unterphase des „Schlüpfens" (und nicht die der Wiederannäherung) als *erste* wichtige Runde der Trennung und Differenzierung beschrieben werden kann. Sie scheinen dies jedoch unausgesprochen erkannt zu haben, denn sie bezeichnen diesen ersten Drehpunkt in der Tat als „Unterphase der Differenzierung".

Auf ähnliche Weise haben diese Theorien die Tatsache übersehen, daß die ödipale Phase selbst ziemlich präzise als Drehpunkt oder

Punkt von Trennung und Differenzierung definiert werden kann. Die ödipale Phase – die wir jetzt als dritten wesentlichen Drehpunkt der Selbstentwicklung bezeichnen können – besitzt alle abstrakten Charakteristika oder Definitionsmerkmale der beiden ersten Drehpunkte: Sie umfaßt einen Prozeß zunehmender Internalisierung, zunehmender Strukturierung und Hierarchisierung, zunehmender Trennung und Differenzierung und zunehmender Integration. Dieser Prozeß jedoch tritt jetzt auf einer neuen, höheren und qualitativ anderen Organisationsebene auf, auf der Ebene der *neu auftauchenden* Basisstrukturen des konzeptuell repräsentierenden Geistes, die die Möglichkeit einer qualitativ anderen Gruppe von Selbstabwehren (Verdrängung), Selbstbedürfnissen, Objektbeziehungen, möglichen Pathologien (Psychoneurosen) und so weiter mit sich bringen.

Wie wir gesehen haben, wird bei der Vollendung der Unterphasen von Trennung und Individuation (am zweiten Drehpunkt) das phantasmisch-emotionale Selbst des Kindes von der Umgebung unterschieden, doch der Geist des Kleinkindes (phantasmisch und früh symbolisch) und sein Körper (emotional-libidinös) sind noch nicht voneinander differenziert. Wenn der repräsentierende Geist (höhere Symbole und Konzepte) auftritt, hat er ursprünglich an dieser Verschmelzung von Körper und Geist teil. Dies geht sehr deutlich aus den Arbeiten von *Piaget* (1977), *Loevinger* (1976), *Broughton* (1975) und anderen hervor. Selbst *Freud* vertrat in „Hemmung, Symptom und Angst" (1926) die Auffassung, daß eine definitive Differenzierung des Ich vom Es erst um die Zeit der Auflösung des Ödipuskomplexes herum erfolgt. Und genau darum geht es bei dem dritten Drehpunkt: Differenzierung/Integration von (repräsentierendem) Geist und (emotional-libidinösem) Körper.

Eine Schädigung der Entwicklung an diesem Drehpunkt führt zu einer *neurotischen Selbststruktur*: Das zentrale Selbst bleibt fixiert (krankhafte Erhaltung) auf gewisse körperliche Impulse, oder es verdrängt oder dissoziiert (krankhafte Negation) gewisse körperliche Impulse. Wenn dieser dritte Drehpunkt jedoch angemessen bewältigt wird, dann sind Geist und Körper klar differenziert und in die neue und höherrangige konzeptuelle Selbststruktur integriert, und zwar mit einer neuen und höheren Internalisierung (Überich) und der Fähigkeit zu *konzeptueller Objektkonstanz* – der Kraft, ein *ganzes Konzept* oder eine Klasse von Eigenschaften festzuhalten, ohne deren

Bestandteile beispielsweise aufgrund libidinöser Wünsche zu verwechseln oder zusammenbrechen zu lassen. Wie *Piaget* (1977) gezeigt hat, tritt konzeptuelle Konstanz erst etwa um das sechste Lebensjahr herum auf und mit ihr Fähigkeiten wie Bewahrung-Umkehrbarkeit, das heißt das Festhalten von konzeptuellen Eigenschaften trotz physisch-emotionaler Verschiebung.

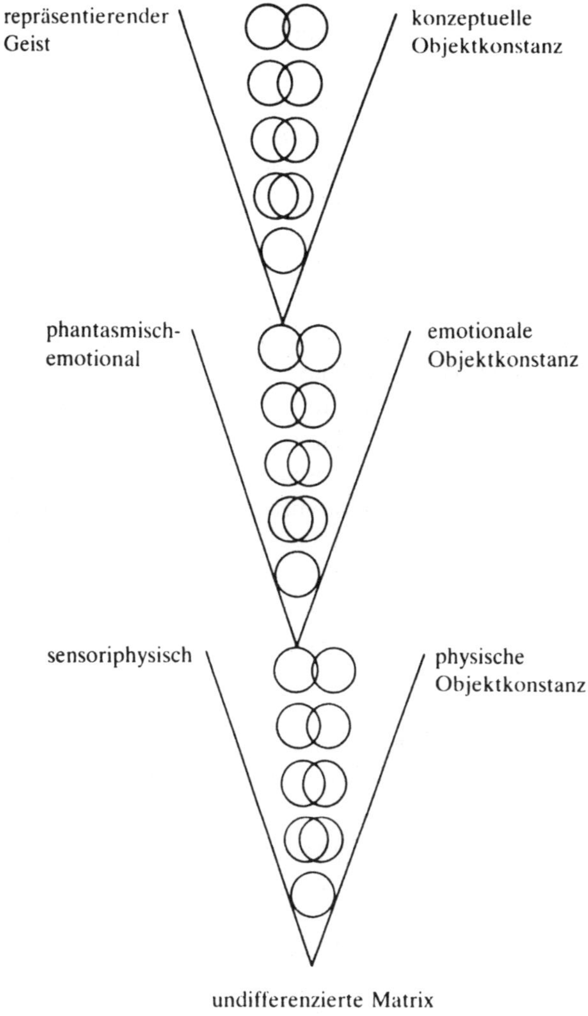

Abbildung 5: Selbst-Differenzierung an Drehpunkten 1-3

Dieser dritte wichtige Drehpunkt kann nun dem Diagramm der Selbstentwicklung hinzugefügt werden, wie in Abbildung 5 gezeigt; insgesamt läßt sich der Vorgang schematisch und vereinfacht so darstellen wie in Abbildung 6.

Kombinierte Theorien

Man sieht jetzt, welche Implikationen sich ergeben, wenn man die psychoanalytische Entwicklungstheorie und die Theorie der Objektbeziehungen mit den Basisstrukturen oder Stadien des Bewußtseins kombiniert: *Die ersten drei Drehpunkte der Selbstentwicklung repräsentieren einfach den Aufstieg des Selbst auf den ersten drei Sprossen der Leiter der wichtigsten Basisstrukturen* (Abb. 1).

An jedem Drehpunkt identifiziert sich das Selbst (normale Erhaltung) mit der entsprechenden Basisstruktur, und daher ist es anfänglich mit dieser Struktur und ihren phänomenalen Objekten verschmolzen oder von ihnen nicht differenziert. Darauf folgt eine Periode normaler Trennung und Differenzierung (normale Negation), in der das Selbstsystem oder die Selbststruktur lernt, sich selbst sowohl von den *Objekten* auf dieser Ebene als auch vom *Subjekt* der vorherigen Ebene zu differenzieren (d.h., es transzendiert seine vorherige und ausschließliche Identifikation mit der vorherigen und

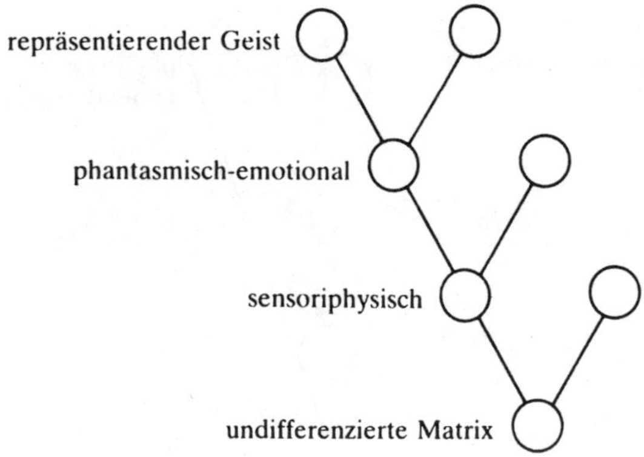

Abbildung 6: Selbst-Entwicklungsschema für Drehpunkte 1-3

niedrigeren Basisstruktur). Wenn es an irgendeinem Drehpunkt zu krankhafter Erhaltung (Fixierung) oder krankhafter Negation (Abspaltung, Dissoziation, Verdrängung) kommt, so tritt eine charakteristische Pathologie auf, gekennzeichnet durch die Ebene struktureller Organisation, auf der die Schädigung erfolgt.

Wie ich schon sagte, entsprechen diese drei ersten Drehpunkte und die mit ihnen verbundenen Pathologien (psychotisch, borderline und neurotisch) den ersten drei Basisstrukturen oder Sprossen in der Leiter der Gesamtentwicklung (Abb. 1). Das bringt uns zur Arbeit von *Otto Kernberg*.

Die konventionelle Hierarchie der Pathologie: Das Werk Otto Kernbergs

Zur Diskussion der spezifischen Pathologien, die für Fehlbildungen an jedem Drehpunkt der Selbstentwicklung charakteristisch sind, sind ein paar einfache Symbole für die Unterphasen jedes Drehpunktes hilfreich. In Abbildung 7 stellt „a" die ursprüngliche Verschmelzung oder den undifferenzierten Zustand jedes Drehpunktes dar; „b" den Prozeß der Trennung/Differenzierung; „c" das stabile, differenzierte, integrierte Selbst, das bei angemessenem Umgang mit jedem Drehpunkt auftaucht; und „d" die damit verbundene, differenzierte und integrierte Objektwelt dieses Drehpunkts. (So bezieht sich beispielsweise Drehpunkt 1a oder einfach D-1a auf die autistische Phase; D-2d auf die emotionale Objektkonstanz; D-3b auf die ödipale Phase, D-3c auf das stabile Selbstkonzept des repräsentierenden Geistes, und so weiter.) Die Entwicklungsaufgabe jedes Drehpunkts kann jetzt einfach ausgedrückt werden: Sie umfaßt eine horizontale Differenzierung zwischen c und d und eine damit einhergehende vertikale Differenzierung zwischen c und a. Letzteres ist das, was ich an anderer Stelle als „Transzendenz" bezeichnet habe (*Wilber* 1980a).

Die obigen Erörterungen haben kurz *Mahlers* Auffassung von den Pathologien an den ersten drei Drehpunkten umrissen. Die vielleicht raffinierteste und umfassendste Landkarte der Pathologie in diesen Bereichen jedoch stammt von *Otto Kernberg*, der eine sehr einflußreiche und weithin akzeptierte „Theorie (1) des Ursprungs der Grund‚einheiten' (Selbstbild, Objektbild, Affektdisposition) verinnerlichter Objektbeziehungen, (2) der Entwicklung von vier Grundstadien in ihrer Differenzierung und Integration, (3) der Beziehung zwischen Fehlschlägen dieser Entwicklung und der Kristallisation von verschiedenen Arten von Psychopathologie und (4) der Implikationen dieses Ablaufs von Phasen allgemeiner struktureller Entwicklungen des psychischen Apparats" (1976) vorgelegt hat.

Kernbergs Stadien der Selbstentwicklung und der entsprechenden Pathologie sind die folgenden (zusammengefaßt von *Abend* 1983):

Stadium 1: Normaler „Autismus" oder primäres undifferenziertes Stadium. Diese Phase umfaßt den ersten Lebensmonat und geht der Konsolidierung der „guten" undifferenzierten Selbst-Objekt-Konstellation voran. Ein Mißlingen oder eine Fixierung der Entwicklung in diesem Stadium ist charakteristisch für autistische Psychosen.

Stadium 2: Normale „Symbiose". Diese Phase erstreckt sich vom zweiten bis etwa zum sechsten oder achten Lebensmonat. Die Selbst- oder Objektrepräsentationen sind relativ unvollständig voneinander differenziert, und die Tendenz zur defensiven Wiederverschmelzung von „guten" Selbst- und Objektvorstellungen bleibt bestehen, wenn schweres Trauma oder Frustration die pathologische Entwicklung bestimmen. Eine pathologische Fixierung auf oder Regression zu Stadium 2 ist charakteristisch für die symbiotische Kindheitspsychose, die meisten Arten erwachsener Schizophrenie und depressive Psychosen.

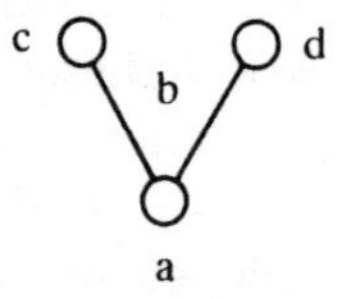

Abbildung 7: Subphasen an jedem Drehpunkt der Selbst-Entwicklung

Stadium 3: Differenzierung des Selbst von Objektrepräsentationen.
Dieses Stadium beginnt um den achten Lebensmonat herum und wird zwischen dem achtzehnten und dem sechsunddreißigsten Monat abgeschlossen. Es endet schließlich mit der Integration „guter" und „böser" Selbstrepräsentationen in ein integriertes Selbstkonzept [hier sollte es „Selbstbild" heißen, denn Konzepte treten erst um das vierte Lebensjahr herum auf] und der Integration „guter" und „böser" Repräsentationen in „totale" [ganze, nicht partielle] Objektrepräsentationen. Entwicklungsfehlschläge während dieses Stadiums führen zur Entwicklung der Borderline-Persönlichkeitsorganisation. [In diese generelle Kategorie schließt Kernberg Borderline-Syndrome, Süchte, narzißtische Störungen, „als ob"- und antisoziale Persönlichkeitsstörungen ein; was sie seiner Ansicht nach alle gemeinsam haben, ist das Mißlingen der Integration „nur-guter" und „nur-böser" Partialbil-

der von Selbst und Objekt, d.h. alle sind primär durch eine Spaltung charakterisiert.] In diesem Stadium wird eine frühe Abwehrkonstellation ins Spiel gebracht, die sich auf Abspaltung oder primitive Dissoziation konzentriert und andere frühe Abwehrmechanismen wie Verleugnung, primitive Idealisierung, projektive Identifikation, Allmacht und Entwertung fördert.

Stadium 4: Entwicklung höherrangiger intrapsychischer, von den Objektbeziehungen abgeleiteter Strukturen. Dieses Stadium beginnt im zweiten Teil des dritten Lebensjahres und dauert während der ganzen ödipalen Periode an. Die typische Psychopathologie dieses Stadiums sind die Neurosen und die Charakterpathologie „auf höherer Ebene". Hauptabwehrmechanismus dieses Stadiums wird die Verdrängung.

Stadium 5: Konsolidierung von Überich- und Ichintegration. Dies ist ein (postödipales) Entwicklungsstadium mit der allmählichen Herausbildung der Ichidentität.

Es ist offensichtlich, daß *Kernberg*s auf die Entwicklung bezogenes diagnostisches Schema genau mit den ersten drei Drehpunkten übereinstimmt, wie Abbildung 8 zeigt. Beachten Sie, daß Kernbergs Stadium 5 (D-3c), „die Konsolidierung von Überich- und Ichintegration", in der Tat eine Konsolidierung oder Integration ist, doch sie darf natürlich nicht mit Drehpunkt 2c verwechselt werden, der Konsolidierung-Integration des phantasmisch-emotionalen Selbst, oder mit Drehpunkt 1c, der Konsolidierung-Integration des sensoriphysischen Selbst. Die Darstellung der weitgehenden Übereinstimmung zwischen *Kernberg*s entwicklungsdiagnostischen Stadien und den ersten drei Drehpunkten der Selbstentwicklung erfordert eine Verfeinerung: *Masterson* (1981) hat angenommen, daß die narzißtischen und die Borderline-Zustände zwar sehr eng verwandt, aber entwicklungsmäßig verschieden sind. Nach Masterson haben die Borderline-Zustände ihre wichtigste Entwicklungsschädigung in der Unterphase der Wiederannäherung (D-2b), doch bei den narzißtischen Zuständen muß ein Aspekt der Entwicklungsschädigung *vorher* eingetreten sein (d.h. in der Unterphase der Übung, D-2a). Die narzißtischen Zustände sind gekennzeichnet durch verschmolzene Einheiten aus grandiosem Selbst/allmächtigem Objekt, die die Unterphase der Übung charakterisieren (wie Mahler es ausdrückte, den „Gipfel des Narzißmus").

Die Unterphase der Wiederannäherung ist gekennzeichnet durch das Aufbrechen oder die Differenzierung der grandios-omnipotenten, verschmolzenen Einheiten aus Selbst und Objekt und kann daher, wie Masterson glaubt, nicht der Schädigungspunkt der narzißtischen Störungen sein. Er sagt: „Die Fixierung der narzißtischen Persönlichkeitsstörungen muß vorher [vor der Wiederannäherungskrise] erfolgen, weil sich der Patient klinisch so verhält, als seien die Objektrepräsentationen ein integraler Bestandteil der Selbstrepräsentation – eine allmächtige duale Einheit. Die Möglichkeit der Existenz einer Wiederannäherungskrise scheint diesem Patienten nicht zu dämmern. Die Phantasie bleibt bestehen, daß die Welt ihm gehört und sich um ihn dreht." Der Borderline-Patient dagegen „verhält sich, als sei das ganze Leben eine lange, unlösbare Wiederannäherungskrise". Masterson zufolge ist also Drehpunkt 2a narzißtisch, Drehpunkt 2b borderline.

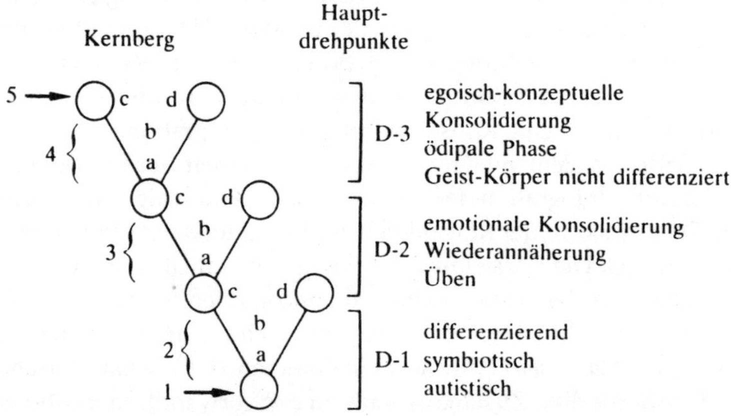

Abbildung 8: Entsprechung zwischen Kernbergs Stadien und Drehpunkten 1-3

Beachten Sie, daß es innerhalb jedes Drehpunktes, allgemein ausgedrückt, drei Unterphasen gibt: Unterphase „a", die die undifferenzierte Basis des Drehpunkts darstellt; Unterphase „b", die den Prozeß *vertikaler und horizontaler* Trennung und Differenzierung darstellt; und Unterphase „c/d", die die ideale Lösung, Konsolidierung und Integration der neu differenzierten Selbst- und Objektkomponenten darstellt. Das gilt für jeden der drei Drehpunkte – und daher für die neun Unterphasen –, die bisher untersucht wurden. Diese drei Drehpunkte und ihre neun Unterphasen sind in Abbildung 8 dargestellt.

Abbildung 8 ist also eine Zusammenfassung der „Übereinstimmung“ zwischen den konventionellen Schulen (etwa den von *Mahler* und *Kernberg* vertretenen) und den ersten drei Sprossen (und Drehpunkten) des im ersten Teil vorgelegten Spektrum-Modells. Ich möchte wiederholen, daß diese drei Drehpunkte (und die entsprechenden Pathologien) die drei allgemeinen Stadien im präpersonalen oder prärationalen Bereich der Gesamtentwicklung darstellen. Somit bleiben noch immer drei allgemeine Stadien in den personalen Bereichen und drei allgemeine Stadien in den transpersonalen Bereichen, wie Abbildung 9 zeigt.

Zusammenfassung

Dieser zweite Teil war ziemlich technisch und daher für den nicht psychoanalytisch orientierten Leser vielleicht verwirrend und unklar. Deshalb möchte ich eine kurze, nicht technische Zusammenfassung seiner zentralen Punkte anfügen.

In diesem Abschnitt haben wir das Auftauchen eines *Selbstgefühls* beim Menschen untersucht und festgestellt, daß es in drei allgemeinen Stadien erfolgt: dem Auftauchen eines *physischen Selbst* (0-1. Jahr), dem Auftauchen eines *emotionalen Selbst* (1.-3. Jahr) und dem Auftauchen eines *geistigen Selbst* (3.-6. Jahr). In jedem dieser Wachstumsstadien muß das Individuum lernen, das Selbst von der Umgebung, von anderen und von anderen Strukturen in seiner eigenen Psyche zu unterscheiden. Wenn diese Unterscheidung mißlingt, bleibt das Individuum in diesem Stadium „stecken“ (fixiert), und daraus ergibt sich im allgemeinen eine dementsprechende psychologische Störung.

Obwohl das Kind also mit einem physischen Körper geboren wird, besitzt es noch nicht das Gefühl, ein deutlich unterschiedenes *physisches Selbst* zu sein, getrennt von seiner Umwelt und Umgebung: es kann Innen und Außen und den Körper seiner Mutter und seinen eigenen noch kaum unterscheiden. Irgendwann im ersten Lebens-

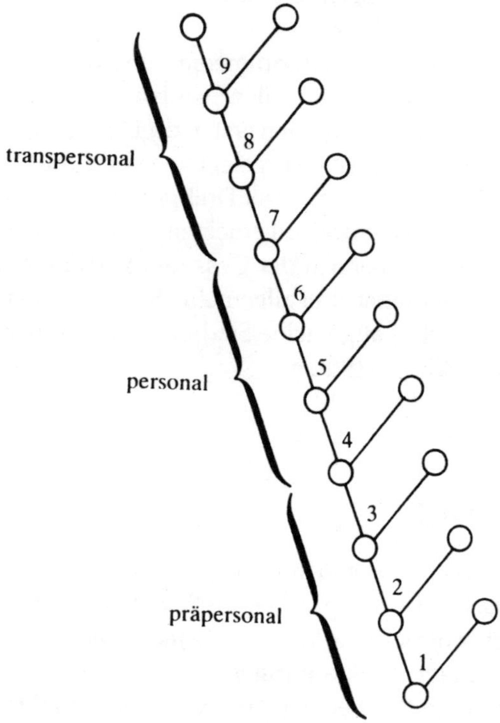

Abbildung 9: Die wichtigsten Drehpunkte der Selbstentwicklung

jahr aber (im typischen Fall zwischen fünf und neun Monaten) lernt der Säugling, sein physisches Selbst von der physischen Umgebung zu unterscheiden (differenzieren), und ein echtes Gefühl eines deutlich unterschiedenen physischen Selbst erscheint (dies bezeichnet man als „Schlüpfen"). Wenn diese Differenzierung aber nicht erfolgt – gewöhnlich aufgrund schwerer oder wiederholter Traumata oder anderer verstörender Ereignisse –, bleibt das Kind in seinem vorherigen, undifferenzierten oder „verschmolzenen" Zustand stecken: Innen und Außen werden verschmolzen und verwechselt, halluzinatorische Denkprozesse können vorherrschen, schwere Angst und Depression kann die Folge sein. Diese Arten von schwerer und primitiver Pathologie sind als „Psychosen" bekannt.

Ist erst einmal das physische Selbst aufgetaucht und etabliert worden, beginnt das *emotionale* Selbst des Kindes zu erscheinen und sich zu entwickeln. Der Säugling besitzt vermutlich von Geburt an Emotionen, aber auch hier wieder kein deutlich unterschiedenes und getrenntes emotionales Selbst. Auch nach dem ersten Lebensjahr, wenn das Kind (im Idealfall) ein festes, deutlich unterschiedenes physisches Selbst hergestellt hat, sind seine Emotionen noch nicht sehr klar von den Emotionen anderer differenziert (vor allem von denen der Mutter). Das Kind stellt sich vor, daß das, was es fühlt, auch von anderen gefühlt wird (man bezeichnet das als „Narzißmus"); seine „emotionalen Grenzen", um es einmal so auszudrükken, sind noch sehr fließend und wankend.

Doch irgendwann zwischen dem ersten und dritten Lebensjahr (die Periode von 18-24 Monaten erscheint als kritischste und wird als „Wiederannäherung" bezeichnet) lernt das Kind, sein emotional-psychisches Leben von dem anderer (vor allem der Mutter) zu unterscheiden, und ein stabiles, festes, individuelles emotionales Selbst taucht auf. Mißlingt diese „Trennung/Individuation", so bleibt das Individuum mit sehr schwachen emotionalen Grenzen zurück. Dann hat die Welt die Tendenz, das Individuum zu „überfluten", und verursacht Angst, Depression und schwere Denkstörungen – eine Klasse von Pathologien, die locker als „borderline" bezeichnet wird (weil sie auf der Grenze [*borderline* heißt wörtlich „Grenzlinie"] zwischen Psychosen und Neurosen steht.

Sobald das emotionale Selbst aufgetaucht ist und etabliert wurde, beginnt sich zunehmend das *geistige* Selbst des Kindes zu zeigen und zu entwickeln, ein Prozeß, der durch den Spracherwerb beträchtlich gefördert wird. Das geistige Selbst wächst besonders rasch etwa vom dritten bis zum sechsten Lebensjahr; in dieser Zeit lernt das Kind nicht nur zu *fühlen*, sondern auch zu *denken* – zu verbalisieren, zu sprechen und sein Verhalten geistig zu kontrollieren. Es lernt aber unter Umständen auch, daß einige seiner Gefühle und Verhaltensweisen (vor allem sexuelle und aggressive) für seine Umgebung unannehmbar sind, und versucht vielleicht, diese Gefühle „loszuwerden" oder zu „verdrängen". In gewissem Sinne lernt das geistige Selbst (und sein Denken), das vorherige emotionale Selbst (und seine Gefühle) zu verdrängen. Wenn diese Verdrängung stark und langandauernd ist, können die verdrängten Gefühle in verkleideter und schmerzhafter Form als „Neurosen“ wiederkehren (wie etwa Phobien, Zwänge, Besessenheiten, Hysterien etc.).

Die Pathologien der drei Stadien lassen sich am besten durch verschiedene Arten von Therapien behandeln. Bei den Neurosen wird das Individuum ermutigt, die verdrängten Empfindungen und Gefühle „aufzudecken“ und auf direktere Art noch einmal zu erleben (diese Techniken bezeichnet man als „aufdeckende Techniken“, ein Beispiel ist die klassische Psychoanalyse). Bei den Borderline-Fällen dagegen ist nicht so sehr eine Verdrängung des emotionalen Selbst ausschlaggebend, sondern vielmehr die Tatsache, daß dieses Selbst noch nicht voll ausgebildet und stabilisiert wurde; die emotionalen Grenzen sind zu fließend und schwach, und Ziel der Therapie ist es nicht, etwas „aufzudecken“, sondern, ein deutlich unterschiedenes und individuiertes Selbstgefühl *aufzubauen* (diese Techniken bezeichnet man daher als „strukturbildende Techniken“). Die sehr primitiven Pathologien (Psychosen) schließlich sind gewöhnlich so schwer, daß weder aufdeckende Techniken noch strukturbildende Techniken viel bewirken; bestenfalls kann man auf eine gewisse Stabilisierung durch medikamentöse Behandlung oder, falls nötig, Unterbringung in einer Heil- und Pflegeeinrichtung hoffen.

Wir haben das Auftauchen eines physischen, dann eines emotionalen und schließlich eines geistigen Selbst gesehen; dies sind die drei ersten wesentlichen „Drehpunkte“ der Selbstentwicklung. Im nächsten Kapitel werden wir sehen, daß das geistige Selbst seinerseits drei wesentliche Ebenen oder Drehpunkte der Entwicklung durchläuft (konkret, formal und integrativ oder, in Kurzform, D-4, D-5 und D-6); dann beginnt das Selbst *transmental* (transrational oder transpersonal) zu werden, wenn es in die kontemplativen oder spirituellen Entwicklungsbereiche eintritt. Jede dieser höheren Ebenen beziehungsweise jeder dieser Drehpunkte hat seine eigenen potentiellen Pathologien und die entsprechenden Behandlungsmodalitäten.

B. Das Spektrum der Psychopathologie

Der folgende Überblick über das Gesamtspektrum der Psychopathologie beginnt mit einem Rückblick auf die ersten drei Drehpunkte und wird fortgesetzt bis zu Drehpunkt 9. Zur besseren Übersicht und Referenz habe ich dieses Kapitel in drei Teile gegliedert: präpersonal, personal und transpersonal; jeder besteht aus drei wesentlichen Drehpunkten der Selbstentwicklung und den entsprechenden Pathologien. Ich habe einfach die Drehpunkte (und ihre Unterphasen) aufgeführt und die spezifischen Arten von Pathologie benannt, die am typischsten sind für eine Entwicklungsschädigung in der betreffenden Phase oder Unterphase. Ich brauche wohl nicht darauf hinzuweisen, daß die üblichen Warnungen und Einschränkungen bezüglich des Gebrauchs solcher hierarchischer Pathologiemodelle auch hier gelten: keine reinen Fälle, Einfluß kultureller Unterschiede, genetische Prädispositionen, genetische und traumatische Stillstände und gemischte Fälle (siehe *Abend* 1983; *Mahler* 1975).

Erster Teil: Die präpersonalen Pathologien

Die „präpersonalen" oder „prärationalen" Pathologien tragen diese Bezeichnung, weil dieser Bereich der Entwicklung die Stadien umfaßt, die zum Auftauchen einer rationalen, individuierten, personalen Selbstheit und ihrer Differenzierung von prärationalen Strukturen, Impulsen, Primärprozeßdenken und so fort führen. Übereinstimmend mit jüngeren Forschungsarbeiten auf diesem Gebiet neige ich dazu, diesen Bereich der Entwicklung in *drei allgemeine Ebenen* der Persönlichkeitsentwicklung und-organisation zu unterteilen, die ich D-1, D-2 und D-3 genannt habe und deren allgemeine Pathologien psychotisch, borderline und neurotisch sind. Mit den Worten von *Jack Engler* (1984):

> Wichtig ist die Erkenntnis, daß Selbstpathologie nicht nach Persönlichkeits- oder Charaktertyp und noch weniger von Symptomen oder Symptomgruppen abhängt. Nahezu alle allgemein anerkannten Persönlichkeits*typen* können auf jeder Ebene der Persönlichkeits*organisation* auftreten: der gesunden, der neurotischen, der Borderline-Organisation oder der psychotischen. Selbst die pathologischeren Charak-

tertypen – schizoid, paranoid, infantil – können innerhalb einer neurotischen Struktur vorkommen (*Stone* 1980). *Stone* hat angeregt, daß es klinisch sinnvoller ist, in den Begriffen eines Kontinuums für jeden Charakter- oder Persönlichkeitstyp zu denken, das von stark bis gering pathologisch reicht. Dementsprechend hat er ein vielversprechendes dreidimensionales Modell der Persönlichkeitstypologie vorgeschlagen, das Persönlichkeitstyp, Ebene der Persönlichkeitsorganisation und Grad konstitutioneller oder genetischer Belastung miteinander verbindet. Die Unterscheidung zwischen Struktur und Charakter beginnt in der klinischen Psychiatrie gerade erst deutlich zu werden und stellt einen Durchbruch im psychodiagnostischen Verständnis dar.

Im wesentlichen stimme ich in diesem zentralen Punkt mit *Engler* und *Stone* überein.

Drehpunkt 1 — *1a: Autistische Psychosen*
1b/c: Symbiotische infantile Psychosen
Größter Teil der erwachsenen Schizophrenie
Depressive Psychosen

Dies folgt spezifisch *Kernberg* und *Mahler.*

Drehpunkt 2 — *2a: Narzißtische Persönlichkeitsstörungen*

Die wesentlichen klinischen Charakteristika der narzißtischen Persönlichkeitsstörung sind Grandiosität, extreme Beschäftigung mit dem Selbst und Mangel an Interesse und Empathie für andere, trotz der Suche nach anderen, um Bewunderung und Billigung zu erhalten. Der Patient, der eine narzißtische Persönlichkeitsstörung manifestiert, scheint unablässig motiviert zu sein, Perfektion in allem zu wollen, was er oder sie tut, nach Reichtum, Macht und Schönheit zu streben und andere zu suchen, die seine Grandiosität widerspiegeln und bewundern. Unter dieser Abwehrfassade liegen ein Gefühl der Leere und eine Wut, bei der intensiver Neid dominiert.
Die narzißtische Persönlichkeitsstörung muß vor der Entwicklungsebene der Wiederannäherungskrise fixiert oder arretiert worden sein, da eine der wichtigsten Aufgaben dieser Krise nicht erfüllt wird, nämlich die Deflation der infantilen Grandiosität und Allmacht [d.h. die Selbststruktur weigert sich, das „Paradies" aufzugeben]. Die intrapsychische Struktur der narzißtischen Persönlichkeitsstörung bewahrt die infantile Grandiosität und die narzißtische Bindung an das allmächtige Objekt. (*Masterson* 1981)

Spezifisch bestehen die Selbst- und Objektrepräsentationen der narzißtischen Persönlichkeitsstruktur aus einer Einheit aus verschmolzenem grandiosem Selbst und allmächtigem Objekt. Andere Personen werden, wie die direkte klinische Beobachtung zeigt, nicht als separate Individuen (oder separate „ganze Objekte") mit eigenen Rechten und Wünschen erlebt, sondern als Ausdehnungen oder Aspekte des grandios-exhibitionistischen Selbst, die primärer Bedürfnisbefriedigung dienen (*Kohut* 1971). Alleinige Funktion der Welt ist es daher, die Vollkommenheit des Selbst zu *spiegeln*. Die allmächtige verschmolzene Objektrepräsentation enthält alle Macht, alle Güter, allen Ruhm etc.; die grandiose Selbstrepräsentation ist die, Elite zu sein, überlegen, exhibitionistisch, besonders, einzigartig, vollkommen.

Die verschmolzene Einheit aus grandiosem Selbst und allmächtigem Objekt bildet das zentrale Selbst; diese verschmolzene Einheit ist so dicht, daß sie scheinbar die darunterliegende Verschmelzungseinheit aus Leeregefühl, Wut und Neid und ihren Affekt tiefer Verlassenheitsdepression verbirgt. Sollten aber irgendein Objekt oder eine Person dem narzißtischem Individuum das vorenthalten, was es ständig sucht – nämlich eine *Spiegelung* seiner grandiosen Vollkommenheit –, dann reagiert das narzißtische Individuum mit Wut, Empörung und Erniedrigung. Zu den typischen Abwehrmechanismen gehören Entwertung, Wiederverschmelzung, Verleugnung, Vermeidung, Abspaltung (vor allem der verschmolzenen Einheit aus grandiosem Selbst und allmächtigem Objekt von der leer/aggressiv/depressiven Einheit) und Ausagieren (*Kernberg* 1976; *Kohut* 1971; *Masterson* 1981).

2b: Borderline-Persönlichkeitsstörungen

„Die Wiederannäherungskrise ist entscheidend für das Borderline-Individuum, dessen Pathologie widerspiegelt, daß es von ihr überschwemmt wurde und unfähig ist, sie zu lösen" (*Masterson* 1981). Im Unterschied zur narzißtischen Struktur hat die Borderline-Struktur eine partielle oder Quasi-Differenzierung von Selbst- und Objektrepräsentationen erreicht. Ein *separates* Individuum hat aufzutauchen begonnen, doch seine Struktur ist so zart oder schwach, daß es ständig Überflutung oder Verlassenwerden durch den anderen fürchtet.

Nach *Masterson* (1981) und *Rinsley* (1977) spaltet dies die Borderline-Struktur in ein hilfloses, abhängiges, willfähriges Partialselbst mit dem Abwehrmechanismus des Anklammerns und ein „total wertloses", „verdorbenes", „abgrundböses" Partialselbst mit dem Abwehrmechanismus des Distanzhaltens oder des Rückzugs. Verbunden mit dem willfährig-anklammernden Partialselbst ist ein nur-gutes, belohnendes und beschützendes Partialobjekt, und verbunden mit dem „verdorbenen-sich-zurückziehenden" Partialselbst ist ein nur-böses, wütendes, angreifendes und rachsüchtiges Partialobjekt.

Die intrapsychische Struktur des Borderline-Individuums ist daher komplexer als die des narzißtischen, weil es mehr Differenzierung geleistet hat; doch diese Differenzierungen sind nicht integriert und lassen das Borderline-Individuum mit einer Reihe zerbrochener Strukturen oder Partialeinheiten zurück. So schwankt das Borderline-Individuum hin und her zwischen nahezu totaler oder chamäleonhafter Willfährigkeit anderen gegenüber, wobei es sich „gut", „akzeptiert" oder „sicher" fühlt, und einer zurückgezogenen und mürrischen Distanzierung von anderen, die – da sie nun als wütend, rachsüchtig und demütigend erlebt werden – ihm das Gefühl geben, verdorben, ein Wurm, total wertlos und verachtenswert schlecht (und gelegentlich suizidal) zu sein. Was das Borderline-Individuum jedoch nicht tut, ist, seine eigene Trennung und Individuation zu behaupten (*Blanck & Blanck* 1979; *Kernberg* 1975, 1976).

Drehpunkt 3 *3a: Borderline-Neurosen*

Es gibt mehrere verschiedene nosologische Begriffe für diese Gruppe von Zuständen: pathologische Neurosen, Borderline auf hohem Niveau, Neurose mit Borderline-Merkmalen, Borderline mit neurotischen Merkmalen etc. Allgemein ist man sich jedoch darin einig, daß es sich bei diesen Zuständen entweder um neurotische Entwicklungen handelt, bei denen in der Unterphase von Trennung und Individuation Defizite vorhanden sind, oder um eine partielle Regression auf mehr borderlineartige Zustände angesichts zu schwieriger neurotisch-ödipaler Entwicklungen (*Blanck & Blanck* 1974, 1979; *Gedo* 1981).

Nur zwei Beispiele dafür: Wenn die genitale Sexualität mit Defiziten aus der Unterphase der Wiederannäherung belastet ist, könnte ein Individuum sexuelle Reaktionen als Bedrohung empfinden und fürchten, in eine Falle zu gehen oder verschlungen zu werden; wenn sie mit einem unverdauten Bedürfnis nach narzißtischer Spiegelung belastet ist, könnte die Person sie als Triumpf, besitzergreifende Ausdehnung von Selbst-Grandiosität oder wütend-sadistische Beherrschung auffassen. Das Individuum, das durch Neurosen mit Borderline-Elementen charakterisiert ist, macht sorgfältige Diagnose und maßgeschneiderte Behandlung besonders wichtig, weil angemessene Interventionen bei ähnlichen Symptomen auf der neurotischen Ebene und auf der Borderline-Ebene oft dramatisch verschieden sind.

3b: Psychoneurosen

Die Diskussion dieser wohlbekannten Störungen – neurotische Angst, besessen-zwanghafte Syndrome, neurotische Depression, Phobien, Hysterie, Hypochondrie – kann sich hier auf Kommentare zu ihrer Signifikanz und Bedeutung im Gesamtspektrum beschränken. Die niedrigsten Selbststrukturen (autistisch, symbiotisch und narzißtisch) tendieren dazu, ihrer Natur nach *monadisch* zu sein, die Borderline-Strukturen dazu, *dyadisch* zu sein. Bei den monadischen Strukturen steht im Grunde nur ein Spieler auf der Bühne – das Selbst bemerkt den „anderen" entweder nicht (autistisch), oder es ist mit dem anderen verschmolzen (symbiotisch), oder aber es ist Teil einer allmächtigen dualen Einheit mit dem anderen (narzißtisch). Wenn die monadische Struktur differenziert wird, dann tauchen das Selbst und der andere als zwei deutlich unterschiedene, wenn auch manchmal etwas schwache Einheiten auf. Nun sind zwei Spieler auf der Bühne, das Selbst und der andere (Mutter), mit allen Freuden und Tragödien, die das beinhaltet (Kohut nennt dieses Stadium „tragischer Mensch").

Im dyadischen Stadium ist das Kind noch immer mehr oder weniger prägenital. Es hat nur mit der Differenzierung des Selbst vom anderen zu tun und nicht innerhalb seiner selbst mit der Differenzierung von männlich und weiblich. Im Alter von 2 bis 3 Jahren jedoch erwacht das Selbst zu seiner eigenen geschlechtlichen Identität, und nun kommen drei Spieler auf die Bühne: das Selbst, die weibliche Mutter und der männliche Vater. Diese Entwicklung macht die Situation unendlich viel reicher und komplizierter. Neue Fähigkeiten, neue Wünsche, neue Tabus, neue Objektbeziehungen, eine ganze Gruppe neuer Konflikte – all das drängt sich auf die Bühne und hat weitreichende, ungeheuer komplexe Folgen.

Im dyadischen (D-2) Stadium ist das zentrale Selbst noch immer eine mehr oder weniger stabile phantasmisch-emotional-libidinöse Struktur. In diesem Stadium besitzt das Selbst noch keine eigentliche Libido, sondern ist vielmehr einfach ein libidinöses Selbst (*Guntrip* 1971). Beim Übergang von der D-2-Dyade zur D-3-Triade jedoch ist der konzeptuelle gegenständliche Geist aufgetaucht und hat sich (im Idealfall) vom libidinösen Körper differenziert. Das zentrale Selbst wird jetzt identifiziert mit und existiert als symbolisch-konzeptuelle Struktur, nämlich als Ich mit repräsentierendem Geist: kein phantasmisch-libidinöses Selbst mehr, sondern ein konzeptuell ichhaftes Selbst.

Das ichhafte Selbst hat daher im Idealfall drei Aufgaben erfüllt: 1) Es hat sich horizontal von seinen neu konzipierten Objektbeziehungen differenziert; 2) es hat seine eigene Struktur, die nun neue und höhere Internalisierungen enthält (Überich), konsolidiert und integriert; 3) und es hat sich vertikal von seinem vorherigen Selbststadium (d.h. dem libidinösen Selbst) differenziert (oder es transzendiert) – das *ausschließlich* libidinöse Selbst wird *negiert und transzendiert,* doch die Libido selbst (oder das Es) *bleibt bestehen* als fundamentale, angemessene und notwendige Basisstruktur der Existenz.

Dieser gesamte Vorgang jedoch führt zu einer *dreiteiligen* Struktur des Selbst an Drehpunkt 3: Ich-Überich-Es. Während beim D-2-Selbst die meisten Konflikte interpersonal waren, sind sie beim D-3-Selbst intrapersonal (oder intrapsychisch). Wo Differenzierung und Integration nicht klar oder vollständig sind, kommt es zum Krieg: Überich gegen Es (Hemmung), Es gegen Ich (Angst, Besessenheit), Überich gegen Ich (Schuld, Depression). Die triadische Konfliktstruktur in den D-3-Pathologien ist eine der zentralen Diagnosehilfen bei ihrer Unterscheidung von den mehr dyadisch strukturierten Pathologien von D-2 (und den monadischen Pathologien von D-1). Kohut nennt dies den „schuldigen Menschen" im Gegensatz zum „tragischen Menschen".

Die triadische Struktur des D-3-Selbst gibt auch einen wichtigen Hinweis auf die eigentliche Bedeutung der Psychoneurosen im Gesamtspektrum von Entwicklung und Pathologie. Denn das Selbst ist ja dabei, auf den Basisstrukturen der Existenz emporzusteigen von

Materie zu Körper zu Geist zu Seele zum GEIST. Die Psychoneurosen stehen an jener großen Gabelung, wo das Bewußtsein beginnt, sich von einer eher körperlichen Existenz zu einer eher geistigen Existenz zu bewegen, mit allen Belohnungen und Konflikten, die das mit sich bringt. Der Körper gehört der Natur, doch der Geist der Geschichte; der Körper dem Impuls, der Geist dem Verstand. Der Körper ist nur subjektiv; der Geist jedoch ist intersubjektiv und kann in kommunikativem Austausch und symbolischem Diskurs frei die Rolle *anderer Subjekte* übernehmen. Der Körper stellt ein *bloß gegenwärtig* fühlendes Selbst dar; der Geist dagegen stützt ein Selbst im *zeitlichen Kontext* – ein historisches, hermeneutisches, intentionales, deutendes, sinnvolles, fürsorgliches, moralisches, Rollen spielendes Skript-Selbst.

Die Skripts und sozialen Rollen der D-3- oder ödipalen Phase sind jedoch ziemlich grob und einfach, vor allem im Vergleich zu jenen, die folgen sollen. Zunächst einmal sind Anzahl und Art der Rollen ziemlich simpel: Kind, Elternteil, Geschwister. Weiter werden die entworfenen Rollen selbst fast ausschließlich (oder wenigstens überwiegend) von rein libidinösen Wirkungsmechanismen angetrieben. Der Ödipuskomplex ist eines der frühesten und fundamentalsten Skripts überhaupt (und er ist ein Skript, wie Sophokles demonstriert hat), jedoch eines, dessen Rollen fast ausschließlich von körperlichen Wünschen angetrieben sind. Am nächsten Drehpunkt werfen die Rollen selbst ihre rein körperlichen oder libidinösen Motive ab und nehmen ihre eigene höhere Funktion oder Stellung an – und ihre eigene Pathologie.

Zweiter Teil: Die Personalen Pathologien

Die meisten konventionellen psychodynamischen Theoretiker neigen dazu, ihre Aufzählung „ernsthafter" Pathologie bei D-3 abzuschließen, also bei der ödipalen Phase und ihrer Lösung (oder Nicht-Lösung). Dies ist verständlich; schließlich scheinen die gravierendsten Ursachen der klassischen Pathologien (von der Schizophrenie bis zur Hysterie) an den ersten drei Drehpunkten der Selbstentwicklung zu liegen. Doch damit ist das Spektrum der Pathologien keineswegs erschöpft, nicht einmal das Spektrum „ernsthafter" oder

„schwerer" Pathologien. Demzufolge haben Forscher zunehmend begonnen, höhere oder „postödipale" Stadien der Entwicklung und die ihnen entsprechenden Anfälligkeiten und Erkrankungen zu betrachten.

Nehmen Sie beispielsweise das, was man mit „Rollenkonfusion" bezeichnet. Gerade die Fähigkeit zu echter Rollenübernahme ist eine entschieden postödipale Entwicklung (die Fähigkeit, die Rolle eines anderen zu übernehmen, taucht auf irgendeine verfeinerte Weise nicht vor dem Alter von 7-8 Jahren auf [*Piaget* 1977; *Loevinger* 1976], während das typische Alter der ödipalen Lösung bei 6 Jahren liegt). Man könnte theoretisch also den Ödipuskonflikt auf völlig normale und gesunde Weise lösen, nur um dann in Rollen- und Identitätsverwirrung zu geraten, und zwar aus Gründen, die mit ödipalen Konflikten oder Belangen überhaupt nichts zu tun haben. Dies scheinen völlig verschiedene Ebenen (nicht nur Linien) der Entwicklung zu sein mit völlig anderen Konflikten und Anfälligkeiten. Diese Konflikte sind ihrer Natur und ihrem Ursprung nach vielmehr kognitiv als psychodynamisch, können aber ebenso lähmend und quälend sein. Dieses ganze Spektrum kognitiver, mit der Identität verbundener und existentieller Belange nenne ich den „intermediären" oder „personalen" Bereich, und aufgrund neuerer Forschungsarbeiten habe ich ihn in drei Hauptebenen eingeteilt (D-4, D-5 und D-6), die ich als „kognitives Skript", „Identität" und „existentiell" bezeichne.

Drehpunkt 4 — *Pathologie von Rollenselbst und kognitivem Skript*

Drehpunkt 4 beginnt aufzutauchen, wenn das zentrale Selbst seine ausschließliche Identifikation mit dem repräsentierenden Geist (und seinen ödipalen Projekten) transzendiert und anfängt, sich mit dem Regel/Rollen-Geist zu identifizieren. Der Regel/Rollen-Geist (oder „Konop") ist, wie *Piaget* (1977) demonstriert, die erste Struktur, die nicht nur eine Rolle imitieren, sondern tatsächlich die Rolle anderer *übernehmen* kann. Dies eröffnet eine ganz neue Dimension von Objektbeziehungen mit einem neuen Selbstgefühl (*Loevinger*), einer neuen Gruppe von Selbstbedürfnissen (*Maslow*), einer neuer moralischen Sensibilität (*Kohlberg*), einer neuen Art des Lebens und einer neuen Art des Sterbens.

Bei den D-3-Pathologien (den Psychoneurosen) drehten sich die Leben/Tod-Kämpfe (oder Kämpfe zwischen Erhaltung und Negation) im wesentlichen um körperliche Belange und Impulse – Wunsch nach libidinös-körperlichen Objekten, Angst vor körperlichem Verlust (Kastration, Verstümmelung etc.). Die Leben/Tod-Schlachten des D-4-Selbst dagegen drehen sich mehr um seine Regeln und Rollen – einen Wunsch, sich anzupassen, zugehörig zu sein, seinen Platz oder seine Rolle unter anderen Rollen zu finden, die *Regeln* zu *verstehen;* dem entspricht die Angst, das Gesicht zu verlieren, die Rolle zu verlieren, die Regeln zu brechen (*Loevinger*s konformistisches Stadium, *Kohlberg*s konventionelles, *Maslow*s Zugehörigkeit etc.).

Bei „Skriptpathologie" oder „Skriptneurosen" habe ich beispielsweise die ausgedehnte Arbeit der Transaktionalen Analyse über Spieltheorie und Entwürfe im Sinn sowie die von Kommunikationstheoretikern über Rollenübernahme (*Selman* & *Byrne* 1974; *Watzlawick* 1967). Offenbar reichen konzeptuelle Spiele und Skripts (und ihre Vorläufer) zurück in die D-3-Entwicklung, doch bei D-4 nehmen sie einen zentralen und dominierenden Einfluß an. Der herausragende Abwehrmechanismus dieses Stadiums ist die „doppelte Transaktion" – das Individuum übermittelt offen eine Botschaft (z.B. „Ich will nur dein Bestes"), verdeckt aber gleichzeitig eine andere („Laß mich nicht allein"); wenn auf die verdeckte Botschaft hingewiesen wird, streitet das Individuum sie heftig ab. Die verdeckten Botschaften sind die entscheidenden pathogenen Strukturen beim D-4-Selbst; im Extremfall führen sie zu einer inneren Spaltung oder Dissoziation des Skript-Selbst, analog zu Verdrängung bei D-3 und Abspaltung bei D-2. Die Skriptpathologie und die Gründe, warum man sie nicht auf psychoneurotische Pathologie reduzieren kann, werden eingehender im 5. Kapitel erörtert.

Drehpunkt 5 *Identitätsneurose*

Das Auftauchen der formal-reflexiven Basisstruktur eröffnet die Möglichkeit der D-5-Selbstentwicklung: eine hochdifferenzierte, reflexive und introspektive Selbststrukturierung. Das D-5-Selbst ist nicht mehr unreflektiert an soziale Rollen und konventionelle Moral gebunden; zum ersten Mal kann es sich auf seine eigenen individuellen Prinzipien von Vernunft und Gewissen stützen (*Kohlbergs* postkonventionelles, *Loevingers* gewissenhaft-individualistisches Selbst etc.). Zum ersten Mal auch kann das Selbst eine *mögliche* (oder hypothetische) Zukunft konzipieren (*Piaget*) mit ganz neuen Zielen, neuen Möglichkeiten, neuen Wünschen (Leben) und neuen Ängsten (Tod). Es kann mögliche Erfolge und Mißerfolge abwägen auf eine Art, die es sich zuvor nicht vorstellen konnte. Es kann nachts wachliegen vor Sorge oder vor Begeisterung über all seine Möglichkeiten. Es wird ein Philosoph, ein Träumer im besten und höchsten Sinn; ein innerlich reflexiver Spiegel, staunend über seine eigene Existenz. *Cogito, ergo sum.*

„Identitätsneurose" bezeichnet spezifisch alle Dinge, die beim Auftauchen dieser selbstreflexiven Struktur schiefgehen können. Ist sie stark genug, um sich vom Regel/Rollen-Geist freizumachen und für ihre eigenen Gewissensprinzipien einzustehen? Kann sie, wenn nötig, den Mut fassen, nach einer anderen Melodie zu marschieren? Wird sie es wagen, selbst zu denken? Wird sie von Angst oder Depression erfaßt angesichts ihrer eigenen Möglichkeiten? Diese Dinge – die leider von vielen Theoretikern der Objektbeziehungen auf die D-2-Dimensionen von Trennung und Individuation reduziert werden – bilden den Kern des D-5-Selbst und seiner Identitätspathologie. *Erikson* (1959, 1963) hat die vielleicht definitiven Studien über die D-5-Selbstentwicklung geschrieben („Identität vs. Rollenkonfusion"). Hier kann nur die Beobachtung hinzugefügt werden, daß *philosophische Probleme* ein integraler Bestandteil der D-5-Entwicklung sind und philosophische Erziehung ein integraler und legitimer Bestandteil der Therapie auf dieser Ebene ist.

Drehpunkt 6 *Existentielle Pathologie*

Zunächst muß ich zwischen „existentiell" als besonderer Ebene der Selbstentwicklung (D-6) und „existentiell" als bestimmtem Konflikt unterscheiden, der auf *allen* Ebenen der Selbstentwicklung auftreten kann und auch auftritt. Letzteres („existentieller Konflikt") ist einfach eine Art, die Kämpfe um Leben/Tod beziehungsweise Erhaltung/Negation zu betrachten, die in jedem Stadium der Selbstentwicklung vorkommen. Geburtstrauma, Wiederannäherungskrise, Trennung und Individuation, ödipale Tragödien, Rollenkollisionen,

Identitätsneurosen – all das kann als von Natur aus „existentiell" beschrieben werden, weil es sich um tiefe und bedeutungsvolle Ereignisse im Laufe des menschlichen Lebens (*Daseins*) handelt.

Der existentielle Ansatz betrachtet jedes Entwicklungsstadium nicht nur in den Begriffen seines *Inhalts* (borderline, ödipal etc.), sondern auch im *Kontext* oder in den Kategorien der Existenz selbst oder den verschiedenen Arten und Stadien des In-der-Welt-Seins. Deshalb können die zentralen Dilemmata und Triebe jedes Stadiums der Selbstentwicklung auch als Leben/Tod, Erhaltung/Negation oder existentielle Belange begrifflich gefaßt werden, wenn auch die äußere Form dieses existentiellen Kampfes offensichtlich von Ebene zu Ebene unterschiedlich ist. Das ist der Ansatz von *Boss* (1963), *Binswanger* (1956), *Yalom* (1980), *Zimmerman* (1981), *May* (1977) und anderen, mit dem ich teilweise übereinstimme.

Die „existentielle Ebene" nun, wie ich diesen Begriff hier benutze, bezieht sich jedoch auf eine spezifische Ebene der Entwicklung der Basisstrukturen („visionäre Logik") und das entsprechende Stadium der Selbstentwicklung („Zentaur"). Aus drei Gründen wird sie als „existentiell" bezeichnet: 1) Wenn der formal-reflexive Geist *Descartes* ist, dann ist der existentielle Geist *Heidegger*: Seine ganze Philosophie ist gesättigt mit dieser Ebene des Bewußtseins (als wirkliche Entdeckung und nicht nur als subjektive Fabrikation); 2) die Selbststruktur dieser Ebene ist, wie *Broughton* (1975) demonstrierte, eine, auf der „Geist und Körper gleichermaßen Erfahrungen eines integrierten Selbst" sind. Diese personale Geist-Körper-Integration – daher „Zentaur" – scheint das Ziel jener Therapien zu sein, die sich explizit als „humanistisch-existentiell" bezeichnen. (Das bezieht sich nicht auf viele populäre Ansätze, die sich zwar „humanistisch" oder „existentiell" nennen, die in Wirklichkeit aber *pseudo*-humanistisch bzw. -existentiell sind. Sie verfügen oft über machtvolle Techniken zur Regression auf die phantasmisch-emotionale Ebene oder zum narzißtischen „Paradies" und zu seiner Glorifizierung; beide Zustände werden dabei fälschlich für ein „höheres Bewußtsein" gehalten); 3) diese Ebene ist die *höchste* Bewußtseinsebene, die viele wirklich humanistisch-existentielle Ansätze anzuerkennen scheinen.

Ein Überblick über die Literatur legt nahe, daß die Hauptbelange des D-6- oder existentiellen Selbst folgende sind: personale Autonomie und Integration (*Loevinger*); Authentizität (*Kierkegaard, Heideg-*

ger); und Selbstverwirklichung (*Maslow, Rogers*). Damit verbundene Affekte sind: Beschäftigung mit dem gesamten *Sinn* des Lebens (oder des In-der-Welt-Seins); Ringen mit der persönlichen Sterblichkeit und Endlichkeit; Mut zum Sein angesichts des einsamen und unerwarteten Todes. Wo der formale Geist beginnt, die *Möglichkeiten* des Lebens zu konzipieren und sich in dieser neu gefundenen Freiheit ergeht, *addiert* der existentielle Geist (mit visionärer Logik) die Möglichkeit zusammen und findet dies: Das personale Leben ist ein kurzer Funke in der kosmischen Leere. Wie das existentielle Selbst mit den neuen Potentialen von Autonomie und Selbstverwirklichung umgeht und mit den Problemen von Endlichkeit, Sterblichkeit und scheinbarer Sinnlosigkeit ringt – dies sind die zentralen Faktoren in der D-6-Pathologie.

Zu den häufigsten Syndromen gehören:

(1) *Existentielle Depression* – eine global-diffuse Depression oder ein „Lebensstillstand" angesichts wahrgenommener Sinnlosigkeit.

(2) *Inauthentizität* – die *Heidegger* (1963) als Mangel an tiefer Bewußtwerdung und Akzeptanz der eigenen Endlichkeit und Sterblichkeit definiert.

(3) *Existentielle Isolierung und „Unheimlichkeit"* – ein Selbst, das stark genug ist, sich aber in der vertrauten Welt dennoch nicht „zu Hause" fühlt.

(4) *Unterdrückte Selbstverwirklichung* – *Maslow* (1971): „Ich warne dich, wenn du absichtlich weniger sein willst, als du zu werden fähig bist, dann wirst du für den Rest deines Lebens zutiefst unglücklich sein".

(5) *Existentielle Angst* – der drohende Tod oder Verlust der eigenen, selbstreflexiven Arten des In-der-Welt-Seins (eine Angst, die vor den Drehpunkten 5 und 6 nicht auftreten *kann*, weil eben die Fähigkeit zu formaler Reflexion bis dahin noch nicht vorhanden ist).

Nicht alle Fälle, beispielsweise von Sinnlosigkeit, müssen automatisch als existentiell angesehen werden (in dem spezifischen Sinne, daß ihr Ursprung auf der existentiellen Ebene liegt). Die Borderline-Verlassenheitsdepression oder die psychoneurotische Depression zum Beispiel rufen ebenfalls affektive Sinnlosigkeitszustände hervor. Existentieller Ennui aber hat ein spezifisches und unverkennbares „Aroma"; eine stark und hochdifferenzierte/hochintegrierte Selbststruktur weist das Symptom auf; es ist eine bedachte, ständige, betroffene, tiefe Depression; es hat nichts von der „Weinerlichkeit" der Borderline-Struktur oder den Schuldgefühlen des Psychoneurotikers; es betrachtet unerschrocken den Kosmos und verzweifelt dann, aus welchen Gründen auch immer, daran, daß es keinen persönlichen Sinn findet: Deutungen dieser Depression auf der Grundlage von Strukturen niedrigerer Ebenen – psychoneurotisch, borderline oder was auch immer – empfindet der betroffene Therapeut intuitiv als „albern" oder irrelevant. Ein klassisches Beispiel für echten Ennui stammt von *Tolstoi* (1929):

> Die Frage, die mich in meinem fünfzigsten Jahr zum Gedanken an Selbstmord gebracht hat, war die einfachste aller Fragen, die jedem Menschen in der Seele liegt: „Was wird bei dem herauskommen, was ich heute tue und morgen tun werde? Was wird bei meinem ganzen Leben herauskommen?" Anders ausgedrückt: „Warum sollte ich leben? Warum sollte ich irgendetwas wünschen? Warum sollte ich irgendetwas tun?" Noch anders ausgedrückt: „Gibt es irgendeinen Sinn in meinem Leben, der nicht durch den unvermeidlichen Tod zerstört werden wird, der mich erwartet?"

Dritter Teil: Die transpersonalen Pathologien

Wie der präpersonale und personale Bereich wird auch der transpersonale hier in drei Hauptebenen der Entwicklung und der entsprechenden Pathologie eingeteilt, die ich als psychisch, subtil und kausal bezeichne. Ich möchte jedoch betonen, daß die folgende Erörterung nur eine vorläufige Untersuchung ist. Ich habe in allen Fällen versucht, einen einigermaßen neutralen und ausgewogenen Standpunkt gegenüber den verschiedenen kontemplativen Schulen zu beziehen, aber ich bin mir darüber klar, daß manche von Ihnen vielleicht nicht mit meiner besonderen Wortwahl oder Beschreibung einiger dieser höheren Zustände oder ihrer möglichen Pathologien einverstanden sein werden. Wenn also bestimmte kontemplative Schulen Einwände gegen meinen Gebrauch der Begriffe „psychisch", „subtil" und „kausal" haben, so bitte ich sie, diese durch neutralere Begriffe wie „anfangend", „intermediär" und „fortgeschritten" für die Stadien der Praxis zu ersetzen und dann das Folgende entsprechend ihrer eigenen Tradition zu interpretieren. Ich biete die nachfolgenden Erörterungen nicht als eine Reihe von dogmatischen Schlußfolgerungen an, sondern als eine Möglichkeit, die Diskussion über ein Thema zu eröffnen, das von konventionellen und kontemplativen Schulen gleichermaßen vernachlässigt worden ist.

Drehpunkt 7 *„Psychische" Störungen*

Das Auftauchen der psychischen Basisstruktur bringt die Möglichkeit einer weiteren Ebene von Selbstentwicklung und damit verbundener Selbstpathologie mit sich. Unter psychischer Pathologie oder D-7-Pathologie verstehe ich speziell alle „auf niedrigerer Ebene liegenden" spirituellen Krisen und Pathologien, die 1) *spontan* in jeder relativ entwickelten Seele auftreten können; 2) in Perioden von starkem Streß jede der niedrigeren Entwicklungsebenen durchdringen können (z.B. psychotische Episoden); und 3) die denjenigen befallen können, der mit den Übungen einer kontemplativen Disziplin *beginnt*:

(1) Die dramatischste psychische Pathologie tritt beim spontanen und gewöhnlich nicht gesuchten Erwachen spirituell-psychischer Energien oder Fähigkeiten auf. Bestenfalls sind diese Krisen ärgerlich; schlimmstenfalls können sie verheerend sein, sogar für jemanden, der sicher in einem zentaurischen Selbst verankert ist. Das Erwachen der Kundalini beispielsweise kann psychologisches Dynamit sein. Ausgezeichnete Beispiele für diese psychischen Pathologien finden sich in *Gopi Krishna* (1972), *John White* (1979) und *William James* (1961).

(2) Einer der verwirrendsten Aspekte vorübergehender schizophrener Durchbrüche oder psychoseähnlicher Episoden ist, daß sie oft ziemlich tiefe spirituelle Einsichten kanalisieren, doch sie tun das durch eine Selbststruktur, die neurotisch, borderline oder sogar offen psychotisch ist (insbesondere paranoid schizophren). Jeder, der mit der *Philosophia perennis* vertraut ist, kann fast auf der Stelle erkennen, wo jedes Element der speziellen psychoseähnlichen Episode irgendwelche universalen spirituellen Komponenten hat, und damit relativ leicht die Psychosen und Neurosen des „spirituellen Kanals" von den weltlicheren (und oft leichter zu behandelnden) Pathologien unterscheiden, die nur von psychotischen oder Borderline-Ebenen herrühren.

(3) Übender im Anfängerstadium – Zu den psychischen Pathologien, die den Novizen treffen, gehören:

a) Psychische Inflation – die universal-transpersonalen Energien und Einsichten der psychischen Ebene werden ausschließlich auf das individuelle Ich oder den Zentauren angewandt, was extrem unausgewogene Resultate hat (vor allem, wenn in der Selbststruktur Überreste aus der narzißtischen Unterphase zurückgeblieben sind).

b) Strukturelles Ungleichgewicht aufgrund fehlerhafter Praxis der spirituellen Technik – dies ist besonders häufig auf den Pfaden der Läuterung und Reinigung, im Kriyā- und Charya-Yoga, sowie in den subtileren Techniken wie dem Māntrayāna. Gewöhnlich manifestiert es sich in milder, freischwebender Angst oder in psychosomatischen Konversionssymptomen (Kopfschmerzen, geringfügige Arythmien des Herzens, Darmstörungen etc.).

c) Die „Dunkle Nacht der Seele" – Sobald die Seele einmal einen direkten Geschmack oder eine Erfahrung des Göttlichen erhalten hat und diese Erfahrung (mit der sie begleitenden Vision, Ekstase oder Klarheit) zu verblassen beginnt (was anfänglich sehr bald der Fall ist), kann die Seele eine tiefe Verlassenheitsdepression erleiden (nicht zu verwechseln mit einer Borderline-, neurotischen oder existentiellen Depression; in diesem Falle hat die Seele ihren Sinn im Leben, ihren Dämon oder ihr Schicksal *gesehen*, nur, damit er dann wieder verblaßt – das ist die „Dunkle Nacht").

d) Gespaltene Lebensziele – Beispielsweise: „Bleibe ich in der Welt oder ziehe ich mich in die Meditation zurück?" Das kann extrem schmerzhaft und psychologisch lähmend sein. Es drückt eine Form einer tiefen Spaltung zwischen höheren und niedrigeren Selbstbedürfnissen aus, analog zur Textspaltung bei Skriptpathologie, der Verdrängung in den Psychoneurosen und ähnlichem.

e) „Pseudo-Dukkha" – Bei gewissen Meditationspfaden (z.B. Vipassana), wo die Untersuchung der Natur des Bewußtseinsphänomens betont wird, bringt die frühe Phase der Bewußtseinsschulung (besonders das „Stadium der Reflexion") eine wachsende Erkenntnis der leidvollen Natur der manifesten Existenz selbst mit sich. Wo diese Erkenntnis überwältigend wird – überwältigender, als sie im Rahmen der Schulung eigentlich sein sollte –, sprechen wir von „Pseudo-Dukkha". Pseudo-Dukkha ist häufig das Ergebnis eines Überrestes von existentieller, psychoneurotischer oder, häufiger,

Borderline-Kontamination des psychischen Entwicklungsdrehpunkts. Das Individuum gewinnt dann kein Verständnis für die Bitternis des Lebens, sondern wird einfach verbittert dem Leben gegenüber. Diese psychische Depression kann eine der Störungen sein, die am schwersten wirksam zu behandeln sind, vor allem deshalb, weil sie so oft von der Rationalisierung gestützt wird, dem (mißverstandenen) Buddhismus zufolge *müsse* die Welt Leiden sein. In solchen Fällen ist noch mehr Vipassana genau das, was *nicht* angebracht ist.

f) Prānische Störungen – Dies bezieht sich auf eine Fehlleitung von Kundalini-Energie in den Frühstadien ihres Erwachens. Verschiedene psychische (prānische) Kanäle sind über- oder unterentwickelt, kreuzen sich oder werden vorzeitig geöffnet; ein Beispiel sind „Windpferd"-(*rlung*)Störungen im tibetischen Buddhismus. Pranische Störungen werden gewöhnlich durch falsche Visualisierung und Konzentration ausgelöst. Sie tauchen besonders häufig auf beim Rāja-Yoga, Siddha-Yoga, Yoga-Tantra und Anu-Yoga. Üblicherweise herrschen dramatische psychosomatische Symptome vor, darunter kaum kontrollierbare Muskelkrämpfe, heftige Kopfschmerzen, Atemschwierigkeiten und so weiter.

g) „Yogische Krankheit" (Aurobindo) – Diese Störung tritt nach Aurobindo auf, wenn die Entwicklung der höheren oder psychischen Ebenen des Bewußtseins den physisch-emotionalen Leib übermäßig belastet. Die große Intensität psychischer und subtiler Energien kann sozusagen die „niedrigeren Stromkreise" allzu stark aufladen, was (Aurobindo zufolge) zu allen möglichen Erscheinungen führt, von Allergien über Darmprobleme bis zu Herzstörungen. Wenn Aurobindo heute noch lebte, hätte er vielleicht auch den Krebs hinzugefügt, wie die Gesundheitsprobleme von Ramana Maharshi, Shri Rāmakrishna, Shunryū Suzuki Rōshi, dem 16. Karmapā und anderen nahelegen.

Drehpunkt 8 *Subtile Störungen*

Das Auftauchen der subtilen Basisstruktur des Bewußtseins bringt die Möglichkeit der Selbstentwicklung auf der subtilen Ebene mit sich: eine neue und höhere Art von Selbst mit neuen Objektbeziehungen, neuen Motivationen, neuen Formen von Leben und Tod – und neuen Formen möglicher Pathologie.

Die beiden anfälligen Punkte der D-8-Pathologie betreffen: 1) die Differenzierung-Trennung-Transzendenz der vorhergehenden geistig-psychischen Dimension; und 2) die Identifikation-Integration-Konsolidierung des subtil-archetypischen Selbst und seiner Objektbeziehungen. Anscheinend tritt diese Pathologie am häufigsten beim intermediären bis fortgeschrittenen Meditierenden auf. Einige ihrer vielen Formen sind:

(1) Fehlschlagen von Integration-Identifikation – Die subtile Basisstruktur – die von verschiedenen Pfaden konzipiert wird als ein Wesen, eine Kraft, eine Einsicht, eine Gottheitsform oder eine Licht ausstrahlende Präsenz (welche hier der Einfachheit halber sämtlich als „Archetypische Präsenz" oder „Archetypisches Bewußtsein" bezeichnet werden) – wird zum ersten Mal, um es metaphorisch auszudrücken, „über und hinter" dem geistig-psychischen Bewußtsein entdeckt. Wenn die Kontemplation sich vertieft, differenziert das Selbst sich schließlich von seinen psychischen Verankerungen und steigt zu einer intuitiv erkannten Identifikation mit jenem Grund, jener Einsicht, jener archetypischen Präsenz oder jenem archetypischen Bewußtsein auf. „Nach und nach erkennen wir, daß die Göttliche Form oder Präsenz unser eigener Archetyp ist, ein Bild unserer eigenen essentiellen Natur" (*Hixon* 1978). Diese Identität erhebt sich zusammen mit einem stabilen *Gewahrwerden* der Objektbeziehungen des subtilen Bewußtseins – unendlicher Raum, auditive Erleuchtung (*nāda*), Brahma-Bereiche höheren Wissens (im Guru-Yoga schließt dies auch eine intuitiv erfaßte Identifikation mit dem Guru und der Überlieferungslinie als archetypisches Selbst ein). Das Unvermögen, diese ursprüngliche Identität und das dazugehörige Gewahrsein zu verwirklichen, *nachdem* der Praktizierende strukturell eigentlich dazu fähig wäre, ist die zentrale definierende Pathologie dieser Syndrome, weil es an diesem Punkt einen Bruch zwischen Selbst und Archetyp darstellt.

Dieser Bruch erfolgt aus einem wesentlichen Grund: Die Identifikation mit der Archetypischen Präsenz oder dem Archetypischen Bewußtsein erfordert den *Tod* des geistig-psychischen Selbst. Statt diese Erniedrigung zu erleiden, zieht das Selbst sich auf sein eigenes separates Sein zusammen und zerbricht so die höhere und ursprüngliche archetypische Identität. Dann erscheinen *Bruchstücke* der Archetypischen Präsenz als *Objekte* eines noch immer dualistischen Bewußtseins, statt daß die ganze Archetypische Präsenz als ursprüngliches und unmittelbar erfahrenes Subjekt von transzendentem Bewußtsein handelt. Mit anderen Worten: Statt das Archetypische Bewußtsein zu sein (als Subjekt), starrt das Selbst in der Meditation nur auf Fragmente davon (als Objekte). Die Konsolidierung (8c) wird nicht erreicht.

(2) Pseudo-Nirvāna – Dies besteht einfach darin, daß subtile oder archetypische Formen, Erleuchtungen, Entzückungen, Ekstasen, Einsichten oder Absorptionen fälschlich für die endgültige Befreiung gehalten werden. Dies ist keine Pathologie, solange man nicht wirklich kausale oder fundamentale Ebenen des Bewußtseins anstrebt; in diesem Fall werden der *gesamte* subtile Bereich und alle seine Erfahrungen, wenn man sich an sie klammert, als pathologisch, also „Makyō", als subtile Illusionen betrachtet – im Zen nennt man das in der Tat die „Zen-Krankheit".

(3) Pseudo-Erkenntnis – Dies ist auf der subtilen Ebene das Äquivalent von Pseudo-Dukkha auf der psychischen. Wenn die Vipassana-Meditation zu den subtilen Ebenen des Bewußtseins fortschreitet, kommt es zu einem Stadium von Einsicht, das „Erkennen" genannt wird (jenseits davon liegt „mühelose Einsicht", die höchste Entwicklung auf der subtilen Ebene). Im Stadium des Erkennens erscheint *jeder* Bewußtseinsinhalt erschreckend, bedrückend, abstoßend, schmerzhaft und belastend; es kommt zu extremem physischem Schmerz und intensivem geistig-psychischem Unwohlsein. Das ist jedoch nicht die Pathologie dieses Stadiums, sondern seine *Normalität*, zu der die intensive Einsicht in die letztlich unbefriedigende Natur von Phänomenen gehört, wenn diese getrennt von Noumenon gesehen werden. Der intensive Schmerz und der Abscheu wirken als Motivation zur Transzendierung jeder denkbaren Manifestation in nirvānische Absorption. Zur Pathologie der Pseudo-Erkenntnis kommt es dann, wenn dieser Prozeß nicht schnell genug verläuft und die Seele an den Ufern ihrer eigenen Agonie strandet. Auch wenn Theravāda-Theoretiker Einwände gegen diese Terminologie und ihre Implikationen haben könnten – es sieht so aus, als sei diese Pathologie in der Tiefenstruktur-Form identisch mit dem, was zuvor als nicht gelungenes Erreichen Archetypischen Bewußtseins und dessen stabilen Gewahrseins aller Objektbeziehungen auf subtiler Ebene bezeichnet wurde.

Der letzte wichtige Drehpunkt der Selbstentwicklung hat zwei Äste (c und d), das Formlose oder Unmanifestierte (9c) und die gesamte Welt der Form oder den Manifesten Bereich (9d). Die normale Entwicklung umfaßt deren angemessene Differenzierung (im Kausalen) und schließlich deren Integration (im Fundamentalen). Pathologie dagegen entsteht aus dem Mißlingen einer dieser beiden entscheidend wichtigen Bewegungen.

(1) Mißlingen der Differenzierung – Die Unfähigkeit, den letztlich notwendigen Tod des Archetypischen Selbst zu akzeptieren (das einfach die subtilste Ebene des Gefühls eines separaten Selbst ist), fesselt das Bewußtsein an eine Bindung an irgendeinen Aspekt des Bereichs des Manifesten. Der Große Tod tritt nie ein, und so wird auch das Formlose Bewußtsein nicht vom Bereich des Manifesten differenziert oder transzendiert. Der Fall ins Herz hinein ist blockiert durch die subtilste Form des Entgegensetzens, Greifens, Suchens oder Wünschens, die letzte Blockierung: durch den Wunsch nach Befreiung.

(2) Mißlingen der Integration oder Arhat-Krankheit – Dem Bewußtsein gelingt es, sich von *allen* Objekten des Bewußtseins oder dem gesamten Bereich des Manifesten zu differenzieren, und zwar so weit, daß im Bewußtsein überhaupt keine Objekte mehr erscheinen (*jñāna-samādhi, nirvikalpa-samādhi, nirvāna*). Obwohl dies das „End"ziel einiger meditativer Pfade ist, besteht hier in Wirklichkeit im Bewußtsein noch eine subtile Trennung, ein Dualismus oder eine Spannung, nämlich zwischen dem Bereich des Manifesten und dem des Unmanifestierten. Nur, wenn diese Trennung durchdrungen wird, erhebt sich der Bereich des Manifesten als eine Modifikation des absoluten Bewußtseins und nicht als eine Ablenkung von ihm. Dies ist der klassische *sahaj-bhāva samādhi.* Ich habe noch keinen Text gelesen und auch von keinem Weisen gehört, der von einer noch höheren Ebene gesprochen hätte.

Abbildung 10 ist eine schematische Zusammenfassung der bisherigen Diskussion; sie gibt einen Überblick über die Basisstrukturen des Bewußtseins, die entsprechenden Drehpunkte der Selbstentwicklung und die möglichen Pathologien, die an jedem Drehpunkt auftreten können.

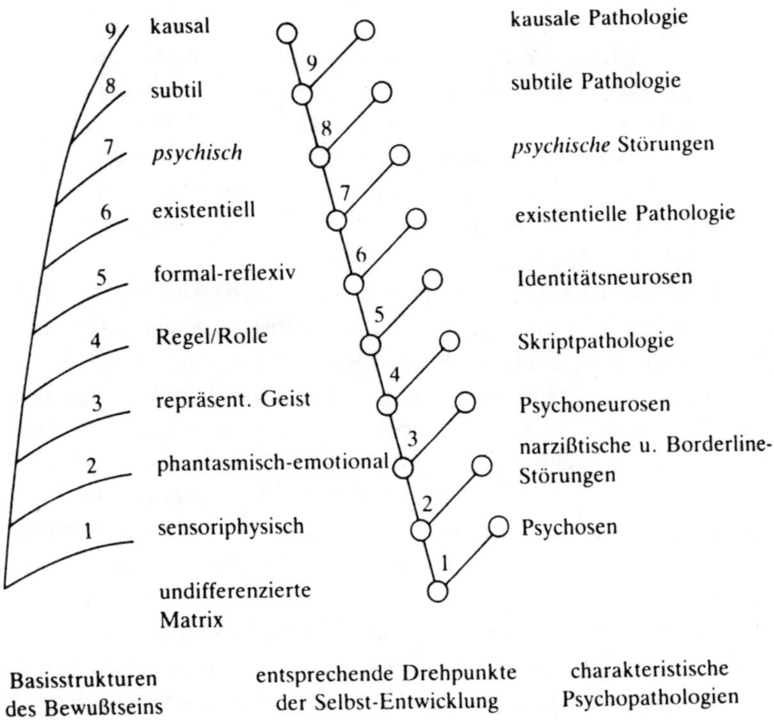

Abbildung 10: Korrelation von Strukturen, Drehpunkten und Psychopathologien

Literatur

Abend, S., Porder, M. & Willick, M.: Borderline patients: Psychoanalytic perspective, New York (International Univ. Press) 1983.

Arieti, S.: The intrapsychic self, New York (Basic Books) 1967.

Aurobindo, S.: The life divine und The synthesis of yoga, Pondicherry (Centenary Library, XVIII-XXI) o.J. (deutsch: Das göttliche Leben, 3 Bde., Gladenbach [Hinder & Deelmann] 1974 bis 1975; Die Synthese des Yoga, Gladenbach [Hinder & Deelmann] 1972).

Binswanger, L.: „Existential analysis and psychotherapy, in: *F. Fromm Reichmann & J. Moreno* (Hrsg.): Progress in psychotherapy, New York [Grune & Stratton] 1956.

Blanck, G. & Blanck, R.: Ego psychology: Theory and practice, New York (Columbia Univ. Press) 1974 (deutsch: Ich-Psychologie, Stuttgart [Klett-Cotta] 1978).
–: Ego psychology II, Psychoanalytic developmental psychology, New York (Columbia Univ. Press) 1979 (deutsch: Angewandte Ich-Psychologie, Stuttgart [Klett-Cotta] 1979).
Blofeld, J.: The tantric mysticism of Tibet, New York (Dutton) 1970 (deutsch: Der Weg zur Macht, Darmstadt [Ullstein TB] 1981).
Boss, M.: Psychoanalyse und Daseinsanalyse. Bern, Stuttgart (Huber) 1957.
Brandt, A.: „Self-confrontations", *Psychology Today*, Oktober 1980.
Broughton, J.: The development of natural epistemology in adolescence and early adulthood, Doktorarbeit, Harvard, 1975.
Brown, D.: The stages of Meditation in Cross-Cultural Perspective, in: *K. Wilber* et al.: Transformations of Consciousness, Boston & London 1986. S. 219 – 283.
Bruner, J.S.: Beyond the information given, *Jeremy M. Anglin* (Hrsg.), New York (Norton) 1973.
Chang, G.: Teachings of Tibetan yoga, Secaucus, N. J. (Citadel) 1974.
Da Free John: The paradox of instruction, San Francisco (Dawn Horse) 1977.
–: The enlightenment of the whole body, San Francisco (Dawn Horse) 1978.
Deutsche, E.: Advaita Vedanta, Honolulu (East-West Center) 1969.
Engler, J.: „Therapeutic aims in psychotherapy and meditation: Developmental stages in the representation of self", *J. Transpersonal Psychology*, 1984, 16, 1, S. 25 – 61.
Erikson, E. H.: Childhood and society, New York (Norton) 1950, 1963 (deutsch: Kindheit und Gesellschaft, Zürich, Stuttgart [Pan-Verlag] 1957).
–: Identity and the life cycle, New York (International Univ. Press) 1959 (deutsch: Identität und Lebenszyklus, Frankfurt a.M. [Suhrkamp] 1966).
Fairbairn, W.R.R.: An object relations theory of the personality, New York (Basic Books) 1954.
Flavell, J.: „Concept development", in: *P. Mussen* (Hrsg.): Carmichael's manual of child psychology, Bd. 1. New York (Wiley) 1970.
Freud, S.: Das Unbehagen in der Kultur (1930), in: „Gesammelte Werke", Band 14, S. 419, Frankfurt [Fischer] 1966 (alle folgenden Angaben beziehen sich auf diese Ausgabe).
–: Hemmung, Symptom und Angst (1926), GW 14, S. 111 ff.
–: Abriß der Psychoanalyse (1938/1940), GW 17, S. 63 f.
Gedo, J.: Beyond interpretation: Toward a revised theory for psychoanalysis, New York (International Univ. Press) 1979.
–: Advances in clinical psychoanalysis, New York (International Univ. Press) 1981.
Goleman, D.: The varieties of meditative experience, New York (Dutton) 1977.
Guenon, R.: Man and his becoming according to Vedanta, London (Luzac) 1945.
Guntrip, H.: Psychoanalytic theory, therapy and the self, New York (Basic Books) 1971.
Hartman, H.: Ego psychology and the problem of adaptation, New York (International Univ. Pres) 1958 (deutsch: Ich-Psychologie und Anpassungsprobleme, Stuttgart [Klett] 1960.
Heidegger, M.: Sein und Zeit, Tübingen (Niemeyer) 1963 (10. Aufl.).
Hixon, L.: Coming home, New York (Anchor) 1978.
Hume, R. (Übers.): The thirteen principle Upanishads, London (Oxford Univ.Press) 1974.
Jacobson, E.: The self and the object world, New York (International Univ. Press) 1964 (deutsch: Das Selbst und die Welt der Objekte, Frankfurt a.M. [Suhrkamp] 1973).

James, W.: The varieties of religious experience, New York (Colliers) 1961 (1901) (deutsch: Die Vielfalt religiöser Erfahrung, Olten, Freiburg i.Br. [Walter] 1979).
Jonas, H.: The gnostic religion, Boston (Bacon) 1958.
Kapleau, Ü. (Hrsg.): The three pillars of Zen, Boston (Beacon) 1965 (deutsch: Die drei Pfeiler des Zen, Bern u.a. [O. W. Barth] ^{7}1986).
Kernberg, O.: Borderline conditions and pathological narcissim, New York (Jason Aronson) 1976 (deutsch: Borderline-Störungen und pathologischer Narzißmus, Frankfurt a.M. [Suhrkamp] 1980).
–: Object relations theory and clinical psychoanalysis, New York (Jason Aronson) 1976 (deutsch: Objektbeziehungen und Praxis der Psychoanalyse, Stuttgart [Klett-Cotta] 1981).
Kohlberg, L.: Essays on moral development, Bd. 1, San Francisco (Harper & Row) 1981.
Kohut, H.: The analysis of the self. New York (International Univ. Press) 1977 (deutsch: Narzißmus, Frankfurt a.M. [Suhrkamp] 1973).
Krishna, G.: The secret of yoga, London (Turnstone Books) 1972 (deutsch: Die neue Dimension des Yoga, Bern u.a., [O. W. Barth] 1975).
Loevinger, J.: Ego development, San Francisco (Jossey-Bass) 1976.
Luk, C.: Ch'an and Zen teaching, 3 Bde., London (Rider) 1962.
Mahler, M.: „On the first three subphases of the separation-individuation process", *International J. Psychoanalysis,* 1972, 53, S. 333-338.
Pine, F., & Bergmann, A.: The psychological birth of the human infant, New York (Basic Books) 1975 (deutsch: Die psychische Geburt des Menschen, Frankfurt a.M. [Fischer] 1978).
Malizewski, M., Twemlow, S., Brown, D., & Engler, J.: „A phenomenological typology of intensive meditation: A suggested methodology using the questionnaire approach", *ReVision,* 1981, 4.
Maslow, A.: Motivation and personality, New York (Harper & Row) 1954.
–: Towards a psychology of being, New York (Van Nostrand Reinhold) 1968 (deutsch: Psychologie des Seins. München [Kindler] 1973).
Masterson, J. F.: The narcissistic and borderline disorders, New York (Brunner/Mazel) 1981.
May, R.: The meaning of anxiety, rev. Fassung, New York (Norton) 1977.
Mukerjee, R. (Übers.): The song of the self supreme (Astavakra Gita), San Francisco (Dawn Horse) 1971.
Nyanamoli, B. (Übers.): Vissuddhimagga: The path of purification by Buddhaghosha, 2 Bde., Boulder, CO (Shambala) 1976.
Piaget, J.: The essential Piaget, hrsg. v. Gruber & Voneche, New York (Basic Books) 1977 (deutsche Ausgabe ausgewählter Werke von Jean Piaget in zehn Bänden: Stuttgart [Klett] 1974).
Rieker, H.: The yoga of light, San Francisco (Dawn Horse) 1971.
Rinsely, D. B.: „An object relations view of borderline personality", in: *Hartocollis, P.* (Hrsg.): Borderline personality disorders, New York (International Univ. Press) 1977, S. 47-70.
Schuon, F.: Logic and transcendence, New York (Harper & Row) 1975.
Selman, R., & Byrne, D.: „A Structural analysis of role-taking in middle childhood", *Child Development,* 1974, 45.
Smith, H.: Forgotten truth, New York (Harper & Row) 1976.
Spitz, R.: The first year of life, New York (International Univ. Press) (deutsch: Vom Säugling zum Kleinkind, Stuttgart [Klett] 1967).

Stone, M. H.: The borderline syndromes: Constitution, personality and adaptation, New York (McGraw-Hill) 1980.

Taimni, I.: The science of yoga, Wheaton (Quest) 1975 (deutsch: Selbsterziehung und Selbstverwirklichung, Auszüge aus „Die Wissenschaft vom Yoga", München [Hirthammer] 1980).

Tolpin, M.: „On the beginnings of a cohesive self", *The psychoanalytic study of the child,* 1971, 26 (New York: Quadrangle Books).

Watzlawick, R., Beavin, J., & Jackson, D.: Pragmatics of human communication, New York (Norton) 1967 (deutsch: Menschliche Kommunikation: Formen, Störungen, Paradoxien, Bern, Stuttgart [Huber] 1969).

White, J.: Kundalini, evolution and enlightenment, New York (Anchor) 1979.

Wilber, K.: The spectrum of consciousness. Wheaton (Quest) 1977 (deutsch: Das Spektrum des Bewußtseins, Bern u.a. [Scherz] 1987).

–: „A developmental view of consciousness", *J. Transpersonal Psychology,* 1979, 11.

–: The Atman Project, Wheaton (Quest) 1980a (deutsch: Das Atman-Projekt, Paderborn [Junfermann] 1989).

–: „The pre/trans fallacy", *ReVision,* 1980b, 3, S. 51-73.

–: „Ontogenetic development: Two fundamental patterns", *J. Transpersonal Psychology,* 1981a. 13, S. 33-59.

–: Up from Eden, New York (Doubleday/Anchor) 1981b (deutsch: Halbzeit der Evolution, Bern u.a. [Scherz] 1987).

–: A sociable god, New York (McGraw-Hill) 1982.

–: Eye to eye, New York (Doubleday/Anchor) 1982.

–: „The developmental spectrum and psychopathology; Part I, stages and types of pathology", *J. Transpersonal Psychology,* 1984, 16, 1, S. 75-118.

–: System, self and structure, in Vorbereitung.

– (Hrsg.): The Holographic Paradigm and other paradoxes, Boulder (Shambhala) 1982 (deutsch: Das holographische Weltbild, Bern u.a. [O. W. Barth] 1986).

Winnicott, D.: The maturational process and the facilitating environment, New York (International Univ. Press) 1965 (deutsch: Reifungsprozeß und fördernde Umwelt, München [Kindler] 1974).

Yalom, I.: Existential psychotherapy, New York (Basic Books) 1980.

Zimmerman, M.: Eclipse of the self, Athens, OH (Ohio Univ. Press) 1981.

Verzeichnis der Mitarbeiter

Ram Dass (Richard Alpert), früher Professor für Psychologie an der Harvard University, seitdem mit Praktiken der Meditation und des Yoga befaßt. Er ist durch seine Vortragsreisen sowie durch schriftstellerische Tätigkeit in den USA und darüber hinaus bekannt geworden.

Frieder Anders (geb. 1944), Studium der Musik in Frankfurt, Tätigkeit als Schauspieler und Regisseur, seit 1973 Beschäftigung mit dem Tai Chi in Deutschland, Taiwan und New York, seit 1979 authentischer Yang-Stil bei Meister Chu (London), 1980 Gründung der Tai Chi-Schule in Frankfurt, 1988 erster Meister-Schüler von Meister Chu.

Dr. Laura Boggio Gilot (geb. 1939), klin. Psychologin und Psychotherapeutin, Erfahrungen mit der jungianischen Tiefenpsychologie, Ausbildung in Psychosynthese nach Assagioli, Lehrerin für Advaita Vedanta-Meditation, Präsidentin der Italienischen Gesellschaft für Transpersonale Psychologie, in den vergangenen Jahren lehrende Tätigkeit in den USA über Psychosynthese und Transpersonale Psychologie.

Prof. Dr. Michael von Brück (geb. 1949 in Dresden), Studium der ev. Theologie und der Vergleichenden Sprachwissenschaft in Rostock sowie des Hinduismus und Buddhismus in Indien und Japan, dort auch Yoga- und Zen-Studium, mehrere Jahre Dozent am Gurukul College in Madras, heute Professor für Vergleichende Religionswissenschaft an der Universität Regensburg; Meditationskurse in Deutschland, den USA und Indien.

Dr. med. Gerhard Crombach (geb. 1946), psychiatrische Ausbildung in München, Salzburg und Baltimore, psychiatrische Praxis in Innsbruck, Supervisor und Ausbilder der österreichischen Gesellschaft für Verhaltenstherapie sowie am Institut für Medizinische Psychologie und Psychotherapie der Universität Innsbruck, Wissenschaftliche Beiträge zur biologischen Psychiatrie, Sozialpsychiatrie, Sexualtherapie, Verhaltenstherapie, Psychosomatik, Transpersonalen Psychotherapie und zu veränderten Bewußtheitszuständen.

Heinz Deuser, Studium der Germanistik, Psychologie, Pädagogik, 1972-1984 Mitarbeiter in Rütte, Entwicklung der Arbeit am Tonfeld; eigene Praxis und Fortbildungsseminare in Köln.

Ortrud Deuser, Lehrerin für Kunsterziehung, Diplomgraphologin d.S.H., Atemlehrerin (Pneopädin, AfA), 1972-1984 Mitarbeiterin in Rütte; eigene Praxis in Köln.

Volker Deutsch (geb. 1938), Studium der Musik (Violine, Klavier, Gitarre), Lehrdiplom für Elementare Musik und Bewegung, 3 Jahre Lehrauftrag am Orff-Institut in Salzburg, Ausbildung „Initiatische Therapie" in Rütte bei Graf Dürckheim und Maria Hippius, 1972-1982 Mitarbeiter in Rütte als Musiktherapeut, Gastdozent am C.G. Jung Institut in Zürich, freie Praxis in Zürich und Cadessino.

Prof. Dr. Karlfried Graf Dürckheim (1896-1989), Studium der Philosophie und Psychologie in München und Kiel, 1925-1932 Assistent am psych. Institut der Universität Leipzig, 1932 Professor für Philosophie in Kiel, 1937 bis Kriegsende in Japan, Begegnung mit dem Zen-Buddhismus, seit 1948 gemeinsam mit Dr. Maria Hippius Aufbau der „Existential-psychologischen Bildungs- und Begegnungsstätte Todtmoos-Rütte". Graf Dürckheim ist Anfang 1989 gestorben.

Dr. phil. Marie-Louise von Franz (geb. 1915 in München), 1918 Übersiedlung in die Schweiz, Studium und Dissertation in klassischer Philologie an der Universität Zürich; 1933 Begegnung mit C.G. Jung und Beginn einer Analyse sowie Mitarbeit bei der Übersetzung alchemistischer Texte, seit 1948 Ausbildung zur Analytikerin am C.G. Jung Institut, Küsnacht; Publikation zahlreicher Bücher zur psychologischen Interpretation von mythologischen und alchemistischen Texten.

Kurt Friedrichs (geb. 1917 auf Helgoland), Tätigkeit als Getreidehändler, seit 40 Jahren Beschäftigung mit indischer und islamischer Mystik, Vorsitzender der Deutschen Vedanta Gesellschaft, Mitverfasser des „Lexicon der östlichen Weisheitslehren", Übersetzungen aus der Vedanta-Literatur, Herausgeber der Zeitschrift „Vedanta".

Dr. med. Michaela Glöckler (geb. 1946), Studium der Germanistik und Geschichte in Freiburg und Heidelberg und der Medizin in Tübingen und Marburg, Kinderärztin am Gemeinschaftskrankenhaus in Herdecke und an der Universitätskinderklinik in Bochum, seit 1988 Leitung der Medizinischen Sektion am Goetheanum, Freie Hochschule für Geisteswissenschaften in Dornach/Schweiz.

Dr. med. Karl Heinz Gottmann (geb. 1919) wurde bereits 1937 Buddhist und schloß sich der Gemeinde um Martin Steinke an; nach Kriegsdienst und russischer Gefangenschaft Abschluß des Medizinstudiums 1954; 1953 trat er dem von Lama Anagarika Govinda gegründeten Orden Arza Maitreya Mandala bei und wurde in Indien persönlicher Schüler von Lama Govinda, von dem er 1981 zu seinem Nachfolger und damit zum Oberhaupt des Ordens bestimmt wurde.

Dr. med. Dr. phil. Stanislav Grof (geb. 1931 in Prag), Studium der Medizin und Medizin-Philosophie, psychiatrische und psychoanalytische Ausbildung in Prag, seit 1967 in den USA, wo er die in Prag begonnene Erforschung außergewöhnlicher Bewußtseinszustände fortsetzte, insbesondere durch psychedelische Drogen (LSD); früher Leiter der psychiatrischen Forschung am Maryland Psychiatric Research Center und Assistenz-Professor für Psychiatrie an der John Hopkins University in Baltimore, Mitarbeiter am Esalen Institute, Big Sur; 1978-1982 Präsident der International Transpersonal Association (ITA); heute ist er vorwiegend publizistisch und mit Vorträgen und Seminaren in aller Welt beschäftigt.

Dr. phil. Wolfram Helke (geb. 1942), Studium der Kunstgeschichte, Heilpraktiker, seit 1973 zunehmende Suche nach dem eigenen Ausdruck in vielen Gestalt- und Bioenergetik-Gruppen und intensive Auseinandersetzung mit unterschiedlichen Meditationsrichtungen, 1976 Massage-Ausbildung, 1978 erstmals in der Schule für Initiatische Therapie, Todtmoos-Rütte, und einschneidende Begegnung mit den Lehrern Karlfried Graf Dürckheim und Maria Hippius-Gräfin Dürckheim, Übersiedlung nach Deutschland, nach zweijähriger Eigenarbeit und Ausbildung seit 1980 Mitarbeiter in Rütte mit Einzelarbeit und Schulung in Personaler Leibtherapie, sowie der Betreuung der Meditation im Stile des Zen.

Dr. phil. Alice Holzhey-Kunz (geb. 1943), Dissertation Universität Zürich 1971: „Erinnern und Vergessen. Das Gegenwärtigsein des Vergangenen als Grundproblem historischer Wissenschaft", 1971-1975 Ausbildung am Daseinsanalytischen Institut für Psychotherapie und Psychosomatik, seit 1975 psychotherapeutische Praxis in Zürich, seit 1981 Vorstandsmitglied der Schweizerischen Gesellschaft für Daseinsanalyse.

Pater Willigis Jäger, OSB (geb. 1925), Eintritt in den Benediktinerorden (Abtei Münsterschwarzach) 1946, Studium der Philosophie und Theologie in Würzburg, langjährige Tätigkeit bei internationalen kirchlichen Werken, 12 Jahre Zen-Training unter Yamada Koo un Roshi in Kamakura, seit 1981 Lehrbeauftragter für Zen in der Sanbo Kyodan-Schule, seit 1982 Kurstätigkeit für Kontemplation und Zen im Haus St. Benedikt in Würzburg.

Holger Kalweit (geb. 1947), arbeitet als Regie-Assistent an den Städt. Bühnen in Frankfurt und beim SFB in Berlin 1967-1969, Studium der Psychologie an der FU in Berlin und anschließend der Ethnologie in Zürich, Tätigkeit als Psychologe an der Universitätsklinik in Frankfurt, Feldforschungen in Hawaii, den USA und in Westtibet.

Helge Langguth (geb. 1941), Studium an der Technischen Universität Berlin, 1970 bis 1975 Tätigkeit als Dipl.-Bauing. und als wiss. Assistent an der TU Berlin, Ausbildung zum Atemtherapeut bei I. Middendorf, seit 1976 mehrere Aufenthalte im Sri Aurobindo Ashram in Pondicherry, 1977 bis 1981 Mitarbeiter am Institut von I. Middendorf, seit 1982 Therapie- und Ausbildungstätigkeit am eigenen Institut für Atemtherapie in Beerfelden (Odenwald).

Veronika Langguth (geb. 1947), Unterricht in Tänzerischer Gymnastik, Klassischem Ballett und Hatha-Yoga, Studium an der PH Berlin (Musik und Erziehungswissenschaften), Lehrtätigkeit an einer Berliner Grundschule, Ausbildung zur Atemtherapeutin bei I. Middendorf, seit 1976 mehrere Aufenthalte im Sri Aurobindo Ashram in Pondicherry, 1977-1981 Mitarbeiterin am Institut von I. Middendorf in Berlin, 1982 Gründung des eigenen Instituts für Atemtherapie in Beerfelden (Odenwald).

Dr. phil. Abraham Maslow (1908-1970), war Professor für Psychologie am Western Behavioral Institute und an der Brandeis University und gehörte mit Carl R. Rogers zu den Begründern und wichtigsten Vertretern der „Humanistischen Psychologie".

Ralph Metzner (geb. 1935 in Deutschland), Studium der Psychologie in Oxford (Abschluß 1958) und Dissertation in Harvard (1962), Forschungen in Psychopharmakologie und über psychedelische Drogen, Veröffentlichungen über Bewußtseins- und Persönlichkeitsforschung, esoterische und symbolische Psychologien und über östliche Denksysteme. Er ist einer der Direktoren des „California Institute of Integral Studies" in San Francisco, daneben freie Praxis als Psychotherapeut.

Arnold Mindell ist in New York aufgewachsen und lebt seit 1963 in der Schweiz; Studium in Physik und Sprachen sowie Psychologie (Ph.D.), Ausbildung am C.G.Jung Institut in Zürich, Tätigkeit als Psychotherapeut und Lehranalytiker des C.G.Jung Instituts; in den 70er Jahren entwickelte er eine Verbindung von Traum- und Körperarbeit und gründete auf diesem Hintergrund das Institut für Prozeßorientierte Psychologie in Zürich.

Dr. phil. Lutz Müller (geb. 1949), Fachpsychologe für psychoanalytische Therapie, Dozent am C.G. Jung-Institut Stuttgart.

Claudio Naranjo, Psychiater aus Chile, Forschungen am Institute of Personality Assessment and Research an der University of California, Untersuchungen über die Psychologie der Wertvorstellungen, Ausbildung in Gestalttherapie bei Fritz Perls, Mitarbeiter am Esalen Institute in Big Sur; heute tätig am Nyingma Institute in Berkeley.

Prof. Dr. Annemarie Schimmel (geb. 1922), Professorin für islamische Sprachen und Religionsgeschichte, Universität Bonn, und für Indomuslim Culture, Harvard; für ihr umfangreiches Werk und kulturvermittelndes Wirken erhielt sie zahlreiche Auszeichnungen (Übersetzerpreis der Darmstädter Akademie, großer Staatspreis von Pakistan u.a.).

Dr. Theo Scheufele, Studium der Germanistik und Theaterwissenschaften, neun Jahre Professor in den USA, lebt heute freischaffend in Wien.

Dr. rer. nat. Theodor Seifert (geb. 1931), Fachpsychologe für psychoanalytische Therapie, Lehranalytiker und Dozent am C. G. Jung-Institut Stuttgart, stellvertretender Leiter der Psychotherapeutischen Klinik Stuttgart.

David Steindl-Rast, OSB (geb. in Wien), seit 1953 in den USA, studierte Kunst, Anthropologie, Psychologie, trat dem neu gegründeten Benediktiner-Kloster Mount Saviour (N.Y.) bei, nach 15 Jahren erhielt er die Erlaubnis, Erfahrungen mit dem Zen zu machen, praktizierte bei mehreren Meistern (u.a. Shunryo Suzuki-Roshi), 1974 Gründung eines neuen Klosters Mount Desert Island (Maine).

Dr. phil. Frances Vaughan, frei praktizierende Psychologin in Mill Valley, Ca., und Professorin für Psychologie am California Institute of Transpersonal Psychology, ehemalige Präsidentin der Association for Transpersonal Psychology, heute Präsidentin der amerikanischen Gesellschaft für Humanistische Psychologie, Redakteurin der Zeitschriften „Journal of Transpersonal Psychology", „Journal of Humanistic Psychology" und „ReVision".

Ken Wilber, M.A., erwarb seinen Titel im Fach Biochemie, praktizierte Zen-Meditation; seine Veröffentlichungen sind die wichtigsten theoretischen Arbeiten auf dem Gebiet der Transpersonalen Psychologie; Herausgeber der Zeitschrift „ReVision".

Dr. Maria-Gabriele Wosien, Tochter des Ballettmeisters und Choreographen Bernhard Wosien, lehrt meditativen Tanz; Studium der Slawistik, Promotion in London, Studium der Tanztradition der Mevlevi-Derwische in London und in der Türkei, Reisen nach Indien und Studium der indischen Philosophie und Mythologie.

Dr. phil. Josef Zapf, SVD (geb. 1926), Studium der Naturwissenschaft, Philosophie, Theologie, Geschichte, Kunstgeschichte, Psychologie, Mystik, Professor an der Phil.-Theol. Hochschule St. Augustin für Philosophie, Religionssoziologie, Religionspsychologie, Religionsphänomenologie; Schwerpunkt: die spirituelle Erfahrung in den Religionen; Meditationsleiter.

Quellennachweis

Ram Dass, Verheißungen und Fallgruben auf dem spirituellen Weg, aus: *St. und Chr. Grof* (Hrsg.), Spiritual Emergency; dt. Ausgabe im Kösel-Verlag in Vorbereitung, Kösel, München 1990.
Mit freundlicher Genehmigung des Kösel-Verlages.

Karlfried Graf Dürckheim, Transzendenz als Erfahrung, aus: *Gion Condrau* (Hrsg.), Psychologie der Kultur, Bd. 1, Psychologie Verlags Union, Weinheim.
Mit freundlicher Genehmigung.

Ken Wilber, Die Entwicklung des Bewußtseins und ihre Störungen, aus: *Ken Wilber, Jack Engler, Daniel P. Brown*, Psychologie der Befreiung. Scherz/O. W. Barth, München, Bern 1988.
Mit freundlicher Genehmigung des Scherz Verlages, Bern.

Reihe
Innovative Psychotherapie und Humanwissenschaften
Herausgegeben von
HILARION PETZOLD

Band 1: H. Petzold, Psychotherapie und Körperdynamik
Band 2: H. Petzold, Angewandtes Psychodrama
Band 3: H. Petzold, Die neuen Körpertherapien
Band 4: D. Rahm, Gestaltberatung
Band 5: M. Argyle, Körpersprache und Kommunikation
Band 6: G. Mandler, Denken und Fühlen
Band 7: C. Brooks, Erleben durch die Sinne
Band 8: F. S. Perls, Gestalt, Wachstum, Integration
Band 9: A. Mente/H.-D. Spittler, Erlebnisorientierte Gruppenpsychotherapie (Bd. I)
Band 10: A. Mente/H.-D. Spittler, Erlebnisorientierte Gruppenpsychotherapie (Bd. II)
Band 11: R. Bandler, J. Grinder, Die Struktur der Magie I
Band 12: J. Grinder, R. Bandler, Die Struktur der Magie II
Band 13: C. Steiner, Wie man Lebenspläne verändert
Band 14: J. Zinker, Gestalttherapie als kreativer Prozeß
Band 15: R. Assagioli, Die Schulung des Willens
Band 16: H. Petzold, Psychotherapie, Meditation, Gestalt
Band 17: J. Hall, Arbeit mit Träumen in Klinik und Praxis
Band 18: R. Bandler, J. Grinder, Neue Wege der Kurzzeit-Therapie – Neurolinguistische Programme
Band 19: D. Anzieu, Psychoanalyse und Sprache
Band 20: L. J. Bischof, Persönlichkeitstheorien – Darstellungen und Interpretationen (Bd. I)
Band 21: L. J. Bischof, Persönlichkeitstheorien – Darstellungen und Interpretationen (Bd. II)
Band 22: L. Cameron-Bandler, Wieder zusammenfinden, NLP – Neue Wege der Paartherapie
Band 23: H. Petzold/H. Heinl, Psychotherapie und Arbeitswelt
Band 24: J. L. Singer/K. S. Pope, Imaginative Verfahren in der Psychotherapie
Band 25: H. Petzold, Leiblichkeit
Band 26: R. Dilts u. a., Strukturen subjektiver Erfahrung, ihre Erforschung und Veränderung durch NLP
Band 27: R. Frühmann, Frauen und Therapie
Band 28: R. Bandler/J. Grinder, Reframing – Ein ökologischer Ansatz in der Psychotherapie (NLP)
Band 29: D. Gordon, Therapeutische Metaphern
Band 30: C. M. Steiner, Macht ohne Ausbeutung
Band 31: D. A. Bakal, Psychologie und Medizin
Band 32: H. Petzold, Psychotherapie und Friedensarbeit
Band 33: G. A. Kelly, Die Psychologie der persönlichen Konstrukte
Band 34: G. Fatzer, Ganzheitliches Lernen – Humanistische Pädagogik und Organisationsentwicklung

Band 35: R. Bandler, Veränderung des subjektiven Erlebens – Fortgeschrittene Methoden des NLP
Band 36: A. Mindell, Der Leib und die Träume – Prozeßorientierte Psychologie in der Praxis
Band 37: V. Satir, M. Baldwin, Familientherapie in Aktion – Die Konzepte von Virginia Satir in Theorie und Praxis
Band 38: P. Ekman, Gesichtsausdruck und Gefühl
Band 39: M. Gazzaniga, Das erkennende Gehirn – Entdeckungen in den Netzwerken des Geistes
Band 40: W. F. Nerin, Familienrekonstruktion in Aktion – Virginia Satirs Methode in der Praxis
Band 41: A. Mindell, Die Schatten der Stadt – Prozeßorientierte Therapie in Aktion
Band 42: E. Friedmann, Laban · Alexander · Feldenkrais – Pioniere bewußter Wahrnehmung durch Bewegungserfahrung
Band 43: W. Kempler, Erlebnisaktivierende Familientherapie – Psychotherapeutische, wachstumsorientierende, systemische Interventionen
Band 44: S. Bank/M. Kahn, Geschwister-Bindung
Band 45: E. Berne, Transaktionsanalyse der Intuition (erscheint Frühjahr 1990)
Band 46: M. Bosch/W. Ullrich (Hrsg.), Die entwicklungs-orientierte Familientherapie nach Virginia Satir
Band 47: E. Zundel / B. Fittkau (Hrsg.), Spirituelle Wege und Transpersonale Psychotherapie
Band 48: H. Schmitz, Leib und Gefühl – Materialien zu einer philosophischen Therapeutik